"十三五"国家重点出版物出版规划项目

## 诺贝尔经济学奖获得者丛书
Library of Nobel Laureates in Economic Sciences

# 交易成本经济学
## 契约关系治理的理论与实践

**The Transaction Cost Economics Project**
The Theory and Practice of the Governance of Contractual Relations

奥利弗·E. 威廉姆森（Oliver E. Williamson） 著
陈耿宣 陈桓亘 贾钦民 钟世虎 译

中国人民大学出版社
·北京·

## 致谢

编辑和出版商感谢作者和以下同意使用版权材料的出版商：

感谢 American Economic Association 同意使用以下文章：

Oliver E. Williamson (1971), "The Vertical Integration of Production: Market Failure Considerations", *American Economic Review*, 61 (2), May, 112 – 23.

Oliver E. Williamson (1983), "Credible Commitments: Using Hostages to Support Exchange", *American Economic Review*, 73 (4), September, 519 – 40.

Oliver E. Williamson (2010), "Transaction Cost Economics: The Natural Progression", *American Economic Review*, 100 (3), June, 673 – 90.

感谢 Annual Reviews, Inc. 同意使用以下文章：

Oliver E. Williamson (2005), "Why Law, Economics, and Organization?", *Annual Review of Law and Social Science*, 1, 369 – 96.

感谢 Per-Olof Bjuggren 和 Dennis C. Mueller 同意使用以下章节：

Oliver E. Williamson (2009), "Opening the Black Box of Firm and Market Organization: Antitrust", in Per-Olof Bjuggren and Dennis C. Mueller (eds), *The Modern Firm, Corporate Governance and Investment*, Chapter 2, 11 – 42.

感谢 Blackwell Publishing Ltd. 同意使用以下文章：

Oliver E. Williamson (1988), "Corporate Finance and Corporate Governance", *Journal of Finance*, XLIII (3), July, 567 – 91.

感谢 Elsevier 同意使用以下章节：

O. E. Williamson (2001), "Hierarchies and Markets", *International Encyclopedia of the Social and Behavioral Sciences*, Volume 10, 6690 – 93.

感谢 Oxford University Press 同意使用以下文章：

Oliver E. Williamson (1993), "Transaction Cost Economics and Organization Theory", *Industrial and Corporate Change*, 2 (2), 107 – 56.

Oliver E. Williamson (2008), "Corporate Boards of Directors: In Principle and in Practice", *Journal of Law, Economics and Organization*, 24 (2), 247-72.

感谢 *RAND Journal of Economics* 同意使用以下文章：
Oliver E. Williamson (1976), "Franchise Bidding for Natural Monopolies—in General and with Respect to CATV", *Bell Journal of Economics*, 7 (1), Spring, 73-104.

感谢 SAGE Publications 同意使用以下文章：
Oliver E. Williamson (1991), "Comparative Economic Organization: The Analysis of Discrete Structural Alternatives", *Administrative Science Quarterly*, 36 (2), June, 269-96.

感谢 Simon & Schuster, Inc. 同意使用以下章节：
Oliver E. Williamson (1985), "The Limits of Firms: Incentive and Bureaucratic Features", in *The Economic Institutions of Capitalism: Firms, Markets, Relational Contracting*, Chapter 6, 131-62, references.

感谢 Taylor and Francis Ltd. (http://www.informaworld.com) 同意使用以下文章：
Oliver E. Williamson (2009), "Pragmatic Methodology: A Sketch, with Applications to Transaction Cost Economics", *Journal of Economic Methodology*, 16 (2), June, 145-57.

感谢 University of Chicago Press 同意使用以下文章：
Oliver E. Williamson (1979), "Transaction Cost Economics: The Governance of Contractual Relations", *Journal of Law and Economics*, 22 (2), October, 233-61.
Oliver E. Williamson (1993), "Calculativeness, Trust, and Economic Organization", *Journal of Law and Economics*, 36 (1), Part 2, April, 453-86.

感谢 John Wiley and Sons, Inc. 同意使用以下文章：
Oliver E. Williamson (1991), "Strategizing, Economizing, and Economic Organization", *Strategic Management Journal*, 12, Winter, 75-94.

我们已尽一切努力联系所有版权持有人，但如果存在遗漏，本出版社将很高兴在第一时间做出必要的安排。

# 前　言

由我的 16 篇论文构成的这本论文集概括了我对交易成本经济学项目（Transaction Cost Economics Project）的研究；其中，我把 1971 年关于纵向一体化的论文和我的诺贝尔奖讲座（出版版本）放在本文集的开头和结尾部分。这些论文分为四个部分：理论与概念；公共政策；跨学科的社会科学；方法论。最后，前言还增加了一个附录，以启发正在发现自己兴趣的年轻学者。

教科书中关于企业和市场的微观经济学理论（强调价格和产出、供给和需求）通常隐含地认为交易成本是无关紧要的，可以假定为零；与此相反，交易成本经济学（transaction cost economics，TCE）明确引入了正的交易成本，并研究契约关系治理的经济意义——其中许多结论与传统观念有很大差异。当然，这并不是简单地在传统框架中增加正的交易成本来实现的，而是需要进行一系列复杂的变化，包括以下几个方面：（1）TCE 并非通过新古典主义选择的视角来考察经济组织，而是采用契约/治理的视角①；（2）将交易作为分析的基本单位，并提出区分不同交易的关键属性；（3）不再从技术层面来描述公司（即作为生产函数），而是将公司和市场描述为不同的治理模式，这些不同的治理模式是用来协调连续生产过程的；（4）将适应性视为经济组织的主要问题（主要是自主适应和协调适应）；（5）以节约交易成本作为组织的主要目标；（6）从认知能力和自私两个方面更加真实地描述了经济行为人。

更一般地，从本书收录的各篇论文中我们可以明显看出，研究主要集中在细节上，一方面是交易的细节，另一方面是治理结构的细节。如前文所述，TCE 是一个跨学科项目，它是法学、经济学和组织理论的结合，具有广泛的公共政

---

① 尽管经济组织的契约理论的大多数视角都集中在契约和事前激励相容的视角（机制设计、代理理论、产权理论），但 TCE 侧重于契约的执行（契约关系的事后治理）。最后一点是，TCE 更关注经济行为人的特征，反对假设共同知识和无成本的讨价还价。TCE 也更适合进行实证检验，部分原因是它具有广泛的应用范围。

策影响，产生了可辩驳的含义，并且引起了广泛的实证研究。

此外，TCE 正在发展当中，挑战依然存在。TCE 可以并且应该（在一定程度上已经）用于检验资本主义国家和社会主义国家的比较效率研究，其中一些国家处于不同的发展阶段。TCE 还可以帮助我们更好地理解公共部门和私人部门在"有希望的"新项目中所遇到的实施困难。另外，由于我们对官僚主义的理解有限，因此无法深刻认识许多官僚主义的潜在好处和可避免的错误。应该改变这种情况。同样，尽管从非正式的分析到准正式的分析再到半正式的分析的"自然发展"阶段不断取得进展，但 TCE 仍未达到正式化分析，因此这是一个值得研究的方向。①

TCE 还强调了工程学和经济学在"摩擦"方面的不同。尽管工程学和经济学通常都假定在纯理论的情况下没有摩擦，但在应用方面它们却有所不同，工程学在设计、建造和运行实际项目的过程中明确考虑了摩擦的存在，而在 20 世纪 60 年代之前，经济学的做法是假设交易成本为零——直接假设没有摩擦，不承认正的交易成本就是经济学中的摩擦。②

当经济学家研究真实世界的经济现象时，这种做法导致了混乱和错误，但是直到当罗纳德·科斯（Ronald Coase, 1960，关于外部性的研究）和阿罗（Arrow, 1969，关于纵向一体化的研究）将零交易成本的逻辑推向极致时，这种混乱情况才变得明显；把零交易成本逻辑推导到尽头的结果令人震惊：迄今被视为扭曲的东西——"市场失灵"文献中的外部性以及中间产品市场中供需双方之间成本高昂的转移——都将消失。这是因为此类交易的各方将无时无刻不无成本地进行讨价还价，并最终达到有效率的结果。

面对这些反事实的推导结论，传统的标准分析框架就必须接受"摩擦"的存在。然而，承认交易成本为正却带来了更多复杂的问题。比如，交易成本是什么形式？如何将交易成本因素严谨地纳入分析？这对实证研究和公共政策有什么影响？

---

① 有关该问题的最新研究，请参见 Steven Tadelis and Oliver Williamson（2012）及其参考文献。大卫·克雷普斯（David Kreps）还注意到了全面形式化的问题，谈到"如果市场和层级制使用信息经济学的概念转化为博弈论，那将是非常糟糕的形式化……特别是，基于数学的理论仍然缺乏捕捉有限理性的基本思想所需的语言，而这是……交易成本和契约形式的核心"（Kreps, 1999，第 122 页）。此外，与实用主义方法论的第三个原则有关（见本书第 15 篇论文），即"让其合理"；克雷普斯指出，"并非所有逻辑上一致的东西都可信的"（Kreps, 1999，第 125 页）。在过去的 25 年中，我与爱德华·普雷斯科特（Edward Prescott）进行了两次不同的交谈，也都与此相关。普雷斯科特回答了我关于经济组织全面正式化的前景，并提出需要等待"新数学"的出现。

② 肯尼思·阿罗（Kenneth Arrow）将交易成本定义为"运行经济体系的成本"（Arrow, 1969，第 48 页），我将其解释为摩擦。

前 言

本书中的 16 篇论文就讨论并试图回答这些问题。①

**第一部分　理论与概念**

本部分包括的 7 篇论文分别是《层级制和市场》（2001 年）、《生产的纵向一体化》（1971 年）、《交易成本经济学》（1979 年）、《可信的承诺》（1983 年）、《比较经济组织》（1991 年）、《企业的局限性》（1985 年）和《策略化、节约与经济组织》（1991 年）。

不熟悉 TCE 的读者将从第 1 篇论文《层级制和市场》所提供的概述中有所收获。本篇论文从 20 世纪 30 年代惊人的十年开始，在此期间，经济学家罗纳德·科斯（Ronald Coase，1937）和约翰·R. 康芒斯（John R. Commons，1932）、组织理论的先驱切斯特·伯纳德（Chester Barnard，1938）以及契约法学者卡尔·卢埃林（Karl Llewellyn，1931）做出了重要贡献。

科斯指出了经济学理论的一个缺环，即经济学家自动假设市场和层级制都是先天存在的，但实际上市场和层级制是演化而来的。他还指出了缺失的概念，即交易成本。② 康芒斯提出了"行为的基本单位……必须本身包含冲突、相关性和秩序的三个要素。这个单位是交易"（Commons，1932，第 4 页）。

尽管伯纳德对康芒斯给予了积极的评价，但他本人并不是社会科学家。尽管如此，他对经济组织有深刻的认识和敏锐的直觉。他强调，"有意识的、有意图的、有目的的"协调适应（Barnard，1938，第 4 页）对于重新概念化企业组织的目标非常重要，并且与哈耶克（Hayek，1945）提到的市场上的自主适应相互补充。类似地，卢埃林提出，契约法需要超越"法律规则"的传统概念，而应该是"作为框架的契约"。

但问题是，这些基本认识仍然分散在各个学科领域（因而需要整合起来）。并且由于接下来的 30 年间，随着凯恩斯主义经济学、数理经济学、计量经济学的兴起和对比较经济系统的研究兴趣日渐浓厚，这些基本认识就在实践中被忽略了。

20 世纪 60 年代，由于前文提到的科斯（Coase，1960）和阿罗（Arrow，1969）的贡献，情况发生了变化。零交易成本的世界是一个令人尴尬的幻想。20 世纪 70 年代，人们开始努力将可操作的内容纳入正的交易成本中，TCE 就

---

① 尽管我希望一些读者能够从头到尾阅读这本书，但我意识到很多人会有选择性地阅读。读了整本书的人会发现一些核心思想反复出现。一种有益的理解方式是：反复出现的内容突出了一些关键概念和重要主题（的变体）。

② 区别于由罗纳德·科斯（Ronald Coase，1937，1960，1988，1992）提出和发展的交易成本概念，TCE 具有启发性。正如科斯所观察到的那样，"威廉姆森的影响力是巨大的。实际上，他通过写作和教学，创建了交易成本经济学"（Coase，1993，第 98 页），尽管我会补充说，许多其他人（其中有些是我的学生）"实际上"积极参与了 TCE 的创建。无论如何，我都是只有罗纳德·科斯才有能力发掘的深刻见解的受益者。

是其中之一。

在这篇论文的第2节中，确定了实现市场和层级制的（可操作化的）研究的六个关键步骤，即：（1）以更加真实的方式描述经济行为人的特征；（2）将交易作为分析的基本单位，并指出交易的关键属性；（3）将市场和层级制描述为可替代的组织模式，每种模式都有各自的优缺点；（4）得出可辩驳的含义，以供进行（5）实证研究；最后（6）完全正式化，尽管取得了前期进展，但正式化的工作仍在进行当中。总而言之，TCE是不同于传统的资源配置研究范式的。

第2篇论文《生产的纵向一体化：关于市场失灵的研究》是我对忽略交易成本的传统做法的回应。这是很自然的事情，因为新古典主义的公司在技术上被描述为将投入转化为产出的生产函数，这导致工业组织专家和反托拉斯执法机构将那些缺乏"物理或技术方面"（Bain，1960，第290页）的非标准和不熟悉的契约和组织结构视为反竞争。第2篇论文对这一假设提出了质疑，并提供了一个替代框架。

我关于纵向一体化的论文与我以前写过的任何论文都不一样——因为以前我通常是从生产函数出发来建立企业理论的。相比之下，该论文是一项探索性和比较性的研究工作，它使我跳出价格理论\*的范畴来寻求以下问题的答案：在什么情况下通过契约（市场）来协调连续生产过程，要比通过层级制（统一所有权和统一运营）更加有效率？

对这个问题的回答让我抛开技术视角，而从契约视角研究生产还是购买（make-or-buy）决定。随着这项研究的展开，关键点就转向了以下方面：（1）用契约的视角取代新古典选择的视角；（2）关注经济行为人的有限认知能力和机会主义倾向；（3）研究市场和层级制在激励和协调方面的治理差异；（4）将适应性作为经济组织的主要问题；（5）研究交易属性的差异（其中资产专用性特别重要），交易属性对确定哪种模式——市场或层级制——最适合协调技术上可分离的生产过程有重要意义。

尽管我最初将其视为独立的论文，但随后我认识到，可以通过运用契约/治理的视角来研究由于契约问题而出现的或可以重新表述为契约问题的任何问题。我的研究路径逐渐朝这个方向发展。TCE就此得到了发展。①

---

\* 即新古典范式。——译者注

① 尽管我当时还没有意识到这一点，但约翰·R. 康芒斯预示了我对事后治理和组织重要性的强调，他提出了"基本的行为单位……本身必定包含三个原则，即冲突、相关性和秩序。这一基本单位就是交易"（Commons，1932，第4页）。康芒斯还建议，"经济学理论[应该]集中于交易和工作规则、组织问题……以及使组织活动稳定的方式"（Commons，1950，第21页）。通过在卡内基梅隆大学的训练，我知道组织非常重要，并且我已经将交易作为分析的单位，因此，康芒斯三原则使我更加确信这些方面。但是，尽管我对康芒斯所提到的冲突、相关性和秩序这三个原则很感兴趣，但我不确定如何使它们相互关联。我随后会将治理解释为注入秩序的手段，从而减少冲突并实现互利。这将成为一个反复出现的主题。

前　言

在第3篇论文《交易成本经济学：契约关系的治理》（1979年）中，我第一次明确提出了一种新的经济学形式——交易成本经济学，并且着重强调了治理的概念①，将治理描述为一个制度框架，该制度框架保障了交易的完整性。

第3篇论文还详细描述了（1）交易和（2）治理结构的关键属性，（3）提出了使交易与治理结构有效匹配的理论，最后一项提供了使TCE能够进行实证研究的基础。现在，许多曾经怀疑经济组织能否接受实证检验分析的社会科学家都被说服了。② 事已至此，TCE抓住了发展契机。

最后一项值得一提。我在1979年的论文中还讨论了契约法的不同形式［尤其是伊恩·麦克尼尔（Ian Macneil, 1974）提出的］。稍后将在第5篇论文即《比较经济组织：分立式结构分析》（1991年）和第14篇论文《法学、经济学和组织》（2005年）中详述。

第4篇论文的标题是《可信的承诺：用抵押品来支持交易》（1983年）。尽管之前大多数的可信推理关注可信的威胁，例如在军事准备中和制造策略性的进入壁垒，但可信的承诺的概念也可以为非标准的企业间契约提供有用的洞见（卢埃林的"作为框架的契约"的概念可以被认为是可信的承诺概念的早期版本）。

本篇论文分为三个部分，首先介绍一个简单的模型及其应用，然后讨论价格歧视和特许经营的公共政策影响，最后转向互换协议之谜，并做一般性讨论，还给出了一个石油互换的案例。

关于最后一个部分，有趣的是，使用不同的视角研究非标准契约时会产生不同的解释。对互换协议的目的有不同的解释，正如内部文件所描述的那样，该文件是《加拿大石油行业竞争报告》（简称《加拿大研究》）（1981年）。

实际上，《加拿大研究》是基于这样一个不友好的传统，即非标准的契约在"普通法传统中具有非友好的解释，在反托拉斯的传统中也是如此"。③ 相比之下，可信缔约方法将许多非标准契约解释为一种手段。通过这种方式可以

---

① 有关过去50年间经济学家和其他学习契约关系治理的学生对治理概念的应用的讨论和研究，请参阅阿维纳什·迪克西特（Avinash Dixit）的《违法与经济学：治理的替代模式》（*Lawlessness and Economics: Alternative Modes of Governance*）（2004年）。

② 早期的经验贡献者包括 Kirk Monteverde and David Teece（1982）、Erin Anderson and David Schmittlein（1984）、Scott Masten（1984）、Paul Joskow（1987）以及 George John and Barton Weitz（1988）。

③ 引自斯坦利·罗宾逊（Stanley Robinson）于1968年在纽约州律师协会反托拉斯研讨会上的发言稿第29页。

5

注入秩序，从而减少冲突并实现共同利益。① 尽管问题没有得到最终解决（并且会因情况而异），但我认为，迄今为止人们一直忽略的对互换协议的可信缔约的解释具有重要意义。

在我关于纵向一体化的论文发表20年之后，《比较经济组织：分立式结构分析》（1991年）（收录进本书作为第5篇论文）发表了。我在1991年发表的论文中，将这一期间的一些想法进行了整合汇总、扩展和重塑——这是我引用最多的文章。

我的目的之一是提出一种更具说服力的证据，说明混合缔约形式（及其属性）是介于市场和层级制的两极模式之间的。另一个目的是提出这样一种论点，即每种缔约模式都得到不同类型的契约法支持——市场模式由"作为规则的契约"的法律支持，混合模式由"作为框架的契约"的法律支持（其中缔约各方利用私人秩序来规定信息披露和争端解决机制，以协调来适应意外情况——而法庭秩序则作为最终的手段）；"自制法"（forbearance law）则是支持企业内部交易的法律。因为法庭一般拒绝受理组织内部争端，因此层级制就成为组织内部的"法庭"。

第三个目的是确定并详细说明交易和治理结构的关键维度。在这方面要注意的是，尽管交易和治理结构在许多不同方面存在差异，但实用主义方法论的第一个原则就是"保持简单"（Solow，2001，第114页）。关于这一点，值得注意的是米尔顿·弗里德曼（Milton Friedman）的论点，即"大多数现象是由很少的关键力量驱动的"（Snowdon and Vane，1997，第196页）。用TCE的术语来讲，该目的是通过聚焦于契约/治理的视角来揭示交易和治理结构的关键属性，其中效率被视为经济组织和适应（自主适应和协调适应）的主要目的。

除了这三个目的之外，我还将讨论制度环境差异的影响（稍后将进一步探讨）。此外，我还简要讨论了"非均衡缔约"问题，这种问题会在时间至关重要而均衡缔约暂时终止的情况下出现。

第6篇论文《企业的局限性：激励与官僚主义特征》主要涉及官僚组织。这是一个非常复杂的主题，仍然是社会科学中最不为人所知的领域之一。奥斯

---

① 引入可信承诺的努力有时会采取奇怪的形式，这是我对美索不达米亚使用自我诅咒来阻止条约破裂的解释［如公元前1750年左右的墓碑所记录的，见《中国日报》（1988年3月22日，第1版）］：

当你向我们要求军事援助的时候，我们不会留下最好的部队，也不会以借口推辞，我们将挥舞着狼牙棒去击败你们的敌人……（否则，）我将像废弃的种子一样永远不会发芽，我会没有子孙后代，我将眼睁睁地看着我的妻子被人抢走，我的国家也会被他人统治。

尽管我对此类"非标准契约"的解释是这些主要是出于可信承诺的目的，但许多组织理论文献都倾向于将这些相同的行为解释为权力的体现。

卡·兰格（Oskar Lange）的观点是：官僚组织是重要的，但仅限于说明了当时被视为经济学和社会学之间的"自然分工"（Samuelson，1947；Duesenberry，1956）。

兰格后来在其《社会主义经济理论》（*Economic Theory of Socialism*，1938）中对官僚主义做了以下评论："社会主义的真正危险在于经济生活的官僚化，而不是不能解决资源配置问题。"但是，他拒绝研究这个问题，因为"对这一论点的讨论属于社会学领域，而不是经济理论领域，因此必须在这里省去"（Lange，1938，第109页；着重号为后加*）。在苏联解体前的50年中，这种忽视资本主义和社会主义的官僚组织之间差异的观点普遍存在。迄今为止，对官僚组织的深入而系统的研究仍然是社会科学面临的巨大挑战。

第6篇论文没有讨论社会主义争议，但确实解决了经济组织最古老的难题之一——弗兰克·奈特（Frank Knight，1921，1933）、罗纳德·科斯（Ronald Coase，1937）和特雷西·刘易斯（Tracy Lewis，1983）都提出了这样一个问题：为什么大型一体化的公司并不能做一系列小公司可以做到的所有事情并表现得更好？我通过假设两种机制（如果可以实施的话）来回答更大型的组织是否更好的问题。这两种机制是复制和选择性干预——复制将确保较大的公司永远不会比小公司更差，选择性干预将使较大的公司有时做得更好。问题在于，TCE所依赖的行为者假设，即有限理性和机会主义，阻碍了这两种机制的实施。

一般来说，官僚机构像法律一样，有"自己的生命"（Selznick，1949，第10页），确定这些规律性是什么，并研究其影响是我们的工作。本章揭示了其中的一些规律并暗示了其他规律。但是，关于官僚组织的更多研究工作仍有待完成。

相信我们对美国的商业和公共机构层级制以及国家之间层级制的理解对我们的未来至关重要，因此，这个非常困难的主题值得进行忠实、缓慢、微观而明确的研究。

第7篇论文《策略化、节约与经济组织》（1991年）可以分为两部分。第一部分考察了TCE对策略问题的研究以及商业策略研究的文献（尤其是基于资源和动态能力的观点）。像许多其他人一样，我也认为应该从多个学科角度对策略进行有益的研究。我在这篇论文中利用TCE的核心论点提出"节约是最好的策略"的观点，并向商业策略文献提出挑战（通过得出可辩驳的含义并将其提交实证检验）。尽管困难，但最后一个**也是非常重要的（请参阅第15篇论文）。

---

\* 着重号以斜体表示，全书同。——译者注

\*\* 即实证检验。——译者注

本篇论文的第二部分提出了这样一种情况，即 TCE 逻辑推理适用于（比通常认为的）更广泛的商业缔约现象。除了范式问题和简单的缔约模式（有效利用市场、混合制和层级制取决于资产的专用性和交易的适应性需求）之外，本篇论文还使用交易成本推理来对以下我认为缺乏洞见的解释提出挑战：（1）弱产权制度中的知识产权问题（包括对许可和特许经营之间治理差异的解释）；（2）对租赁、债务和股权融资的有效利用的治理解释；（3）董事会作为"利益集团管理"的内在局限性；（4）导致制造企业和律师事务所的董事会差异的因素；（5）在雇佣关系、分包制和银行业方面对日本和西方制造业企业的不同解释。

尽管我相信本篇论文将继续对商业策略研究者有吸引力，但我也向那些对 TCE 推理的更广泛应用（包括商业策略）好奇的其他人推荐本篇论文。

**第二部分 公共政策**

从第一部分中我们可以明显看出，TCE 在一定程度上受到了与商业公共政策相关的问题的启发。这部分讨论了四个这样的问题。

第 8 篇论文题为《自然垄断行业的特许经营投标——一般论述及有线电视行业的应用》（1976 年）。本篇论文对理查德·波斯纳（Richard Posner）对使用特许权招标授予有线电视（CATV）特许权的有效性表示怀疑（Posner，1972）。波斯纳论文的灵感来自哈罗德·德姆塞茨（Harold Demsetz）对特许经营权招标的抽象描述，他认为用特许经营来处理自然垄断是米尔顿·弗里德曼（Milton Friedman）提到的"三大罪恶"——政府垄断、受监管的垄断和私人垄断——的可行替代方案（Demsetz，1962，第 128 页）。德姆塞茨的解决方案是通过进行事前竞标竞争来利用竞争优势，从而把自然垄断权利授予以最低价格服务于市场的公司。德姆塞茨以生产汽车牌照的自然垄断为例来说明。

波斯纳接受了该广泛应用的解决方案的优点，并建议将其用于 CATV 特许经营权分配。波斯纳没有考察特许经营权招标的契约细节，而是说道："阐述特定法规和建议的细节……只会使基本问题模糊不清"（Posner，1972，第 98 页）。相比之下，TCE 认为契约行为的关键存在于相关细节中，而这些细节是通过契约/治理的视角来发现和评估的。

对波斯纳描述的机制的有效性（最初的特许经营权授予标准、后来的契约续约期间的竞标价推定，以及对资产的会计估价的有效性）评估，我认为都过分乐观或存在缺陷——部分原因是涉及物理和人力资产专用性的问题没有得到解决，还有部分原因是波斯纳忽略了特许经营权被政治化的可能性。

我对契约/治理视角的应用表明，不仅 1970 年前后 CATV 的特许权竞标存在的问题比波斯纳所描述的要严重得多，而且在加利福尼亚州奥克兰市使用特许权竞标授予CATV的案例研究中体现了更多的复杂性。尽管如此,我还是承认,在更简单的情况下,特许经营权的竞标有更多的优点,我对此进行了简要讨论。①

第9篇论文的标题是《打开企业和市场组织的"黑箱":反垄断》(2009年)。第1节和第2节复述了前文关于20世纪60年代反垄断中出现的论点。我提出的"简单的缔约模式"在第3节中进行了描述和解释——从简单的市场交换到(作为最终手段的)层级结构(所有权和管理权的统一)。

芝加哥大学和TCE对反垄断执法改革的贡献在第4节中进行了简要讨论。我强调了关于TCE对反垄断的重要性的少数观点。

第5节研究了TCE推理在横向一体化中的应用:向后一体化原材料供应、向前一体化分销过程。价格理论问题在第6节中讨论,其中对价格歧视、《鲁宾逊-帕特曼法案》(Robinson-Patman Act)、掠夺性定价以及过度搜索(over-searching)提供了新的解释。在第7节中讨论了可信承诺的重要性。

第8节研究了现代企业,包括企业规模边界、规模扩大的限制,以及TCE对横向一体化和大企业合并的理解。第9节对前文进行了总结,并提供了一个简短的附录,列出了TCE项目所关注的八个基本问题。

第10篇论文的题目是《公司融资和公司治理》(1988年),是从TCE角度进行考察的。本篇论文从TCE与代理理论(部分而并非全部关于公司治理)之间的一些比较开始。基本目的是用TCE解释债务与权益工具之间的差异,并研究其对公司治理的影响。

弗兰科·莫迪利亚尼(Franco Modigliani)和默顿·米勒(Merton Miller)在开创性的论文《资本成本、公司融资和投资理论》(The Cost of Capital, Corporate Finance and the Theory of Investment, 1958)——该论文彻底变革了公司融资——中提出的主要定理是:"公司资本成本完全独立于其资本结构,并等于纯股权的融资成本"(Modigliani and Miller, 1958;着重号省略)。此后,一些经济学家引入了一系列条件——包括税收和破产、信号、资源限制和承诺,其中经理和投资者之间的信息不对称在后三个方面起着主要作用。

TCE方法对债务和股权的研究是从项目融资出发,其中债务和股权不仅被视为融资工具,而且被视为治理工具。具体而言,债务是一种受规则约束的结构,债务人按照该结构进行规定的利息支付,满足规定的流动性要求,在贷款到期日偿还本金,并且在发生违约的情况下,贷方对有关资产有优先受偿权。相比之下,权益是一种更具自由裁量属性的工具,因为权益对企业拥有剩

---

① 关于理查德·波斯纳与罗纳德·科斯以及我本人之间的后续交流,请参阅《制度与理论经济学杂志》(Journal of Institutional and Theoretical Economics)(第149卷)1993年3月期的《新制度经济学专题讨论会》(Symposium on the New Institutional Economics)。

余索取权，在企业的生命周期内具有契约效力并通过股东参与董事会来行使对管理层的（不同程度的）控制。

假设有两类耐用资产，即通用资产和公司专用资产；并且进一步假设项目是其中的一种（资产）。那么要解决的问题是：这些项目中的哪一个通过债务融资更有效？哪一个通过权益融资更有效？TCE 推理建议将债务（治理的市场形式）用于一般项目，并且将权益的层级结构留给资产专用性较高的项目——主要原因是一般资产是良好的抵押品，而专用资产却不是。

本篇论文中涉及的其他问题包括：(1) 租赁具有优势的"可移动的资产"（例如卡车或飞机），(2) 融资啄序理论，以及 (3) 杠杆收购——相对于资产，债务占比低的公司（这是对财务要求更高的一种形式）被具有洞察力的外部人接管，这些外部人获得控制权，剥离不需要的部分，恢复债务和股权的有效组合，并以重组后的形式收购公司上市。

需要重申的是，TCE 仅仅是莫迪利亚尼和米勒观点的几种解释之一。尽管如此，但它有助于获得更充分的结果。

第 11 篇论文《公司董事会：理论与实践》（2007 年）对标准的利益相关者与董事会目标的观点——这些观点来自将董事会的目标与最佳可行绩效进行了对比——提出了质疑。可以认为这是第 10 篇论文所阐述的融资逻辑的延续，在该逻辑中，运作良好的董事会是对股权融资的可靠承诺，其作用是降低股本成本，从而提高服务效率。尽管反对声音可能会很弱，但是这种可信承诺却受到利益相关者观点的反驳。利益相关者认为，董事会应该为各种各样的"有价值的参与者"提供服务。

我不反对这样的主张，即其他利益相关者①（例如，那些在公司中进行交易专用性投资的人，如组件的供应商、员工、产品的分销商或用户）具有要求提供可信的承诺的合法主张。但是，为此类要求提供支持的机制应主要采取集中的方式，即每个不同类型的利益相关者和企业签订契约。重复一遍，如第 10 篇论文所述，股权融资的逻辑是，董事会是公司与股权持有人之间可信的承诺机制。如果对待所有利益相关者都采用相同的方式，而不是以相匹配的方式对待他们，虽然有利于满足美好的意愿，但是会损害（治理）目标的实现。

对实践中董事会的考察揭示了导致董事会在监督和管理方面的局限性的因素，并提出了用可修复标准来评估备选模式的优缺点。

### 第三部分　跨学科的社会科学

正如前言附录中所讨论的那样，卡内基三要素的第二个就是跨学科。与其他两个训诫——良好的训练和活跃的思维——不同，跨学科是有条件的：如果正在研究的现象跨越学科界限，则需要跨学科的研究。本部分中出现的所有论

---

① 其他利益相关者是指与公司签订的合同中对公司专用资产的投资可忽略不计的人。

文都涉及使用经济推理来解释跨学科现象。

第12篇论文的题目是《交易成本经济学与组织理论》(1993年)。但是，在卡内基梅隆大学的跨学科培训中，我坐在詹姆斯·马奇（James March）（修读他的组织理论课程，后来修读他的阅读课程）和赫伯特·西蒙（Herbert Simon）（修读他的数理社会科学课程）的课堂上，却怀疑我能否找到交易成本经济学的门径。但是，这不是单向路径。经济学不仅可以从组织力量中获得新知，而且可以为组织理论提供新的认识。

本篇论文首先将旧制度经济学（由于缺乏建设性的研究议程而"陷入困境"）与新制度经济学（正在蓬勃发展）进行对比。此后，我将描述组织理论（广泛解释）为 TCE 提供新知的各种方式，并简要总结 TCE 框架及其应用。然后介绍了一系列跨时期的规律——根本性转变、选择性干预的不可能性、氛围经济学、对日本经济组织的解释——并讨论了它们与对经济组织的了解的相关性。我还研究了 TCE 与其他社会科学家在解释权力、路径依赖和信任等方面未解决的紧张关系。本篇论文最后以术语表的形式介绍了 TCE 的观点。

第13篇论文的题目是《计算、信任和经济组织》(1993年)。在本篇论文中，我关注的是社会科学家越来越倾向于采用"对用户友好的词语"，其中信任是其一，公平是其二，互惠互利是其三。并不是说信任和公平不是好话（相反，互惠和利他主义是矛盾的），而是在商业环境中使用信任和公平通常会掩盖和/或误解它们所解释的现象。[1]

我的观点是：在商业和非商业环境中广泛应用的信任削弱了我们对两者的理解。[2] 詹姆斯·科尔曼（James Coleman）就是其中一个例子，他建议将信任视为"涉及风险的一类情形，在这类情形下，一个人承担的风险取决于另一个人的表现"(Coleman, 1990，第91页)。他随后将这种对信任的计算性描述应用于商业和个人关系。在我考察他的每个示例时，我都会进行事后合理化解释——将事后的好坏分别解释为信任和错位的信任。尽管如此，科尔曼的观点在迭戈·甘贝塔（Diego Gambetta）组织的颇具影响力的研讨会系列中被采纳和重复。甘贝塔认为，"当我们说信任某人或者某人可信任的时候，我们指的是，对方采取对我们有利或者至少对我们无害的行为的概率足够高，足以考虑与他进行某种形式的合作"(Gambetta, 1988，第217页)。其他人得出了类似的结论："如果激励是'正确的'，那么甚至一个值得信赖的人也会变得不可信

---

[1] 在经济学家中，用户友好型词语的吸引力越来越大，这可能是因为其缓解了托马斯·卡莱尔（Thomas Carlyle）所谓的经济学为"沉闷的科学"(1850年)的描述。尽管可以理解，但如果在此过程中牺牲了对复杂现象的"冷静实际的"理解，则要付出高昂的代价。

[2] 拉斯·斯托尔（Lars Stole）是本篇论文的讨论者。由于他是一位精通数学的经济学家，而这不是一篇数学论文，所以我不确定会发生什么。令我惊讶和高兴的是，他报告说他读了三遍论文，每次都加深了对论点的含义的理解。但是，在信任文献中，本篇论文并不是很成功。

赖"（Dasgupta，1988，第49页）。相反，TCE将买卖双方之间的合作视为准则，当利益攸关时，背离商业交易的合作精神是可预见的策略行为（机会主义）。

更一般地说，我认为我们对商业交易的深刻理解源于我们毫不掩饰的对商业交易所进行的有远见的计算，以及对来自与家人、朋友和恋人的"几乎没有计算的"个人交易——这种几乎非计算性的信任偏离了将连续性边际演算应用于（少数几个）分立式结构类型的范式——的深刻描述。

第14篇论文的题目为《法学、经济学和组织》（2005年）。毋庸置疑，罗纳德·科斯对交易成本的推理对我们理解产权产生了巨大影响，并为随后不久形成的法律和经济运行提供了动力。确实，毫无疑问，法学和经济学是一个重要的成功故事。但是，我认为考虑组织理论有时将具有重要意义。

原因有几个。一方面，法学的经济方法主要是出于选择方法的视角（新古典资源配置范式），而不是契约的视角（尤其是TCE所提倡的契约/治理的视角）。例如，考虑一下哈罗德·德姆塞茨的观察，即"将［新古典］经济理论的企业与现实世界的企业混为一谈是错误的。新古典经济学的主要任务是了解价格体系如何协调资源的使用，而不是了解实体公司的实际运作"（Demsetz，1983，第377页）。如上所述，将企业作为生产函数的理论扩展到（包含）作为治理结构的企业理论，有助于商业公共政策的发展。

不仅反托拉斯政策受益于打开新古典主义公司的"黑箱"，从而更好地研究了内部组织机制的目的（请参阅第2篇论文、第5篇论文和第9篇论文），而且管制政策也得益于应用契约/治理的视角（请参阅第8篇论文）。组织的逻辑进一步增强了我们对公司财务以及公司治理的认识（请参阅第10篇论文和第11篇论文）。此外，正如本书第5篇论文所述，TCE可以联系并帮助解释法律规则（公共治理）和契约框架（私人治理）之间的契约法的区别。TCE进一步阐述了（作为内部组织法的）自制法。

结果是，关于"法学、经济学和组织"的研究已经取得了进展，前景广阔，特别是法学和经济学以及组织理论领域的年轻学者有兴趣尝试这方面的研究。①

### 第四部分　方法论

自从我在卡内基梅隆大学读书开始，实用主义方法论就是我多年来一直感兴趣的话题。实用主义方法论也将我带入交易成本经济学。没过多久，当我被要求给《实证经济学的方法论》（*The Methodology of Positive Economics*）供稿并参加"竞争性证据研讨会"时，我决定写一写我对方法论的一些看法。我

---

① 法学的其他领域也可从更为真实的经济组织理论中受益，包括劳动法、代理、行政法、财产权、担保交易和侵权行为。

的论文《弗里德曼（1953）和企业理论》［Friedman（1953）and the Theory of the Firm，2009］和《实用主义方法论：交易成本经济学上的应用》（Pragmatic Methodology：A Sketch with Applications to Transaction Cost Economics，2009）内容部分重叠，但涉及不同的问题。第二篇（也是较短的）论文作为本书的第15篇论文。

关于实用主义方法论的第15篇论文部分受罗伯特·索洛（Robert Solow）的非常短的（两页）陈述——《本国人的讲话》（A Native Informant Speaks，2001）——的启发，该陈述将他的观点总结为以下三条训诫：保持简单、使其正确，以及让其合理。我同意这三个观点，并添加了第四个观点：推导并实证检验"可辩驳的含义"。此外，我建议所有潜在的组织理论都要接受这四条训诫，并特别强调推导和检验可辩驳的含义。确实，正如我之前观察到的那样，正是由于TCE的预测经受住了实证检验，因此TCE的影响才更大。

尽管我反对弗里德曼在《实证经济学的方法论》中的一些具有争议的论述，但我始终认为弗里德曼对预测和检验的重视是正确的。不过，在撰写《实用主义方法论：交易成本经济学上的应用》时，我还是向他发送了一封电子邮件，以询问他目前对实证检验的看法。弗里德曼回答说："我相信，在我认为自己具有一定影响力的每个领域，并不是因为纯粹的分析，而是因为我能够组织的实证证据"——他同意了我把这句话公开的请求。

出于对社会科学复杂性的尊重（我在前面已经提到），西蒙对多元化的观点也使我信服："我是科学多元论的坚定信奉者。您前进的任何方向都有很高的先验概率出错。因此，如果其他人也在其他方向上探索，那就是好的——也许其中一个会走上正确的道路"（Simons，1992，第21页）。但是，我将扩大此范围，以便为几个互补的、有针对性的观点提供参考，这些观点可以为正在研究的复杂现象提供不同方面的信息——条件是每个潜在的观点都应得出可辩驳的含义，并经受实证检验。

尼古拉斯·乔治斯库-罗根（Nicholas Georgescu-Roegen）对此有一个贴切的说法："科学的目的一般不是预测，而是知识本身"，而预测却是"科学知识的试金石"（Roegen，1971，第37页）。确实，大多数经济学家知道，与数据一致的理论更具影响力。

本篇论文最后讨论了四个互为补充的实用主义思考：描述行为人，分析单位的选择，以及扩展和可修复性的重要性。

第16篇论文《交易成本经济学：一个自然的演进》（2010年）是我的诺贝尔奖演讲稿。它以对1970年前的贡献的描述开始，然后引入我于1971年写的关于生产的纵向一体化的文章（本书第2篇论文），接着描述了TCE的操作步骤、实证和公共政策的应用、相似问题的变体以及一系列将逻辑推向完整的努力：选择性干预、可修复性、可信的承诺、理论扩展以及自然发展过程等方面。

可修复性标准明确地反对将现有模式与假设的理想模式进行比较的普遍做法，于是宣布现有模式存在缺陷。正如科斯（Coase，1962）所说，这样的做法是愚蠢的。但是这样的做法仍然存在，可修复性标准是为纠正这种情况而做出的努力。判断标准如下：如果无法找到一种比现存的更优并具有预期净收益的可行替代模式，那么该现有的模式就是有效的。[①] 阿维纳什·迪克西特（Avinash Dixit，1996）认同并明确反对公共财政的规范分析传统，在那里政府失灵被忽略了。

可修复性的概念由来已久。罗宾逊（E. A. G. Robinson，1934）和哈罗德·德姆塞茨（Harold Demsetz，1967）都敏锐地提及了"涅磐经济学"（nirvana economics）——将实际组织形式与理想形式进行比较——的分析困境。一个理想化的形式最多作为一个（分析）起点。之后的分析需要面对合理性和可操作性。

由于所有可行的组织形式相对于一个假设的理想模式都是"失败"的，因此相关的选择和最终的比较总是在可选的有缺陷的组织形式之间进行。现有的条件是：如果没有净收益的替代方案可以实施，那就是无法修复的，也就是说，需要等待新的发展，该组织形式目前是有效的。

通过（1）认识到不可能做得比最好的更好，（2）所有的组织形式比较都能通过可行性测试，（3）对称地揭示出所有的可行组织形式的弱点和优点，（4）描述出任何组织构建的成本计算机制，就可以避免陷入理想化但缺乏可操作性的推理。这些预防措施似乎是合理的、透明的，甚至无可争议；然而，所有这些措施都经常得不到保障。在任何时候都需要对所有有争议的经济组织形式进行对称和忠实的评估。

更一般地说，最后一篇论文总结了对我来说是一次永无止境的智力冒险的历程。我特别感谢我的妻子多洛丽丝的鼓励和不断的支持，感谢那些激励我和/或对我的事业感兴趣的优秀教师。我还要感谢我的同事和学生们，他们一次又一次地让我把课堂和研讨会当作一个论坛来检验"教学就是学习"的命题。

我也承认我很幸运。道路上转折的时机有时候总是对的，因为恰逢其会——尽管长时间的工作也是一个重要因素。托马斯·杰斐逊关于运气的评论是恰当的："我非常相信运气，我发现我工作越努力，运气就越好。"

## 附　录

### 20世纪60年代变革的十年

正如开头所提到的，本附录主要针对试图发现自己兴趣的学生和年轻教

---

[①] 但是，请注意，如果不满足公平或非战略性前提，这一推定是可以反驳的。

师。我主要专注于20世纪60年代，但首先简要回顾一下我在20世纪50年代的教育和工作经验。

我于1952年从威斯康星州苏必利尔市的高级中央高中毕业后就读于美国麻省理工学院里彭学院（1952—1955年），并获得了学士学位，然后在1955—1958年间做了三年工程师工作，随后就读于斯坦福大学（1958—1960年），在那里我获得了MBA学位。

我在工程方面的训练和工作为我作为经济学家的训练、教学和研究做好了准备。严格的工程学教育不仅重要，而且还为我的后续研究奠定了基础。工程学不仅为我提供了相关的建模工具，而且还启发了我关于正交易成本的想法——该想法在未来的几年中逐渐变得清晰。

我在斯坦福大学的MBA训练不仅有用，而且还受益于两位对我的职业感兴趣的年轻助理教授的建议。其中一位是詹姆斯·豪威尔（James Howell），我参加了他的经济学的第一年课程，他认为我具有良好的经济兴趣和直觉，并鼓励我在第二年使用选修课在大学其他院系修读经济学、统计学和数学课程。另一位是刚从卡内基梅隆大学工业研究院（GSIA）毕业的查尔斯·博尼尼（Charles Bonini）。他告诉我，卡内基梅隆大学的博士学位课程正好与我的兴趣相契合。在查看了GSIA计划后，我确信他是正确的。

我和我的妻子以及我们的两个孩子于1960年秋天搬到了匹兹堡。我很快发现，经济学和组织理论的结合，正如GSIA的杰出教授们对优秀的学生们所讲授的那样，将是我的研究领域。我认为1955—1965年是"Camelot Years"，在此期间，GSIA的15名研究人员从事了开创性的研究。正如一位来访者雅克·德雷兹（Jacques Dreze）所回忆的那样，"从那以后，我再也没有经历过这样的智力上的兴奋了"（Dreze，1995，第123页）。随后，该系的四名成员因在Camelot Years期间所做的研究而被授予诺贝尔经济学奖。此外，那个时代的四名学生将在30年后做同样的事情。[①]

我所说的"卡内基三要素"包括良好的训练、跨学科、活跃的思维。良好的训练使你得以掌握核心领域。如果你所研究的现象本质上是跨学科的，那么就要准备好采用跨学科的手段。拥有一个活跃的思维意味着通过问问题来刺激好奇心，面对令人费解的现象时，问"这是怎么回事？"而不要说"这就是这里的规则"。TCE是一个结合法学、经济学和组织的跨学科项目，这无疑是我在卡内基梅隆大学经过训练的产物。

在加州大学伯克利分校和宾夕法尼亚大学的教学也对我的继续教育发挥了

---

① 该时代的第五名GSIA学生艾伦·纽厄尔（Allen Newell）在1992年因其"对人工智能发展的开创性贡献"而被授予国家科学奖。

重要作用。"教学就是学习",这对于我所教授的产业组织和应用福利经济学课程尤其如此。

与我在卡内基梅隆大学的训练最密切相关的经济学领域是工业组织。这是我于1963年从卡内基梅隆大学获得博士学位后,应聘加州大学伯克利分校的经济学系时所讲授的课程。但是,我从未参加过工业组织课程,这既有优势也有劣势,且优势大于劣势。

事后来看,工业组织(IO)领域,特别是其在反托拉斯和监管方面的公共政策应用,在20世纪60年代陷入了艰难的时期。正如维克托·富克斯(Victor Fuchs)在国家经济研究局介绍关于工业组织的政策问题和研究机会的座谈会时所说的那样,"工业组织向何处发展?……这个曾经繁荣的领域现在全面衰落了"(Fuchs,1972,第15页)。因为从未被"灌输",我毫不犹豫地拒绝了当时流行的一些正统教义。

对工业组织发展困境的原因可以有多种阐述。我主要将这些原因归结为三个相关的误解。第一,在工业组织领域内,对新古典公司理论过分依赖——新古典将企业,包括现代公司在内,描述为"黑箱",其根据技术法则将投入转化为产出。出于某些目的,这不是一件坏事,但并不是好事,这就导致了第二个误解:公司的内部组织可以忽略,因为它被认为是无关紧要的。第三,与承认摩擦的工程学不同,经济学上的摩擦在理论和实践上通常都假定为零。

不仅在工业组织领域(在经济学上更普遍)认为组织不重要,而且缺乏"技术或物理方面"的纵向一体化被认为具有反竞争的目的和作用(Bain,1968,第381页)。这可能并且有时确实导致了错误的反托拉斯执法,对我来说这是一个研究机会。

我在应用福利经济学方面讲授的研究生课程也是学习经历,其中需要考虑正的交易成本。在这方面,我的阅读清单上的两篇论文尤其重要。其中之一是罗纳德·科斯的著名论文《社会成本问题》(The Problem of Social Cost,1960),在该文中科斯提出了将经济学中标准假设的逻辑,即交易成本为零,应用到外部性研究。这产生了令人惊讶和尴尬的结果:据称具有外部性的交易各方将时刻纠正这种情况,方法是无成本地意识到潜在的低效率,并进行无成本的重新谈判。最后外部性将消失!在那种情况下,"庇古(Pigou)的结论以及大多数使用标准经济学理论的经济学家的结论"是错误的(Coase,1992,第717页)。

但是,当然教训不是我们以后应忽略外部性。相反,教训是,外部性是真实的,因为交易成本为正。此后,这种外部性应在成本-收益上得到缓解。

肯尼思·阿罗题为《经济活动的组织》(The Organization of Economic Activity,1969)的论文同样提出了"市场失灵不是绝对的;最好考虑一个更广泛的类别,即交易成本类别"(Arrow,1969,第48页)。与外部性一样,"如果经营竞争性市场的成本为零，在我们的理论分析中通常做出这一假设"（Arrow，1969，第48页），纵向一体化将消失。这种零交易成本假设同样与数据不符。

我完全相信，此后需要考虑的正交易成本才能解释更多经济现象。但是，对正的交易成本注入可操作性内容并不是显而易见的。

我在20世纪60年代的第四次"主要教育经历"是我在美国司法部反垄断部门担任特别经济助理一职。这也是一次非同寻常的经历：反垄断部门的法律领导和法律人员很出色，我很高兴与他们合作。① 但是也存在一个问题：他们所依赖的经济学原理主要是传统工业组织的经济学原理，即结构-行为-绩效。尽管对于某些目的具有指导意义，但对于其他目的却是有缺陷的——以施文（Schwinn）案（涉及纵向市场限制）为例。

我被要求对施文的早期草案发表评论，该草案提出了这样一个事实，即施文对加盟商施加的限制不仅没有价值，而且具有反竞争的目的和效果。我意识到这是基于传统的IO推理（技术很重要，但组织却不重要），因而我建议保持谨慎。我的论点对起草人没有说服力，此草案在没有考虑其他经济目的的情况下被提交至最高法院，并被判定为支持反垄断部门。② 但现在我有了一个使命：我决定在回到宾夕法尼亚大学的教学之前重新阅读纵向一体化文献，这是我的TCE研究的起源。

从我在宾夕法尼亚大学组织的"纵向一体化"研讨会开始，我和学生们"非常详尽"地阅读了文献。尽管在把企业视为生产函数的传统文献中存在一些很好的论文，但没有体现出应该将企业和市场作为替代的治理模式进行研究的含义。因此，我决定通过将新古典主义的选择视角替换为不断发展的契约视角来重新研究纵向一体化。我的论文《生产的纵向一体化：关于市场失灵的研究》（The Vertical Integration of Production: Market Failure Considerations，1971）就是该研究成果。此后不久，我便进行了交易成本经济学研究。

---

① 当时，经济学人员主要提供诉讼支持。此后，经济学人员得到晋升，并根据案情处理问题和提交案件。

② 请注意，"反托拉斯经济学"的倒置状态使得被告（施文）没有动机为经济目的辩护。正如最高法院对宝洁公司收购高乐氏（Clorox）案所指出的那样，潜在的经济目的不能用作对违法行为的辩护 [Federal Trade Commission v. Procter & Gamble Co. 386 US 568, 574 (1967)]。确实，对经济目的的轻视和反对声音如此之大，以致备受批评的被告坚称不存在经济效率收益——因为这些效率收益将被解释为对小竞争对手不利。

# 目 录

## 第一部分 理论与概念

**层级制和市场** ……………………………………………………… 3
   1. 基础 …………………………………………………………… 3
   2. 应用 …………………………………………………………… 5
   3. 总结 …………………………………………………………… 8
   参考文献 ………………………………………………………… 8

**生产的纵向一体化：关于市场失灵的研究** …………………… 10
   Ⅰ. 内部组织：积极的方面 …………………………………… 11
   Ⅱ. 对市场失灵的考察 ………………………………………… 12
   Ⅲ. 结论 ………………………………………………………… 20
   参考文献 ………………………………………………………… 21

**交易成本经济学：契约关系的治理** …………………………… 23
   Ⅰ. 一些缔约背景 ……………………………………………… 25
   Ⅱ. 特质交易的经济学 ………………………………………… 28
   Ⅲ. 商业缔约 …………………………………………………… 33
   Ⅳ. 其他应用 …………………………………………………… 40
   Ⅴ. 启示 ………………………………………………………… 43
   Ⅵ. 结束语 ……………………………………………………… 45

**可信的承诺：用抵押品来支持交易** …………………………… 46
   Ⅰ. 私人秩序 …………………………………………………… 47
   Ⅱ. 抵押品模型 ………………………………………………… 50

| | |
|---|---|
| Ⅲ．吸引生产者 | 55 |
| Ⅳ．单边交易 | 58 |
| Ⅴ．双边交易的应用 | 61 |
| Ⅵ．石油互换 | 64 |
| Ⅶ．总结 | 68 |
| 参考文献 | 70 |

**比较经济组织：分立式结构分析** 75
| | |
|---|---|
| Ⅰ．分立式结构分析 | 76 |
| Ⅱ．治理（结构）的维度化 | 83 |
| Ⅲ．区别组合 | 86 |
| Ⅳ．比较静态分析 | 91 |
| Ⅴ．讨论 | 96 |
| Ⅵ．总结 | 98 |
| 参考文献 | 98 |

**企业的局限性：激励与官僚主义特征** 104
| | |
|---|---|
| 1. 一个长期困扰人们的难题 | 105 |
| 2. 所有者管理的供应阶段的一体化 | 108 |
| 3. 对所有权和经营权分离的供给阶段收购 | 115 |
| 4. 官僚制/科层制的成本 | 118 |
| 5. 市场中的低能激励 | 122 |
| 6. 有关案例 | 125 |
| 7. 结论 | 129 |
| 参考文献 | 130 |

**策略化、节约与经济组织** 133
| | |
|---|---|
| 1. 节约概述 | 134 |
| 2. 比较性缔约 | 141 |
| 3. 日本企业 | 150 |
| 4. 总结 | 155 |
| 插入语 | 155 |
| 参考文献 | 156 |

# 第二部分 公共政策

**自然垄断行业的特许经营投标——一般论述及有线电视行业的应用** 165
| | |
|---|---|
| 1. 引言 | 165 |

2. 简单的特许经营投标模式 ……………………………………… 168
　　3. 不确定性下的特许经营投标 …………………………………… 170
　　4. 案例研究 ………………………………………………………… 183
　　5. 总结 ……………………………………………………………… 192
　　参考文献 ……………………………………………………………… 194

## 打开企业和市场组织的"黑箱"：反垄断 ……………………………… 198
　　1. 反垄断的危机 …………………………………………………… 199
　　2. 微观分析：概要 ………………………………………………… 200
　　3. 中间产品市场交易：范式交易 ………………………………… 202
　　4. 反垄断的应用：概述 …………………………………………… 204
　　5. 垂直市场关系 …………………………………………………… 205
　　6. 价格理论问题 …………………………………………………… 208
　　7. 可信的承诺 ……………………………………………………… 210
　　8. 现代企业 ………………………………………………………… 213
　　9. 结论 ……………………………………………………………… 218
　　参考文献 ……………………………………………………………… 218
　　附录　契约/治理视角的知识背景 ………………………………… 223
　　参考文献 ……………………………………………………………… 224

## 公司融资和公司治理 …………………………………………………… 225
　　Ⅰ. 代理理论和交易成本经济学的比较 …………………………… 225
　　Ⅱ. 项目融资 ……………………………………………………… 233
　　Ⅲ. 扩展、限制和应用 …………………………………………… 241
　　Ⅳ. 总结 …………………………………………………………… 246
　　参考文献 ……………………………………………………………… 247

## 公司董事会：理论与实践 ……………………………………………… 252
　　1. 可信契约 ………………………………………………………… 253
　　2. 实践中的董事会 ………………………………………………… 255
　　3. 董事会与预期目标 ……………………………………………… 258
　　4. 上述五个临时教训 ……………………………………………… 263
　　5. 重新审视可信契约 ……………………………………………… 266
　　6. 其他相关的文献 ………………………………………………… 268
　　7. 结论 ……………………………………………………………… 270
　　附录 …………………………………………………………………… 271
　　参考文献 ……………………………………………………………… 272

## 第三部分　跨学科的社会科学

**交易成本经济学与组织理论** ········· 277
　1. 简介 ········· 277
　2. 制度经济学 ········· 278
　3. 三层模式 ········· 281
　4. 组织理论的附加值 ········· 284
　5. 交易成本经济学的策略 ········· 291
　6. 附加规律 ········· 297
　7. 无法解决的矛盾 ········· 301
　8. 结论 ········· 310
　参考文献 ········· 311

**计算、信任和经济组织** ········· 323
　Ⅰ. 计算 ········· 323
　Ⅱ. 计算性信任 ········· 331
　Ⅲ. 联用信任 ········· 341
　Ⅳ. 几乎非计算性的信任 ········· 345
　Ⅴ. 结束语 ········· 349

**法学、经济学和组织** ········· 352
　Ⅰ. 引言 ········· 352
　Ⅱ. 理论框架 ········· 353
　Ⅲ. 组织理论 ········· 354
　Ⅳ. 比较契约分析 ········· 360
　Ⅴ. 在公共政策上的应用 ········· 362
　Ⅵ. 契约和经济组织 ········· 368
　Ⅶ. 结论 ········· 372
　致谢 ········· 373
　参考文献 ········· 374

## 第四部分　方法论

**实用主义方法论：交易成本经济学上的应用** ········· 381
　1. 相关背景 ········· 381
　2. 实用主义方法论 ········· 382

3. 交易成本经济学 ……………………………………………………… 383
　　4. 补充思考 …………………………………………………………… 387
　　5. 结论 ………………………………………………………………… 392
　　参考文献 ……………………………………………………………… 392

**交易成本经济学：一个自然的演进** ……………………………………… 397
　　Ⅰ. 一个概述 ………………………………………………………… 398
　　Ⅱ. 生产的纵向一体化 ……………………………………………… 401
　　Ⅲ. 基本内容 ………………………………………………………… 404
　　Ⅳ. 完善逻辑推理 …………………………………………………… 409
　　Ⅴ. 结语 ……………………………………………………………… 415
　　参考文献 ……………………………………………………………… 416

**译后记** ………………………………………………………………………… 422

PART I THEORY AND CONCEPTS

第一部分

# 理论与概念

# 层级制和市场[*]

无论是在森林边缘的第一个可以用坚果交换浆果的市场的形成，还是第一个为了进行野猪狩猎而形成的涉及"领导"的层级制团队的诞生，很明显，市场和层级制的起源都可追溯到遥远的古代。同样可以明确的是，市场和层级中出现的组织创新都为经济发展做出了重要贡献。

在这两者间，市场在经济学家中享有更好的声誉：这可以追溯到亚当·斯密（Adam Smith，1922），并一直延续到今天。尽管斯密推崇自治、专业化和市场奇迹，但他对大型股份公司的所有权和控制权分离以及由此产生的过多管理自由裁量权表示担忧。事实上，又因为人们由于技术的原因不愿意接受规模经济，自那以后，层级制一直处于阴云密布的境地。直到最近，对各类组织——市场、层级制和政府机构——的研究才开始出现对等程度的重视。

## 1. 基础

20世纪30年代初形成的新古典主义企业理论从技术方面（作为生产函数）描述了企业，将企业的目标定义为追求利润最大化。这种抽象手段很容易展示垄断、独家垄断和垄断竞争的不利后果，但这种"黑箱"结构将掩盖组织中重要的议题——层级制。

随着经济学家科斯（Coase，1937）、康芒斯（Commons，1932）、律师卢埃林（Llewellyn，1931）和组织理论家伯纳德（Barnard，1938）先后提出了关于组织的激进的全新观念，这种情况开始改变。科斯提出，企业并不是一种

---

[*] 原文"Hierarchies and Markets"载于 *International Encyclopedia of the Social & Behavioral Sciences*，2001，pp. 6690-6693。译者：钟世虎。

预先存在的技术实体，而企业和市场是组织的可替代模式。因此，企业进行"生产还是购买"的决策并不是由技术决定的（尽管阶段之间的技术可分离性条件是重要的），但是需要进一步研究。科斯进一步得出结论："在市场和层级制之间的选择主要由交易成本的差异决定"。从那时开始，对于市场和层级制理论而言，典型的问题是纵向一体化问题。

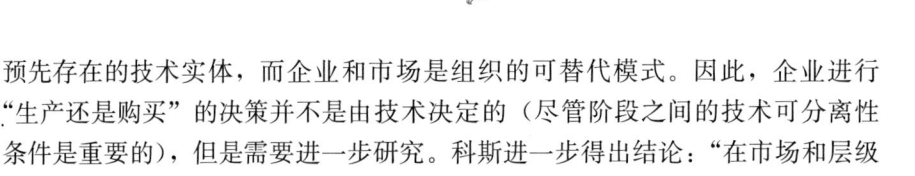

理论上，这是简单的抉择：在保持技术不变的情况下，当企业的内部交易成本小于市场外部交易成本时，企业应根据需求自己生产产品；反之，企业应在市场中购买产品。但是，我们仍然在期待这样一个具有强预测能力的理论，它可以告诉我们什么时候企业的内部交易成本大于市场外部交易成本，什么时候企业的内部交易成本小于市场外部交易成本，但现在进行预测的理论仍然是一种基于套套逻辑（重言式）的理论。因此，尽管事后的选择总是可以用交易成本来合理解释，但这在理论上是不规范的。可以理解的是，这种临时性的解释受到了严重的怀疑。事实证明，将企业和市场视为替代方案，以及呼吁使用交易成本来解释它们之间行为分配的想法会非常有成效。

此外，科斯继续提出了两个深层次的难题：如果市场是卓有成效的，为什么我们会看到企业组织了如此多的商业活动？反之，如果企业在市场上享有管理优势，那么为什么不是所有事情都仅由某一个大公司组织？任何希望考察企业和市场理论的人都必须解决这两个难题。

康芒斯提出的组织研究方法不同于科斯的方法，但是又与科斯的方法互补。他强烈意识到困扰组织研究的冲突，并认为："基本的行为单位……本身必定包含三个原则，即冲突（conflict）、相关性（mutuality）和秩序（order），这一基本单位就是交易"（Commons，1932）。康芒斯所指的三原则——冲突、相关性和秩序——内含有治理的思想，因为治理是一种建立秩序、减少冲突和实现共同收益的手段；但将交易视为分析基本单位是非常有启发性的。

卢埃林对律师和经济学家看待契约的法理学方式持保留态度。卢埃林并没有按照现行法律规则传统来解释契约，而是提出了更具弹性的合同概念作为框架，据此，"双方之间的契约几乎永远无法准确地表明实际的行为关系，但是……粗略地提出了这种关系变化程度的范围，这会为行为偶尔在出现疑问的情况下提供指导，并在这种关系（实际上）不再起作用时提供最终诉诸法律的标准"（Llewellyn，1931）。卢埃林的思想预示了"不完全契约"（与法学和经济学中的"完全契约"的传统相对）和"私人秩序"（与"法院秩序"相对）概念的出现。

伯纳德将他作为商人的经历和作为社会科学家的直觉带入了复杂组织的研究。有趣的是，经济学家哈耶克（Hayek）和组织理论家伯纳德都同意，"适应"是经济组织的核心问题。但是，尽管哈耶克（Hayek，1945）所指的适应是市场上的自主适应，但伯纳德所指的适应包括"人类之间有意图的、经过深思熟虑的、有目的的合作"（Barnard，1938）。这两种原理的工作机制不同：自发适应需要企业自行对市场发出的相对价格的信号进行回应；而合作带来的适应则是通过公司内部的管理流程而有意实现的。当然，两种适应对高效的经济都是至关重要的，因此需要以共通相容的方式来对待层级制和市场化。

从经济学、法学和组织理论中吸收的深刻见解为这种组织科学提供了跨学科的基础。但是，除了在卡内基梅隆大学的工作（Simon，1947，1957 以及 Cyert and March，1963），大部分都是受伯纳德的启发，这些研究仍未完全成型。在接下来的 35 年中的大部分时间里，许多对 20 世纪 30 年代就已经出现的先见之明的深入研究仍然进展缓慢。迫切但未满足的需求是：（a）合并和（b）应用这些深刻的见解。法学、经济学和组织理论理应相互交流，然后才可被应用在经济组织的预测理论中。

## 2. 应用

与层级制和市场相关的跨学科研究是从 20 世纪 70 年代开始进行的（Williamson，1971，1975，1979；Alchian and Demsetz，1972；Jensen and Meckling，1976；Klein et al.，1978），此后，相关研究的数量呈指数增长。在这一节，我主要概述层级制和市场研究中递进并有逻辑的六个关键议题。

### 2.1 行为人

西蒙（Simon，1985）认为："在设定我们的研究议程并形成自己的研究方法方面，没有什么比我们对所研究的人类行为本质的看法更为基本。"人类行为的认知和以自利作为导向的特征对经济组织的研究至关重要。"有限理性"是一种行为，它是一种有意图的理性，但仅仅是有限度的理性，逐渐取代了"超理性"（hyper-rationality）作为基本的认知条件。"机会主义"，有时被用来指代经济参与者的战略行为，也已被普遍用来描述自我利益。尽管在理性上有局限性，但研究者也假定经济参与者具有预见性，这对满足"康芒斯三要素"至关重要。综上所述，这三个基本属性导致了以下结论：（a）所有复杂的契约都会不可避免地成为不完全契约（有限理性）；（b）没有可靠承诺支持的单纯的契约会产生风险（机会主义）；以及（c）保持警惕的当事方会对前瞻性的风险进行评估，并将评估的结果纳入组织的设计中（预见性）。

### 2.2 交易

如果交易是这类分析的基本单位，则需要确定一些关键维度来区分各类交易，并确定各类交易可能带来的后果。交易的主要属性包括：（a）交易发生的

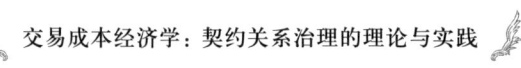

频率；(b) 交易发生的不确定性（交易受到的干扰）；以及 (c) 资产专用性。对于最后一个属性，这是指在不损失生产价值的前提下，用于进行交易的资产可以重新部署到其他用途和用户的程度。资产专用性有几种形式，其中主要的类型是物理资产专用性（比如生产所需的专用模具）、人力资本专用性（公司特定的学习）、地点专用性（位置）、专项资产、品牌资产和时间专用性。当对特定的交易资产进行大量投资时，就会形成双边依赖，结果会导致跨期管理的复杂性。

## 2.3 组织

可替代的组织模式并不是使用边际进行描述的，而是利用离散的结构术语，也就是说，每种组织模式（市场、混合制组织、企业、政府机构）都被描述为内部具有一致属性的整体。描述可替代组织模式的主要方面包括：(a) 激励强度，(b) 行政控制，(c) 契约法的制度（Williamson, 1991）。（具有强烈激励、有限控制和强法治性的市场模式有利于自主适应；具有弱激励、广泛控制和内部解决争议的企业模式有利于合作适应。）结果是各类替代模式都有自己明显的优点和缺点，它们在种类上而不是程度上彼此不同。

标准经济学理论将企业描述为"一个经济模型上的点，或只是某种程度上的'黑箱'"，而组织经济学则认为"企业显然不是一个点这么简单，它们具有自身的内部结构，而存在这种结构是有原因的"（Arrow, 1999）。层级制和市场的研究范式将企业描述为一个复杂的层级，在其中既可以进行足够的治理，又满足专业化的目的。人群中人类行为者之间的认知和行为的差异为专业化提供了机会；那些需要合作适应的交易（即，资产具有高度的特定性，并且由于契约的不完全而需要适应后续干扰的交易）是需要增加治理支持的。因此，确立以企业作为治理结构的概念就成为引进秩序、缓解冲突并为需要合作性适应的交易实现共同收益的一种手段。

## 2.4 可辩驳的含义

与治理相关的绝大多数可辩驳（refutable）的含义都来自区分"一致性假设"，根据这一假设，属性不同的交易与成本和治理功效不同的治理结构保持一致，从而达到（主要是）节约交易成本的目的。中间产品市场中的"纵向一体化"现象是一个典型的例子，与之相关的是，这类主题的大量变体形式被纳入研究，比如劳动力市场、资本市场、垂直市场限制（比如特许经营）、监管（和放松监管）、经济改革（特别是经济私有化）和政府机构等。更一般地说，任何以契约问题形式出现或可能被提出的问题，都可以从节约交易成本的角度加以考察。

第二类有研究潜力的方向与专业化有关。在考虑到人类行为之间的差异后

(在认知和自利性方面)，通过将人类行为主体的属性与他们希望实现的需求相匹配，许多研究机会就会出现。这类话题还没有得到很好的解决，但却是一个很有前景的研究方向。

## 2.5　实证研究

一些经济组织理论很少努力提出可辩驳的含义。即使提出了，也很少有人对其进行实证检验。西蒙（Simon，1991）显然认为，交易成本经济学在实证检验方面有待加强：如果只是等待着进行实证检验，而不去真的付诸行动，新制度经济学和相关方法就会成为一种不理性的"信仰"，或者可能只是一种虔诚的行为罢了。

早在 20 年前，科斯就对契约和组织方面缺乏实证研究表示出了类似的担忧，但那是在交易成本经济学研究开始进行和预测有效性得到推进之前。交易成本经济学的实证应用始于 20 世纪 80 年代，此后呈指数增长。令人吃惊的是，理论和证据显示出惊人的一致性（Masten，1995）。正如乔斯科（Joskow，1991）所说，"这项实证工作展现出的结果要比一般的产业组织中的许多实证工作好得多"。

## 2.6　完全正式化

20 世纪 30 年代是新兴组织科学的非正式思想形成的十年，70 年代是这些思想逐渐成为准正式形态的十年，80 年代是进入半正式的十年，而 90 年代后则进入蓬勃发展的完全正式的时代。格罗斯曼和哈特（Grossman and Hart，1986）在《所有权的成本和收益》（*The Costs and Benefits of Ownership*）一书中提出了第一个完全正式化的不完全契约模型。哈特也在 1995 年出版的《企业、契约与金融结构》（*Firms, Contracts, and Financial Structure*）一书中详细阐述了这些观点。自那以后，这方面的工作已经有了更多的进展。然而，就目前的情况来看，半正式阶段和完全正式阶段之间还存在着巨大的差距。

这一断层出现的一个主要原因是，对不完全契约的完全正式的分析过于依赖产权分配来评估相对效率。这不仅否认了不同治理模式之间组织结构的离散差异，而且忽视了"协调适应是组织的中心"（区分两种适应类型）这一命题。这些差异是必然的，因此克雷普斯（Kreps，1999）得出结论说："如果引入信息经济学的概念，将层级制和市场的研究转化为博弈论的形式……将是一个非常糟糕的转变……尤其是，基于数学的理论仍然缺乏捕捉有限理性的基本思想所需的语言，这是……交易成本和契约形式的核心。"尽管如此，克雷普斯（Kreps，1999）仍然乐观地认为，得益于新的数学工具的出现，这一努力最终可能会成功。

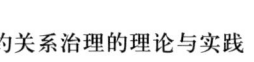

## 3. 总结

曾经当我们谈论起市场或层级制的时候，习惯性地认为前者表示"权力的下放"，而后者则表示"中央计划"，但现在情况有所改变：现在，我们更习惯将市场和层级制作为一组可以相互转换的形式进行讨论。这不仅仅是将"或"替换为"和"，还代表了经济组织研究方式的真正转变。本文所述的法律、经济学和组织科学的跨学科研究：（a）涉及比较制度分析，其中以如何节约（交易成本）为主要议题，而如何进行分析的关键则在于分析行为人、交易和治理结构的属性；（b）产生了大量可辩驳的含义；（c）寻求实证检验；（d）具有许多公共政策影响；（e）追求完全正式化。现在，许多经济学家已经认为，必须以法律、经济学和组织科学相结合的方式研究经济组织。法律学者已经将这些思想纳入了契约法、公司治理、反托拉斯执法和对应的法规中。组织理论家已经开始意识到经济推理的广泛应用。尽管取得了真正的进展，但新的问题和挑战似乎没有止境。交易成本经济学与它所处的每个学科（法学、经济学和组织科学）之间的张力可以稳健地应用到未来的研究中。

# 参考文献

Alchian A, Demsetz H 1972 Production, information costs, and economic organization. American Economic Review 62 (December): 777 – 95

Arrow K 1999 Forward. In: Carroll G, Teece D (eds.) Firms, Markets and Hierarchies. Oxford University Press, New York, pp. vii – viii

Barnard C 1938 (1982) The Functions of the Executive, 15th edn. Harvard University Press, Cambridge, MA

Coase R 1937 The nature of the firm. Economica 4: 386 – 405. (Reprinted. In: Williamson O E, Winter S (eds.) 1991 The Nature of the Firm: Origins, Evolution, Development. Oxford University Press, New York, pp. 18 – 33)

Commons J R 1932 The problem of correlating law, economics, and ethics. Wisconsin Law Review 8: 3 – 26

Cyert R M, March J G 1963 A Behavioral Theory of the Firm. Prentice-Hall, Englewood Cliffs, NJ

Grossman S J, Hart O D 1986 The costs and benefits of ownership: A theory of vertical and lateral integration. Journal of Political Economy 94 (August):

691 – 719

Hart O 1995 Firms, Contracts, and Financial Structure. Oxford University Press, New York

Hayek F 1945 The use of knowledge in society. American Economic Review 35 (September): 519 – 30

Jensen M, Meckling W 1976 Theory of the firm: Managerial behavior, agency costs, and capital structure. Journal of Financial Economics 3 (October): 305 – 60

Joskow P 1991 The role of transaction cost economics in antitrust and public utility regulatory policies. Journal of Law, Economics, and Organization 7 (Special Issue): 53 – 83

Klein B, Crawford R A, Alchian A A 1978 Vertical integration, appropriable rents, and the competitive contracting process. Journal of Law and Economics 21 (October): 297 – 326

Kreps D M 1999 Markets and hierarchies and (mathematical) economic theory. In: Carroll G, Teece D (eds.) Firms, Markets, and Hierarchies. Oxford University Press, New York, pp. 121 – 55

Llewellyn K N 1931 What price contract? An essay in perspective. Yale Law Journal 40: 704 – 51

Masten S 1995 Introduction to Vol. II. In: Williamson O, Masten S (eds.) Transaction Cost Economics. Edward Elgar, Brookfield, VT

Simon H 1947 Administrative Behavior. Macmillan, New York

Simon H 1957 Models of Man. Wiley, New York

Simon H 1985 Human nature in politics: The dialogue of psychology with political science. American Political Science Review 79: 293 – 304

Simon H A 1991 Organizations and markets. Journal of Economic Perspectives 5 (Spring): 25 – 44

Smith A 1776 [1922] The Wealth of Nations. Dent, London

Williamson O E 1971 The vertical integration of production: Market failure considerations. American Economic Review 61 (May): 112 – 23

Williamson O E 1975 Markets and Hierarchies: Analysis and Antitrust Implications. Free Press, New York

Williamson O E 1979 Transaction-cost economics: The governance of contractual relations. Journal of Law and Economics 22 (October): 233 – 61

Williamson O E 1991 Comparative economic organization: The analysis of discrete structural alternatives. Administrative Science Quarterly 36 (June): 269 – 96

# 生产的纵向一体化：关于市场失灵的研究*

纵向一体化的研究遇到了理论和政策双重困难。纵向一体化理论并没有在价格理论中得到稳固的地位；原因是，在传统假设下，一体化是一个异常现象：如果竞争性市场的运行成本为零，"就像我们在理论分析时通常假设的那样"（Arrow，1969，第48页），那么为什么还会出现一体化？

对纵向一体化的政策兴趣主要关注它可能造成反竞争效应（anticompetitive effects）。在缺乏更加坚实的理论基础的情况下，纵向一体化作为一个公共政策问题，即使它完全没有反社会性质，通常也会引起质疑。例外情况是，一体化的各方存在技术依赖或者（可能）存在可观测到的节约（observational economies）。

技术依赖是我们最熟悉也最容易理解的观点：在时间和空间上自然衔接、紧密联系的连续生产过程决定了某些有效的制造业结构，这些制造业结构反过来被认为具有共同所有权含义。这样的技术依赖性对于流水作业（如化学、冶金等等）比对生产可分离的制造业更重要。典型的例子是冶铁和炼钢产业通过一体化来节约热能。一般认为，当"一体化不存在这种物理和技术的特征——例如，零部件生产企业和组装企业的一体化就不具备上述技术特征——这种一体化的成本节约就不那么明显了"（Bain，1968，第381页）。

但是，上述观点引起了人们的不安。这种不安可能来源于这一质疑：企业并不仅仅是通过采取惯常的规模经济和最低成本要素比的简单效率生产工具，此外，企业还具有潜在的协调能力，这种协调能力有时候是超越市场的。自从这一质疑被证实后，技术依赖观点的解释力就被削弱了。从多方面来看，内部

---

\* 本文得到布鲁金斯研究所（Brookings Institution）的资助。感谢 Noel Edelson、Stefano Fenoaltea、Julius Margolis 和 Almarin Phillips 对本文提出的建设性意见。本文是关于组织失灵问题讨论的一部分成果。

原文"The Vertical Integration of Production：Market Failure Considerations"载于 *The American Economic Review*，1971，61（2）：112-123。译者：陈桓亘。

组织替代市场交易的观点的吸引力并不是来自生产技术上的成本节约，而是来自中间产品市场运行中存在的、被广泛称为"交易失灵"（transactional failures）的现象。这种内部组织对市场交易的替代被称为"内部化"（internalization）。

上文的观点依赖两个重要文献：一是科斯的《企业的性质》（The Nature of The Firm）（Coase, 1937），二是阿罗最近对市场和非市场配置的评论（Arrow, 1969）。显然，我赞同马尔姆格伦（Malmgren, 1961）的观点：在完全静态的条件下，交易成本分析是没有意义的，只有当需要做出非计划的适应时，市场和内部组织的替代问题才变得有意义。

虽然马尔姆格伦发现企业的优势是在相互依赖的活动中具有信息控制和实现计划一致性的能力，这会被看作一种信息处理优势，但我主要强调的是企业和市场在激励和控制特征方面的差异。这并不意味着对信息处理特征的考察不重要，而是这种考察并没有完全揭示企业的特殊性质，正是这些被忽视的特殊性质才使得企业（内部组织）替代了市场。

# Ⅰ．内部组织：积极的方面

对于纵向一体化的完整分析需要对内部组织的优缺点进行评估。在其他条件相同的情况下，当与内部组织管理协调相关的摩擦日益严重时，就需要求助于市场交易。然而，考察一体化中的组织失灵问题超出了本文的研究范围。[①] 简单地讲，考虑到有限理性和市场交易的客观性（相对于官僚主义程序），在市场能够"运行良好"的情况下，市场中介一般优于内部供给。[②]

作为替代市场的内部组织，企业的特征可以归纳为三类：激励、控制以及人们通常所说的"固有的结构优势"。从激励角度来讲，内部组织削弱了对讨价还价的支持。在组织内部，即使利益无法完全协调，也至少可以摆脱各种狭隘的机会主义。在任何可行的组织中，包括企业组织，权力让渡的程度限制了组织内部行为的可接受范围。因此，在独立的交易各方之间的长期谈判可以预期的情况下，内部组织就更有吸引力。[③]

---

① 我在 Aspects of Monopoly Theory and Policy（即将出版）中讨论了组织失灵的问题，并考察了其政策含义。

② 市场中介运行良好的情况是：不管是现在还是可预期的未来，市场价格都是非垄断的，并且反映出一个可接受的风险溢价；或者市场交换的交易成本很低，并且能实现主要的成本节约。如果其他条件不变，而上述条件又不满足，内部供给就相对市场更具有吸引力。

③ 当然，共同所有权并不能保证目标一致性，在股份公司组织中，购买方和供给方都是独立部门，它们各自追求利润最大化，因此这时候股份公司并不能解决问题。而且，追求共同利益最大化的假设并不总是充分的。目标需要可操作化，包括制定规则（比如转移价格的制定）和制订有效的内部激励计划。进一步的讨论，见 Williamson（1970）。

然而，企业最显著的优势是，相对于企业间的市场活动，企业内部拥有更多、更有效的控制工具（Williamson，1970）。相对于购买者，企业不仅有制度权威，而且还能以低成本获得必要的数据，以进行更加精确的自我绩效评价（包括对当时的和过去的绩效评价），而且企业的奖惩体系（包括员工的任用、升职、薪酬和内部资源分配）更加精细。

特别与此相关的是，当冲突发生时，企业拥有相对有效的解决机制。例如，命令通常要比讨价还价或者诉讼更能有效地解决轻微的摩擦（比如对契约解释的差异）。而组织之间的冲突很少通过命令来解决。首先，是因为解决纠纷要求双方（或多方）商定引入一个中立的仲裁者，仅仅是协定这个中立的第三方就十分费时费力，更别说还要建立起一个关于证据和程序的规则了。其次，如果组织之间的这种纠纷调解是普遍的，那么组织形式实际上就会形成纵向一体化，这时的仲裁者就变成了实际的管理者（即使名义上不是）。与此相反，组织内部普遍是通过命令来解决纠纷的（Whinston，1964，第 410-414 页）。

企业的内部化也可能是出于节约信息交换的成本的目的。其中一部分原因在于企业和市场的结构差异，另一部分原因则可以归纳为企业和市场在激励和控制力上的差异。例如，人们普遍认为，共同的培训和经历（如果在这个过程中形成了共同的行为规范）有助于对一些复杂问题的沟通。人们之间反复的互动往往可以推动沟通经济（economies of communication）。在一个熟悉的环境中人们可以心领神会，而在陌生的环境中沟通往往需要花费巨大的精力。即使如此，组织的边界本身并不阻碍组织间密切关系的发展。换句话说，如果没有上文提及的目的和控制力的差异，组织内部相对于市场的信息优势将不再显著。因此，信息经济（informational economies）应该分为：与信息流动本身（结构）相关的成本节约和获得不同信息所导致的成本节约（第Ⅱ节D部分）。

# Ⅱ. 对市场失灵的考察

这里的市场失灵特指以下情形中的市场失灵，即存在交易成本时的失灵，并且可以通过内部组织替代市场来减少交易成本。关于这一市场失灵的讨论分为五个部分，前三个部分是关于越来越复杂的讨价还价的环境，在这个环境中产生了几种关系，最后两个部分讨论企业所具有的特殊结构优势，这个优势可能是自然产生的，也可能是源自现有的制度规则。

## A. 静态市场

考虑一个生产多部件的产业，假设某些部件是专用的（行业专用），并假设相对于市场而言，这些部件的生产存在显著的规模经济。所以，市场仅仅能够支撑少数几家有规模的生产者来生产某种部件。

在上述假设下，可以预期市场供货的价格大于成本，存在垄断剩余。虽然如德姆塞茨（Demsetz，1968）所说，如果在最初签约阶段存在大量供给者愿意并且能够投标，那么这种垄断剩余并不一定可以实现，但是"众多投标者"这个假设并不成立。该假设条件为组装者的后向一体化和供给者的前向一体化提供了"明显的"激励。应该区分两种不同的情形：双边垄断（寡头）和竞争性组装与垄断供给市场。本部分讨论前者，后者在C部分讨论。双边垄断要求在价格和数量上进行谈判。自然地，双方都会遵循契约曲线（contract curve）以坚持自己的利益，这里的契约曲线与共同利益最大化的数量一致（Fellner，1947）。但是这仅仅确定了交易的数量，在某一交易数量下的交易条件还需要确定。因为只要双方都可以获益的价格都是可行的，所以可以预料到，讨价还价就会发生。讨价还价会持续下去，直到某一方的边际收益为零。虽然这种讨价还价对双方（和社会）都是没有产出的行为，但它却是私人货币收益的来源。然而，由于讨价还价导致了总收益的损失，双方就有激励采取措施（如果存在这种措施）来避免这种损失。

一种适应方案就是通过一体化来使得交易内部化，但是内部组织这种一次性的契约也需要协商（讨价还价）。在完全静态的环境中（不存在任何形式的干扰），这两种讨价还价无差异：前者涉及部件供给价格的谈判，后者涉及资产估值的谈判。谈判力在这两种情形下都是同等重要的（实际上，部件价格可以理解为资产价格，反之亦然）。所以，尽管纵向一体化可能会出现，但是这一问题的性质不一定会导致一体化。

在这样的情形下，我们可以把类似的观点用于对外部性的适应：对共同利益的考虑要求相关各方达成和解，但是在完全静态的环境中，建立一个一次性契约的一体化并没有优势。

从双边垄断关系向双边寡头垄断关系的转变扩大了谈判的范围。但是，就关于一次性契约的一体化协议的谈判而言，这种转变并没有影响。很明显，如果要得到其他结果，就需要放松问题的静态特征假定。

## B. 契约的不完全性

把上述条件扩展到包含以下条件：产品生产技术复杂，而且随着环境的变化需要做出周期性的设计或者数量上的变动，同时放宽"契约签订阶段不存在大量投标者"的假设。考虑三种不同的供给安排：一次性永久契约、一系列短期契约和纵向一体化。

一次性永久契约的两难困境是：为了防止独立的交易者从对自己有利的角度解释契约的模糊之处，就需要对未来各种供给关系做出详细的规定，否则这种纠纷只能通过无休止的协商、最终通过法庭才能解决。即使这样一个详尽的规定存在，它也是成本高昂的。显然，如果生产函数是已知的，那么可以推出对最终要求和要素价格变化的反应，但是生产函数的确定和达成协议的高昂成本将使得人们对这种努力望而却步。更为严重的是技术变化引起的商品重新设计问题。不论尽多大努力、花费多少成本，制定包含各种可能结果的契约的努力都是难以成功的。因此，一种适应性的连续决策程序就成为必要。但是，如果契约修订和更正是一种机会主义谈判（这也是可以预料的），如果把这些修订放在一个更复杂的条款中以掩盖修订的真实价值，买者就会延迟并增加修订，甚至可能完全拒绝某些修订。在这种情况下，最优的连续决策程序就会被扭曲。

便于进行适应性的短期契约（连续决策）可能是可行的。但是这种短期连续契约还是会产生问题，如果（1）有效供给要求对特殊用途、耐用性设备进行投资，或者（2）最初投标获胜者有一种成本优势，比如"先行者"优势（比如特殊的位置和知识，包括获得未公开的商业秘密或者专有技术和管理程序，以及任务专用性劳动技能）。

情形（1）产生的问题是：长期契约有助于考虑最优投资，以使得供给者有信心分摊投资成本。但是，如前所述，长期契约面临适应性和连续性决策的问题。因此，在这种情形下，最优投资和最优连续性适应过程是矛盾的。

有学者认为，情形（2）并没有产生问题，因为在最初投标的时候，投标者就考虑到了所有相关因素。因此，尽管预计到下一阶段（下一阶段是指时间上的含义）的成本优势，并导致下一阶段的供给者数量减少，但是在最初的签约投标阶段的充分竞争保证了在所有供给阶段只能获得竞争性收益。有人预计，低价投标者会在最初阶段把投标价降到成本以下，然后在之后的阶段把价格定在成本价格之上，从而在总体上可以得到一个正常的收益。在重新签约的过程中，很容易进行适当的价格调整。

然而，依然存在一系列潜在问题。首先，除非总供给量已经确定，否则"买进"（buying in）策略是有风险的。此外，与此相关的是，以后阶段的供给价格依赖于买者以后对其他供给者的条件（价格）。而且，以后阶段的可选择价格是一个上限，而精明的买者可能想让每个阶段的交易都以当前的成本成交。可以预期，此时将发生讨价还价行为。也就是说，如果获得了相当大的先行者优势，以后阶段的短期连续契约将面临严重的阻碍。

因此，考虑到长期契约和短期契约所面临的问题，纵向一体化就变得必要了。纵向一体化可以避免有效投资和有效连续决策的矛盾。连续的适应变成了合作性调整的机会，而不是机会主义的讨价还价；随之风险被降低，内部控制机制可以很容易解决生产阶段前后之间的差异。

值得注意的是，原本各自分离的生产阶段变成流水线后产生了节约（称为流水线经济（flow process economies），流水线经济中存在的技术依赖性是契约不完全性的一个特例。契约面临的两难问题是：一方面，通过契约规定所有生产阶段可能的情形和相应的反应，即使可行，也是代价高昂的。另一方面，如果契约是严重不完全的，而最初的协定一旦达成，交易双方就会被锁定在一种双边交易中，可以预计，交易双方的利益分歧会导致各自的机会主义行为，并使交易双方都蒙受损失。因此，一体化的优势并不是企业合并后形成的技术经济（流水线经济），而是一体化之后协调利益（或者解决纠纷，通常通过命令）以及形成并使用了有效的（适应性和连续性）决策过程。更一般地，基于"可靠的供给"的考虑而赞同一体化的观点，通常可以归因为一体化能减少不完全缔约的问题。[①]

## C. 战略误解风险

契约不完全问题可以导致事前（而不一定是事后）的不确定性。如果两方面都存在不确定性，那么就会产生严重的战略误解风险（strategic misrepresentation risk）。不仅未来是不确定的，对于一个外部代理人来说，除非付出高昂成本，否则要准确描述那时候发生的情况也是不太可能的。内部化的优势体现为企业在事后获取相关信息，它降低了人们利用不确定性来进行机会主义行为的动机，并且企业的控制机制是具有选择性的。

1. 支持一体化的情形

考虑到战略误解风险，有三种支持一体化的情形和两种一体化导致的潜在反竞争结果。

（a）道德风险。该问题源于激励不协调和不确定性的结合。或者，如阿罗（Arrow，1969，第55页）所言，它源于"风险和决策的混淆"。比如，考虑缔约问题，与该契约相关的最终成本和/或绩效的条款都面临不确定性。一种可能性是供给者承担不确定性，但是供给者只会接受有风险溢价的固定价格契约，因为供给特定需求的成本是高度不确定的。假设买者认为该风险溢价是昂贵的，那么它会自己考虑承担风险。通过一种成本加成契约，风险很容易被转移。但是这种契约会削弱供给者追求最低成本的动力；而且供给者会重新配置资产去做其他不利于成本加成契约的工作。

因此，即使承诺是自我实施的，即使可以通过制度来有效区分风险承担和契约履行（即成本加成契约所具有的理想性质），利益冲突也会阻碍专业化。

---

[①] 有时人们认为，违约风险也是一体化的理由之一：那些关键部件的小供给者，它们的资产难以补偿全部的损失，这就使得买者处于风险之中。但是这种观点只能针对小供给者，并不是针对一般情形的缔约。大的、分散化的供给者比一体化企业更具有风险承受能力。但是不完全契约存在风险，这种风险可能阻止买者从大的分散化组织那里购买。关于这一点的"完美"契约的讨论，见Arrow（1965，第52-53页）。

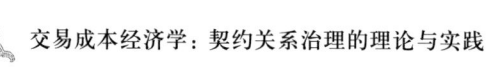

至少，买者会要求监督供给者。因此，与可以评估产品绩效的固定价格契约相比，成本加成契约将买者暴露在低效率契约执行的风险中，需要买者对投入和产出都进行评估。

内部化并没有排除对投入的评估。相反，对于投入监督目的，内部化的优势在于控制机制很容易监督投入。按照规定，外部代理人缺少使用内部控制机制的工具：因为对契约所提出的修正需要契约者的同意，而且还受到很多制约。买者不受约束地使用内部控制机制（包括员工的任用、升职、薪酬和内部资源分配）是不太可能的。考虑到由外部人进行投入监督的成本和局限性，买者可能会选择自己来承担风险和完成工作。买者就会通过纵向一体化，把原本在市场的无风险交易内部化了。这就形成了内部采购型成本契约。

（b）外部性和损害（imputation）。外部性可以从两个方面来考察。一是是否存在可靠、明确和"适当"的产权安排？二是损害成本和收益的会计成本是否高昂？如果对这两个问题的回答分别是肯定的和否定的，那么占用性（appropriability）问题就不会是一体化的理由。如果这些条件不能满足，那么一体化就有必要了。

产权安排的问题将在 E 部分讨论。这里我们假定已经实现了产权的有效安排，仅仅考虑损害成本和收益方面的会计问题，实际上这往往是更严重的问题。巨额的损害成本难以计量，因此将模糊性引入了交易中。A 是否影响 B？如果有，影响有多大？因为缺乏客观、低成本的标准，利益冲突的双方就会对这些影响做出不同的评估。内部化可以避免这种问题的长期（且代价高昂的）争执，因为这一点，一体化是有必要的。

（c）可变比例扭曲（variable proportion distortions）。考虑以下情况：组装阶段有大量组装者，而部件供给者却很少。在这种情形下，垄断的供给价格是不是一体化的理由，取决于生产技术和监督成本。在组装阶段的可变比例为非一体化的装配者提供了适应垄断定价部件的机会，即通过竞争性定价的要素来进行替代（McKenzie，1951）。虽然可以想象，作为销售条件，部件供给的垄断者会规定在装配阶段应该实行固定比例，但是一般而言，这种要求的执行成本很高，所以这类规定的效果是受到质疑的。当替代发生时，这种替代的要素比例会导致低效率以及福利损失。因此私人（和社会）都有激励进行一体化来恢复有效的可变比例并以此节约生产成本。

2. 反竞争的后果

一体化会带来两种反竞争效应：一是价格歧视，二是进入壁垒（Stigler，1968，第 303 页）。

（a）价格歧视。价格歧视的问题首先是发现不同的需求弹性，然后是设计销售安排以防止转卖（reselling）。以低价购买商品的高需求弹性的消费者不再愿意转卖给那些低需求弹性的消费者，也就是说，所有的销售活动都是最终销售。尽管一体化有助于发现不同的需求弹性消费者,但它主要是在不存在转卖的情形下才被视为有效的。

但是一体化是一种相对极端的反应。而且,在一些没有一体化生产的商品中同样存在价格歧视(如电力和电话服务)。究竟是什么原因导致了一体化?抛开法律方面的因素,契约条款的执行(监督)可能是讨论的焦点。一些商品明显具有自我实施的性质——这可能是源自高昂的储存成本和再包装成本或者源于转卖安排难以悄悄地实施。缺乏自我实施(监督)的特征使得纵向一体化在实施价格歧视的过程中变得有吸引力。

(b) 进入壁垒。生产的纵向一体化可以有效地设置进入壁垒,这一观点是有争议的。博克(Bork,1969,第148页)认为:"一般而言,一个产业如果能产生超过竞争性利润的收益,进入就会发生,不管进入者是否立即进入。我知道没有一个关于不完全资本市场的理论会引导资本供给者避开高收益的投资领域而去寻找低收益的投资领域。"问题不在收益,而是出于成本的考虑。如果借款者在增加融资需求的时候,他们面临的利率持续上升,那么融资成本就与纵向结构有关,赫什莱佛(Hirshleifer,1970,第200-201页)认为这是极有可能的。

假设纵向一体化具有增加融资需求的效应,问题的关键就是:在多大程度上、因何种原因,资本供给会以假设的方式运动?下面的推测对此提供了部分解释:因为难以监督管理大型且复杂的组织(只能以简单的方式进行管理),并且更换管理层也难以进行(除非有证据表明管理层有严重的败德行为),所以,在其他条件不变的情况下,如果融资需求增大,投资者会要求更高的收益。因此,为了应对管理层机会主义地经营竞争性企业的各种可能情形所产生的监督成本,部分地解释了上文所认为的资本供给曲线的特征。考虑到这种情形,已经建立的企业可以策略性地通过纵向一体化来增加融资需求,并以此来阻止进入:作为成功进入的条件,进入者必须采取现有的组织结构——如果产业高度集中,那么进入者必须那样做。

### D. 信息处理效应

正如第Ⅰ节所提到的,企业的优势之一就是能实现信息交换的节约。这可以表现为信息嵌入(information impactedness)、观察经济(observational economies)和马尔姆格伦(Malmgren,1961)提出的"预期一致性"(convergence of expectations)。

1. 信息嵌入

理查德森(Richardson)以一个企业家为例来说明信息嵌入的问题。这个企业家提供长期契约(以假设的正常的回报率),但是其他人并不愿意接受这样的契约,因为他们没有办法确定"企业家有能力、有意愿去履行这一契约。

企业家也许有足够的信息来使他有信心去履行契约,但是其他人并不知道"(Richardson,1960,第83页)。理查德森继续观察到,由于双方当事人感受到的风险有差异,这使得谈判达成一个双方都接受的收益率是困难的。在这种情况下,实际的风险随着契约风险的增加而增加,此时一体化的原因类似于自我保险,人们知道他们自身的风险水平,但是由于他们没有办法以非常低的成本将这一信息"传达"给承保人,所以承保人的要价高于保险市场价格。

2. 观察经济

如拉德纳(Radner)所言,"信息的获取经常涉及一个创建成本(set-up cost)",即获得信息的资源可能与使用信息进行生产的规模不相关(Radner,1970,第457页)。尽管拉德纳的观点涉及企业横向规模,但是该观点也与纵向一体化有关。如果相互关联的生产阶段能被观察到,那么纵向一体化就是有效的。

然而,可能有人会有以下疑问:为什么要出现共同所有制?为什么不存在一个单独的观察代理机构向所有信息需求者出售信息?或者如果信息是高度专用性的,为什么不组成合资企业?再者,是什么阻碍了连续生产阶段之间按照约定来交换信息?确实,相对于潜在的一系列可能的中间选择,共同所有制是一个极端选项。那么,导致这一选择的因素是什么?

契约的问题之一是确定条款。但是即使能对条款达成协议,也还是会有契约执行监督的问题。例如,假定契约规定将收集共同信息的责任交给缔约的任意一方,那么信息的买者就暴露在信息准确性的风险中,因为收集信息的一方会为了自己的利益对信息进行过滤和扭曲。如果检验成本高昂,而且收集违反契约的证据困难,那么分享信息的契约就会明显地受制于短期契约。另外,如果市场上只有少数竞争者,从而选择受限,共享契约也将面临长期风险。关于这一点,观察经济主要来源于避免战略误解风险,而不是因为不可分割性。

3. 预期一致性

预期一致性的观点认为:如果在连续的生产过程中存在高度依赖性,且如果需要调整的情况是不可预测的,那么在相互分离的生产过程中,就难以得到共同协调的反应。马奇和西蒙(March and Simon,1958,第159页)从下面的角度对该问题进行了阐述:

> 只要相互依赖的模式是稳固的,那么这种依赖关系本身并不会造成困难。在这种情形下,每一个子项目的设计都考虑了其他相关子项目。只有在项目中出现了难以事先预期的情形,才会产生困难。在这种情况下,需要协调活动来保证对未来情形的一致估计,而该一致估计是行动的基础,或者为每个子项目提供其他人的活动信息。

在某种程度上，以上问题可以归结为契约不完全问题。如果可以对各种可能的反应做出详尽的规定，那么就可以通过契约来进行协调。但是在不断变化和高度不确定的环境下，这是一种奢望，试图规定所有可能的反应是没有效率的。取而代之地，出现了一种非计划（适应性和连续性）的决策程序；在此情形下，考虑到长期契约严重的激励和控制缺陷，就有必要进行纵向一体化了。

那么是否可能有短期契约呢？这时预期一致性的观点就显得特别重要。因此假设短期契约在投资抑制和先行者优势方面都没有缺陷。投资抑制和先行者优势的缺陷是马尔姆格伦的观点，由于以上缺陷，短期契约会变得低效率。相对于连续生产状态和/或行政命令式的资源配置，短期契约调整的讨价还价成本和时间成本［只依靠市场（价格）信号］一般都是很大的。

## E. 制度适应

有两种制度适应：简单经济（simple economic）和超经济（extra-economic）。

### 1. 简单经济

如其他学者所论述的，纵向一体化是规避中间产品营业税的一种方式，或者是一种避免配额和价格管制的方式（Coase，1937，第338-339页；Stigler，1968，第136-137页）。但是纵向一体化也可能是因为产权的不完全界定。

尽管产权的最优配置是一个复杂的问题，但是可以把它归结为一个简单的标准（不考虑公平的问题）：哪种产权配置产量最大（Coase，1960，第34页）？这取决于损害和协商的成本，以及补偿方的激励。为了考察协商成本，我们暂时忽视损害成本和激励问题。[①] 这里所谈的最优产权配置是指对相关的外部收益和成本自动产生等量的补偿；而非最优产权配置是指双方需要通过协商来进行调整。因此，如果存在A、B两方，A的行为增加了B的成本，最优配置的产权要求A等量补偿B的损失。如果产权界定为A不需要补偿B，并且假定在边际上存在外部性，那么只要B通过贿赂A使得A对B的活动做出调整，这就意味着讨价还价。如果忽略讨价还价的成本，那么任何其他的替代产权安排都是等价的。出于同样的理由，如果A的活动对B有利，产权的最

---

[①] 正如科斯（Coase，1960，第32-33、41页）所强调的，补偿行为削弱了被损害方（受到负外部性）采取保护措施的动力。知道能够得到补偿的当事人会像往常一样行动。这样的做法比起没有补偿的情形会产生更大的社会成本。如果系统可以完全调整，宽泛地讲，需要对有意义的忽视有一定的敏感度。对有意义的忽视的洞察会使得法庭给这些遭遇这种外部性的人必要的激励来进行恰当的适应。但是这种洞察力（甚至是公正的）并不能随意假定，可能这也是通过纵向一体化将交易内部化的原因之一。［有意思的是，在存在正外部性的情形下并不存在这种问题。强制的补偿不仅使得米德（Meade，1952）所说的果农适当地扩大了他的种植面积，并且果农会把种植的苹果改成桃子，如果这对社会有益的话。］

优配置就需要 B 来等量地补偿 A。当产权没有界定或者界定不清晰的时候，通过纵向一体化来将交易内部化，以此协调原本存在利益冲突的双方当事人，最终避免讨价还价的成本。

2. 其他问题

风险规避是指对货币结果的效用估值中效用函数的凹率（degree of concavity）。风险规避的决策者不仅关心期望值，而且关心各种替代选择的结果的离散程度：离散程度越高，对效用的评价越低。在其他条件不变的情况下，风险规避程度更低（更偏好风险）的决策者往往会作为承担风险的角色。但是，甚至是在可能的企业和市场结构效应下，风险态度相同——每个人对某一方案的评价相似（不管他们的初始禀赋如何）——的人群中不同的初始资产状态能保证特定的风险分担函数成立（Knight，1965）。

阿罗提醒我们注意社会行为规范，包括伦理和道德规范。在这方面，他论述道："人们之间互相信任，这对所有人都有好处。如果没有这种信任，那么安排可选择的制裁和保证措施都是代价高昂的，一些互利的合作机会将不得不被放弃"（Arrow，1969，第 62 页）。因此，在其他条件不变的情形下，可以预计，相对于信任度高的文化，信任度低的文化中的纵向一体化程度较高。

# Ⅲ. 结论

产品市场具有非凡的调节能力，这至少对经济学家来讲是确凿无疑的。产品市场会在一定的情况下失灵，在这些情况下内部组织会替代市场；这一观点即使不熟悉，也不是什么新观点。但是依赖于纵向一体化对市场失灵进行系统的考察却还没有出现。

部分原因在于对内部组织的忽视：忽视了企业不同于市场调节这一明显的特征。当然，与纵向一体化相关的市场失灵的文献零散也造成了这种问题。这导致内部化具有广泛吸引力的情形没有被重视。

本文试图系统地提出内部化组织的问题，并考察与纵向一体化相关的市场失灵文献。然而，本文并未穷尽所有与纵向一体化相关的问题。第一，对于市场失灵的讨论在某些方面是不完善的；第二，需要对与纵向一体化相关的组织失灵的意愿和结果做出相同的阐述；第三，本文的观点仅仅适用于纵向一体化，虽然大部分观点也适用于进入原材料阶段的后向一体化和进入销售阶段的前向一体化，但是它们在重要的方面还是有区别的；第四，本文忽略了博弈论关于少数人谈判可以使得确定性上升的问题；第五，本文的分析没有从社会福利角度证明所观察的纵向一体化程度是否过高。然而，显而易见地，生产的纵向一体化现象比人们通常所认为的广泛得多。

# 参考文献

Kenneth J. Arrow, *Aspects of the Theory of Risk-Bearing*, Helsinki, 1965.

____, "The Organization of Economic Activity: Issues Pertinent to the Choice of Market versus Nonmarket Allocation," in *The Analysis and Evaluation of Public Expenditures: The PPB System*, Vol. 1, Joint Economic Committee, Washington, D. C., 1969, pp. 47 – 64.

Joe S. Bain, *Industrial Organization*, New York, 1968.

Robert H. Bork, "Vertical Integration and Competitive Processes," in J. Fred Weston and Sam Peltzman, eds., *Public Policy Toward Mergers*, Pacific Palisades, Calif., 1969, pp. 139 – 49.

Ronald H. Coase, "The Nature of the Firm," *Economica*, Nov. 1937, 4, 386 – 405; reprinted in George J. Stigler and Kenneth E. Boulding, eds., *Readings in Price Theory*, Homewood, Ill., 1952, pp. 331 – 51.

____, "The Problem of Social Cost," *Journal of Law and Economics*, 1960, 3, 1 – 44.

Harold Demsetz, "Why Regulate Utilities?" *Journal of Law and Economics*, April 1968, 11, 55 – 66.

William Fellner, "Prices and Wages under Bilateral Oligopoly," *Quarterly Journal of Economics*, August 1947, 61, 503 – 32.

J. Hirshleifer, *Investment, Interest and Capital*, Englewood Cliffs, N. J., 1970.

Frank H. Knight, *Risk, Uncertainty and Profit*, New York, 1965.

Lionel McKenzie, "Ideal Output and the Interdependence of Firms," *Economic Journal*, December 1951, 61, 785 – 803.

H. B. Malmgren, "Information, Expectations and the Theory of the Firm," *Quarterly Journal of Economics*, August 1961, 75, 399 – 421.

James E. Meade, "External Economies and Diseconomies in a Competitive Situation," *Economic Journal*, March 1952, 62, 54 – 67.

Roy Radner, "Problems in the Theory of Markets under Uncertainty," *American Economic Review*, May 1970, 60, 454 – 60.

G. B. Richardson, *Information and Investment*, London, 1960.

George J. Stigler, *The Organization of Industry*, Homewood, Ill., 1968.

Andrew Whinston, "Price Guides in Decentralized Organizations," in W.

W. Cooper, H. J. Leavitt, and M. W. Shelly, II, eds., *New Perspectives in Organization Research*, New York, 1964, pp. 405 – 48.

Oliver E. Williamson, *Corporate Control and Business Behavior*, Englewood Cliffs, N. J., 1970.

# 交易成本经济学：契约关系的治理*

新制度经济学重点关注交易成本的来源、发生和经济影响。的确，如果交易成本是可忽略的，那么经济活动组织就是无关紧要的，因为一种组织形式相对于另一种组织形式的优势都可以通过无成本缔约而消失。尽管交易成本已成为经济学研究的中心议题[1]，但依然有人对此持怀疑态度。斯坦利·费希尔（Stanley Fisher）的观点就很具有代表性："交易成本在理论上得到了应有的坏名声……［部分］原因是人们怀疑，只要引入适当的交易成本，就几乎能够

---

\* 本文得到了 Center for Advanced Study in the Behavioral Sciences、Guggenheim Foundation 以及 the National Science Foundation 的支持；感谢 Yoram Ben-Porath、Richard Nelson、Douglass North、Thomas Palay、Joseph Sax、David Teece、Peter Temin 所提出的有益评论；以及来自耶鲁大学法学院和普林斯顿大学高级研究院所举行的研讨会的与会者的评论。本文得益于本-波拉斯（Ben-Porath）的讨论论文，The F-Connection: Family, Friends, and Firms and the Organization of Exchange，以及特明（Temin）的讨论论文，Modes of Economic Behavior: Variations on Themes of J. R. Hicks and Herbert Simon。

原文"Transaction-Cost Economics: The Governance of Contractual Relations"载于 The Journal of Law and Economics，1979，22（2）：233-261。译者：陈耿宣、贾钦民。

[1] 罗纳德·科斯在这 20 年有力地论证了交易成本的重要性。参见 R. H. Coase, The Nature of the Firm, 4 Economica 386（n. s. 1937），重印于 Readings in Price Theory 331（George J. Stigler 和 Kenneth E. Boulding eds. 1952）和科斯的 The Problem of Social Cost, 3 J. Law & Econ. 1（1960）。我在过去 10 年主要"专注"于交易成本研究。参见 Oliver E. Williamson, Markets and Hierarchies: Analysis and Antitrust Implications（1975）。与交易成本相关的其他作品包括：Guido Calabresi, Transaction Costs, Resource Allocation, and Liability Rules: A Comment, 11 J. Law & Econ. 67（1968）；Victor P. Goldberg, Regulation and Administered Contracts, 7 Bell J. Econ. 426（1976）；Benjamin Klein, Robert G. Crawford, and Armen A. Alchian, Vertical Integration, Appropriable Rents, and the Competitive Contracting Process, 21 J. Law & Econ. 297（1978）；以及 Carl J. Dahlman, The Problem of Externality, 22 J. Law & Econ. 141（1979）。关于庇古对交易成本考察的论述，参见 Victor P. Goldberg, Pigou on Complex Contracts and Welfare Economics（1979）（未出版）。

解释任何事情。"[1] 换言之，这个概念的自由度也太大了，需要对它进行定义。

似乎人们对一些要素逐渐形成了共识：(1) 机会主义是交易成本研究的核心概念[2]；(2) 机会主义对于涉及交易专用性的人力资本和物质资本投资的经济活动尤为重要[3]；(3) 信息的有效处理是一个重要和相关的概念[4]；(4) 交易成本的评估需要进行比较制度分析[5]。除了这些一般结论，目前还缺乏对交易成本的（更多）共识。

交易成本的深入研究还有待辨识交易成本不同的维度，考察组织交易的不同治理结构的经济特性。唯有这样，才能确保实现交易与交易模式的匹配。本文肯定了交易成本是经济学研究的中心议题，辨明了交易的主要维度，阐述了交易的主要治理结构（governance structure），以及交易如何且为何能够与治理结构有效匹配。

我主要关心中间产品市场交易。尽管我以前曾强调要把交易从退出市场转向在组织内部进行交易（纵向一体化）[6]，本文的分析与此相对应，论述市场、科层和中间组织形式。回答为何存在如此之多的纵向一体化问题仍然是很有意思的，但回答为何存在如此之多的市场（和准市场）机制调节的交易，则显得没有那么有趣。可以采用有效匹配的分析思路来解释为什么某种交易会按照某种交易机制进行。这样做的总体目标基本上可归结为：在对某项交易作了抽象描述后，指出最经济的治理结构——"我所说的治理结构"指的是决定交易成败的制度框架。市场和科层制是其他两种主要的治理结构。

第 I 节简要回顾了对交易进行研究的一些法律背景。在我所提出的描述交易的三个维度中，人们对投资特性知之甚少，但这也许是最重要的。专门对投资的论述放在第 II 节有关特质的经济学内容中。第 III 节叙述了缔约的一般框

---

[1] 参见 S. Fischer, Long-Term Contracting, Sticky Prices, and Monetary Policy: Comment, 3 J. Monetary Econ. 317, 322 n. 5 (1977).

[2] 机会主义是各种形式的自利行为，但是其程度超过了简单的自私行为，包括了隐藏的自利行为。不必认为所有代理人都是相同程度的机会主义者。但是需要知道，事前区分机会主义行为的程度很难，并且即使在机会主义较少的情况下，也是存在成本的。有关机会主义的更完整的讨论，请参见 Oliver E. Williamson，上页注①，第 7-10、26-30 页。最近的应用，请参见 Benjamin Klein, Robert G. Crawford 和 Armen A. Alchian，上页注①。

[3] 机会主义和专用性投资结合的情况（或者 Klein-Crawford 和 Alchian 提到的"可侵占准租值"）是解释纵向一体化的主要原因。参见 Oliver E. Williamson, The Vertical Integration of Production: Market Failure Considerations, 61 Am. Econ. Rev. 112 (Papers & Proceedings, May 1971); Oliver E. Williamson，上页注①，第 16-19、91-101 页；以及 Benjamin Klein, Robert G. Crawford, and Armen A. Alchian，上页注①。

[4] 若非人类行为者在接收、存储、检索和处理数据方面的能力有限，有趣的经济问题就消失了。

[5] 参见 Carl J. Dahlman，上页注①。

[6] 参见上页注①。

架,并将其应用于商业契约。第Ⅳ节论述了在劳动、管制、家庭交易及资本市场的应用。第Ⅴ节对主要内容进行了归纳。最后是结束语。

# Ⅰ.一些缔约背景

尽管人们普遍赞同"缔约时协议明确,完成时结果清晰"[①]的单项交易范式符合法学和经济学,但人们也越来越意识到许多契约关系并不是都有如此明确的规定[②]。随着法律规则强调的重点由对单项缔约活动的研究转向关心更一般契约目的的研究[③],人们对契约本质的了解也更进了一步。

麦克尼尔(Macneil)在其涉猎广泛、富于思想的有关契约的论著中对单项交易(discrete transaction)与关系交易(relational transaction)作了有意义的区分[④],继而又提出了有关其差异的12种不同的"概念"[⑤]。这些详细分类

---

[①] I. R. Macneil, The Many Futures of Contract, 47 S. Cal. L. Rev. 691, 738 (1974)[下文(不做交叉引用)引用为:Macneil, Many Futures of Contract]。

[②] 关于商业契约,参见 Karl N. Llewellyn, What Price Contract? —An Essay in Perspective, 40 Yale L. J. 704 (1931); Harold C. Havighurst, The Nature of Private Contract (1961); Lon L. Fuller, Collective Bargaining and the Arbitrator, 1963 Wis. L. Rev. 3; id., The Morality of Law (1964); Stewart Macaulay, Non-Contractual Relations in Business, 28 Am. Soc. Rev. 55 (1963); Lawrence M. Friedman, Contract Law in America (1965); Arthur Allen Left, Contract as a Thing, 19 Am. U. L. Rev. 131 (1970); I. R. Macneil, Many Futures of Contracts; id., Contracts: Adjustment of Long-Term Economic Relations under Classical, Neoclassical, and Relational Contract Law, 72 Nw. U. L. Rev. 854 (1978) [下文(不做交叉引用)引用为:Macneil, Contracts];以及 Victor P. Goldberg, Toward an Expanded Economic Theory of Contract, 10 J. Econ. Issues 45 (1976)。劳动律师对雇佣关系契约也有类似的看法。参见 Archibald Cox, The Legal Nature of Collective Bargaining Agreements, 57 Mich. L. Rev. 1 (1958); Clyde W. Summers, Collective Agreements and the Law of Contracts, 78 Yale L. J. 525 (1969); and David E. Feller, A General Theory of the Collective Bargaining Agreement, 61 Cal. L. Rev. 663 (1973)。

[③] 克莱德·萨默斯(Clyde Summers)对技术性与目的性进行了区分,见注②。他区别了"黑信法"(一种公认的法律,通常被认为是没有争议的重要法系。——译者注)(Summers, 1969,第539、543、548、566页),并采用更加间接的方式(circumstantial approach)来研究法律(Summers, 1969,第549-51、561、566页)。"抽象化的代表是《重述》(Restatement),它以终止交易为例说明了黑信规则,这就造成了一种错觉,即契约规则可以在不参考周围环境的情况下陈述,因此一般可以适用于所有契约交易"(Summers, 1969,第566页)。他观察这样的观念没有(也不能)提供一个"整合适用于所有契约交易的原则的框架"(Summers, 1969,第566页),但是这个框架可以从关注这样的法律中找到:这种法律强调有效治理关系。契约解释和契约执行都存在于这个法律环境中。

[④] 参见 Macneil, Many Futures of Contract; Macneil, Contracts;以及本文中麦克尼尔的其他文献。

[⑤] Macneil, Many Futures of Contracts, 738-40; Macneil, Contracts, 902-05.

对识别和应用过程形成了挑战。就我的研究目的而言，较有用的是麦克尼尔在其最近的论文中所提出的契约法分为三类的思想，即将契约法分为古典的、新古典的和关系的三大类。

## A. 古典契约法

如麦克尼尔所述，任何一种契约法体系都具有利于交换的目的，古典契约法的特点是试图通过增强"离散性"和强化"现实性"来达到该目的①，这里的现实性是指活动"在时间或空间上存在；使其在当下能被觉察到或意识到"②。达到现实性在经济方面的体现就是相机地进行缔约，即全面缔约，包括对物品或劳务供给过程中将来可能发生的各种相关意外情况都进行描述，并按照概率和时间进行贴现。③

古典契约法贯彻离散性和现实性的途径有若干种。第一，它认为交易者的身份不重要。在此意义上，这完全类似于经济学中"理想的"市场交易。④ 第二，详细限定了契约的性质，且当正式（如成文）的条款与非正式（如口头）的条款发生争议时，以较正式的为准。第三，补救（或修复）办法仅限于："如果由于不履约的原因而没有实现'现实性'，那么结果在开始时是能预料到的，可能的结果就是有限的"。⑤ 此外，也不考虑第三方参与。⑥ 因此，古典契约法强调法规、正式文件及自我执行（实施）的交易。

## B. 新古典契约法

并非所有的交易均能被恰当地纳入古典缔约活动的范畴，尤其是那些在不确定条件下执行的长期契约，其充分的现实性（即使不是不可能）成本高得令人难以接受。这样就出现了几类问题。第一，一开始并不能预见到将来有待适应的所有意外情况。第二，对于许多意外情况来说，只有其发生时才知道如何做出适当的适应。第三，即使对外部环境的变化没有分歧，自主当事人之间艰

---

① Macneil, Contracts, 862.

② 同上，863。

③ 对于复杂的相机缔约及其机制，参见 Kenneth J. Arrow, Essays in the Theory of Risk Bearing Economy, 121-34 (1971); J. E. Meade, The Controlled, 147-88 (1971); 以及 Oliver E. Williamson, 第23页注①, 20-40。

④ 正如莱斯特·特尔泽（Lester G. Telser）和哈洛·希金波坦（Hawlow N. Higinbotham）所说的，"在一个有组织的市场中，所有参与者都在交易标准化的契约，任何交易双方的身份互换都不会产生影响。在相互自愿交易中，身份并不会影响交易条款。有组织的市场本身或其他交易机制形成了同质商品的交易，市场参与者可以匿名交易"。Organized Futures Markets: Cost and Benefits, 85 J. Pol. Econ. 969, 997 (1997).

⑤ Macneil, Contracts, 864.

⑥ 同上。

难的缔约活动也会在相机的要求权提出时出现争端。在此情形下，（至少某些）当事人倾向于机会主义，那么该相信谁的陈述呢？

在上述情形下，古典缔约活动就可能失败，这里有三种方案可供选择。第一种是彻底放弃这种交易。第二种是将这些交易撤出市场而代之以内部组织，即在共有产权、科层激励和控制体系下做出适应性决策。第三种是设计一种不同的缔约关系来维持交易活动，但还要外加一种治理结构。这最后一种就是麦克尼尔所说的新古典缔约活动。

如麦克尼尔所述，"长期契约有两个共同特征，一是，契约筹划时即留有余地；二是，无论是留有余地还是力求严格筹划，契约筹划者所使用的程序和技术本身可变范围都很大，导致契约具有灵活性"[①]。在解决争端、评价绩效方面，第三方的介入常常比通过法律诉讼来实现契约灵活性和补充留下的余地更加具有优势。朗·富勒（Lon Fuller）关于仲裁与诉讼在程序上的区别所作的说明具有指导意义：

> ……仲裁是开放的……法庭不可能具有迅速学习的能力。仲裁者常常会打断证人的证词，通过这种方式来学习并帮助他理解所听到的证词。这种学习过程可能是非正式的，比如当存在疑问的时候，会通过经常插话，或者通知某一方的方式来澄清。有时候甚至在一个案例中会有很多疑问。结果往往是使得各方澄清事实，并帮助各方理智地解决案件。在这一非正式程序中，不存在任何违反仲裁正当程序的行为。[②]

我们需要认识到世界是复杂的，契约是不完整的，且有些契约如果不是双方当事人均信任协调机构（新古典契约法的特征），则根本不可能达成。富勒所述的导致仲裁与诉讼之间程序上的不同来自一个重要的目标上的不同，即仲裁机构假定契约具有连续性（至少应完成契约），但当进行诉讼时，该假定则很脆弱。[③]

## C. 关系型缔约

保持当前契约关系的压力"已导致许多内容脱离古典契约法体系、后来的新古典契约法体系以及契约法体系（如公司法和集体谈判中的许多内容）"。[④]于是，契约的"期限和复杂性"日益增长，甚至导致新古典调整程序也被现在流行的、更具交易专用性的调整程序所取代。[⑤]由于关系具备了"除了包含针

---

① Macneil, Contracts, 865.
② Lon L. Fuller, 见第 25 页注②, 11-12。
③ 正如劳伦斯·弗里德曼（Lawrence Friedman）所观察的那样，发生争执后，一旦提起诉讼，人际关系很快就会破裂。见第 25 页注②, 205。
④ Macneil, Contracts, 864.
⑤ 同上, 901。

对具体交易的规则及其处理程序之外,还是有大量规范的小社会"的特性,因此,关于离散性的假定也完全被取代了。① 新古典体系将履行适应的参照点放到初始协议中,而真正的关系分析则与之不同,其参照点是"在契约期间……建立的整个关系。它可能包括也可能不包括'初始协议';即使包括初始协议,它可能会也可能不会如同现在那样被重视"②。

## Ⅱ. 特质交易的经济学

麦克尼尔关于三类契约的讨论表明,契约的变动性和复杂性比人们平常想象的要严重得多。③ 这进一步表明,治理结构——交易在其中进行议价成交的制度环境——是随交易的性质而变化的。但是,讨论中没有明确说明契约的关键特征,也未述及治理的目标。针对可能追求相反的子目标的利益进行协调,似乎是一种重要的治理功能,但这在他的论述中并不清楚。

简单的治理结构应当对应于简单的契约关系,用于复杂关系的复杂的治理结构一般也是切合实际的。将复杂结构用于简单关系的治理会不必要地增加成本,而将简单结构用于复杂交易会显得捉襟见肘。但是,在契约方面何谓简单、何谓复杂?显然需要特别注意规定交易的属性。

就像第Ⅲ节所提出的,体现交易特征的三个基本维度是不确定性、交易的频率以及交易专用性投资发生的程度。在这三者中,不确定性被公认为是关键属性④,频率问题被认为最不重要⑤;因而,治理的重要性既没有被充分揭示出来,也未与第三个基本维度——交易专用性投资——相结合。在治理研究中,由于大量的"行动"是起因于投资差异,因此还需要对此做出详细说明。

### A. 概述

根本的投资差异在于交易专用性(非市场性)成本的大小。对用户来说,非专用的交易产品很少会产生风险,因为在此情形中买者可以轻而易举地转而

---

① Macneil, Contracts, 901.

② Macneil, Contracts, 890.

③ 可以肯定的是,一些法律专家坚持认为所有这些都是众所周知的。但是,对状态的认识与理解之间存在差异。麦克尼尔的研究提高了认识并加深了理解。

④ 最近关于契约关系中不确定性的研究,参见 Peter Temin, Modes of Economic Behavior: Variations on Themes of J. R. Hicks and Herbert Simon (March 1979) (Working Paper No. 235, MIT Dep't of Econ.)。

⑤ 戈登·惠斯顿(Gordon Whinston)在他的 "A Note on Perspective Time: Goldberg's Relational Exchange, Repetitiveness, and Free Riders in Time and Space" 中强调了交易频率的重要性(1978年10月)(未发表)。

寻求其他货源,卖者也能毫无困难地将其为某份订单准备的产品售给其他买主。① 如果交易方具有专用性身份,那么不可市场化交易的问题(nonmarketability problems)就会带来高额成本;这种交易就是特质交易。

有时交易者的身份就很重要,例如买者诱使卖者对交易专用性方面的专用物质资本进行投资。由于这种资本用于其他方面的价值(按定义)比其原定的用途小得多,卖者就被紧紧地"捆绑"在这笔交易上了。而且,相应地,买者也不能再去寻找别的货源和得到更为满意的供货条款,因为可以预料,来自其他非专用性资本的供给成本会很大②,于是,买者也锁定在这个交易中了。

然而,除了专用性物质资本,也存在其他特质交易。(比如)具有交易专用性的人力资本投资一般也会出现这种情况。生产经营中的专门培训和"干中学"就是例子。除非这些投资可以低成本地向其他供给者转让(一般很少见),否则投资收益就只有在中间产品的买卖双方之间的关系得以保持的情况下才能实现。

额外的交易专用性投资会在买卖双方之间的交流上自然增长,因为契约要相继适应事物的发展,而且还要定期订立契约以更新协议。在此,熟悉有助于交流经济的实现:随着经验的积累和细微差异信号能被灵敏地发送和接收,专用语言发展起来了,制度和人的信任关系也都逐渐发展起来。于是,负责在交易分界面上进行适应沟通的人就不仅与此具有个人利害关系,而且还有组织的利害关系。在人们认为人的诚实起重要作用的地方,特别是当契约精神被阉割之时,位于交易分界面上的人们就可能会拒绝利用(或依赖)契约文本中的机会主义漏洞。这种拒绝行为可作为对组织的机会主义倾向的检验。③ 在其他条

---

① 参见 Lester A. Telser and Harold N. Higinbotham, 第 26 页注④;Yoram Ben-Porath, The F-Connection: Families, Friends, and Firms and the Organization of Exchange (December 1978) (Report No. 29/78, The Hebrew University of Jerusalem) 以及 Yoram Barzel, Measurement Cost and the Organization of Markets (April 1979) (未发表)。注意巴泽尔(Barzel)对标准化的关注主要在于最终产品市场,而我对非标准投资更感兴趣。两者并非没有关联,但各种投入通常可以实现相同的质量。我关注专业的(交易专用性)投入。

② 这里假设现有供应商转移专用物理设备给新供应商的成本很高。关于这一点,参见 Oliver E. Williamson, Franchise Bidding for Natural Monopolies-in General and with Respect to CATV, 7 Bell J. Econ. 73 (1976)。克莱因(Klein)、克劳福德(Crawford)和阿尔钦(Alchian)用"可占用的准租金"一词来指代这种情况。使用与用户在这方面的区别是相关的:"资产的准租金价值是其超出(原有的)价值的残值,原有价值说的是,它通过次优使用所产生的租值。这个准租金中潜在可占用的部分(如有),就是其超出第二高用户估值的部分。"Benjamin Klein, Robert G. Crawford, and Armen A. Alchian, 第 23 页注①。

③ 索尔斯坦·凡勃伦(Thorstein Veblen)关于大企业总部与交易距离远近的言论是恰当的;他观察到,在这些情况下,"个人行为在人与人之间的交往中可能具有的缓和作用……在很大程度上消除了……[然后]商业管理才可能……免受一些关于人的善良、脾性或者诚实等方面的影响"。The Theory of Business Enterprise 53 (1927). 凡勃伦显然赋予这种可能性一些极小的权重,即负有谈判职责的人将在交易中体现诚信。

件不变的情况下，突出个人信誉的特质交换关系可以免受较大压力，显示出更大的适应性。

因此，特质物品和劳务就是指业已进行了交易专用性的人力资本和物质资本的投资，且投资收益随执行情况而变的物品和劳务。这种投资能够而且确实是与某些贸易一起发生的，那些贸易往往会为某一专门项目延续很长一段时间（例如某项建筑合同）。然而，我在此想强调的交易是那种重复发生的交换。虽然在所有重复交易契约的最初签订阶段都会有大量竞争，但特质交易中，买卖双方间的关系随之（由于上文所述的交易专用性成本）迅速转变为双边垄断。这种（根本性）转变对缔约造成了深远的影响。

因此，经常发生的现场缔约方式可用于标准化的交易（因为在这种情况下大量的竞争能起到持续的自我约束作用），但是这种缔约方式在特质交易之后就具有了不良投资激励。根据假定，只有当供应商对专用厂房和设备进行专用性投资或其劳动力在契约履行期间开发了交易专用性技术（或两者皆备），特质活动在生产中的成本节约才能实现。为了鼓励这两种投资，需要保证有一种持续的关系。长期契约的讨价还价虽然提供了必要的激励，但这种契约肯定仍是不完全的（由于有限理性）。因此契约中没有明确提出各种状态下的适应行为，但跨期交易的有效性要求能根据市场环境的变化而进行适应。

尽管反复强调没有机会主义干扰，困难就会消失——长期不完全契约留下的余地从此可以以连续适应性的方式来填补，但如何进行这种适应却形成了一个严重的缔约困境。双方当事人都同意的一般条款大意是，"遇到偶发事件，我将全权负责，不追求个人利益"，这种条款在不存在机会主义的情况下已足矣。然而，如果一般条款难以执行而有关行为主体又往往错解或误解（本身就不相信）条款，就必须面对如下风险：虽然买卖双方在双边垄断的特质交易条件下会联合起来，但对于任何一点收益增加，只要是对方提出的契约适应，另一方就会对此策略性地进行讨价还价。虽然双方在实现联合利润最大化的适应方面都有长期利益，但各方也都希望在每一次适应性修改契约后能占有尽量多的收益。于是，可能进行的有效适应导致了费时费力的讨价还价或者甚至更糟，使收益在对成本高昂的子目标的追求中消失殆尽。显然，需要减少机会主义影响或提高信任度的治理结构。

## B. 案例

举几个例子有助于说明特质交易的有关情况。专用性特质资本较为直观。例1是从外部供给者那里购买专用零部件，例2是关于向唯一的、距离最近的下游生产线提供关键原材料的专用工厂选址的问题。

因此假定，(a) 零部件的生产必须有专用设备（即该设备用于次优使用时价值就低得多），(b) 规模经济要求进行大量的分散投资，(c) 这种零部件的

## 交易成本经济学：契约关系的治理

其他买主很少（可能是由于产业组织的原因，也可能是由于该产品是专用的）。在此情形下，买卖双方都有保持持续交换关系的强烈愿望。

就近选址的好处是可减少运输和节省有关流程的费用，如减少库存、节约热能等，但这并不是说要建立专用工厂，而是说要选特定的、长期稳定的厂址。一旦付诸实施，投资占有了这唯一的地点就不能再搬迁了（除非花巨额费用）。因此，买卖双方就需要订立一个双方均满意的可操作、能适应的交易协议。①

对人力资本的特质投资在许多方面均比对物质资本的投资更有探讨价值，但更不易见。波拉尼（Polanyi）在关于"人的知识"的讨论中对此做了说明：

> 人们试图科学地对现有的工业技术进行分析，但结果却无不雷同。确实，即使在现代产业中，难以明确定义的知识仍然是技术的基本部分。我本人曾对匈牙利的一台全新的进口灯泡吹制机做过考察，结果却完全相反：同一台机器在德国运转良好，而在匈牙利整整一年却没有生产出一个合格灯泡。②

他接着对工艺进行了评述：

> ……一种工艺一代人不用就会失传。
> 
> ……令人劳心伤神的是看见那种无休止的工作——运用显微学、化学、数学和电子学进行装配——这是为了复制出 200 多年前半文盲的斯特拉迪瓦里斯（Stradivarius）按常见方法制造的一把小提琴之类的东西。③

波拉尼关于语言的讨论也与上文提及的论点有关，即重复交易中会而且确实产生了专用暗语，并且收到了经济效果。如他所说，"同一事物用不同的词汇来阐述将人类划分成若干个群体，他们互不了解对方观察事物和处理事物的方法。"④ 他接着又说：

> 懂得一种语言是一门艺术，它含有不可言喻的判断力和不可言传的技能的实践……口头交谈是两个人语言知识和技能的成功应用，这种技能是通过一种师徒关系进行训练的，即一个人希望发送信息，而另一个人又愿意接收信息。凭借各自之所学，言者自信地发出言辞，听者自信地领会，双方均须互相正确使用和理解这些词语。在并且只有在这些有关指令和信任的假定均得到证实之时，一次真正的交谈才会出现。⑤

---

① Great Lakes Carbon 案例就是后者的一个例子，1970 - 1973 Trade Reg. Rep. Transfer Binder 19, 848 (FTC Dkt No. 8805)。

② Michael Polanyi, Personal Knowledge：Towards a Post-Critical Philosophy 52 (2d ed. 1962)。

③ 同上，53。

④ 同上，112。

⑤ 同上，206。

巴巴奇（Babbage）复述了一个发生于19世纪早期有关交换中交易专用价值的有趣的例子。虽然他将这种面对下列情况而进行的持续交易的情形归因于"良好的品格"（信用）的价值，但同样我相信也有其他专用性人力和物质投资存在其中。他所述的环境是这样的：

> 良好的品格对形成信用的影响，在最近那次战争期间欧洲大陆排挤英国制造业的时候，以许多令人难忘的方式表现出来。我国一个最大的企业一直与德国中部的一个企业有着广泛的业务往来，但在欧洲大陆港口不向我国制造商开放时，深重的灾难降临到所有违反柏林和米兰政令的人的头上。然而，英国制造商照样收到订单，订单上还附有如何托运、交货时间和付款方式等指导；信的笔迹可以辨认出来，但却只签企业中某人的教名，且有时甚至根本不签名。这些订单照样能实施兑现，并且付款中也从未出现过任何差错。①

这些大多说明的是有关技术和商业交易，但其他类型的交易也具有特质性。伦奎斯特（Rhenquist）法官在讲述这类案例时涉及了其中某些情况。他说："某人声称其权利被剥夺的诉讼会将那些必须保持持续关系的当事人带到对簿公堂的氛围之中。"② 对于这种氛围，他坦率地认为这对维持契约关系不利。他提供了几个例子，如强求法庭调解集体谈判争议③和允许孩子控告父母④。

但是，我们显然须问这些交易的根本区别是什么。我认为交易专用性人力资本是每一项交易的核心，否则，匈牙利人学会操纵德国灯泡吹制机为何需要如此长的时间？如何解释斯特拉迪瓦里斯工艺的失传？巴巴奇所说的发送者和接收者之间逐渐形成的理解和信任同样是宝贵的人力资本，这种资本一旦产生，就会因强制而受到损害。伦奎斯特法官所说的持续关系的瓦解已引起了人们的密切关注，因为还找不到其他合适的东西来代替这些特质关系。⑤

---

① Charles Babbage, On the Economy of Machinery and Manufacturers, 220 - 21 (1832). 最近关于契约中私人交易者能够并且明显"无视"法律的例子，当法律和当事方的利益冲突的时候，甚至在某些危险的情况下出现的案例，见 Stewart Macaulay, The Use and Nonuse of Contracts in the Manufacturing Industry, 9 Practical Lawyer 13, 16 (1963)："需求契约（即一方按照契约满足另一方商品或者服务的需求的契约。——译者注）在威斯康星以及某些其他州不是法律强制执行的。但是化学、容器以及一些其他商品仍然基于需求契约进行买卖。"

② 参见 Justice Rhenquist, The Adversary Society, Baron di Hirsch Meyer Lecture, University of Miami School of Law, February 2, 1978, 19（着重号为后加）。

③ 同上，11 - 13。

④ 同上，16 - 19。

⑤ 如本-波拉斯所言，"家庭契约的最重要特征是该契约是嵌在成员'身份'中的，没有'身份'，家庭契约就失去了它的意义。因此，它是特定的、不可讨价还价或不可转让的。"Yoram Ben-Porath, 参见第29页注①, 6。

本文总的观点是：当交易专用性价值较大时，特殊的治理结构应当取代典型的古典市场契约交换，特质商业关系、劳动关系和家庭关系都是具体的例子。

## Ⅲ. 商业缔约

在讨论商业缔约前，先简述契约问题；然后提出将交易维度化并构建（相应）治理结构的纲要，包括用麦克尼尔的契约的三种分类法来说明纲要中的关系。

### A. 节约

组织商业交易的准则假定是一种（非常重要的）成本节约（economizing）准则，它基本上可分为两部分：生产支出的节约和交易成本的节约。[①] 在交易成本可忽略不计的情况下，宁买勿造一般是最节省成本获得某种物品的方法。[②] 这种做法不仅可更充分地利用静态规模经济，而且还能使供给者汇集原本无关的需求，实现集约收益。由于外购避免了自制过程中的许多官僚主义干扰（这种干扰本身就是一种交易成本）[③]，因此，外购显然是理所应当的[④]。

然而，我们已经说过，目标是尽量减少生产成本和交易成本的总和。鉴于外购的生产成本低、交易成本高，我们也需要认真考虑其他供给安排。交易成本的节约本质上是在提防机会主义干扰过程中的有限理性节约。如果治理结构保持不变，这两个目标就是对立的，因为其中一个下降一般会导致另一个上升。[⑤]

然而，治理结构应当看作是最优化问题的一部分。某些交易从一种结构转向另一种结构的同时不仅会降低签订复杂契约的成本（有限理性的节约），而且会减少按连续性适应方式有效执行契约的支出（减弱机会主义的影响）。这

---

[①] 更一般地，节约问题包括在专用和通用商品或服务之间进行选择。通用物品具有市场采购的所有优势，但可能会牺牲有价值的设计或性能特征。特殊用途的物品具有相反的特征：实现了价值增加，但此时的市场采购可能会带来危害。就本文而言，中间产品特征一般给定，我主要关注生产和交易成本的节约。更一般的公式包括产品特性的优化。

[②] 这忽略了瞬时条件，例如暂时的过剩容量。（在零交易成本的世界中，这种过剩消失了，因为资产可以被其他人有效持有，如同被其所有者持有一样。）

[③] 关于这些风险和交易成本来源，参见 Oliver E. Williamson，第 23 页注①，117-31。

[④] 丹尼斯·卡尔顿（Dennis Carlton）指出，"纵向一体化"经济可以在缺乏整合、买家和供应商随机配对的市场中频繁实现。然而，正如他对纵向一体化所下的定义，这可以通过长期合同有效地完成，正如其在内部生产中一样。Dennis W. Carlton, Vertical Integration in Competitive Markets under Uncertainty, 27 J. Indus. Econ. 189（1979）.

[⑤] 因此，减少监视通常会增加机会主义。但是，监视雇佣关系需要格外小心。逐渐增加监视的强度会引起怨恨并产生相反的效果（例如，按部就班）。这种扭曲在公司内部交易中发生的可能性较小。

确实正是内部供货对于重复出现的特质交易的吸引力之所在。将经常发生的、具有特质性的交易放在组织内部交易确实具有吸引力。因为这种（经常发生的、具有特质性的）交易通过市场获得的规模经济效应比较小——因为这种交易需要专用性投资——而且通过市场交易也面临准租值被侵占的风险。这些问题在别处已出现①，本文的目的是将其纳入一个更大的契约框架中。

这里应当指出，预期的专用性治理结构的设置成本随着交易频率改变。专用治理结构用于重复发生的交易比用于那些只是偶然发生的同样的交易要容易得多，且更为合理。

## B. 交易的维度

我在前面说过，描述契约关系的基本方面是不确定性、交易的重复频率及投资的特质程度。为了便于说明，我假定不确定性程度适中，先着重考察频率和交易专用性程度，然后在第Ⅲ节 D 部分中单独讨论不确定性的重要性。我们将频率和投资都分成三类：频率分为一次、数次和经常；投资分为非专用、混合和特质。为了进一步简化讨论，再作如下假定：（1）供给者有保持长期业务关系的意向，由此不考虑那类无信用企业造成的特殊风险；（2）存在大量可以满足任何需要的潜在供给者，也就是说，假定可以不考虑对专用资源所有权的事前垄断；（3）频率维度仅指买者在市场中的活动（次数）②；（4）投资维度只涉及卖者的投资特点。③

虽然单项交易有其迷人之处——例如从一个不想重游也不会去那里拜访其朋友的遥远国度的商店采购当地烈性酒——但像这样完全隔绝的交易实际上是很少见的。对于那些不愿这样做的人来说，一次性交易与数次性交易之间并无明显的区别，因此就只剩下数次性交易与经常性交易在频率上的区别。图 1 所示的 2×3 矩阵表示了治理结构应当与之匹配的 6 类交易，格子中是对出现的交易的说明。

|  |  | 投资特点 |  |  |
|---|---|---|---|---|
|  |  | 非专用 | 混合 | 特质 |
| 频率 | 数次 | 购买标准设备 | 购买定制设备 | 建造工厂 |
|  | 经常 | 购买标准材料 | 购买定制材料 | 连续工序的中间产品的特定区域转移 |

图 1　商业交易图示

---

① 参见第 29 页注②。
② 看起来，这对于大部分中间品市场交易都是合理的。
③ 因此强调了生产方面，而治理结构的投资则单独考虑。

## C. 治理结构

此处考察三大类治理结构：非专用性结构、半专用性结构和高度专用性结构。市场是典型的非交易专用性治理结构。在市场中，"素昧平生的买者和卖者……相遇……瞬间以均衡价格交换标准化物品"①。高度专用性结构则相反，它是专为具有特定需要的交易而准备的，在此，当事人的身份显然事关重大。半专用性结构当然是介于两者之间的。由此可以立即提出几种主张：(1) 高度标准化的交易不宜采用专用性治理结构；(2) 只有经常性交易才需要高度专用性的治理结构②；(3) 非标准化的数次性交易虽然不需要交易专用性的治理结构，但仍须特别予以重视。根据麦克尼尔关于契约的三种分类，古典缔约活动大约适用于所有标准化的交易（无论发生频率如何），关系型缔约活动可用于经常性交易和非标准化的交易，新古典缔约活动适用于偶然性、非标准化的交易。

### 1. 市场治理：古典缔约活动

市场治理是针对具有偶然缔约活动和经常性缔约活动的非专用性交易的主要治理结构。在经常性交易情形中，市场显得特别高效，因为交易双方仅须凭自己的经验来决定继续保持贸易关系还是（以极小的转换成本）寻找其他交易者。由于是标准化交易，换一种买卖安排大概也不难做到。

对于非专用性的但又是偶然性的交易，买卖双方都不太容易依据直接经验来防止交易中的机会主义。但一般可参考评级服务或同一物品的其他买主的经验。假定物品和劳务均为标准化的，这种正式或非正式的经验评价都能激励当事人负责任地行事。

的确，这种交易发生在一种法律框架之中并得益于该框架。但是，这种依赖性并不是很大。正如 S. 托德·劳利（S. Todd Lowry）所指出的，"关于市场交换的传统经济分析对应于销售（而不是契约）这一法律概念，因为销售意味着市场安排，且在实施所有权的转移方需要法律助以一臂之力。"③ 于是他为交换保留了契约概念，即在那里，当事人在缺乏可选择的标准化市场的情况下，已设计了"他们可以信赖的未来关系模式"④。

单项缔约活动范式的假定十分适合市场结构作为一种主要治理手段时的交

---

① Yoram Ben-Porath, 第 29 页注①, 7。

② 国防方面的契约似乎是一个反例，尽管针对其精心设计了治理结构，但是，这在某种程度上反映了政府作为生产商的缺陷。为此，许多契约将在内部组织执行。而且，像许多国防契约一样，非常大且期限较长的契约确实具有周期重复性。

③ S. Todd Lowry, Bargain and Contract Theory in Law and Economics, 10 J. Econ. Issues 1, 12 (1976)。

④ 同上, 13。

易,因此,当事人的特定身份并没有重要影响;具体缔约内容也可参照正式的契约条款来确定;而且法规可以运用(这种交易)。市场的不同选择主要可以使每个当事人防止对方的机会主义。① 诉讼完全是为了确认权利要求,并没有为维持关系花费过多的精力,因为交易关系并没有被单独估值。②

### 2. 三方治理:新古典缔约活动

需要进行三方治理的交易是偶然混合型和高度特质型两类交易。交易方一旦进入契约,就会产生一种强烈的激励促使契约进行到底,直至完成。不仅专用性投资已经发生,并且这些投资用于其他方面的机会成本是很低的,而且,这些资产向(其他)后来的供给者转移时还会在资产估价方面产生巨大的困难。③(因而)交易双方对维持高度特质型交易关系特别重视。

因此,市场调节不能尽如人意,交易专用的治理结构的设置成本又常常不能被数次交易补偿。一方面,古典契约法对维持这种交易的局限性很大;另一方面,交易专用的双边治理的成本又高得令人难以接受。因此,显然需要一种介于两者之间的中间制度形式。

新古典契约法具备不少值得探求的性质。因此,与其立即利用诉讼——这可能会破坏交易关系——还不如借助于第三方帮助(仲裁)来解决争端、评价绩效。(例如,请建筑师以相对独立的专家身份来确定建筑合同的内容。④)近几十年来对具体绩效的补救办法增多也是与(契约关系的)连续性目的相一致的——尽管麦克尼尔不愿将具体绩效刻画为"对新古典契约的主要补救"⑤。《统一商法典》的这一章节是另一个例证,它允许"因买者违约而受损的卖者……单方面维持契约关系"⑥。

### 3. 交易专用性治理:关系型缔约活动

一般配有专用性治理结构的两种交易是混合型和高度特质型的经常性交易。这些交易具有非标准的性质,它若主要依赖市场治理,则反而会受到干

---

① 尽管标准的交易在现货市场很常见,但是期限条款也可能被使用——特别是在需要依靠双方才能达到经济节约的情况下。参见 Dennis W. Carlton, Price Rigidity, Forward Contracts, and Market Equilibrium, J. Pol. Econ. 但是,这些契约的期限不会很长,因为相关资产可用于其他用途和/或被其他客户使用。结果是,不断变化的市场环境将在价格和数量上相对迅速地反映出来,可以说相对严格的签约模式就比较普遍。

② "一般来说,严重的冲突,甚至是很小的冲突,例如对无关紧要的延迟交货的不满,都将终止契约,造成金钱损失的冲突(由法庭来解决)。这样的结果完全符合增强离散性和加强……现实性的规范。"Macneil, Contracts, 877.

③ 参见第 29 页注②。

④ Macneil, Contracts, 866.

⑤ 同上,879。

⑥ 同上,880。本法律章节的逻辑是:"对契约中的货物进行识别,将在允许的范围内使卖方能够追回货款,而不是仅获得对违约行为的赔偿……后者出现的情况比较少,也难以证实"。

扰，因为其交易所具有的经常性特点能抵消专用性治理结构的成本。

中间产品市场交易的交易专用性治理结构可分为两种：保持当事人自主权的双边结构和使交易脱离市场并根据一种权威关系（纵向一体化）在企业内部进行组织的统一结构。双边结构只是近来才引起人们应有的关注，人们对这种结构的运行也十分缺乏了解。

（a）双边治理：责任性缔约活动。高度特质的交易是，生产所需人力资产和物质资产具有高度的专用性，因而，通过企业间贸易并不能实现明显的规模经济，即买者（或卖者）（通过纵向一体化）不能实现其利益。然而，在混合型交易的情况下，资产的专用性程度较不完全，因此，出于规模经济的考虑，可能会倾向于外购零部件。

与纵向一体化相比，外购还能对持续供货进行成本控制，但是，如果考虑到可适应性和契约成本，问题就会随之而来。内部适应会受行政命令的影响，外购则通过市场交易影响适应。除非在一开始就反复考虑过适应问题，并且在契约中有明文规定，而这样做常常是不可能的或者需要付出昂贵的代价，否则，市场交易的适应就只能以双方补充协议的形式实现。由于在拟订适应方案（无论由哪一方最先提出）时，当事人的利益诉求往往相去甚远，因此适应显然会进退两难。

一方面，由于目标是避免牺牲有价值的交易专用投资，因此双方当事人都有保持这种关系的激励，而不会任其流产。另一方面，每一方均拥有各自的利润流，不能指望其会轻易应允任何对契约进行适应的提议。显然，需要有若干提出后能被接受的调整方法，它根据双方当事人均信任的条款来实现灵活性。要实现这一点，部分可用下列方法：（1）认识到机会主义的危害是随适应性的提议而变化的；（2）对危害不大时的调整要加以限制。但是，适应精神具有同等的性质。①

数量调整比价格调整更能促使当事人共同接受它。因为价格调整具有一种不合时宜的一方得益而另一方必受损的（损益相抵为零的）性质，而提议增减数量或延期发货则没有这种性质。而且，除下文要讨论的之外，价格调整还含有如下风险：对方会千方百计在双边垄断贸易的松动余地中将条款向有利于己方的方向改动。相反，如果假定是由于外生事件才需进行数量调整而不是策略性目的使然，那么通常会得到认可。在混合型交换的情况下，提出数量变动的要求，卖者（或买者）几乎没有理由对对方的请求表示怀疑。

---

① 斯图尔特·麦考利（Stewart Macaulay）观察到，"在解决争端过程中往往不会提到契约，或者潜在其他方法，或者法律诉讼。一般都不会轻易诉诸法律或者在谈判中威胁要起诉对方……"，这时持续的商业关系是有价值的。Stewart Macaulay，第25页注②，61。

本节后面的资料来源于对通胀的研究，参见 Michael L. Wachter and Oliver E. Williamson, Obligational Markets and the Mechanics of Inflation, 9 Bell J. Econ. 549 (1978)。

于是，买者既不会去寻求其他货源，也不会将其（按优惠价）购得的产品挪作他用（或转手给其他用户），因为得到其他货源的成本很高，而且特质性产品的用途和用户是不可更换的。卖者同样也不会因有更好的销售机会而扣货不发，因为其资产也具有专用性质。结果，对特质性产品的数量要求通常能按账面价格实现。由于不能做到同时对数量和价格进行适应，这会使大多数特质性交换无法进行，因此，一般总是进行数量调整。

当然，并不是所有价格调整都会引起同样程度的危害。可以预见，那些危害极少的价格调整是会进行的。运用反映一般经济状况变化的那种简单的自动调整条款是一种可能情况。但由于这种调整不是交易专用性的，因此，将这些浮动调整用于局部情况时常常会出现调整的不完全。可见，我们应当考虑是否可以进行更切合局部环境的价格调整。问题是，能否设计一种过渡性的价格调整方案，而又不出现上述策略性危害？要做到这一点，有些什么前提条件呢？

使任何一方当事人面对一种特质性交换的危机造成了一类例外情况。鉴于这是一种会危及双方关系的生存性危机，有可能会允许价格适当松动。然而，尤为值得关注且有意义的是，是否存在能经常进行过渡性价格调整的环境？这里有两个前提条件：第一，价格调整提议必须起因于外生的、密切相关的、易于核实的事件；第二，必须明确地定量性说明由此造成的成本。现举例说明。我们来考察一种基础材料（如铜或钢）在其成本中所占比重相当大的零部件，还假定该零部件与该基础材料有关的那部分成本也已有明确规定，在此情况下，如果允许价格方案按照计算公式做部分过渡性调整，那么材料价格的外生变化所产生的危害也极小。由此可以进行比自动调整条款更为精细的调整。

但是应当强调，并非所有成本均具备此条件。间接开支及其他难以确认或即使能确认但与该零部件成本也没有确定关系的那些开支的变化都不能用类似方法处理。当事人在认识到这种危害后，就不会再要求调整这类价格了。

(b) 统一治理：内部组织。随着交易逐步变得更具有特质性，进行交易的激励就变弱了。原因是，由于专用性人力资产和物质资产的使用更趋于单一（即专业化），从而更缺乏向其他用途转移的可能性，因而买者能像外部供给者那样充分实现规模经济。① 于是，组织方式的选择便转变为何种方式具有最优适应性。正如曾在别处所讨论的那样，在此环境下总是会出现纵向一体化。②

纵向一体化的优点是：适应可以连贯的方式进行，而不必对企业间协议进

---

① 假设买方和外部供应商支付的要素价格相同。但在某些情况下（例如在某些工会组织中），购买者可能会选择购买，因为工资（即要素价格）存在差异。这在汽车行业中是一个普遍的问题，因为汽车行业的工资非常稳定且相对较高。

② 参见第24页注③。

行查询、完成或修改等。当交易双方进入同一个经济实体时，假定双方实现了共同利润最大化是合理的。于是，纵向一体化企业的价格调整比企业间贸易更为完全。当然，数量调整也可以任何频率进行，只要能使双方在交易中的共同得益最大化。

价格和数量都具有广泛的适应性，且交易双方身份保持不变，这就是高度特质交易的特性，这种特质交易就被纵向一体化了。责任性缔约活动则为由通过行政管理实现的更为综合的适应能力所取代。

为了节约目的，治理结构与交易的匹配见图2。

|      |      | 投资特点 |      |      |
|------|------|------|------|------|
|      |      | 非专用 | 混合 | 特质 |
| 频率 | 数次 | 市场治理 | 三方治理（新古典缔约活动） | |
|      | 经常 | （古典缔约活动） | 双边治理 | 统一治理 |
|      |      |      | （关系型缔约活动） |      |

**图 2　治理结构与商业交易的匹配**

## D. 不确定性

在确定性条件下进行的交易相对之下不必赘言。它们除了在达到均衡交易配置所需时间上有所不同之外，任何治理结构都可使用。较为重要的是在不确定性达到中等或较高程度时进行的交易。上文已述及其中的第一种。这里的问题是：不确定性程度增加时，治理结构会受到怎样的影响？

重申一下，非专用性交易是指那些连续性没有多大价值的交易，因为新的贸易关系很容易被安排。不确定性程度的增加并不会对此产生影响，因此，无论不确定性程度如何，市场交换依旧继续，典型的单项缔约活动范式（古典契约法）仍适用于所有标准化交易。

交易专用性投资的情形则有所不同。只要投资的特质程度并非微不足道，不确定性程度的增加就会使之更迫切地要求当事人设计一种"应变"机制——因为当不确定性增加时，契约的余地会更大，且在次数上和重要性上对连续性适应的要求也会增大。它与组织具有混合型投资性质的交易的关系尤为密切。这时会有两种可能：第一种是牺牲有价值的设计特点以适应更为标准化的物品或劳务，于是可以使用市场治理；第二种是保留原有设计，但为交易精心设计一种治理机制，以便进行更有效适应的连续性决策。具体地说，能够为偶然发生的非标准化交易设计一种更为精细的仲裁机制。由于经常性交易的不确定性增加，双边治理结构常常为统一治理结构所取代。

当然，不确定性的降低会使交易向相反方向变动。常常会出现这种情况，

39

即一种产业成熟时,不确定性会降低,这时,一体化带来的收益也就很可能减少。因此,对于成熟产业中的经常性贸易,进一步依赖于责任性市场缔约活动通常是可行的。

# Ⅳ. 其他应用

描述交易的三个方面——频率、投资的特质性和不确定性——适用于所有的交易。适用于商业交易的治理结构一般同样如此。然而,用于组织商业交易的专用治理结构如果不根据其他类型交易的治理作相应更改,则不能适用。本节简述该框架在研究劳动力市场、管制、家庭法和资本市场交易等方面的应用。

## A. 劳动力市场

偶然劳动力市场交易的典型形式是修理性劳务,如管道工、电工等。尤其是与老住宅或建筑相关的交易,这类交易具有特质性。这种交易虽然也很有趣,但我想研究的交易是非专用的、混合型的及特质型的经常性劳动力市场交易。

萨默斯对于有关契约法的集体协议的考察表明,尽管集体谈判与通常的商业谈判相去甚远,但集体协议仍然是"契约主流"[①] 的一部分。他认为对于契约的研究应从两个层次上入手:探索基本框架,以及在此框架内考察区分每一类交易对应的制度属性。关于前者,他推测:"适用于所有契约性交易的共同原则相对较少,且根本不具有应表述为法规的普遍性和竞争性。"[②]

我认为萨默斯关于将契约分成两部分研究的想法有助于加深对问题的了解。我相信,本文前几节所述的框架包含了萨默斯的许多基本内容。人们在考察各种缔约活动时可以发现,所不同的是制度结构。

(1) 非专用性交易。

非专用劳动力市场交易是指在本质上雇主与雇员基本没法区分的交易。季节性农场劳动就是一例。虽然可以看到一些雇佣(交易)关系在企业与雇员之间可以长时间保持不变,但每一方基本都是在市场上成交的。因此,能够从专用性培训和"干中学"中获得特质收益的现行良好关系则难以实现。工资和就业都是可变的,这类交易适合用市场治理。因此,下面来考察混合型和特质型劳动力市场交易。

---

① Clyde W. Summers,第 25 页注②,527。
② 同上,568。

（2）混合型交易。

也许最有意义的劳动力市场交易是那些大部分工人都需要具备中等程度的企业专用技能的场合。应当指出，由于特质是本文讨论中设定的变量，如果企业不能设计出若干种治理结构来防止企业与具有特质性技能的雇员之间产生敌对性谈判关系，那么可以预见，企业会重新设计工作岗位并进行更标准化的经营。在此过程中可能会牺牲成本最低的生产技术，但仍然能得到净收益，因为在职工人能实现的战略性优势并不比市场中那些适用的但不熟练的工人强多少。

伦奎斯特法官认为，"对某些制度的决策进行判决性的评论，虽然在某种客观意义上可能会保证决策'更好些'，但对制度内部的现有关系只能起破坏作用，从而损害该制度发挥其预定的社会职能的能力"①。有关他提醒注意的判决性评论的例子包括集体谈判协议。

这样说的理由是，判决性评论不能轻而易举地弄清楚交易的特殊需要，而且这种评论很可能会降低对当事人设计双边治理结构的激励。Vaca V. Stipes（伦奈斯特法官提到的案例）与这里的解释是完全一致的。最高法院认为，个人不能强迫他所在的工会将其不满诉诸仲裁，因为如果法律成为争端解决机制，那么，"契约所提供的清算机制实际上就会被极大地削弱，于是……（就会出现）独立的、无组织的谈判的怪现象"②。阿奇博尔德·考克斯（Archibald Cox）对此详述如下③：

> ……工会拥有集体协议赋予的控制权，它更适合集体谈判的功能特点……无论个人对公司与工会做出的调整如何不满意，允许他将诉求付诸仲裁……就是阻碍了公司与行会之间这种日常的合作，而这种合作通常正是成熟的产业关系的标志——这种关系将不满意见作为有待解决的问题来处理，而契约仅仅是动态人际关系中的路标。当……个人的权利要求危及整体利益时，工会的职能是满足迁就或折中调停来解决争端。

考克斯所述的赋予工会控制权的做法，清楚地承认整体利益（由此还有系统的生命力）高于个人利益，因而制约了少数人的机会主义。

暂且不论一般的浮动工资或事先确定的工资的调整，在集体谈判协议中，工资是保持不变的，但仍然需要经常进行适应性修正。④ 这种调整有三种形

---

① Justice Rhenquist，第 32 页注②。
② 386 U. S. 171，191 (1967).
③ Archibald Cox，第 25 页注②，24。
④ 原因当然是，在契约期内重新进行工资谈判是成本高昂的，并且妨碍了正常生产活动。因为该观点认为一种工作进行工资谈判会引起其他所有类型的工资谈判，而且工作的性质有明显差异，所以工资谈判一般只发生在契约更新期间。

式：(1) 数量调整；(2) 任务变更；(3) 根据不满意见修订工作规章。

数量调整是为应对市场机会的变化而进行的。随着经济的发展，就业水平或就业组合会发生调整。在有价值的企业专用性技能属于工人的情况下，当条件更好的重新就业机会出现时，解除雇佣关系是常有的事。管理职位的机制也应相应地精细到能直接随企业工作岗位的特质程度而变。[①] 于是，具有高度特质性的一系列相互依赖的岗位的企业中的晋升阶梯应当是细长的，其晋级的主要限制在底部，而非特质性企业的晋升阶梯则应是一种扁平结构。[②] 同样，工作岗位较为特质的企业中也应严格按照其职位等级论功行赏。[③]

(3) 高度特质化的交易。

重申一下，特质交易不仅要求专一性，而且还要求交易专用方面的专一性。还得重申一下，我们在本节中只关心经常性交易。因此，虽然存在许多具有专门技能的个人（如艺术家、运动员、研究人员、行政管理人员等），但其专门技能很少是交易专用性的。相反，这些人大多数均能转向另一个组织而不致造成生产率的丧失。

例外的是那些收益受经验（内在知识）和团队协同效应影响很大的情况。具有高度特质性质的商业交易可以在共同所有制下统一组织，因为契约的局限性使得劳动力市场交易不太可能。长期维系个人与组织利益的复杂契约不是以"吞并"而是以谈判的方式达成的，任何一方企图单方面终止契约都会受到严惩，而且，还拟订了非既定的、长期的、有条件的报酬计划。更一般地说，专用交易的结构对于这种交易是高度个性化的。

## B. 对自然垄断的管制

我的观点仍然是：专用治理结构需要达到这种程度，即有效优势通过一种持续的双边贸易关系联系买卖双方。治理的目标仍然是：保护有关双方的利益；修正关系以适应变化的环境。

具体细节虽各有千秋，但维克托·戈德伯格（Victor Goldberg）[④] 和我[⑤] 都认为，对于那些具有较高自然垄断性质的公共服务，需要有专用治理结构。这种结构应当能为卖者（投资者）和买者提供所期望的保障，这是一种保护性

---

① Michael L. Wachter and Oliver E. Williamson，第 37 页注①，567。
② Michael L. Wachter and Oliver E. Williamson，第 37 页注①，567。
③ 因此，尽管非特质工作和特质工作都可以集体组织，但与之相关的内部劳动力市场的组织方式应反映它们之间的客观差异。另外，提供有序的治理结构的动机直接随效率的高低而变化。在其他条件不变的情况下，非特质工作应该被最后组织，治理结构也不如特质工作那么详尽。这两个观点都被证据证实了。
④ Victor P. Goldberg，第 23 页注①。
⑤ Oliver E. Williamson，第 29 页注②。

职能，同时还要有利于作适应性系列决策。定期评议的收益率管制具备这些特点。然而，这种管制也出现在交易专用性投资较低的行业（如运输产业），但这种管制完全不必要，即使这样做了，也可能是出于其他原因（而不是前文提到的原因）。

### C. 家庭法

这里的问题是：是否应将判决的作用扩展到帮助治理家庭关系？诚然，判决作为一种重要的调节手段能够并经常对维持家庭关系起着有益的作用，但是这种关系显然具有极高的特质性，而且一种专用的治理结构肯定是主要的治理方式。随着判决作用的扩展，对于内部结构的信赖会减弱。因此，除非个人权利受到严重威胁，一般都拒绝付诸判决。

伦奎斯特法官对有关家庭纠纷听证会的不良作用做了恰当的评论："任何一种将父母子女置于对立面的听证会肯定是破坏性的，它使家庭内部关系处于压力与紧张之中，反过来又削弱了作为一种制度的家庭。"[①] 对于父母-子女式家庭关系能否（在判决影响为零或可忽略不计的情况下）优化，已超出了本文的范围。就我的目标而言，这足以说明有价值的家庭关系是经常性的和特质性的，所以应当倡导一种专用的交易治理结构，以免当事人不愿对该制度多加投资。[②]

### D. 资本市场交易

易于验证是资本市场运行的关键。[③] 哪里容易验证，哪里的市场就运行良好，且不必另外附加治理。然而，在验证困难或非常困难的地方，就必须附加治理。偶然交易能得益于第三方的帮助，而经常性交易则应当服从双边治理或统一治理。于是，在所述框架内，评价资本市场交易可以通过用"易于验证"取代"投资的交易专用性程度"来实现。一旦做到了这一点，适合资本市场的治理结构就基本上类似于组织商业交易的结构了。

## V. 启示

将交易进行维度化并考察以不同方式执行不同交易的成本，产生了大量制度性含义。将这些要点归纳如下：

---

① Justice Rhenquist，第 32 页注②，19。
② 关于家庭契约的更多讨论，参见 Yoram Ben-Porath，第 29 页注①，4-7。
③ 桑福德·格罗斯曼（Sanford Grossman）提醒了我这一特征。

### A. 概述

(1) 无论是偶然的还是经常的非专用交易，用市场来组织都是很有效率的。

(2) 非标准化的偶然性交易与判决相匹配。

(3) 当交易是经常性的、需要特质投资，以及在较不确定的条件下执行时，交易专用的治理结构能得到较充分的发展。

### B. 商业交易

(1) 商业交易的优化需要同时注意：生产节约、交易成本节约，以及零部件设计。

(2) 麦考利之所以很少提到商业诉讼案例①，是因为适于非专用交易的市场运行良好，而经常性的和非标准化的交易则由双边结构或统一结构来进行治理。

(3) 随着不确定性的增加，责任性市场缔约方式不能用于具有混合型投资特点的经常性交易。这种交易只能标准化后转向市场，或者在内部组织。

(4) 随着一般需求的增长和货源数目的增加，原来是交易专用的交换就失去了这种特点，依赖于市场调节就成为可能。于是，纵向一体化会让位于责任市场缔约活动，接着又为市场所取代。

(5) 在库存和相关的流程成本节约空间较大时，以区位专用性（投资）来供货和专用性治理（通常是纵向一体化）就会出现。需求因素影响不大。

(6) 在制造与销售之间分界面上的组织反映了类似的投资考虑：在销售过程中不涉及交易专用性投资的物品和劳务可以通过常规市场渠道分销，而那些这类投资较大的物品和劳务则使用专用治理结构（主要是双边治理结构，如特许权，或统一治理结构，如前向一体化）。

(7) 对技术变化的治理有其特殊的困难。经常提及的市场局限性②常常为更复杂的治理关系提供了空间，通常理由和路径仍与本文所述的相同。③

### C. 其他交易

(1) 对于非专用性劳动，集体组织的效率收益可以忽略不计。因此，这种劳动组织形成得比较晚，并且常常只有借助于政治程序才能实现。

---

① Stewart Macaulay，第 25 页注②。
② Kenneth J. Arrow, Economic Welfare and the Allocation of Resources for Invention, in The Rate and Direction of Economic Activity 609 (1962).
③ 参见 Oliver E. Williamson，第 23 页注①，203-05。

(2) 随着工作岗位变得种类繁多和更为特质，内部劳动力市场也就变得更高度个性化了。

(3) 管制可以部分地解释为对自然垄断所产生的交易困境的反应。

(4) 如果从交易成本方面考虑，对缺乏交易专用性投资的活动（如运输业）进行管制其理由并不充分。政治因素可能是出现这种情况的原因。

(5) 在家庭法领域中，动用判决要慎重，以免影响有价值的交易专用性投资。

(6) 易于验证是资本市场中的"交易专用性"。在进行这种替代时（用"易于验证"替代"交易专用性"），资本市场和中间产品市场的组织基本相似。

## Ⅵ. 结束语

交易成本经济学是一项跨学科的研究工作。它将经济学与组织理论结合起来，并与契约法大量交错。它是对制度经济学的现代版本[*]，并侧重于比较分析。[①] 无摩擦的理想世界通常仅供参考。

虽然数理经济学捕捉到一部分交易成本现象[②]，但不是全部。交易成本问题研究进展因缺乏明确定义而受阻。识别交易的重要维度存在重大不足。

本文试图弥补这种缺陷，并将不确定性、交换频率及投资的交易专用性程度作为描述交易的基本维度。经济活动的有效组织必然要求交易属性与治理结构相匹配。

本文虽然主要研究商业缔约活动，但文中所提出的方法很容易推广到劳动契约的研究，还有部分内容可用于对公用事业管制和家庭关系的理解。因此，文中提出了分析契约的统一方法。

发现很多交易的其他属性同样适用于本文的分析框架，这是鼓舞人心的。因此，这进一步确定了交易成本对组织经济活动的重要性。但是，契约世界十分复杂[③]，不能指望本文所述的简单交易成本节约框架能在论及主要属性之外再包含其他细节。然而，对本文框架进行细致扩展以进行现象微分析，应当是可行的。将其扩展到包括更多维度或替代维度（例如在资本市场交易中用容易验证程度来替代专用性进行分析等），有时亦是必要的。

---

[*] 即新制度经济学。——译者注

① 关于比较分析方法，已经被科斯反复强调过了；R. H. Coase, 第23页注①。

② Carl J. Dahlman, 第23页注①, 144-47。

③ Benjamin Klein, Robert C. Crawford, and Armen A. Alchian, 第23页注①, 325。

# 可信的承诺：用抵押品来支持交易＊

可信的承诺和可信的威胁具有一个相同的特点：两者都主要与不可撤销的专用性投资有关系。然而，可信的承诺是被用来支持结盟、促成交易的；可信的威胁则出现在冲突和竞争的环境中。[1] 前者涉及保护交易关系的互惠行动，后者则是为了抢占利益所做的单方面努力。支持交易的努力一般是为了效率目的；相反，先下手为强的竞争行为往往会对社会造成不良后果。显然，这两者对政治学和经济学都很重要，但是相对而言，对可信的承诺的研究显然是更为基础的。

然而，对可信的威胁的关注比可信的承诺要广泛得多，而且关于可信的威胁的文献要比可信的承诺发展更充分。[2] 这种差异与托马斯·谢林（Thoma's Schelling）的关于讨价还价的经典论文对这两者的论述一致，论文中主要强调了竞争中的一方可以通过"绑住双手"（tieing one's hands）的策略来获得竞争优势。但是谢林简略论述了关于承诺的问题。他观察到："讨价还价可能除了要关注利益分配，也要关注'激励'制度"（Schelling, 1956, 第300页）；他在

---

＊ 原文 "Credible Commitments: Using Hostages to Support Exchange" 载于 *The American Economic Review*, 1983, 73（4）: 519-540。译者：贾钦民。

[1] 可以注意到，我使用的威胁和承诺两个术语与柯蒂斯·伊顿和理查德·利普西（Curtis Eaton and Richard Lipsey, 1981）所说的不一样。他们区分了不可信的威胁和可信的威胁，并用"承诺"指代可信的威胁。我认为，"威胁"很适合竞争的环境，而应该将"承诺"用来描述交易。因此，在评估竞争的时候要区分可信的威胁和不可信的威胁；同样地，在评估交易的时候要区分可信的承诺和不可信的承诺。结盟会使得问题复杂化，因为结盟的组织会涉及其他方。这在总体上是有益的，但也不一定。比如，供给者可能相对于购买者形成了结盟，并产生出了对社会不利的后果。可信的承诺既支持了交易又促成了结盟，所以有时候需要进行权衡。

[2] 最近的经济学应用涉及阻止新进入者的专用性投资（Avinash Dixit, 1979; 1982; Eaton and Lipsey, 1981; Richard Schmalense, 1981）。关于声誉效应和准可信（quasi credibility）的经济学文献，参见 David Kreps and Robert Wilson（1982）、Paul Milgrom and John Roberts（1982）以及 Williamson（1982b）。

一个注释中补充道,早期交易双方交换抵押品是为了提供激励(Schelling,1956,第 300 - 317 页)。

可信的承诺的研究相对被人忽视的原因来自如下假设:法律体系以一种明智的、精明的并且低成本的方式来保证承诺实施;这一假设在法学和经济学领域普遍存在。尽管该假设具有启发性,但是该假设与实施普遍不相符,也正是这个原因才导致了新的其他治理模式的出现。创造并提供抵押品的双边努力不仅有趣,并且也被证明有重要的经济意义。除非认识到并理解了"私人秩序"(private ordering)的优点,否则就会觉得提供抵押品以支持当前交易的想法是异想天开的而被忽视。但是,我认为,(没有认识到)作为抵押品被用来保证可信的承诺的经济等价物广泛,以及没有认识到抵押品的经济意义导致了重复出现的政策失误。

第Ⅰ节简要介绍了研究契约的私人秩序方法。第Ⅱ节建立了评估不同可替代契约的效率后果的简单模型,其中涉及了抵押品。该模型显示供给者的投资是受到购买者激励的影响。第Ⅲ节讨论了激励困难,这超出了模型的范围。第Ⅳ、Ⅴ节介绍了本文观点在单边交易和双边交易中的应用。第Ⅵ节考察了关于石油互换和相关的政策态度。

# Ⅰ. 私人秩序

## A. 缔约传统

多数关于交易的研究假设:关于解决契约纠纷的有效法律法规是存在的,并且由法庭以一种明智的、精明的并且低成本的方式实施。这些假定为研究带来了便利,因为按照假定,法学家和经济学家就可以不用去考察各种各样通过设计私人秩序来"退出或者避免"国家治理结构的私人交换方式。从此就产生了这样的分工,即经济学家专注于因专业化和交换而自然增加的经济收益,而法学家则重点关注契约法的专业问题。[1]

"法律中心主义"的传统正反映了这一倾向。它主张"契约纠纷需要'通过'远离纠纷发生的背景的外部法庭来解决,而解决方案通过某个权威学习团体提供,并由政府支持的专业人士来解决"(Marc Galanter,1981,第 1 页)。

---

[1] 法学家并没有垄断对契约法条的改进。近期,经济学家对此的贡献可参见 Peter Diamond and Eric Maskin(1979)以及 Steven Shavell(1980),他们对契约的经济分析方法集中在对法律条款的专业问题上。而本文所采取的研究方法认为,即使是改进后的法律条款也是成本高昂的,所以私人秩序才会得到广泛的运用。

然而，事实并非如此。在现行规则下，大多数的纠纷，包括一些可以诉诸法庭的争端，都是通过回避、自我协商等方式解决的（Galanter，1981，第2页）。

法律中心主义的这一假设并不具有现实性，这可以通过研究成果丰富的纯交易模型来证明。但这并不是本文的论点。我对这个传统的担忧在于，因为这个传统，与私人秩序相关的法学和经济学被作为背景而忽视了。这是非常不幸的，因为"在多数情况下，相对于对纠纷知之甚少而只能运用一般规则来判断的专业人士，纠纷的当事人可以想出更加令人满意的纠纷解决办法"（Galanter，1981，第4页）。[1]

过去10年，经济学文献中发展了四个相关但却不同的领域[2]，这些文献或明确或隐晦地将私人秩序描述为：激励相容文献（Lenid Hurwicz，1972）；内部组织经济学文献（Ronald Coase，1937；Kenneth Arrow，1963，1974；Oliver Williamson，1971b，1975，1979b；Benjamin Klein et al.，1978；David Teece，1982；Eugene Fama and Michael Jensen，19830）；研究债务融资的金融经济学文献（Joseph Stiglitz，1974；Jensen and William Meckling，1976；Sanford Grossman and Oliver Hart，1982）；以及对自我实施契约的研究文献（Lester Tesler，1981；Klein and Keith Leffler，1981）。关于前两类文献已经在其他地方做了综述（Hurwicz，1973；Williamson，1981，1982b）。第三类文献对莫迪利亚尼-米勒（Modigliani-Miller）定理提出了质疑，该定理认为企业的生产计划和财务结构没有关系。[3] 第四类文献研究了中间产品市场的缔约问题，并表明该市场依赖私人秩序。

特尔泽这样描述自我实施的契约：如果"一方违背了契约条款，另一方的唯一选择就是终止契约"（Telser，1981，第27页）。与法律中心主义相反，这

---

[1] 加兰特（Galanter）的解释如下："与偏好、环境的多变性相比，正式规则所能考虑的情况较少……以及将纠纷转化为专业法律分类时的意义损失，这些都降低了结果与权威规则一致的程度"（Galanter，1981，第4页）。

[2] 还有一个历史悠久的法律传统，在该传统中，将契约视为法律规则是受到质疑的。卡尔·卢埃林（Karl Llewellyn，1974）的"作为框架的契约"（contract as framework）观点特别重要。最近的重要贡献包括 Steward Macaulay（1963）以及 Ian Macneil（1974）。有关讨论，参见 Williamson（1979b）。

[3] 格罗斯曼（Grossman）和哈特（Hart）在发行债券和信号均衡之间做了有趣的区分：前者表示代理人在传达"他们内在的意图，而后者意味着代理人在表明他们的外部特征"（Grossman and Hart，1982，第110页）。换句话说，发行债券涉及代理人在契约履行阶段（一个事后阶段）的激励，但是信号均衡涉及推测代理人的不可直接观察的事前特征，这些特征是完全被事先确定的。因此，罗斯（Stephen Ross，1977）用债务/权益比来表示管理质量的（外生）差别，而格罗斯曼和哈特用债务来承诺经理人某项活动，以此来使得事后的利润最大化目标更加一致。特别地，债务变成了一种工具，经理人因为债务处于风险之中，金融市场会意识到这一点，并会提高对该公司的估值（Grossman and Hart，1982，第130页）。因为假设经理人能从高的公司市场估值获得收益（Grossman and Hart，1982，第109页），所以他们会自觉承担由债务所带来的破产风险。

里假设法院和其他第三方并不介入该类交易。克莱因（Klein）和莱弗勒（Leffler）直接明了地说："我们自始至终假定……合同不能由政府以及任何第三方来强制执行"（Klein and Leffler，1981，第616页）。19世纪后期中国台湾的商业契约法就明显类似于这种情况（Rosser Brockman，1980）。斯图尔特·麦考利（Stewart Macaulay）关于商业契约的非正式的论述，实质上也与这种情形类似："通常，商人并不会觉得他们签了'一个契约'，而是认为他们有了'一个订单'；他们说'取消订单'而不是'违背我们的契约'"（Macaulay，1963，第61页）。

我们要承认，完全的私人秩序是极端情形。如同罗伯特·姆努金（Robert Mnookin）和刘易斯·科恩豪泽（Lewis Kornhauser）所说，私人秩序永远在"法律的影子"（the shadow of the law）下运作（Mnookin and Kornhauser，1979）。[①] 可以这样表述我的观点：交易双方设计措施以保证双边契约实施的激励与法庭裁决效率相关，并且该激励会随着交易属性的变化而变化。特别地，在本文所描述的交易中，法庭的功能受到严重限制（因此法庭裁决效率低下）。

## B. 本文的一些特点

本文从交易成本的角度来考察自我实施契约，所以，本文假设签约人是有限理性的，并且，如果条件允许的话，签约人有机会主义倾向。[②]

尽管抵押品可能同时具有事前（甄别）和事后（约束）（bonding）效应，但是本文主要关注事后契约的履行情况。[③] 这也是研究自我实施契约文献的焦点。另外，和特尔泽以及克莱因-莱弗勒相似，本文关注的跨期契约（intertemporal contracts）的特点是具有不确定性，并且涉及交易专用性资产。但在其他方面，本文与它们有重大差别。

因此，尽管特尔泽考察了"在时间上排列的一系列交易，并且其终止时间不确定"（Telser，1981，第30页），但因为任何有限的交易序列都可以用他的模型来拆解，我所考虑的交易也可以是有限的（事实上，一般都是有限的）。而且，与特尔泽相比，本文中交易专用性资产的作用更加明显，也得到了更充分的讨论。

克莱因和莱弗勒研究的自我实施契约也是无限期的，而不是有限期的。抵

---

[①] 加兰特认为，描述契约研究的一个好的方法是"法律处于固有秩序的影子中"（law in the shadow of indigenous ordering）（Galanter，1981，第23页）。对此还有很多解释，但要点是，在任何关于契约的全面研究中，应该给法律一席之地。

[②] 虽然我之前强调企业而不是市场治理，但是本文只关注市场调节下的交易，所以相关的治理问题涉及各种契约的选择。

[③] 在本文的前一个版本（Williamson，1982a，第6—9页）中，我简要讨论了事前甄别（screening）的特点。然而，甄别均衡的估计是复杂的，同时也不是讨论的关键。对甄别问题的讨论，参见Michael Rothschild and Stiglitz（1976）以及John Riley（1979a，1979b）。

49

押品使得本文进一步区别于克莱因和莱弗勒的研究，因为（1）他们假定最终商品市场上质量不确定，而本文假设质量已知，并且关注中间产品的随机需求[①]；（2）他们的"基本理论结果"涉及牺牲"最小成本的生产技术"来保证质量（Klein and Leffler，1981，第618、628-629页），而抵押品模型不涉及这种牺牲权衡（事实上，用抵押品支持交易有助于增加专用性资产技术的投资，而专用性资产投资将产生更低的预期成本）[②]；（3）他们的模型既没有关注资产被占用的风险，也没有讨论适应性风险，但是本文将对这两者进行讨论。一般来讲，抵押品模型及其思想适用于不同的契约环境，而不仅仅限于质量保证分析。

## Ⅱ. 抵押品模型

简单的抵押品模型将用于阐述单边和双边交易，模型可以扩展到包含专用性资产概念，并阐明在评估交易中如何描述成本。尽管模型还处于启发性的初步阶段，且不够精练明确，但该模型是一个分析范式，它揭示了私人秩序的重要性并使得这种分析手段易于用于进一步的分析。

### A. 技术与成本

假定研究的商品可以用两种技术生产，将有助于评估其他可替代的契约：一种是通用型技术；另一种是专用型技术。专用型技术要求投入更多的交易专用性耐用性资产，正如下面将提到的，专用型技术对满足稳定的需求更有效率。

对一项交易有高度专用性的成本具有两个特点：一是该成本发生在预期的交易之前；二是如果有其他用途，或者被其他人使用，其价值就会大打折扣。[③] 正如克莱因和莱弗勒所言，先前承诺中包含的不可撤销的、不可回收的

---

[①] 我在第Ⅳ节C部分中对特许经营权（franchising）的讨论与克莱因和莱弗勒类似，并假设需求外部性是由产品质量引起的。第Ⅱ节建立的抵押品模型不能够直接适用于这种情况，但是其中心思想可以用于以下三个方面：（1）与购买者一样，特许经营者也在各种契约中选择；（2）关于投资与专用性资产的决策是经过深思熟虑的，因为专用性投资具有更好的激励效应；（3）沉没成本技术更有效率，它使得克莱因和莱弗勒论文中的无效率权衡失效。

[②] 与克莱因和莱弗勒所提出的观点相反，在质量保证模型中，总生产成本不一定会上升，因为投资从可逆的（固定成本）转向了不可逆的（沉没成本）技术。因此，所建成的大楼不再是没有标志的通用型建筑，而是带有特殊"标志"的专用建筑。这两种耐用性投资可能是相同的，但是相对于第一种大楼（通用型），将第二种大楼（专用型）挪作他用的价值会降低更多。第二种建筑的设计所体现的长期承诺让用户不用担心大楼质量问题，而这就是克莱因和莱弗勒所关注的核心问题。

[③] 克莱因等采用了"可占用的准租值"来描述这种情况。这里使用和使用者之间的区别是重要的："资产的准租值就是价值和残值的差。这里残值是指资产由于次优的用途所产生的价值。准租值中潜在的可占用的专用性准租值部分，就是其价值超过该资产次优使用所产生的价值的部分"（Klein and Leffler，1981，第298页）。

成本就是沉没成本（Klein and Leffler，1981，第619页）。通常认为这也适用于物质工厂或者被记为固定成本的会计成本，但是这并非区分的关键，比如劳动力投资（交易专用性人力资本）就可以具有高度的专用性。许多出于会计目的而被说成是固定成本的成本，实际上是非专用性的，因为这些投资可以通过资产重新配置而回收（挽回），比如通用型的卡车或者飞机这类具有耐用性并且可移动的资产。

因此，本文将从价值实现的角度来描述这两种技术。能够通过资产重新配置而实现（回收）的价值和固定成本（投资），用 $v$ 表示。前期承诺的不可回收的部分的价值用 $k$ 表示。因此，两种技术可以被描述成 $T_1$：通用型技术，所有的前期承诺投资都可以挽回，可重新配置但需要成本 $v_1$；以及技术 $T_2$：专用型技术，前期承诺的不可挽回的价值为 $k$，可重新配置的成本为 $v_2$。

## B. 缔约

缔约有两个阶段：在第一个阶段确定订单，在第二个阶段生产（如果发生）。购买者可以接受或者拒绝签单。需求是随机的，假设购买者对该订单的总估值均匀分布在 [0，1] 上，并且每个价格上的需求量假设是固定不变的，为了方便，将其设定为 1 单位。如果有沉没成本，那么它将在第一个阶段产生。因为沉没成本确定会发生，但是重新配置的成本是否发生将取决于购买者是否签单，关于两种技术的有趣选择发生在 $v_2+k<v_1$ 的情况下。图 1 显示了需求与成本的关系。

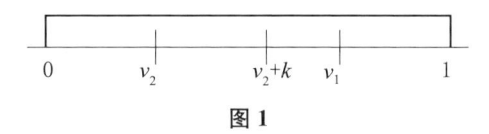

```
 ├────┼──────┼──┼──────┤
 0    v₂    v₂+k v₁     1
```

图 1

### 1. 净收益

是否签单的决定标准是整体收益最大化。如果不考虑可行性和各种官僚主义成本，那么纵向一体化就能实现整体收益最大化。因而评估契约的参考标准就是一个一体化的企业有两个部门：一个生产部门，一个销售部门。生产部门能获得使用上文所提的两种技术的途径：一种涉及专用性资产，另一种不涉及专用性资产。不论采用哪种技术，产品都可以按照边际成本在一体化企业内部转移。

$v_2+k<v_1$ 并不意味着专用型技术（$T_2$）更有效率，是否有效率取决于净收益的计算。使用通用型技术（$T_1$）的期望净收益取决于一体化企业生产该产品的概率以及提供该产品的平均收益。除非需求价格大于边际成本，否则一体化企业就不会生产。在技术 $T_1$ 下生产的概率是 $1-v_1$。生产产品所得的平均收益是 $(1-v_1)/2$，因此在技术 $T_1$ 下的期望净收益是：

$$b_1 = (1-v_1)(1-v_1)/2 = (1-v_1)^2/2 \tag{1}$$

同样地，可以计算在专用型技术（$T_2$）下的期望净收益。只要所实现的需求价格大于边际成本，一体化企业就会生产该产品。然而，在计算预期净收益的时候，必须从期望收益中减去前期所做的专用性资产的投资成本 $k$。因此，得到：

$$b_2 = (1-v_2)(1-v_2)/2 - k = (1-v_2)^2/2 - k \tag{2}$$

只有当 $b_2 > b_1$ 的时候，才会选择专用型技术，也就是：

$$k < (1-v_2)^2/2 - (1-v_1)^2/2 \tag{3}$$

**2. 自主缔约**

假设不等式（3）成立，并且考虑最终购买者和最终生产者是自主缔约。假设需求和生产技术如上文所述，有效率的缔约就是复制一体化企业的结果①，也就是说：（1）选择专用型技术，（2）只要所能实现的需求价格大于 $v_2$，就能进行生产销售产品。假设双方都是风险中性的，而且该行业是竞争性行业。因此，不论是何种缔约关系，只要能实现盈亏平衡（用期望值表示），生产者就会愿意提供产品。②

前面曾说过，订单是第一阶段确定的。专用性资产投资（如果有）是在预期了第二阶段的供给后，在第一阶段做出的。然而，第二阶段的生产是否发生取决于有效需求是否实现。购买者在第二阶段可以确认或者取消订单。考虑以下三种缔约选择：

i. 购买者自己购买专用性资产，然后将其分配给出价最低的生产者，该最低价为 $p$。

ii. 生产者自己进行专用性资产投资，如果购买者确认订单，生产者会在第二阶段获得支付 $\bar{p}$；如果购买者取消订单，就不会获得支付。

iii. 生产者自己进行专用性资产投资，如果购买者确认订单，那么生产者从购买者那里获得 $\hat{p}$；如果取消订单，则生产者获得 $ah$，$0 \leqslant a \leqslant 1$；即购买者如果在第二阶段确认订单则支付 $\hat{p}$，如果取消订单则损失财富 $h$。

第三种情形可以看作是购买者向生产者提供了他自己估值为 $h$ 的抵押品，如果取消订单，则该抵押品转移给生产者，生产者对其估值为 $ah$。

在缔约关系 i 中，如果生产者满足每单位需求会获得等于其生产成本 $v_2$

---

① 此处以及后文中我都假定，交易是被契约而不是纵向一体化控制的。因此，纵向一体化仅仅是一种参考条件。生产者不进行前向一体化或者分销商不进行后向一体化可以有很多理由来解释，其中一个理由就是，在两个阶段都存在范围经济，但需要各种不同的产品组合才能在每个阶段都实现这种范围经济。

② 原则上允许供应商以获得利润为条件来供应产品是没有问题的。如果供应商希望每份契约都实现 $\pi > 0$，而不是实现预期盈亏平衡，那么抵押品模型的明显特征就仍然保留了。尽管最后的要求难以达到，但主要的契约结论仍然不受影响。

的支付,他将实现盈亏平衡。因此,出价最低的人将以 $p=v_2$ 的价格提供产品。因为购买者自己进行专用性投资,并且产品是按照边际成本进行转移的,因此,购买者的净收益达到了最大化,那么该契约就复制了纵向一体化关系(和结果)。然而,除非专用性资产是可移动的,并且其专用性体现在物理特征上(比如,专用的模具),否则第 ⅰ 类契约就不可行。如果专用性资产可移动且表现为物理特征,那么通过把专用性资产的所有权集中在购买者身上(然后他又将其分配给最低出价的生产者),市场购买就可以满足双方的需求,也不会发生敲竹杠(hold-up)问题。如果出现缔约困难,购买者可以回收模具,并且无成本地转移给新的出价者,因此第 ⅰ 类契约的结果是有效率的。①

本文后面将把注意力集中在第 ⅱ、ⅲ 类契约上,假定资产的专用性体现在人力资本或者专项资产上(见下文,C 部分)。只要实现的需求价格大于 $\bar{p}$,那么自主的购买者就会在第 ⅱ 类契约中确认订单,否则购买者不会确认订单。如果 $(1-\bar{p})\bar{p}-[(1-\bar{p})v_2+k]=0$,生产者将实现盈亏平衡,即

$$\bar{p}=v_2+k/(1-\bar{p}) \tag{4}$$

因此,在这种缔约情形下,产品交易会在高出边际成本的价格上进行。② 显然,如果 $\bar{p}\geqslant v_1$,那么购买者最好的选择是放弃第 ⅱ 类契约,然后向使用(较差的)可变成本技术 $T_1$ 的生产者购买产品,而且按照价格 $v_1$ 来成交。

当实现的需求价格大于 $\hat{p}-h$ 时,购买者会按照第 ⅲ 类契约来确认订单。令 $m$ 代表 $\hat{p}-h$,那么生产者将会在 $(1-m)\hat{p}+m\alpha h-[(1-m)v_2+k]=0$ 时实现盈亏平衡,即

$$\hat{p}=v_2+(k-m\alpha h)/(1-m) \tag{5}$$

在 $h=k$ 和 $\alpha=1$ 的情形下,购买者在取消订单的时候就放弃了相当于专用性资产投资的财富,这些财富将被转移到对其估值为 $k$ 的生产者手中。在这种情形下,式(5)变成

$$\hat{p}=v_2+k \tag{5'}$$

因为只要需求价格大于等于 $m=\hat{p}-h$,购买者就会签单,也就是 $m=v_2$,此时,当需求价格大于 $v_2$ 时,就会有签单发生,这就达到了有效供给(以边际成本供给)的标准。

---

① 这忽略了一种可能性:如果买方有所有权,那么供应商会滥用模具。
② 可以想象,$\bar{p}$ 将大于 $v_1$,在这种情况下,第 ⅱ 类契约的买方更愿意从那些使用通用技术的卖方那里采购产品。教科书中都隐含地假定 $\bar{p}<v_1$。需要注意,一种能够被无成本地应用或不应用于产品生产的备用技术,本可以按 $v_1$ 有效地削减需求。如果潜在中间人能够提出订单,按 $v_1$ 的价格从通用制造商手中取得产品,且如果需求降到该值以下,订单就可以被无成本地取消(而通用性资产则被重新配置),那么情况就会真的如此。而我认为这是不可行的。但是,通过使需求均匀分布在 0 到 $v_1$ 的区间内,且 $v_1$ 有估计值 $1-v_1$,就可以对这个问题进行重新表述。

在第 iii 类缔约框架下，购买者的净收益为：

$$b_3 = (1-m)\left[\left(m+\frac{1-m}{2}\right)-\hat{p}\right]-mh \tag{6}$$

式中，$(1-m)$ 是订单发生的概率，$m+(1-m)/2$ 是已签订订单的期望价格，$\hat{p}$ 是订单确认的时候生产者所获得的支付，$h$ 是取消订单时购买者的财富损失（其发生的概率为 $m$）。在 $h=k$ 和 $\alpha=1$ 的情形下，上式可以简化为

$$b_3 = (1-v_2)^2/2 - k \tag{6'}$$

上式与纵向一体化的参考条件下对技术 $T_2$ 的净收益计算完全一样［参见式（2）］。

相应地，在 $h=k$ 和 $\alpha=1$ 的情形下，第 iii 类契约模式复制了纵向一体化的有效投资调节和有效供给条件。但是，如果 $h<k$ 或者 $\alpha<1$，问题就出现了，而且不利的风险完全出现在购买者一方——因为按照假设，无论达成什么契约，生产者总是盈亏平衡的。因此，尽管是已经签单了的契约，购买者还是倾向于提供估值更低的抵押品，并且也并不在乎生产者是否在乎这一抵押品，但是在契约期间，购买者还是希望能让生产者相信，在交易不能达成的情况下，能够将抵押品 $k$ 转移给生产者，以实现其全部价值（$\alpha=1$）。如果没有做出这样的承诺，就会导致交易价格上升。因此，尽管那些仅仅看重事前甄别的生产者能够容忍 $\alpha$ 小于 1（见下文第Ⅲ节 A 部分关于丑陋公主的讨论），但是如果考虑到事后的机会主义，情况就完全不同了。尽管购买者对她们的评价完全相同，但如果生产者对两个公主的态度并不是无差别，这时候就需要考虑生产者的偏好。①

总之，可以看到，第 i 类契约模仿了纵向一体化，但是只有在特殊的专用性资产条件下才能进行这种模仿；第 ii 类契约次之；第 iii 类契约也可以模仿纵向一体化的结果，条件是 $h=k$ 且 $\alpha=1$。此外，要注意的是，第 iii 类契约的一个重要特征是：在任何需求价格大于 $m=\hat{p}-h$ 的情况下，购买者都会接受订单。因为生产者总是得到 $\hat{p}$ 的支付，当购买者的收入（通过转卖该产品）小于 $\hat{p}$ 时，他有时候也会接受订单。但是这并不能被认为是没有效率的，因为当实现的需求价格小于边际成本（$v_2$）时，订单是不会被确认的。实际上正是由于抵押品具有这些特征才能实现效率，使得第 iii 类契约优于第 ii 类契约。

## C. 专项资产

前文已经讨论了三种资产专用性的形式：区位专用性——地理位置紧密相

---

① 将 $\alpha$ 的上限定为 1 就排除了这种可能性：供应商对于抵押品的估价高于购买方。对于所有 $\alpha$ 大于 1 的抵押品来说，交易中均存在潜在的收益。将抵押品消极定价的情形可参见对于丑陋公主的讨论（参见第Ⅲ节 A 部分）。

联，以节约库存成本和运输成本①；物质资产专用性——比如用来生产某一部件的专用模型；人力资产专用性——以"干中学"的方式产生。这里需要补充前文没有提及但是对交易很重要的第四种专用性资产：专项资产。专项资产指的是工厂中的离散投资（discrete investment），尽管这类投资增加了企业通用（相对于特殊目的）的生产能力，但是如果不存在向某一个特定的客户大量提供产品，这些投资就不会发生。与其他的专用性投资一样，专项资产一旦被作为他用（或者被其他人使用）就会损失价值，因此专项资产是为了满足特定供给契约的投资，如果这些契约提前终止，就会产生明显的产能过剩。

## Ⅲ. 吸引生产者

生产者在上文的模型中是一个被动的参与者。他们对各类型契约的态度无差异，因为无论购买者选择怎样的契约类型，生产者的预期收益总是零。进一步推动论点的是：只有通过减轻购买者违约后的惩罚，才能使购买者得到更好的条件。购买者不可能既得到他们想要的（在 $\hat{p}$ 的价格下得到有效生产技术提供的产品），又能无成本地取消订单。

因为在 $h=k$ 且 $\alpha=1$ 的情形下可以实现最优，那么理性的抵押品似乎就应该能提供一般的购买力：货币。数量为 $h=k$ 的保证金就是为了这一目的而存在的。但是讨论并不会到此结束，因为这种安排并不能完全吸引生产者的兴趣和合作。有以下三种原因：蓄意违约、不确定性估值以及不完全缔约。所有这些问题都来自有限理性和机会主义。

### A. 生产者的机会主义行为

1. 蓄意违约

肯尼思·克拉克森（Kenneth Clarkson）、罗格·米勒（Roger Miller）以及蒂莫西·穆里斯（Timothy Muris）在讨论蓄意损害的情况下法庭拒绝执行已经规定的损害条款的时候，论述了蓄意违约的问题（Clarkson et al., 1978, 第366-372页）。如果一方有意保留有用的信息，但又遵守了契约的字面条款，这时候就可能出现诱发性违约（induced breach）。或者在需要随机应变合作的地方，可能涉及敷衍自己的责任的现象（Clarkson et al., 1978, 第371-372页）。不管是哪种情况，诱发性违约的清查和证明都是代价高昂的（Clark-

---

① 共同所有权就是区位专用性的反映。为了节约库存或相关的生产成本，将位置安排得紧密相连（例如，热能经济）。一旦位置选定，争议中的资产就是高度非流动性的，也就是说，新建或重置成本很大。

son et al.，1978，第 371 页）。

上文对于选择性执行清偿条款的解释让其他法学家感到困扰（Richard Posner，1979，第 290 页），但是更加让人信服的解释尚未提出。至少，克拉克森等的讨论表明，他们敏感地察觉到了机会主义的微妙之处——正是因为如此，才使得私人秩序要比本文简单的抵押品模型复杂得多。此外，他们所提到的资产被侵占风险可以用来解释把丑陋公主做人质（抵押）的问题。

因此，假定不确定性问题可以忽略，从而就可以忽视订单取消的风险；然而，还要进一步假设，购买者们在信用风险方面是不同的，并且假定生产者可以（如果可能的话）拒绝与信用差的购买者交易。假定信用风险的高低差别足够大，以至可以形成一个分离均衡解①，生产者就可以要求提供抵押品（或者换句话说，信用风险低的购买者能够提供抵押品），这是甄别的方法。进一步假定，抵押作为唯一的甄别方法，那么 $\alpha$ 值等于 0 就能达到甄别目的，而不会把购买者暴露在资产被侵占的风险中（基于法律术语）。特别地，对于国王来讲，虽然对两个女儿都同样疼爱，但是为了甄别目的而不得不让一个女儿做人质的话，更好的建议是让丑陋女儿去做人质。

2. 不确定性估值

本文模型假定专用性资产（$k$）的价值得到了详细的说明。事实上并不一定如此，其实，对于购买者来讲很难确切了解到生产者是否对第一阶段的订单进行了他们所宣称的那种数量和种类的投资。如果生产者处于竞争性的市场中，并且可以忽略生产者的欺诈风险，那么这可能不是个严重的问题。然而，如果情形难以满足上面的假定，那么购买者的抵押品就有可能被侵占。生产者可能会谎称自己有能力供货（宣称自己已经进行了数量为 $k$ 的专用性投资，但实际上只投资了 $k'<k$），然后通过蓄意违约或者诉诸技术问题侵占数量为 $h=k$ 的抵押品。

如果宣称拥有专用性资产的生产者能够在获得抵押品后通过前向一体化到购买者的市场来保护资产价值，那么上述风险会更大。尽管生产者并不适合履行后续阶段的各种职能，但是拥有第一阶段专用资产，要比第二阶段进入能更有效地降低成本。

当然，提供抵押品的购买者会意识到抵押品被蓄意侵占的风险，他们会调整原来的条款来降低这一风险。具体地，相对于抵押品被侵占风险低的契约，如果一个契约的抵押品被侵占的可能性高，那么该契约就会要求更少的抵押品。可以承认，如果没有额外的保障措施，那么第 iii 类契约就不会使得产品

---

① 我在本文的前一个版本（Williamson，1982a，第 6—9 页）中简要讨论了事前甄别（screening）的特点。然而，甄别均衡的估计是复杂的，同时也不是讨论的关键。对甄别问题的讨论，参见 Michael Rothschild and Stiglitz（1976）以及 John Riley（1979a，1979b）。

按照边际成本转移，也不会保证在有效率的水平和种类上投资。那么这就明显地提出了比简单模型所预期的更深刻的治理问题。

3. 不完全缔约/讨价还价

由于上文提到的以及其他地方提到的原因（参见 Williamson，1975，第 20-36、91-94 页），复杂的契约不可避免地是不完全的，并出现了适应性问题。原因有二：一是许多情形没有预见到（甚至是不可预计的）；二是即使预见到了某些情形，而针对这些情形所达成的适应性协议往往是有问题的——可能是因为，相对于签约初期，契约执行过程中双方需要更多的关于生产和需求的知识信息（Nelson and Winter，1982，第 96-136 页），因此，弥补性的工具是契约执行过程中的重要组成部分。弥补性工具能容易地、有效地实施，或者相反，针对适应的后续契约难以达成一致，并且这些适应性契约的实施成本高昂，这两种情况在评估契约效率上有重大差异。

因此，即使忽略蓄意违约的风险，完全公开正直地执行契约的生产者还是会讨价还价——以此侵占购买者利益，因为契约是不完全的或者适应不良的。此时就会出现促进协调适应并保持契约关系的专门的治理结构。具有知识的第三方介入交易以及相互持有专用性资产是两个可能的治理结构。

## B. 保护性治理结构

1. 仲裁

仲裁是一种比法庭更有知识能力评判争端的机制。比如，契约履行期间有关各方可能同意把争端提交给有专业知识的第三方仲裁。朗·富勒对关于仲裁与诉讼的程序差异做了如下评论（Fuller，1963，第 11-12 页）：

> ……对仲裁者开放的……快速告知方式并不对法庭开放。仲裁者可以随时中断对证人的调查，并要求双方简要指出他可以理解的所得的证词。当某一点需要澄清时，告知可以非正式地进行，仲裁者和双方中的知情者都可以随时打断调查。有时候仲裁会发生争执，甚至在同一方的内部也会发生分歧。最终结果往往是经过澄清，使得每个人都能更加理智地将诉讼进行下去。

许多契约如果不经过仲裁，就可能是充满风险的，但是经过仲裁就能达成一致并得到实施。[①]

---

[①] 工会有助于确保契约关系一体化，此时工人需要接受包括巨大的人力资本投资等任务。当存在侵占风险时，工会不仅可以代表工人进行谈判调解，而且可以使其成为机构的记忆，凭借这一点，声誉效应会影响一代代的工人们。以上两个原因阻止了企业的侵占企图。暂且不提工会努力谈判垄断性工资的可能性，如果这可以削弱占用的风险，明智的企业会赞成并积极创建工会——否则工人们会拒绝（或者需要被贿赂）进行对双方都有利的人力资本投资。

## 2. 相互持有专用性资产

保护契约免受资产侵占风险的另一种方式是扩展契约关系。对于购买者和生产者来说，扩展契约关系的一种方式是设计一种*相互依赖的关系*。因此，假定购买者并不提供抵押品，而是自己投入专用性资本，该投资只有与服务最终需求的产品相联系才有价值。假定这些资产的估值是 $k''$，那么，一旦实现的需求价值大于 $\hat{p} - k''$，购买者就有确认订单的激励。如果 $k'' = k$，生产者将会按照边际成本供货①，生产者会通过购买者激励得到满足。或者假定生产者和购买者从事相互交易〔或者叫互惠交易（reciprocal trade）〕。具体地，假设生产者签订契约要从购买者处购进产品，该交易要求购买者投入专用性投资 $k'''$。如果（1）$k''' = k$，（2）两个市场需求变化完全相关，（3）各方一旦收到对方取消订货的通知就有权取消订单②，那么互惠交易的各方就能够得到适当的激励。正如本文第 V 节所讲的，双边交易（互惠、互换）有时候能够接近这些条件。

# IV. 单边交易

购买者可以通过提供（或者拒绝）抵押品来影响供货条款和方式，该观点对罗宾逊-帕特曼（Robinson-Patman）价格歧视、特许经营（franchising）和两部定价（two-part pricing）的理解具有影响。

## A.《罗宾逊-帕特曼法案》

《罗宾逊-帕特曼法案》（Robinson-Patman Act）被认为是试图"剥夺大购买者〔折扣〕的权力，除非该低价折扣的原因是，生产者因为大规模生产、运输或者销售所导致的成本下降，或者是因为生产者真诚地想把价格压低到与竞争者相同的价格水平"③。显然，抵押品模型中 $\hat{p}$ 小于 $\bar{p}$ 的情形，既不是因为大量生产，也不是为了竞争。这都与公共利益不矛盾。事实上，如果（1）对专用性资产的投资是支持交易所必需的，或者（2）由于拒绝做出可信的承诺，第二种交易是用通用型技术（成本高）进行的，那么对于生产者来讲，在两个客户订购相同的产品，但是其中一个客户能提供抵押品的情形下，对他们收取相同的价格是缺乏效率的，也是没有理由的。

---

① 当然，如果买方的专用性资产面临风险，那么他必定要收回全部成本。如果最终需求均匀地分布在 $k''$ 到 $1 + k''$ 的区间内，并且派生需求与以前所描述的一样，那么他就能实现成本回收。

② 最后的条件保护双方不至于陷入囚徒困境。

③ FTC v. Morton Salt Co., 334 U.S. 37 (1984); 着重号为后加。

显然，这里的缺环是：差异化的购买承诺（表现为提供抵押品的意愿）以及提供抵押品后差异化的违约激励。对这种困惑的解释是：人们倾向于使用传统的（静态）微观理论，以致忽视了交易成本。矫正这种倾向涉及对交易的微观分析，特别是关于资产专用性及其引起的风险，并通过一个共同的参考条件（预期盈亏平衡就是一个有用的标准）来评估替代性契约选择。一旦做了这些工作，对于许多非标准或者人们不熟悉的缔约行为（甚至有些被认为是违法的），就会出现不同的理解。①

## B. 特许经营

克莱因和莱弗勒认为，获得特许经营权的参与者即特许经营者（franchisee）可能会被要求进行专用性资产投资，以此来保护特许经营体系不受质量波动影响。正如克莱因所说，特许经营授予者（franchiser）应该（Klein and Leffler，1980，第359页）

> ……要求获得特许经营权的参与者进行专用性资产投资从而确保质量。一旦他们终止契约，就面临财富损失的惩罚，这一损失将会比他们的违约所得更大，得不偿失。比如，特许经营授予者要求他们短期租赁门面土地（而不是购买）。这个土地租约安排会使得他们在终止契约后被要求搬离门店，使其遭受无法收回初始投资的损失。因此，土地租约就成为阻止特许经营者欺诈的抵押品。

上述契约相当于提供了抵押品，以保持交易的完整性。

然而，从逻辑上讲，使用抵押品来阻止特许经营者利用需求外部性（exploiting demand externality）一般被认为是一种强制性（自上而下）的解决方案。特许经营者"没有权力"讨价还价，因此没有其他选择，只能接受抵押品条款。这种权力观点往往是事后推理。使用抵押品来支持交易往往是有效的系统解决办法，与谁提出该方案无关，这可以通过下文来说明。②

假设一个创业者拥有一个独特的、可以申请专利的想法，他直接将其出售给多个独立的生产商，这些生产商在地理位置上相互分离，并且指定了各自经营的区域。每一个生产商都希望将自己产品销售给所有地区的客户，但让人惊讶的是（一开始是让人高兴的），可以销售给流动人口。而流动人口对商品的需求取决于客户全体对生产商供应系统的整体声誉，而并非仅仅取决于单个生产商的声誉。这样，就产生了需求外部性问题。

---

① 注意，这一观点仅仅适用于涉及专用性资产交易中的 $\hat{p}$ 和 $\bar{p}$ 的比较，本文并没有研究对消费者歧视定价的效率特征。

② 我和杰弗里·戈德伯格（Jeffrey Goldberg）的讨论中引发的特许经营问题可以通过这种行之有效的方法来解决。更加完善的发展请参见戈德伯格的论述（Goldberg，1982）。

因此，如果销售只针对一个区域的客户，那么每个生产商将会努力通过促销手段和提高质量来获取收益。但是人口流动改变了这一情况。区域生产商可以通过降低质量来削减成本，但这种负需求效应会在整体生产供应体系内传播，现在生产商有激励清除供应体系中的这种声誉"搭便车"行为。已经将专利卖给生产商的创业者没有激励来应付这个未曾预料到的需求外部性问题。所以只有这些独立生产商集体自己来设计修正方案，以防止整个供应系统对他们个体和集体利益的损害。

在这种修正后的情形下，特许经营者集体可以设计相应的机构来监督质量或者设计惩罚机制来阻止降低质量的行为。一种可能是，聘请最初的创业者（特许经营授予者）来执行监督和惩罚职能。此时，创业者（特许经营授予者）作为生产商集体（特许经营者）的代理机构，就会执行一个质量检测程序（引入一定的采购要求，即要求特许经营者只能从特定的合格供应商处采购，并且定期检查）。为了进一步防止滥用需求外部性，可以要求特许经营者提供抵押品并使特许经营契约变得可以终止。

上述情形表明，控制需求外部性对系统大有益处。但这也说明了特许经营授予者控制契约条款的行为并不是恣意行使权力。事实上，如果特许经营者从一开始就意识到存在需求外部性，如果特许经营授予者拒绝在初始契约中提供措施来应对该外部性，并且假定一旦初始契约达成以后，再想改变特许经营系统将是成本高昂的，那么特许经营者的初始出价就会较低。因此，就不能说意识到需求外部性并提供相应措施的特许经营授予者在将不受欢迎的事前条款强加给不情愿的特许经营者。他们（特许经营授予者）仅仅是为了实现特许经营权价值而采取了必要的措施。此外，契约是需要从整体上接受检验的。

## C. 两部定价

维克托·戈德伯格和约翰·埃里克森（Victor Goldberg and John Erickson，1982）在他们观察焦炭销售的时候谈论了一个有趣的两部定价机制。生产者不仅向煅烧厂销售焦炭，而且拥有煅烧厂所在的土地，并出租给煅烧厂。由于焦炭按照"同等质量的焦炭市场价的四分之一"出售，戈德伯格和埃里克森认为，"土地租金率高于市场价格，这个契约的目的是保证该煅烧厂能够持续经营"（Goldberg and Erickson，1982，第 25 页）。假定边际成本远比平均成本要低，这样的契约安排可以理解为交易双方意图达成有效的定价条款，这与抵押品模型的定价条款接近。

公用事业的服务费用定价也有两部定价的特点[①]，比如消费者需要事先支付安装费。供应商存在侵占消费者预先支付款的风险，通过引入第三方——为

---

① 阿尔文·克莱沃瑞克（Alvin Klevorick）向我提出了这种可能性。

了方便称其为管理委员会——来减少这种风险（Goldberg，1976）。此时，公用事业服务定价更接近边际成本定价。

戈德伯格和埃里克森认为，通常情况下非线性定价机制的应用比一般人认为的更广泛。他们进一步指出，这种安排很微妙，因而研究中需要对契约有详细的了解（Goldberg and Erickson，1982，第56-57页）。

## V．双边交易的应用

如前所述，引入抵押品将会引起抵押品被侵占的风险。规避这种风险的方法之一就是把契约关系从单边交易扩展到双边交易。此时的可信的承诺并不需要将抵押品暴露在风险中。互惠交易有时候就会出现，特别是在涉及产品交换（互换）的交易中。

### A．互惠概述

互惠将一种单边供给关系转化为一种双边供给关系，即将原来的 A 销售商品 X 给 B，转变为 A 同意从 B 处购买商品 Y，条件是 B 购买 A 的商品 X，双方达成共识：除非能够遵守互惠条件，否则交易将不会继续。虽然人们一般认为互惠销售具有反竞争性质（George Stocking and Willard Mueller，1957；Harlan Blake，1973），但是其他一些人则对它持积极态度。乔治·斯蒂格勒（George Stigler）提出了以下支持互惠的理由（Stigler，1969，第39页）：

> 当价格无法自由变化来满足供求条件的时候，互惠就产生了。假定企业正在面临一个合谋的行业，该行业采用的是固定定价。处于该合谋行业的企业将愿意以低于卡特尔价格的价格卖出商品，只要该企业能逃避检查。企业可以通过从供货商（同时也是客户）处以虚高价格（inflated price）购买商品来有效降低自己的价格。此时互惠带来了价格的灵活性。

由于很多行业并不满足寡头合谋定价的条件（Posner；Williamson，1975，第12章），但是有时候在这些行业中也可以观察到互惠行为，因此互惠行为的出现应该有其他原因。一种情况是打破捆绑（tie-breaking），另一种情况就是互惠具有治理结构的优势。这两种情况可以通过所销售的产品来区分。

打破捆绑适用于从 A 企业处购买专用性产品的 B 企业，要求 A 从 B 处购买符合市场要求的标准化产品的情形。在其他条件不变的情况下，A 的采购也会同意。F. M. 谢勒（F. M. Scherer）指出，"在1963年的一次调查中，受访的163位企业经理中，大部分认为，只有在价格、质量和交易条件相同时，他们的企业建立在互惠基础上的采购才是有效的"（Scherer，1980，第

344 页)。

更有趣的是互惠包含如下情形:从企业 B 处购买特定商品的同时,向企业 B 销售特定产品。此时互惠使得双方对等,从而降低了买方在交易中违约的动机,使得供应商大大降低了价值重新配置专用性资产。如果契约中未引入抵押品(或者能确保买方不会违约),A 向 B 销售特定商品的交易可能不会实现。但是如果买方愿意接受相反的专用性资产风险,就更加确定地表明了他对交易的承诺,因此可以减少违约风险。

这种观点一般不能不加修正地作为互惠交易的理由,它仅仅适用于交易双方的专用性资产都有风险的时候。如果仅仅是交易的一方或者双方都不对专用性资产投资,那么互惠行为就是出于其他原因。[①]

### B. 互换

尽管我们有时还可以证明非竞争对手之间的相互交易是合理的,但竞争对手之间的产品交换就会让人更加困惑。激烈竞争的公司彼此之间应该避免交易,而不是相互销售产品。但是为什么会出现这种情况呢?

考虑几个区别对思考这种交易是有用的。首先,只有产品是可替代的,竞争对手之间的短期或长期、单边或双边贸易才是可行的。对于许多存在商品和服务差异的情况,事实并非如此,因为交易在这些竞争对手中从未出现过。其次,短期供应协议与长期供应协议应该是有所区别的。前者可以解释为"偶尔的例外",即一个竞争对手将在短期内向另一方出售产品以补充存货,从而为意外情况(由需求或供应变化引起)提供暂时的产品缺口。(竞争的一方)意识到以后也可能面临同样的问题,因此竞争激烈的公司之间可能会相互协助,以作权宜之计。公共政策大概承认这种交易的优点,认为这些交易是无可厚非的;因为这种交易缺乏模式,因此不会形成"相互依存的网络"。但是,竞争对手之间的长期交易与有效竞争的概念冲突。至少,这种行为值得仔细审查。

竞争对手长期相互提供产品这种现象是否存在有效激励,这就需要回到潜在生产成本的节约方面。通过竞争对手之间的长期交易来实现生产成本的节约,这需要市场规模超越地理边界,如果存在的话,则特定公司的声誉效应也必须能够跨越地理市场的边界。前者是显而易见的,因为如果没有规模经济,每个公司大概都会在任何地方满足其长期需求。但是,如果规模经济很重要,那么每个市场将仅支持有限数量的企业,以维持最小有效规模。

---

① 谢勒讨论了可能的交易反对意见(Scherer,1980,第 344-345 页)。其他反对意见是:互惠变成了一种官僚性习惯,使得卖方和买方代理人发现了便利,并且外部人在试图寻求销售机会时会处于劣势。参见 Williamson(1975,第 163-164 页)。

可信的承诺：用抵押品来支持交易

但是，商品可替代性和规模经济并不能确保从这种交易中实现收益。只有当竞争对手销售的（相同）产品的价值超过本地供应商销售的价值时，才可获得收益。这里的问题是，如果竞争对手无法以优惠的条件获得本地产品，有价值的声誉是否会产生作用？有声誉的企业扩展到本地市场以外的地方，包括遥远的市场，这时候竞争对手的长期供应将具有吸引力。①

即使假设可替代性、规模经济和声誉效应条件得到满足，这也只能证明竞争对手之间的单边长期贸易可以产生经济的结果。这些论点没有为双边（交换）协议辩护。确实，通常对双边交易的辩护是——如果要求每个公司根据自己的需求在任何地方供应产品，那么便会出现效率低下的交叉运输（cross-hauling）——这会轻易地抑制另一个明显的替代方案，即不是取消贸易，而是单方面的长期交易。正是因为无法直接解决这些问题，也没有说明其中双边交易相比其他标准的、熟悉的单边交易的比较制度优势，人们才通常会认为双边交易是可疑的或对其采取敌对态度。从本文中得出的结论是：如果双边交易产生的交易专用性资产影响了可信的承诺，同时不构成侵占的危害，那么双边交易将比单边交易更加具有潜在优势。

让单边交易产生风险——而互换长期双边交易契约又能够降低这种风险——的专用性资产，称为专项资产（dedicated asset）。专项资产即是对一般生产能力的不连续增加，除非能够预计未来大规模卖给某一个客户产品，否则不会购置专项资产。如果提前终止了买卖契约，那么卖方就会面临大量过剩生产能力，这些过剩的产品只能折价出售。因此，要求买方提供一个保证承诺能够降低这种风险，但是又会引发另一种风险：卖方又有可能侵占保证（金）。更一般的情况是，卖方积极适应这种新环境的动力是不足的。这时候，互换交易（交易双方分别同时对专用性资产投资）就提供了一种预防第二种风险的保障机制。通过互换交易产生抵押品就具有有意思的性质：这些抵押品永远没有被交换。如果契约提前终止，那么交易双方都持有各自的专项资产。

一般认为，互换合理的理由是：这种形式避免了高昂的交叉运输成本，但是这种解释没有解决这些问题；而且这种解释本身也不能说明为什么互换行为广泛存在。如果仅仅是为了节约运输成本，那么单边交易就足够了。的确，可以预计石油企业会建立一个交易中心，在交易中心里供需双方通过拍卖达到均衡，那么在这种情况下企业之间的互相交易是偶然发生的。然而，当专项资产存在（风险）的时候，识别交易双方的身份就变得相当重要了。这类交易一般不会通过交易中心拍卖来完成，而会通过双边详细的谈判。在这种情形下，互换交易变成了一种机制，用来弱化各种风险，使得某种交易关系得以持续。

---

① 声誉效应的评估可能是不真实的，那些真实的评估会极大地方便客户提供准确的产品特征信息。

# Ⅵ. 石油互换

"把理论和观察联系起来的任务，需要对真实经济生活的细节有足够的了解"（Tjalling Koopmans，1957，第 145 页）。石油互换的现象使经济学者困惑了很长时间。这种情况经常出现在反托拉斯的案例和调查中。在 1973 年由美国联邦贸易委员会对大型石油企业提出的诉讼中提道：石油互换成为这些石油企业之间维持相互依赖关系网络的工具，并由此来实现行业垄断的目的——这些行业按照传统的市场结构标准属于市场集中度并不高的行业。[①] 最近出现在《加拿大石油行业竞争报告》（The State of Competition in the Canadian Petroleum Industry）中的研究也认为，互换是不可接受的。[②] 此外，在《加拿大研究》（Canadian Study）中还列出了各种文件（比如契约、公司备忘录、信件等）以及证人证词，来支持以下观点：在石油行业领头企业中，互换成为一种推动和完善垄断发展的工具。相关的证据中关于企业的细节和目的常常是机密，难以获得。但是，对这些互换的交易成本特征的细微评估来讲，对细节的了解非常有意义，甚至至关重要。

## A. 来自《加拿大研究》的证据

《加拿大研究》第 5 卷提到了石油精炼生产部门的情况，并提出了支持证据表明企业之间的供应安排能够让大型精炼企业在以下四个方面完善垄断[③]：（1）通过这种供应安排（契约）为大企业提供了关于竞争对手投资和市场销售计划的有价值的信息（第 56 页）；（2）大企业能够通过互换契约中的自由条款来控制小企业（第 49—50 页）；（3）参与互换的"会员费"（entry fee）损害了竞争环境（第 53—54 页）；（4）互换契约在增加供应或者补充供应方面设置了限制（第 51—52 页）。

前两个方面经不起最基本的比较制度考察。假定竞争双方的交易是有效的，并且单边供应契约（如果不是互换）被允许，那么就会持续出现关于互换的令人不满的信息泄露，因为在这个过程中关于投资和市场营销的计划会不可

---

[①] FTC v. Exxon et al., Docket No. 8934 (1963).
[②] 皇家法律顾问以及联合调查法案委员会的调查与研究主任罗伯特·J. 伯纳德主编了长达 8 卷的研究：《加拿大石油行业竞争报告》(Quebec，1981)。本文的所有参考资料均来自第 5 卷《石油精炼部门》。下文将把这一研究称为《加拿大研究》。
[③] 《加拿大研究》声称："对主要精炼厂商的利益及行为进行详细考察表明，安排各种精炼契约都是为了限制竞争。收集信息并意图控制较小企业，强征会员费，运用各种方法限制下游企业的增长，这些都不是人们通常期望一个竞争性市场所具有的特点。"

避免地暴露。如果用比较制度分析来考察，这种信息披露的不合理性就应该是长期交易的不合理性。因此，互换并不是其唯一原因。

那种认为互换让企业获得谈判优势的想法也是错误的。正确的观点应该是，只要在合法的范围内，企业就应该会实现这种谈判优势。由于没有说明单边交易和互换在谈判方面的不同，所以这种反对意见也是没有说服力的。

对会员费和销售限制的反对意见更明显，也更加需要说明。

1. 会员费

反对会员费的观点是：会员费会产生各种侵占的后果。这种要求支付会员费作为交易的前提，或者为了争取有利的交易价格的情况，在《加拿大研究》中描述如下：

> 为了能够进入这个行业，需要支付一笔与投资相关的会员费；海湾（Gulf）公司提供了证据："我们相信，石油行业通常会允许，尽管有些勉强，提前支付了会员费的企业参与这个游戏；这笔预付的会员费就是精炼、分销和售卖的资本"（第71248号文件，日期未知，海湾公司）。这段引文说明石油行业中的"会员费"是必需的，并且为"游戏"设置了规则。石油行业对"会员费"和"游戏"规则的理解，可以从明确提到"会员费"的企业交易中找到线索。这些案例都证明了海湾公司提到的规则在被运用。那些没有支付"会员费"的企业，也就是那些没有对精炼生产或者营销分销设备进行足够投资的企业将会要么得不到供给，要么会根据供应契约受到惩罚。（第53-54页）

2. 销售限制

《加拿大研究》表明，互换契约要求对增长和地域施加限制，并且认为这两者都是不合理的。在皇家（Imperial）石油公司和壳牌（Shell）两公司的互换契约中，皇家石油公司在海洋三省向壳牌公司提供产品，而蒙特利尔地区接受壳牌供应的产品。这一契约被双方引用：

> 皇家石油公司和壳牌公司的契约开始于1963年，1967年重新谈判。在1972年7月，由于壳牌公司在海洋三省地区发展太快，皇家石油公司提出协商。1971—1972年皇家石油公司针对壳牌公司的市场营销策略表达了不满。壳牌公司提道：
> "皇家石油公司认为我们利用它们的设备建立了一个市场，我们是侵略性的，威胁到了它，因此它不再帮助我们，甚至对我们采用强硬手段"（第23633号文件，时间未知，壳牌公司）。（第5卷，第51页）

一旦壳牌公司的成长速度超过了"正常的增长速度"，皇家石油公司就会先实施价格惩罚措施，并要求更新契约条款。皇家石油公司甚至还提出，"一般来讲，不允许壳牌公司从第三方渠道获得供应"来满足其在海洋三省地区的需求（第 52 页）。

海湾石油公司同样认为，对于按照互换契约得到产品的竞争者，应该对其增长速度施加限制："加工协议（和互换契约）应该在全面考察了本公司经济状况后签订，并且这些契约应该只为竞争者提供正常增长所需要的产量规模"[1]。海湾公司还进一步寻求保障——保证海湾公司提供的产品供应只用于交易对方，并且不能被用于其他地区或者转供给其他方（第 59 页）。

## B. 解释

对于这种现象，有几种解释。第一种解释是，会员费与销售限制都是反竞争的；第二种解释是，它们都是基于效率考虑的，特别是会员费机制；第三种解释就是混合效应。

### 1. 非友善的传统

评估非标准的或者不常见的契约行为的两个极端的传统缔约理论如下：一是普通法（common law）传统；二是反托拉斯或者非友善传统。唐纳德·特纳（Donald Turner）在解释他关于纵向市场限制的观点的时候，采用了这两种传统（理论）："我在研究地域限制或者客户限制中不采用普通法的传统；而不友善地采用反托拉斯传统来研究"[2]。因此，尽管在普通法传统下，这些非标准的契约被认为是有积极经济目的的，但是在（不友善的）反托拉斯传统中就被怀疑是反竞争的。

非友善传统得到了技术决定经济组织这一广泛流传的观点的支持。规模经济和技术不可分性就用来解释企业内部的经济活动，而其他活动则是通过市场来有效组织的。因此，合法的市场交易是通过市场价格协调的，那么限制性契约关系就表现为反竞争的目的。

显然，《加拿大研究》的作者都被上述传统说服了。竞争者之间的长期交易是值得怀疑的。还有互换契约——即便不受非自然的契约形式制约，也表现为一种非标准的契约形式——就更加值得怀疑了。互换契约不仅增加了信息泄露，强化了谈判力，而且可以对那些没有加入同一组织的企业进行惩罚（这些企业因为没有支付会员费而被拒绝按照平等条款供应）。此外，与互换契约相关的市场销售限制也具有明显的侵略性。

### 2. 效率评估

不同于反托拉斯传统，交易成本方法属于普通法传统。交易成本方法主张比较制度分析（Coase，1964）。只有在能够找到更加可行的替代方案之后，才

---

[1] 《加拿大研究》表明，这些资料来自海湾公司 1972 年第 73814 号文件。

[2] 特纳的论述被斯坦利·罗宾逊引用，参见 Stanley Robinson, 1968, N. Y. State Bar Association, Antitrust Symposium, p. 29。

能反对之前提到的"(契约)缺陷"。尽管《加拿大研究》的作者提出了信息泄露和谈判能力的问题在单边交易中仍然存在，但还是没有引起人们的重视，而把注意力集中在其他方面了。

(a) 会员费。本文重点关注会员费这个问题。长期互换契约允许企业在某些市场中获得竞争者的供应，在这些市场中，因为需求相对于达到规模经济还较小，(因此)自给自足的生产方式是不可行的。但是，这些市场对于产品的需求依然较大，这样互换契约就可以使得企业建立规模更大的工厂。互换契约的结果就是产生了针对专项资产的专用性资产投资。

如果是单边交易类型的供应契约，买方就不能或者不愿意提供抵押品，那么第 ii 类契约就可能会达成，交易价格为 $\bar{p}=v_2+k/(1-\bar{p})$。反之，另一种情况就是从单边交易扩展到双边交易，形成第 iii 类契约。尽管互换交易契约规定了产品的物理流动，但有效价格依然是 $\hat{p}=v_2+k$，小于 $\bar{p}$。只要在两个区域的现实需求价格高于 $v_2$，双方就有交换产品的激励，这就是边际成本供给标准。① 如果两个地区的需求高度相关，那么双方通常就会针对交易意愿达成共识。②

(b) 销售限制。可以从以下三个方面来研究《加拿大研究》所讨论的供应和增长约束。首先，这个安排可以视为一种保护互换契约避免单方面违约的机制。其次，这些约束可以实现战略性市场分割的目的。最后，这些约束可能有助于规范市场。以上几个方面都不是相互排斥的。

上述几个方面中，只有第一个与效率解释一致。销售限制有助于保持对称的激励。如果某个企业在产品匮乏的地区接受了第三方的产品，就会破坏激励的对称性。那么这个企业就只会跟一个供应商合作而排斥其他供应商。如果一方想通过接受其他供应商的产品而达到"超过正常速度"增长的目的，那么对称性就会受到威胁，此时该企业可能选择建立自有工厂并且放弃互换契约。为了防止这种局面出现，销售限制就激励双方参与互换，否则就不可能实现互换。

---

① 这一假定有共同成本，发生在要素价格非常相近的单个国家内的厂商之间的产品交换，一般会接近这一条件。

② 不过，有必要认识到契约偏离这种安排的可能性。如果交换协议中一个企业运转得比另一个企业更接近其生产能力极限，那么后者终止协议的成本就会比前者高得多，从而解释了为什么在再次协商涉及蒙特利尔和海洋三省的互惠性购买或者出售协议期间，壳牌公司收到皇家石油公司的劝告："它们对于壳牌公司在海洋三省的投资规模感到不满"(第 54 页)。除了对蒙特利尔的精炼生产的投资外，皇家石油公司还想让壳牌公司直接投资于海洋三省的分销网络(第 54 页)，它们解释为"互换"投资。在这一方面，壳牌公司意识到，尽管它在海洋三省没有进行任何重大的投资，"当我们已经在蒙特利尔投资，作为交换也就是在海洋三省投资了，所以我们支付了会员费，尽管我们没有为分销网络付费"。《加拿大研究》(第 54 页)确认这份资料来自壳牌公司最新的第 23633 号文件，未注明日期。

### 3. 混合观点

经济学家、法学家和其他有兴趣的观察者在面对他们无法理解的契约行为的时候，常常将其归结为垄断（Coase，1972，第67页）。"这是因为我们对这个领域还知之甚少，无法理解的行为就很多，因而经常依赖于垄断的解释"（Coase，1972，第67页）。一种可辩驳的假设认为，非标准的契约行为具有积极的经济目的，而不是垄断目的；这种观点可能比不友善的传统（尽管这种传统假设最近还很流行）对反托拉斯和经济学更加有益。[①]

对互换契约有效率目标的解释可以从以下三个或者其中任何一个方面提出质疑。第一，互换仅仅是一个拒绝向非一体化的竞争者提供产品的聪明的手段。拒绝以价格 $\bar{p}$ 向非一体化的竞争者提供产品就可以说明这一点（通常那些没有提供抵押品的买方想以价格 $\bar{p}$ 获得产品是不现实的）。第二，相关的市场结构不合理。这里的问题是：市场力量的前提条件——主要是高集中度和高进入壁垒[②]——是否满足？第三，达到效率的条件不满足。有助于达到经济效率的解释因素有：互换具有长期性；被交换的产品数量占生产能力的很大一部分；与交易数量相比，工厂达到规模经济的产量要大很多。在规模经济不明显的情况下，少量的产品互换是可疑的。

当然，互换可能同时具有效率和反竞争的目的。这就需要对各种互换进行评估。

# Ⅶ. 总结

法律和经济学主要是从法律条款和技术方面来研究契约。这种研究导向隐含的假设就是法庭能够"运转良好"。然而，法庭运行高效还是低效，需要进行比较制度分析。越来越多的人意识到法庭的（相对而言）缺陷比法律中心主义的传统所宣称的还要严重。

这些缺陷并非一成不变，而是随着环境改变的，因此采用区别的方式对待契约研究就很有必要。具体而言，如果不同的契约需要不同的治理结构，那么这种研究的必要性就更加凸显。相应地，契约研究就从法律规则的研究扩展到

---

① 这是一种过分的简化。反托拉斯法不愿意宣称契约约束本身是不合法的。然而，在 U. S. v. Arnold Schwinn & Co. 案中 [388U. S. 365 (1967)]，它却近乎采取了这一步骤。在20世纪60年代，对于契约约束的主流的执行观点被准确地刻画为非友善观点。

② 越来越多的人同意，在认真考虑关于战略性反竞争行为的断言之前必须予以满足的结构性前提条件，是与进入壁垒相伴随的高度集中（Williamson，1977，第292-293页；P. L. Joskow and A. K. Klevorick，1979，第225-231页；Janusz Ordover and Robert Willig，1981，第307-308页）。

包含对不同治理结构（法庭只是作为其中一种治理结构形式）的评估。在这里，特别感兴趣的是运用双边治理结构（私人秩序）来实施非标准的契约，因为这些非标准契约中双方对适应和契约关系的持续都具有极大的需求。

这篇文章主要是进一步加深对私人秩序的理解。主要的观点如下：

（1）抵押品。现在流行的观点认为，抵押品是一个古老而又没什么实际意义的概念；相反，利用抵押品来支持交易是常见的并且具有经济意义的。但是抵押品的产生仅仅是故事的一部分。侵占风险和预期不良适应性都需要考虑。此时复杂的治理结构就产生了，互换就是其中一个例子。

（2）资产专用性。交易双方的资产专用性对于交易的支持程度极大地影响了经济活动的组织。本文强调：1）要实现经济组织的效率目标，就需要针对各种交易的基本属性匹配相应的治理结构；2）将资产专用性范围扩展到各种专项资产；3）如果一方提供抵押品以支持专用资产投资，另一方不提供抵押品，那么在其他条件相同的情况下，供应商会给提供抵押品的买方更优惠的条件。

（3）微分析（microanalytics）。本文在讨论各种交易关系时，所研究的分析单位都是交易。评估交易主要以节约交易成本的方式把交易和治理结构匹配起来；这种做法就需要了解相关的经济活动和组织，与传统经济学相比，就需要更加微观的分析。实证研究会体现这一点。[①] 价格和数量当然重要，但是决定价格和成本的契约、达到有效适应的交易方式，以及为保护交易而提供的保障机制不仅重要，而且有时候是至关重要的。

（4）整体缔约。并不是所有的交易都有风险，也不可能对所有的风险都提供保障。然而，对交易双方来说，影响契约的潜在风险从一开始就很明显，尽管对于契约和缔约制度的研究"才刚刚开始"。这对于评估因徒困境的重要性和理解公平具有重要的影响。

（a）囚徒困境。尽管合作有收益，但是由于囚徒困境的逻辑，合作的收益将会被打折扣。的确，只要能改变各种收益，人们就能够防止违约行为。但这种策略是不可行的或者不会被采用的，因此囚徒困境才会持续，或者诉诸"行动中所遵守的外生的合作行为准则"（Albert Hirschman，1982，第1470页）。我认为应该更多地关注事前构建激励结构的可行性。忽略这方面的主要原因是，对于契约制度的研究在整个研究计划中所处的地位较低。由于缺乏关注，很多研究未能发现非标准的缔约行为中的微妙激励机制，于是夸大了囚徒困境对于交易的影响。

（b）公平。有人认为抵押品是获得供应产品的有利条件的条件，这有任意

---

[①] 对契约进行微分析的例子包括 Williamson（1976）、Thomas Palay（1981）、Goldberg and Erickson（1982）以及 Scott Masten（1982）。

行使权力的意味：有权力的一方"要求"弱的一方提供抵押品，弱者只能接受，别无他法。实际上，对于各种契约方案的比较制度分析表明，抵押品常常有助于达到效率目标，进而有利于交易双方达到有效率的结果。不仅能够使得生产者对最有效的技术进行投资，而且当需求价格大于边际成本的时候，能够让买方购买。更一般地，契约需要被作为整体来研究，并关注契约的治理特征。关注交易执行阶段的公平准则或者竞争原则而忽视缔约前的讨价还价是不完整的，也往往是有问题的。① 交易双方不应该期望得到低价的同时又不提供抵押品，不能好处都占了。

# 参考文献

Arrow, Kenneth J., "Control in Large Organization," *Management Science*, September 1963, 10, 397-408.

____, *Limits of Organization*, New York: W. W. Norton, 1974.

Blake, Harlan M., "Conglomerate Mergers and the Antitrust Laws," *Columbia Law Review*, March 1973, 73, 555-92.

Clarkson, Kenneth W., Miller, Roger L. and Muris, Timothy J., "Liquidated Damages v. Penalties," *Wisconsin Law Review*, 1978, 351-90.

Coase, Ronald H., "The Nature of the Firm," *Economica*, November 1937, 4, 386-405; reprinted in George J. Stigler and Kenneth E. Boulding, eds., *Readings in Price Theory*, Homewood: Richard D. Irwin, 1952.

____, "The Regulated Industries: Discussion," *American Economic Review Proceedings*, May 1964, 54, 194-97.

____, "Industrial Organization: A Proposal for Research," in Victor R. Fuchs, ed., *Policy Issues and Research Opportunities in Industrial Organization*, Vol. 3, New York: National Bureau of Economic Research, 1972, 59-73.

Diamond, Peter A. and Maskin, Eric, "An Equilibrium Analysis of Search and Breach of Contract," *Bell Journal of Economics*, Spring 1979, 10, 282-316.

---

① 罗伯特·诺齐克（Robert Nozick）对于公正的看法是合理的："分配是否公平取决于它是如何进行的。相比而言，公正的分配原则认为分配的公正取决于物品是如何配置的（谁拥有什么）"（Nozick，1975，第153页）。他提到的达成公正的分配方法忽视了事前的讨价还价，仅仅根据结果来评价公正与否。由于意识到公正是这样实现的，初始讨价还价达成的条款就会不同于交易各方在得到以下保证时达成的条款：在评估契约关系的优点时，将会考虑完整的契约。但若采取广泛的讨价还价方法仍然面临两个难题：一是资源的初始配置，二是各方评价复杂契约的能力。这些问题的相对重要性随着环境而变化。

Dixit, Avinash, "A Model of Duopoly Suggesting a Theory of Entry Barriers," *Bell Journal of Economics*, Spring 1979, 10, 20 – 32.

―――, "Recent Developments in Oligopoly Theory," *American Economic Review Proceedings*, May 1982, 72, 12 – 17.

Eaton, B. Curtis and Lipsey, Richard G., "Capital, Commitment, and Entry Equilibrium," *Bell Journal of Economics*, Autumn 1981, 12, 593 – 604.

Fama, Eugene F. and Jensen, Michael C., "Separation of Ownership and Control," *Journal of Law and Economics*, June 1983, 26.

Fuller, Lon L., "Collective Bargaining and the Arbitrator," *Wisconsin Law Review*, January 1963, 3 – 46.

Galanter, Marc, "Justice in Many Rooms: Courts, Private Ordering, and Indigenous Law," *Journal of Legal Pluralism*, No. 19, 1981, 1 – 47.

Goldberg, Jeffrey, "A Theoretical and Econometric Analysis of Franchising," draft, doctoral dissertation, University of Pennsylvania, 1982.

Goldberg, Victor P., "Regulation and Administered Contracts," *Bell Journal of Economics*, Autumn 1976, 7, 426 – 48.

―――and Erickson, John E., "Long-Term Contracts for Petroleum Coke," Department of Economics Working Paper Series No. 206, University of California-Davis, September 1982.

Grossman, Sanford J. and Hart, Oliver D., "Corporate Financial Structure and Managerial Incentives," in John J. McCall, ed., *The Economics of Information*, Chicago: University of Chicago Press, 1982, 107 – 40.

Hirschman, Albert, "Rival Interpretations of Market Society: Civilizing, Destructive, or Feeble?," *Journal of Economic Literature*, December 1982, 20, 1463 – 84.

Hurwicz, Leonid, "On Informationally Decentralized Systems," in C. B. McGuire and R. Radner, eds., *Decision and Organization*, Amsterdam: North-Holland 1972, 297 – 336.

―――, "The Design of Mechanisms for Resource Allocation," *American Economic Review Proceedings*, May 1973, 63, 1 – 30.

Jensen, Michael and Meckling, William, "Theory of the Firm: Managerial Behavior, Agency Costs, and Capital Structure," *Journal of Financial Economics*, October 1976, 3, 305 – 60.

Joskow, P. L. and Klevorick, A. K., "A Framework for Analyzing Predatory Pricing Policy," *Yale Law Journal*, December 1979, 89, 213 – 70.

Klein, Benjamin, "Transaction Cost Determinants of 'Unfair' Contractual

Relations," *American Economic Review Proceedings*, May 1980, 70, 356-62.

____, Crawford, R. A. and Alchian, A. A., "Vertical Integration, Appropriable Rents, and the Competitive Contracting Process," *Journal of Law and Economics*, October 1978, 21, 297-326.

____ and Leffler, K. B., "The Role of Market Forces in Assuring Contractual Performance," *Journal of Political Economy*, August 1981, 89, 615-41.

Koopmans, Tjalling C., *Three Essays on the State of Economic Science*, New York: McGraw-Hill, 1957.

Kreps, David M. and Wilson, Robert, "Reputation and Imperfect Information," *Journal of Economic Theory*, August 1982, 27, 253-79.

Llewellyn, Karl N., "What Price Contract? — An Essay in Perspective," *Yale Law Journal*, May 1931, 40, 704-51.

Macaulay, Stewart, "Non-Contractual Relations in Business," *American Sociological Review*, February 1963, 28, 55-70.

Macneil, Ian R., "The Many Futures of Contract," *University of California Law Review*, May 1974, 67, 691-816.

Masten, Scott, "Transaction Costs, Institutional Choice, and the Theory of the Firm," unpublished doctoral dissertation, University of Pennsylvania, 1982.

Milgrom, Paul and John Roberts, "Predation, Reputation, and Entry Deterrence," *Journal of Economic Theory*, August 1982, 27, 280-312.

Mnookin, Robert H. and Kornhauser, Lewis, "Bargaining in the Shadow of the Law: The Case of Divorce," *Yale Law Journal*, March 1979, 88, 950-97.

Nelson, Richard R. and Winter, Sidney G., *An Evolutionary Theory of Economic Change*, Cambridge: Harvard University Press, 1982.

Nozick, Robert, *Anarchy, State, and Utopia*, New York: Basic Books, 1975.

Ordover, Janusz A. and Willig, Robert D., "An Economic Definition of Predatory Product Innovation," in S. Salop, ed., *Strategic Views of Predation*, Washington: Federal Trade Commission, 1981, 301-96.

Palay, Thomas, "The Governance of Rail-Freight Contracts: A Comparative Institutional Approach," unpublished doctoral dissertation, University of Pennsylvania, 1981.

Posner, Richard A., "Some Uses and Abuses of Economics in Law," *University of Chicago Law Review*, Winter 1979, 46, 281-306.

Riley, John G., (1979a) "Informational Equilibrium," *Econometrica*, March 1979, 47, 331-53.

____, (1979b) "Noncooperative Equilibrium and Market Signaling," *American Economic Review Proceedings*, May 1979, 69, 303-07.

Ross, Stephen, "The Determination of Financial Structure: The Incentive Signaling Approach," *Bell Journal of Economics*, Spring 1977, 8, 23-40.

Rothschild, Michael and Stiglitz, Joseph, "Equilibrium in Competitive Insurance Markets," *Quarterly Journal of Economics*, November 1976, 80, 30-49.

Schelling, Thomas C., "An Essay on Bargaining," *American Economic Review*, June 1956, 46, 281-306.

Scherer, F. M., *Industrial Market Structure and Economic Performance*, Chicago: Rand McNally, 1980.

Schmalensee, Richard, "Economies of Scale and Barriers to Entry," *Journal of Political Economy*, December 1981, 89, 1228-38.

Shavell, Steven, "Damage Measures for Breach of Contract," *Bell Journal of Economics*, Autumn 1980, 11, 446-90.

Stigler, George J., in *President's Task Force on Productivity and Competition*, reprinted in CCH *Trade Regulation Reporter*, No. 419, June 24, 1969.

Stiglitz, Joseph, "Incentives and Risk Sharing in Sharecropping," *Review of Economic Studies*, June 1974, 41, 219-57.

Stocking, George W. and Mueller, Willard F., "Business Reciprocity and the Size of Firms," *Journal of Business*, April 1957, 30, 73-95.

Teece, David J., "Economics of Scope and the Scope of the Enterprise," *Journal of Economic Behavior and Organization*, September 1980, 1, 223-45.

____, "A Transaction Cost Theory of the Multinational Enterprise," unpublished manuscript, 1982.

Telser, L. G., "A Theory of Self-Enforcing Agreements," *Journal of Business*, February 1981, 53, 27-44.

Wachter, Michael L. and Williamson, Oliver E., "Obligational Markets and the Mechanics of Inflation," *Bell Journal of Economics*, Autumn 1978, 9, 549-71.

Williamson, Oliver E., "The Vertical Integration of Production: Market Failure Considerations," *American Economic Review Proceedings*, May 1971, 61, 112-23.

____, *Markets and Hierarchies: Analysis and Antitrust Implications*, New York: Free Press, 1975.

____, "Franchise Bidding for Natural Monopolies—in General and with Respect to CATV," *Bell Journal of Economics*, Spring 1976, 7, 73-104.

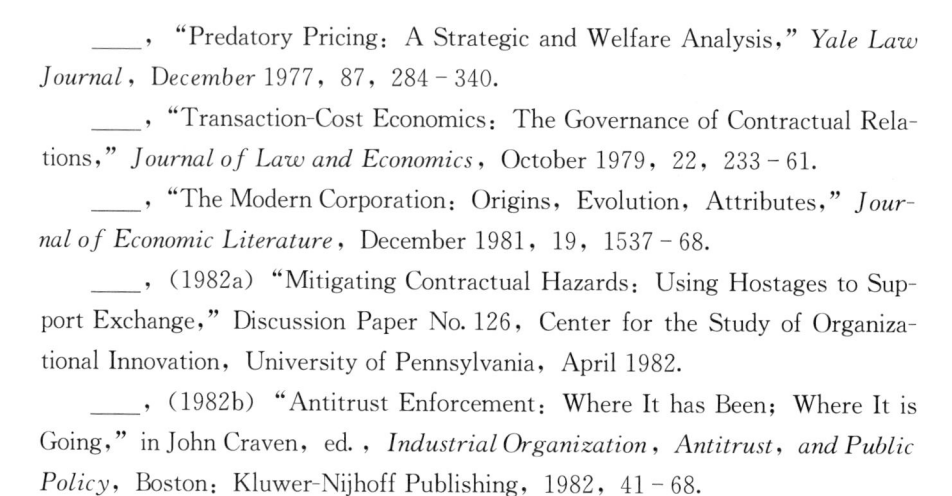

____, "Predatory Pricing: A Strategic and Welfare Analysis," *Yale Law Journal*, December 1977, 87, 284–340.

____, "Transaction-Cost Economics: The Governance of Contractual Relations," *Journal of Law and Economics*, October 1979, 22, 233–61.

____, "The Modern Corporation: Origins, Evolution, Attributes," *Journal of Economic Literature*, December 1981, 19, 1537–68.

____, (1982a) "Mitigating Contractual Hazards: Using Hostages to Support Exchange," Discussion Paper No. 126, Center for the Study of Organizational Innovation, University of Pennsylvania, April 1982.

____, (1982b) "Antitrust Enforcement: Where It has Been; Where It is Going," in John Craven, ed., *Industrial Organization, Antitrust, and Public Policy*, Boston: Kluwer-Nijhoff Publishing, 1982, 41–68.

# 比较经济组织：分立式结构分析 *

本文综合了制度经济学、契约法和组织理论的重要内容，旨在识别并说明三类经济组织形式——市场、混合制以及层级制——的重要差异。本文的分析表明，三类经济组织形式的区别在于不同的协调控制机制以及不同的适应变化的能力；另外，不同的组织形式需要有不同的契约法来界定和支持。随着交易属性的变化，组织形式的有效选择也系统地随之变动。本文融合了制度经济学在此前一直彼此分离的两个领域——制度环境和治理机制，其方法是通过将制度环境视为一系列参数，其中的一些参数变动将导致比较治理成本的变动。本文讨论了一些参数变动的影响，比如产权、契约法、声誉效应以及不确定性。

尽管微观经济组织的复杂程度让人退避三舍，而且长期以来缺乏对其的系统分析，但是随着新的研究范式的出现，随着人们日益意识到制度对于经济绩效的重要性，并且随着以前的研究范式的局限性逐渐显露出来，这种情况有了改变。信息经济学、博弈论、代理理论以及人口生态学（population ecology）都取得了长足的发展。

本文研究经济组织的方法是基于比较制度的观点，其特点是交易成本最小化。比较经济组织研究从来不是孤立地研究组织，而总是与其他经济组织进行比较研究。交易成本经济学将研究重点放在了交易成本——广义地讲，即"经济系统运行的成本"（Arrow，1969，第48页）——的比较上。

本文的目的是扩展和提炼交易成本经济学所使用的研究工具，以便回应一些重要的批评意见。对交易成本经济学之前的研究有四种批评意见。第一种是说，新制度经济学的研究进程中的两个层次——制度环境和治理机制——是各自独立发展的。前者是研究制度的历史背景，强调博弈中的制度规则：风俗、

---

\* 原文 "Comparative Economic Organization: The Analysis of Discrete Structural Alternatives" 载于 *Administrative Science Quarterly*，1991，36（2）：219-244。译者：陈耿宣、贾钦民。

法律以及政治（North，1986）。后者则是更加微观的分析，强调各种可选择的治理形式——市场、混合制以及层级制——对交易成本的节约效率。那么能否克服这两个研究层次分离发展的问题呢？第二种批评是说，交易成本经济学只分析了极端的组织形式——市场和层级制，而忽视了中间形式或者说是混合制。尽管交易成本经济学通过最近对长期契约的研究对该批评进行了回应，从长期契约的缔约中可以看到，各种专门的治理结构［抵押品、仲裁、照付不议条款（take-or-pay）、捆绑销售、互惠、管制等］维持了长期契约中存在的双边依赖条件，但是各种治理模式的抽象特征依然不清楚。这些治理模式的主要特征是什么？该特征在不同的治理模式间是如何变动的？这对应了第三种批评，即在使得交易成本经济学可操作化的过程中，相对于对治理概念的抽象描述，交易成本经济学对交易的抽象描述给予了过多的关注；两者（交易和治理结构/模式）的维度化都是必要的。最后一种批评是关于嵌入（embeddedness）的问题，交易成本经济学宣称应用范围广泛，但它几乎完全是在西方资本主义经济环境下发展起来的（Hamilton and Biggart，1988），将西方、非西方以及资本主义、非资本主义一视同仁是否可行？本文试图通过将组织问题视为一个分立式结构分析（discrete structural analysis）来回应上述批评意见。

# Ⅰ. 分立式结构分析

分立式结构分析这一术语是西蒙引入比较经济组织研究当中的，他注意到（Simon，1978，第6-7页）：

> 随着经济学的发展超越了其作为核心的价格理论及其所关注的商品和货币的数量，在这个过程中我们注意到了……一个转变：从高度定量的分析（其中边际均衡分析扮演着重要角色）转向更加定性的制度分析（比较各种分立的结构）……

> 这种定性分析一般不需要精确的数学工具或者边际计算。一般来讲，与说明两个在边际上相等的条件相比，更为粗略的、简单的结论就可以说明两个数量不相等。

那么，分立式结构分析究竟是什么？这种分析方法被应用难道仅仅是因为"目前还没有一种（令人满意的）方法能够在一定区间用连续变化的量来表述组织特征"（Ward，1967，第38页）？或者说难道还有更深层次的理论依据？

在支持分立式结构分析的各种因素中，我关注以下几点：(1) 企业不仅仅是市场的简单延伸，而是运用了不同的方式；(2) 分立的契约法之间的差异定义了每一种治理结构，并且为其提供了关键的法律支持；(3) 边际分析关注的是二阶边际分析，而忽视了一阶节约。

## A. 不同的方式

虽然经济组织研究主要是处理市场和市场机制问题，但是它面临一个现实问题：大量的经济活动发生在企业内部（Barnard，1938；Chandler，1962，1977）。可以想象，在企业内部已经没有新的优化问题了，因为技术在很大程度上是决定性的——企业的规模主要由规模经济和范围经济决定，企业仅仅是一种按照技术条件将投入转化为产出的工具——因为在企业内部也存在着市场机制。我已经在其他地方驳斥过这种技术观点（Williamson，1975）。因此，现在考虑第二点。

与克劳塞维茨（von Clausewitz，1980）关于战争的观点类似，我认为层级制不仅仅是一种契约行为，还是一种契约机制，一种通过其他方式对市场关系的延伸。比较契约分析的挑战在于区别并分析这些不同的方式。如下文所要说明的那样，每种治理模式——市场、混合制以及层级制——都是由相互支持的特征集合界定的。许多假想的组织形式从未出现过，或者很快消失了，因为它们具有不相容的组织特征。

## B. 契约法

将契约法应用到经济组织研究中的思想已经在其他文献中讨论过了（Williamson，1979，1985）。尽管在本文中有部分重复，但是本文与之前的分析具有两个显著的不同。首先，我提出假设：每一种治理模式都需要不同的契约法支持。其次，支持层级制的契约法是自制法（forbearance）。

### 古典契约法

古典契约法（classical contract law）适用于法学和经济学的理想交易——"用明确的协议来达成交易，以清晰的绩效来结束交易"（Macneil，1974，第738页），在这种交易中，双方的身份并不重要。"厚（或稠密）"市场（thick market）的特点是：单个买者和卖者之间并没有相互依赖的关系，相反，买者和卖者可以几乎不费成本地找到交易者。如果契约被一次又一次地延续，那是因为目前的供应商可以持续地满足现货市场的报价需求。从极端来看，这类交易是货币化的交易。契约法以一种极其法律化的方式进行：如果正式的条款和非正式的条款（比如书面协议和口头协议）之间出现了争议，就会以正式的条款来取代相对不正式的条款，而这些交易的特征就是：契约法的规则被严格应用到艰难的讨价还价过程中。古典契约法支持自发市场类的组织形式并与之保持一致。

### 新古典契约法和免责条款

新古典契约法和免责条款使得交易双方免于严格执行契约的限制，它适用于这样的契约：缔约的双方仍然是自主的，但是双方具有一定的双边依赖性。如果提前终止契约或者不恰当地坚持契约会对一方或者双方造成负担，这时候意见一致就显得非常重要了。有先见之明的双方会排斥古典契约法，而转向新古典契约法制度，因为这更有利于维持发展并提高适应效率。

如下文所要讨论的，新古典契约法支持混合模式的缔约活动，契约双方保持自主，但是契约接受一个有弹性的缔约机制的调节。比如，在公用事业管制中，公用事业单位和顾客之间的契约关系受到一个管制机构的调节（Goldberg，1976；Williamson，1976）。另一个例子是互换协议或者互惠交易中缔约双方会遇到相似的困难（并且做出的反应也相似）（Williamson，1983）。特许经营是另一种保持半自治的方式，但是需要附加支持条件（Klein，1980；Hadfield，1990）。一般而言，长期的不完全契约需要特定的适应性机制，以便在面临意外干扰的时候能够重新安排并保证效率。

干扰分为三种：非重大的，重大的，极重大的。非重大的干扰是指其对效率状态的偏离非常小，对其调整的成本难以收回。针对较小的干扰进行适应性调整的净收益是负的（如下文所述），因为对其调整的过程需要经过论证和审查，而这些成本超过了预期的收益。

中等程度的（重大的）干扰是新古典契约法所适用的对象。涉及的交易是与卡尔·卢埃林的"作为框架的契约"概念相关的交易。卢埃林（Llewellyn，1931，第737页）将契约看作"一个具有高度适应能力的框架，这一框架永远不会准确地指明真实的工作关系，但是它提供了这种关系变化所围绕的粗略指标。一旦出现了可疑的情况，它可以作为一种临时的引导，而当这种关系实际上终止时，它又充当了最终申诉的标准。"内华达（Nevada）能源公司和西北贸易公司之间长达32年的煤炭供应契约表明了这种新古典契约的弹性机制。契约中的部分内容如下：

> ……一旦出现了不公平情况，并损害了某一方的利益，双方负有同等的责任：立即采取必要的、有诚意的行为，有效地采取对策以纠正或者调整这种不公平情况。在一方向另一方提出关于不公正的书面声明的基础上，双方将联合行动，在书面申请提出后的60天内就此声明的不公平情况达成协议。经过调整后的煤价与市场价格相差超过10%，则会产生一个可能需要仲裁的问题。提出不公正声明的一方应该在声明中包含必要的信息和数据以合理证明这一声明，并且要及时、免费地提供给另一方认为相关的、必要的信息和数据。如果双方无法在60天内达成协议，则该问题应该提交仲裁。

与古典契约法相比，上述契约（1）考虑了预料之外的需要进行调整的一些干扰；（2）提供了一个可承受的波动范围（即±10%），此范围内的干扰可以被消化掉；(3) 在适应调整过程中要求信息披露和信息的可证实性；(4) 如果自发协商失效，则提交仲裁。

新古典契约在出现纠纷后往往求助仲裁（至少最开始是如此）而不是法庭。富勒（Fuller，1963，第11-12页）描述了仲裁和诉讼程序之间的差异：

> ……对仲裁者开放的……快速告知方式并不对法庭开放。仲裁者可以随时中断对证人的调查，并要求双方简要指出他可以理解的所得的证词。当某一点需要澄清时，告知可以非正式地进行，仲裁者和双方中的知情者都可以随时打断调查。有时候仲裁会发生争执，甚至在同一方的内部也会发生分歧。最终结果往往是经过澄清，使得每个人都能更加理智地将诉讼进行下去。

新古典契约尽管富有上述适应弹性，但并不是具有无限的弹性，当所遇到的干扰变动严重时，新古典契约将面临真实的困境，因为交易双方的自主所有权的地位将不断产生违约激励。通俗地讲，当坚持执行契约的字面意义得到的"合法"收益超过了维持交易关系的贴现价值时，就可以预期会有产生违背契约精神的背离行为。

实际上，当仲裁让位于法庭时，和解将不再可能。相反，这时契约将转向更为法律化的机制——尽管甚至在这种情况下，新古典契约通过诉诸某些免责条款来免受实际惩罚。法律体系在新古典契约法下对契约的（辅助）执行是有限的，正如麦克尼尔（Macneil，1974，第731页）所解释的那样：

> ……一般而言，契约的（法律）补救措施是法律体系所能提供的最无力的帮助。但是在制定补救措施的时候存在一系列原则和技巧：比如，不可能性，契约受挫失效，认知错误，操纵性解释，司法明断，对价，非法性，胁迫，不恰当影响，不公正，能力、罚金和处罚原则，重大绩效原则，条款可分割性，破产法，欺骗性法令。几乎所有的契约法原则上都可以并且确实能够做出法律上的承诺，以保证守约（尽管难以完全保证）。

从经济学角度来看，执行免责契约条款的时候需要在较强的激励和较弱的机会主义之间权衡取舍。如果所遇见的情况是未能预料到的、也不可能预料到的（比如在程度上和/或种类上与一般商业经验规范不同），并且如果严格执行契约会有惩罚性后果，尤其是如果不公正的结果得到了（合法的）机会主义支持，那么免责条款主要是一种减少机会主义行为的手段，在理想状态下不会对激励产生不利影响。但是，如果不管不利情形何时发生，都允许执行免责条款，那么全盘考虑契约、合理选择技术、有效分担风险、规避不利风险的激励就会被削弱。因此应当慎用免责条款，显而易见，应该如此（Farnsworth，1968，第885页；Buxbaum，1985）。

尽管免责条款能提供豁免，但是新古典契约仍然以巨大的成本在处理重大干扰:仲裁的执行成本高昂而且适用的范围有限,当重大干扰,尤其是极重大的干扰频繁发生时,仲裁和免责条款所支持的混合制会导致更加高昂的成本并且受到更大的限制。这时候需要考虑更加富有弹性的、适应性的安排。

**自制法**

内部经济组织,即层级制被认为是更加具有弹性和适应性的组织模式。究竟哪种契约法适用于内部组织呢?契约法与契约履行绩效又有什么关系?

将企业视为"一组契约的扭结"(nexus of contracts)(Alchian and Demsetz,1972;Jensen and Meckling,1976;Fama,1980)表明契约与市场在契约层面上是没有差异的。阿尔钦和德姆塞茨(Alchian and Demsetz,1972,第777页)开创性地认为商店里的购买者和杂货店之间的关系与企业内雇主与员工的关系在契约层面并无二致:

> 单个消费者可以以双方都能接受的价格给杂货店指派任务,让杂货店向他提供任何他想要的东西。这正是雇主能够对员工做的。至于说管理、指挥或者向员工安排各种任务,是一些迷惑性描述,掩盖了这样的事实:雇主也必须不断地就双方都能接受的条款进行再谈判……雇主和员工之间的长期契约并不是我们所称的"企业"的本质。

将企业视为"一组契约的扭结"的观点,在相关方面的文献中是有启发性的一个,但是将企业视为"一组契约的扭结"忽视了这种治理模式的许多特点。如下文所述,通过命令来进行双边适应性调整是内部组织的显著特征,但是,市场的命令和层级制中的命令到底有什么不同?进一步地,如果在命令方面层级制具有一定的"优势",为什么市场不能复制这种优势?

其中一种解释是,命令授权来自雇佣契约(Barnard,1938;Simon,1951;Coase,1952;Masten,1988)。虽然对此解释可以做许多阐述,但我还是要提出一种独立的补充性解释:内部组织所隐含的契约法是自制法。因此,法庭通常会对企业之间就价格问题、延迟损失、质量瑕疵等纠纷做出裁决,但是拒绝受理企业内部各部门间的纠纷,以及与之类似的技术问题的诉讼。这些内部问题如果法庭都拒绝做出裁决,那么当事各方就在内部寻求解决。因此,层级制自然就是其自己最终的"法庭"。

人们所熟知的"商业判断准则"认为,"如果没有不良企图或者其他腐败动机,经理人通常不应该因判断失误而对公司负责,无论该失误是事实错误还是法律错误"(Gilson,1986,第741页)。这个商业准则作为"一道准司法障碍来阻止法庭行使对公司管理者进行管理的权力"(Manne,1967,第271页),但是,"法庭因此商业准则放弃了对企业的管理权,这可能是普通法对公司治理做出的重大贡献"(Gilson,1986,第741页)。运用于股东和管理者之间的商业准则可以被看作是自制法原则的体现,这被广泛地运用于公司管理层。检查所谓的"判断失误"或者判决内部纠纷都是对法庭能力的严峻考验，而且还可能破坏层级制的效率基础。

相应地，市场无法复制企业的命令机制，因为市场交易是由另一种契约法支持的，该契约法与组织内部的契约法完全不同。古典的市场缔约活动和自制法各自有不同的逻辑，选择了其中一种就意味着排斥另一种契约法。交易的组织是自制还是购买——分别通过企业内部和市场——在争端解决的问题上有很大差异：法庭会受理其中一种情况所发生的争端，但是会拒绝介入解决另一种情况下的争端。法庭不会对企业内部部门之间就转移价格问题、延迟损失、质量瑕疵等纠纷做出裁决。

可以肯定，企业内部纠纷不都是技术方面的，人事纠纷更为复杂。员工安全、尊严、"可接受程度"的范围等之类的问题，有时候会引起社会溢出成本，该成本在企业计算私人净收益的时候常常被低估，如果法庭对此类问题考虑不足，就会导致无法充分保证人身权利和员工权利。此外，从高管薪酬契约中有时候也难以区分人事方面和技术方面。然而，即使出现了人事纠纷，人们也会预想在组织内部解决此分歧。比如，工会可能拒绝将工人的不满诉诸仲裁（Cox，1958，第24页）。

> 赋予工会管理集体要求的权力，这与集体谈判的功能性质相一致……只要个人对公司以及工会的调整不满意，就允许他将其请求诉诸仲裁……这种做法将会破坏公司与工会的日常协作，这种协作关系常常是良好产业关系的标志——公司和工会良好的关系意味着将员工不满作为待解决的问题，契约只是动态人事关系的指南。当……个人的要求威胁到集体利益的时候，工会的职责就是通过适应性调节或者折中处理争端。

与市场相比，层级制的内部激励水平不太令人注意或者是低能的。人们付出努力的程度与得到的回报之间很少或者没有直接联系。这一现象的主要原因是，市场的高能激励不可避免地被内部组织削弱了（Williamson，1985，第6章；1988）。但是，层级制采用低能激励是因为它可以带来更好的协作，并通过内部控制减少有害的效果（参见 Williamson，1988；Holmstrom，1989）。因此，员工与管理者更加愿意协调行事，因为无论他们"做这个"还是"做那个"所得的报酬都一样，而且拒绝协调的行为不会被认为是踊跃积极，而是被解释为具有不合作的行事倾向，结果会影响长期升职。如果短期的和长期的契约收益都没有实现，那么诉诸法庭并违背契约精神的做法就是不合理的。命令与低能激励相结合就是前文所提到的（并在下文详述）经济组织的典型特征。

有两个深层理由支持自制法：（1）内部纠纷的相关方对纠纷的环境和可供选择的解决方案的效率特点有相当了解，这些背景知识在法庭中需要高昂的成本才能获得；（2）如果允许内部纠纷诉诸法庭，那么就会破坏层级制的有效性和完整性。如果命令授权的解决方案仅仅只是建议性的，因为组织内部关于净收益的纠纷可以通过法庭解决，那么公司仅仅是一个"内部缔约"（inside contracting）系统（Williamson，1985，第218-222页）。自制法在组织内部应用意味着，组织内部交易的双方可以自己解决分歧，或者将无法解决的分歧诉诸层级制裁决。这是他们的所有选择。当别无选择的时候，"死抠法条"的观点失效，人们将更加依赖工具性推理和相互调解。这种观点与阿尔钦和德姆塞茨（Alchian and Demsetz，1972，第777页）的观点矛盾，他们认为："相对于市场契约，企业并没有在命令、权威、纪律性等方面有一丁点儿不同。"这完全是错误的：企业能够也确实拥有市场所没有的命令机制。此错误源自此前对契约法差异及其不良后果的忽视。

## C. 一阶节约

虽然设定优先顺序是无可厚非的，但是人们却忽视了一阶节约——有效适应以及消灭浪费。适应（如下文所述）是核心的经济问题，极其重要；但是正如奈特（Frank Knight，1945，第252页）所认为的那样，消灭浪费也同样重要：

……一般而言，人们在限制条件下，总是希望能节约行事，能使得活动和组织富有"效率"，而不是造成浪费。这一事实的确值得重点强调，而且一个恰当的经济学定义……有助于表明：该讨论的主要意义存在于与社会政策的联系中（人们认为社会政策能直接针对想达到的目标），该政策的目的在于提高经济效率，减少浪费。

与此相关但又是相互独立地，朗格（Oskar Lange，1938，第109页）提出："社会主义真正的威胁并不是无法解决资源配置问题，而是经济生活的官僚化。"但是，因为朗格（Lange，1938，第109页）认为该观点属于"社会学领域"，在这里应该"放弃"该观点。随后的知识渊博的社会主义观察者们追随了这一观点，但是直到今天，官僚主义的问题依然没有受到重视。相反，对社会主义的研究主要集中在技术特征上——边际成本定价、活动分析等等——因此人们就技术方面对社会主义形成了一致乐观的看法（Bergson，1948；Montias，1976；Koopmans，1977）。

奈特和朗格所提出的关于组织的重要问题的自然解释——或者至少，我在此处所提出的解释——是，经济学中充斥着以边际分析为特征的资源配置效率问题，而忽视了各种可选择的分立式组织结构以及对组织效率的考察。部分原因是，当时处理聚类属性（clusters of attributes）的数学方法才开始起步（Topkis，1978；Milgrom and Roberts，1990；Holstrom and Milgrom，1991）；根本原因是，人们广泛关注市场机制而忽视各种组织结构的选择。比如，诚信交易系统的观点就是市场声誉效应观点的变体（Milgrom，North，and Weingast，1990，第16页），它忽视了如下可能性：旨在保持契约完整性（比如，层级制）的各种机制可能会通过不同的方式起作用。因此，有必要纠正偏好市场的刻板成见，以避免人们不必要地、有害地简化对经济组织的研究。

# Ⅱ. 治理（结构）的维度化

区分不同治理结构的关键特征是什么？交易成本经济学的预测能力主要源自有效匹配假设（discriminating alignment hypothesis，有时也称差别匹配假设）。该假设认为，具有不同属性的交易应该与不同成本和能力的治理结构相匹配（主要是以节约交易成本的方式）。尽管交易的维度化很早就得到了交易成本经济学家的关注，但是治理结构的维度化却相对地不受重视。那么，究竟是什么因素造成了治理结构的成本和能力的差异？

其中一个关键的差异已经在前文讨论到了：市场、混合制以及层级制在契约法方面不同。实际上，若同一种契约法被运用到所有的治理模式（结构）中，那么市场、混合制和层级制之间的重要差异显著性将被削弱。除了契约法之外，还有很多影响治理结构的因素，比如适应性以及激励和控制机制。

## A. 适应是核心的经济问题

哈耶克（Hayek，1945，第523页）坚持认为，"经济学的问题总是并且只是如何应对变化"，这个真理被那些坚信"技术知识"（technological knowledge）最重要的人掩盖了。哈耶克反驳道，"社会经济问题主要是在特定环境下快速适应的问题"（Hayek，1945，第524页）。在哈耶克看来，尤为重要的观点是：相对于中央计划，市场价格体系在信息传播和引发变化方面是特别有效的机制（Hayek，1945，第524-527页）。

有趣的是，伯纳德（Barnard，1938）也认为组织主要关注的是对变化的环境的适应，但他指的是组织内部的适应。面对持续变化的环境，"组织的生死取决于能否维持各种复杂特征之间的均衡……这需要组织内部进行重新调整……这就是我们所关注的核心，即完成适应性调整的过程"（Barnard，1938，第6页）。

这让人好奇：哈耶克和伯纳德都认为适应是经济组织的主要问题，但是哈耶克关注的是市场的适应能力，而伯纳德关注的是组织内部的适应能力。如果将"市场的神奇力量"（哈耶克）与"组织内部的神奇力量"（伯纳德）相比较，哪一种"力量"更胜一筹？

哈耶克（Hayek，1945，第524页）提到"神奇力量"是自然而发的："价格体系……是人们无意间发现的并且在尚未理解时就学会了如何使用……的东西之一"。自发协作固然重要，然而伯纳德认为，有意识的协作很重要，但是其重要性被低估了。有意识的协作被定义为"人们之间有意识的、经过深思熟虑的、有目的的合作"（Barnard，1938，第4页），该协作通过正式组织来实现，主要是层级制。

我认为适应性是经济组织的主要问题，并且认为哈耶克和伯纳德都是正确的，因为他们提到的是不同类型的适应，二者都是高效系统所必需的。哈耶克所说的适应性是将价格作为充分的信息工具，商品的供需变动通过价格反映出来，"个体参与者……能对价格变动相应地采取正确的行动"（Hayek，1945，第527页）。我把这种适应性称为适应性A，A表示自主适应。这是新古典主义的理想情形：其中消费者与生产者参照价格变化独立地做出反应，从而分别最大化各自的效用和利润。

如果所有的问题都是这一类型的，那么适应性A就足够了。然而有些问题需要相互协调反应，以免单个参与者的目标相互冲突或者追求其他次优目标。协调失效可能是因为自主行动的个体对于信息的解读和反应不同，即使他们的目的是获得及时的、一致的、兼容的反应。马尔姆格伦（Malmgren，1961）提到的"预期不一致"（nonconvergent expectations）就是指的这种情形。虽然理论上，预期的一致性可以通过某一方向的所有参与者通知并解读信息得出，但是拥有该信息的主导者可能会采取机会主义行为——比如，扭曲信息或者不完整地、选择性地披露信息。

一般而言，具有长期相互依赖关系的双方会意识到不完全的契约需要不断查漏补缺，有时候会放弃合作。尽管弥补契约漏洞、修正错误以及有效的再谈判等都是符合合作双方共同利益的，但是事实上，最后的收益分配仍然是不确定的。可以预料到，双方会自利地讨价还价，而且讨价还价的成本高昂。

主要成本在于讨价还价期间交易未能适应环境。而且，因为预期到事后的讨价还价又会导致事前的无效率安排（Grossman and Hart，1986），随着对协调性投资（coordinated investment）和对非竞争性（或者较低竞争性）的协调激励的需求（在频率上和重要性上）增加，人们转向了另一种不同的机制。这种具有协调功能的适应，称为适应性C，C代表协调、协作。这种有意图的、经过深思熟虑的、有目的性地设计的内部协调适应机制，就是伯纳德所强调的正式组织。独立适应（independent adaptation）最多只能达成有缺陷的协调，并且可能出现双方行事目的的分歧。为了避免前文提到的由于机会主义倾向导致的相关成本和延误，契约关系需要重新安排，即用层级制替代资助缔约。对于相互依赖的双边（或者多边）的自主交易而言，权威关系（命令）比自主缔约关系更具有适应性优势。

## B. 工具

纵向和横向一体化被认为是万不得已时才要采用的组织形式，即当其他的组织形式都失效的时候才会采用。这是因为市场在适应性 A 方面是有"神奇力量"的。价格提供了关于冲击的充足信息，个体购买者和供应商可以自主地（按照价格变动）进行调整。这样，通过调整个体净收入流，各方都有强烈的动机来降低成本并进行有效的适应。通过这种方式（即市场方式）来行动就产生了我所谓的高能激励（Williamson，1988）。其他的自主交易者对该交易的收益和损失不负任何责任，也无法操纵会计来侵占收益或补贴损失。

当考虑到双边依赖性时，事情就会变得更加复杂。如上文所述，双边依赖通过层级制带来了实现收益的机会。与市场相比较而言，当双方逐渐建立起依赖关系时，由正式组织安排协调的适应性机制来应对意外冲击就更加具有优势。但适应性 C 的收益也有代价。一方面，企业内部相关部门（不同程度地）会理直气壮地宣称它们对收益也有功劳；另一方面，亏损部门也会要求别的部门应该为亏损负责。但是，公司总部可以不管各部门偏好如何，而采取多种方式利用会计系统重新分配资源（通过转移定价、经费划拨、库存规定等等）。最终结果就是内部组织降低了激励强度，增加了官僚主义成本（Williamson，1985：第 6 章；1988）。

这三个特征——适应性 A、适应性 C 以及不同的激励强度——并没有包含全部的市场和层级制之间的重要区别。此外，对于行政控制的依赖性也很重要，比如前文提到的，不同组织受到不同的契约法体系约束。在此观察到如下两点就足够了：（1）相比较企业之间的行政控制而言，企业内部的层级制得到了内部（有效率差异的）行政控制的支持；（2）企业内部的激励强度有时会被有意抑制。激励强度不是目的，而只是手段。如果较高的激励强度影响了双边适应性，那么能够削弱激励强度的行政控制（监管、奖励或惩罚）就是最优选择。

市场和层级制是两种极端模式。正如文章开头所讲的那样，本文的主要目的是在两种极端模式中找到混合模式——比如，各种长期契约、互惠交易、管制、特许经营等等。显然，混合治理的新古典契约法既不同于市场的古典契约法，也不同于层级制的自制契约法，它比前者更富有弹性，又比后者更符合法律规范。现在的问题是：如何从适应性（A 和 C）、激励强度和行政控制等维度来比较各种模式？

混合制模式在四个方面均表现出中间水平。它保护自主所有权，由此得到高的激励强度并有助于适应 A 类干扰（即一方能有效做出适应性反应，而不必求助于另一方）。同时，因为存在双边依赖性，长期契约得到了更多的契约保障条款和行政机制（信息披露、争端解决机制）支持。这就提升了适应性 C，但代价是激励弱化。这就引入了对"公平"（equity）的考虑。例如，内华达能源公司和西北贸易公司签订的煤炭契约开头写道："此协议代表了双方的意愿，在缔约期间协议整体以及每个部分对双方都具有同等效力。"这种做法不可避免地弱化了激励强度。

在双边适应性方面，相对于混合制，层级制的一个优势就是，内部契约不必面面俱到，更重要的是，企业内部适应重大干扰的成本较小。这是因为：(1) 对于适应只需要较少的文件；(2) 通过指令（而不是仲裁）解决内部争端节约了资源，有利于及时适应调整；(3) 可以更容易得到并更准确地评估重要信息；(4) 解决内部争端 (Barnard, 1938; Scott, 1987) 得到了非正式组织的支持；(5) 内部组织存在更多的激励手段——具体地，包括职位奖励和利润共享——由此培育了团队意识。而且，混合制模式下偶尔出现的破坏性后果或高昂诉讼费等极重大干扰在层级制模式下更容易调解。但在适应性 C 上，层级制对于混合制的优势是有成本的，（因为）从混合制到层级制的变动伴随着激励强度的减弱（带来了较大的官僚成本）。

总的来说，混合制模式的特征是中等强度的激励、中等程度的行政控制以及中等的适应性，并在半法律化的体系内运作。与市场和层级制（这是相反的两个极端）相比，混合制模式在五个属性上均介于两种模式之间。基于前文所述，用＋＋、＋和 0 分别代表强、中和弱，从工具、适应性特征、契约法等方面来区分市场、混合制和层级制，见表 1。

表 1　市场、混合制、层级制比较

| 属性 | 治理结构 | | |
|---|---|---|---|
| | 市场 | 混合制 | 层级制 |
| 工具 | | | |
| 激励强度 | ++ | + | 0 |
| 行政控制 | 0 | + | ++ |
| 适应性特征 | | | |
| 适应性 A | ++ | + | 0 |
| 适应性 C | 0 | + | ++ |
| 契约法 | ++ | + | 0 |

注：＋＋代表强；＋代表中；0 代表弱。

# Ⅲ. 区别组合

交易成本经济学认同康芒斯的观点 (Commons, 1924, 1934)，认为交易是基本的分析单位。这一重要见解帮助我们去识别区别交易的关键维度，于是便有了可操作的意义。这些关键维度包括交易发生的频率、交易的不确定性、提供商品和服务时涉及的资产专用性的程度 (Williamson, 1979)。尽管这些维度都很重要，但交易成本经济学特别关注最后一点 (Williamson, 1975, 1979; Klein, Crawford, and Alchian, 1978; Grossman and Hart, 1986)。

资产专用性是指在不牺牲产品价值的条件下，资产能够被配置给其他使用者或者被用作其他用途的程度。资产专用性可分为六种：（1）地点专用性，例如一系列地点彼此位置接近，以便节省库存和运输成本；（2）物质资产专用性，例如用于生产零部件的专用模具；（3）"干中学"产生的人力资产的专用性；（4）品牌资本；（5）专项资产，例如工厂对特定顾客要求进行单独投资；（6）时间上的专用性，类似于技术不可分性，并且可被视为一种地点专用性资产，其中，现场的人力资产做出及时反应至关重要（Masten，Meehan，and Snyder，1991）。资产专用性，尤其是前五种形式造成了双边依赖性并引起了额外的缔约风险。资产专用性在交易成本经济学的理论研究和实证研究中扮演着核心角色。

本文的分析强调交易成本，即不去考虑收入以及生产成本节约（由资产专用性带来的）。尽管做了简化，但是需要注意，专用性提高了所有治理形式的交易成本。只有当生产成本节约和收入超过治理成本时，才能支持更多的专用性。完整的分析应该包含这三个部分，但是这里只进行简化分析。

## A. 简化分析

本文提到的治理成本的表述都是简化形式，其中，治理成本被作为资产专用性和一组外生变量的函数。推导出这些简化形式的结构等式（structural equations）尚未建立。但是影响治理结构之间成本差异的关键特征列在下文的矩阵中。①

虽然资产专用性有多种形式，但常见的结果是：随着资产专用性程度的提高，双边依赖的情形慢慢出现。当资产专用性为零时，就会发生法学和经济学中的理想交易（买卖双方的身份不重要）。随着对交易专用性资产的投资增加，交易双方的身份越来越重要，因为当该资产用于其他次优的途径或者配置给其他次优使用者之后，专用性资产就会失去生产价值。

为了简化，假定资产专用性的差异完全由物质资产或地点专用性特征引起。我从古典市场缔约适用的情况着手：有自主权的行动者可有效地适应各种外部干扰。内部组织在此类交易中处于劣势，因为层级制带来了附加官僚成本，却没有带来相应的收益增加。但该状况会随着双边依赖性的出现而改变。随着对专用性资产的投资增加，需要协调适应的干扰越来越多，影响也越来越大。此时高度的市场激励阻碍了适应性，因为并不是一体化的自主交易者各方需要相互协商同意才能做出有效调整，并且双方都希望尽可能地从适应所得中

---

① 通过更侧重微观分析的方法来揭示契约的不完全性及其经济后果，并通过更加明确地阐述内部组织官僚主义成本的后果，从而为支持简化形式提供更深层的结构逻辑，这是一项有挑战性而又重要的工作。

侵占更多收益（理想状态是，几乎全部占有）。如果相互依赖的各方由于意见不一致以及追求私利的讨价还价而不能快速做出反应，那么就会引起适应不良。尽管此类交易从市场向层级制转移会造成更多的官僚成本，但由此产生的双边适应性将抵消那些成本。

令 $M=M(k;\theta)$，$H=H(k;\theta)$ 这两个简化表达式分别表示市场和层级制的治理成本是资产专用性（$k$）和转移参数向量（$\theta$）的函数。设两个函数的约束条件都是要选择同样水平的资产专用性，可得到以下比较成本关系式：$M(0)<H(0)$ 且 $M'>H'>0$。[1] 第一个不等式反映了内部组织的官僚成本超过市场，因为后者在适应性 A 上优于前者——在不考虑资产专用性的时候，市场是最优的。于是市场治理曲线的截距小于层级制的截距。第二个不等式反映了由于资产专用性（即双边依赖的出现），与层级制相比，市场在 C 类适应性上，边际成本更高。

如上所述，混合制模式在激励、适应性和官僚主义成本方面介于市场和层级制之间。与市场相比，混合制牺牲了激励而有助于部门间的高度协作。而与层级制相比，混合模式牺牲了协作但有助于提高激励强度。在市场、层级制与混合模式下，品牌商品通过特许经营（混合模式的例子）来进行零售分销就体现了这一点。

层级制体现了从生产向分销的前向一体化。这牺牲了激励强度，但确保了部门之间更好地协作。市场是直接出售商品或服务的，此时产生了激励强度，但可能导致次优结果（促销上的"搭便车"行为、滥用品牌名称等）。特许经营比层级制拥有更大的自主权，但与市场相比，特许经营对特许经营者施加了更多的规则与监督。特许经营中的成本控制和当地适应性均比层级制强，且与市场相比，它减少了次优结果。但特许经营运作中附加的自主权（与层级制相比）和附加的限制（与市场相比）是有成本的。例如，为了保证质量，限制经营者只能使用许可者提供的原料，并且为了避免出现滥用情形而不允许有例外，那么这就会抑制当地采取"明显"有成本效益的原料采购方案。同样，特许经营者享有的地方性自主权可能会妨碍某些整体性调整。

交易中对于干扰的必要适应既不是完全自主的，也不是双边的，而是要求二者的混合，此类交易需在混合制的模式下进行。在 $k$ 的中间取值范围内，混合模式的适应性（A 或者 C）大大优于市场支持的偏向 A 类的适应性或层级制支持的偏向 C 类的适应性。

令 $X=X(k;\theta)$ 代表作为资产专用性的函数的混合制模式的治理成本。

---

[1] 赖尔登和威廉姆森（Riordan and Williamson，1985）对资产专用性程度随着组织形式的变动而变动的情况进行了更一般的最优化处理，也可参见 Masten（1982）。

要讨论的是 $M(0)<X(0)<H(0)$ 和 $M'>X'>H'>0$。① 此关系如图 1 所示。有效供给出现在包络线上，据此推出，若 $K^*$ 是 $k$ 的最优值，有效供给规则满足：(1) 当 $k^*<\bar{k}_1$ 时，采用市场模式；(2) 当 $\bar{k}_1<k^*<\bar{k}_2$ 时，采用混合制；(3) 当 $k^*>\bar{k}_2$ 时，采用层级制。

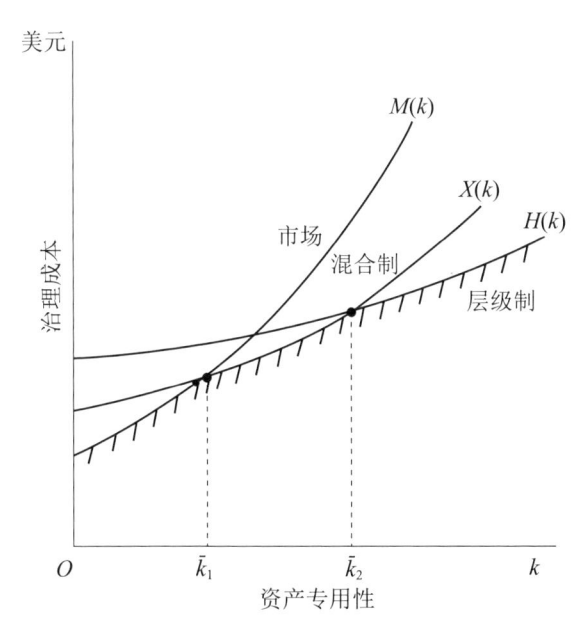

**图 1　治理成本与资产专用性的函数关系**

此外，以一种非常富有启发性的方式，可以将沿着曲线移动看作是控制加强。比如，考虑两种特许经营，一种比另一种控制更少。如果 $X^1(k)$ 和 $X^2(k)$ 分别指较少和较多控制权下的特许经营，那么在图 2 中 $X^2(k)$ 将位于 $X^1(k)$ 右侧。或者考虑 M 形（多部门的）公司和 U 形（统一的或是高度组织的）公司。因为前者比后者提供更多类似于市场的分散化组织，所以在图 2 中，M 形公司由 $H^1(k)$ 表示，且位置更接近 $\bar{k}_2$。

## B. 一个矩阵表示

假设按照适应干扰的反应类型——自主的或者双边的——来区分干扰。进一步假设适应的类型取决于资产专用性程度。令 $k_j$ 代表资产专用性，并设它可以取三类值：$k_1=0$（通用型投资），$k_2>0$（半专用性投资），$k_3>0$（高度专用性投资）。假设干扰应对分为以下四种：Ⅰ. 完全自主；Ⅱ. 主要是自主；

---

① 假设 $X(0)$ 明显小于 $H(0)$，否则对市场或层级制的最低成本选择可能会优于混合制，这种情形可能发生在特定交易类型中，如下文所述。

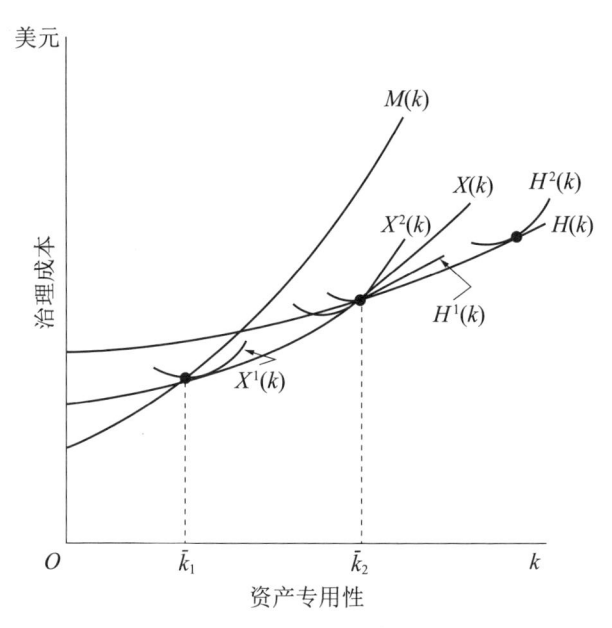

**图 2　分立式结构之间的治理差异**

说明：图中，M、X 和 H 分别表示市场、混合制和层级制。

Ⅲ．主要依靠协作；Ⅳ．完全依靠协作。另外，$P_{ij}$ 表示 $i$ 取Ⅰ、Ⅱ、Ⅲ、Ⅳ的概率；资产专用性为 $k_j$（$j=1, 2, 3$），那么可得到矩阵 $[p_{ij}]$：

$$[p_{ij}]: \begin{array}{c|ccc} & k_1 & k_2 & k_3 \\ \text{Ⅰ} & 1.00 & 0.25 & 0.10 \\ \text{Ⅱ} & 0.00 & 0.25 & 0.10 \\ \text{Ⅲ} & 0.00 & 0.25 & 0.40 \\ \text{Ⅳ} & 0.00 & 0.25 & 0.40 \end{array}$$

需要注意，除了 $k_1$ 列，矩阵中每个元素均与一个正的概率相联系。资产专用性增加造成所需适应类型的分布发生变动，以利于更密切的协作。假设可以无成本地、成功地实施每种适应类型，那么就会产生完全相同的预期成本节省。由于上述原因，不同模式适应不同的干扰其效果是不一样的。另外，假设 $e_{im}$ 为 $m$ 模式（$m=M, X, H$）用于 $i$（$i=$Ⅰ，Ⅱ，Ⅲ，Ⅳ）的适应性效果，可得到矩阵 $[e_{im}]$：

$$[e_{im}]: \begin{array}{c|ccc} & M & X & H \\ \text{Ⅰ} & 1.0 & 0.9 & 0.7 \\ \text{Ⅱ} & 0.7 & 0.9 & 0.4 \\ \text{Ⅲ} & 0.2 & 0.5 & 0.5 \\ \text{Ⅳ} & -0.2 & 0.0 & 0.5 \end{array}$$

此矩阵中，1.0代表理想的适应性程度，0.0则代表（就效果而言）无适应性。

后一个矩阵中的效率假设证实了如下判断：（1）$e_{mn}$仅在第一行第一列取值为1.0，此情形（即运用市场适应来应对严格自主适应可以解决的干扰）与法学和经济学中的理想交易（古典市场契约）相符。（2）双边依赖性增加，而市场模式的适应效率降低，在严格协作情形下（第Ⅳ种类型）变成负值（比完全没有适应性更糟）。后者反映了市场交换与双边依赖性交易冲突的本质。（3）就严格自发适应来说，混合制与市场差不多，但在其他适应形式下，均优于市场，除了严格协作的情况外，混合制相当于或优于层级制。（4）层级制为官僚主义所累，就效果而言，在任何适应性上得分均不高。① 然而，重要的是比较效果，需要严格协作适应性时就需要运用层级制（相比较而言）。（5）对于需要自主适应的干扰，层级制效果最差。与严格自主性的干扰（此时官僚主义成本用客观的市场标准计量）相比，对市场的稳定依赖因某些协作的需要而受到损害。然而，因为协作的收益并不大，致力于协作受到质疑。如果自主适应的努力受到抵制（因为一方未与另一方商议便采取行动，使得另一方成本巨大，而此时快速适应失败的代价又很大，那么层级制就会处于两难境地。

令$C_{jm}$代表在资产专用性类型为$k_j$时，运用$m$模式适应时的预期失调成本。无效性为$1-e_{mn}$，预期失调成本为$C_{jm}=\sum_i p_{ij}(1-e_{mn})$。此矩阵为：

$$[C_{jm}]: \begin{array}{c} \\ k_1 \\ k_2 \\ k_3 \end{array} \begin{array}{ccc} M & X & H \\ \mathbf{0.000} & 0.100 & 0.300 \\ 0.575 & \mathbf{0.425} & 0.475 \\ 0.830 & 0.620 & \mathbf{0.490} \end{array}$$

每一行中的最低值是通过将市场、混合制和层级制分别与资产专用性条件$k_1$、$k_2$和$k_3$相匹配得到的。这些成本与图1所示的简化形式一致。如果$\beta \geqslant 0$是经济参与的无法削减的设立成本，那么当资产专用性为零（$k_1$）时，市场、混合制、层级制下的官僚主义成本分别为$\beta$加上0.000、0.100和0.300。矩阵中每种模式的隐含斜率之间的关系是$M'>X'>H'$，这与图1中的关系一致。

## Ⅳ．比较静态分析

交易成本经济学认为（1）节约交易成本是"主要问题"，不能将其混淆为"唯一的问题"（Williamson，1985，第22－23页；1989，第137－138页）；（2）交易成本由于治理结构的不同而按照上述方式发生变化。假定组织环境不

---

① 通过命令各部门按照自身意愿处理局部干扰以及将市场作为替代供应源或衡量标准，层级制能够合理处理第Ⅰ种类型（严格自主的）的干扰。

变，将交易集中于指定的治理结构之下，人们会观察到某种不一致，但主要问题仍如上所述。本节的主要目的是考虑随着制度环境中干扰的变化，交易的均衡分布如何变化，这是一种比较静态分析。新制度经济学的两个部分——制度环境与治理机制——都包括在内。这二者之间的主要区别是：

> 制度环境是一系列根本性的政治、社会和法律规则，构成了生产、交易和分配的基础。例如：制度化选举、财产权、契约权……制度安排是经济单位间的某种安排，它规定了这些单位协作或竞争的方式。它提供了一种成员间可以合作的结构或提供了一种可以影响法律和财产权变动的机制。

我认为这两个部分结合的方式为：将制度环境作为一系列参数来处理，参数的变化引起了比较治理成本的变动。由市场、混合制、层级制组成的三个维度与仅由市场和层级制组成的维度相比，其优势在于：与从市场到混合制或是从混合制到层级制的变动相比，引发从市场到层级制（或是相反方向）的变动需要更大的参数变化。如下文所述，许多比较静态行为取决于混合模式的截距和斜率的不同变化。关键的预见性行为就是那些在图1中位于 $\bar{k}_1$（$M$ 到 $X$）和 $\bar{k}_2$（$X$ 到 $H$）邻域中的行为。下面考察四种参数变化：产权、契约法、声誉效应与不确定性。

分立式组织结构分析方法的局限性在于，参数变化需要以一种特殊方式引入。比较治理成本架构需要将参数变化刻画为改进（或未改进），而不是像惯常的最大化方法那样考察参数（工资率、税收、需求变化）的增减效应。它受限于将这些改进集中于一种通用治理模式的需要，但是考察比较静态效应仍具有信息价值。

## A. 产权

产权经济学认为，经济表现主要取决于产权的界定方式。资产所有权尤其重要。它包含三个要素：（a）运用该资产的权利；（b）从该资产中获得合理回报的权利；（c）改变该资产的形式和属性的权利（Furubotn and Pejovich，1974，第4页）。

关于产权的讨论大多集中在定义上。正如大家普遍认同的那样，产权的界定与实施要付出很高的代价，因此，只有当预期收益超过预期成本时（Demsetz，1967）才会出现产权。这并不是我所关注的，我关心的是一旦转让产权，它所具有的安全特征的程度。相关的风险有两种：政府征用和泄密。

**政府征用**

"可信的承诺"（Williamson，1983）和"对安全的期望"（Michelman，1967）等问题与政府征用有关。如果可以有效实施一次性转让产权，以后也不会取消，尤其不会被策略性取消，就不会发生政府征用，企业和个人就会有信心投资于生产性资产，而不必担心刚获得的收益会被夺走。

然而，如果很容易重新转让产权，而且并非每次转让都会有补偿（可能因为补偿额太大），那么，在投资计算中就会有各种策略性的考虑。如果人们认为被征用是严重的风险，就会重新分配财富（做假、被转移、被消费掉），而不是投资于潜在的会被征用的资产。更为普遍的是，如果个人和团体经历过或目睹过财产被征用，他们会自然而然地预料到将来他们也可能面临同样不利的状况，从而产生激励去对这一情形做出反应。

米歇尔曼（Michelman，1967）关注符合成本效益的补偿，他认为如果补偿的代价高，且受损的个人和关注此事的旁观者遭受的"道德成本"不高，那么就没有必要补偿。如果预期道德成本很高，损失也容易确定，那么就需要补偿。米歇尔曼提出了进行此类计算的一系列标准。假如政府了解到这些利害关系，并"承诺"尊重标准，那么人们会相信这些承诺吗？这就提出了"可信的承诺"问题。

做出承诺很容易，但可信的承诺是另一回事。科尔奈（Kornai，1986，第1705-1706页）观察到：在匈牙利，工匠和小店主都担心政府没收，尽管"官方一再宣称他们的经营活动得到匈牙利社会主义的永久保护"，"他们中的很多人是短期利益最大化者，对于建立长期信誉或投资于长期固定资产并不感兴趣"（Kornai，1986，第1706页）。这一点可由以下事实来解释："这些人或他们的父辈都经历了20世纪40年代财产充公的时期"（Kornai，1986，第1705页）。

原因不止如此，除了有过财产被征用的历史，还因为1986年前政府结构并没有改变，仍会进行野蛮侵占。政府的声明只有经得起长期考验或伴随着可信的不会轻易取消的政治重组后才更加可信。正如一位波兰企业家最近所说的那样："我不想要昂贵的机器。如果局势改变，我会被它们缠住"（Newman，1989，第37页）。值得注意的是，在这方面，"如果法律及其实施处于一党制政府的控制之下，那么法律的客观公正性就难以保证"（Berman，1983，第37页）。如果制定法律的君主"不能随意地制定法律，并且除非他重新规定——依法规定——他会受到法律约束"（Berman，1983，第9页），那么法律的可信度才会提高。公正的法令和已经渗入政治过程的惯性，都可以增加承诺的可信度（North and Weingast，1989）。

在东欧和苏联并没有这些特征，米哈伊尔·戈尔巴乔夫（Mikhail Gorbachev）建议美国在苏联的投资要迅速，不要观望。他说："现在与我们一起奋斗、参与到我们伟大国家建设中的公司，有着美好的前景……而那些一味等待的公司将来仍然是旁观者——让我们拭目以待"（*International Herald Tribune*，1990，第5页）。苏联的领导承诺早行动会得到奖赏而晚行动会受到惩罚，这反映了"胡萝卜"加"大棒"的传统激励。它忽视了轻易的行政独裁是契约风险的源泉。矛盾在于较少的自由度优于较大的行政专断，因为可以通过这种方式得到更多的可信的承诺。有效的经济改革要求：要想建立投资者的信心，就要消除违约的可能性。

政府方面缺乏可信的承诺，这给私人部门中长期的、固定的、无论是专用性的还是非专用性的投资都带来了风险。如果长期性、固定性都与资产专用性无关，那么所有类型的私人部门的监管交易成本都会随着征用风险的增加而增加。在这种情况下，$\bar{k}_1$ 和 $\bar{k}_2$ 的值可能变化很小或者不改变。可以肯定，在人们认为征用风险很大的体制下，政府将不得不承受较大的长期投资负担。私人部门的长期投资将偏好那些能走私的资产或是其他可移动资产，例如通常意义上的人力资本（熟练的工人、手工业者）。如果允许移民，就可以利用人力资产来创造经济价值。

**泄密**

不仅许多产权的价值被政府低估，专门知识和信息的价值也可能被供应商、购买者和竞争对手挪用或浪费。蒂斯（Teece，1986）最近提出了这些问题，并连带探讨了"弱的可占用体制"，这与阿罗（Arrow，1962）早期关于信息产权的讨论相关。如果不能合法保护知识投资，或者如果名义上的保护（如专利）无效，那么（1）事前进行此类投资的激励会受到削弱；（2）将此类投资置于保护性的治理结构之下的事后激励增强。正如蒂斯（Teece，1986）所讨论的那样，出于保护的目的，有时会将泄密风险极大的相关生产阶段横向或纵向一体化，行业秘密保护就是一个例子。与层级制相比，这里用比较治理成本来解释弱的可占用性（更大的泄密风险）增加了混合制契约的成本。图1中的市场模式曲线和混合制曲线都因为泄密风险的增加而上移，所以 $\bar{k}_1$ 基本保持不变，主要影响集中于 $\bar{k}_2$。当泄密风险增加时，$\bar{k}_2$ 的值左移，以至交易分布倾向于层级制。

## B. 契约法

契约法体制的进步与否，可通过相关监管成本曲线的移动情况来判断。例如，免责条款的改进将使混合制的监管成本下移。这里的观点是：免责主义要么太松，要么太严。如果太严，面对是否支持对方的专项投资决策，双方会举棋不定，因为倘若发生意外事件，而对方又坚持履行契约，那么此时遭到惩罚性后果的风险就很大。如果太松，那么谨慎地考虑契约、选择技术，有效地分担风险以及规避不利情况的激励会受到削弱。

免责条款的变化是不是一种进步取决于初始条件和如何做出取舍。假设是一种进步，那么会降低混合制契约的成本，尤其是当资产专用性的价值较高，以及违背契约精神会造成较大影响时更是如此。改进的效果将是增加运用混合制契约，尤其与层级制相比较而言。

哈德菲尔德（Hadfield，1990，第981-982页）最近考察了特许经营法，解释了法庭的主导趋势——为填补不完全契约的空白赋予特许授权者不受约束的裁决权，如同特许授权者是一个纵向一体化的公司。他认为这是对于从层级制（该逻辑在此成立）到新古典主义契约（该逻辑在此不成立）的自制推理的错误应用。特许经营法的失败会提高与从前向一体化到分销相关的特许经营的成本（Hadfield，1990，第954页）。这表明图1中$\bar{k}_2$的值向左移动。

自我实施条款的变化会在层级制的治理成本中得到反映。不恰当的自我控制条款，如诉诸法庭解决企业内部技术纠纷的意愿，会使得层级制治理的成本上升。这会损害层级制（相对于混合制的缔约模式而言），使得$\bar{k}_2$的值向右移动。

### C. 声誉效应

可将网络解释为一种非层级化的契约结构，其中声誉效应得到迅速、准确的传播。交易双方运用声誉效应，不仅可以参考自己的经验，而且可以从别人的经验中获益。诚然，声誉效应的作用容易被夸大（Williamson，1991b），但我关注的是比较效应，比较效应容易确认和证实。

假设可以识别一个交易团体，他们声誉效应的作用发挥得很好（或是比较差）。提高的声誉效应削弱了企业内部交易中的机会主义激励，因为在看重声誉的体制中，机会主义的即期收益被远期成本抵消。企业内部交易中的机会主义威胁对混合制来说最大（尤其是在$\bar{k}_2$的邻域里），因为企业内部声誉效应的提高会降低混合制缔约的成本，$\bar{k}_2$的值会右移。因此，在企业间声誉效应完善的体制中，混合制契约会增加（相对于层级制而言）。在企业内部，若声誉效应提高，管理上的机会主义就会减少，层级制的治理成本会下降。表现出团结性的具有同样信仰的团体常常具有混合制契约的优势。在团体内，声誉迅速传播，并对成员关系施加约束（Light，1972）。可以预见，对那些看重声誉效应的企业间的活动而言，具有同样信仰的团体会取代具有异质性信仰的团体。具有异质性信仰的团体要想有活力，将借助市场或层级制（分别取一个较高或较低的位置）来实现。

### D. 不确定性

较大的不确定性有两种形式：一种是干扰的概率分布保持不变，但有更多的干扰发生；另一种是干扰变得影响更大（如由于方差增大）。

解释每种不确定性变化的方法是利用上述效用矩阵。据我推测，较频繁干扰的影响与那些需要协调或严格协调的干扰尤其相关。虽然在更为频繁的干扰面前，一切治理形式的效率可能都会下降，但混合制模式最容易受影响。这是因为混合制的适应不能单方面进行（就像市场治理一样），也不能通过命令进行（就像层级制一样），而是需要相互协商。然而协商需要花费时间，若混合制模式通过谈判适应一种干扰的同时又碰到另一种干扰，那么适应将会失灵（Ashby，1960）。市场和层级制的增加以及混合制的减少，与干扰发生频率的提高（上限）相联系。如图3所示，当干扰发生频率达到很高水平时，混合制模式可能更加不可行。①

如果困扰的方差的增加会同等程度地提高与每种成功适应相联系的收益，那么提高困扰影响力的效应仍然可以通过对效力的影响来评估。因为在混合制模式中，外人会倾向于更大程度地背离契约精神，混合制的效力受到更大的方差的不利影响。除非可以把相似的不适用性归属于市场与层级制，否则混合制会因为波动更大而受到不利影响。

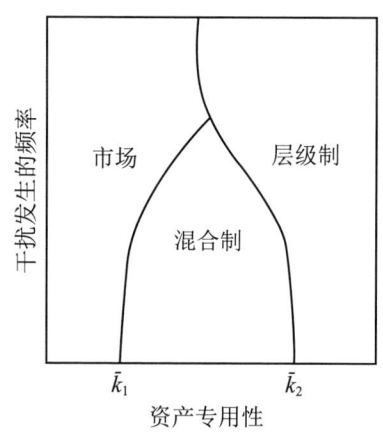

**图3　组织形式对频率变化做出的反应**

# V．讨论

上面的讨论关注交易成熟商品和劳务的组织，并且每次引入一种参数变动。当引入创新和一系列参数同时变动时，情况就会变得更加复杂。

## A．创新

创新引起了一些关于弱产权的问题。这与泄密问题均在上文中讨论过。创新面临的第二个层面的问题是适时性（timeliness），有时人们会采用非标准形

---

① 资产专用性的范围从"零"（完全通用）到"完全专用"（纯粹企业专用）。频率的范围从"低"（在几乎不变化的环境中处于正的较低水平）到"非常高"。

式的组织例如平行研发（parallel R&D）（Nelson，1961）和合资，因为这些组织便于适时进入。

如果一方希望情况变幻莫测的时候参与创新或者认为"干中学"很重要，那么适时性就很关键。虽然交易成本经济学会涉及其中的一些相关问题，例如隐性知识（tacit knowledge）（Polanyi，1962）和有限模仿（Williamson，1975，第 31-32、203-207 页），但为了解决实时回应时产生的全部问题，还需要更多的分析工具。当我们期待这样的发展时，不应该不加批判地使用这里提到的分析工具。例如，合资有时被描述为混合制，如果合资是支持快速反应的临时组织形式，并且这就是合资的主要目的，那么当合约到期时，成功的和不成功的合约统统被终止。成功的合约被终止是因为成功常常意味着不选择合并但有选择地、及时地联合各自力量的双方，已经学到了足以独自经营的东西。而不成功的合资的终止，是因为各方已经失去了参与的机会。应该把要延期的合资与这里分析的有均衡性质的混合制区分开来。

需要区分连续供应和临时供应，这并不意味着交易成本经济学的原则不能适用于二者。相反，虽然其具体情况不同，但我极力主张一般交易成本节约的框架是普遍适用的（Williamson，1985）。例如，埃克尔斯（Eccles，1981）描述的准企业组织可作为解决目前反复出现的契约问题的方法。但是细节的确重要。

## B. 多个参数同时发生变化

前文提到的比较静态分析将每一类组织视为一个属性的集合，并且每次引入一种参数的变化。假如一系列参数同时发生变化，那么可以把它们作为一系列单独的变化来处理吗？如果这些变化是相互独立的，那么就可以。但是如果这一系列的变化相互联系，那么就不能单独处理每一个变化。如果存在较强的相关性，就必须把这些变化作为一个整体来处理。

参考青木昌彦（Aoki，1988，1990）的著作，并从另一个角度解读日本企业：(1)（终身）雇佣、外包制和银行业这三个关键因素对日本企业的成功至关重要；(2) 每个因素的效力取决于各自的制度支持；(3) 三个因素之间存在互补关系（Williamson，1991a）。

对关键因素及其制度支持的研究与本文的精神相一致。因为雇佣、分包制和银行业的变化是相互联系的。然而，美国企业不能指望通过改变某个行为模式而不改变其他来复制日本企业。这并不是说美国企业不能通过观察日本企业的分包制实践来学习，但如果行为模式之间的联系是很重要的，那么精确地复制个别行为惯例将不是最佳做法。

类似的思考也适用于中国和东欧的改革。例如，如果私有化的效果依赖于银行业的组织方式和产权保护制度，那么忽视制度支持的各种片面性建议就充满了风险。一系列组织变量的变化研究是一项综合了法学、经济学和组织学的项目。本文的分析工具是与之相关的，但要把它应用于经济改革，还需要深入研究各种资本主义制度的真实背景差异（Hamilton and Biggart，1988）。

## Ⅵ. 总结

本文在以下五个方面推进了交易成本经济学的研究：（1）将社会经济问题描述为自主适应性和协作适应性问题；（2）每类治理形式依赖于一种契约法，值得注意的是，自制法支持了内部组织的命令控制制度；（3）混合制形式不是市场与层级制的松散组合，而是具有严密的逻辑依据的结构；（4）更一般地说，本书中关于治理的范围和解释说明揭示了每种治理形式——市场、混合制和层级制——的逻辑；（5）将制度经济学中明显相关联但迄今仍相分离的制度环境与治理机制结合在一起，方式是将制度环境解释为一系列参数变动，其中的参数变化带来了治理比较成本的变动。从治理的均衡和比较静态分析中得出了大量可辩驳的含义。而且，发展着的经验实证研究文献也提供了证据（Williamson，1985，第5章；Joskow，1988；Shelanski，1990）。

需要进一步推动在概念、理论、经验方面的研究。结合相关的信息经济学、代理理论和人口生态学，我们有理由乐观地认为："新的组织科学"将在20世纪90年代成型（Williamson，1990）。无论这一前景实现与否，组织理论都将在法学、经济学和组织学方面有所更新。我们将迎接一个社会理论实现跨学科融合发展的时代。

## 参考文献

Alchian, Armen and Harold, Demsetz. "Production, information costs and economic organization," American Economic Review, 1972, 62: 717-795.

Aoki, Masahiko. Information, Incentives and Bargaining in the Japanese Economy, New York: Cambridge University Press, 1988.

Aoki, Masahiko. "Toward an economic model of the Japanese firm," Journal of Economic Literature, 1990, 28: 1-27.

Arrow, Kenneth J. "Economic welfare and the allocation of resources of invention," In National Bureau of Economic Research (ed), The Rate and Direction of Inventive Activity: Economic and Social Factors, 609-625. Princeton, NJ: Princeton University Press, 1962.

Arrow, Kenneth J. "The organization of economic activity: Issues pertinent to the choice of market versus nonmarket allocation," In The Analysis and Evaluation of Public Expenditure, Vol.1: The PPB System: 59 - 73, U. S. Joint Economic Committee, 91st Congress, 1st Session, Washington, DC: U. S. Government Printing Office, 1969.

Ashby, W. Ross. Design for a Brain, New York: Wiley, 1960.

Barnard, Chester. The Functions of the Executive, Cambridge, MA: Harvard University Press, 1938.

Bergson, Abram. "Socialist economics," In Howard Ellis (ed.), Survey of Contemporary Economics: 430 - 458. Philadelphia: Blakiston, 1948.

Berman, Harold. Law and Revolution, Cambridge. MA: Harvard University Press, 1983.

Buxbaum, Richard M. "Modification and adaptation of contracts: American legal developments," Studies in Transnational Economic Law, 1985, 3: 31 - 54.

Chandler, Alfred D., Jr. Strategy and Structure. Cambridge, MA: MIT Press, 1962.

Chandler, Alfred D., Jr. The Visible Hand: The Managerial Revolution in American Business Cambridge. MA: Harvard University Press, 1977.

Clausewitz, Karl von. Vom Kriege, 19th, ed., 1980 (Originally published in 1832.) Bonn: Dremmler.

Coase, R. H. "The nature of the firm," In George J. Stigler and Kenneth E. Boulding (eds.), Readings in Price Theory: 331 - 351. Homewood, IL: Irwin, 1952.

Commons, John R. "Law and economics," Yale Law Journal, 1924, 34: 371 - 382.

Commons, John R. Institutional Economics. Madison, WI: University of Wisconsin Press, 1934.

Cox, Archibald. "The legal nature of collective bargaining agreements," Michigan Law Review, 1958, 57: 1 - 36.

Davis, Lance E. and Douglass C. North. Institutional Change and American Economic Growth. Cambridge: Cambridge University Press, 1971.

Demsetz, Harold. "Toward a theory of property rights," American Economic Review, 1967, 57: 347 - 359.

Eccles, Robert. "The quasifirm in the construction industry," Journal of Economic Behavior and Organization, 1981, 2: 335 - 357.

Fama, Eugene F. "Agency problems and the theory of the firm," Journal of Political Economy, 1980, 88: 288 – 307.

Farnsworth, Edward Allan. "Disputes overomissions in contracts," Columbia Law Review, 1968, 68: 860 – 891.

Fuller, Lon L. "Collective bargaining and the arbitrator," Wisconsin Law Review, 1963, January: 3 – 46.

Furubotn, Eirik, and Svetozar Pejovich. The Economics of Property Rights. Cambridge, MA: Ballinger, 1974.

Gilson, Ronald. The Law and Finance of Corporate Acquisitions. Mineola, NY: Foundation Press, 1986.

Goldberg, Victor. "Regulation and administered contracts," Bell Journal of Economics, 1976, 7: 426 – 452.

Grossman, Sanford J. and Oliver D. Hart. "The costs and benefits of ownership: A theory of vertical and lateral integration," Journal of Political Economy, 1986, 94: 691 – 719.

Hadfield, Gillian. "Problematic relations: Franchising and the law of incomplete contracts," Stanford Law Review, 1990, 42: 927 – 992.

Hamilton, Gary, and Nicole Biggart. "Market, culture and authority," American Journal of Sociology (Supplement), 1988, 94: S52 – S94.

Hayek, Friedrich. "The use of knowledge in society," American Economic Review, 1945, 35: 519 – 530.

Holmstrom, Bengt. "Agency costs and innovation," Journal of Economic Behavior and Organization, 1989, 12: 305 – 327.

Holmstrom, Bengt, and Paul Milgrom. "Multi-task principal-agent analysis," Journal of Law, Economics, and Organization (in press), 1991.

*International Herald Tribune.* "Soviet economic development," 1990, June 5: 5.

Jensen, Michael, and William Meckling. "Theory of the firm: Managerial behavior, agency costs and capital structure," Journal of Financial Economics, 1976, 3: 305 – 360.

Joskow, Paul. "Asset specificity and the structure of vertical relations," Journal of Law, Economics and Organization, 1988, 4: 95 – 117.

Klein, Benjamin. "Transaction cost determinants of unfair contractual arrangements," American Economic Review, 1980, 70: 356 – 362.

Klein, Benjamin, R. A. Crawford and A. A. Alchian. "Vertical integration, appropriable rents and the competitive contracting process," Journal of Law and

Economics, 1978, 21: 297-326.

Knight, Frank H. "Review of Melville J. Herskovits, *Economic Anthropology*," Journal of Political Economy, 1941, 49: 247-258.

Koopmans, Tjalling. "Concepts of optimality and their uses," American Economic Review, 1977, 67: 261-274.

Kornai, Janos. "The Hungarian reform process," Journal of Economic Literature, 1986, 24: 1687-1737.

Lange, Oskar. "On the theory of economic socialism," In Benjamin Lippincott (ed.). On the Economic Theory of Socialism: 55-143. Minneapolis: University of Minnesota Press 1986.

Light, Ivan. Ethnic Enterprise in America: Business and Welfare among Chinese, Japanese and Blacks, Berkeley, CA: University of California Press, 1972.

Llewellyn, Karl N. "What price contract? An essay in perspective," Yale Law Journal, 1931, 40: 704-751.

Macneil, Ian R. "The many futures of contracts," Southern California Law Review, 1974, 47: 691-816.

Macneil, Ian R. "Contracts Adjustments of long-term economic relations under classical, neo-classical and relational contract law," Northwestern University Law Review, 1978, 72: 854-906.

Malmgren, Harold. "Information, expectations and the theory of the firm," Quarterly Journal of Economics, 1961, 75: 399-421.

Manne, Henry. "Our two corporation systems: Law and economics," University of Virginia Law Review, 1967, 53: 259-286.

Masten, Scott. "Transaction costs, institutional choice and the theory of the firm," Unpublished Ph. D University of Pennsylvania, 1982.

Masten, Scott. "A legal basis for the firm," Journal of Law, Economics and Organization, 1988, 4: 181-198.

Masten, Scott, James Meehan and Edward Snyder. "The costs of organization," Journal of Law, Economics and Organization, Vol. 7 (in press), 1991.

Michelman, Frank. "Property, utility and fairness: The ethical foundations of just compensation law," Harvard Law Review, 1967, 80: 1165-1257.

Milgrom, Paul, Douglass North, and Barry Weingast. "The role of institutions in the revival of trade," Economics and Politics, 1990, 2: 1-23.

Milgrom, Paul and John Roberts. "The economics of modern manufacturing: Technology, strategy, and organization," American Economic Review, 1990, 80: 511-528.

Montias, Michael. The Structure of Economic Systems, New Haven, CT: Yale University Press, 1976.

Nelson, Richard R. "Uncertainty, learning, and the economics of parallel R&D," Review of Economics and Statistics, 1961, 43: 351 – 364.

Newman, Barry. "Poland's farmers put the screws to leaders by holding back crops," Wall Street Journal, 1989, October 25: A1 and A10.

North, Douglass. "The new institutional economics," Journal of Theoretical and Institutional Economics, 1986, 142: 230 – 237.

North, Douglass and Barry Weingast. "Constitutions and commitment: The evolution of institutions governing public choice in $17^{th}$ century England," Journal of Economic History, 1989, 49: 803 – 832.

Polanyi, Michael. Personal Knowledge: Towards a Post-Critical Philosophy, New York: Harper & Row, 1962.

Riordan, Michael and Oliver Williamson. "Asset specificity and economic organization," International Journal of Industrial Organization, 1985, 3: 365 – 378.

Scott, W. Richard. Organizations, 2d ed, Englewood Cliffs, NJ: Prentice-Hall, 1987.

Shelanski, Howard. "A survey of empirical research in transaction cost economics," unpublished manuscript, University of California, Berkeley, 1990.

Simon, Herbert. "A formal theory of the employment relation," Econometrica, 1951, 19: 293 – 305.

Simon, Herbert. "Rationality as process and as product of thought," American Economic Review, 1978, 68: 1 – 16.

Teece, David J. "Profiting from technological innovation," Research Policy, 1986, 15 (December): 285 – 305.

Topkis, Donald. "Maximizing a submodular function on a lattice," Operations Research, 1978, 26: 305 – 321.

Ward, B. N. The Socialist Economy: A Study of Organizational Alternatives, New York: Random House, 1967.

Williamson, Oliver E. Markets and Hierarchies, New York: Free Press, 1975.

Williamson, Oliver E. "Franchise bidding for natural monopoly—In general and with respect to CATV," Bell Journal of Economics, 1976, 7: 73 – 104.

Williamson, Oliver E. "Transaction-Cost Economics: The Governance of Contractual Relations," Journal of Law and Economics, 1979.

Williamson, Oliver E. "Credible Commitments: Using Hostages to Support Exchange," The American Economic Review, 1983, 73: 519 – 540.

Williamson, Oliver E. The Economic Institutions of Capitalism, New York: Free Press, 1985.

Williamson, Oliver E. "The Logic of Economic Organization," Journal of Law, Economics, and Organization, 1988, 4: 65 - 93.

Williamson, Oliver E. "Transaction cost economics," in Richard Schmalensee and Robert Wiling (eds). Handbook of Industrial Organization, 1989, 1: 136 - 182.

Williamson, Oliver E. "Chester Barnard and the incipient science of organization," In Oliver E. Williamson (ed), Organization Theory: 172 - 207. New York: Oxford University Press, 1990.

Williamson, Oliver E. "Strategizing, economizing, and economic organization," Strategic Management Journal (in press), 1991a.

Williamson, Oliver E. "Economic institutions: Spontaneous and intentional governance," Journal of Law, Economics and Organization (in press), 1991b.

# 企业的局限性：激励与官僚主义特征*

为什么大企业就做不了那些由小企业联合起来能办到的事情？或者为什么大企业不能比小企业联合体做得更好呢？这个问题的变体是："企业的规模（边界）是由什么决定的？"这是曾经多次提出却一直没有得到完整解答的问题。另一种问法是：为什么我们不在一家大企业内组织所有的活动？

针对为什么有些企业不进行一体化的问题，第4章（Williamson, 1985）的权衡模型给出了两个原因：第一，如果企业可以从市场上购买生产资料却要自己生产，就有可能牺牲规模经济和范围经济；第二，在资产专用性程度不高的情况下，内部组织的治理成本就有可能高于市场组织的治理成本。以上两种可能性在第4篇论文的图1和图2中（见Williamson, 1985，第4章）分别对应 $\Delta C>0$ 和 $\Delta G>0$ 两个条件。第一个理由并不是一个经过综合比较后给出的解释。如果外部供应商具有规模经济的特征，那么通过与外部供应商合并，并且合并后还引导供应商一如既往地为市场服务，同样可以保留规模经济的特征。[①] 在资产专用性不显著的情况下，限制企业规模的根本因素主要是内部组织的治理成本的劣势。那么，企业在治理成本上的比较劣势（$\Delta G>0$）究竟源于何处？为什么 $\Delta G$ 曲线上的截距 $\beta_0$ 为正呢？

在第1节，本文将回顾早期对于企业的规模问题的解答，并指出它们的缺陷。第2节从比较制度的角度，对收购一家所有者管理的供应企业所产生的激励效应进行分析。我认为，在一体化状态下如果实行高能激励，将出现不必要的副作用——这里我所说的高能激励是指剩余索取权。代理人凭借剩余索取权，

---

\* 原文"The limits of firms: Incentive and bureaucratic features"载于 *The Economic Nature of the Firm: A Reader*，2012，Cambridge University Press. 译者：陈桓亘、贾钦民。

① 实际上，如果一家企业与它的供应商一体化后，它的竞争对手就不愿再向这一供应商订货了。因此，该供应商不可能再像以前那样经营。当然，如果把所有与供应商做生意的企业合并成一家大企业，是可以弥补这一缺陷的。但是这会扩大讨论的范围，因此在这里不做讨论。

不管是根据协议还是根据通行的产权定义，都可以获取剩余收益，这样经济代理人的努力水平就会影响总收益和（或）总成本的大小。第3节讨论对一家所有权与经营权已经分离的供应商企业进行兼并的情况。第4节则要考察两个对称性的问题：一是把市场式的（高能）激励机制引入企业会产生哪些结果？二是在市场中使用企业式的（低能）激励（如成本加成法）将会得到哪些结果？第5节讨论越来越多的交易在企业内部进行将引起的官僚主义成本。第6节将举出几个例子说明企业内施行高能激励的缺陷。最后是结论性的评价。

## 1. 一个长期困扰人们的难题

弗兰克·奈特较早地分析了企业规模的限制因素的问题。1921年，他就注意到，"在经济学文献中，管理的收益递减是一个经常被提到的话题，但对这一问题的科学讨论却如一潭死水"（Knight，1965，第286页）。1933年，他做出了如下阐述（Knight，1965，第xxiii页；着重号来自原文）：

> 企业效率和企业规模之间的关系问题是最重要的理论问题之一。与工厂的效率和工厂的规模之间的关系不同，企业的效率和规模之间的关系主要是人性和历史机遇的问题而不是大家理解的一般原则问题。这一问题十分重要，因为获得垄断收益的可能性为企业进行不断的、无休止的扩张提供了强有力的激励；这一力量必须被一些同样强有力的、能使效率降低的力量所抵消。

特雷西·刘易斯（Tracy Lewis）最近的评论十分中肯。他认为，大的在位企业利用要素投入所实现的价值总是比小的潜在进入者要大（Lewis，1983，第1092页；着重号为后加）：

> 其原因在于，领导型企业至少可以像进入者那样相同地使用生产要素，并获得与进入者同样的利润。特别是如果领导型企业可以协调好新的生产要素和现存的生产要素，并将之用于生产，还会做得更好。因此，领导型企业会更重视新的要素。

如果领导型企业可以像小的进入者那样恰如其分地使用生产要素，那么小企业能做的任何事情，大企业也可以做到。如果大企业能够更好地利用其生产要素，那么它还能做更多的事情。由此可知，各行各业之所以没有处处形成垄断，只是由于公共政策的警惕和限制。

我们还可以换一个方式，即从纵向一体化的角度而不是横向一体化的角度来提出这一问题。正如罗纳德·科斯所持的疑问："为什么企业家不少组织或多组织一些交易呢？"（参见 Coase，1952，第339页。）这一问题的更一般的表述是:"为什么所有生产不由一个大企业去进行呢?"(参见 Coase,1952,第340页。)

对于这一问题,经济学家们提出了各种各样的答案。但是他们都没能采用并维护与此相关的比较制度标准。我们来看奈特的回答:"对企业家来说,收益递减的问题实际上就是不确定性的大小的问题。去假设有人可以管理一家无限规模和非常复杂的企业,就等于假设一种不存在不确定性问题的环境"(Knight,1965,第286-287页)。事实上,奈特把企业家活动的限制因素归结为有限理性。随着不确定性的增加,组织问题变得越来越复杂,人的认知能力也就逐渐达到了极限。但是他在分析这些问题时,并没有采取真正的比较方法。

假设两个企业相互竞争。从理论上讲,如果合并这两家企业,将获得净收益。因为这样可以更大地发挥规模经济,还可以节省管理费用和竞争成本,产品价格也可以提高——至少在短期内会是如此。总的不确定性不会因为两家企业的合并而增加。因为博弈的行为和对手的策略性反应已经因合并而不复存在,所以不确定性不仅不会增加,反而会减少。而且,无须完全由最高层来做出决策,而完全可以由最适合做出决策的管理层来做出决策——这一点实际上至关重要。具体地说,合并后,通过授予那些在合并前拥有决策自主权的企业以半自主的地位,就可以做到"鱼与熊掌兼得"。比方说,如果需求和成本的变化引起内部扯皮的时候,那么决策由最高层来做出可以促进净收益的增加;而经营层能够最有效解决的那些问题仍留给经营者来处理。因此,最高管理层总是根据净收益的情况有选择性地进行干预。所以,以前两家独立的企业所能办到的所有事情,合并后的企业都可以办到,而且可以干得更多。这一观点不仅适用于横向兼并,而且适用于纵向一体化和混合兼并。① 我们的结论是:撇开可能的公共政策的限制(如对垄断、纵向一体化和对企业规模的限制)不谈,奈特对于为什么不把所有的生产都集中在一个大企业内进行的问题,并没有做出令人信服的解释。

虽然此后还有人从其他方面入手来解释企业规模的边界问题,但还没有人以我前面所提出的方式来讨论这一问题。而且谁也没有真正解决这个问题。因此,请考虑一下我的方法,即用"控制权损失"(control loss)的现象来解释企业规模的决定问题(Williamson,1967b)。在我的分析中,我把巴特利特(F. C. Bartlett)谈到的个人之间因逐级传递信息或影像而产生的偏差效应应用

---

① 当然,有时候联合的好处并不大。但是,一般来说,对于某些问题(例如现金管理问题),合并的实体理论上可以做得更好。如果在这一合并企业中,各分公司在其他方面都享有完全自主权,而在现金管理这一问题上实行统一管理并获得了净收益,那么,在其他条件不变的情况下,合并起来就能提高总收益。

于层级组织的分析中。他做的试验是让一帮人列成一队来传话,传话的内容包括转述观点和争论。巴特利特根据这样一些研究得出了以下结论(Bartlett, 1932,第175页):

> 问题现在完全清楚了:经过一系列的传话,内容会被传得面目全非,结果也往往令人大吃一惊。用词相反,逻辑混乱,名词和数词很少能原封不动地保留下来,观点和结论也整个颠倒了——即使队列不长,结果也是无奇不有。同时,这些人对自己还很满意,认为已经把所有重要问题几乎没有遗漏地传递给了后面的人;当然,有些不重要的事情可能被省略了。

巴特利特是用一笔画出的猫头鹰来演示这一效应的。他让18个人连续地重新画这幅画,后一个人依照前一个人画的样子画,等到最后一个人画出来再看,就像一只猫了;离第一个人越远,画得就越走样(Bartlett, 1932,第180-181页)。

我通过将上述观点应用到企业规模谜题中,并引入有限理性以及控制幅度有限性概念。如果一个管理者只能管理有限的下属,那么随着企业规模的扩大,就必然要增加企业管理的层级。通过这些管理层级传递信息就会发生巴特利特所谈到的信息损失,这些损失是累进的,并且可以证明是以指数形式累进的。因此,随着企业规模的扩大和管理层级的增加,控制权损失的效应会超过它的收益。这样,企业迅速扩张,达到了它的边界。

这种观点尽管看起来很有道理,但是它显然没有考虑到上面所描述的那种选择性的干预。更准确地说,整个企业是自上而下进行管理的。影响决策的所有信息均通过连续的管理层级自下而上传递,所有的指令又是从上而下传达的。

上述分析考虑了不同阶段之间的全面的(非选择性的)联系。然而内部组织并不需要采取这一结构。相反,我们可以假定,如果某些子公司的行为表明其不能产生预期净收益,母公司就会动用家法(即母公司指导经营单位按照模仿的小企业的行为去做)进行干预,使它们相互合作,从而产生净收益。如果承认这种选择性的干预有道理,那么显然又回到了我一开始提到的那种困惑——或者至少连续传话的"解决方法"在这里并不适用。

此外,还有两种观点也存在上面所说的问题。这两种观点是增长速度限制企业规模的观点(Penrose, 1959)以及组织资本限制企业规模的观点(Prescott and Visscher, 1980)。这两种观点也忽视了一个问题,即进行合并的同时也可以进行选择性的干预。因此,如果一系列的小企业可以迅速发展起来,或者如果这些小企业可以获得宝贵的组织资本,那么将这些相似的小企业合并所组成的企业可以通过选择性的干预和原有的小企业做得一样,甚至更多。

最近约翰·盖纳科普洛斯和保罗·米尔格罗姆(John Geanakoplos and

Paul Milgrom，1984)发表的一篇重要文献指出了影响层级组织模式的"限期和迟延"问题。但是他们没有说明哪种组织模式具有成本优势。如果这些行为（可以保持不变地）在组织中运行，如果内部组织可以选择性地进行干预，那么小企业联合成为层级组织会降低其能力的说法是禁不住质疑的。

总之，还没有一种理论从比较制度的角度理解企业规模的决定问题。①

## 2. 所有者管理的供应阶段的一体化

为什么不能把所有的企业都一体化？对这个令人困惑的问题的一个显而易见的答案是，选择性的干预是不可行的。为什么不可行呢？如果我们能够很容易明白其中的道理，那么限制企业规模的原因这一令人困惑的问题也就不复存在了。

在这里，我试图指出一些选择性干预失灵的主要原因。为了便于分析，假定一个由所有者管理的供应商被买方收购。② 假定这一所有权上的变化是按照下列程序（规则）完成的：

（1）双方达成一个资产转让价格。

（2）供给方把产品卖给购买方时，双方已事先规定好该产品价格的计算公式。

（3）为了鼓励节省成本，企业中要引入市场的高能激励机制。为了保持高能激励，供给方可以获得它的净收益，即总收入扣除经营成本、资产使用成本（用于资产保养和折旧）和其他相关成本（如研发成本）后的盈余。

（4）最后就可以进行选择性的干预了。也就是说，供给部门可以一如既往地经营其业务，但是下列情况除外：为了使双方整体收益最大，当收购方为适

---

① 但可以参见 Kenneth Arrow（1974）和我对于纵向一体化缺陷的讨论（Williamson，1975，第 7 章）。

② 熟悉桑福德·格罗斯曼和奥利弗·哈特（Sanford Grossman and Oliver Hart，1984）对纵向一体化的成本所做的考察的读者会发现，和我一样，他们认为正是由于把连续的各个阶段都统一在一个所有权之下，才削弱了激励机制，造成了这种成本。虽然我们的研究是同时期的，但是他们的研究还是对我有所帮助。我还要将这篇文章特别推荐给那些想了解以形式化方式分析这些问题的读者。

尽管他们的看法相似，但是在以下几个方面，我的研究与他们的研究还是存在着重要区别：（1）他们否认了资产滥用和会计粉饰这些因素的作用，而我认为这些因素是扭曲企业激励的核心问题；（2）他们否认内部组织和市场组织在审计方面的区别；（3）他们"不偏不倚"地认为高能（转移定价法）激励适用于所有的所有权模式，但是却不对称地否认了一体化在适应能力方面的优势，这种优势是以统一所有权与弱（如成本加成定价）激励相结合为支撑的；（4）他们没有考虑内部组织所带来的官僚主义的问题。我在本节主要强调资产使用和会计粉饰效应。审计的差异将在第 4 节中分析。对于合并之前、处于供给阶段的薪酬管理问题将在第 3 节中讨论。第 5 节则指出了官僚主义的几个特点。

应新环境而改变决策时,供给方应该无条件地表示同意①;如不同意,就只能终结双方的合作关系。

两个阶段的所有权的统一因此:(1)保留了高能激励(规则3),(2)允许进行选择性的干预(规则4),(3)排除了讨价还价所带来的高成本(规则4)。凭借对先前没有一体化的组织阶段进行合并,后两个特征可以降低适应性的连续决策的成本。

隐含于这一分析中的假定是:两个阶段交易的双方是在双边交换关系下经营,这是因为双方交易的都是专用性的资产。这种资产专用性至少可以采取四种形式:地点的专用性、实物资产的专用性、人力资产的专用性以及各种特定用途的资产。为了分析方便,我们这里只考虑实物资产的专用性。

事实上,规则4排除了人力资产的专用性。正如威廉姆森(Williamson,1985,第10章)详细讨论的那样,当劳动力在受雇佣期间形成了企业专用性技能和知识时,保护雇佣关系、防止雇佣关系被(其中一方)突然中止,符合企业和工人的共同利益。相应地,如果企业存在专用性人力资产,再制定这样那样的规则或者结束雇佣关系,就不再符合双方的需要了。② 因而,这里就要假定,双边交换关系完全是因为实物资产的专用性所导致的。规则4因此适用,即只要被收购方不按命令改变行为,这种关系就无法再维持下去。而且收购方总是可以找到新的管理者来按照要求执行其命令,正是顾虑这一点,现任管理班子只好一味地服从。③

如果这就是问题的全部,那么就可以采取可带来净收益的选择性干预。但事实上,要想达成合并协议,还需要解决大量的高能激励所带来的测度的困难。其中有些测度的困难不利于收购方,有些不利于被收购的供给方,有些则会给双方都带来损失。

---

① 这并不排除两个部门之间互相商量,以求行事更为合理的做法。但是当双方发生冲突时,购买部门的意见是具有决定性的。

② 假定在供给阶段的实物资产是用于一般用途的通用资产,而人力资产却具有很强的专用性。作为收购方的企业同意买下供给阶段的实物资产,并告知供给方以后按照转移价格来供应产品;这样供给方的管理者就会占有从转移定价中获得的全部收益;并且在收购后,供给部门要按照购买部门的指令进行生产。

最后一条是一种"克努特大帝条款"(King Canute provision)(看实际效果的意思。——译者注)。遇到以上情况,物质资产的所有权就会被架空。而达成交易的关键显然是拥有相关的专用性人力资产的代理人。既然这些代理人有能力进行讨价还价——只要高能激励对他们还起作用,那么他们就确实会继续讨价还价——那么他们就不会服从购买方发出的任何一般的命令和控制。这样一来,本想对两个阶段的物质资产建立共同所有权来获得适应性收益,结果却恰恰是一无所获。

③ 在格罗斯曼和哈特(Grossman and Hart,1984)最近的有趣的文献中,在论证纵向一体化的边界时,也采用了同样的方法。不像本文第1节所论述的那样,他们的分析是纯粹的比较。然而,他们将激励的缺陷归结为企业,而不是从微观基础的角度寻求导致这些缺陷的因素。

## 2.1 资产使用损失

一旦供给阶段的资产出售给了收购者,那么在原来供给阶段亲自经营的所有者就变成了供应部门的(纯粹的)管理者。如果前面所描述的高能激励的规则起作用,那么供给经营者身份的转变将会产生直接的和明显的激励效果。首先,由于该经营者只能支配供给部门的净收益,所以他在使用和维护机器设备的时候就没有动力还像原来那样认真负责了。这是因为,根据假定,经营者没有在人力资产的专用性投资上下赌注,从企业的角度来看,经营者的行为是短视的。他的目标是现期收入的最大化,因此他会通过加大机器设备的使用程度来最大幅度地降低劳动成本,至于设备维修保养的支出,就留给自己的后任去解决了。由于在放弃所有者身份的时候,供应部门的经营者已经获得了出售资产的收益,因此他会让机器设备超负荷运转,然后离开企业并把自己增加的净收益投资到其他地方。

当然,收购方对以上滥用资产的行为会有所制约。新资产的所有者会规定机器设备的使用和维护标准,坚持这些标准并监督供应部门的经营者执行这些标准。但是应该注意,这样会增加一种新的成本,即监督成本——在非一体化的情况下是无须这种监督成本的。此外,声誉效应可以阻止经营者的不负责任的行为。但是所有这些并不足以阻止经营者的行为。如果唾手可得的收益足够大,如果经营者不需要退回这些不合理的收益,那么经营者会对这些限制措施置之不理。(瑞士银行账户在这方面具有一些吸引人的特点。)

由此得到的结论是:在一家实行一体化的企业中,在资产的有效使用和高能激励的采用上存在着冲突,而这种冲突在两个生产阶段相互独立的情况下是不会出现的。与我在第1节假设的选择性干预恰恰相反,一体化企业无法完全复制外部的采购行为,"像原来一样经营"。相反,一体化有着无法回避的负效应。

## 2.2 会计操纵

如果供给方同意将资产出售,那么售价的高低将取决于供应商对合并后得到的净收益的估计。在前面高能激励的条件下,影响这种净收益的条件有三点:一是总收益,二是成本,三是继续工作的前景。

供给方面临的一个风险是,收购方向供给方承诺会给供给方一个满意的收益,但是当供给方相信这一承诺,并且以非常低的价格转让自己的资产之后,他却沮丧地得知自己的雇佣合同已经被终止。假设供给方清楚自己的这一风险,那么他就会提出长期雇佣的要求并必须得到承诺。但是如果能够通过会计操纵使供给部门的净收益发生很大程度的改变,那么这种承诺就远远不够。此时,收购方可以间接地侵占供给方的资产。

侵占净收益的方式有两种,这两种方式既可以单独使用,也可以一起使用。一种方式是通过压低转移价格来减少净收益。另一种方式是成本转嫁。在这两种情况下，供给部门经常会受到指责。

由于签订完全的合同是不可能的，所以最初规定的转移定价的规则也必定是不完全的。为了纠正规则中各种没有想到的问题，并反映不断变化的环境，就必须不断地对价格进行调整。如果资产专用性程度为零，那么价格的调整可以参照市场行情来完成。但只要该资产多少有一些专用性，那么问题就变得复杂了。此时，即使产品交易的双方是受到可置信的威胁约束的独立企业，即如果事先没有达成双方都可以接受的条款，供给方就会撤回他的专用性资产，而不会使用这些资产来满足供给者专用性的需求，但一体化企业中的供应部门的管理者并没有这样的选择权。如果一体化发生，那么供给方不可能再有能力决定撤回资产（或者更一般地说，重新配置资产）。如果供给部门的经营者拒绝接受一体化企业提出的条款，即使他有着雇佣的保证，他也会被一脚踢开。（当然可以美其名曰被"重新安排工作了"。）因此，一旦合并，转移价格的确定实际上就变成了并购方（它现在拥有两个部门的资产）单方面做出的决策了。风险对于供给者是显而易见的，尽管可能有一些保证，但是并购方确定的价格将挤压供给阶段的净收益。

而且，不管资产专用性程度如何，成本的确定都会存在问题。在合并之前，每个生产阶段都可以决定自己的会计规则，但是一旦合并，这样做就不再被允许——事实上，是完全不可能的。制定会计规则的权力将完全掌握在资产所有者的手中。[①] 尽管可能存在限制会计操纵的明确协议，但是这种限制还是无法摆脱处在供给阶段的一方所面临的成本风险。[②]

由此可知，最好建议处于供给阶段的一方：在估算自己的未来净收益时，应该在收购方的任何承诺的基础上大打折扣；并且应该尽可能地提高资产评估价值的上限，以实现其谈判优势，因为他合并后不久便会被挤榨。事情还远没有这么简单。如果企业内的高能激励容易引发腐败行为，那么所谓非一体化的企业能够办到的事情，一体化的企业同样也可以办到的说法，就纯属无稽之谈。实际上，在某些方面，一体化企业可以做得更好，而在另一些方面则不然。

## 2.3 激励的结果和 $\beta_0$ 的关系

企业的高能激励会产生两个问题：一是供给阶段的资产没有得到合理的维护，二是供给阶段的净收益容易受到操控。一旦认识到高能激励在企业中的以上

---

[①] 在合并后，这些成本可能受到讨价还价行为的影响。但这会打破以下说法：合并可以降低治理成本。

[②] 在转移价格和成本会计方面，当然可以请法庭出面来保护处于供给阶段一方当事人的利益。但是对于这样的决策提出上诉是有问题的，而且代价高昂。而且，尽管在 $k=0$ 的情况下可以用现货价格来确定转移价格，但是在认定成本转嫁的时候，却没法找到一种同样的市场标准。

问题，企业就有可能引入弱激励机制。如果供给方的经营者主要拿薪水，并且要定期接受检查（其决策要经报批，账目要经审计，等等），那么就不需要担心供给方会计的造假问题了，而资产的所有者对于资产损耗问题的担心也会随之减轻。

众所周知，弱激励机制的主要优点是它的适应性比较强。这实际上是成本加成合同所具有的优势。但是这种优势并不是没有代价，这解释了成本加成合同总是被勉强地接受的原因（Williamson，1967a）。由此可知，企业不能处处取代市场的首要原因在于：（1）企业如果想模拟市场的高能激励就必须承担高昂的成本；（2）虽然企业可以利用弱激励机制来解决这一问题，但是这样做仍然需要付出代价；（3）在 $k=0$ 的条件下，企业适应性的收益并不足以补偿内部组织所承担的额外成本。因为在 $k=0$ 的条件下，交易双方的身份变得无关紧要，所以古典式的市场合同可以很好地发挥作用。当资产专用性程度很低的时候，收购一家在供给阶段所有者自己经营的企业，净治理成本会大于零。因此得出了 $\beta_0=0$ 的条件。

这种观点更一般的表述是：要根据每一种组织形式的不同属性来选择激励机制和控制机制。试图秉持该观点——一种机制如果在这里运行得好，它也能在其他地方运行得好，因此，"使规则尽可能保持不变"显然是不正确的。应该考察并尊重每一种组织形式的优缺点。

## 2.4 创新

以上论述省略了创新，这种省略实际上隐含着产品创新和过程创新并不重要的意味。随着资产专用性的增强，交易便从市场转移到层级组织。这是因为在紧密型的双边依赖的交易中，一旦试图调整行为以适应随机干扰和其他干扰，企业内部的高能激励将不起作用。

引入过程创新和产品创新，怎样（从根本上）改变市场和层级组织交易的安排呢？不幸的是，创新的研究非常复杂（Phillips，1970；Nelson，1984）。一些大公司认为，创新可能或者已经成功地部门化了："我们雇用了一些员工，如果对这些人不加干涉，那么这些人可能并没有研究意识。换句话说，我们雇用了一支有求知欲的团队……我们正在采取措施，通过钱的压力来创造研究能力。"[1] 正如后面第 6.4 节所讨论的那样，在一些情况下，高能激励的使用会激发出一些优秀的研究成果。那么在供给者的创新上，我们怎样对非一体化供给者和一体化供给者的创新进行比较呢？

这一问题存在很多方面。一体化的显而易见的优势是，在不同阶段更容易开展研发方面的合作。但是一体化至少有两种激励削弱效应。

---

[1] 这段话出自俄亥俄标准石油公司（Standard Oil of Ohio）的研究协调员丹尼尔·汉堡（Daniel Hamburg，1963，第 107 页）。

1. 因果关系模糊

正如在第 4.2 节将要讨论的，推理系统应该服从推理方式。但在需要理性的时候，管理的边界比起市场的边界来说更容易被打破。

因此，如果一体化供给部门在大体上而非完全对创新成果的成功和失败负责，那么很难以这种方式来划归成本和收益以反映这种情况。为了说明这一点，我们假设，购买方建议由供给阶段的供给商来考虑过程创新和产品创新。在以下情况下分别比较结果：供给阶段是一体化的或者非一体化的，以上计划是成功的或者失败的。再假定，不管是哪种情况，供给阶段为进行必要的研发，都必须付出数额不菲的成本。

在非一体化情况下的自主所有权自治会使净收益不论经营成功与否都归供应商所有。如果企业可以公正地使用高能激励，会得到同样的结果。对于独立的购买方来说，如果他要求从这种收益中"分得一杯羹"，供应商往往可以置之不理；但是如果在一体化的情况下，购买方更可能使对方认可他也对项目做出了重要贡献（即可以分得一杯羹）。公平不仅仅意味着报酬的分享，但这还可能会导致双方报酬的差距严重。这又导致了引发矛盾的相互攀比。既然企业有能力通过行政决策来解决这一报酬差距，但这样行事会施加太多制约，那么市场的高能激励可能是一种妥协方案。

但是兼并后创新激励的削弱并不是没有成本的。供给部门的管理者能够预料到将来还会遇到同样的制约，也就是说，存在规则制约，高能激励在企业中也会退化。①

2. 普遍的侵占

即使可以在供给与购买阶段客观地对收益进行划分，也还有一个非常大的问题，即事前关于报酬的按比例分配的协议能否执行是值得怀疑的。实际上，所有者倾向于凭借操纵转移定价和成本会计的规则来获得相对于经营方优越的利益分配。

当然，独立供给阶段的经营者也会遇到所有者手里有两本账的问题。这可能会掩盖真实的业绩问题。但相关的问题是程度问题。如果一体化一般允许更大的会计自由度，这当然有可能（参见前面第 2.2 节），那么创新的结果在一体化的状态下就更容易被歪曲。

进一步地，即使一体化企业的所有者反对这种造假行为，也不会形成对于创新的高能激励。这时的问题在于信息不对称和信息堵塞。如果能够证明做假账的行为没有发生的成本非常高，那么尽管所有者言而有信，但是所有者还是

---

① 如果一个研发项目失败了，这个道理也同样适用。在这种情况下，独立的阶段供应商承担了几乎全部的成本。而当要求购买者承担一些成本的时候会遭到拒绝。相反，一体化的供给方会很容易提出并使对方接受这种要求，因为毕竟是他根据购买方的要求从事这个项目的。因此，由一体化的两个阶段来分担 事后成本是规定好了的。

会怀疑管理者迟早会这样做——这样看来,他们的激励不可避免地要受到损害。

3. 临时的比较

我们在前面划分市场交易和层级组织时完全依靠对资产专用性特性的考察,但是引入创新以后,问题显然变得复杂了。事实上,在创新非常迅速的领域中,要研究经济组织问题,要比这里所提到的更加困难。但是,如果我们在一个比较狭窄的范围内讨论问题,还是具有一定的指导意义的。

比如有一家企业,长期靠其他企业提供产品和服务,而且这些产品和服务不仅在资产专用性上不同,而且在创新的可能性上也不尽相同。后者意味着产品和服务在多大程度上能够实现成本节约。如果创新的可能性不大,前面的观点就没有问题——如果产品和服务不具有资产专用性,那么就应该在市场上购买;如果产品和服务的资产专用性程度提高了,就应该更偏向于采用纵向一体化的方法。因此,如果存在差异,那么这些差异应该集中在创新可能性很大的领域。

在研究创新和组织的这种关系中,应该把一般意义上的成本节约和特有的成本节约区分开来。一般的成本节约是指能很快地被竞争对手发现并模仿的成本节约方法。专利、版权、商业秘密是为了这种成本节约。相反,特有的成本节约则是指其所有者可以侵占创新收益的成本节约。

从原则上来讲,非专用性资产和专用性资产都可以支持一般的和特有的成本节约。当然,非专用性投资容易被模仿。与此相应,用市场采购一般意义上的成本节约类型的商品和服务会减少双边依赖和收益约束,因此通常需要市场采购。至于特有的成本节约,特别是专用性资产支撑的特有的成本节约,则是另外一回事。

这里的关键在于:当购买者既要分享一部分创新的收益,又要鼓励供给阶段供应商进行有效的(交易专用性)投资时,如果对供给阶段的供应商进行一体化,则供应商的创新动力就会越来越弱(因为创新会涉及一些说不清、道不明而且往往是无法比较的成本节约)。[①] 当潜在的收益很大而且交易具有极强

---

① 下面所引的1984年5月15日《华尔街日报》第1页中的故事,阐述大企业鼓励创新所面临的激励缺陷:

对员工创新想法的最高奖励不仅在奖金的数量上而且在奖金的名额上都增加了。

Commerica公司准备从5月起开展"好点子"计划,以鼓励员工提出节约资金的建议。在一次尝试中,它得到了3 000条建议。一等奖的奖金是10 000美元。通用汽车公司最近把一等奖的奖金翻了一番,达到了20 000美元,这一奖励计划如今包括一些领工资的雇员。而且一线主管也可以通过提供建议获得1 000美元的奖金。而在此之前,员工们根本就得不到这种激励。

必能宝公司(Pitney Bowes Business System)把它的一等奖从3年奖励30 000美元提高到2年奖励50 000美元。福特汽车公司现在允许小时工以集体的名义而不是以个人的名义获得最高为6 000美元的奖金。伊士曼·柯达公司(Eastman Kodak)去年在奖金方面的开支是360万美元,比1982年提高了87%,而这些建议为公司节省了1 600万美元。

但是从整体来看,这些奖金对于公司来说只不过是九牛一毛。创新的大部分收益被企业家获得,不过,这里的问题更为复杂。要了解这些内容,请参见Williamson(1975,第10章)。

的资产专用性特征的时候，环境变得越来越复杂。在这种条件下，可能会出现混合组织的形式。半导体产业的组织形式就是一例（Levin，1982），虽然在第7篇和第8篇论文中关于混合组织的讨论是适当的，在下面第6.4节的例子也符合这种情况，但是对于组织和创新的关系问题，还需要进一步研究。

## 3. 对所有权和经营权分离的供给阶段收购

我们假设，在一定程度上，为发挥激励机制而实行的上述一体化反而会导致激励机制的失灵。但是应该强调指出，上述条件只是非常特殊的条件，特别是前面我一直假定，在供给阶段的企业被收购之前，其所有权和经营权是两权合一的。如果这一条件并不成立，情况又如何呢？

假设有一家独立的供应企业甚至早在被收购之前就已经经历了一场所有权的变革。我们可以进一步假设，这家企业由一家完全持有的（closely held）、由所有者管理的企业演变成了一家分散持有的企业，在这家企业中，没有哪个管理人员持有较多数的股份。

对这类企业的经营者使用高能激励（即分享净收益）所带来的问题，不仅对其所有者，而且对其经营者，都是显而易见的。所有者会担心其资产损耗，经营者则担心所有者对会计保持影响力，从而存在净收益被操纵的风险。如果人们已经估计到这些后果，那么在这个股权分散的企业中，高能激励机制就会让位于低能激励。于是报酬就会采取薪水形式。

关键的问题是：考虑到合并前供应商的所有权变化所带来的以上这些变化，合并是否会增加成本？如果合并不增加成本，那么当购买阶段的企业收购了处于供给阶段的企业，买下后者的所有权之后，就出现了在不增加成本的情况下获得收益的可能性。这些收益可能采取与前面所描述的合并收益相同的形式，供给阶段管理层的目标被弱化，因而在合并后当共同所有权形成时，这两个阶段可以更容易、更有效地进行合作。

这样，问题又回到我在一开始所提出的企业规模的悖论上来了，只不过稍有一些变化。现在问题变为：为什么不把所有的分散拥有的生产阶段置于一体化所有权下，从而像一个大企业那样组织和经营呢？除非我们可以发现一些没有揭示出来的合并成本，否则，我们基本上又回到了原来的出发点。换言之，虽然第2节解释了贝里（Berle）和米恩斯（Means）的问题，但是只要超出这一特殊的环境，就无法说明纵向一体化的边界问题。

有三种前面没有谈到的合并结果必须考虑到：首先，所有权与管理权相分离并不意味着所有者就完全丧失了控制权。因此无论企业是否被兼并，都有一个控制程度好坏的问题。其次，无论是在兼并前还是在兼并后，经营阶层只领薪水的事实并不意味着报酬和净收益之间没有联系。最后，一体化可能影响公司内部政治，这会对业绩有着系统性的影响，对于这种影响还需要具体地分析。前两个问题在这一节分析，第三个问题在下一节分析。

## 3.1 所有权效应

对经营者授权后，如果缺乏对其进行连续（即直接）的控制，他们就会自行其是。但这并不意味着完全失控。相反，如果业绩达到或者低于下限的标准，所有权的控制又被一再强调，那么就要对下限的标准或者经营者的能力问题进行干预。在其他条件不变的情况下，这种标准定得越低，那么经营者自主行事的空间也就越大。但普遍的情况是，在面临破产之前，所有者的利益通常会重新发挥作用。

这里所说的问题与 M 形公司中产生的问题相似，即经营管理权和战略决策权是分离的。这就像第 11 篇论文中所讨论的那样，在经营期内，即使中层经营者"看似"不受监控，但如果有：危机发生（也就是说，当"关键业绩变量"达不到预定的标准时），负责经营战略的人员能够、也确实会进行干预，或者如果经营计划会定期重新商定（比如说按照年度预算），此时，也不能说缺乏监控。

即使所有权被削弱，但是对于经营战略也还是能够照样进行监控。与此相关的比较制度问题是：实行一体化的企业在经营业绩上与实行非一体化的企业之间是否有差异？如果有差异，那么主要的差异在于所有权能监控企业总体的业绩，而分公司的业绩通常不在其监控的范围之内。这样，在一体化的企业中，所有权对于分公司一级的有效监控不强时就需要进行权衡。但是，这里的主要问题还是在于与官僚主义相关的成本问题，这一点将在第 4 节进行详细分析。

## 3.2 状态依存的报酬体系

从表面上看，领取薪水的经营者和其他挣工资的雇员能够得到多少报酬，与其业绩是不挂钩的。但如果事实上薪金要在合同续签时有所调整，或者参照以往业绩或者承诺的业绩进行提拔，那么上述看法就只是一种肤浅的看法。从更一般的意义上说，完全依靠计件工资或者计时工资的区别来描述雇佣关系的前提是，在不同类别间不存在（或者有恒定的）跨期的声誉与承诺。但是这种情况极其罕见。

1. 薪酬

假设薪金与所报告的净收益之间挂钩存在一个时间差。这时就出现了一个问题：负责供给的部门的净收益是否不受兼并前后地位变化的影响？一个可能的差异在于，负责供给的分公司的经营者所报告的净收益与企业作为供应商时的经营者的净收益相比，更容易受到会计操纵的影响。如果处于收购阶段的管理者在兼并之后对于编制报表的程序有着更多的发言权，那么兼并后的净收益对于收购方就会更加有利。结果，收购后的转移定价就更容易（相对地）被扭曲。

2. 晋升

如果不是根据资历长短、轮换或者抛硬币的方法来进行提拔即根据经营者根本无法控制的标准，那么无论在兼并前还是兼并后，提拔过程的运作方式都值得考察一番。合并可以在两个方面影响提拔：一是在供给阶段内部，提拔可能因兼并的结果不同而不同。二是能向供应阶段以上的整个生产联合体的管理层进行提拔。如果在上述两个方面或者某一个方面中，兼并后的提拔过程带有过多的政治（行政）色彩，那么兼并前后工资报酬体系并不能构成中性激励。\*

至少可以说，经营者的行为方式在更大的（即兼并后的）博弈与较小的（即兼并前的）博弈中并不相同。因此，如果在兼并前力促双方达成兼并交易，那么这类经营者有希望得到提拔，兼并后那些能有效安抚员工的经营者也就更容易得到好处。切斯特·伯纳德的评论是很贴切的（Barnard，1938，第224页）：

> 要保持一个非正式行政组织的正常运转，常用的方法是挑选、提拔一批管理者来保持人事稳定。不被提升或者没有被看中甚至被撤职的人，可能往往或偶尔是因为他们没有什么用，这是因为"不适合"，而与其竞争能力无关。

当然，可以想办法使提拔的过程免受上述影响。例如，负责供给的部门的经营者可能被告知，他们不适合晋升到上层。但是这种政策可能没有用并且/或者会造成误导。如果这些政策没有可信的承诺保障，那么结果是无效的。如果这些政策招致了反感，就会带来相反的副作用。而且，除此之外，即使已经告知供给阶段的经营者他们不会得到提拔，他们会不会占着位置不放，甚至阻挡别人的晋升，也还是一个问题。

由此可以得出一个结论：非一体化的企业与一体化的企业在人员提拔问题上会采取不同的做法，这是不可避免的。如果在提拔过程中，内部政治因素影响超过个人能力——现实往往如此——这就造成兼并后的激励机制受损。① 尽

---

\* 即原本的工资激励效果会产生变化。——译者注

① 文中所强调的是兼并在晋升方面的负面政治后果。但这并没有囊括一切可能性。如果一个没有前途的经营者在兼并后反而获得了不错的机会，那么他还是能从中受益的。

这就需要对兼并前晋升的前景进行仔细的考察。如果晋升前景受到了严格的制约（经理市场不发达；企业发展缓慢；高级经理迟迟不退休），在评估兼并对经营者激励的影响时，就应该持有更加同情的态度。

管在这种情况下一体化还有助于适应的收益,但还是需要承担额外的成本。这样,有选择的干预——只有收益而无须成本——也就不再是一种可行的做法了。

## 4. 官僚制/科层制的成本

第 2 节所讨论的收购的成本,主要是指由所有权与控制权相分离而带来的和兼并等有关的成本。虽然在第 3 节讨论的收购成本并不受所有权与控制权的(显著)影响,但其性质却可能受到质疑,而且分析结论往往被削弱。这就提出了一个问题,即是否还有其他类型的没有被发现的合并成本?特别是当把前后相继的生产阶段联合在一起时,是否还存在我们没有发现的"官僚制的成本"?

菲利普·萨尔尼科(Philip Selznick)认为,"关于(非市场)组织最重要的是,虽然这些组织只不过是一些手段,但每个组织都有自己的生命"(Selznick,1949,第 10 页)。虽然组织具有一种工具性的意图,但是正式的结构"根本无法克服组织行为中的非理性维度"(Selznick,1948,第 25 页)。理查德·斯科特(Richard Scott)把这个观点总结如下(Scott,1981,第 91 页):

> 组织的理性受到"行动工具僵化"的影响:由于人们都是带着自己的脾气、个性加入某个组织的,并且作为组织的一员,他们承诺将他们的能力限制在理性行为的范围内;组织程序反倒成为其本身所看重的目标;组织会陷入与其环境的斗争中,这种环境危害组织当前的目标并且限制了组织未来的选择。

将经济学的方法应用于组织研究所形成的这些观点又会派生出哪些分支呢?有一种也许是最省事的办法,那就是把萨尔尼科、斯科特及其他学者提出的那些情况统统看作噪声,而偏离理性的看法则统统被当作误差项处理。而更极端的看法则是认为这些行为根本就不存在。本文对这两种态度不敢苟同。研究组织问题的成熟经济学方法应该对任何类型的规律性都感兴趣,并应该为这些规律性做出充分的准备。如果所研究的行为是系统性的,那么在比较制度选择和组织设计方面就要对这种行为加以考虑。因此,如果某些组织形式相比其他组织形式不容易被官僚制所扭曲,那么在权衡各种组织形式时,应该将这一点考虑在内。并且,在扭曲特别严重的情况下,可能就需要设计各种监督机制或进行组织变革,以缓解这类情况。

和市场失灵的文献相比,研究官僚制失灵的文献相对来说还比较少。这里所讨论的不过是想找到困扰内部组织主要生命周期的某些特征。与市场组织相比，内部组织在管理的复杂性、对错误的宽容以及互相投赞成票等方面都表现出了不同的倾向。

## 4.1 管理倾向

所有科层组织似乎都有爱发号施令的通病。当然，公共部门更是被广泛认为在这方面尤为突出——而且很可能确实如此。查尔斯·莫里斯（Charles Morris）在谈到"好心的成本"时就抓住了这一精神。他所提出的"政府的新理性风格"的概念主要基于"最棘手的问题，在明智且具奉献精神的人面前也要退避三舍"这一自信的乐观主义（Morris，1980，第23页）。其实私人部门也具有同样的特点（Feldman and March，1981）。

实际上，管理倾向包括两个方面，而不是只有一个方面。一个是莫里斯所称的工具主义倾向（instrumental propensity）：决策者认为自己具有管理复杂性的能力，尽管这种想法不断被事实驳倒。这种倾向固然出于良好的动机，但实际中的问题往往要复杂得多，而管理者的能力也往往言过其实（Perrow，1983）。尽管也可以找出与此相反的例证，但情况基本如此。

管理倾向的第二个方面则更应该受到指责，那就是动用组织所拥有的资源去追求次要目标的策略倾向（机会主义倾向）。如果为了第2节提出的原因，金钱在企业中的激励作用不如它在市场上的作用强，那么在企业中起支配作用的是政治博弈和政治偏好。影响组织的活动可以通过加强对管理阶层的控制来实现。

只要一再发生紧急情况或遇到诱人的目标，事前计划周全的对策将宣告彻底失败。这时，奥德修斯用的那种办法（Odysseus-type solution）常常具有吸引力。奥德修斯正因为根本无法抗拒海岛妖女的夜半歌声，才让人把自己绑在船的桅杆上。这就像乔恩·埃尔斯特（Jon Elster）所指出的那样，"克服意志薄弱的最好办法就是约束自己"（Elster，1979，第37页）。在企业中，如果拒绝兼并所能带来的利益有限，那么自我克制的好处就显现出来了。这就保证避免了将来由管理倾向所造成的虽然无法准确计算，但可以预测会发生的那种成本。

## 4.2 宽容

各种组织之间的奖惩制度有很大区别。人们通常认为，家庭这种组织对其成员之间所发生或互相影响的交易，既有透彻的了解，又能从长远上考虑，而且还比较宽容。[1] 市场则相反，人们认为它缺少对特定情况的了解，更多地考虑短期效果，而且也比较严厉（即不够宽容）。

---

[1] 这三个方面相互联系，其中宽容是最重要和最突出的。

从后面第 5 节所列的原因来看，内部组织的长处在于可以进行比较性审计（comparative auditing）。因此，与没有实行一体化的经济实体相比，实行一体化的企业具有更强的正式决策能力。这样，因风险不明而难以决策，从而把市场评价复杂化的问题，就可以在组织内部更准确、更有把握地理出头绪来。因此，从原则上说，是否应该继续对某个项目进行投资，企业内部的资产经营者比资本市场上的投资者能得出更有把握的判断。

但至少还有两种可能的结果。第一，惩罚的可能性会——也确实常常——诱发过度的努力。市场就像一个严格的监工。当交易通过市场来完成时，除非开始时就已经达成明确的调整条款（escalator clauses），否则，成本的意外增加就只能自己消化而无法转嫁出去。相反，如果在企业内部交易中发生了这种难以预料的成本上升，可以很容易地通过协商来解决。因为在企业内部，完全有可能搞清楚这种成本上升的原因，因此，歪曲成本的危险也比市场交易小得多。但这样一来，市场所能调动的经营者的超常努力，在内部组织里也就无从谈起了。认为只要能合理地解释这种成本上升，期待经营者还是会做出这种努力的想法是不切实际的：逻辑推理系统应该服从推理方式（从这个意义上说，惯于推理的学者往往不适合担任管理职务）。

第二，企业计算净收益的方法与市场的算法不同。事实上，我们有一个非常实用的可以用来判断商业交易的对于"宽容"的定义，那就是看是否严格地用货币净收益来判断"各种借口"（excuses）的真伪。相比而言，市场在计算货币净收益时的算法更为严格。从这个意义上说，市场的宽容程度更低。造成这种情况的主要原因在于，企业与市场所进行的各种交易与企业内部的交易相比，交易之间的独立性更高。

因此，如果供应商运用非专用型资产（$k=0$）提供产品或服务，那么一旦买方发现有交易失败的迹象，便可以很容易地终止与该供应商的交易。但如果这种交易在企业内部组织，企业就会调查交易失败的原因，并会考虑再提供给他们一次机会。这在一定程度上显示出前面所提到的内部组织的审计优越性；但同时也表明，企业不可能完全孤立地对待内部的每一笔交易。事实上，在企业内部，与 $k>0$ 一方的联系会使 $k=0$ 的一方受益。

因此，从货币净收益的观点来看，将后一种交易持续地进行下去非常有利；但对前者来说，情况并非如此。然而，如果企业把这两种交易都放在内部来进行，也就无法完全把它们分开处理。如果 $k>0$ 的交易出了问题，"解决问题"的理性决策可能会有溢出效应并且会对 $k=0$ 的交易产生影响。企业的这种办事方法对其内部成员和外部相关方来说都是无法接受的。因为即使只从人类的尊严角度来看，也要求遵守适当的程序。伯纳德曾对非正式组织做过一番恰当的评论。他说：建立非正式组织的目的之一，就是为了"保护个体的个性，使之不受意在破坏这种个性的正式组织的影响"（Barnard, 1938,

第 122 页）。

因此，虽然市场所造成的极端结果可以用运气来解释，但所有受到管理行动影响的人，包括企业外部的利益相关者（同事、亲朋好友等等），都会将管理行动看作管理者的价值选择。这就给内部组织压上了"按程序办事"（due process）的重担。也就是说，严格的惩罚必须有充分的证据，似是而非的理由行不通。由于人们清楚地知道他们的行为受到按规矩办事这一内部规范的保护，因此能够通过尽量付出最小的努力来钻内部组织的空子，一些人也的确是这样做的。

当然，上述激励的弱化仅仅适用于 $k=0$ 的情况。这是因为，与市场相比，在 $k>0$ 的情况下，价值选择的环境强化内部激励机制的可能是存在的。但为了把道理讲全面，还是应该指出：在 $k=0$ 的情况下，如果拘泥于按规矩办事，会弱化激励。

## 4.3 互投赞成票

问题还是老问题：它不在于内部组织是否会带来成本，而在于由非一体化转为一体化时，成本是否会有所差异。我认为，实行一体化以后，内部经营和投资决策会更容易受到政治因素的影响。

1. 经营决策

阿尔文·古尔德纳（Alvin Gouldner）认为，互惠的行为规范就像严禁乱伦行为的准则那样重要并且具有普遍性（Gouldner，1961）。它存在于各个人类社会中——不管文化差异、发展水平及历史年代如何。但在不同条件下，实现互惠的机会却完全不同。一般说来，一体化程度较高的组织能比一体化程度低的组织提供更多的互惠机会。况且，这种机会也很容易被发现——这就证明了前面所讲的那种倾向，即对内部交易者要比独立的交易者更通融（accommodating）。通融并不一定是坏事；人们之所以更看好专用资产交易，原因之一就是其中存在通融的可能。然而通融也可能会给管理提供互惠输送（back-scratching），这种可能性值得关注，并且当把越来越多的交易放在企业内部进行时，就需要对这种可能性加以考虑。

2. 更新投资倾向

内部采购这种倾向得到很多因素的支持。[1] 首先，这是因为内部供给者主要是为本企业自己生产产品的，他们在市场中很可能处于不利的位置。与非一体化的外部供应商不同，内部供给者可能既没有大规模的、经验丰富的营销组织，也没有完善的客户关系网。正是考虑到这些条件，再加上如果其固定成本已经无法改变用途，那么"偏爱"内部采购就是合理的，只要其外部采购价格

---

[1] 这一讨论建立在威廉姆森（Williamson，1975，第 119 页）的基础之上。

还是大于内部生产的可变成本。

但是，这种看法可能只适用于某种特殊情况。因为资产用途不可改变这一条很可能言过其实（可能存在这些机器设备的二手市场）；而且企业在决定对单台机器设备进行更新换代时，也必须考虑内部设备的长期有用性。不过，即使存在就业保障，管理者们显然也不情愿毁掉自己的工作。因此，这种保证就出现了问题：尽管继续就业已不成问题，但对于职位不存在时仍保留原有的地位和待遇的保证，以及能够从已知的级别再向上晋升的保证是不可能兑现的。这样企业就会热衷于自己为自己提供设备，而且可能表现为其也要求设备的重置决策必须以半独立的方式分批连续进行。于是，企业内部一些没有活力的生产设施就这样被以这种不加批判的方式保留下来了。

## 4.4 进一步的评论

根据这里使用的交易成本经济学的分析视角，纵向一体化主要关注内部治理成本的节约，而不是生产成本的节约。当交易双方处于一种双边交易关系时，通过考察自主性契约的订立就可看出这种区别。不过，要了解纵向一体化的主要成本却比较困难，因为它们与新古典经济学的生产函数中的成本不同，而且治理成本本身的特征也不清晰。这就需要从更微观的层次上进行分析。

由于当前研究科层制失灵的理论还不够完善，这个问题的分析目前至少还是困难重重。不过一种可能是，当经济现实与分析的便利性冲突时，我们可以做出相反的选择。但我可以预言，就像利用交易成本推理以及分析微观现象能够帮助我们解释导致市场失灵的因素一样，如果我们付出同样的努力，那么研究官僚主义问题也同样可以取得突破。

当然，在生产成本中尚未被发现的特点会使我们的努力付诸东流。或者，我们在纵向一体化中未曾讨论的一些契约上的困难在这里也可能会出现。但如果结果表明，制约纵向一体化的主要因素与科层制无关，我将不胜惊讶。我们不得不选择其他道路，路漫漫其修远兮！

# 5. 市场中的低能激励

要全面地看待经济组织，就不仅要考察把市场的高能激励机制引入企业会不会产生负面影响，也要看能否毫无影响地把企业使用的低能激励运用到市场之中。这里要研究的是后一个问题。

为了本节的分析，我们假定在上文第 2.4 节讨论的创新压力非常小。再假定，供给阶段需要相当多的专用性实物资产。因此，企业就需要进行一体化。

假设由于第2.1节与第2.2节所讨论的那些因素，一家一体化的企业决定其分公司之间的转移价格按成本加成方法来制定。因此，负责供给的分公司会完全按照采购分公司对产品数量、质量的要求提供产品。[①] 不过，为避免其放任成本提升，或者忽略、放弃节省成本的机会，总公司会定期对其成本及决策进行检查。这样我们就有理由假定：在这种条件下，该公司的业绩是令人满意的。

如果企业能从这种低能激励和定期审计中受益，那么为什么市场不能复制这一模式？其实这是换个方式重复我一开始提出的那个问题——只不过这里要问的是：市场为什么不能复制企业的做法？下面是对这一问题的更具操作性的陈述：独立企业之间签订成本加成定价的合同会造成什么结果？通过考察这一问题，有助于我们更准确地把握问题的实质。

在企业之间与在企业内部实行成本加成定价法至少在两个方面存在差异。这两个差异都关系到一个事实，即只有独立企业才享有额外的自由度（an added degree of freedom）：它可以退出这一交易；而一体化的分公司则没有这种自由。第一个差异在于，独立供应商有动力为策略目的承担相应的成本；但企业内部负责供给的分公司则没有。第二个差异是，企业之间的审计不可能像企业内部审计那样有效。

策略上的区别在于：如果投资（包括建厂投资、设备投资和人力资本投资）能增强企业与其他企业竞争的能力，并且它可以得到相应的补偿，独立的企业会更有动力去进行投资。当然，可以提议（或者同意）外部的供应商与内部负责供应的分公司只向采购分公司供应，但要独立供应商执行这样的条款会非常困难。与管理层指令相比，法庭裁决解决这类问题的有效性较低。[②]

有时人们会认为很难区分企业之间的审计与企业内部审计。因此，桑福德·格罗斯曼和奥利弗·哈特"假定一体化本身并不会给双方带来什么新的、可观测的变量。不论何种审计，只要雇主能用来审计其子公司，那么即使这家子公司是一个独立的企业也照样可以审计"（Grossman and Hart，1984，第5页）。不过我认为，还有其他原因使我们不能这样看问题。特别是从"正式组织"的形式上看，市场和内部组织是不一样的。切斯特·伯纳德指出（Barnard，1938，第169页）：

> 既然个人服从组织命令的程度会影响到组织效率的高低，那么，否定组织中沟通的权威性就会对一些人的利益形成威胁，因为他们需要依靠与

---

[①] 这是简化的结果。供给的分公司会拒绝减产，以免产量低于维持自身生存的最低水平，以致停产。

[②] 毕竟企业确实会违反合同，而法庭也通常不愿强迫企业执行排他性的交易协议。但法庭更不会干涉对于只向自己供货的这种企业的内部决策。

组织的联系获得净收益；除非他们也无法接受这种命令。与此相应，在任何给定的时间内，对于大多数组织成员来说，维持那些对于他们来说没有差异的命令的权威是存在有效的个人利益的。而内部组织的主要功能正在于维护这种利益。

尽管阿尔钦没有提到非正式组织，但他承认，"如果联合体受到损害，那么任何一个面临着损失威胁的人都将设法保存联合体并试图降低联合体内其他成员威胁该联合的可能"（Alchian，1983，第9页）。如果一体化组织的成员比独立交易单位的人员在组织的完整性上存在更强的共同利益——因为在同一个组织中他们的命运联系得更加紧密——那么，内部的审计人员在开展工作时，会比那些审计各个独立所有者之间交易的人员得到更多的配合，甚至会获得类似哪儿"有问题"之类的暗示。[①]

事实上，外部审计人员只能得到敷衍了事的合作。这是因为，如果"我们"的成本不被认可，那么"我们"的利润就会减少，"我们"的饭碗就要成问题。因此，处在独立供给阶段的雇员们会忙于对成本进行辩解并设法掩盖真相。

当然，各个部门也会弄虚作假以欺骗内部审计人员，但部门的管理者不可能携着通过高估成本积累起来的实物资产潜逃。在结束任职时带不带走资产是不一样的。因此，如果在一体化的部门中成本被严重高估并且数额巨大，那么这个部门的管理者必须马上走人，并且如果在这类情况中有罪的和无辜的全得下台，那么就可以很容易理解那些没有被牵扯进去的人是如何提早或主动地与内部审计人员合作了。

结论是：市场上的成本加成合同与企业内的成本加成合同是不一样的。因此，不可能不改变成本加成条款而把企业中的交易转移到市场中去，相反，必须佐以激励与治理的重新调整。

这就又要重复前面提出的那个论点了：在一种组织形式中运转有效的激励机制和治理结构，并不能原封不动地搬到其他组织形式中去。相反，组织形式、激励手段和治理防范措施三者必须同时变化。[②]

---

[①] 但这并不意味着内部审计人员就没有任何问题了。正如社会学家多次观察到并报告的那样，内部审计也存在腐败问题（Dalton，1957；Granovetter，即将发表）。但这些社会学家也提不出可资比较的实例。因此，尽管了解到内部组织有缺陷对我们是一种启迪，但同样重要的是，应该知道这些缺陷能否得到弥补。对于组织设计来说，如果所有方案都有同样的或更严重的缺陷，那么内部审计不完美这种观点就缺乏比较制度的意义。

[②] 资本主义企业与社会主义企业有很强的共性，但据此就推断它们最终会趋同，这种说法是靠不住的。同样重要的是，由于这两种模式各自都表现出并将继续表现出彼此不同的特点，即使它们有可能向对方转化，也要经历阵痛。

## 6. 有关案例

对于企业激励限度（incentive limits）的问题的证据目前还不是很充分。首先，可以理解企业会非常谨慎地承认自己存在着管理方面的压力（administrative strains），这可以被解释为管理失灵。另外，企业的激励限度问题在对企业的分析中被忽视了。因为在以利润最大化为前提的生产函数框架中，根本没有各种激励限度的立足之地。

下面六个案例只起参考作用，因为这些案例充其量只能证明，迄今所讨论的激励限度问题都能在现实生活中找到。但我们需要对有关微观数据进行更系统的分析。

### 6.1 内部契约

20世纪初，美国新英格兰地区的制造业企业曾试图推行强激励机制。对于这一所谓的内部承包制度（inside contracting system）有如下描述（Buttrick，1952，第201-202页）：

> 在内部承包制度中，企业管理者提供场所、机器设备、原材料和生产资金，并安排最终产品的销售。而原材料与最终产品之间的这段过程，不是由一级管一级的、领工资的雇员来完成，而是由授权的（企业内部）承包者来完成。他们雇用自己的员工，监督工作的过程，并从公司那里（按谈好的标准）领取计件报酬。

正如我在其他地方所说的那样，内部承包制度存在许多问题（Williamson，1975，第96-97页）：

(1) 生产设备使用、保养不当。

(2) 工艺创新表现为：第一，偏于节省劳动，而不在乎是否节省原材料，以及第二，这种创新往往要等到新的契约条款达成后才能完成。

(3) 对产品创新的激励很弱。

(4) 与资本家的收入相比，承包人的收入有时显得过高，因此，等到续签合同时，资本家会设法修改合同条款。

这样，内部承包就可以看成为实现第2节第（1）至（4）条规则所做的一种努力；主要的区别在于，承包人不能被随意撤换，只有等合同到期才有可能被撤换。这种为维护企业的强激励机制而采用的富有想象力的做法可能会鼓励企业节约可变成本。但也就是这些强激励措施必然会引发资产的滥用以及创新过程的某些扭曲。同时资本家与承包人在期间内收入分配上也会发生争执。正是这些（可能还包括其他）缺陷导致了内部承包制度的消亡；虽然建筑业中还保留着这种组织形式的痕迹，但建筑业却是按项目计划，而不是以连续供给为基础施工的（Eccles，1981）。

## 6.2 汽车的特许经销

关于汽车制造业为什么不实行前向一体化进入汽车销售和服务领域，而是使用特许经销的方式，可以回顾一下阿尔弗雷德·斯隆（Alfred P. Sloan）的解释（见第5篇论文第Ⅳ节）。其中最复杂的因素是折价以旧换新（trade-in）了。因为天南海北不计其数的这类交易都需要进行逐一的谈判，显然就要求对用于折价出售的、质量千差万别的汽车分别进行评估。对旧车过高估价固然有助于卖出新车，但旧车转手再卖时，账上就会记下一笔净损失。而如果低估旧车价值，就既无法达成以旧换新的交易，也不利于售出新车。

当然，汽车制造商会坚持把每一次交易都分成两部分来看待：旧车的车主可以尽量在别处卖个好价钱，再用这笔钱去买新车。因此，新车的销售就会更接近斯隆所说的"正常的销售"，而非"交换"（Sloan，1964，第282页）。但是由于大量顾客显然对双边交易情有独钟，因此问题就在于如何应对这种局面。斯隆解释说，大企业的经理们缺少做这种生意的"技巧"。但我认为，最根本的困难在于由经营者所控制的大企业中的激励机制。在这样的组织中，即使做成了一笔利润丰厚的买卖，监督人员和推销人员也不敢说自己对收益拥有充分的支配权。而且，如果买卖做亏了，责任也不都由这些监督人员和推销人员来负（如果雇员有把握另谋高就，而不必完全承担名誉损失的后果，即使惩罚他们也不是个好办法）。有鉴于此，就需要某种更有针对性、更能有效发挥激励作用的手段。这解释了企业采用特许经销的原因，而不是因为企业无法从生意技巧上提供支持。

## 6.3 收购、激励和内部股权

天纳克（Tenneco）是美国最大的集团，其雇员人数大约为10万人，年销售额超过150亿美元。20世纪80年代后期，天纳克收购了休斯敦石油矿产公司（Houston Oil and Minerals Corporation）。相对来说，休斯敦公司是一个小公司，并购前，它的年销售额不到3.83亿美元，员工为1 200人，但是以油田勘探著称。

天纳克为留任休斯敦公司经验丰富的勘探人员，为他们提供了特殊的薪金、红利和其他福利，对于这些，公司的其他员工无权享受。天纳克还"同意保证休斯敦公司的完整性，将其作为独立的分公司来经营"，而不是把它合并到新的公司中去（Getschow，1982，第17页）。

尽管在并购之初，休斯敦公司的经营者及地质学家、地球物理学家、工程技术人员和其他同事热情工作，但随后几年他们便纷纷辞职。使他们不满的一个原因是，公司在兑现当初谈定的报酬时有太多官僚延误（Getschow，1982，第 17 页）。公司也有一些官僚主义的限制措施：正如天纳克的运营副总裁所说的那样："我们必须保证对于每一个人来说，内部股权和报酬标准一视同仁"（Getschow，1982，第 17 页）。这也就是说，休斯敦公司员工的差别待遇不可能长期存在。到 1981 年 10 月，天纳克已经"失去了原休斯敦公司 34％的管理人员、25％的地质勘探专家和 19％的生产工人，这使得它无法再将其作为一个独立的单位那样经营了"（Getschow，1982，第 17 页）。导致散伙的主要原因是，一些没有这么多负担和规矩的独立厂商为他们提供了"股票期权、超额生产奖金，特别是他们所发现油田的矿区使用费——而以上这些激励措施是大公司不愿或者不可能承担的"（Getschow，1982，第 1 页）。尽管竭尽全力，但是大企业并不可能在各个方面都复制小企业。

## 6.4 混合模式

在创新过程中，使大企业和小企业连成一体的方式是：最初的发展和市场的检验最好由产业中独立的投资者和小企业来完成（也许是新的进入者）；如果它们发展成功，那么大型的事业部制企业就通过授权或兼并的方式将其归属到旗下，以进行下一步的发展。但这不是唯一允许在研发过程的早期创新阶段集中于高能激励的系统解决方案。最近的《商业周刊》（*Business Week*）有一篇报道，讲的是"如何利用小公司的创新成果"。文章开门见山地指出（*Business Week*，June 25，1984，第 40 页）：

> 1982 年，Ramtek 公司打算在其计算机外设系列中增加一款高级图文机。尽管拨出了巨额的研发预算——几乎占其销售收入的 11％，远远高于行业平均水平——这家位于加利福尼亚圣克拉拉的公司却反对开发自己的系统，反而决定向设在洛杉矶的、技术上绝对领先的数字生产（Digital Productions）公司注资 200 万美元。但这并不是收购。相反，Ramtek 公司只向专业性的小公司投资，才使数字生产公司得以开发软件，供其强大的、新的成像系统使用；而 Ramtek 公司正希望从中获得巨大成功。
>
> Ramtek 公司的经历表明，大公司在利用小的个人创业型企业（entrepreneurial companies）的技术的方式上发生了重大转变。以前，大公司主要靠买下这些小公司来获得它们的专有技术。但很多案例表明，收购方往往对这些新的资产管理不善，使之丧失原先吸引他们的人才和创造性的环境。

这篇报道接着说，这种转变来势凶猛，1980 年这样做的企业还只有 30 家，到 1983 年就已达 140 家——"尽管大企业具有强大的长期研发能力及营销能力，但它们发现，依靠创业型企业进行短期创新会对自己更为有利"（*Business Week*，June 25，1984，第 41 页）。就像通用汽车公司在解释其在 1984 年买下 Teknowledge 公司 11% 股份的原因时所说的那样，"如果我们把这家公司整体买下来，就等于杀死了会下金蛋的鹅"（*Business Week*，June 25，1984，第 41 页）。

当然，这种只持有部分所有权的做法也不是毫无问题。尽管如此，这种做法还是说明，至少有很多项目不需要大量的研发承诺；大的公司也越来越清楚，它们用来管理已经成熟定型的产品的官僚机构不适合去支持早期的创业行为。于是，混合型组织便应运而生。

## 6.5 组织内部审计的局限性

19 世纪晚期铁路的情况是很恰当的例子。就像阿尔弗雷德·钱德勒（Alfred Chandler，1977）所写的那样，意在定期实现铁路公司之间的协作的努力终告失败。先是非正式的联盟让位于正式的联合，然后又被合并取代。这种联合所必须克服的许多问题之一，就是"虚填货运单，包括虚填装船量或长途运输的发货量，以及对所运货物分类不当"（Chandler，1977，第 141 页）。虽然尝试过进行审计，但卡特尔协议的弱执行力继续鼓励了这种欺诈行为（Chandler，1977，第 141-144 页）。

美国电信业卡特尔的命运与此相同。在 19 世纪 50 年代，有限的合作制度已被证明是无效的。后来尝试分割电信市场，全国电信业被分成 6 个业务区，1 家电信公司管理 1 个业务区；至于大家都架设有电话线路的地区，就共同进行管理。但执行中产生了问题。电信公司首先由最初的 6 家减少到 3 家；到了 1866 年，就只剩西联公司（Western Union）1 家了（Chandler，1977，第 197 页）。

19 世纪七八十年代，美国制造业曾利用行业协会来设计出"日趋复杂的技术，以维持全行业的价格体系和生产额度"（Chandler，1977，第 317 页）。当这些方法失败时，制造业主们又转而采取互相参股的做法，"使他们可以互相查账，以便更好地执行其卡特尔协议"。但他们又无法断定所看到的其他公司的会计报表是不是准确的。结果就像铁路运输业和电信业那样，要实行有效的控制，就只有再迈出一步，即实行合并（Chandler，1977，第 317-319 页）。其中一个重要原因显然就在于审计上的局限性。

## 6.6 社会主义企业

当要求社会主义企业的内部组织兑现其实行高能激励机制的诺言时，它也面临着同样的压力。勃朗科·霍尔瓦特（Branko Horvat）报道了如下事件（Horvat，1982，第 256 页）：

……有一个计算机中心曾发生亏损。我们决定引入一种激励机制：这种机制与先前的做法不同，企业的一切盈利或亏损都由成员分担。结果没有什么明显的改进，因为不论从哪个方面看，激励措施的作用都不大。事实证明，中心的新经理能力非凡，在讨论年终分红方案时，中心主张因经营业绩的改善而获得表彰。

但委员会没有办法对这些成就给予充分认定，反而自食其言，宣布一年前定下的激励制度不适用，并且对利润进行了随意分配……（其解释是）我们没料到他们会干得这么好，我们不能容忍他们比别人挣得多。结果这个中心再次出现了亏损。

这个事件有两个方面值得注意。首先，不论是对社会主义企业还是资本主义企业的经营者，物质激励显然都会起作用。口头激励对这两种人而言都是有用的（在某些情况下这样做也许确实已经足够）；但在有些情况下，要想实现潜在的成本节约，就需要引入高能激励机制。其次，我们都知道，如果高能激励机制"过分地"节省了成本（利润过高），那么，无论是社会主义企业还是资本主义企业都会说话不算数。换句话说，这两类企业做出的"许诺"都需要有可信的承诺加以支撑；具体讨论见第7篇和第8篇论文。

## 7. 结论

小企业联合起来能办到的事情，为什么大企业就做不了，更不用说要做得更好呢？本文的基本论点是：使一体化实现适应性的收益却不承担损失的选择性干预是不可能的。把交易从市场上转移到企业内部往往会损害激励。在创新（以及对创新的回报）十分重要的情况下，问题会变得尤为严重。奥斯汀·罗宾逊（Austin Robinson）早就指出，除非是在完美世界（Nirvana），否则各种交易都存在这种问题（Robinson，1934，第250页）。因此，市场是神奇的，不仅在于（在必要的条件下）它突出的信号传递特性，而且在于它突出地形成并保持高能激励的能力。

尽管这一论断在原来的所有者兼经营者在收购后（变成只是经营者的情况下）特别明显，但是对收购前就没有多少所有权的经营者来说，并购对他们的激励也是有影响的。对前一种情况，问题在于由于企业的低能激励机制已经制度化，因此兼并后要保持对他们的高能激励，就会导致其行为的扭曲和腐败。对于后一种情况，问题则在于即使只给予低能激励（即薪金方式的）补偿，在收入和晋升方面也还是存在状态依存的特征。这在兼并后也同样容易受到损害。

因此，要"维持激励作用不变"，以保持激励中性（incentive neutrality），就会产生误导。问题在于：要分公司经理保证"合理维护"资产，要使所有者

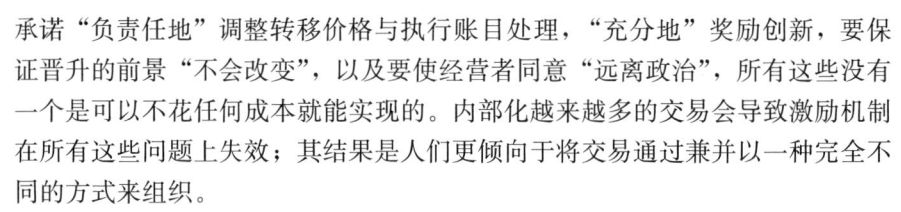

承诺"负责任地"调整转移价格与执行账目处理,"充分地"奖励创新,要保证晋升的前景"不会改变",以及要使经营者同意"远离政治",所有这些没有一个是可以不花任何成本就能实现的。内部化越来越多的交易会导致激励机制在所有这些问题上失效;其结果是人们更倾向于将交易通过兼并以一种完全不同的方式来组织。

尽管将市场和层级制看作存在诸多共同点并可以互相替代的模式很有用,但还是应当看到每种模式各自的优缺点。因此,必须承认二者在激励和治理方面的特征。相较于内部交易,以市场调节组织的交易更多地依赖高能激励,更少地依靠管理过程(包括审计)来实现同样的结果。

# 参考文献

Alchian, Armen. "Specificity, specialization and coalitions," Draft manuscript, February, 1983.

Arrow, Kenneth J. *The Limits of Organization*. First ed. New York: W. W. Norton, 1974.

Barnard, Chester. *The Functions of the Executive*. Cambridge: Harvard University Press, 1938 (fifteenth printing, 1962).

Bartlett, F. C. *Remembering*. Cambridge, Eng.: The University Press, 1932.

Buttrick, J. "The inside contracting system," *Journal of Economic History*, 1952, 12 (Summer): 205 – 21.

Chandler, A. D, Jr. *The Visible Hand: The Managerial Revolution in American Business*. Cambridge, Mass.: Harvard University Press, 1977.

Coase, Ronald H. "The nature of the firm," *Economica* N. S., 4 (1937): 386 – 405. Repr. in G. J. Stigler and K. E. Boulding, eds., *Readings in Price Theory*. Homewood, Ill.: Richard D. Irwin, 1952.

Dalton, Melville. *Men Who Manage*, New York: Wiley, 1957.

Eccles, Robert. "The quasifirm in the construction industry," *Journal of Economic Behavior and Organization*, 1981, 2 (December): 335 – 58.

Elster, Jon. *Ulysses and the Sirens*, Cambridge, Eng.: Cambridge University Press, 1979.

Feldman, Martha S., and James G. March. "Information in organizations as signal and symbol," *Administrative Science Quarterly*, 1981, 26 (April): 171 – 86.

Geanakoplos, John, and Paul Milgrom. "Information, planning, and control in hierarchies," Unpublished paper, 1984, March.

Getschow, George. "Loss of expert talent impedes oil finding by new Tenneco unit," *Wall Street Journal*, 1982, February 9.

Gouldner, A. W. "The norm of reciprocity," *American Sociological Review*, 1961, 25 (May): 161–79.

Granovetter, Mark. "Economic action and social structure: A theory of embeddedness," *American Journal of Sociology*, 1985.

Grossman, Sanford J., and Oliver D. Hart. "The costs and benefits of ownership: A theory of vertical integration," Unpublished manuscript, 1984, March.

Hamburg, D. "Invention in the industrial laboratory," *Journal of Political Economy*, 1963, 71 (April): 95–116.

Horvat, Branko. *The Political Economy of Socialism*. New York: M. E. Sharpe, 1982.

Knight, Frank, H. "Review of Melville J. Herskovits' 'Economic anthropology'," *Journal of Political Economy*, 1941, 49 (April): 247–58.

Knight, Frank, H. *Risk, Uncertainty and Profit*. New York: Harper & Row, 1965.

Levin, Richard. "The semiconductor industry," In Richard R. Nelson, ed. *Government and Technical Progress*. New York, Pergamon Press. pp. 9–100, 1982.

Lewis, Tracy. "Preemption, divestiture, and forward contracting in a market dominated by a single firm," *American Economic Review*, 1983, 73 (December): 1092–1101.

Morris, Charles. *The Cost of Good Intentions*. New York: W. W. Norton, 1980.

Nelson, Richard R. "Incentives for entrepreneurship and macroeconomic decline," *Review of World Economics*, 1984, 120: 646–61.

Penrose, Edith. *The Theory of Growth of the Firm*, New York: John Wiley & Sons, 1959.

Perrow, Charles. *Normal accidents: Living with High-Risk Technologies*, New York: Basic Books, 1983.

Phillips, Almarin. *Technological Change and Market Structure*, Lexington, Mass.: D. C. Heath, 1970.

Prescott, Edward, and Michael Visscher. "Organizational capital," *Journal of Political Economy*, 1980, 88 (June): 446–61.

Robinson, E. A. G. "The problem of management and the size of firms," *Economic Journal*, 1934, 44 (June): 240–54.

Scott, Richard. *Organizations*, Englewood Cliffs, N. J.: Prentice-Hall, 1981.

Selznick, Philip. "Foundations of the theory of organization," *American Sociological Review*, 1948, 13 (February): 25–35.

Sloan, A. P., Jr. *My Years with General Motors*, New York: MacFadden, 1964.

Williamson, O. E. "The economics of defense contracting: Incentives and performance," In *Issues in Defense Economics*. New York: National Bureau of Economic Research, 1967a, pp. 217–56.

Williamson, O. E. "Hierarchical control and optimum firm size," *Journal of Political Economy*, 1967b, 75 (April): 123–38.

Williamson, O. E. *Market and Hierarchies: Analysis and Antitrust Implications*, New York: Free Press, 1975.

# 策略化、节约与经济组织 *

本文认为策略，如同仁爱，应该先从"家庭"内部开始（谚语：charity begins at home）。具体而言，即节约才是最好的策略。这并不是说采用策略化的聪明手段和市场定位计划去威胁或者击败竞争者是不重要的，而是说，从长远来看，最好的策略就是有效的（内部）组织和运营。

商业策略是一个复杂的课题。商业策略不仅包括商业中的多个职能领域（functional areas）——比如，市场营销、融资、制造、国际商务等等，而且还是一个真正的跨学科课题——正如我们所看到的，它涉及经济学、政治学、组织理论以及法学的某些方面。随着跨国企业和国际贸易与国际竞争的不断发展，商业策略的重要性与日俱增。

尽管可以对几个主要的分析商业策略的方法进行区分，但是它们主要集中在两大分类中：策略化（strategizing）和节约（economizing）。前者诉诸权力视角，后者主要关注效率。虽然这两种研究方法都与商业策略研究密切相关，但是权力方法在近期的商业策略文献中的地位有些言过其实了。

部分原因可能是，人们认为效率分析方法已经达到炉火纯青的地步，根本不需要进一步的研究了。虽然节约是重要的，但对此我们已经十分清楚了；我们不清楚的、需要研究的是如何设计策略（即，策略化）。另外，不仅许多新奇的做法、新的问题都涉及策略化行为，而且国际竞争的紧迫互动形势也涉及（是最重要的）策略化行为。

我反对以上两种观点。尽管将企业视为生产函数的那种效率分析确实已经达到了高度完善的程度，但是它并没有涵盖与评估效率相关的所有因素。效率

---

\* 原文"Strategizing, Economizing, and Economic Organization"载于 *Strategic Management Journal*，1991，12（2）：75-94。感谢来自以下学者的有益评论：David Levine，VaiLam Mui，David Teece，以及加州大学伯克利分校 Institutional Analysis Workshop 的其他参与者。译者：陈桓亘、贾钦民。

分析应该包含治理成本（governance costs）和生产成本（production costs）。而且，比较经济组织（治理）分析还处于发展的初期阶段。

我进一步断言：在节约与策略化之间比较，节约更加重要。这是因为策略化主要涉及那些拥有市场力量（market power）的企业——这种企业只占市场总体的一小部分（不考虑短暂的市场优势）。更重要的是，我认为如果一个项目在生产、销售或者组织方面面对过重的成本负担，那么策略化的努力将难以奏效。所有巧妙的策略、聪明的定位计划（positioning），抑或所有的人力物力，都难以挽救一个在一阶节约（first-order economizing）就出现严重问题的项目。

相应地，我的观点是：节约比策略化更重要——或者换句话说，节约是最好的策略：这是交易成本经济学视角的核心的、永恒的主旨。此外，强调节约将在商业企业和学术研究方面重新赋予制造和销售重要地位。[1]

可以确定，节约和策略化并不是相互排斥的。有些时候策略化行为被用来掩盖节约方面的缺陷。[李·艾科卡（Lee Iacocca）曾经尝试过这种做法。]更为常见的是，策略化行为能够被用于改善节约效果，这可以从对（学习）成本曲线（learning curve costs）定价的例子中看出。然而，"技术结构"（techno-structure）理论（Galbraith，1967）以及相关的那种认为策略化至关重要的企业理论，已经被认为是没有用处的。尽管与策略化相关的语言充满了诱惑性——战斗（warfare）、可信威胁（credible threats）等等，但还是建议经济组织的学者最好将精力放在更基础（mundane）的节约问题上，比如，协调、可信的承诺、适应以及有效匹配等问题。不管在什么地方，都必须明确处理问题的优先次序。

本文由四部分组成。[2] 第1节简单介绍策略分析的主要效率分析方法，并阐述交易成本经济学方法的基本原理。第2节讨论交易成本经济学对契约关系治理的应用。第3节从节约的角度解释日本企业。第4节是结论部分。

# 1. 节约概述

研究商业策略的主要效率方法有两种：一是基于资源的（resource-based）

---

[1] 海斯和惠尔赖特大体上持一致的观点（Hayes and Wheelwright，1984，第27页）：

制造业是竞争性的观念，而不仅是资源和限制的集合，不是新事物，尽管它的实践不是很普遍。即使在许多管理良好的公司，制造业在本质上是中立的角色，反映了以下观点：营销、销售和研发提供了更好的竞争优势。

但是论点从制造扩展到各种业务。据报道，西尔斯"最终专注于它最大的问题，即其成本在零售业中是最高的"（Schwadel，1990，第81页）。

[2] 本文的会议版本已发布（Rumelt, Schendel, and Teece, 1992），其中一节包括组织形式及其与现代公司的关系。

理论，二是动态能力（dynamic capabilities）理论。这两种研究方法一直都在迅速发展①，并且相互融合（Mahoney and Pandian，1990）。彭罗斯（Penrose）早期的关于企业发展的研究（Penrose，1959）以及近期的 Barney（1991）、Montgomery and Wernerfelt（1988）、Ouchi（1981）、Peteraf（1990）、Teece（1982）、Wernerfelt（1984）以及其他的研究，都对基于资源的理论产生了重大影响。动态能力理论从熊彼特（Schumpeter，1942）那里得到灵感，并且得到了众多后来者的发展，比如 Dosi（1982）、Nelson and Winter（1982）、Prahalad and Hamel（1990）、Rumelt（1984）、Teece（1986）、Winter（1987）等等。

这两类文献会怎样发展下去——各自发展还是相互融合，我还不清楚。但是显然，它们研究的是重要的问题。或许它们会在今后的发展中融为一体。就目前的情况来看，这两类文献提供了基本的框架，并且提出了需要进一步解释的洞见。

正如我在其他地方所讨论的（Williamson，1975，1985），交易成本经济学从 Commons（1934）、Coase（1937）、Barbard（1938）、Hayek（1945）、Simon（1947，1962）、Chandler（1962）以及 Arrow（1962，1969）等人的作品中吸收灵感。交易成本经济学能否解决基于资源的理论和动态能力理论提出的策略问题，还有待观察。不管怎么样，我研究效率问题时所采用的主要方法仍然是交易成本经济学。②

这样做有利有弊。一方面，研究商业策略的效率方法非常需要一个集中的视角；另一方面，商业策略又涉及多种目标（broad mandate）。一个集中的视角可能并不能很好地解释所有重要的策略问题。然而，我承认，交易成本经济学能够广泛解释节约类型的问题；如果像我在文章开头所说的那样，节约是最好的策略，那么交易成本经济学观点就是值得关注的。

## 1.1 一阶节约

尽管分清楚问题的主次无疑是重要的，但是一阶节约——有效适应和减少浪费——却还是被忽视了。

1. 适应③

哈耶克坚持认为，"经济问题永远只能（always and only）在发生改变时出现"，这个真理被另一种观点掩盖了，持这种观点的人认为，"技术知识"

---

① Mahoney 和 Pandian（1990）最近的评论列出的这些书和文章有 100 种。
② 有关的贡献包括 Williamson（1975；1985；1991）、Crawford and Alchian（1978）、Alchian（1984）、Teece（1982；1986）、Grossman and Hart（1986）、Mast Meehan and Snyder（1991）。
③ 这部分内容基于我在 Comparative Economic Organization（1991）一文中所做的讨论。

(technological knowledge）才是最重要的（Hayek，1945，第 523 页）。哈耶克抨击后者道："社会中的经济问题则主要是在快速适应某个特定时间及空间环境时产生"（Hayek，1945，第 524 页）。对哈耶克特别重要的观点是：价格体系是一个沟通信息和引起变化的非常有效的机制（Hayek，1945，第 524-527 页）。

有趣的是，伯纳德（Barnard，1938）也认为组织的主要问题是对变化环境的适应。但是，哈耶克关注的是市场中的适应，而伯纳德关注的是组织内部的适应。面对持续变化的环境，"组织的生死存亡取决于能否保持复杂特性的均衡……［这］需要组织内部的调整……［因此］我们主要关注的问题是完成［适应］调整的过程"（Barnard，1938，第 6 页）。

尽管有明显的冲突，但我还是认为：适应是经济组织的核心问题，并且哈耶克和伯纳德都是正确的。他们所说的适应是两种类型，一个高性能的系统需要兼备以上两种适应能力。价格信号能够达到哈耶克所说的那种适应。当一种商品的需求或者供给发生变动时，这种变动会反映在价格的变动中，面对价格信号，"（市场）个体参与者……能够调整到正确的行为"（Hayek，1945，第 527 页）。我把这一类适应称为适应性 A，A 表示自主（autonomy）。这就是新古典的完美世界：其中的消费者和生产者各自对价格参数做出反应，以此分别达到效用最大化和利润最大化。

如果所有的干扰都是这种类型（即价格波动），那么适应性 A 就完全足够了。然而，有些干扰需要协调应对（coordinated response），以防止个体参与者追求其他目标或者出现其他次优结果。

随着协调投资和非竞争性再协调的需求（在频率上和重要性上）的增加，人们开始求助于其他机制。这类协调适应将被称为适应性 C，C 表示协调（co-ordination）。这种被有意识地、经过深思熟虑后有目的性地设计出来的内部适应性协调机制，就是伯纳德所关注的那种适应。这类适应涉及复杂的缔约活动和内部组织。

## 1.2 官僚主义和浪费

如果企业可以被假设成采取生产函数并以最大化利润的方式持续运转，那么管理成本和浪费就是无足轻重的。但是，这种假设是非常糟糕的简化。[①] 如同下面哈耶克所言（Hayek，1945，第 523 页）：

……控制成本上升的任务需要付出不懈努力，这会消耗经理人大量的

---

① 可以肯定的是，关于 X 效率的文献有许多突出的问题。那些文献并没有建立起一个实证研究议程。关于它的研究还处于一般层面，还没有确定适当的分析单位。其中，还没有研究可修复性和不可修复性的 X 低效率的情况。不可修复性的缺陷——无法通过净收益来修复（Coase，1964）——在实际中不重要。

精力。对于一个低效的经理人很容易浪费可以带来利润的各种改变，经理人也可能在相同的技术设备条件下按照非常不同的成本进行生产，这些都是屡见不鲜的商业现象；但对经济学者来讲，他们对这些现象可能并不是同样地熟悉。

与此相关地，弗兰克·奈特也表达了对忽视浪费的担忧（Knight，1941，第252页）：

……一般来讲，在有限的条件下，大多数人都希望行为更具节约性，以使他们的活动和组织变得"高效"而不是浪费。这一事实极其值得强调；同时，经济科学的恰当定义……会清楚地告诉我们，这里讨论的问题与社会政策有重要联系，社会政策的实施被认为是为了提高经济效率和减少浪费。

此外，我还想到了奥斯卡·朗格的观点，"*社会主义真正的威胁并不是无法解决资源配置的问题，而是经济生活的官僚化*"（Lange，1938，第109页）。然而，因为兰格认为这个问题属于"社会学领域"，所以他认为，"这里就无须讨论这个问题了"（Lange，1938，第109页）。此后的社会主义观察者沿袭了这条道路。（但是）得益于后来的经验，人们明显发现：先前关于社会主义经济理论的边际定价方法和行为分析忽视了大部分关键的经济行为。关于一阶优化的更为基础性的（管理上的或者行政管理上的）问题就被忽视了，这些问题与浪费和官僚主义相关。[1]

解释浪费、官僚主义、懒散等行为的一种方式是，这些都是管理效用（managerial utility）的来源（Williamson，1964）。但是，在本文中我提出了一种不同的观点：这些过重的成本（即浪费、官僚主义和懒散）对效用的贡献微乎其微，这些行为（或成本）产生主要是由于组织低效和为了适应不良的运营。所以在相同行业使用相同技术并向相同消费者销售的两个企业所获得的利润不同，不是因为一个企业的经理比另一个更努力，而是因为虽然两个企业的经理都同样地努力，但是其中一个工作更高效——采用更好的组织形式、更有效的内部激励和控制、更优（企业之间和企业内部）的契约安排。

关于一阶节约和二阶节约的差异，可以通过一个简单的福利经济学局部均衡来演示。假设一个行业以价格 $p_1$ 销售商品量 $q_1$，并假设收益刚好等于行业平均成本和"膨胀成本"（bloated costs），用 $c_0+b$ 表示，其中 $c_0$ 表示该行业

---

[1] 相反，社会主义的效率是根据以下方面来判断的：企业是否可以将各种要素结合在一起，以最低成本的方式进行生产并设定产量价格等于边际成本（Bergson，1948，第432—33页）？伯格森（Bergson，1948）对社会主义的乐观评价是基于边际主义原则在社会主义制度中的应用。阿巴·勒纳（Abba Lerner）对社会主义国家有效配置资源理论很有信心，他认为，"墨西哥被托洛茨基（Trotsky）说服，只要复制竞争系统的结果，价格被设定为等于边际成本，那么社会主义国家就可以运行良好"（Coase，1988，第8页）。

能够供给 $q_1$ 产量的最低平均成本，$b$ 表示"膨胀成本"（即过重的官僚成本或者浪费）。现在假设，通过组织重整来消除不必要的官僚以及浪费的官僚主义行为，以此来消除"膨胀成本"；又假设价格仍然为 $p_1$。因此大量的社会收益来自浪费的消除——成本节约用长方形面积 $W=bq_1$（$W$ 表示浪费）表示，如图 1 所示。现在又假设价格下降至新的水平 $p_2$，$p_2=c_0$；此时得到新增的分配效率收益——表示为 $L=1/2b\Delta_q$（其中 $\Delta_q=q_2-q_1$，$L$ 表示无谓损失）。这种由价格所引起的效率收益（二阶）尽管很重要，但是相对于一阶效率收益（来自浪费的清除）而言就很小。确实，$W$ 与 $L$ 的比率，即 $2q_1/\Delta_q$，能容易地达到 10∶1 的量级。

上文明显说明：主要的行动（措施）在一阶效率长方形（长和宽分别为 $q_1$ 和 $b$）而不是二阶效率三角形（底和高分别为 $\Delta_q$ 和 $b$）。但是，曾经奈特清晰的认识以及兰格的直觉并没有被普遍接受：经济学家们往往直接假设浪费的问题不存在，并将注意力集中在这个"三角形"上。毫不意外，有学者认为垄断所造成的福利损失（即二阶价格扭曲）是可以忽略不计的（Harberger，1954）。

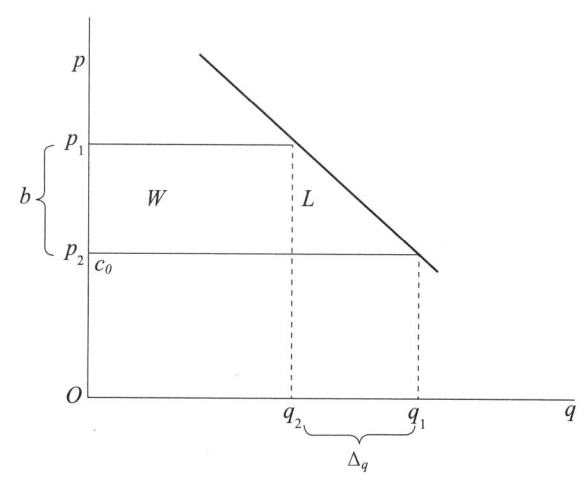

**图 1　效率损失**

## 1.3　交易成本经济学

交易成本经济学设定的主要假说是：通过有效匹配的（主要是以节约交易成本的）方式，将交易（各种交易具有不同的属性）与治理结构（不同的治理结构有不同的成本和能力）相协调。虽然交易成本经济学采用节约的观点，但是它并没有坚称经济组织是毫无缺点的。① 相反，如果经济组织惊人地复杂，

---

① 一位组织经济学领域的学生指出，阿尔弗雷德·P. 斯隆反复强调利润最大化。斯隆是组织领域的天才。他也许是个例外。

事实上正是如此,并且如果经济行为人受限于真实的有限的认知水平,事实也是如此,那么交易和组织的匹配就往往会面临失败。我认为过重的浪费、官僚主义、懒散以及其他行为,大部分都可以由匹配失败来解释。交易成本经济学之所以与商业策略相关,正是因为一阶节约(匹配)并不总是受关注的,并且/或者有时候与经理人偏好相冲突。① 因此这是十分重要的:对经济组织进行微观分析并解释应该何时采用哪种匹配以及为什么。

其他文献已经建立了交易成本经济学分析[近期的总结,参见 Alchian and Woodward(1987)以及 Williamson(1989)]。本文在这里只关注交易成本经济学四个方面的特征:(1)行为假设,(2)分析单位,(3)治理,(4)效率与权力。

1. 行为假设

交易成本经济学希望在认知方面和自利方面描述"人本来的样子"(man as he is)(Coase,1984,第231页)。交易成本经济学依靠两个行为假设:有限理性和机会主义。前者意味着人类行为是"有意图的理性,但仅仅是有限度的理性"(Simon,1947,第 xxiv 页),而机会主义则涉及带有欺骗、损害他人利益的自利。

这两个关于组织经济的行为假设产生了三个重要的影响:(1)所有的复杂契约不可避免地是不完全的,并且许多复杂的激励调整过程难以实现;(2)"作为承诺的契约"是充满风险的(因为机会主义);(3)通过组织来节约有限理性并保障交易不受到机会主义侵害,将能够实现额外的价值。因为第(1)条,所以不可能存在完美的缔约模式(阿罗-德布鲁与机制设计)以及完美的声誉机制(Fama,1980)。因为第(2)条,所以也不存在完美的(空想的)组织形式。而第(3)条意味着可以节约交易成本。

2. 分析单位

交易成本经济学将交易作为分析的基本单位(Commons,1925,1932),并认为区分交易的主要维度(从交易成本节约的角度)是:频率、不确定性和资产专用性(Williamson,1975,1979,1983),有学者认为或许应该加上"测度的难易程度"(Barzel,1982;Kenney and Klein,1983;Alchian and Woodward,1987;Holmstrom,1989)。在这四个方面中,资产专用性——涉及一项资产重新配置作为他用(或他人使用)而不损失生产价值的难易程度(Williamson,1971,1975,1979;Klein,Crawford,and Alchian,1978)——在研究契约关系治理中扮演着重要角色。

---

① 管理层的偏好——比如喜欢纵向一体化——可能会产生浪费的后果,假设这个偏好造成的浪费超过了管理者的效用(来自工资或者其他薪酬计划)。

### 3. 治理

尽管非经济学家一直以来都承认"组织内部微观力量"（micro-forces）是重要的，但经济学家是最近才赞同该观点的。（因为）只要人们认为组织形式只有三阶节约效果，那么将企业视为生产函数的观点就会流行。

一个关于微观力量的更加谨慎的观点如下（Kreps and Spence，1985，第374-375页）：

> ……如果想要构建组织行为的模型，比如企业，那么将企业视为组织的研究应该是研究进程中的优先事项。严格来讲，该研究并不是必需的：针对（组织）行为，人们可以正确预计"简化的"（reduced form）组织形式，而不用考虑组织内部的微观力量。但是这样的研究可能有助于设计出强调某些重要变量的简化的组织形式。

因为缺乏预测性，交易成本经济学坚持认为：关于组织的微观分析的知识，特别是关于交易成本节约的方面，对于设计出强调某些重要变量的简化的组织形式至关重要。进行分析的关键一步是识别出不同治理结构（即组织形式）的表现特征。正如前文所提到的，自主适应和协调适应（即适应性 A 和 C）是重要的特征。自主适应中价格提供足够的信息，市场组织（相对地）较优；协调适应中要求协调反应，层级制组织（相对地）较优。将上述观点扩展到包括混合模式，即长期契约、特许经营（franchising）、合资企业等类似的组织，这些组织是介于市场和层级制之间的。① 通过混合模式即可得到混合适应 [mixed adaptation（A/C）]。

### 4. 效率与权力

在策略研究领域，将权力（power）区分为两种是有用的：一是市场权力，二是资源依赖性（resource dependency）。交易成本经济学提醒我们，不要过分使用权力观点（即两种权力观点）。

不考虑暂时的市场优势，大多数企业都是缺乏市场权力的，而这种市场权力却经常出现在策略研究的文献中。将暂时的市场优势赋予策略重要性是愚蠢的。因为只要有竞争者把价格下降到新的成本水平，即使是长期的市场优势也往往会被熊彼特式的"更替"（handing on）（Schumpeter，1947，第155页）替代；（因为）只要竞争者发现了新的机会，就难以有目的地（特别是从政治上）限制竞争者利用这些新机会。

权力观点中的资源依赖性并没有在交易成本经济学中出现，一方面是因为初始禀赋一般被视为给定的，另一方面是因为缔约过程的研究是整体性（in

---

① 上述资产专用性的条件在很大程度上确定了哪种类型的适应。市场是自主适应，层级制是双边适应，混合制是混合适应（A/C）。

its entirety)的。确实，假定初始禀赋给定并不是说初始条件无可争辩。但是我们的讨论需要一个初始起点。

一种可能是，以一个初始条件开始（讨论），然后问初始条件有没有问题，如果有，就提出修正方法。然而，有问题的初始条件有时候可能是无法修正的——因为难以找到能得到预期净收益的修正方法（Coase，1964）。此时假设已经不存在明显的获得净收益的机会，从而考虑整体审视缔约过程的结果。

交易成本经济学的标准假设［交易缔约方是相对有远见的（far-sighted），或者能从错误中快速学习，包括从其他人的错误中学习］弱化了/消除了权力效应。这样的缔约方会预期可能的（产生）依赖的条件，并在一开始就针对这些依赖条件做出组织（应对）。相应地，在资源依赖理论中，对那些对不知情的缔约方造成损失的意外依赖条件会在交易定价中体现出来；而在整体审视缔约过程的研究中①，面对意外依赖条件会产生保障措施和相关的组织应对。与资源依赖相关的权力观点在这个过程中被大大削弱了。

更一般地，交易成本经济学认为，价格、技术和治理结构是同时确定的。因此，考虑一种商品或者服务，并假设用专用技术生产会节约成本，但是会因此导致风险（因为资产专用性）。这种交易就会带有一个风险溢价（反映在价格中），除非提供保障诚信的措施（治理结构）。有时候能够通过改变组织形式来实现净收益，有时候可以通过扩大交易来削弱风险；交易成本经济学会研究这两种情况。

## 2. 比较性缔约

通过研究各种可选择的管理组织形式来研究现代企业，不仅是可能的，也是一种传统做法。这种方法涉及一种组织形式的"*内部*"比较，即层级制。然而，交易成本经济学认为各种组织形式"*之间*"的比较——市场、混合制以及层级制——也至少同样重要。通过把经济组织的问题视为一个不完全整体缔约的问题，可以避免许多缺乏远见的策略推理错误。② 如前所述，假设不完全契约的各缔约方会根据现在和将来的收益和风险来明智地采取行动，他们*同时决定*：（1）待选择的技术，（2）商品或服务的成交价格，（3）组织交易所采用的治理结构。

---

① 重复运用有效匹配原则，那么，对中间产品市场、劳动力市场、资本市场、管制/放松管制、公司治理等等各种各样的经济现象，都可以解释为同一交易成本的节约主题的变体问题。此外，预测规律性也被证实。

② 参见前文的资源依赖性讨论。

如下所述，交易成本经济学与下面的几类问题相关：

（1）什么时候可以实行前向一体化（包含销售阶段）以形成市场进入壁垒？什么时候这种努力可能会失败？（美国糖果公司通过收购批发和零售销售渠道来驱逐竞争者的尝试以失败告终。）

（2）什么时候横向一体化能增加价值？什么时候又是一种公司资源的滥用？［埃克森（Exxon）公司收购瑞恩电气（Reliance Eletric）公司就属于后一类，并且在收购之初就应该能预见到这种结果。］

（3）为什么一家企业收购另一家企业总是伴随着激励强度的损失？［通用汽车公司在收购 EDS 和休斯电子（Hughes Electronics）公司之后，分别发行了 E 和 H 系列股票，这些股票的激励不足是"选择性干预的不可能性"的可预期结果。］

（4）在弱产权体制下，在缔约中应该考虑哪些额外因素？（这涉及销售渠道和技术转让决策。）

（5）存在债务和股权的有效选择吗？这种选择与杠杆收购和管理层收购有什么关联呢？

（6）董事会成员应该从利益相关者中选举吗？还是应该集中从某个特殊集体中选举？

（7）合伙制最适合什么类型的商务？如果匹配失效，会出现什么情况？［博恩艾伦（Booz-Allen）咨询公司上市的决策就是一个不匹配的、随后被撤销的例子。］

（8）考虑到官僚形式的组织往往会经过一段时间后才来批准和重申以前的决策，那么应该采取什么样的对冲限制措施？（最明显的措施是要求所有新的项目都要达到很高的标准才能通过批准。）

在其他地方讨论了如何运用交易成本经济学来研究上述策略问题（Williamson，1985，1988b，1989）。本文不可能讨论所有这些策略应用，我仅仅介绍其中两个：（1）组织中间产品市场（包括在强产权和弱产权制度下的情形）；（2）区别选择债务和股权（来融资），包括对公司治理和合伙制的评价。主要目的是展示交易成本经济学如何重新构建对这些问题的认识。鼓励有兴趣的读者去研究相关文献，以获得更广泛的交易成本经济学应用。此时应该注意的是，上述所有策略问题都可以被重新视为前文所提到的基本的交易成本节约主题的变体问题。（进一步地，我认为深入广泛地使用交易成本经济学来研究策略是有前景的。）

## 2.1　中间产品市场交易

"生产还是购买"这一普遍的问题，不仅是交易成本经济学关注的核心，也涉及有趣的策略问题。这里简述其基本原理，分两种情形讨论：强产权制度和弱产权制度。

1. 强产权

尽管与纵向、横向一体化相关的因素很多——规模经济、税收、配额，以及垄断权力——但是交易成本经济学关注交易的属性，并探究哪种治理结构最适合组织哪种交易，原因是什么。在其他地方对这个问题做了详尽阐述（Williamson, 1971, 1975, 1979; Klein et al., 1978; Riordan and Williamson, 1985; Grossman and Hart, 1986）。交易成本经济学的基本观点与资产专用性密切相关，主要结论是：(1) 当资产专用性较低（可忽略）时，市场购买比内部组织更有优势，因为市场具有高能激励的特征（这将会产生自适应），并且（非专用性交易的）契约方能够几乎不费成本地改选其他交易方；(2) 当资产专用性变得很高时，层级制就更加适合，因为在协调交易关系（该交易中的双边适应需求上升）时，相对于统一所有权（unified ownership）和附带使用的命令，市场的高能激励会出现不良适应；(3) 混合制（比如，长期契约或者特许经营这类具有防范违约的保障措施的契约形式）最适合组织具有中等程度的资产专用性的交易。中等程度的资产专用性和混合适应性（A/C）（匹配）是最节约成本的。

更一般地，设 $M=M(k)$，$X=X(k)$，$H=H(k)$ 分别表示市场、混合制和层级制的治理成本的简化形式，它们都是资产专用性（$k$）的函数。假设每种治理模式都选择相同程度的资产专用性[①]，可以得到以下相对成本关系：$M(0)<X(0)<H(0)$，且 $M'>X'>H'>0$。前一个不等式表示官僚成本随着激励强度增加而减小，所以市场的截距要比混合制小，混合制的截距要比层级制小。第二个不等式表示，随着资产专用性（因此即双边依赖性）变得越来越重要，市场、混合制、层级制在适应性方面的边际成本关系。如图2所示，由上述简化关系式（取合适的参数值）可以得到一个（关于治理结构的）有效供给"三分图"：Ⅰ. 在 $k<\bar{k}_1$ 区间，选择市场；Ⅱ. 在 $\bar{k}_1<k<\bar{k}_2$ 区间，选择混合制；Ⅲ. 在 $k>\bar{k}_2$ 区间，选择层级制。[②]

注意到，通常策略研究评估的一体化净收益为正，因为策略研究认为，一

---

[①] 可以肯定的是，这过于简单化了。一方面，资产专用性是内生变量而不是给定变量，资产专用性的价值和治理结构是同时确定的，而不是先后确定的（Riordan and Williamson, 1985; Masten, 1982）。此外，有时在制作和购买中折中，因为每种方式都有比较优势。但是这些只是为了详细说明交易成本，基本逻辑不变。

[②] 假设 $X(0)$ 明显小于 $H(0)$，否则 $X(k)$ 可能从下方与 $H(k)$ 相交；在 $k<\bar{k}$ 的情况下，混合模式将是成本最低的选择（相对于市场或层级制）。

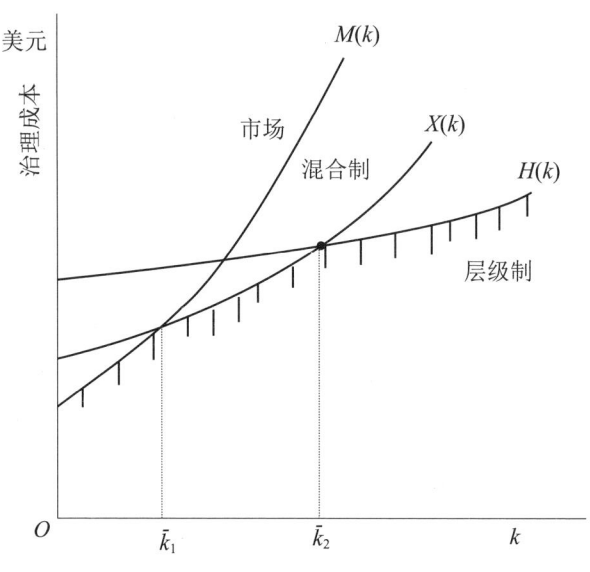

**图 2　比较治理成本**

体化是额外权力的来源。[①] 相应地，由于没有考虑规模不经济（diseconomies of scale）和未做解释的资本限制，那么传统的"生产还是购买"的决策就非常简单了：一体化（购买）即可！相反，交易成本经济学将那种不能带来交易成本节约的纵向一体化视为缺陷（weakness）的来源，而不是权力的来源。[②] 那是因为，相对于混合制和市场，内部组织总是伴随着激励损失和额外的官僚成本。因此，如果（一体化）没有带来补偿性收益（compensating gains）（双边或者多边适应优势），那么一体化只会带来成本，而没有收益。相对于那些没有一体化的竞争者，盲目一体化的企业会削弱自身的竞争力。

确实，通常的策略研究对纵向或者横向一体化的偏好，被交易成本经济学方法所改变。（因为）纵向一体化的组织形式不应该是最初的选择，而是最后的选择——当其他组织形式都失效了，才选择一体化的组织形式。尝试市场、尝试长期契约和其他混合制，只有存在令人信服的理由时才考虑一体化。[③] 假如没有事先存在的垄断力量，如果产生了某些策略考虑，交易成本经济学逻辑认为，一体化应该留给那些双边依赖严重的交易。

---

[①] 有关"双头垄断"背景下的市场力量的研究，请参见 Hart and Tirole (1990)。另请参见萨洛普和谢尔夫曼（Salop and Scheffman, 1983）关于"提高竞争对手的成本"研究。

[②] 这就假设没有一体化激励（参考上页注①）。进一步假设具有强产权制度，如下文所讨论的，弱产权制度可能会促进一体化，以此作为保护机制。

[③] 参见 Williamson（1985，第100页），本页注①，以及下文的论述。

## 2. 弱产权

上一节所讨论的纵向和横向一体化是假设它们发生在产权界定清晰、容易执行的情形下。当契约不完全并且交易失调时，（在双边依赖的条件下，）市场（组织）将面临"麻烦"。在强产权情形下，就存在求助于更复杂的治理结构的激励。

在弱产权制度下会产生额外的激励引进契约保障（contractual safeguards），以防止知识产权（intellectual property rights）流失。蒂斯（Teece，1986）提出了以下观点：在"可侵犯他人财产的弱产权制度"中，创新者（innovators）可能会进行相邻阶段的（后向、前向、横向）一体化，以此通过一体化来弱化契约风险。如果与相邻阶段的企业缔约有泄露重要知识的风险，且相邻阶段的企业具有专用性资产，那么对创新发明的控制可能会不经意间流入他人之手。

确实，相邻阶段的一体化可以用来进行保密交易，不论新一体化的资产是否具有专用性。然而，在资产专用性具有降低成本的作用时，拒绝将知识透露给专门阶段是非常重要的。如果创新发明的实际控制权掌握在能够将知识与资产专用性结合的人手里，那么将相关的专门阶段（生产和销售）一体化就能阻止知识的泄露（Teece，1986）。

这里有必要分清楚许可经营问题（licensing problem）与特许经营问题（franchising problem）。这两者都涉及知识泄露风险，但是可以通过以下方式来阻止特许经营者降低（产品）质量：(1) 要求特许经营者进行不可重新配置的投资；(2) 添加一个强制停止条款（Klein，1980），该策略对许可经营并没有效果。这是因为一旦他人获得知识，停止条款对许可证将不起作用。相应地，许可经营问题需要放在更大的契约关系中，在这种契约关系中，惩罚，而不是停止条款，才具有注入诚信品质的作用。一些相关的问题已经被康特克特（Contractor，1981）在跨国企业背景中解决了。假如缺乏实施阻止措施的能力——由于可信威胁（通过政治来限制国外市场进入本国市场、限制专利技术发展等方式来更加严格地执行商标权），再假设外国直接投资非常昂贵，那么交易成本经济学预期许可经营将会采用一次性收费的方式，而不是版权协议（royalty agreement）的方式。[①]

海德和约翰（Heide and John，1988）提出了一个相关但是不同的观点，他们关注跨期风险（有时候出现在销售商品或者服务的过程中）。他们考虑一个生产者，它生产了一种商品，该商品需要专门的销售渠道在市场销售。该生产者可以自己投资建立销售渠道，也可以雇用了解市场并且能低成本运营的代理人。然而，这些代理人会极力减少他们的投资，因为他们一旦市场销售成

---

① 最后这个是"节点 $B$"的交易成本，参见 Williamson（1985，第 32-35 页）。

功，生产者将会绕过代理人直接进行销售。

实际上，有三个情形有待考察：（1）生产者一开始就直接销售，尽管它对销售并不在行；（2）生产者一开始就雇用代理人来销售，一旦代理人销售成功，生产者就进入（直接销售），反之就不进入①；（3）生产者雇用代理人销售，但是代理人通过联合投资来防止生产者事后进入。有远见的代理人会意识到他们开发市场的成果将会被生产者窃取，除非代理人能够与消费者建立联系以防止第二种情形发生。哪种情形节约成本将视情况而定。如同海德和约翰所说，联合投资往往是最节约成本的方式。

## 2.2 公司融资和公司治理

1. 债务和股权②

债务、股权、租赁等并不仅仅是融资工具，它们也是治理工具。正如存在一个选择生产还是购买的理性推理基础，这里也存在一个选择如何为一个资产融资的理性推理基础。按照复杂程度排列，租赁是最简单的治理形式；随后是债务工具，它为自主拥有（self-owned）的资产融资；股权工具是最具侵入性、最复杂的治理形式。因为治理成本高昂，所以基本原则是将复杂的融资形式对应（匹配）复杂的投资。用资产专用性的术语来讲，可替换的资产可以租赁，中等程度的专用性资产可以使用债务工具融资，股权是最后的融资工具——用于为非常难以重新配置使用的资产种类融资。

尽管大多数之前的公司融资研究都是在一个无差异的或者复合资本的框架下进行的③，但是交易成本经济学是考察单个投资项目的资产属性。因此，假设一个企业打算经营一个卡车车队、大楼，或者能够使用一个通用的工厂得到存货、安装设备、购买模具等等。假设卡车是通用类型的，对于这种耐用运输资产，租赁是可行的融资方式。（确实，使用成本和预防性保养是让人担忧的，但是相关的规定和标准常常能够限制滥用。）一旦发生延迟付款或者其他问题，专门的所有者（出租人）——他们大量购买设备并服务于广泛的市场——很容易重新购买或者重新配置这些资产。假设工厂位于人口聚集中心，并且资产也是高度可重新配置的。一种可能是租赁现有的空间，另一种可能是采用债务融资（用抵押担保）来购买该工厂。债务工具也可以应用于（非专用性的并且容易清算的）原料库存。然而，假设要求债权人为高度专用性资产融资，债务工具还同样适用于这样的资产吗？

---

① 关于情形（2）有两个变体：如果工厂决定一体化，可以针对管理层的专用性投资进行补偿；或者工厂就直接拒绝补偿。这里假设是后者，因为前者已经有很多损害价值的问题了（Williamson，1985，第 13 章）。

② 这部分的讨论基于 Williamson（1988b）。

③ 关于混合资本的讨论，参见 Williamson（1988，第 567－579 页）。

为此，假设债务融资工具被定义为按规定运行（rules-governed）的结构，规定如下：(1) 定期支付事先约定的利息；(2) 公司经营要持续（continuously）满足一定的流动性标准；(3) 设立偿债基金（sinking fund），并且在债务到期后支付本金；(4) 出现违约后，债务工具的持有者（即债权人）将会对相关资产行使优先受偿权（pre-emptive claims）。如果一切顺利，将按期支付利息和本金；如果事情进行得不顺利，债权人将会按照所投资资产的可重新配置（redeployable）程度，不同程度地获得补偿。随着资产专用性程度的加深，优先受偿权的价值会下降，此时，债务融资条款就会相应地做出逆向调整。

预期到专用性资产在融资中会面对不利条款（因为该资产难以重新配置），公司就会牺牲部分专用性来应对，以增加资产的可重新配置程度。但是，是否有这种可能：设计一种新的治理结构来避免上述权衡，并且增加资金提供者的信心？此时可以假设我们创造出了一种名叫股权的融资工具，并假设该股权融资工具具有以下治理特征：(1) 在收益和资产清算方面，股权融资工具具有剩余索取权。(2) 股权存续期为公司的生命期。(3) 公司设立董事会，并授予其股权。另外，(a) 董事会由持有流通股权的股东按照持股比例投票选举产生。(b) 董事会有权更换经理层。(c) 董事会决定经理层薪酬。(d) 董事会有权定期审查内部绩效考核。(e) 董事会能够按照特殊后续需求授权进行深入审计。(f) 在重大投资和管理建议实施之前，有权获得正式通知。(g) 在其他方面，对经理层拥有决策审查（decision-review）和监督的权力。

资金提供者被要求投资于难以重新配置的资产，为了满足资金提供者的治理需求，*内生产生*了相应的措施：这些资金提供者在公司中作为剩余索取权人（residual claimant）并相应地被赋予了"控制"（control）董事会的权力。应该注意到，在这种情形下股权工具是最后出现的。股权是相对复杂的融资工具，可以说股权是*最后诉诸的*（last resort）融资工具。

用市场和层级制的术语来表述，债务工具类似于市场组织形式。只要资产是可重新配置的，债务工具就运行良好。然而，当资产专用性很高的时候，市场［规定（rules）］让位给行政管理（相机抉择，层级制）。下面的观点呼应了关于中间产品市场的观点：股权，如同纵向一体化，都是留给那些市场组织失效的交易的。该观点颠覆了权力观点，权力观点将纵向一体化和股权视为更为有利因而受到偏爱的组织和融资形式。

## 2.3　利益相关者参与董事会

员工参与董事会有许多形式，其中许多都具有提高生产率的作用（Levine，1990）。参与董事会能够产生直接的和间接的（社会）收益。但是，一旦超过某一界限，过多地参与董事会往往会带来成本。成本和收益的性质与任务、团体以及背景相关。

我在这里主要关注参与董事会的问题，并研究单层制董事会（one-tier board）：首先讨论现代制造业企业，然后讨论专业事务所（professional firms）的组织。

在现代制造业中公司治理的利益相关者的研究方法可以采取许多种形式。一种形式是"利益团体管理"（interest group management），认为应该将董事会席位分为"三分之一为选举出的员工代表，三分之一为消费者代表，三分之一为联邦、州和地方政府代表"（Dahl，1970，第20页）。该观点认为，将员工、消费者、公众以及其他利益相关者排除在董事会之外，是不公平、不民主和低效率的。

交易成本经济学试图对称地评估每一个契约缔约方与企业之间的契约关系。一般的观点是：每一种要素投入都会与企业采取不同的缔约方式。具体而言，对于那些暴露在契约风险中的投入，将会设计出一种契约保障或者要素投入者会要求并得到一个风险溢价。假设公司治理是重要的，因为将公司控制权授予给不当的缔约方将会带来额外的风险——这将会反映在组织成本中；交易成本经济学的第一个也是最简单的训诫就是，公司治理应该由那些向提供专用性资产或者为专用性资产融资的投入者来实施。因此，大量与公司缔约的非专用性团体（nonspecific group）就直接被排除在前者的利益相关者席位之外。

对于那些按照资产专用性而成为利益相关者的人来说，他们关键的问题是如何保护自己的利益。董事会可能会被作为某些或者全部利益相关者的保障措施，这种可能性是值得研究的。有以下几种选择：（1）混合型董事会。在这种形式的董事会中，所有进行专用性资产投资的股东都按比例获得股份。（2）专门董事会（specialized board）。在这种形式的董事会中，所有与其他类型的利益相关者之间的契约关系都是完美的，除了一种类型的利益相关者。董事会应该由这种类型的利益相关者组成（他们因此获得剩余索取权），因为该种类型的利益相关者与企业的契约关系是最难完善的。（3）专门董事会，但是其中一个利益相关者占主导地位，同时授予其他利益相关者观察者地位，以此准许他们提出专门建议，并且/或者满足他们的信息需求。

这些问题已在其他地方做了阐述（Williamson，1985，第12章；1989），在这里只要知道：当利益相关者与企业的契约关系有了清晰界定后，可以通过明确地调整契约界面（contractual interface）而受益。（因为）董事会不仅是一种冗杂烦琐的工具（而不是定义明确的工具），而且它所拥有的保护性权力会因其他方的参与而被削弱。剩余索取权人的地位因而承受巨大风险，如果许多缔约方的权益面临事后在董事会讨价还价，这种风险将会更大。实际上，广泛参与董事会将导致两种好处（获得在契约界面上的所有权力；获得更多的剩余分配）。当面临额外的风险时，在契约扭结中的"天然"剩余索取者将会调整那些对他们不利的条款。正如制造业中（衰退行业除外）的典型情况，股权所有者是天然的剩余索取者，如果董事会采用"利益团体管理模式"（或者它的某种变体），那么股权成本将会上升。

制造业企业与专业事务所（律师事务所、会计师事务所等等）在董事会成员之间的契约上有明显差别。专业事务所的董事会完全由员工（管理合伙人）组成。为什么会产生这样的差异？

两者存在不同：在专业事务所中实物资产非常普通，可以重新配置他用——因此实物资产可以通过租赁或者债务融资获得，没有必要对外发行股票；实际上，发行股票是这类企业的禁忌，因为采用股权工具为这些资产融资只会增加成本，而不会带来收益。这些专业事务所已经通过债务［或者会员资格（membership）］为这些资产融资，所以需要保护措施并处于风险之中的资产是人力资产和企业声誉。因此，控制权和剩余索取权都被恰当地赋予那些与发展、保护这些资产利益攸关的关键员工。汉斯曼（Hansmann）同意并评论道（Hansmann，1986，第54页）：

> 在美国，明显是以职工所有制（worker-owned）为组织形式的行业中，唯一重要的是服务业，比如法律服务、会计、投资银行和管理咨询，在这类行业中，采取合伙制（partnership）和专业事务所（即，公司股份仅限于在公司内执业的专业人员）是典型做法。

有趣的是，经济组织的交易成本逻辑不仅支持这个一般性结论，而且还有助于解释不同合伙制形式的差异。比如吉尔森和姆努金（Gilson and Mnookin，1985）考察了律师事务所的薪酬惯例——主要的薪酬支付方式是高级合伙人拥有等额股份，另一个是按边际生产率支付——然后提出了一个原理：特定交易的价值［比如不同的委托人（客户）、律师、事务所］差异很大。在其他条件相同的情况下，随着委托人与事务所的关系加深，合伙人之间分配股份的安排是受欢迎的，也就是说，高能激励是不受欢迎的（disfavored）。

本节的主要观点是：经济组织是有逻辑可循的，（1）该逻辑取决于几个关键的交易成本节约的原则；（2）该逻辑是在微观分析层面上研究、比较经济组织；（3）该逻辑有着广泛的应用；（4）该逻辑可以用来解释一些异常现象（弱产权、专业事务所）；（5）该逻辑可以向经理层传达并解释；（6）对该逻辑的违背所造成的成本（由于组织的比较性缺陷）是可以避免的。虽然交易成本经济学难以包含所有与商业策略相关的问题，但是交易成本经济学与其紧密相关，并为"节约是最好的策略"论断赋予了预测性内容。

# 3. 日本企业

将讨论扩展到日本企业的一个理由是，讨论商业策略不可能不涉及日本经济组织的问题，即使它不是讨论的焦点。然而，我的主要理由是，我认为日本企业的特殊性不仅仅来自不同的特征，还因为它是这些特征的综合表现（syndrome）。后者促使研究者考虑各种系统因素——一次研究一种契约关系的时候，并不会涉及这些系统因素。

对于为什么日本企业在国际竞争中如此成功，人们已经提出了很多解释。其中一种主要的解释是，日本企业的雇佣关系［终身雇佣制、年功序列制（seniority promotion）］的不同。另一种解释是，日本产业是日本通产省产业规划的受益者。与此相关，日本企业从事着激烈的、可能是掠夺性的商业活动，以此保护国内市场（并被组织为一个卡特尔），而与此同时，对国外市场进行倾销。据说文化差异，包括法律上的差异，都为日本企业的成功做出了贡献。此外，广泛的分包制（subtracting）也被认为是一个重要原因；日本银行业、金融和控制都不同；而且，日本人在雇用销售专才、破坏国外政治程序以促进日本经济利益方面一直精明过人。

显然，这里并不缺少作为解释的因素。比较让人接受的（至少在大众媒体上）解释是策略化观点。然而，我认为日本人很早就认识到"节约是最好的策略"。他们取得成功的主要原因是对一阶节约的不懈追求。

我的观点很大程度上是来自青木昌彦（Aoki，1990）最近对日本企业的调查和评估。我的基本观点是（我的观点与青木昌彦一致，但有所不同）：(1) 三个关键因素——雇佣关系、分包制、银行业——是日本企业获得成功的根本要素；(2) 各种要素的效率依赖于独特的制度支持；(3) 这三个要素之间有一种互补关系。

## 3.1 雇佣关系

正如青木昌彦所说，"所谓的'终身雇佣制'和'年功序列制'只说明了日本雇佣关系真相的一半"，甚至这些说法占真相的比例在之后几年都在下降（Aoki，1990，第12页）。日本公司不仅使用层级制度作为激励机制，而且"当雇员不符合持续晋升标准时，存在确定的可以进行解雇的惩罚制度"来支撑这种层级制度（Aoki，1990，第12页）。[1]

---

[1] 请注意，青木昌彦明确反对这一现行的观点：认为日本企业的工资与资历的联系比美国更紧。参见 Contrast Blinder（1990，第21页）；Aoki（1988，第3章）。

在此我需要强调的是，日本公司的等级制度管理依赖于两个关键的制度支持：首先是公司内部强大的人事部门，其次是企业工会的存在。

在日本，管理企业层级制的人事部门的职能比一般美国公司的更加全面，更注重以职业生涯为导向的方式进行管理。通过对上级和下级之间关系的转换，企业在层级结构中注入了更多的信任（confidence）。与大多数美国公司相比，日本公司的直属上级对下属职业路线的控制要少得多。如果上级和下级的职业晋升都是由同一人事部门"按照各自的功劳"进行管理的，企业政治化的地方性问题就应该会得到缓解。可以肯定的是，在当下的、具体的了解（current，local knowledge）（直属上级的优势）和总体的职业生涯上的绩效（人事部门拥有更多优势）之间要进行权衡。然而，可以想象的是，日本公司人事部门的分配策略和专业化所产生的影响将会与钱德勒将其描绘成"M形结构"的那种影响基本相同：各级管理人员以一种更为客观的方式进行他们的工作（Chandler，1966，第382-383页；1977，第460页）。如果事实确实如此，那么可以说，日本企业的人事部门为我们提供了一种真正重要的组织创新范例。

## 3.2 分包制

日本大型制造公司的纵向一体化程度远低于美国同行。就前面描述的中间产品市场架构而言，日本制造商更加依赖混合的合同（hybrid contracting）。在现实中，图2中的曲线$X(k)$在日本企业中比在美国公司中低，因此值$\bar{k}_2$被推到右边，也就是说，大量在美国被组织为层级制的经济活动会在日本进行分包。

分包能够被延续下来的关键之处在于，日本人更倾向于合作（Aoki，1988，第8章）：人们相信，来自种族同质性和日本长期延续下来的分享水权的长期经验是促进因素。但是，与雇佣关系一样，对于为了促进双边适应而进行的对专用资产的这类投资来说，支持性的治理结构和提供更多保障措施是关键。

同样，契约的神秘性让位于经济组织的逻辑。在非常常规的水平上，日本和美国的采购实践是相似的。因此，从一方面来说，那些战略投资和高度特定的投资都由总承包商实施，而这些都是纵向整合的。在这个讨论体系的另一端是一些通常的项目，这时可以观察到经典的市场采购方式。但是，讨论的中心出现在"是什么支持了更普遍的分包合同"。

浅沼（Asanuma，1989）制定了一个由七个部分组成的量表，以刻画外部分包制的特征，并使用四种关系特定的技能衡量标准来描述日本的买卖双方的关系。正如浅沼观察并解释的日本分包制的惯例一样，合同在以下方面存在系统区别：(1) 所供应零件的性质，(2) 某段合同关系的历史，(3) 行业的成熟度，(4) 供应商对于每个关系特定的技能所进行的评级。"节约的取向"为整个采购活动提供了足够的信息（Asanuma，1989，第 29 页）。此外，这种区别是高度个体化的："某电机行业的核心工厂从同一供应商处购买［通用］零件和［专用］零件"，但每种零件使用的合同是不同的（Asanuma，1989，第 13 页）。

供应商的等级从 A 级到 D 级，重要性逐渐降低。企业会培育 A 级和 B 级供应商，淘汰 D 级供应商，C 级供应商用于缓冲需求的变化（Asanuma，1989，第 17-18 页）。甚至 A 级和 B 级供应商也要按合同续订的间隔展开竞争（合同的期限随所涉及零件的性质而异）（Asanuma，1989，第 4、8 页）。在建立了信任关系的同时，这种分级制可以避免双边垄断的条件："当可行时，［核心公司］会努力通过重新挖掘可替代的、合适的进货源来纠正这种［双边垄断的］状况"（Asanuma，1989，第 26 页）。

关于日本的这些承包惯例，我们看不出任何浪漫或温和的态度。这些做法与众不同的地方似乎在于，它们几乎已经形成了一种在其他地区无法观察到的精致性。在某种程度上，这可能反映了日本人的理解，即纵向一体化是一种"别无他法"时才会使用的组织形式。如下所述，如果要考虑日式分包制的吸引力和成功，引入系统化的考虑至关重要。

### 3.3　银行业

日本的个人银行获准持有非金融公司的股票，比例最高不得超过 5%。但是所有银行加起来可以拥有更多的股票，并且可以做到"整个金融机构（包括保险公司）拥有一家上市公司发行在外的股票总量的 40%"（Aoki，1990，第 14 页）。此外，有趣的一点是，银行的行为是集体性的：一般而言，每一个上市公司会被分配到一个"主银行"（main bank）。青木昌彦将这种关系描述如下（Aoki，1990，第 14 页）：

> 当一组银行向某公司提供主要的长期信贷时，主银行扮演贷款财团经理的角色，并密切监视该公司的业务事务。如果公司遭受业务危机，则这家主银行将承担各种救援行动的主要责任，包括重新安排贷款付款、紧急贷款，提供清算某些资产的建议，促进商机，提供管理资源，以及最后进行重组，以确保财团的主张（Sheard，1989）。但是，在正常情况下，主银行既不插手管理层的选举，也不对公司决策进行明确的控制。

有趣的提问之一是，在商业危机期间，主银行是否会拒绝履行其职责？我认为这是集体组织的一个例子，可以期望声誉效应以通常的可靠性发挥作用。一家主银行未能履行其指定职能实际上保证了这家银行将受到其所属银行集团中其他主体的惩罚。此外，其他团体将观察并记录此行为，将其视为不可接受的违规行为，并将拒绝其继续保有会员资格。因此，潜在的食言者面临着巨大的声誉效应上的惩罚。

这种银行集体所有制的另一个有趣的特征是，日本公司的管理层不受公开市场的"企业收购"的影响（Aoki，1990，第 14 页）。如果发生管理层替换，则由主银行进行相应的安排（Aoki，1990，第 15 页）。

## 3.4 系统效应

这些日本惯例中的每一个都有其自身的特色，而且其中有些可以并且已经被美国公司模仿，例如，美国公司已经更加了解分包合同在它们期望节约成本时潜在的优点。

但是，我在这里要强调的是，这三个关键因素是相互联系的。特别是，日本人事管理实践的有效性是通过广泛的分包和银行控制来支持的。

如前所述，交易成本经济学认为，所有长期契约不可避免地是不完整的，并且存在契约风险。鉴于终身雇佣是一项特别长期的契约，这可能造成四种风险：(a) 企业由于承担了经济责任，如果遭遇经济逆境，比如说需求周期性下降，将容易陷入困境；(b) 核心企业的工人可能将他们的工作视为"铁饭碗"，由此推卸责任；(c) 一些将生产能力专门用于特定公司需求的工人可能会发现，经过收购之后，他们的协议会被毁约；(d) 虽然并非企业中的所有工人都可能与企业具有相同的重要关系，但是人们很难抗衡对平等待遇的要求，因此，终身制会被授予所有人。在下文中，我将这些称为逆境、偷懒、违反条例和平均主义。

我认为，核心公司运作时采用的制度性矩阵缓释了这些风险。一方面，日本的人事部门与企业工会相结合，大大减轻了偷懒现象的发生，同时帮助消除了平均主义。如果分包商在终身制方面的约束比核心公司要少，那么广泛的分包有助于缓解企业面对的逆境。当然，还存在其他好处，比如广泛的分包通过使劳动力均化，简化了总承包商中的人事管理和企业工会运营的工作。由于种类繁多，人事管理的任务非常艰巨，但由此带来的是，它们管理的范围大大缩小了。而且，企业工会成员内部的工资差异也得以减少。实际上，分包商的多样性被消除了（也即，每个分包商都是相对同质的），这减轻了平均主义。该系统总体上可以提供多种功能，但每个部分都是相对同质的。但是，这种简化造成的结果是，日本的就业体系可能将承受更大的压力。[①]

---

[①] 正如青木昌彦所说："一家公司的差异化雇佣制度不容易从劳资关系的角度来分析。另外，在按工会商店原则组织的企业工会中，工会可能很难代表不同员工群体的利益分歧。这些考虑因素鼓励企业'分拆'或分包那些需要不同劳动质量的工作。"这就产生了差异化相对没有那么大的就业结构（Aoki，1984，第 27－29 页）。

日本的主银行集体所有制可以减少由于现任管理人员被新的所有者（收购）所取代而引起的契约违规风险。可以肯定的是，在日本的语境下，我认为施莱弗和萨默斯（Shleifer and Summers，1988）关于收购会造成所谓的"信任违约"（Williamson，1988c）的观点是夸大其词。但是，就现有的终身雇佣制的安排而言，这种风险出现的可能性更大，并且有必要增加更多保护。

结果是，通过如图 3 所示的综合力量，日式系统的整合力量可以在职业生涯的 5 个阶段减轻风险带来的危害。更一般地说，将日式的雇佣关系、银行业和分包合同联系起来的系统的力量超出了如图 3 所示的联系范围。图 4 所示的范围更广。可以说，这种关系网络具有整体大于部分的总和的效果，当然，这种效果也更难被复制。①

**图 3　为"终身雇佣制"提供的支持**

(1) 逆境，(2) 偷懒，(3) 违反条例和 (4) 平均主义。

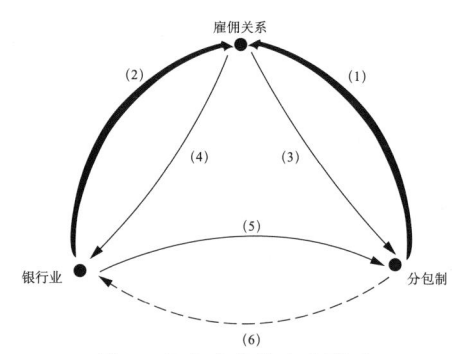

**图 4　日本企业的生态联系**

粗箭头：强支持；细箭头：支持；虚线箭头：弱支持。
(1) 更强的同质性；(2) 更大的契约稳定性；(3) 反馈稳定性；(4) 对逆境做出可信赖的回应；(5) 融资计划（趋同的期望）；(6) 不会出现不可预期的情况。

---

① 但是日本经济组织继续发展。1984—1985 年以后银行的作用不那么重要。也不排除这种可能：日本公司结构已经过时，而且主要是出于历史原因，这一结构还不能被忽视（Emmett，1991，第 36 - 40 页）。

## 4. 总结

彼得·德鲁克（Peter Drucker）于1946年撰写了一本重要著作：《企业的概念》(*The Concept of Corporation*)。这本书对于如何理解一家多业务公司的总部的作用产生了重大影响。当然，阿尔弗雷德·钱德勒于1962年出版的《策略和结构》(*Strategy and Structure*)和阿尔弗雷德·斯隆于1964年出版的《我在通用汽车的岁月》(*My Years with General Motors*)都极大地增进了我们对一家跨国公司总部的行动目的的了解。就我个人而言，我对现代公司以及组织形式活动的目的的理解和研究方法都受到钱德勒的极大影响。

但是，本文中提出的商业策略方法的根源可以追溯到更早的文献：罗纳德·科斯的《企业的性质》的这篇有先见之明的文章以及我在第1节中提到的相关文献是我认为的商业策略这一研究主题的起点。"节约是最好的策略"的主张来源于这些根源性的理念。

商业策略中缺少但迫切需要的其实是核心理论。[①] 可以肯定的是，博弈论为"商业策略"的"策略"这一词提供了所需的技术。但是，策略的制定或许只与一小部分交易相关，而节约则与所有交易相关。所以，紧迫的需求是锚定以节约为中心的核心理论。

我的观点是：交易成本经济学中微观分析、比较制度以及节约的取向解决了许多与商业策略有关或应予关注的重要问题。此外，通过努力，我们可以进行扩展和完善，以扩大研究的范围，或者进行精准的分析，让观点更加紧密。正如我在其他地方所观察到的那样（Williamson, 1990b, 未发表），20世纪90年代将会是新的组织科学走向成熟的10年。以节约观点作为起点的策略既应促进这些发展，又将是这些发展的受益者。

# 插入语

第7篇论文可以被看作由两部分组成。第一部分对比考察了商业策略文献（尤其是基于资源和动态能力的观点）与TCE对策略问题的看法。与许多人一样，我认为可以通过几个原则性观点来有效地考察策略。我在这里提出观点"节约是最好的策略"来挑战商业策略研究，并用TCE来将他们的核心论点可操作化（通过推导出可辩驳的含义并进行实证检验）。尽管要求更高，但最后

---

[①] 参见 Shapiro（1989）。

一点很重要（参见本书第15篇论文）。

本文的第二部分阐述了TCE逻辑在商业缔约中的适用范围要比一般所认为的更广。超越了基本范式和简单缔约模式（即根据资产专用性以及交易的适应性需求来选择市场、混合制以及层级制），本文利用TCE逻辑来讨论以下我认为是缺乏远见的解释：（1）弱产权制度中的知识产权问题（包括对许可和特许经营之间的治理差异解释）；（2）有效利用租赁、债权和股权融资的解释；（3）商业董事会"利益集团管理"的内生局限性；（4）造成制造业公司和律师事务所董事会之间差异的因素；（5）日本和西方制造企业在雇佣关系、分包制、银行业方面的不同解释。

虽然我相信本文将继续引起商业策略研究者的兴趣，但我也向其他对TCE推理（包括商业策略）的更广泛应用有兴趣的人推荐它。

# 参考文献

Adelman, M. A. "The antimerger act, 1950-1960," *American Economic Review*, 51, May 1961, pp. 236-244.

Alchian, A. "Specificity, specialization, and coalitions," *Journal of Economic Theory and Institutions*, 140, March 1984, pp. 34-49.

Alchian, A. and S. Woodward. "Reflections on the theory of the firm," *Journal of Institutional and Theoretical Economics*, 143, March 1987, pp. 110-136.

Aoki, M. *The Economic Analysis of the Japanese Firm*, North-Holland, New York, 1984.

Aoki, M. *Information, Incentives and Bargaining in the Japanese Economy*, Cambridge University Press, New York, 1988.

Aoki, M. "Toward an economic model of the Japanese firm," *Journal of Economic Literature*. 28, March 1990, pp. 1-27.

Arrow, K. J. "Economic welfare and the allocation of resources of invention," In National Bureau of Economic Research (ed.) *The Rate and Direction of Inventive Activity: Economic and Social Factors*. Princeton University Press, Princeton, NJ, 1962, pp. 353-358.

Arrow, K. J. "The organization of economic activity: Issues pertinent to the choice of market versus nonmarket allocation," In *The Analysis and Evaluation of Public Expenditure: The PPB System*. Vol. 1. U. S. Joint Economic Committee, 91st Congress, 1st Session. U. S. Government Printing Office, Washington, DC, 1969, pp. 59-73.

Asanuma, B. "Manufacturer-supplier relationships in Japan and the concept of relation specific skills," *Journal of Japanese and International Economics*, 3, March 1989, pp. 1 – 30.

Ashby, W. Ross. *Design for a Brain*, John Wiley & Sons, New York, 1960.

Barnard, C. *The Functions of the Executive*. Harvard University Press. Cambridge, MA. (fifteenth printing, 1962), 1938.

Barney, J. "Firm resources and sustained competitive advantage," *Journal of Management*, 17, 1991, pp. 19 – 120.

Barzel, Y, "Measurement cost and the organization of markets," *Journal of Law and Economics*, 25, April 1982, pp. 27 – 48.

Bergson, A. "Socialist economics," In Ellis (ed.), *Survey of Contemporary Economies*, Blakiston, Philadelphia, PA, 1948, PP. 430 – 458.

Berle, A. A. and G. C. Means, Jr. *The Modern Corporations and Private Property*, Macmillan, New York, 1932.

Blinder, A. "There are capitalists, then there are the Japanese," *Business Week*, October 8, 1990, p. 21.

Brown, D. "Pricing policy in relation to financial control," *Management and Administration*, 1, February 1924, pp. 195 – 258.

Chandler, A. D., Jr. *Strategy and Structure*, MIT Press, Cambridge, MA, 1962. Subsequently published in Doubleday & Co., New York, 1966.

Chandler, A. D., Jr. *The Visible Hand: The Managerial Revolution in American Business*, Harvard University Press, Cambridge, MA, 1977.

Chubb, J. and T. Moe. *Schools, Politics, and Markets*, Brookings Institution. Washington, DC, 1990.

Coase, R. H. "The Nature of the Firm," *Economica N. S.*, 4, 1937, pp. 386 – 405. Reprinted in G. J. Stigler and K. E. Boulding (eds.), *Readings in Price Theory*. Richard D. Irwin. Homewood, IL, 1952.

Coase, R. H. "The regulated industries: Discussion," *American Economic Review*, 54, May 1964, pp. 194 – 197.

Coase, R. H. "The new institutional economics," *Journal of Institutional and Theoretical Economics*, 140, March 1984, pp. 229 – 231.

Coase, R. H. "The nature of the firm: Influence," *Journal of Law, Economics, and Organization*, 4, Spring 1988, pp. 33 – 47.

Commons, J. R. "Law and economics," *Yale Law Journal*, 34, 1925, pp. 371 – 382.

Commons, J. R. *Institutional Economics*, University of Wisconsin Press,

Madison, WI, 1934.

Contractor, F. "The role of licensing in international strategy," *Columbia Journal of World Business*, Winter 1981, pp. 73-83.

Dahl, R. A. "Power to the workers?" *New York Review of Books*, November 19, 1970, pp. 20-24.

Dosi, G. "Technological paradigms and technological trajectories," *Research Policy*, 11, 1982, pp. 147-162.

Debreu, G. *Theory of Value*, Wiley, New York, 1959.

Drucker, P. *The Concept of the Corporation*, John Day. New York, 1946.

*The Economist*. "Chrysler and Mitsubishi Motors," April 20, 1991, p. 71.

Emmett, W. "International finance: Gamblers, masters, and slaves," *The Economist*, April 27, 1991, pp. 5-52.

Fama, E. F. "Agency problems and the theory of the firm," *Journal of Political Economy*, 88, 1980, pp. 288-307.

Galbraith, J. K. *The New Industrial State*, Houghton-Mifflin, Boston, MA, 1967.

Gilson. R. and R. Mnookin. "Sharing among the human capitalists: An economic inquiry into the corporate law firm and how partners split profits," *Stanford Law Review*, 37, January 1985, pp. 313-397.

Grossman, S. J. and O. D. Hart. "Corporate financial structure and managerial incentives," In J. J. McCall (ed.), *The Economics of Information*, The University of Chicago Press, Chicago, IL, 1982, pp. 107-140.

Grossman, S. J. and O. D. Hart. "The costs and benefits of ownership: A theory of vertical and lateral integration," *Journal of Political Economy*, 94, August 1986, pp. 691-719.

Hansmann, H. "A general theory of ownership," unpublished manuscript, 1986.

Harberger, A. "Monopoly and resource allocation," *American Economic Review*, 44, May 1954, pp. 77-87.

Hart, O. and J. Tirole. "Vertical integration and market foreclosure," in Martin Neil Baily and C. Winston (eds.), *Brookings Papers on Economic Activity: Microeconomics*, Brookings Institution, Washington, DC, 1990, pp. 205-276.

Hayek, F. "The use of knowledge in society," *American Economic Review*, 35, September 1945, pp. 519-530.

Hayes, R. H. and S. Wheelwright. *Restoring Our Competitive Edge: Competing Through Manufacturing*. John Wiley, New York, 1984.

Heide, J. and G. John. "The role of dependence balancing in safeguarding transaction-specific assets in conventional channels," *Journal of Marketing*, 52, January 1988, pp. 20–35.

Holmstrom, B. "Agency costs and innovation," *Journal of Economic Behavior and Organization*, 12, December 1988, pp. 305–327.

Holmstrom, B. and P. Milgrom. "Regulating trade among agents," *Journal of Institutional and Theoretical Economics*, 146, March 1989, pp. 85–105.

Kenney, R. and B. Klein. "The economics of block booking," *Journal of Law and Economics*, 26, October 1983, pp. 497–540.

Klein, B. "Transaction cost determinants of 'unfair' contractual arrangements," *American Economic Review*, 70, May 1980, pp. 356–362.

Klein, B., R. A. Crawford and A. A. Alchian. "Vertical integration, appropriable rents, and the competitive contracting process," *Journal of Law and Economics*, 21, October 1978, pp. 297–326.

Knight, F. H. "'Review of Melville J. Herskovits' 'Economic Anthology,'" *Journal of Political Economy*, 49, April 1941, pp. 247–258.

Kreps, D. "Corporate culture and economic theory," unpublished manuscript, 1984.

Kreps, D. M. and M. Spence. "Modelling the role of history in industrial organization and competition," In George Feiwel (ed.), *Issues in Contemporary Microeconomics and Welfare*, Macmillan, London, 1985, pp. 340–379.

Lange, O. "On the theory of economic socialism," In Benjamin Lippincott (ed.), *On the Economic Theory of Socialism*, University of Minnesota Press, Minneapolis, MN, 1938, pp. 55–143.

Levine, D. "Employee involvement efforts," unpublished manuscript, 1990.

Mahoney, J. and J. R. Pandian. "The resource-based view of the firm," unpublished manuscript, 1990.

Mason, E. S. "Preface," to C. Kaysen and D. Turner, *Antitrust Policy*, Harvard University Press, Cambridge, MA, 1959, pp. xi-xxiii.

Masten, S. "Transaction costs, institutional choice, and the theory of the firm," Unpublished Ph. D. dissertation, University of Pennsylvania, 1982.

Masten, S., J. Meehan and E. Snyder. "The cost of organization," *Journal of Law, Economics and Organization*, 7, Spring 1991, pp. 1–25.

Milgrom, P., D. North and B. Weingast. "The role of institutions in the revival of trade," *Economics and Politics*, 2, March 1989, pp. 1–24.

Montgomery, C. and B. Wernerfelt. "Diversification, Picardian rents, and Tobin's q," *Rand Journal of Economics*, 19, 1988, pp. 623–632.

Nelson, R. and S. Winter. *An Evolutionary Theory of Economic Change*, Harvard University Press, Cambridge MA, 1982.

Ouchi, W. G. *Theory Z*, Addison-Wesley, Reading, MA, 1981.

Pelikan, P. "Evolution, economic competence, and the market for corporate control," *Journal of Economic Behavior and Organization*, 12, December 1989, pp. 279–304.

Penrose, E. *The Theory of Growth of the Firm*, John Wiley & Sons, New York, 1959.

Peteraf, M. A. "The cornerstone of competitive advantage: A resource-based view," Discussion Paper No. 90–29. Kellogg Graduate School of Management, Northwestern University, 1990.

Prahalad, C. K. and G. Hamel. "The core competence of the corporation," *Harvard Business Review*, 68, 1990, pp 79–91.

Riordan, M. and O. Williamson. "Asset specificity and economic organization," *International Journal of Industrial Organization*, 3 (4), 1985, pp. 365–378.

Rumelt, R. "Towards a strategic theory of the firm," in R. Lamb (ed.), *Competitive Strategy Management*, Prentice-Hall, Englewood Cliffs, NJ, 1984, pp. 556–570.

Rumelt, R. "Theory, strategy, and entrepreneurship," in D. Teece (ed.), *The Competitive Challenge*, Harper and Row, New York, 1987, pp. 137–158.

Rumelt, R., D. Schendel and D. Teece (eds.), *Fundamental Issues in Strategy*, Harvard Business School Press, Boston, MA, 1992.

Salop, S. and D. Scheffman. "Raising rival's costs," *American Economic Review*, 73, May 1983, pp. 267–271.

Schumpeter, J. A. *Capitalism, Socialism, and Democracy*, Harper and Row, New York, 1942.

Schumpeter, J. A. "The creative response in economic history," *Journal of Economic History*, 7, November 1949, pp. 149–159.

Schwadel, F. "Sears's Brennan faces facts about costs," *Wall Street Journal*, August 10, 1990, p. B1.

Shapiro, C. "The theory of business strategy," *RAND Journal of Economics*, 20, (Spring) 1989, pp. 125–137.

Sheard, P. "The Main Bank System and corporate monitoring in Japan," *Journal of Economic Behavior and Organization*, 11, May 1989, pp. 399–422.

Shleifer, A. and L. Summers. "Breach of trust in hostile takeovers," in A. Auerbach (ed.), *Corporate Takeovers: Causes and Consequences*, University of Chicago Press, Chicago, IL, 1988, pp. 33 – 56.

Shleifer, A. and R. Vishny. "The takeover wave of the 1990s," W. P. 288 (unpublished manuscript), 1990.

Simon, H. *Administrative Behavior*, Macmillan, New York, 1947, 2nd ed, 1961.

Simon, H. "The architecture of complexity," *Proceedings of the American Philosophical Society*, 106, December 1962, pp. 467 – 482.

Sloan, A. P., Jr. *My Years with General Motors*, MacFadden, New York, 1964.

Teece, D. J. "Towards an economic theory of the multiproduct firm," *Journal of Economic Behavior and Organization*, 3, March 1982, pp. 39 – 64.

Teece, D. J. "Profiting from technological innovation," *Research Policy*, 15, December 1986, pp. 285 – 305.

Wernerfelt, B. "A resource-based view of the firm," *Strategic Management Journal*, 5, 1984, pp. 171 – 180.

Williamson, O. E. *The Economics of Discretionary Behavior: Managerial Objectives in a Theory of the Firm*, Prentice-Hall, Englewood Cliffs, NJ, 1964.

Williamson, O. E. *Corporate Control and Business Behavior*, Prentice-Hall, Englewood Cliffs, NJ, 1970.

Williamson, O. E. "The vertical integration of production: Market failure considerations," *American Economic Review*, 61, May 1971, pp. 112 – 123.

Williamson, O. E. *Markets and Hierarchies: Analysis and Antitrust Implications*, Free Press, New York, 1975.

Williamson, O. E. "Transaction-cost economics: The governance of contractual relations," *Journal of Law and Economics*, 22, October 1979, pp. 233 – 261.

Williamson, O. E. "Credible commitments: Using hostages to support exchange," *American Economic Review*, 73, September 1983, pp. 519 – 540.

Williamson, O. E. *The Economic Institutions of Capitalism*, Free Press, New York, 1985.

Williamson, O. E. "The economics and sociology of organization: Promoting a dialogue," in G. Farkas and P. England (eds.), *Industries, Firms, and Jobs*, Plenum, New York, 1988a, pp. 159 – 185.

Williamson, O. E. "Corporate finance and corporate governance," *Journal of Finance*, July 1988b, pp. 567–591.

Williamson, O. E. "Breach of trust in hostile takeovers: Comment," in A. Auerbach (ed.), *Corporate Takeovers*, University of Chicago Press, Chicago, IL, 1988c, pp. 61–67.

Williamson, O. E. "Transaction cost economics," in R. Schmalensee and R. Willig (eds.), *Handbook of Industrial Organization*, Vol. 1, North-Holland, Amsterdam, 1989, pp. 135–182.

Williamson, O. E. "Markets, hierarchies, and the modern corporation: An unfolding perspective," unpublished manuscript, 1990a.

Williamson, O. E. "Chester Barnard and the incipient science of organization," in O. Williamson (ed.), *Organization Theory: From Chester Barnard to the Present and Beyond*, Oxford University Press, New York, 1990b, pp. 172–206.

Williamson, O. E. "Comparative economic organization: The analysis of discrete structural alternatives," *Administrative Science Quarterly*, 36, June 1991, pp. 269–296.

Winter, S. "Knowledge and competence as strategic assets," in D. Teece (ed.), *The Competitive Challenge*, Harper & Row, New York, 1987, pp. 159–184.

PART II  PUBLIC POLICY

第二部分

# 公共政策

# 自然垄断行业的特许经营投标
## ——一般论述及有线电视行业的应用 *

经济学家对管制（regulation）的传统态度是"不屑和蔑视"，这种名声并不是没有道理的。但是这种态度并没有区分不同类型的经济活动和不同类型的管制。因此，对于什么情形下管制（以某种形式）是有效的，什么情形下市场模式相对有效，我们需要认真加以区分。

以前对于管制以及其备选方案的研究方法是微观分析，更加微观的交易分析将有助于对（现有的和将来的）受管制的行业进行区分评估。本文对自然垄断行业的特许经营投标（franchise bidding）的研究表明：这种模式所面临的契约缺陷要比我们目前所认识到的更为严重。面对技术和市场的双重不确定性，在 1970 年前后，有线电视（CATV）行业的（没有管制的）特许经营投标并没有预期的那么顺利。

## 1. 引言

管制的局限性是多方面的，并且，至少针对一般情形，其他学者已经对管制做了研究。研究结论仅仅是说管制是有缺陷的，但是并没有证明管制是一种较差的组织经济活动的模式。第一，管制的绩效很容易随着被管制活动的类型以及所采用的管制形式的变化而发生变化。第二，在管制被取代之前，有必要对所提出的备选方案的特点进行评估——不仅要从一般角度进行评估，而且要

---

\* 原文 "Franchise Bidding for Natural Monopolies—in General and with Respect to CATV" 载于 *The Bell Journal of Economics*，1976，7（1）：73 - 104. 本文得到了美国国家科学基金（NSF Soc 72 - 05550 A02）的支持。感谢以下学者的有益评论：Susan Ackerman, William Baxter, Victor Goldbery, Paul Joskow, Alvin Klevorick, Arthur Leff, Paul MacAvoy, 以及 Richard Nelson. 译者：陈桓亘。

针对所涉及的具体经济活动进行评估。如果所提出的（备选）模式有相似的或者其他缺陷，那么看似存在的所谓的撤销管制收益可能是不存在的。

本文主要讨论与垄断供应相关的重要经济体在提供公共服务的过程中，采用特许经营投标来管制供应的效率问题。诚然，从抽象的完美情形来看，管制是非常不完善的。那么在什么情况下，特许经营投标是提供"传统"公共服务的有效解决方案？[①] 具体来讲，CATV 系统是应该采用公用事业管制，还是应该采用特许经营投标方式（Posner，1969，第 642-643 页）？

我对 1970 年前后采用特许经营投标方式提供 CATV 服务的研究表明，相对于被用来取代管制的特许经营投标，它们最大的不同并不在于种类上的不同，而在于程度上的差异——但是这并不说否认特许经营拍卖在提供自然垄断服务方面，有时候确实具有吸引人的特征（见第 5 节）。然而，在有些情况下，当特许经营投标可能、也确实接近管制的时候，与管制相比，所谓的特许经营投标优势就是有问题的。

本文尝试采用比以往更加精细的微观分析来研究特许经营投标问题。理查德·波斯纳认为，"解释具体管制和建议的细节……可能只会使基本问题变得模糊"（Posner，1972，第 98 页），但是我所强调的契约细节与他所讲的"细节"不同。然而，我认为这种强调契约细节的方式具有广泛的应用，它在其他地方被用于研究雇佣关系（Williamson，Wachter，and Harris，1975）和纵向一体化（Williamson，1971）。相对于以往的研究市场协调交易所遇到的问题类型，以及相关地，研究内部（集团的或者层级的）组织在哪些方面为何具有某种优势，在这两个研究领域中就要求更加详细地进行缔约过程研究。

此时，我们认识到波斯纳所说的"用经济学方法研究法律"（Posner，1975）是缺乏微观分析的。波斯纳所推崇的经济学研究方法的理论来源（至少在反托拉斯方面）可以追溯到阿伦·迪雷克托（Aaron Director）及其学生（Posner，1975，第 758 页）。如同我在别处所观察到的，这种传统很大程度上依赖于虚构的无摩擦世界，并且/或者选择性地援引交易成本理论（Williamson，1974a，1974b）。不管这种方法对于课堂教学或者用于检验松散的公共政策多么有效力，它仍然容易导致偏激的、站不住脚的"解决方案"。[②] 而阿瑟·莱夫（Arthur Leff）提出了"用法律的方法研究经济学"的观点（Leff，

---

[①] 本文所提到的传统自然垄断行业是指供电、供气、供水和电话服务。参见 Joskow（1975，第 18 页）和 Jorden（1972，第 154 页）。

[②] 波斯纳认为，罗纳德·科斯的经典文章《社会成本问题》（The Problem of Social Cost）将研究引入了一个"新的法学和经济学领域"（Posner，1975，第 760 页）。这篇具有影响力的重要论文分为两个部分：第一部分主要讨论无摩擦状态；第二部分的讨论则考虑了摩擦的情况。随后的大部分文献（包括特许投标在内）都在很大程度上要么完全以无摩擦为主要内容，要么以有限或者乐观的方式处理摩擦问题。

1975），该观点中交易成本概念更加明显和系统化。我想，本文是对迪雷克托-波斯纳传统①的必要补充（有时候可以替代迪雷克托-波斯纳传统）。

我关于自然垄断服务的供应问题的研究表明，不存在没有摩擦的备选模式。但是我们不得不在这些备选模式中做选择。在评估组织自然垄断的备选模式时，需要考虑如下因素：（1）通过直接询问来确定并加总消费者偏好的成本；（2）分级招标（scalar bidding）的有效性；（3）技术发展程度；（4）需求的不确定性；（5）现有供应商获得特殊技术的程度；（6）专用的、长期设备的使用程度；（7）政治过程受机会主义行为的影响程度，以及在各种模式中不同的机会主义倾向。[最后这一条跟管制特别相关，一旦实施管制，就确定了附属权力（ancillary powers），因此也就扩大了管制的权限，往往就导致了功能失调的后果。尽管不在本文讨论的范围内，但是不知不觉中形成的"附属权力"是管制最严重的缺陷之一。]在契约签订之初以及契约续签期间，人们对签约及其竞争有效性越有信心，就越倾向于选择市场模式。类似地，当人们怀疑不完全缔约是否会产生预期结果的时候，以及当竞争性过程倾向于崩溃的时候，某种形式的管制就会受到青睐。

这里应该注意到，不管是市场还是管制模式都存在变体。因此，就需要进行模式内以及模式间的区别性评估。而且，对于某一种自然垄断服务的供给（模式），也难以提出一个确定的论断。这一种模式在行业发展初期是比较好的选择，但是后来随着不确定性减少，原来的模式可能就不再适合了。如果从一种模式转换为另一种模式会产生棘手的过渡性问题，那么一开始就应该意识到这个可能，并做明确的考虑。

为了能够更有信心地将模式与经济活动相匹配，需要深入地研究各个连续阶段的备选模式的抽象性质。然而，考虑到比较制度分析还处于初步阶段，仅仅进行抽象研究是不够的。对于大量个体案例（individual cases）的微观分析也是很有启发性的。在这些可能作为研究对象的案例中，"对极端案例的研究往往能够指引我们发现事情的本质"（Behavioral Science Subpanel，1962，第5页）。在这两个条件下：一是只尝试进行一般性推论，二是系统对干扰做出一致的可观测反应，这些观察提供了一种相对经济的方法来理解复杂组织的性质。本文所描述的案例仅仅用作一般性推论，满足一致性要求，并且弥补了至今对自然垄断行业特许经营投标进行实证的空白。

第2节研究了稳定状态下的特许经营投标。但是，直到第3节引入了不确定性后，关于投标效率的有趣问题才开始出现。第4节描述并讨论了加利福

---

① 我最近才意识到这是对缔约文献的重要贡献，参见 Macneil（1974）。戈德伯格（Goldberg，1976）在管制的背景下对麦克尼尔描述的"关系型"契约进行了研究。戈德伯格对这个问题的分析与本文的阐述相互独立，但在实质上是一致的。

尼亚州奥克兰市的 CATV 投标案例。第 5 节是总结。

## 2. 简单的特许经营投标模式

最近出现了很多提议，认为应该更加具有想象力地运用市场模式。原因来自两方面：一方面是认为管制存在严重的缺陷，不值得花力气去修复（缺陷）；另一方面是认为市场模式并没有给予机会去处理这些问题，因为管制方案总是先于市场被应用。不管是直接还是间接地，许多这样的提议都可以追溯到现在被称为产权经济学的文献中。[①] 科斯（Coase，1959）关于联邦通信委员会的研究就是一个早期的典型例子。最近出现的值得研究的例子是 CATV 系统组织的问题，波斯纳（Posner，1972）对此做了研究。

波斯纳（Posner，1972）对 CATV 特许经营的研究部分基于德姆塞茨（Demsetz，1968）先前对以下问题的研究："为什么要管制公用事业？"德姆塞茨认为，尽管效率观点可能会预计自然垄断行业只能有一个供应商存在，但不受管制的市场价格不允许出现垄断性质。

### 2.1 基本论点

传统的分析是有缺陷的，因为它没有将事前竞标的人数与事后供应条件区分开来。尽管规模经济可能意味着事后的供应商只有一个，但是在招标的最初阶段却仍然可能存在着大量的竞争者。在竞标初期，大量合格的竞标者在非合谋的情况下竞标成为那个唯一的供应商，该供应行为的成本递减，供应价格并不一定是垄断定价。传统分析的缺陷在于，它忽视了特许经营投标的最初阶段。

涉及一次性支付的投标和授予最低价供应商特许经营权的投标是不同的。在非合谋的情况下，将特许经营权排他性地授予愿意一次性支付最大数额投标费（来保证业务有效进行）的竞标者，实际上是资本化了未来的垄断利润。所以，这种情况下的商品或者服务定价是垄断性的。为了避免这种结果，将特许经营权授予单位定价最低的竞标者是可行的竞标标准。斯蒂格勒（Stigler，1968，第 18 - 19 页；1974，第 360 页）等人有力地证明了上述观点的合理性。

德姆塞茨通过一个假设的例子来解释上述观点。例子中假设一个国家要求汽车所有者每年都要购买汽车牌照，而这种汽车牌照的生产价格是递减的。为了简化论证，他省略了"*不相关的*复杂因素，比如交通系统的持久性、不确定性和非理性行为，这些因素都有可能证明管制委员会的合理性，但是它们与自

---

[①] 相关文献参见 Furubotn and Pejovich（1972）；Furubotn and Pejovich（1974）。

然垄断的理论无关，因为自然垄断理论仅仅依赖于一个信念：由于规模经济，如果只有一个供应商成功地生产这种商品，那么价格和产量就会处于垄断水平"（1968，第57页；着重号为后加）。① 如果众多的非合谋合格竞标者竞争每年的特许经营权，并且报价最低的竞标者得到该特许经营权，"那么获胜投标者的报价和生产汽车牌照的单位成本价格应该相差不大"（Demsetz，1968，第64页）。

此外，德姆塞茨和其他人显然认为，即使在这个简单的案例中考虑到了设备的持久性和不确定性等复杂因素，这个论点依然成立。设备的持久性不会造成设施重复建造的浪费行为，因为如果一个潜在的供应商愿意提出更优的报价，那么干线运输设施可以从原来的供应商转移到新的供应商手中（Demsetz，1968，第62页）。关于管制是不是一种应对不确定性的更有效的方法，德姆塞茨认为，"长期的［非公用事业服务］供应契约能够在市场中顺利达成，并不需要管制的协助"（Demsetz，1968，第64页）。

尽管有时候会有反对的声音②，但是主流的观点认为，自然垄断的特许经营投标具有吸引人的性质。这是为了避免管制的许多缺陷所采用的一种市场解决方案。德姆塞茨明确地总结道："我相信公开市场竞争能够比委员会管制过程更加有效地发挥规范作用"（Demsetz，1968，第65页）。

## 2.2 一些反对观点

**边际成本定价**。莱斯特·特尔泽反对德姆塞茨关于自然垄断的论断，因为他认为特许经营投标并不能保证商品会按照边际成本有效定价（Telser，1969，第938－939页）：

>［德姆塞茨］给读者留下的印象是，他对企业不能得到垄断利润而感到满意，而且他并没有提到效率问题。因此他认为只要能够阻止平均生产成本递减的行业获得垄断利润，就没有必要对该行业进行直接管制……然而这种观点并没有抓住要领。人们争论的要点是管制如何保证效率、如何提升公共福利，而不是利润率的问题。

换句话说，德姆塞茨并没有确定相关的社会福利函数，或者从福利角度来评估他的观点。此外，特许经营投标并不能保证有效的边际成本定价。特尔泽认为，以上两点就是德姆塞茨观点的主要缺陷。

---

① 如果把德姆塞茨对自然垄断的分析限定在初步的理论评论上，其论点并没有太大的问题。但德姆塞茨等人声称他们的观点是与现实社会相关的。当尝试将其观点应用于现实世界中时，显然出现了文中提到的"不相关的复杂因素"。这些因素使得特许投标难以实现其优越性。

② 德姆塞茨对特许投标的优点持谨慎的态度。他在回应特尔泽的批评时强调了自己论点成立所需要的条件（Demsetz，1971）。

德姆塞茨对这些批评做出了回应。他回应道：边际成本定价在那篇论文中不是重点（Demsetz，1971，第356页）。虽然对自然垄断的完整讨论要求解决边际成本有效定价的疑问，但是他原来那篇文章并没有自称要完整地论述该自然垄断问题（Demsetz，1971，第356页）。德姆塞茨后来也怀疑，管制能否比精心设计的投标方案更加有效地定价（Demsetz，1971，第360-361页）。

在本文中，我建议将边际成本定价的问题放在一边，而研究特许经营投标中的摩擦问题，摩擦问题在之前的研究中被忽视了。特尔泽提出了德姆塞茨的文章有"对竞标过程的描述模糊不清"（Telser，1971，第364页）的缺陷，但是他并没有对此深入研究，要弥补这个缺陷，需要深入探究行政机构。从这点看来，特许经营投标相对于管制的优点并不清晰。尽管存在行政机制，但是如果行政机制能够在边际成本定价上优于竞标，那么之前所声称的投标优点就更让人怀疑了。

**不相关的复杂因素**。德姆塞茨在汽车牌照的例子中所提到（并在他的论文中被忽视）的不相关的复杂因素——设备持久性和不确定性——才是问题真正的核心。可以确定，德姆塞茨所应用的稳定状态分析方法有时候会产生具有广泛应用价值的深刻洞见。但是，我承认取巧地从稳定状态提出*比较制度选择*（comparative institutional choice）的问题，可以解决大部分问题。弗兰克·奈特对此提出过警示，虽然是针对不同的制度背景提出的，但是仍然具有广泛适用性（Knight，1965，第267-268页）。不管是奈特所关心的内部组织重要性问题，还是德姆塞茨所关心的市场签约问题，它们的基本观点是：如果不考虑收敛速度，许多组织模式都在稳定状态下取得相同的有效率的效果。[①] 然而，当实际运行环境具有高度不确定性的时候，就有必要关注备选模式的*最初*性质和*适应性*性质。

德姆塞茨对特许经营投标的分析强调最初的供应价格，正如下文所述，他对适应性问题的分析是有局限的、乐观的。如下文将会阐述的，不确定性下的特许经营投标将会遇到许多问题，这些问题与管制批评者们的评判相同；比如戈德伯格（Goldberg，1976）说道，在这种情形下，问题是自然存在的。

# 3. 不确定性下的特许经营投标

研究三种特许经营契约是有益的：一是斯蒂格勒所设想的一次性（once-

---

[①] 从配置效率方面来看，判断以一次性招标费收费，而不是以最低供应价格为标准授予特许权更有效是重要的。我认为稳态条件下，与一次性招标费签约模式相关的垄断扭曲（monopoly distortions）将消失。原因是：稳态条件容易形成低成本价格歧视，边际消费者以边际成本价格获得产品，并且/或者消费者能够更有效地组织市场中的消费者谈判，以达到有效的结果。

for-all）契约；二是德姆塞茨所偏爱的不完全长期契约；三是波斯纳所认可的周期性短期契约（recurrent short-term contracts）。

### 3.1 一次性契约

斯蒂格勒关于特许经营投标的观点主要局限于对德姆塞茨之前对这些研究的支持上。斯蒂格勒简单地评论道："自然垄断行业往往受国家管制。我们发现，消费者能够将国家作为执行拍卖的工具，也就是将提供电力的权力拍卖出去，以此节约交易成本。拍卖……承诺出售商品会便宜定价"（Stigler，1968，第19页）。因为他并没有注意到相反的方面，所以理所应当地认为这种投标方式是实际市场环境中（也就是说，在市场和技术条件不确定的情形中）替代管制的一种严谨的备选模式。斯蒂格勒没有提到周期性（recurrent）投标，这也暗示了他认为投标方式是一种一次性契约。①

一次性契约可以分为两种类型：完全相机权益契约（complete contingent claims contracts）和不完全契约。前者要求特许经营竞标者当时就确定他们将在何种（价格）条款下提供服务，如果价格将会对未来的不确定性事项做出相机的价格调整，那么需要明确在这些未来事项下提供服务的条件条款。人们普遍认为，这种完全契约是非常复杂的，难以描述、难以协商、难以执行（Radner，1968）。这背后的交易不可能性已经在其他文献中讨论过了（Williamson，1975，第2章；Williamson，Wachter，and Harris，1975）。

给定完全相机权益契约的不可行性，就需要考虑不完全的一次性契约。然而，契约的不完全性并不是没有代价的。尽管在满足有限理性的条件约束方面，不完全的一次性契约具有可行性，但是这种契约却增加了机会主义风险。这里的问题基本上也出现在下文将要讨论的不完全长期契约中。

### 3.2 不完全长期契约

显然，德姆塞茨认为特许经营授权契约应该是一个长期契约，该契约通过允许重新谈判附有惩罚性条款的合同项目来完成对未预期到的情形进行适应（Demsetz，1968，第64-65页）。如果缔约的双方在一开始就同意采取一种共同利益最大化的行为准则来解决争端，并分享适应调整后的收益，那么，当然，上文所提的重新再谈判可能就是不必要的。一般的观点是：这种契约不是自我实施的，除非双方对共同收益结果都非常清楚，并且可以低成本地向中立的仲裁者做出解释。如果没有满足这个条件，那么缔约各方就都会在发生预期以外的事项时篡改数据，使其对自己有利（Williamson，1975，第31-33、

---

① 斯蒂格勒的意思也可能是，应该采用德姆塞茨对重新谈判及/或重新招标的论述。德姆塞茨的讨论内容见后文。

91-93页)。

可以确定地讲,这种短视的激进逐利行为可以被两种因素弱化:一是存在非正式的惩罚机制,二是交易双方都认为适应合作有利于长期利益(Macaulay, 1963)。但是机会主义依然使这种情况发生了。在不确定性的条件下,不完全长期契约重新再谈判涉及的问题有:(1)最初的特许经营授权标准可能是人为设定的或者不清楚的;(2)在价格-成本、其他履行绩效以及政治方面容易产生执行问题;(3)在续约期间不太可能出现当期的竞争投标者和潜在投标者的竞争。下面依次考虑这三个问题。

1. 人为设定的或者不清楚的最初特许经营授权标准

"便宜定价"的约定基本上不算是一个明确的承诺,除非能够很明确地规定服务的质量并且能够度量,这种招标才是有经济意义的。波斯纳发现了"明确规定质量"的要求,并提出在招标前应该征求用户的质量偏好。其机制如下(Posner, 1972, 第115页):

……在"公开期"(open season)内,所有的特许经营竞标者在该规定期间自由征求区域居民的意见。这不是民意调查,竞标者将寻求潜在用户的实际购买承诺。在公开期结束后,各个竞标者将对用户购买承诺进行比较,特许经营权将会被授予拥有最多保证购买承诺的竞标者。通过这种方法,每一个用户的表决将依其购买意愿进行加权,在投标者相互竞争的过程中,获胜者就是总体上最受欢迎的竞标者。为了使得公开期征求过程诚实可信,每一个竞标者都被要求事先签订一份契约:如果他最终胜出,他将会按照征求中所提出的价格和服务质量水平提供服务。

如果允许在竞标的最后阶段改变价格和质量,就会出现可比较性问题(comparability problems),上述机制避免了这种问题。事先的征求活动不仅避免了政治团体干涉质量水平制定,也不需要在不确定性的最后竞争阶段从许多"价格-质量"组合中做出选择。

尽管波斯纳的这个事前征求机制具有想象力,但它显然是不切实际的。一是,该机制假设用户能够抽象地评估"价格-质量"组合,并且用时间和意愿来做评估——这就产生了有限理性的问题。[①] 二是,该机制对集体偏好的加总

---

[①] "消费者每天选择不同质量和价格的产品时都需要面对这种问题"(Posner, 1972, 第115页),这种观点基本上没有什么影响力。首先,他甚至连提供自然垄断服务特有的问题都未提到。例如,供电质量的变化往往反映为电压变动和供电中断,而这些经常是难以评估的。其次,可能会产生可变负荷定价(variable load pricing)问题,大多数消费者对此知之甚少。再次,对电力供应做出决策时必须面对大多数生活消费品未遇到的问题,即集体选择。最后,电价与替代品和互补品之间的长期的相互影响相当强。但在假定的征求理论中却很难分辨。

方式是随意的。① 三是，这种方法假设用户将会要求获胜的竞标者按照其提出的质量和价格提供服务，或者如果竞标者没有履约，用户就不会满意。这就提出了履约执行的问题，该问题将在下文中讨论。②

此外，如果提供服务的价格会随着需求而周期性变化——该行为通常能够有效地定额配给公共服务——那么就不是征求单一的最低投标价格，而需要征求一个复杂的定价机制。这种向量式的投标造成了特许经营权授权的困难。

结果是，尽管特许经营权授权的标准可以简化为最低竞标价格，但是如果未来是不确定的，并且相关的服务是复杂的，那么这个标准就容易被人为制定（操纵）。这样的话，授权就往往具有随意性，并且/或者有这样的风险：那些最适合或者最想进行政治冒险的人会进行"冒险性"（adventurous）投标。这再次产生了执行问题。我们下面讨论执行问题。

2. 执行问题

即使是上文所提到的授权契约问题不存在或者小到可以忽略不计，我们仍然必须面对契约执行的问题。正是在契约执行阶段和续约阶段，特许经营投标明显趋于公用事业管制。

为了本部分的讨论，我假设：竞标胜出者在整个契约过程中成为公共服务的供应商，除非发生重大的、持续的违约，才会换掉该竞标获胜者。

该假设可以通过以下几点思考来解释。第一，授权的长期契约就清楚地意味着竞标获胜者会长时间成为服务的供应商。签订长期契约的主要原因在于，为供应商提供必要的激励来进行长期资产投资。③ 如果一旦特许经营者在执行中没有达到特许经营授权人的预期要求，授权人就将吊销其特许经营权，那么长期契约就不切实际，长期资产投资也就不可能了。

预期到诉讼的时间耽搁和费用，授权人也不会轻易更换特许经营者。第二，即使能够顺利更换特许经营者，这也会产生巨额的转换成本（transition costs）。[这些将在下文中讨论。]第三，特许经营授权机构，如同其他官僚机构一样，都不愿承认过失或者被问责。如同埃克斯坦（Eckstein）所言，对大众负有责任的决策者"从他们的决策中获得政治和心理收益，对待决策的态度

---

① 如果按照波斯纳的标准，价格-质量组合 A 击败了价格-质量组合 B、C、D、E，最终在竞争中获胜，其中 A 是高价格高质量模式，B~E 均为低价格低质量组合模式，那么由此就可断定组合 A 受到大众的偏爱吗？

② 关于社区中谁将享有服务，收取多少连接费用方面，会出现类似的问题：只要提出要求就连接并统一收费吗？只为已开通服务超过定量的区域的住户服务吗？为承担自己增量成本的人提供服务吗？尽管签约方可以规定一个单一的标准，但这是最优的吗？在契约期内，这样的连接标准应该保持不变吗？

③ 波斯纳支持的短期契约签订程序意味着长期资产可以从特许权持有者转至接替者。这样就会实现适当的投资激励。我对波斯纳的资产转让程序的特性表示怀疑，在下文中提出了我的理由。

是辩解的,而不是批判的"(Eckstein,1956,第223页)。因为更换特许经营者可以被认为是公开承认错误,所以可以预期,在面对违约的时候,特许经营授权机构倾向于再谈判以达成一个"折中"的解决方案,而不是更换特许经营者。

(1) 价格-成本关系。在不确定性的条件下执行长期契约,固定价格投标往往是难以令人满意的。如果履约环境的不确定性来自技术、需求、当地要素供应条件、通胀等方面,那么价格-成本关系就会发生分离,并且/或者导致两者的关系难以确定。

诚然,价格-成本之间的某些分离可以通过引入价格调整公式来减小(Fuller and Braucher,1964,第77-78页;Goldberg,1975,第19页)。按照某些价格指数来调整价格是一种可能。但是,这是一种相对粗略的调整,当发生技术的迅速变化或者当地情况严重脱离总体指数的时候,这种调整方案就不太可能让人满意。如果不采用固定价格契约,而是商议价格加成(或者成本分摊)契约,就可以更加精确地跟踪成本定价。然而,成本分摊的国防契约执行中又会出现其他问题(Scherer,1964;Williamson,1967)。审计问题和激励不当的问题尤其严重。(注意到,管制存在缺陷。特许经营投标就是被用来克服这些问题的。)

(2) 其他履约问题。契约中缺少关于服务质量的具体规定,以及未能明确监督程序和会计程序,这在契约执行过程中给予了特许经营者自由行动的空间。尽管特许经营者做出了履约保证,但是如果仅仅遵守契约的字面条款就可以增加收益,他们很少能够实质性履行契约(CTIC,1972a,第11页)。此外,技术标准本身不是自我实施的,执行需要设置一个监督机构(CTIC,1973,第7页)。由于个体消费者不太可能获得数据信息或者缺乏专业能力来差异化评估服务质量(Goldberg,1976),并且由于通过指定专门的评估机构来执行评估职能才能实现准备成本(setup costs)节约和专业化劳动分工,所以集中化(centralization)是必要的。应该注意到特许经营投标向管制靠近的趋势。[①]

另外,仅仅为所有的竞标者设定一个统一的标准可能是不够的,因此,假设第一个竞标者打算通过配置高性能的长期设备来达到特定的质量目标;第二个竞标者计划准备应急设备以便应对发生故障的情形;第三个竞标者宣称他将会对维修工人进行大量投入。尽管可能只有一种方案能完全满足需要,但是用

---

① 有线电视信息中心(Cable Television Information Center,CTIC)对该问题的表述如下(CTIC,1973,第7页):技术标准本身不具有强制力。技术标准的执行要求检验系统、评估检验并决定必要的纠偏行动。这些增加了管制的行政负担。特许权管理当局不应该采用标准,除非当局愿意承担执行的负担。

户和特许经营授权机构可能缺乏事先辨别的能力。将特许经营权授予最低报价的竞标者，结果发现他难以履行其所宣称的目标，这将不会令人满意。尽管契约中的惩罚性条款能够帮助避免这样的情形，但事实往往是，竞标胜出者能够重新谈判，以修正契约条款，使其对自己有利，正如国防契约的历史所表现的那样。

会计准则模棱两可以及特许经营授权机构不愿意让竞标获胜者失败，使得特许经营者在重新谈判中策略性地利用会计数据——包括破产威胁。引入监督和会计控制技术可以避免这样的结果，但是这种方式就使得竞标获胜者和授权机构形成了一种类似管制的关系（quasi-regulatory relationship）。

（3）*政治*。如果重新谈判是普遍的，并且可能对特许经营者的营利性经营具有重要影响，那么政治能力就具有特别重要的意义。一个潜在的供应商即使有较高的技术水平以最低成本提供服务，但是他在处理与授权机构关系方面以及影响政治程序方面的能力相对较低，那么他也不太可能在竞标中获胜。[①] 如果政治能力的重要性超过了客观的经济能力，那么特许经营投标相对于管制的优势就让人怀疑。

确实，如果特许经营者比被管制企业受到的利润约束更小（后者受到回报率约束），那么特许经营投标就极有可能会涉及更多政治行为。这里的观点是：投入私人资源以影响政治决策的激励程度与最终利益能够在多大程度上被私人占有直接相关；并且特许经营企业在这方面具有可占有性（appropriability）的优势。[②]

3. 在重新续约期间竞标缺乏公平性

为了避免破坏契约续签期间的有意义的竞争，相对于非胜出者，原来的竞标胜出者不应该因为参与过契约执行就获得了明显优势。然而，正如其他地方所讨论的（Peacock and Rowley, 1972，第 242 页；Williamson, 1975，第 26 - 35 页），以及后文将在 CATV 案例中所阐述的那样，我们有理由相信，在契约重新续约期间不存在公平的竞标。

## 3.3　周期性短期契约

相对于长期契约，周期性短期契约的主要优点是便于进行适应性、连续性的决策。因此，周期性短期契约就可以免于详尽描述未来可能发生的情形，以及提前设计出相应的适应性措施。相反，允许未来自然发生，在续约期间，等

---

[①] 这种情况下，拥有经济资格的当事人与拥有行政技能的当事人联合将获得私人利益，还可能有社会利益。第 4 节的案例分析中出现了这样的联合。

[②] 这里假定，管制不是闹剧；并且管制中严格限制过度管理。本文还假定在特许权模式下，对行政程序施加影响得到的边际净收益额更大。关于政治和管制的讨论，参见 Alfred Kahn（1971，第 326 - 327 页）。

到具体情形发生后，只对发生的情形做适应性调整。换句话说，当具体情形发生时，再寻找一个（或几个）决策分支*。与要求描述出完整决策树的完全相机权益契约相比较（所有的决策分支都事先画出），连续的决策过程极大地节约了有限理性。

此外，假定续约期间的竞争是有效的，不完全长期契约的不完全性风险就可以避免了。没有恰当地定义契约条款最多只会引起当前契约期间的履约不良，可以确定，如果经营者发现了特定的契约漏洞，但是预期到将在近期进行投标竞争，当前的竞标获胜者会更加愿意配合特许经营授权机构，而不是利用该漏洞来获得暂时的谈判优势。② 机会主义行为也被制止了。③

然而，周期性短期契约的有效性主要依赖以下假设：契约续签期间竞标者之间的竞争是公平的。④ 波斯纳曾遇到过并解决了这个问题（Posner，1972，第116页）：

> 电缆公司的工厂使用寿命一般超过特许经营期，这就引出了疑问：该电缆公司不能比那些需要重新建厂的新竞标者出价更高吗？还是说在第一轮竞标中胜出后该公司的谈判方式不再有效了？这都不一定：当以新的设备成本为基础竞标时，相对于当期的经营者，新的竞标者并不一定处于明显的劣势。比如，当一个新的竞标者获胜后，他可以与原来的经营者协商，向其购买原来经营者的设备，并且如果新的获胜者建立了新的生产线，那么原来的经营者就会因为需要承担未分摊部分的设备成本而受到损失。只有当特许经营期很短的时候，电缆厂的经济寿命才成为问题，但是这个问题可以通过在特许经营授权契约中加入一个条款来解决——后来的特许经营者有权要求原来的特许经营者将其工厂（包括改良部分）以折旧后的价格卖给前者。

我发现这些观点过于乐观了。第一，设备估值的问题就往往比波斯纳所说

---

\* 类似于序贯博弈的决策树。——译者注

② 这假定获胜的投标者不是没有信誉的经营者。他们反而想在该行业中持续发展，在其他条件相同的情况下，根据在契约期内与当前获胜的投标者的接触，特许权授予机构在下一个契约期决定是否继续与当前的供应商合作或者转向一个新的供应商。

③ 特许经营权授予机构的职能受到类似的影响。波斯纳（Posner，1972，第115-116页）的观点是：假如特许经营权的期限很长，各方不可能预计到所有可能的修改条款的情况。尽管这是契约中常见的问题，但这里的特别之处是，其中签约的一方不是真正的获益方，而是一个负责监管其他各方（用户）的利益的公共机构。与管制机构接触的经验表明，这样的机构不会忠实可靠地代表消费者的利益。当有线电视公司由于发生不可预料的变化要求修改契约时，公共机构可能会有无效或者不当的反应。短期契约则"不需要考虑……修改条款"的问题（Posner，1972，第116页），就可以避免上面提到的扭曲。

④ 之前关于招标公平及契约续签期间缺乏公平的讨论，参见 Peacock and Rowley（1972，第242页）及 Williamson（1975，第26-35页）。

的复杂得多。第二，波斯纳只关注了非人力资本；他并没有认识到人力资本问题也可能存在。可以肯定，人力资本收益在契约执行期间就得到积累，并且让当期的特许经营者获得一些优势，一旦意识到人力资本，它就会反映在最初的投标竞争中。但是"买进"可能是存在风险的，而且在资源配置方面，这种策略的价格跟踪性质很容易劣于平均成本定价。结果就是周期性短期契约（比如说，四年期契约）是充满不确定性的。

如果相关的投资是相对非专用性的，那么，当然工厂和设备的估值问题就可以不必太担忧。我认为，德姆塞茨的关于汽车牌照的例子就是这种情况。如果通用设备（用于切割、冲压、染色等）经过稍微改动就可以用来有效地生产汽车牌照，那么续约失败的特许经营者就可以将大部分这些设备用于其他的生产目的。新的获胜者能够以很小的成本改动自己的工厂和设备，来有效生产每年的需求量。

另一种情况是，如果工厂和设备的使用寿命在契约执行期间就结束了，那么根本就不用关心它们的估值问题。然而，正如波斯纳所说，建立如此短期的公用事业厂房和设备是没有效率的，该观点已经得到了普遍认可。

另外，不同于德姆塞茨的汽车牌照工厂，大部分公用事业服务（燃气、自来水、电力、电信）需要专用性工厂和设备。CATV也是这种情况。由于重复建造类似的系统是浪费的，而且建造的要求在续约期间将会把其他竞标者置于不利地位，所以需要设计某种方式将资产从原来的特许经营者转移给后来的经营者。

波斯纳认为，可以这样来解决这个问题：契约中规定，后来的经营者可以要求原来的特许经营者将其厂房和设备按照原始成本折旧之后的价格转移给他。与波斯纳所强调的基本方针选择一样，他并没有提供细节。然而，不幸的是，（他所忽视的）细节是值得商榷的。

第一，原来的特许经营者可以操纵（工厂和设备等的）原始成本。第二，即使是在原来的特许经营授权契约中规定了具体的会计处理规则，现实执行的时候仍然会受到质疑。第三，原始成本经过折旧之后的数值最多是对工厂和设备估计设置了上限（有可能不相等，因为还没有考虑通胀因素）。后来的特许经营者极有可能会出价更低，那么马上就会发生成本高昂的谈判。第四，即使没有发生纠纷，波斯纳涉及的程序也仅仅是为转移资产提供了一条法律规则。他并没有考虑投资激励和资产利用等方面的经济属性。

原始成本的会计记录是否被承认，部分取决于设备是不是以竞争性方式购入的。如果原来的特许经营者向后一体化了设备供应商，或者从供应商那里拿了回扣（kickback），那么在契约续签期间，他完全可以操纵价格，使其对其他参与竞标者不利。此外，原始价格也应该包含与建立工厂、安装设备相关的人工成本。然而，如果没有明确规定人工成本应该计入经营成本还是资本成本，那么原来的竞标胜利者就可以将某些人工成本资本化，以此对后来的潜在接替者造成不利。审计可以用来限制这些（价格）扭曲行为，但却具有管制之嫌。并且，即使是经过非常仔细审计后的结果，也往往还是会引起质疑。因为对于估值的真实信息是不对称的（这种信息分布对外部人不利），所以几乎只有依靠潜在的接替者来揭示原来特许经营者的过度资本化行为。

关于折旧费用的界定非常困难（特别是存在设备过时问题，以及策略化操纵保养费用的问题），所以折旧费用的协商也会出现上述类似的问题。由于原始设备估值和折旧费用问题往往会产生高昂的仲裁成本[①]，因此产生了管制性质的费率基准估值（rate base valuation）。

确实，相对于管制，特许经营投标中对于实物资产的估值要更加麻烦。首先，被管制企业的收益取决于规定的费率基准和已实现的总收益。显然，如果被管制企业能够得到一个满意的回报率，那么该企业就愿意接受费率基准。不过，管理机构和被管制企业可能会进行一系列长期谈判。如果谈判某一方在一轮谈判中犯了错误也没多大问题，他可以在下一轮费率谈判中进行补救（或者，如果在危机时期，就会中止有漏洞的契约）。如果考虑到回报率和时间跨

---

① 洛杉矶市在授予和执行特许经营权的法令（第58200号）过程中考虑到这些困难。该法令规定，奥克兰市有权购买特许经营权的资产或者寻找一个购买者，并规定：

……根据规定，在特许经营权到期之前不超过一年时间内宣布奥克兰市是否选择购买并接管公用事业；如果奥克兰市行使该权力，应该向受让人支付该公用事业资产的公平价格。

(d) 这里"公平价格"应解释为根据公共设施的修理状况、适用性和原定用途下的生产能力，对公用事业资产进行合理估价。奥克兰市为公共设施支付的价格是：以公用事业资产取得之日的实际成本为基础，减去购买之日起累计的折旧及适当的报废折让（若有的话），加上完成预定任务的效率；特许权价值、商誉、持续经营、赚钱能力、再生产增加的成本、地段的增值或毁约损失补贴均不予考虑。

(e) 在特许权截止时打算购买的公用事业资产，其价值由三位仲裁人组成的委员会决定。这三位仲裁人中一位由奥克兰市委任，一位由受让人委任，第三位由前两位仲裁人任命。在奥克兰市选择并宣布购买公用事业资产或者找到一位购买者之后的30天内任命上述三位仲裁人。如果仲裁人在下文规定时间内没有投标并归档，一个新的委员会将被任命，程序如前所述。仲裁委员会在任命后马上开始履行其职责。如果委员会仲裁人的职位有空缺，由最初做出任命的一方填补该空缺。

(f) 在奥克兰市选择并宣布购买公用事业资产或者找到购买者之后的30天内受让人没有任命仲裁人，或者由于其任命的仲裁人死亡或者辞职，该受让人、其继承人和受托人在其后的10天内没有任命一位仲裁人以填补空缺，或者在奥克兰市选择并宣布购买公用事业资产或者找到一位购买者之后的60天内由奥克兰市和受让人任命的两位仲裁人没有任命第三位仲裁人，那么，在奥克兰市或者受让人书面通知对方5天后由奥克兰市或者受让人提出申请，由加州高等法院的首席法官在洛杉矶为该城任命这位空缺的仲裁人。尽管任命的过程与前面不同，但该仲裁人拥有同样的权利和义务。

(g) 仲裁人接受任命后的三个月内必须授标，并同奥克兰市书记员进行归档工作。若大多数仲裁人通过就可以授标。

与纽约市CATV特许经营权授权类似的估值讨论，参见CTIC（1972a，第16-17页）。

度的自由度缺失，特许经营投标下的资产估值会存在更多的问题。因此，可以预期有很多有争议的协商最终会诉诸法庭。

波斯纳的实物资产估值方法的问题在于他只给出了估值上限。由于后来的特许经营者有权力决定是否购买原来的工厂和设备，所以这个价格上限很难达到。如果没有其他契约规定，那么后来的特许经营者就可能会按照这些专用工厂和设备使用在其他地方（非特许经营）的最高价值出价，这个价格通常只是原始成本折旧之后的一部分。此时，原来的特许经营者和后来的竞争者就会发现，他们想要达成买卖协议将会面临很多的讨价还价。这是因为缺少能够促使交易双方达成唯一协议的竞争力量，因此就会出现额外的讨价还价（这是一项社会成本）。虽然细节很麻烦，但是波斯纳所忽视的这些细节却很重要，他做推理时所依赖的无摩擦资产转移在上述情形中难以发生。

人们相信可以设计出更好的资产估值方法和特许经营投标方案，以缓解上述问题。① 然而，那些相信在契约续签期间可以使得竞争有效率的经济学家自然有责任提出必要的操作细节。如果没有这些具体细节规定，人们就会怀疑能否在续约期间以低成本将特许经营所需要的专用性的、长期的工厂和设备有效地转移。并且，巨大的讨价还价成本和诉讼成本似乎弱化了波斯纳的观点。

此外，还需要关注人力资本问题，波斯纳和德姆塞茨都没有关注这一点。如果特许经营所需要的技能是通用性的，非常容易得到，又或者当期特许经营者的职工面临潜在竞争者，特许经营者也面临一样的情况，那么就不会出现人力资本问题了。然而，如果在工作培训和工作经历中获得了大量的专业技能知识，那么上述第一个条件就不满足了（不再是通用性技能）。此外，如果职工们拒绝在下一轮竞标中转移，那么竞争者就处于不利地位。

哈耶克（Hayek，1945，第521-522页）和马斯查克（Marschak，1968，第14页）曾经讨论过人力资本的不可交易性（nonfungibility）；多林格和皮奥里（Doeringer and Piore，1971，第15-16页）以及威廉姆森和瓦赫特（Williamson and Wachter，1975）在任务异质性的背景下也讨论过该问题。这些文献的要点是：有经验的工人和没有经验的工人可能会在以下几个方面具有重大差异：(1) 由于高度专业化和不完全标准化，即使是普通的设备，设备的特质性也使得该设备只能被有经验的工人操作。(2) 管理者和工人在特定的环境中形成了或者"采用"了特殊的流程经济（processing economies）。(3) 各方相互适应中的反复交流形成了非正式的团队协作，团队成员变动可能破坏团队工

---

① 一种办法是：契约续签期内每个愿意投标的人在参加服务质量和价格的竞标时都说明其资产的估价。此时的问题是：资产估价和投标并非不相关。如果特许权持有者在经营中能够收取高价，他们就愿意购买昂贵的资产。可以寻找其他方案，可能有的方案很吸引人。然而，招标方案远未完整，需要认真思考资产评估机制，这是客观事实。

作绩效，从而瓦解这种非正式的团队协作。（4）沟通差异（比如，关于信息渠道和信息编码）产生了，但是只有在各方都相互熟悉并且语言相同的环境中才有价值。

因而，替换掉原来特许经营者的有经验的员工和管理者，往往是非常低效率的。不管是熟悉另一个具有差异性操作环境的团队，还是培养必要的团队生产和沟通技能都是成本高昂的。因此，那些拥有实现最低成本供应的特殊知识的当前经营者，能够强有力地阻止特许经营权的重新配置。

然而，只有当特许经营者的员工对待当前的经营者和潜在的竞标者不同的时候，上述成本劣势才会出现。相对于那些没有经验（其他方面都合格）的员工，当前的特许经营者的员工具有策略优势，他们可以行使这种策略优势威胁自己的雇主和潜在的竞标者。所以问题变成了当前经营者和潜在竞标者是否会在续约期间被（员工）公平对待。① 我觉得他们会被区别对待。主要原因是*非正式理解*（informal understandings）（关于工作保障、晋级预期以及其他组织内部程序的某些方面）在熟悉的环境中比在陌生的环境中更容易达成一致和实现。②

这并不是说（当前经营者的）员工就不会或者不愿意与潜在的竞标者达成契约，而是说他们要想达成契约成本相对更高，因为更多的精力将会用于讨论细节；或者是说与潜在的竞标者达成非正式（不完全确定的）契约风险更大。如果涉及更多的细节，当前的经营者将比潜在竞标者更具有优势，因为与潜在竞标者达成契约的成本上升了。反之，如果员工被要求相信潜在竞争者会"负责任地"行事，或者，潜在竞标者被要求当发生没有在契约中明确规定的意外情况时，接受员工的解释，那么隐含的风险就很大，风险溢价就会直接或者间接地体现在投标价格中。结果就是，员工的特殊属性，以及潜在竞标者难以以相同的成本达成相同的契约，这两者就让当前的经营者在续签期间处于优势地位。因此，人力资本考量使得原本的实物资产估值困难更加复杂化了，换句话说，如果原来的投标胜出者在执行契约过程中发现了他在信息和非正式组织方面的巨大优势，那么在续约期间的竞争就不再被认为是公平的。因此，在续约期间，最初授予特许经营权的大量竞争性投标，*现在转变成只有少数几个参与*

---

① 与此相关的问题是：为什么特许经营者的员工在契约执行期间未能充分发挥那些不熟练的员工所没有的独特优势，以至于他们在契约续签期间不会再有特殊性差别收益？动态的均衡和断断续续的谈判行为之间的区别与此有关。首先，在系统中可能出现了调整滞后的现象。这在操作期间可以容忍，但在契约续签期间校正工作还是可能的。其次，为了获取特殊性收益，有必要采取集体行动。企业的所有者可以与经理和劳工代表找到一个权宜之计，为了换取所有者的支持（包括工作保障、薪水等），经理和员工会自动地拒绝占有全部特殊性收益。经理和员工意识到"领导"就在这里，保留清算的特殊性收益在策略上是有利的。

② 从社会学角度讨论一些接管问题，参见 Gouldner（1954）。麦克尼尔认为，"各种参与需要以信任为基础，这使身份至关重要，而简单的转移是不可能的"（Macneil，1974，第791页）。

者谈判。

那些具有规避风险、更好的价格追踪机制、没有产生抵消作用的缔约方案是受人欢迎的。因为在风险承担和价格跟踪（调整）性质方面，管制都无可争议地优于特许经营投标，如果在实践中特许经营投标在很多方面都难以与管制区分开来，那么特许经营投标对于管制的净收益就不会太显著。①

当然，有人认为，在投标一开始就预计到了在位者优势（incumbency advantage），所以该优势的确定性现值收益就会在大量的竞争性投标中下降到零。但是，这并不是个满意的答案。首先，以低于成本价格定价（甚至可能为负）来获得最初授权，并且在续约期间提高定价，很容易导致资源利用低效率。另外，"买进"策略是有风险的。经过几轮续约谈判后，特许经营授权人设定的契约条款可能会影响在位者的定价，这些条款中有些可能剥夺在位者的"干中学"优势。

## 3.4 小结

一次性的相机权益缔约（contingent claims contracting）不可行，并且/或者具有执行风险。德姆塞茨所设想的不完全长期契约解决了可行性问题，但是加重了执行风险。国防契约研究者和管制研究者所熟悉的那一系列问题都出现了。结论是：特许经营投标的不完全长期契约要比德姆塞茨所设想的更加让人怀疑。

波斯纳提议将特许经营权契约期限设置为短期，以克服与不完全契约相关的适应性问题，但是他对短期契约的缺陷没有进行足够微观的分析，并且/或者没有对短期契约的缺陷提出批评，最终没有揭示短期契约的缺陷。波斯纳观点的根本性局限在于：虽然他提出了（资产转移）程序，但是在续约期间，原来的竞标获胜者和潜在的竞标者之间的竞争公平性是不能做确定性假设的。相反，我们有理由怀疑是否存在这种公平性，在不公平的情形中，波斯纳所假设的无摩擦（低成本）条件下的短期契约的良好性质（即适应性和价格跟踪性质）就不存在了。②

当然，可以通过引入广泛的管制/仲裁机构来减少波斯纳提议中的某些困难。比如，（设置机构用来）评估工厂和设备安置，审计相关会计记录，对在

---

① 管制具有特殊的局限性，即管理者倾向于把管制范围逐渐扩大到从属性活动上。而特许投标受这种局限性的影响可能相对少一些。更一般地，与特许投标机构相比，管制的自主权越多，专门化程度越高，长远来看就越可能产生僵化管理的不良后果。具体地说，管制当局往往会极力抵制任何威胁其权力的事情。

② 基本论点是：每个投标人提交一份服务计划和价目表。只要不止一个人投标而且可以防止串标，就可以满足这些条件，通过竞标压低用户价格、抬高服务质量将消除垄断定价和垄断利润（Posner，1972，第115页）。

位者和竞争者之间关于实物资产估值的争议进行仲裁。但是这样的话，特许经营投标和管制就只是在程度上有差异了，并无质的差别。

从前文来看，波斯纳所提出的周期性投标方案并没有被广泛使用也就不足为奇了。实际上，很多CATV特许经营授权期是10~15年，契约的不完全性通过精心设计的管制结构来应付（CTIC，1972c，第9-12页）——这可能反映了CATV的特许经营者想远离激烈的竞争。然而，我承认，契约的不完全性部分引起了CATV特许经营权契约的执行问题，这也解释了从特许经营向管制转变的倾向（CTIC，1972c，第9页）。

然而，契约不完全性可以通过未来逐步完善CATV授权投标来修正。授权契约中规定恰当的惩罚性条款，以惩罚执行没有达到令人满意的绩效，并且规定意外情形下的复杂反应措施，这些都有助于提升适应性并减少谈判成本。对契约做出详细规定不是没有成本的，但是，特许经营授权机构往往缺乏决心去实施所规定的惩罚。[①] 尽管随着时间的推移情况会好转，但是看看七十多年前关于特许经营契约的局限性描述，我们会有更清醒的认识，具体如下（Fisher，1907，第39-40页）：

> 管制并不会因为拟定并实施了一份令人满意的契约而终止，管制本身就是一项重要的任务。如果管制真的那么容易，那么几个聪明诚实的人就可以在一代人中采用恰当的方式来监督特许经营契约，就没有进一步研究的必要了。当前美国公共生活中有一个普遍存在的荒谬观点，认为一旦明智的公民适当地拟定了宪法、法律或者宪章，并由有觉悟的大众采用，那么这些宪法、法律、宪章就是具有自我实施效力的，公民的责任就仅仅是通过一些已经完善的计划。但是重复的历史经验表明——这本来应该是很明显的——这个过程完全无效，并且依靠书面文件来实现管理会产生严重后果，不管是宪法、法律、宪章还是特许经营权。人们已经认识到这种契约并不能自我实施……［并且，］委托给执行当局契约后，管理者可能忽视或者没有遵守契约的本质意思执行契约；只要特许经营权契约没有结束，法律诉讼……往往难以避免。

这可能有点过于简化之嫌，但从契约角度看，管制可以被视为高度不完全的长期缔约，在缔约过程中，(1) 被管制者总体来看拥有公平的回报率，(2) 面对变化的环境不断调整，使得契约各方享有更多自主权的同时，不会在调整过程中引起成本高昂的讨价还价。能否实现调整的净收益，取决于能在多

---

① 还要注意的是，不仅契约补救方法"属于法律所能提供的补救方法中最弱的一种，还有很多条条框框和技巧阻碍着这些补救方法的实施"（Macneil，1974，第730页）。在敦促特许权授予者和法律系统改变他们的行为方式之前，认为引入一套组合赔偿条款就可以使特许权持有者按理想方式行事是没有道理的。

大程度上使得前者的负效应［在某些程度上可以通过绩效审计和资本市场竞争的监督来抑制这种负效应（Williamson，1972）］被后者的正效应抵消。这往往会随着行业的市场和技术不确定性而变动。

## 4. 案例研究

尽管下面将介绍的案例不一定具有代表性，但是至少表明前文针对特许经营权问题的讨论并不是凭空想象的。[①] 第一，案例表明我们需要从更加微观的层面来评价清除管制、支持市场的建议；第二，实际中的 CATV（可能也包括其他公用事业服务）特许经营投标具有很多管制的性质。

### 4.1 奥克兰市 CATV 的经验

1969 年 6 月 19 日，加利福尼亚州奥克兰市议会（Council of the City Oakland）通过了一条法令，该法令规定了有线电视特许经营权的授予要求。出于本文的需要，下面列出该法令的主要内容[②]：

(1) 特许经营权不具有排他性；
(2) 特许经营期限不得超过 20 年；
(3) 如果经警告和公开听证 30 天后，继续出现违规，那么奥克兰市有权终止特许经营授权；
(4) 特许经营者需要向奥克兰市提供完整的年度财务报表，奥克兰市也有权检查特许经营者的会计记录；

---

[①] 值得注意的是，有线电视信息中心（CTIC）报告的有关特许权授予的很多问题与第 3 节中提到的是一致的。下面是 CTIC 提出的部分问题及建议（CTIC，1972a）：
(1) 续签阶段是奥克兰市面临巨大压力的时期，在此期间有线电视经营者经常威胁立即中止服务，除非奥克兰市承诺与其续签契约（第 16 页）。
(2) 特许经营权授予当局……希望在契约中包括回购条款，这是当局政府为保证服务连续性所制定的保障机制。该条款包括评估或者终止的方法（第 6 页）。
(3) 为了避免特许投标中进行非法交易，在系统开发初期就应该限制转让，或者明确规定在建设完成前禁止转让（第 17 页）。
(4) 为了保证系统的质量，应该定期提交系统运行及检测报告（第 24 页）。
(5) 每天的行政管理涉及处理消费者的投诉并传递价格上涨的要求（第 25 页）。
(6) 如果想要变动价格，就要依据是否对系统合理、对用户公平这一标准来考虑是否应变动价格（第 30 页）。
(7) 执行是被忽视的一部分。仲裁、回租条款以及诉讼等机制有助于社区获得所需要的系统类型（第 45 页）。
[②] 奥克兰市，法令 7989 C. M. S.，1969 年 6 月 19 日。

（5）奥克兰市有权以重置成本收回CATV系统；

（6）奥克兰市行政部门被授权调整、解决或者调解任何出现在奥克兰市、特许经营者或者用户之间的纠纷，但受侵害的一方可以向市议会提起上诉；

（7）没有遵守特许经营的时间规定可以引起授权终止；

（8）特许经营者安装CATV系统的规定期限是3年，如果没有遵守时间规定就会导致损失，且损失的评估成本高昂，那么超过规定时间的自动按每天750美元罚款；

（9）任何被特许经营者弃置的资产都归奥克兰市所有；

（10）特许经营者每年向奥克兰市缴纳10万美元保证金（surety bond），年初缴纳，年末返还；

（11）特许经营者的资产接受奥克兰市的检查；

（12）CATV系统要按照行业"最高的、最被认可的标准"安装和维护。

**实施招标程序**。上述条款构成了基本的法律依据和基本原则。事实上，综合服务部门（Department of General Services）并没有马上开始招标，而是跟潜在的特许经营者进行了一系列初步讨论。① 同时，奥克兰市向社区团体征求它们关于服务类型的建议。这些对话的目的是征求关于成本、需求特征、技术等方面的信息，以便定义"基础服务"（basic service）——基础服务会在其后的契约中做出规定。这样就便于进行标准化服务的投标比较。

十个月后，1970年4月30日，奥克兰市告知五个申请者递交修订后的申请（即申请在奥克兰市内建造、运营、维护非排他性的CATV系统）。本文列出了投标邀请的主要特征②：

（1）需提供的系统如下：

（a）系统A，作为基本系统，将允许用户接收全部的FM收音波段，外加十二个如下电视频道：九个当地无线频道，一个或者多个新建的当地频道以及专门用于市行政和学区（City and School District）的频道。该系统的用户每月使用费为"X"加上连接费［参见下面的第（5）、（6）条］。

（b）系统B用于特殊节目和其他服务。但是，现在并不确定"特殊节目和其他服务"的内容。系统B的费用将由特许经营者决定、市议会通过。

（2）服务对象是奥克兰城市区域以内。

（3）特许经营期限为15年。

---

① 奥克兰市综合服务部门的电力服务部门经理助理马克·莱恩（Mark Leh）向我这样描述。
② 奥克兰市"邀请提交有线电视系统特许经营权的修订申请"，1970年4月30日。

(4) 特许经营者将每年向奥克兰市缴纳总收入的8%，或者125 000美元，按照两者孰高缴纳。①

(5) 对所有的竞标者都规定了四类用户的连接费用。② 此外还规定，不允许额外收取接收系统A所需要的转换器或者变频器的费用。

(6) 基本投标包括，指明用户第一次安装TV和FM输出端的月费"$X$"。用户每多安装一个接口，月费需要额外加上$0.2X$。上述是用户接收A系统的费用。

(7) 特许经营者需要向市行政区和学区免费提供连接和服务，包括每周能录制20小时的录音录像设备。

(8) 安装的系统是双电缆系统，并且每个电缆系统都能够传输相当于32个频道的容量。对信号质量、电缆特征、安装方法、自动控制等一系列技术细节也都做了最低要求。

(9) 大致描述了服务要求。具体细节由特许经营者界定、市议会批准。

(10) 该系统需要特许经营者在接受授权后18个月内完成25%，此后的每6个月完成25%，所以，该系统需要在三年内全部建设完成。

(11) 每年都可以申请提交增加费用的提议。(此处并没有提供参考指数或者其他标准。)

**中标**。投标仅在1970年7月1日进行，竞价最低的是奥克兰Focus电缆公司。该企业规定了"$X$"[参见上文的第(1)、(6)条]为每月1.70美元。③ 第二低的竞标者是北加利福尼亚州的Cablecom-General公司，其价格为每月3.48美元。④ TelePrompTer公司的竞价为5.95美元（Libman，1974，第34页）。

Focus在投标的时候通知奥克兰市，科罗拉多州丹佛市的TeleCommunications公司决定退出Focus的投标⑤，因为TeleCommunications的加入对Foucs的投标资格至关重要，所以Focus就按照加利福尼亚州的法律对公司进行重组，并将一份日期为1970年7月1日的《合并文件》（Articles of Incorpora-

---

① 125 000美元是连续每年增加25 000美元的结果。1970年时是0美元，到1975年达到125 000美元，之后维持在这个水平上。

② 四种消费者类别是：非商业用户，在少于4个居住单元的建筑内居住；非商业用户，在多单元公寓、汽车旅馆、饭店居住；商业用户；特殊用户，包括低密度用户。对第一类用户收取的安装费是10美元。

③ 参见奥克兰市"建设、运营和维修有线电视系统特许权项目的修订申请"，Focus在1970年7月1日提交。

④ 参见奥克兰市议会行政官的备忘录，第3页，1970年9月28日。

⑤ 参见上页关于奥克兰市"邀请提交有线电视系统特许经营权的修订申请"。

tion）附在投标书中。因为 Focus 的竞价最低（只有第二竞价的 $\frac{1}{4}$），而且是当地唯一的投标人，还代表少数民族[①]，市政府就不愿意因为其经济实力和技术水平而拒绝它的投标。但是，将特许经营权授权给 Focus 马上会产生风险。

当 TelePrompTer 在 1970 年 7 月 16 日提出与 Focus 共同合资投标来完成奥克兰市的特许经营建设和开发时，上述担忧似乎就大大削弱了。作为合资投标项目的参与者，TelePrompTer 同意为该项目提供所有的资金支持。[②] 关于为什么 TelePrompTer 愿意接受比自己原来的投标价格低 30% 的报价，它并没有说明。但是可以推测，其中的主要原因可能是有望从系统 B 赚取大量回报。[③] Focus 于 1970 年 7 月 21 日向奥克兰市致信建议，"TelePrompTer 承诺给 Focus 提供资金支持，这将能够完美结合当地投资者、CATV 专门技术和财力支持，从而最佳地完成奥克兰市的 CATV 特许经营项目建设。"[④] Focus 在这个完美组合中的身份是当地投资者。

Focus 和 TelePrompTer 的协议中规定，初始双方拥有相同的（项目）所有权，但是 TelePrompTer 将在第一年后立即将所有权转换为多数股权（majority interest），并可以行使期权，该期权会使其拥有 80% 的流通股权。[⑤] TelePrompTer 的加盟保证了谈判的完成。奥克兰市行政官和市检察官（City Attorney）在 1970 年 9 月 28 日向市议会报告道[⑥]：

> 规定中系统 A 和系统 B 的部分理念是：系统 A 通过竞争得到足够低的价格，这样可以促使提早开发系统 B。我们认为 Focus 提供的低价格将会推动系统 B 的开发。此外，低价格将保证所有的家庭广泛地使用系统 A。
>
> 申请者 Focus 提交了最低的用户每月基本费用。组织内部的变动引起了人们怀疑公司能否满足要求。从法律角度看，组织变动不会使 Focus 丧失参与议会进一步评估的资格。我们认为 Focus 和 TelePrompTer 即将签署契约，附加 TelePrompTer 的保证，将使得一个没有经验的当地代表与美国最大、最优资质的 CATV 公司形成有益联合。

---

[①] 有线电视行业中（在所有权、雇佣和节目制作等方面），少数民族的参与是 CATV 文献中的特点（CTIC，1972c，第 13 页）。FCC 要求有效电视运营者制订有效的行动计划（CTIC，1972a，第 34 页）。

[②] 见 1970 年 7 月 16 日，TelePrompTer 公司副总裁 Leonard Tow 与 Focus 的 Harold Farrow 的通信。

[③] 在最初的投标文件中没有规定系统 B 的价格；该价格可以协商。应该料到，尽管系统 B 的价格比系统 A 高，但大多数客户还是决定选择系统 B。

[④] 参见 1970 年 7 月 21 日，Focus 给奥克兰市执行官的信件。

[⑤] 参见 1970 年 9 月 21 日，Focus 认股协议书附录 A：股票转让限制和购买协议。

[⑥] 参见奥克兰市行政官的备忘录，第 3 页，1970 年 9 月 28 日。

Focus 和 TelePrompTer 预计被授予特许权，它们于 1970 年 9 月 21 日签署了认股协议。Focus 以每股 10 美元的价格购得 200 股。① 此外，协议规定：②

如果 TPT（TelePrompTer）公司的设备和产品质量、工艺与其他生产者相当，联合公司将优先从 TPT 购买设备和产品。如果 TPT 公司向联合公司出售设备和产品，与其他独立供应商出售的相同设备和产品价格相比，TPT 公司的价格不能超过其他供应商。

认股协议页规定了 TelePrompTer 有选择权，有权以每股 10 美元的价格获得 80% 的股权。③ TelePrompTer 以每股 10 美元的价格购买 800 股，用 8 000 美元得到了 80% 的所有权。

奥克兰市议会于 1970 年 11 月 10 日将特许经营权授予 Focus。④ Focus 于 1970 年 12 月 23 日接受特许经营权。⑤

**特许经营权的执行**。1971 年 3 月 10 日，Focus 请求系统 B 每月价格为 4.45 美元。1971 年 3 月 11 该价格得到批准。⑥ 这样，系统 A 和 B 的每月费用总共 6.15 美元。

特许经营协议规定，项目建设应在 1973 年 12 月 28 日完成，实际的建设工作比较慢。实际购买服务的客户也比预期的少，并且成本提高了。Focus 向奥克兰市提出重新谈判特许经营条款：希望缩短赔偿期限，并减少赔偿金；要求延长建设时限；建议降低对电缆的要求。综合服务部门的工作人员将条款变动要求总结如下⑦：

Focus 要求：进一步的建设工作限定在双干线/单馈线电缆的布局；准予延长两年的建设时间；两年后将会为 90% 的家庭提供服务，只有在明确的条件下才能为剩余的 10% 家庭提供服务；推迟启动双电缆系统，要等到需求足够大的时候再启动；取消因建设延期而应付的赔偿金；继续保持 1.7 美元的系统 A 服务费和 6.15 美元的系统 A、B 扩展服务费，但要提供单元内加装输出的费率；扩展服务的频道从原来的 38 个降低到 30 个；降低市政区和学校的频率设置。

工作人员考虑到四种方案：（1）坚持原来的特许权条款；（2）与 Focus 协商修改协议；（3）终止特许权，邀请其他有线电视运营商投标；（4）将特许权

---

① 参见认股协议书，第 2 页。
② 参见认股协议书，第 12 页。
③ 参见认股协议书，第 6 页。
④ 参见奥克兰市法令，第 8246 号 C. M. S.，1970 年 11 月 10 日。
⑤ 参见 Focus 公司财务人员 Leonard Tow 在 1970 年 11 月 23 日向市政府提交的报告。
⑥ 参见奥克兰市议会决议，第 52477 号 C. M. S.，1971 年 3 月 11 日。
⑦ 参见综合服务部门 1974 年 4 月 5 日给市执行官办公室的信件，第 1 页。

转为公有。方案（1）被否决了，因为它要求奥克兰市"为了从顽固的运营商那里获得满意的结果需要付出极大的努力。市民对服务的不满会越来越多，解决这些不满要有巨大的付出，还可能导致诉讼。"[①]方案（3）也被否决了，因为人们认为其他运营商提供的服务不可能超过"《1972年有线电视报告和命令》的最低要求"，即"28个频道容量、一些双向频道容量、3个当地频道以及'很多'当地节目。这些"远远少于Focus建议的设备修改方案可提供的服务"。[②]此外，由于政治和财政原因[③]，公有方案也被否定了。于是，工作人员建议采用方案（2）——被称为折中的解决方法。[④]

在回顾Focus问题的过程中，工作人员报告说：Focus声称到目前为止已经投入12 600 000美元，而且Focus估计如果完成双向系统的话，投入要增加到21 400 000美元。工作人员不相信这些数字，他们自己估计双向系统的全部资金成本为18 684 000美元。而Focus最初估计的全部成本为11 753 000美元。工作人员认为实际成本超过最初的估计，可能是以下原因："可能对建设活动管理不当；Focus延误了建设工期，加重了通货膨胀的影响；Focus低估了在奥克兰市修建系统的里程数和单位成本。"[⑤]

因为已经完成占系统55%的437英里的工程，并已安装了双缆系统，所以工作人员建议建设双缆系统。但是第二根电缆将留待以后启用。因为只启用了一根电缆，所以系统B的频道容量减少了，于是建议降低市政区和学校区的频谱配置。扩展服务（现在指定为A/B）的用户将接收系统A的12个频道和系统B的18个频道。[⑥]工作人员同意将工程延长2年的提议，还同意覆盖率达到90%而不是100%。[⑦]此外，工作人员建议，由于Focus工作拖延造成了奥克兰市的收入损失，Focus应在1973—1976年间向奥克兰市支付240 000美元；1976年12月之后的任何拖延，每天以250美元而不是750美元计价。[⑧]最后，工作人员建议，系统A的初次连接价格保持每月1.70美元不变，系统B的初次连接价格保持每月4.45美元不变（因此，系统A+B保持每月6.15美元的价格）。但是系统A的额外输出口的价格从每月0.34美元涨到每月1.70美元，系统B的额外输出价格为每月3美元。[⑨]

---

① 参见综合服务部门1974年4月5日给市执行官办公室的信件，附件第4页。
② 同上，附件第5页。
③ 同上，附件第5页。
④ 同上，附件第8页。
⑤ 同上，附件第8页。
⑥ 同上，附件第10-11页。
⑦ 同上，附件第8-9页。
⑧ 同上，附件第11-12页。
⑨ 同上，附件第12-13页。

最后形成了"折中"的解决办法,并得到市议会的批准。该办法包括如下条款[①]:(1)允许将原来的双缆系统改为单缆系统。前提条件是要保证"额外的传输能力可带来足够多的收入,10年时间内每年可提供要求的10%的总投资回报率"[②],1年内完成额外输送能力的安装。(2)最低特许权费在1974年增加了25 000美元,以后每年都增加25 000美元。(3)从1973年12月18日开始一直到首次修订特许权为止,损失以每天250美元计算,赔偿额为36 000美元。取消了原来的从1973年12月18日开始一直到系统完成为止损失每天以750美元计算的规定。用后一种方式计算的赔偿金额超出前一种方式的计算结果的20倍,会加速企业破产。(4)批准建设工作延期完成。(5)系统A的额外连接费用从每月0.34美元涨到每月1.70美元,系统B定为每月3美元。

1974年5月30日奥克兰市通过了一条法令,该法令包括上述大部分变动。[③] Focus的律师于1974年6月14日提交了Focus和TelePrompTer的接受函,以及一张TelePrompTer向奥克兰市支付36 000美元的支票。

Focus于1974年11月15日提交了一份进度报告。该报告显示已连接11 131位用户,其中,770位用户以每月1.70美元的价格使用基本服务(其中有206位安装了额外的输出口),还有10 361位用户以每月6.15美元的价格使用扩展服务(其中974位安装了额外的输出口)。这说明总体渗透率为36%。[④] 综合服务办公室建议:由加利福尼亚的Cable Dynamics, Inc. of Burlingrune担任顾问,按照特许权的技术要求,"设计并执行检测程序来确定履约情况"[⑤]。Cable Dynamics估计,从1974年秋天到1976年6月,成本将达到10 750美元。[⑥] Focus同意向奥克兰市偿还不超过10 750美元的成本。[⑦]

## 4.2 评估

奥克兰市采用的特许权授予程序,特别是在第一次授标阶段,并不是没有可取之处。例如纽约将非竞争性的20年期的为曼哈顿提供CATV的契约授予

---

[①] 参见综合服务部门1974年4月23日给市行政官办公室的备忘录;该备忘录记录了关于Focus在市议会上的行动。

[②] 同上,附件I。

[③] 参见1974年5月30日奥克兰市关于有线电视系统特许经营权的法令,第9018号C. M. S.,修正案第8246号C. M. S,以及法令第7989号C. M. S.。其中有些内容没有通过,而是将系统B的额外费率定为每月1.3美元,并规定系统B提供的频道不少于18个。

[④] 参见综合服务部门1974年11月20日给市行政官办公室的信件附件。

[⑤] 同上,第2页。

[⑥] 同上,附件。

[⑦] 同上,第2页。

Manhatten Cable TV 和 TelePrompTer。① 与纽约相比，奥克兰的授予程序表现出了真正意义的竞争。特许权的规定是标准化的，起码对系统 A 的规定是详尽的。要求各竞标者提交服务的最低价格（确定提供系统 A 服务的价值"X"）促进了招标竞争。可是众多的问题还是出现了，其中很多问题是在讨论不完备长期契约时提到的。现在考虑一下前面讨论过的有时会削弱特许权授予有效性的各种缺点：(1) 初次授标的标准存在人为因素或者标准描述不清楚；(2) 在价格成本以及其他履约行为和行政方面产生了问题；(3) 在续约期间缺乏公平招标。

1. 初次授标

谁给出系统 A 的服务报价"X"最低就把特许权授予谁，这简化了授标的标准，但以低价提供服务的承诺似是而非。未充分关注系统 B 的质量和价格（该系统被视为未来的服务，除了容量要求外，其他指标均未做出规定）足以促使 Focus "冒险"投标。特许权授予中的非法交易行为随之产生。

系统 A 基本上提供了改善的无线信号。把系统 A 作为"基本系统"是不明智的，超过 90% 的用户使用 A+B 组合服务，而得到扩展服务是相对常见的事情（主要是引入远距离信号）。但组合服务的费率是系统 A 服务的费率的 3.5 倍。如果开始时认真评估用户的喜好，就一定会发现系统 A 缺乏吸引力。实际上，由于大多数未来的特许权持有者具有在其他地区提供 CATV 服务的经验，这就很难理解为什么特许权授予者与未来的特许权持有者在签约前的长时间讨论中将重点放在系统 A 上了。不能排除工作人员在签约前的讨论中受到欺骗和被故意误导的可能性。②

无论在哪一种情况下，给定 CATV 的需求和技术的不确定性（CTIC，1972c，第 5、12 页），在服务质量和产品组合方面的复杂性将授标的标准简化到系统 A 的服务价格最低，这导致了虚假的竞争。

2. 履约的困难

**价格-成本关系**。Focus 以每月 1.70 美元提供系统 A 的服务，这一投标价格能否看作接近"单位生产成本"？从下面几点来看，这值得怀疑：(1) 投标价格不同产生了一个问题：竞争是否具有经济意义？(2) 系统 B 的价格似乎更相关，但却在招标竞争之后才进行协商。(3) 难以确定真实成本水平，原因如下：纵向一体化的供应关系模糊了成本计量；建筑期间的通货膨胀率异常高；工作人员缺乏审计能力。显然，Focus、综合服务办公室的工作人员以及市议会都陷入了一种长期的价格和成本谈判的关系中，政治利益、官僚利益和特许

---

① 《纽约时报》，1970 年 7 月 29 日，第 1 页。
② 如同波斯纳猜想的那样，准许一个公共机构单独宣布用户对服务的偏好是一件危险的事情。

权可行性都在其中起了作用。

**其他履约特征**。关于CATV系统的安装和维修要符合行业"最高和最受认可的标准"这一规定及技术规格并没有给质量结果一个准确的定义。[①] 综合服务办公室的工作人员登记了很多消费者对质量的投诉。[②] 而工作人员自己没有评估服务质量的能力，就安排顾问来检验服务是否符合技术要求。

**行政因素**。Focus胜出是否与"买进"有关还不确定。据我们推断确实存在买进，有以下几点理由：（1）次低标的报价是Focus报价的两倍，而TelePrompTer的报价是Focus的三倍多。（2）Focus重组的时间选择和性质暗示了渗入战略（a foot in the door），其目的是：一旦进入，特许权授予当局将会以调和的方式与Focus及Focus的合作伙伴共事。（3）Focus以当地投标人的身份出现，这得到特许监管机构的肯定，而且这种身份有益于进行政治活动。[③]（4）Focus重新协商的内容很广泛，而且取得了明显成功。工作人员同意了Focus提出的大部分要求；市议会"妥协"，同意推迟启动第二根电缆（把系统B的频道减少到18个）；每年特许权费少量增加；赔偿金大幅减少；完工期限延后；系统A和系统B的额外连接费率增加了。这些都支持我们的判断。

3. 无摩擦的接管或者转让

尽管授权法令有收购特许权持有者全部厂房和设备的规定，但奥克兰市显然不愿意推翻最初的授标。一方面是因为终止特许权将导致服务中断、诉讼及其他成本，这会使现任的特许权持有者具有谈判上的战略优势。另一方面是因为特许权授予机构缺乏决心，这可归因到政府机构的奖酬结构。特许权授予机构无法享有特许权重新分配可能产生的收益，又不愿意承认错误，所以每当契约执行出现困难时，政府机构倾向于采用"迁就"的办法。第3节讨论的有形资产和人力资产问题最起码在一定程度上可以解释特许权终止导致的服务中断

---

[①] "在一定程度上可能是因为最初很高的信号质量可能会随着时间的推移慢慢地降低到无法接受的水平"（CTIC，1973，第9页），也可能是因为信号质量是从多方面衡量的，而且信号质量是随着系统接收无线信号和微波信号的能力、数据转发器和电缆品质的不同而不同的（CTIC，1973，第19—24页）。

[②] 马克·莱恩在会见中透露了消费者对服务质量投诉的事情，参见第182页注①。

[③] 利布曼（Libman，1974）报告，尽管Focus缺乏专门的技术和足够的资金，奥克兰CATV特许权还是授给了Focus。随后的特许权执行看似受到了行政因素的影响。在宾夕法尼亚的约翰斯顿进行的CATV竞争提供了一个更具有轰动效应的脉络清晰的案例。正是在那里，国内最大的有线电视运营商TelePrompTer的前任首席执行官兼主席欧文·卡恩（Irving Kahn）受审，并被判处行贿和提供伪证罪。卡恩还承认贿赂新泽西特伦顿的公务官员以取得他们的投票。行政活动似乎也成为纽约CATV特许权授标中的一个决定性的因素。不清楚这在大城市的CATV特许权授标中是否普遍成立。在其他服务行业的特许权授标中，腐败的影响方式也是没有定论的。

191

及各项费用问题。因为缺乏为CATV厂房和设备估价的理性、明确和执行成本低的规则，可以预见会产生有形资产估价问题。① 由于没有为奥克兰市的特许权事先制定这样的规则（实际上，可能也无法制定），所以，伴随着接管有形设备努力的将是诉讼费用和拖延。如果与特许权相关的人力资产在"干中学"的过程中获得了重要的任务特性，服务中断和相关故障的风险将会增加。倘若奥克兰市工作人员缺乏CATV领域的经验，并且他们不愿从其他有经验的CATV运营商那里征求投标价格（可能因为工作人员不愿处于尴尬境地，担心新的运营商也存在缺陷），那么奥克兰市收购所有权时，就需要解决人力资产转让的问题。当预计人力资产不能无摩擦转让时，替换原特许权持有者的动力将会减小。

结果，好心办了坏事。在不确定情况下，进行CATV特许投标并履行招标契约时不采取干预措施，这样的特许权特性存在争议。采取调和态度的特许权授予当局就是将垄断合法化，而行使控制权力则要求当局采取管制的姿态。相应地，"管制性控制"与"自然经济力量"的二分法是勉强的。错综复杂的行政管理机构实际上支持市场解决方案，而认为这些市场解决方案是"自然而然"的则会使问题混乱不清。②

## 5. 总结

1970年前后的CATV特许投标与管制相比，其优越性并不明显。站在抽象的角度运用具体案例对特许投标进行微观分析，结论不是简单的好或者不好。简单的CATV特许投标不仅存在无数交易困难，而且可能形成的用以防范失职或者垄断行为的制度基础具有浓重的管制色彩。

想必没有人会反对"正确对待问题的方法是选择最好的契约类型"这种观点（Demsetz，1986，第68页）。可是我们需要知道如何操作。尽管从静态的

---

① 确实存在这样的问题。Focus对系统估计的总费用比工作人员估计的费用几乎多了300万美元。另外，允许特许权持有者与一个为厂房建设提供设备和产品的公司联合是不明智的。这样做的风险是：采购成本会被夸大，由此提高特许权持有者的费率基准并增强其在价格谈判中讨价还价的能力。尽管特许权持有者声称要以有竞争力的价格购买设备，但核查成本很高，而且最后很难确凿证明其违反了规定。奥克兰市的工作人员怀疑Focus在厂房估价时毫无根据地提高了设备成本的估计值，但工作人员承认没有确切的证据证明这一点。

② 波斯纳在1969年对自然垄断的讨论中引用了这个二分法。在讨论中，他争辩道："即使在效率要求必须采取垄断的市场中，我们最好还是让自然经济力量在反托拉斯政策的约束下决定商业行为和商业经验"（1969，第549页）。然而他不愿以这种方式解决CATV问题，而是支持在第3节中讨论的市场干预的招标方案。该方案下会产生难以解决的行政管理问题。

配置效率来衡量，可以淘汰某几种签约模式[1]，但我认为，更有意义的情形是考察不确定条件下执行可选择契约（alternative contracts）的效率。与惯常的做法不同，如果要揭示真正的问题，就需要关注交易细节。此外，因为真实的案例中会采用不同模式的契约，通过分析一个或者多个案例，就可以对抽象的签约模式的操作特性进行检验。[2] 如同鲍尔（P. T. Bauer）和沃特斯（A. A. Walters）所述，"各种经济现象的复杂性、不稳定性和局部变动性意味着建立关系或者理解关系需要我们以广泛的观察为补充，还意味着调研必须超越统计信息而采用直接观察和原始资料"（Bauer and Walters，1975，第12页）。第4节中加利福尼亚奥克兰的CATV特许投标的案例分析就是按照这个宗旨进行的。签约问题的复杂性比德姆塞茨关于汽车牌照例子的复杂性高出几个数量级。对特许投标存在不同的理解可能还是会让人惊讶。

对交易细节的"适当"水平缺乏明确定义，而且该水平可能随着环境变化而不同。可以通过下面的方法了解交易成本问题：逐渐细化交易细节，直到契约的问题清晰显现。然后提问："在此特定情况下，这些问题是否具有比较制度重要性？"

我研究相关的交易现象时发现，将细节具体到半微观分析水平是有益的。因为对于服务，签订含有复杂的附带条件的契约不具备可行性，所以需要评估不完备的长期契约和连续短期契约（spot contract）的特性。因为不完备的长期契约有很大的缺陷，连续的短期契约存在不确定性和/或扭曲，当无干预的市场活动失败时，其他自主签订契约的方式显然值得考虑，管制就是其中之一。

与此相关的是，各种激励之间存在显著的规律性。这几种激励是：组织内部劳动力市场的激励（Williamson, Wachter, and Harris, 1975）；纵向一体化的激励（Williamson, 1971）；实施管制（或者以行政管理机构取代无干预的市场交易）的激励。这些非市场或市场干预模式是在周期性市场契约下产生的。虽然细节不同，但缺点基本一样。如果其他文献中提到的组织失灵架构具有普遍性，那么这些共同的缺点就会存在。

上面的陈述似乎表现出对特许投标的反感，但我必须指出：有些情况下特许投标取代管制或者公共所有制可以获得净收益。例如本地航空服务，也许还有邮件递送。[3] 这两种行业的技术都很发达，需求同样明确，而且特殊

---

[1] 例如把特许权授给愿意一次性支付最多的投标人会使其垄断利润资本化。但是，这与把特许权授予出价最低的投标人相比，至少暂时会出现价格高、服务少的现象。

[2] 当然，仅一个案例分析并不能解决CATV特许投标的问题。我们希望可以进行更多的此类研究。同时，我认为奥克兰的经历给我们提供了一个研究机会。

[3] 但要注意，在引入特许投标之前要对两者进行微观分析，（在这个过程中）那些不明显的缺陷就会被察觉。

技能似乎都可以忽略。此外，替换并不会产生严重的资产估价问题，因为基本固定设备（航空集散站、邮局、仓库等）可以由政府接管，其他资产（飞机、卡车等）可以转到活跃的二手市场。因此，特许投标并非一无是处[①]，只是那些偏好特许投标模式的人不能充分辨别什么情况下以及为什么支持这种模式。

对每种可选择模式的交易属性进行微观分析，有助于公正地评价可选择模式的抽象特性。[②] 因此，不妨把对回报率的管制看作一种极不完备的契约形式。这种契约形式严格限制了意外收入和损失的可能性。而且，原则上，可以对环境变化进行低成本的、缓和的调整适应。基于可靠信息进行比较制度选择时，调整的频率和程度以及可选择模式下完成调整的难易程度都是需要考虑的重要因素。

# 参考文献

BAUER, P. T. AND WALTERS, A. A. "The State of Economics," *Journal of Law and Economics*, Vol. 18 (April 1975), pp. 1-24.

BEHAVIORAL SCIENCES SUBPANEL, PRESIDENT'S SCIENCE ADVISORY COMMITTEE. *Strengthening the Behavioral Sciences*. Washington, D. C.: U. S. Government Printing Office, 1962.

COASE, R. H. "The Federal Communications Commission," *Journal of Law and Economics*, October 1959, 2, 1-40.

____. "The Problem of Social Cost," *Journal of Law and Economics*, Vol. 3 (October 1960), pp. 1-44.

CTIC. *How to Plan an Ordinance*. Washington, D. C.: 1972 (a).

____. *A Suggested Procedure*. Washington, D. C.: 1972 (b).

____. *Cable: An Overview*. Washington, D. C.: 1972 (c).

____. *Technical Standards and Specifications*. Washington, D. C.: 1973.

DEMSETZ, H. "Why Regulate Utilities?" *Journal of Law and Economics* Vol. 11 (April 1968), pp. 55-66.

---

① 有时候在管制已经被采用的情况下可能会引入特许投标，至少在特许投标有效的情况下应该保留下来。公路上的加油站特许经营权就是一个关于后者的例子。

② 正如杜威（Donald Dewey）观察到的那样："经济学家对管制的轻视和不屑非常普遍"（Dewey, 1974, 第4页）。尽管一些管制确实令人不屑，但我仅认为管制所带来的一些问题——在一定程度上所有的模式都有缺陷——是非常麻烦的。那些拥护市场模式的观点（市场模式的这些缺陷不易发觉）也应该用怀疑的态度进行考察。

——. "On the Regulation of Industry: A Reply," *Journal of Political Economy*, Vol. 79 (March/April 1971), pp. 356–363.

DEWEY, D. J. "An Introduction to the Issues," in H. J. Goldschmid, H. M. Mann, and J. F. Weston, eds. *Industrial Concentration: The New Learning*, Boston: 1974, pp. 1–14.

DOERINGER, P. AND PIORE, M. *Internal Labor Markets and Manpower Analysis*. Lexington, Mass.: D. C. Heath, 1971.

ECKSTEIN, H. "Planning: The National Health Service," in R. Rose, ed., *Policy-Making in Britain*, London: 1969, pp. 221–237.

FISHER, W. L. "The American Municipality," in Commission on Public Ownership and Operation, *Municipal and Private Operation of Public Utilities*, Part I, Vol. I, New York, 1907, pp. 36–48.

FULLER, L. AND BRAUCHER, R. *Basic Contract Law*. St. Paul: West Publishing Co., 1964.

FURUBOTN, E. AND PEJOVICH, S. "Property Rights and Economic Theory: A Survey of Recent Literature," *Journal of Economic Literature*, Vol. 10 (December 1972), pp. 1137–1162.

——. *The Economics of Property Rights*. Cambridge, Mass.: Ballinger, 1974.

GOLDBERG, V. P. "Regulation and Administered Contracts," *The Bell Journal of Economics*, Vol. 7, No. 2 (Autumn 1976).

GOULDNER, A. W. *Industrial Bureaucracy*. Glencoe, Ill.: 1954.

HAYEK, F. "The Use of Knowledge in Society," *The American Economic Review*, Vol. 35, No. 4 (September 1945), pp. 519–530.

JORDAN, W. A. "Producer Protection, Prior Market Structure, and the Effects of Government Regulation," *Journal of Law and Economics*, Vol. 15 (April 1972), pp. 151–176.

JOSKOW, P. L. "Regulatory Activities by Government Agencies," Working Paper No. 171, Department of Economics, M. I. T., December 1975.

KAHN, A. E. *The Economics of Regulation: Vol. 2, Institutional Issues*. New York: Wiley, 1971.

KNIGHT, F. H. *Risk, Uncertainty, and Profit*. New York: 1965.

LEFF, A. A. "Teams, Firms, and the Aesthetics of Antitrust," Draft manuscript, February, 1975.

LIBMAN, J. "In Oakland, a Cable-TV System Fails to Live Up to Promises," *Wall Street Journal* (September 25, 1974), p. 34.

MACAULAY, S. "Non-Contractual Relations in Business," *American Sociological Review*, Vol. 28 (1963), pp. 55 – 70.

MACNEIL, I. R. "The Many Futures of Contracts," *Southern California Law Review*, Vol. 47 (May 1974), pp. 691 – 816.

MARSCHAK, J. "Economics of Inquiring, Communicating, Deciding," *The American Economic Review*, Vol. 58, No. 2 (May 1968), pp. 1 – 18.

PEACOCK, A. T. AND ROWLEY, C. K. "Welfare Economics and the Public Regulation of Natural Monopolies," *Journal of Public Economics*, Vol. 1 (1972), pp. 227 – 244.

POSNER, R. A. "Natural Monopoly and Its Regulation," *Stanford Law Review*, Vol. 21 (February 1969), pp. 548 – 643.

———. "Cable Television: The Problem of Local Monopoly," RAND Memorandum RM – 6309 – FF, May 1970, p. 35.

———. "The Appropriate Scope of Regulation in the Cable Television Industry," *The Bell Journal of Economics and Management Science*, Vol. 3, No. 1 (Spring 1972), pp. 98 – 129.

———. "Theories of Economic Regulation," *The Bell Journal of Economics and Management Science*, Vol. 5, No. 2 (Autumn 1974), pp. 335 – 358.

———. "The Economic Approach to Law," *Texas Law Review*, Vol. 53, No. 4 (May 1975), pp. 757 – 782.

SCHERER, F. M. *The Weapons Acquisition Process: Economic Incentives*. Boston: 1964.

STIGLER, G. J. *The Organization of Industry*. Chicago: Univ. of Chicago Press, 1968.

———. "Free Riders and Collective Action: An Appendix to Theories of Economic Regulation," *The Bell Journal of Economics and Management Science*, Vol. 5, No. 2 (Autumn 1974), pp. 359 – 365.

TELSER, L. G. "On the Regulation of Industry: A Note," *Journal of Political Economy*, Vol. 77 (November/December 1969), pp. 937 – 952.

WILLIAMSON, O. E. "The Economics of Defense Contracting: Incentives and Performance," in *Issues in Defense Economics*, New York: 1967, pp. 217 – 256.

———. "The Vertical Integration of Production: Market Failure Considerations," *The American Economic Review*, Vol. 61, No. 2 (May 1971); pp. 112 – 123.

———. "Administrative Controls and Regulatory Behavior," in H. M.

Trebing, ed., *Essays on Public Utility Pricing and Regulation*, East Lansing, Mich.: 1971b, pp. 411 – 438.

———. "Patent and Antitrust Law: Book Review," *Yale Law Journal*, Vol. 83 (January 1974a), pp. 647 – 661.

———. "The Economics of Antitrust: Transaction Cost Considerations," *University of Pennsylvania Law Review*, Vol. 122 (June 1974b), pp. 1439 – 1496.

———. *Markets and Hierarchies: Analysis and Antitrust Implications*. New York: Free Press, 1975.

———, WACHTER, M. AND HARRIS, J. "Understanding the Employment Relation: The Analysis of Idiosyncratic Exchange," *The Bell Journal of Economics*, Vol. 6, No. 1 (Spring 1975), pp. 250 – 278.

# 打开企业和市场组织的"黑箱":
# 反垄断*

> 将概念与观察联系起来的任务需要对经济生活的现实有大量详细的了解。
> ——佳林·库普曼斯(Tjalling Koopmans)

打开企业和市场组织的"黑箱",检查内部机制运行是经济组织研究中交易成本法的一个决定性特征(Arrow,1987,1999;Dixit,1996;Kreps,1990),但问题依然存在。细节对于一系列的现象或者仅仅是一些现象有意义吗?在可以记录的无数细节中,哪一个具有概念和操作意义?如果有的话,公共政策的后果是什么?

我的回答是,细节对于各种各样的现象都很重要,许多相关细节是通过从契约/治理的角度审视经济组织而发现的[1],对于商业的公共政策是受益者。本文开发了反垄断应用程序。监管应用在其他地方进行审查(Williamson,2007a)。

我首先对 1970 年的反垄断危机进行了陈述。第 2 节概述了微观分析设置的概要。第 3 节陈述了交易成本经济学的范式问题是中间产品市场交易。第 4~8 节开发了反垄断应用。第 9 节是结束语,并附有关于交易成本经济学构建前因的附录。

---

\* 原文"Opening the Black Box of Firm and Market Organization:Antitrust"载于 *The Modern Firm*,*Corporate Governance and Investment*,2009,chapter 2,Edward Elgar Publishing。译者:钟世虎。

[1] 聚焦透镜的重要性至关重要。这里的区别是有希望的但杂乱无章的概念之间的关系,这些概念会导致事后对任何结果进行合理化处理[这是概念模糊不清的一个长期问题,其中"权力"是一个概念(March,1966 年)]。聚焦透镜既界定了可以用来解释复杂现象的因素集,又揭示了这些因素的工作机制。科斯在他 1937 年的文章《企业的性质》中提出的交易成本这个有前途但模糊的概念,在 35 年后仍然处于废弃状态(Coase,1972,第 63 页),正是因为关键思想尚未付诸实践(Coase,1992,第 718 页)。

打开企业和市场组织的"黑箱"：反垄断

## 1. 反垄断的危机

维克托·富克斯在向美国国家经济研究局（National Bureau of Economic Research）开场致辞50周年纪念卷《政策问题和研究机会工业组织》（Policy Issues and Research Opportunity Industrial Organization）中提出"何为工业组织？"的问题。他认为，"这个曾经繁荣的领域现在全面衰落了"（Fuchs，1972，第15页）。在解释这种衰退的各种答案中，我认为最重要的是工业组织经济学家（和其他人）对企业"黑箱"理论和普通市场理论的目的依赖。由于企业被描述为根据技术法则将投入转化为产出的生产函数，因此，非技术逻辑或非价格理论解释对企业边界的重塑被认为是有很大问题的。与简单市场交易有关的契约偏差同样被认为是可疑的。

由于经济学家会忽视内部交易组织具有的重要节约后果的可能性[1]，因此，纵向一体化和其他缺乏"物理或技术方面"的组织实践被认为是具有为了增加所涉及的企业的"市场力量"的目的，而不是降低成本（Bain，1968，第381页）。垂直市场限制（以及与简单市场交易的其他偏差）也被认为是非常有问题的。正如时任美国司法部反垄断部门的负责人所说："对待客户和地域限制不是按照普通法传统的友好方式，而是按照反垄断传统的不友好方式。"[2] 事实上，一些保护主义者的反垄断执法官员认为，从并购中获得预期的效率收益是反竞争的，因为效率较低的竞争对手将处于不利地位。[3] 这种自上而下的推理鼓励受访者进行合并，以免产生任何效率收益。[4] 罗纳德·科斯总结了当前的混乱状态："如果一位经济学家发现了某种他不理解的商业实践，他会寻求垄断的解释。在这一领域，我们是非常无知的，不规范行为的数量往往很大，而且经常性依赖垄断解释"（Coase，1972，第67页）。

要打破这种复杂思维的束缚，就需要一个完全不同的视角来审视复杂的契约和经济组织。如第2节所述，契约/治理的视角将企业和市场描述为治理结

---

[1] 正如哈罗德·德姆塞茨所观察到的，将［新古典］经济理论的企业与其现实世界的同名企业混为一谈是错误的。新古典经济学的主要任务是了解价格体系如何配置资源的使用，而不是实际企业的内部运作（Demsetz，1983，第377页）。

[2] 这段引文是斯坦利·罗宾逊（Robinson，1968）写给唐纳德·特纳的，第29页。

[3] 联邦贸易委员会在 Foremost Dairies 一案中的意见指出，违反第7条的必要证据（包括各种证据类型，表明与较小的竞争对手相比，收购公司在某些市场中拥有重要的市场支配力，或其整体组织使其在效率上具有决定性优势）［Foremost Dairies, Inc., 60 FTC, 944, 1084 (1962)；着重号为后加］。

[4] 有关20世纪60年代反垄断执法状况复杂化的详细说明，请参见 Williamson（1985，第366-7页）。

构，其不同的机制在效率方面很重要。随着垄断被简化为一个重要但特殊的案例，组织经济学在此过程中逐渐形成。

## 2. 微观分析：概要

### 2.1 概述

正如赫伯特·西蒙所观察到的那样（Simon，1984，第 40 页）：

> 在物理科学中，当发现测量误差和其他噪声与研究中的现象具有相同数量级时，其响应不是试图通过统计手段从数据中挤出更多信息；取而代之的是找到以更高的分辨率观察现象的技术。经济学的相应策略是显而易见的：在微观层面上确保新类型的数据。

然而，由于社会科学是超复杂的（Wilson，1998，第 183 页；Simon，1957，第 89 页），细节层出不穷。相关微量分析的确切位置在哪里？这将随着需要研究的现象和观察现象的时间而变化。

### 2.2 基础[①]

交易成本经济学不是从新古典选择的角度（强调价格、产出与供求关系，并不看重组织）出发，而是从契约/治理的角度出发。构建模块是交易、治理结构以及它们之间的有效协调，因此组织不仅重要，而且容易受到分析的影响。[②] 除了简单的市场交易（契约作为法律规则）外，还规定了混合契约（契约作为框架，交易关系的连续性对其很重要）和层级结构，每一种都被描述为一种替代的治理模式。注意，选择使用一种治理模式而非另一种模式取决于需要治理支持的事务。迄今为止，被忽视的交易成本在分析结果中占据了一席之地。

如果交易和治理结构都不同，那么需要制定用于描述这两种结构的相关微观分析。赫伯特·西蒙的建议并没有什么明显的效果，即"在制定我们的研究议程和告知我们的研究方法方面，没有什么比我们正在研究的人类行为本质的看法更为重要的了"（Simon，1985，第 303 页），我们的观点与此相关。认知能力是特别相关的，但描述自我利益的方式也是如此。

例如，如果人类行为体具有实施全面或有索赔契约的认知能力，那么我们

---

[①] 这个简短的总结在其他地方进行了阐述（Williamson，1985，1991a，2002，2005）。附录中列出了知识背景。

[②] R.C.O. 马修斯（Matthews）在他对皇家经济协会的致辞中（Matthews，1986，第 903 页）正是以这些方式描述了新制度经济学（将重点放在节约交易成本上）。

就处于阿罗-德布鲁（Arrow-Debreu）的世界中，在这样一个契约世界中，组织并不重要。如果朱·弗登博格、本特·霍姆斯特罗姆和保罗·米尔格罗姆（Milgrom，1990）提出的六个假设适用，那么在我们所处的世界中，一系列短期契约可以实现最佳长期契约。① 更一般地说，关键在于：不同的认知假设导致了不同的契约和组织理论的产生［对于自我利益的描述也同样如此（Williamson，1985，第64-67页）］。

交易成本经济学从两个方面来描述认知和自我利益。具体来说，认知将有限理性与可行预见结合起来，而自我利益则将良性行为与机会主义结合起来。因此，所有复杂的契约都不可避免地是不完整的（由于有限理性），但假定人类行为体具有前瞻性，能识别危险与制定机制，尽管不完美，但仍将后果重新纳入事前契约设计（这是可行远见的体现）。此外，大多数人类行为体都会按照自身意愿行事，部分人大部分时间会做得更多（良性行为），但风险很大的异常值会引发背叛和/或倾向（这是机会主义的表现），目的是进行重新谈判。

契约的不完全性（有限理性）和缺陷风险（机会主义）是否会造成严重的治理问题，取决于交易的属性。交易关系的连续性是重要的，需要协调适应以恢复效率，这是指简单市场交易效力失效的交易。因此，行为属性与交易属性相结合，从而支持（或不支持）附加治理的需求，即治理被定义为注入秩序的方式，以缓解冲突并实现互利。

交易的三个属性对于通过实施协调适应来保持连续性尤为重要：资产专用性（这是一种衡量双边依赖性的方法，适应不良的危害由此产生）、不确定性（交易受到的干扰，无论大小），以及交易重复发生的频率，对声誉效应（市场中）和私人订购机制（企业内部）都有影响。

治理结构被描述为具有不同适应能力的属性的离散结构综合征，其中有两种类型是不同的：弗里德里希·哈耶克（Hayek，1945）所描述的自主适应相对价格的变化，以及切斯特·伯纳德（Barnard，1938）所描述的有意识的解放和有目的性。激励强度、决策和行政控制工具以及契约法制度是描述治理结构的定义属性。

如第3节所述，组织中间产品市场交易的三种主要治理模式是市场、混合制与层级制。有趣但并不令人惊讶的是，现货市场和层级制是截然相反的，因为现货市场具有强大的激励机制、微不足道的行政控制和法律规则的契约制度，从而支持自主适应，而层级制则使用低能激励和实际的行政控制，在行政

---

① 因为我认为列出的六个假设中的几个是不合理的（Williamson，1991b，第172-6页），所以我吸取了弗登伯格等（Fudenberg et al.，1990）的教训（这是一个智力导论），他们认为顺序最优契约是不可行的。尤其有问题的是，他们对公共结果的三方（通过委托人、代理人和仲裁人）无成本知识的假设，以及对技术和偏好的共同知识超过了行动支付流。如果逻辑一致性（理论上）的实现（在实践中）不可行，那么应用经济学家会谨慎对待理论的操作意义，这是可以理解的。

上根据容忍法律体制[1]解决内部争端，以支持协调适应。混合契约在三种属性和两个适应方面均处于市场和层级之间，因此可以被认为是一种折中模式。

区别对齐假设提供了交易和治理结构之间的预测性联系，也就是说，属性不同的交易与成本和能力不同的治理结构一致，从而实现交易成本的节约。

## 3. 中间产品市场交易：范式交易

中间产品市场交易（或用更普通的术语来说，制造或购买或外包决策）成为交易成本经济学的明显交易范例，存在两个原因。首先，这是科斯在1937年指出经济理论中的一个失误时所提到的交易："本文的目的是弥补经济理论中通过价格机制分配资源的假设（出于某些目的）和该分配所依赖的假设之间的差距（出于其他目的）……［层级制］。我们必须在实践中解释替代方案之间选择的基础"（Coase，1937，第389页）。其次，中间产品市场交易比劳动力市场、资本市场和最终产品市场交易更简单，因为它们较少受到信息、预算、人才、风险规避等不对称的困扰。如本文所述，简单契约模式侧重于中间产品市场交易，但更普遍地适用于（有变化的）交易研究。

因此，假设公司可以制造或购买组件，并进一步假设该组件可以通过通用技术或专用技术提供。假设 $k$ 为资产专用性的衡量指标，图1中使用通用技术的交易是 $k=0$ 的交易。在这种情况下，不涉及特定资产，参与各方基本上是匿名的。使用专用技术的交易是 $k>0$ 的交易。此类交易产生了双边依赖，因为资产无法在不损失生产价值的情况下重新部署到替代用途和用户。因此，各方有动力促进连续性，从而保护具体投资。下面我们来说明此类保障措施的规模，包括处罚、信息披露和核查程序、专门的争议解决（如仲裁），以及最后在统一所有权下两阶段的整合。$s=0$ 是不提供保障措施的条件；$s>0$ 是提供保护措施的条件。

图1中的节点 $A$ 对应于法学和经济学中的理想交易：没有依赖性，治理是通过竞争实现的，并且在发生争议时，由法院判决损害赔偿。节点 $B$ 构成了未解除的契约风险，因为已经提供了专门投资（$k>0$），而没有提供保障（$s=0$）。有远见的参与者将会识别出这些风险，他们会对隐含的风险进行定价。[2] 面对这些危险的额外成本，购买者有动力以经济有效的方式减轻损害，

---

[1] 关于与治理相关的契约法制度的讨论，见 Williamson（1991a）。

[2] 请注意，在节点 $C$ 条件下，供应商竞标的价格将低于在节点 $B$ 竞标的价格。这是因为与节点 $B$ 相比，节点 $C$ 的附加安全功能可减少契约风险，因此契约风险溢价将降低。一种含义是：供应商无须向买方请即可提供保障。因为当提供额外的担保时，买方将以更好的条件（更低的价格）获得商品和服务，因此买方有动力提供可信的承诺。

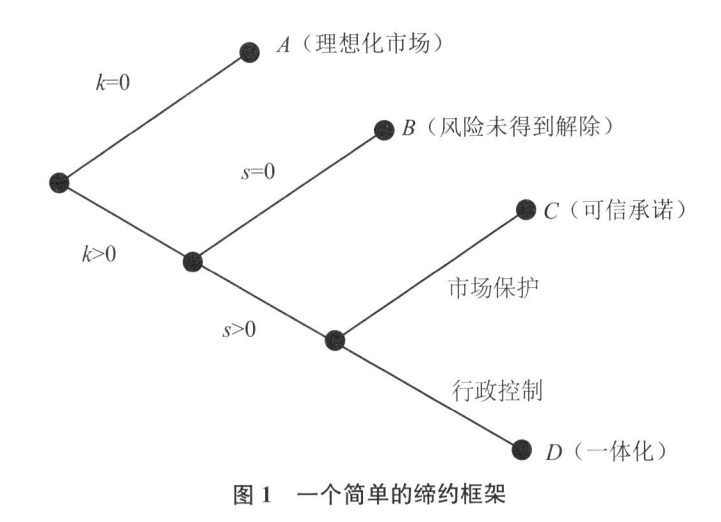

```
        A (理想化市场)
     k=0
         B (风险未得到解除)
      s=0
         C (可信承诺)
  k>0        市场保护
      s>0
              行政控制
              D (一体化)
```

**图 1 一个简单的缔约框架**

也就是说,节点 $B$ 是一种低效的治理模式,用于持续供应(相对于偶发的)的目的。

在节点 $C$ 和 $D$ 中提供了额外的契约支持($s>0$)。节点 $C$ 对应于卡尔·卢埃林所称的作为框架的契约,区别于作为法律规则的契约,前者通过"一个高度可调的框架、一个几乎从未准确描述真实工作关系的框架更好地保持了交易的连续性,但它提供了关于这种关系变化的粗略指示,在有疑问的情况下提供偶然的指导,以及当关系实际上停止作用时的最终上诉规范"(Llewellyn,1931,第 736-7 页)。这是上面提到的混合交易,其中引入了可靠的契约机制以支持合作适应。然而,这种混合并非具有"无限弹性"。由于干扰已成为非常重要的因素……叛变的动机出现了。这里的普遍观点是:当坚持字面上的执行而获得的"合法"收益超过持续交换关系的贴现价值时,就可以预期背离契约的[合作]精神(Williamson,1991a,第 273 页)。本杰明·克莱因随后同样描述了"自我执行范围":如果市场条件的变化超出了自我执行范围……违约的一次性收益[将]超过私人制裁(Klein,1996,第 449 页)。

但这不是治理故事的终结。随着混合契约的预期不良适应成本逐步增加,尽管付出了最大努力来制定具有成本效益的可信承诺,但交易成本经济学预测交易将从混合契约中移除并在统一所有权(纵向一体化)下组织。由于将一项交易带出市场并在内部组织起来会增加官僚成本,层级制被有效地视为最后的组织形式:尝试了市场,尝试了混合,只有当一切都失败之后才求助于企业(节点 $D$)。

节点 $D$ 的治理(层级结构)包括:(1)连续阶段的统一所有权;(2)通过应用常规程序(管理程度上的干扰)和使用层级结构(管理实物干扰)在界面上达到协调适应;(3)内部争议解决,用于解决双方无法通过诉诸共同的"老板"来解决的争议;(4)上述官僚成本负担。

因此，交易成本经济学预测通用交易（$k=0$）将被分配给节点 $A$（市场模式，其中连续性不重要，争议在法庭上解决），更复杂的交易（$k>0$）被分配到节点 $C$（混合模式，其中连续性、重要性和适应性是在更具弹性的契约概念框架下完成的），非常复杂的交易（$k>0$）将退出市场并在节点 $D$ 的层级结构中组织，很少有交易（只有错误的或偶然的交易）处于效率低下的节点 $B$ 处。

更值得注意的是，对理论预测的经验检验已经得到了广泛的证实。事实上，（尽管大约30年前）获取相关数据（通常是微观分析的原始数据）似乎存在不可逾越的障碍，但当今的交易成本经济学仍然有非常广泛的经验基础（Geyskens，Steenkamp，and Kumar，2006，第531页）。此外，这不仅适用于纵向一体化范式问题的检验，而且适用于被解释为主题变化的各种其他现象（Macher and Richman，2006）。不可否认的是，交易成本经济学因其产生的实证工作而更具影响力（Whinston，2001）。

## 4. 反垄断的应用：概述

20 世纪 60 年代的过度垄断推理包含了自我毁灭的种子。面对越来越令人难以置信的情况，最高法院大法官波特·斯图尔特（Potter Stewart）在一份反对意见中指出："我唯一能发现的一致性是在第 7 节的［合并］诉讼中，政府永远是赢家。"[1] 危言耸听的过度垄断推理最终引发了一系列挑战，包括配置效率和交易成本推理[2]，后者明确规定了组织经济，进入壁垒推理的短视性遇到了可补救性考虑，重新审查了在冷漠传统下被宣布为反竞争的非标准和不熟悉的缔约做法，发现往往是为了可信的契约目的，并且坚持认为无论在何处都应该承认正交易成本，从而取代了对零交易成本的选择性诉求。[3]

芝加哥学派的反垄断学者（Stigler，1968；Demsetz，1974；Posner，1976；Bork，1978）获得了并值得许多赞誉，但交易成本经济学也是其中一个促成因素。因此，芝加哥学派专注于解释为什么纵向一体化和非标准纵向一体化合约不能创造或增强市场力量……交易成本经济学着眼为什么这些纵向一体化作为对某些交易特征的降低成本反应而出现（Joskow，1991，第 56 页；着重号为后加）。没有一个肯定的理由（Joskow，1991，第 57 页）。

很难相信，芝加哥学派对纵向一体化反垄断政策的批评会产生如此大

---

[1] United States v. Von's Grocery Co.，384 U.S. 270，301 (1996)(Stewart, J., 持异议)。
[2] 例如，在《作为反垄断辩护的经济：福利权衡》（Economies as an antitrust defense: the welfare tradeoffs）中（Williamson，1968）。
[3] 这是科斯（Coase，1960，1964，1972）坚持的主题。

的影响，特别是在专业经济学家和反垄断学者中……交易成本经济学的理论和实证研究……证明先前怀疑的垂直安排通常可以解释为出于降低交易成本的动机而做出的契约和组织响应。

在对错误推理的批评和对明确制定机制的有关实践的解释之间，后者要求更高。

有趣的是，蒂莫西·穆里斯在担任联邦贸易委员会（Federal Trade Commission，FTC）主席期间认为，许多新制度经济学的文献具有改进反垄断分析和政策的巨大潜力。尤其是……[交易成本部门]致力于揭开"黑箱"企业的神秘面纱，并阐明垂直关系的重要决定因素（Muris，2003，第15页）。打开"黑箱"并了解内部机制对实践产生了影响（Muris，2003，第11页；着重号来自原文）：

> 我最近看到的最令人印象深刻的竞争政策工作反映了NIE关于反垄断分析的适当方法的教导。联邦贸易委员会的大多数杰出工作都遵循了NIE的原则，并表现出基于事实的详细分析，这些分析正确地解释了制度和所有相关理论，而不仅仅是市场结构和[垄断]权力理论。[1]

对交易成本经济学在反垄断中的应用进行全面的考察超出了本文的范围。我的目的只是解释如何从契约/治理的角度来检验复杂契约和经济组织的微观分析，从而改变和加深我们对许多反垄断相关现象的理解。我先后研究了垂直市场关系、价格理论问题、可信的承诺等方面和现代企业的应用。

## 5. 垂直市场关系

依次考察横向一体化到组件、后向一体化到原材料和前向一体化到分销中。通过分析和跟踪简单契约模式的逻辑，即随着资产专用性的增加和异常干扰的出现，可以预测从市场到混合制到层级制的过渡。针对资产专用性的改进（如物理、人力、网站、专用和品牌资本）也同样重要。例如，对于移动实物资产（如专用模具），买方可以进行专门投资，在供应契约期间将专用模具分配给中标人并收回，从而降低双方的依赖性。[2] 如果原投标人未赢得续签契

---

[1] 斯蒂芬·斯托库姆（Stephen Stockum）对穆里斯立场的总结如下（Stockum，2002，第60页）：

> 穆里斯将他的经济方法描述为既不是芝加哥学派也不是后芝加哥学派，而是"新制度经济学"，它将理论与对现实世界制度的研究相结合……具有很强的实证性……[并且使人们摆脱了经济意识形态]支持更实际的讨论，即经济分析师如何为合理执行反垄断法做出贡献。

[2] 这可以缓解当这些模具归供应商时的估价问题。如果买方拥有这些模具，模具的用户成本滥用会成为一个问题。

约，则将其重新分配给继任者。统一所有权的必要性也因使用可靠承诺来支持与交换协议一样的混合承包，或者通过特许经营来组织分销，而不是通过大量地理位置分散的网点进行前向一体化（尽管也存在双重分销），而得以减轻。然而，随着资产的特殊性和干扰的增加，可以预见将统一所有权。

## 5.1 横向一体化

经济通常归因于"技术核心"中连续阶段的整合，其中一个例子是由于热能经济的原因而对钢铁制造阶段实行统一所有权（Bain，1968，第381页）。相比之下，横向一体化到缺乏这种"物理或技术方面"的组件中（在技术推理下）被认为是非常有问题的。如上所述，垄断目的和效果通常归因于此。

交易成本经济学对这种推理提出了质疑。热能经济性（或者更普遍地说，贝恩所指的物理或技术方面）都暗示两个阶段是彼此相邻的。治理问题是：这些共存阶段之间的产品交换是否应通过市场或层级结构进行调节？除非可以预见契约问题，否则没有理由解释为什么每个阶段都不能独立拥有，并且两个阶段通过企业间契约相互连接。因此，如果在同一阶段整合，那是因为实现了交易成本的节约：统一所有权降低了契约风险，否则该风险将会在独立的、特定于站点的交易实体之间产生。

但还有更多：交易成本经济学还选择性地为缺少贝恩所指的"物理或技术方面"的交易提供了经济学解释。如上文第3节所述，外包非特定地点类型的可分离部分是交易成本经济学的基础，也是首次应用实证检验的范例问题（Monteverde and Teece，1982；Masten，1984）。[1] 其结果是，相同的比较契约逻辑适用于所有类型的资产特定的交易组织，无论是否特定于站点。这与早期的反垄断偏好形成了鲜明对比。[2]

---

[1] 讨论见 Williamson（1979，1987）。

[2] 因此，尽管产业组织专家和《反垄断合并指南》（Antitrust Merger Guidelines）曾建议，如果市场份额为20%的公司在其购买或出售的任何行业中获得5%或10%的份额，就会引发反垄断问题（Stigler，1955，第183页）。交易成本经济学建议，交易的属性告诉了我们有关整合目的的更多信息，尤其是对于这样小的市场份额。

可以肯定的是，纵向一体化有时可以达到战略目的。正如阿尔弗雷德·马歇尔（Alfred Marshall）所观察到的那样，在一个小国，纺纱与织造是结合在一起的，因此建立这种垄断的难度要比分别占一半的垄断更难打破（Marshall，1920，第495页）。贝恩警告说，纵向一体化可以用作一种手段，通过这种手段来弱化、消除或排挤一体化的竞争对手（Bain，1968，第360－62页）。斯蒂格勒建议，一体化"通过提高进入综合生产过程的资本要求，成为排除新竞争对手的一种可能的武器"（Stigler，1955年，第224页）。我不同意。但是，由于战略进入威慑很容易被调用，因此提出主张的人应该描述基本机制的细节，并解释我们应该何时预期所谓的不利影响上升到公共政策的重要性水平。

## 5.2 原材料采购

除了极不典型的情况，纵向一体化到原材料的效率案例（如果存在的话）被认为是罕见的。毫无疑问，这是福特汽车公司在胭脂河（River Rouge）完全整合为庞然大物的教训，这是一个纵向一体化的疯狂行为，它由一个帝国提供，这个帝国包括矿地、煤矿、70万英亩的林地、锯木厂、高炉、玻璃厂、煤船和铁路（Livesay，1979，第175页）。

完全正确：也许全面的纵向一体化似乎是工程师的梦想，但这并不是经济理想。正如约翰·斯图基（John Stuckey）对澳大利亚铝业从精炼到原材料阶段逆向整合的研究所揭示的那样，交易细节至关重要。事实证明，铝土矿不是一种均匀的矿物，而是一种"异质商品"……［其中］任何矿床中的矿石都具有独特的化学和物理性质（Stuckey，1983，第290页）。这是相应的结果：在低温精炼厂中，采用高温技术高效加工的混合水合物铝土矿的成本差异几乎为100%（Stuckey，1983，第53-4页）。其他细节也很重要。有些矿石需要铝土矿储存盖，而其他矿石则不需要（Stuckey，1983，第49页）；残渣处理成本差异很大（Stuckey，1983，第53页）；空气污染设备根据铝土矿的属性而定制（Stuckey，1983，第60页）。此外，尽管冶炼的特殊性较小，但仍有一个"冶炼的艺术部分"，如果铝供应发生变化，则会使其受到破坏（Stuckey，1983，第63页）。

然而，并非每个精炼厂都依赖于特定的铝土矿矿床。因此，尽管上述大多数经济体都是通过将当地精炼厂的特征专门化为当地铝土矿矿床（如澳大利亚）来实现的，但偏远地区的精炼厂（如日本）却并非如此，因为在日本，通用精炼厂可以加工在世界市场上采购的铝土矿，具有抵消优势。

有趣的是，监管方面的关注有时会阻碍后向一体化，一个例子是燃煤发电机在发电过程中燃料来源和运行阶段之间偶尔会出现双边依赖（Joskow，1987）。为了避免公用事业公司"将落后的生产整合到煤炭生产中，将利润从受监管的活动转移到不受监管的活动中，监管过程阻止了这种情况"（Joskow，1987，第284页）。

与铝土矿一样，"发电机组燃烧的煤的类型会影响其结构和设计的热效率"（Joskow，1987，第284页）。在一些地区，如美国东部，附近的许多小煤矿可获得质量相对均匀的煤炭；在西部等其他地区，矿床很大，煤矿之间的煤炭质量相差很大，运输距离也很长（Joskow，1987，第284页）。对于后者，通常会观察到具有特定设计的发电厂。更一般地说，比较契约推理预测，西部将观察到比东部更长期、更细微的契约。数据表明："随着关系特定的投资变得更重要，双方发现依赖更长的时间更有利。"契约预先规定了重复交易的条款和条件，而不是依赖重复谈判（Joskow，1987，第296页）。

## 5.3 整合分销

在经济学和市场营销领域，大量特许经营文献研究了生产商是否应该拥有部分或大部分的分销系统，或者与其他人签订契约来管理商品和服务的分销。在后一种情况下，通常会采用垂直市场限制，其共同的目的是保护网络免受品牌贬值的影响（Klein and Leffler，1981）。

许多节约问题都是由市场营销的前瞻性整合和垂直市场限制的使用造成的，其中资产专用性（尤其是以品牌资本的形式）是唯一的。然而，交易成本推理在市场营销决策中起着核心作用（Coughlan et al.，2005），决定选择哪种契约模式，如果是市场，是否应实施契约限制。与反垄断中的冷漠传统相反[1]，如果在满足必要交易成本的前提下，垂直市场限制将产生社会效益。

# 6. 价格理论问题

## 6.1 价格歧视

有利于价格歧视（特别是完全价格歧视）的价格理论论点是：歧视允许估价低于统一垄断价格但高于边际成本的各方购买相关商品或服务，从而产生分配效率收益。该论点的一个问题是：完美的价格歧视假设发现真正的客户估值和监管套利的交易成本为零，这是英雄式的假设。考虑到发现价格估值和实施套利限制的成本，可以证明昂贵的价格歧视会导致私人利益（垄断利润增加）和社会损失的产生（Williamson，1975，第11-13页）。[2]

## 6.2 罗宾逊-帕特曼

交易成本经济学对《罗宾逊-帕特曼法案》也有影响，该法案被解释为一种努力（剥夺大买家的[折扣]），"除非卖方因制造数量、交付或销售而降低成本造成了合理降价，或者因为卖方为满足竞争对手同样低廉的价格而做出了诚信的努力。"[3] 显然，令人担忧的是，大买家会利用自己的力量从供应商处获得更好的交易，因此小买家将处于不利地位。然而，要做到这一点，应该增加一种可能性，即不同的买方准备为相同的商品或服务提供不同的契约支

---

[1] 关于 United States v. Arnold，Schwinn & Co.，388 U.S. 365（1967）一案中的管辖权声明和美国的辩护状的讨论参见 Williamson（1979；1985，第183-189页）。

[2] 应用福利经济学工具显示出这两种效应。然而，直到正交易成本被明确引入计算中，人们才注意到这种权衡。

[3] FTC v. Morton Salt Co.，334 U.S. 37（1948）；着重号为后加。

持。参考图1，假设一个供应商使用专门的资产为两个买方生产相同的商品或服务。假设其中一个买方拒绝提供契约保障，而另一个买方提供保障。这两个分别对应于节点 B 和节点 C 的签约。显然，供应商将以比节点 B 的买方更好的条件将产品出售给节点 C 的买方。

结果是，数量和满足竞争条件还未能成为一些买方提供比其他买方更低价格的正当理由。与完全依赖于教科书的微观理论相比，从契约/治理的角度有助于揭示这些额外的目的。

### 6.3 掠夺性定价

正如菲利普·阿里达和唐纳德·特纳（Areeda and Turner, 1975）提出的两个方面，交易成本经济学对掠夺性定价的边际成本定价检验的优点提出了质疑。首先，虽然边际成本定价可以被认为是一个假设的理想（次优考虑除外），但如果边际成本的计量在法庭上引起了会计操纵和欺骗，那么这种理想就是一种欺骗性的标准。此外，阿里达和特纳对持续和临时类型的降价应用相同的边际成本定价测试，也就是说，他们没有为战略性降价做任何准备：现在它是否存在，取决于是否有新进入者已经出现或被征服。这是没有根据的，因为临时降价的福利收益是很小的，很容易变成净的负收益。

然而，与其他地方一样，对拟议标准的反对并不是唯一的理由。我们有义务提出一种优越的可行替代方案。威廉姆森（Williamson, 1977）提出的产出检验相对于边际成本定价检验具有三个优势：（1）重新定位；（2）测量；（3）持续响应。重新定位允许采用掠夺性定价规则的各方调整（重新定位）他们之间的关系。阿里达和特纳忽略了这种激励，但值得注意的是，与产出检验相比，他们的检验具有较差的重新定位特性。此外，产出比边际成本更容易衡量。产出检验显然倾向于继续超过或有供应。现在它是否存在取决于进入者是否已经出现或者已经被成熟的公司所摧毁。结果是交易成本考虑对于揭示关于掠夺的两种价格理论检验的效率后果非常重要。

### 6.4 过度搜索

宝石级未切割钻石市场采用了两种非标准的承包做法，这两种做法令人费解，很容易被理解为戴比尔斯（De Beers）在与未切割钻石买家交易时所付出的努力。这两个交易限制是"全部或无"和"进出"交易规则。由于戴比尔斯在供应未切割钻石方面具有市场力量，因此这些交易规则被认为具有从钻石切割者处获利的强大目的。

尽管纽约钻石切割者之间的合作行为网络（Richman, 2006）可能被解释为合谋行为，但戴比尔斯的交易规则适用于全球市场。因此，假设罗伊·肯尼和本杰明·克莱因（Klein, 1983）提出的这些规则具有效率目标的可能性。

尽管未切割的钻石被分为2 000多种类别，但这些钻石的质量明显不同。如果买家想评估戴比尔斯提供的每块宝石或至少每组宝石，如何组织这样的市场以减少超支成本？可以说，将"全部或无"交易规则与"进出"交易规则相结合有助于减少过度搜索。①

"全部或无"交易规则要求买家接受由戴比尔斯组装的整组钻石（见票即付），或者完全不接受。因此，买家被剥夺了在单个钻石中挑选钻石的机会，尽管如此，他们仍然有动力仔细检查每一颗钻石。拒绝接受见票即付将表明该见票即付的价格过高，但仅此而已。

假设现在添加了一个"进出"交易规则。现在，拒绝见票即付决定将产生更严重的后果。可以肯定的是，拒绝可能表明某一特定见票即付的价格过高，但更有可能的是，它反映了一系列不良经历。戴比尔斯并不可信是一个公开声明。实际上，一位心怀不满的买家宣布，在这些受约束的交易规则下，与戴比尔斯交易的预期净利润为负值。

这样的声明对市场有寒蝉效应。早先准备进行临时现场检查的买家现在被告知还存在额外的交易风险。每个人都被告知信任被侵犯，并被警告要更仔细地检查。

在此解释中，"进出"交易规则是一种鼓励买家将购买钻石视为一系列相关交易而非独立交易事件的方式。如果总的来说，事情可以被预期"平均"，那么支付的金额与收到的价值是否完全一致并不重要。然而，面对系统性的价值低估，买方将被迫退出。因此，如果该系统从高信任贸易文化转移至低信任文化，那么销售钻石的成本就会增加。这是戴比尔斯有强烈动机要避免的制度的不利结果。因此，在一个"全部或无"和"进出"交易规则都适用的制度下，戴比尔斯将更加谨慎地展现自己的观点，从而达到买家的合法期望。因此，合并后的规则为贸易注入了更高的完整性。

# 7. 可信的承诺

虽然可信契约是混合治理模式的核心目的，但这种目的在反垄断执法中登记缓慢，主要是因为非标准和不熟悉的契约惯例被视为垄断倾向。但是，"传统的市场权力理论［是如此有倾向性］……TCE可以［经常］……阐明事实的含义，特别是在复杂的契约关系的背景下，这些关系无法被解释，或者更糟的是，被错误地解释"（Muris，2003，第18页）。可信的承诺推理（节点C与节点B类型）已应用于广泛的契约实践中，包括特许经营限制、交换协议、

---

① 本节的其余部分载于Williamson（1996，第77-8页）。

打开企业和市场组织的"黑箱":反垄断

接受或支付协议,以及许多其他非标准契约实践(Masten,1996)。交换协议是打开"黑箱"并解释内部机制目的的一个特别有趣的例子。①

石油交易长期困扰着经济学家,并经常在石油行业的反垄断案件和调查中受到质疑。美国联邦贸易委员会1973年针对最大的石油公司提起的诉讼坚持认为,交易所有助于维护主要公司之间相互依赖的网络,从而有助于在相对不集中于正常市场结构标准的行业中实现寡头垄断的结果。② 后来的一项研究——《加拿大石油行业的竞争状况》(The State of Competition in the Canadian Petroleum Industry)同样认为交易所是不受欢迎的。③ 此外,《加拿大研究》还提供了文件(契约、内部公司备忘录、信件以及证词)以支持其观点,即交易所是扩大和完善主要石油公司垄断的手段。④ 关于契约细节和目的的此类证据通常是保密的,因此无法获得。但是,详细的知识显然与正确评估契约的交易成本特征密切相关,并且往往是必不可少的。

大石油公司的工程师、经理和律师都对交易所有着善意的解释。如果X在A区有盈余,在B区有赤字,而Y在B区有盈余,在A区有赤字,且双方都希望在这两个地区销售他们的产品,那么产品交换将节省交叉运输成本。然而,这忽略了另一种可能性:为什么不创建一个中央市场,每个公司都可以在该市场中以匿名而不是双边方式报告其盈亏,并进行采购?石油工业工程师、经理和律师发现这个问题令人不安,但需要面对的关键问题是,为什么要双边交换而不是简单的市场交换?

《加拿大研究》列出了四项反对交易所的意见,其中前两项我就不再赘述了[见Williamson(1985,第148页)]。另外两项则更吸引人:通过限制"入场费"的供应来限制竞争(Williamson,1985,第53-4页),以及对增长与补充供应施加限制的交换协议(Williamson,1985,第51-2页)。

入场费引起的反垄断问题得到以下文件和解释的支持(Williamson,1985,第52-3页;着重号为后加):

在海湾公司的以下报价中可以找到一种理解,即需要与投资有关的利害关系才能被行业接受,这一证据可以找到:

"我们确实相信,石油行业通常会允许支付了赌注的参与者参与游戏;游戏中的赌注是精炼、分销和销售产品的资本"(文件编号:71248,未注明日期,海湾)。

---

① 本节的其余部分载于Williamson(1985,第197-201页)。
② FTC v. Exxon et al., Docket No. 8934 (1973).
③ 《联合调查法》(Combines Investigation Act)、调查和研究主任、罗伯特·贝特朗(Robert J. Bertrand)协调了8卷研究《加拿大石油行业的竞争状况》(Quebec,1981年)。本文的所有参考资料均为第5卷"炼油行业"。该研究将在下文中称为《加拿大研究》。
④ 此处及以下未注明来源的页码均指《加拿大研究》第5卷(见注③)。

报价的意义同样在于需要由行业制定"入场费"和"游戏规则"这两个概念？而"入场费"的含义以及行业所理解的"游戏规则"可以在公司之间的实际交易中找到，其中明确提到"入场费"。这些案例说明了正在适用的规则，即海湾所指的规则。没有支付"入场费"的公司，即没有在炼油能力或市场分销设施方面提供足够投资的公司，将不会被供应或者根据供应协议条款受到处罚。

一旦采用比较契约的观点，就会对这些实践做出不同的解释。为了使比较简单，假设有两个潜在的买方，每个人都向同一个供应商订购了相同数量的产品，并在相同的时间间隔内交付。然而，买方的不同之处在于，其中一方准备制定一种保护措施来阻止提前终止，而另一个则没有。基本上，卖方会向后者收取更高的（节点 $B$）价格。

但是，交换协议与此类交易有何关联？假设要供应的产品数量很大，供应间隔很长并且上述盈余/亏损地理关系适用，那么处于这种情况下的买卖双方将发现他们之间的交换协议不仅可以节省交叉运输成本，而且提供了对等的可信的承诺，一方的终止会因期望得到实物回报而受到阻碍。特别是如果交换协议的双方均经历了相关的干扰，在这种情况下两者都希望进行类似的适应，则交换协议具有良好的适应性和安全性。

假设供应协议的每一方均建造并维护一个比原来更大的工厂，则这些公司的特定投资采取"专用资产"的形式，即大量增建工厂，其产出被指定给特定的买方，由交换协议担保。难怪石油公司会与那些"支付了赌注"的其他石油公司签订更好的契约，而不是与那些无担保的买家签订契约。

因此，考虑使用增长和补充供应限制，其中一个例子是《帝国-壳牌交换协议》（Imperial-Shell Exchange Agreement），根据该协议，帝国在海上向壳牌供应产品，并接收壳牌在蒙特利尔的产品（第 51 页）：

> 帝国和壳牌之间的协议最初签署于 1963 年，在 1967 年重新谈判。1972 年 7 月，帝国公司这样做是因为壳牌公司在海上发展过快。1971—1972 年，帝国公司因壳牌公司的营销政策而对该协议表示不满。壳牌指出：
>
> 帝国公司目前的态度是：我们已经用他们的设施建立了一个市场，我们总是咄咄逼人并威胁他们，而他们不会帮助我们，且事实上对我们越来越强硬。（23633 号文件，未注明日期，壳牌公司）

具体来说，帝国公司仅在因扩张超过"正常增长率"而被进行了价格处罚之后才与壳牌公司续签了该协议，并进一步规定："壳牌一般不会被允许从第三方来源获得产品"以服务于海事（第 52 页；着重号为后加）。

《加拿大研究》指出，海湾石油也采取了这样的立场，即根据交换协议接收产品的竞争对手应该被限制在正常增长范围内:"加工协议(和交换协议)应该在考虑到公司的整体经济情况之后签订,并且应该适应为竞争对手提供正常增长所需的数量。"① 它还寻求并保证海湾供应的产品只能由接收方使用,不会被转移到其他地区或提供给其他方(第59页)。

对"正常增长"的限制和对"第三方"的禁止很可能具有反竞争的目的,《加拿大研究》也是这样认为的。但是,通过契约/治理的视角审查,这些相同的限制也可能具有在交换协议各方之间保持对称激励的目的和效果,从而使他们能够达到节点C的可信的承诺。如果没有使用限制,双边依赖可能会变得不平衡。此外,如果一方要增长(超过正常水平),那么对称性可能会受到压力。在这种情况下,另一方可能准备建造自己的工厂并破坏交换协议。有助于阻止这种结果的营销限制鼓励缔约方参与本来可能不可接受的交易。

可以肯定的是,各方重视的信誉利益可能不会被社会同等重视。在某些情况下,这种限制可能具有市场力量和安全交易的目的。我的目的只是强调这一点,而《加拿大研究》完全以片面(垄断)的方式看待这些问题,但可信契约的视角又增加了另一个问题。重复一遍,交易成本经济学有时可以"阐明事实[和文字]的含义",特别是在复杂的契约关系背景下,否则无法解释,或者更糟糕的是会被错误解释(Muris,2003,第14页)。②

## 8. 现代企业

契约/治理的视角以多种方式适用于现代企业:限制企业规模、扩大规模、部门化、横向合并、集团合并、企业治理、日本外包实践、非均衡组织形式等等。我在这里的讨论仅限于限制企业规模、扩大规模(包括企业治理)以及横向和集团合并。③

### 8.1 限制企业规模

1921年,弗兰克·奈特提出了企业规模之谜,当时他注意到,"管理的报酬递减"是经济文献中经常提到的一个主题,但是缺乏科学讨论"(Knight,1965,第286页,注释①)。他在1933年阐述如下(Knight,1965,第31页;

---

① 《加拿大研究》(第59页)将来源确定为1972年1月的第73814号文件。
② 穆里斯(Muris,2003,第15-23页)讨论了交易成本经济学对复杂契约的各种其他应用。另见Joskow(2002)。
③ 关于分裂化的讨论,见Williamson(1970,1985,第11章);关于日本经济组织,见Williamson(1985,第120-123页);关于公司治理,见Williamson(1988,2007b);关于不平衡契约,见Williamson(1991a)。

着重号为后加）：

> 企业效率和规模之间的关系是理论上最棘手的问题之一，与工厂的关系相比，这在很大程度上是个性和历史偶然性的问题，而不是可理解的一般原则。但这个问题特别重要，因为垄断收益的可能性为企业的持续无限扩张提供了强大的动力，这种力量必须被同样强大的力量所抵消，以降低效率。

特雷西·刘易斯后来评论说，与小规模的潜在进入者相比，大型成熟企业总是会从投入中获得更大的价值（Lewis，1983，第1092页；着重号为后加）：

> 原因是领导者至少可以像进入者那样使用投入，并获得与进入者相同的利润。但通常情况下，领导者可以通过协调新的和现有的投入来改进生产。因此，占主导地位的企业将更加重视新的投入。

如果占主导地位的企业能够以与进入者完全相同的方式使用投入，那么较大的企业可以做小企业所能做的一切。如果能够改善投入使用，就可以做得更多。对于纵向一体化，平行的论点是：收购独立零部件供应商总是优先考虑外包，因为合并后的企业永远不会做得更糟（由于复制），如果收购阶段总是仅在可以预测预期净收益时进行干预，有时会做更多的事情。

因此，企业规模的难题降到：实施复制和选择性干预的障碍是什么？正如我在其他地方所讨论的那样（Williamson，1985，第6章），复制和选择性干预的承诺并不是可以无成本地执行。被收购的供应商既不能信任收购方以无偏见的方式进行会计核算（计算供应商的净收益），也不信任收购方始终进行干预，但只能出于正当理由；并且收购方不能信任供应阶段以不变的应有的谨慎来操作工厂和设备（现在由收购方拥有），并适当地适应自主干扰。其结果是，复制和选择性干预都不可能没有成本地实施，因此市场和层级的治理机制在性质上有所不同（Williamson，1991a）。然而，我特别注意的一个反复出现的问题是：只有在打开"黑箱"并检查了微观分析之后，才能看出整合的官僚负担。

## 8.2 扩大规模/扩展

索洛观察到，"现实生活的复杂性……［是什么］使简单的模型变得如此必要"（Solow，2001，第111页）。简单模型的目的是捕捉本质，从而解释迄今为止令人费解的实践并做出经过经验检验的预测。但是也可以对简单模型进行按比例放大"测试"。重复应用简单模型工作的基本机制是否会产生一个可识别地描述所讨论现象的结果？

扩大规模的检验经常被忽视（可能是因为意识到不能扩大规模），或者有时被忽略（可能因为认为扩大规模很容易实现）。迈克尔·詹森和威廉·麦克林撰写的论文《企业理论：管理行为、代理成本和资本结构》（Theory of the

Firm：Managerial Behavior，Agency Costs，and Capital Structure，1976）是一个例外。作者设计了一个简化设置，其中企业家（百分之百的所有者—经理人）出售企业的一小部分股权，结果他的激励强度降低了，有效的监督作为回应出现了。然而，作者真正感兴趣的不是创业企业，而是"管理者几乎没有拥有股权的现代企业"（Jensen and Meckling，1976，第356页）。虽然后一个项目超出了他们的论文范围，但他们表示相信"我们的方法可以适用于这种情况……[这些问题] 仍有待详细解决，并将纳入未来的论文中"（Jensen and Meckling，1976，第356页）。①

遗憾的是，詹森和麦克林从未发表过后续论文，但此后，其他许多人研究了董事会在所有权分散的大企业中作为监督者的效力。目前还没有定论，但我确定在获取相关信息以支持警惕监测方面存在严重的障碍，而且，我认为将警惕性监督者的角色赋予董事会是非常有问题的（Williamson，2007b）。在这种情况下，企业治理不会从创业企业扩展到分散所有制的现代企业。

企业作为团队生产的理论（Alchian and Demsetz，1972）以及企业作为治理结构的理论也提出了与现代企业相关的规模扩大问题。团队生产理论通过技术不可分离性来实现，阿尔钦和德姆塞茨以人工装载的例子说明："两个人共同将重型货物装入卡车。仅通过观察每天所装载的总重量，无法确定每个人的边际生产力"（Alchian and Demsetz，1972，第779页）。因此，不是向每个人支付他的（不可衡量的）边际产品，而是与一个团队合作组织这样的活动，该团队的成员作为一个团队得到报酬，并受到老板的监督，以免他们推卸责任。这是有启发性的，但是技术的不可分离性可以用来解释现代企业吗？

一种可能性是，大企业是一个庞大的、不可分解的整体，在这种情况下，一切都与其他一切联系在一起，技术不可分割的模式就会出现。另一种可能性是，正如西蒙在《复杂性的体系结构》（The Architecture of Complexity，1962）中所描述的那样，大型层级系统是从几乎可分解的子系统演化而来的，子系统内部的相互作用是广泛且衰减的。②

西蒙对社会、生物、物理和象征系统的研究以及复杂性的逻辑支持了这样一个命题，即可分解性是复杂性的建筑师使用的核心结构方案之一（Simon，1962，第468页）。由于这种可分解性缓解了阿尔钦和德姆塞茨所依赖的技术不可分离性的条件，从适用不可分离性的小团体（例如人工装载货物，可能还

---

① 其他造成紧张局势升级的例子包括托马斯·谢林对自我形成社区中种族隔离演变的处理（Schelling，1978，第147-55页），有时是所谓的投票悖论的广泛应用（Williamson and Sargent，1967），以及现代企业从项目融资向复合融资的转变（Williamson，1988）。

② 松散……子系统的耦合……[意味着] 每个子系统 [是] 独立于其他子系统运行的确切时间。如果子系统B仅依赖于子系统A的某种物质，则通过保持缓冲库存，可以使子系统B独立于子系统A的生产波动（Simon，1977，第255页）。

有像交响乐团一样大的团体）扩大规模，并不延伸至决定加入一系列技术上可分离的阶段，从而形成现代企业。

那么，交易成本经济学如何在扩大规模方面发挥作用呢？适用于个别交易的生产还是购买决策的连续应用是否会扩大规模，以描述近似于多阶段公司的事务？在这方面请注意，交易成本经济学假定所关注的交易是在技术上可分离的阶段之间发生的交易。这是其他地方所描述的"企业边界"问题（Williamson，1985，第 96-8 页）。根据给定的技术"核心"［可能来自特定地点的投资，其中热能经济性就是一个例子（见上文第 5.1 节）］，注意力集中在一系列可分离的生产还是购买决策上（前向、后向和横向），以确定哪些应该外包，哪些应该包含在企业的所有权范围内。如上所述，企业是决策要做出生产而不是购买的包容性交易集，这似乎确实实现了扩大规模，或者至少是一个有希望的开端（Williamson，1985，第 96-8 页）。①

## 8.3 横向合并

我最初倾向于将寡头垄断视为交易成本推理范围之外，主要是因为我已经习惯于从现行的结构-行为-绩效范式的角度来考虑寡头垄断，其中集中度和进入壁垒是关键。然而，在将寡头垄断视为卡特尔问题时，其契约性质立即可见一斑。

考虑到这一点，垄断和寡头垄断在竞争方面几乎无法区分。② 这种主张未能考虑到（1）与企业间契约（寡头垄断者）相比，层级制度（垄断内）在解决争端和协调方面的优势，以及（2）区分内部组织和企业间组织的差别激励和相互欺诈倾向。将卡特尔作为一个五阶段的契约流程（即契约规范、联合收益协议、在不确定性下实施、监督契约执行和惩罚违反契约行为）来考察具有指导意义。

正如其他地方所讨论的那样（Williamson，1975，第 238-44 页），寡头垄断在所有这五个契约方面的"复杂性"都有所不同。简单的寡头垄断（数量很少，产品同质，份额很容易达成一致，干扰很小，价格和产出众所周知，对违规行为的处罚肯定会被认可）肯定会认识到它们之间的相互依赖性并采取相应的行动。然而，随着偏离这些简单条件的情况出现，卡特尔契约变得越来越复杂，并且在契约执行期间经历滑点和破裂。有趣的是，即使在 19 世纪 70 年代和 80 年代，当明确勾结并非违法时，铁路公司遏制竞争性定价的反复努力

---

① 考虑到扩大规模的困难和重要性，明智的做法是持有尚未在公共政策中得到证明的扩大规模的现代企业理论。

② 约翰·肯尼思·加尔布雷思采取的立场是，该企业与业内其他企业默契合作，完全有足够的权力确定和维持价格（Galbraith，1967，第 200 页）。

（首先是非正式联盟，然后是有管理的联合会）却因作弊而失败。① 当铁路公司发现它们不能依靠铁路管理人员的智慧和诚意来管理卡特尔时（Chandler，1977，第141页），它们放弃了企业间协议并转向合并。

因此，契约推理在进行寡头垄断比较时具有指导意义。然而，因为对寡头垄断的契约方法的预测与许多其他寡头垄断理论非常相似，所以对寡头垄断的实证研究几乎没有受到影响。

### 8.4 企业集团

20世纪60年代，企业集团的组织形式引起了人们的密切关注，特别是那些有民粹主义倾向的人，布莱克（Black，1973）就是其中之一。根据布莱克的说法，在潜在的竞争和其他方面，联合企业兼并的反竞争危险"如此广泛，以至［这些］可以恰当地描述为对整个经济体系产生了影响"（在全国各地的每个行业中）（Black，1973，第567页）。如此看来，企业集团是一种威胁。

企业集团多元化的契约方法是否有助于解决问题？基本命题是这样的：纵向一体化被视为将交易从中间产品市场中撤出并在内部进行组织，而企业集团可以被解释为将交易从资本市场中撤出并在内部进行组织。如上所述，该集团在管理资本市场交易方面经历了广度与深度的权衡。

该论点部分依赖于集中式（单一或U形）和分散式（多元或M形）企业之间的区别，这是由阿尔弗雷德·钱德勒（Chandler，1962）提出的，威廉姆森（Williamson，1970）用效率术语解释了这一点。具体而言，企业集团可以被理解为组织复杂经济事务的分工战略的逻辑结果。因此，一旦识别并消化了管理可分离（尽管相关）业务（例如不同的汽车品牌或不同的化工部门）的M形结构的优点，就很自然扩展到管理不太密切相关的活动，虽然这并不是说多元化管理本身就没有问题。尽管如此，将战略资源和监督分配给综合办公室、经营决策由经营部门负责的基本M形逻辑仍然存在。

在某种程度上，企业集团采用M形逻辑（与20世纪60年代刚成立的企业集团相比），并在大量但有限的多元化投资机会中拥有深厚的知识（与资本市场相比），那么，对企业集团有效资源配置的解释已初具规模。② 然而，显然，并非所有的企业集团都可以如此描述。

---

① 请注意，尽管法院容忍合谋，但它们拒绝执行价格设定协议。

② 还有一个额外的契约问题，即企业集团对表现不佳的公司构成了收购威胁，包括那些允许其债务权益比率低于最佳水平的公司（Williamson，1988）。像科尔伯格-克拉维斯-罗伯茨这样的杠杆收购专家恰好抓住了这样的机会，并因此接管了许多此类收购职能。

## 9. 结论

打开企业和市场组织的"黑箱"是通过以节约交易成本为主要案例来实现的，其中适应性（自主性和协调性）类型尤为重要，并以契约的视角来研究经济组织。交易是分析的基本单位，治理是注入秩序的手段。根据西蒙的建议，我们的研究议程和研究方法是由我们对人类行动者的描述决定的，明确指出了人类行为者对契约的认知和自利性属性，此后人类行为者与这些行为有关的后果确定了交易和治理结构的关键属性。将不同属性的交易与不同成本和能力的治理结构相协调，以达到节约交易成本的效果便是预测内容所在。

上述内容的主要特点如下：

（1）契约/治理的视角是一种有启发性的方式，可以打开企业和市场组织的"黑箱"并检验其内部机制。

（2）该项目赞同乔恩·埃尔斯特的格言，即"社会科学中的解释应该围绕（部分）机制而不是（一般）理论进行组织"（Elster，1994，第75页；着重号已省略）。

（3）与公共政策分析特别相关的是，在通过价格理论的视角进行检验时，被认为是反竞争的非标准的契约实践和组织结构通常也被揭示为服务于效率目的，或者相反。

（4）随后使用契约/治理的视角来考察复杂的契约和经济组织，揭示了许多（表面上不连贯和多样化的）现象……［是］一种更基本和相对简单的结构表现（Friedman，1953，第33页）。①

尽管如此，仍有许多概念、经验和公共政策方面的挑战有待解决。

## 参考文献

Alchian, A. and H. Demsetz (1972), 'Production, Information Costs, and Economic Organization', *American Economic Review*, 62 (December), 777-95.

Areeda, P. and D. F. Turner (1975), 'Predatory Pricing and Related Practices Under Section 2 of the Sherman Act', *Harvard Law Review*, 88 (February), 697-733.

---

① 本着多元主义的精神，我们将从任何能够加深对复杂现象的理解并满足实用方法论原则的理论中受益（Williamson，2007c）。

Arrow, K. (1987), 'Reflections on the Essays', in George Feiwel (ed.), *Arrow and the Foundations of the Theory of Economic Policy*, New York: NYU Press, pp. 727-34.

Arrow, K. (1999), 'Forward', in Glenn Carroll and David Teece (eds), *Firms, Markets, and Hierarchies*, New York: Oxford University Press, pp. vii-viii.

Bain, J. (1968), *Industrial Organization*, 2nd edn, New York: John Wiley & Sons.

Barnard, C. (1938), *The Functions of the Executive*, Cambridge, MA: Harvard University Press (15th printing, 1962).

Blake, H. M. (1973), 'Conglomerate Mergers and the Antitrust Laws', *Columbia Law Review*, 73 (March), 555-92.

Bork, R. H. (1978), *The Antitrust Paradox: A Policy at War With Itself*, New York: Basic Books.

Chandler, A. D. (1962), *Strategy and Structure*, Cambridge, MA: MIT Press.

Chandler, A. D. (1977), *The Visible Hand: The Managerial Revolution in American Business*, Cambridge, MA: Harvard University Press.

Coase, R. (1937), 'The Nature of the Firm', *Economica*, N.S., 4, 386-405.

Coase, R. (1960), 'The Problem of Social Cost', *Journal of Law and Economics*, 3 (October), 1-44.

Coase, R. (1964), 'The Regulated Industries: Discussion', *American Economic Review*, 54 (May), 194-7.

Coase, R. (1972), 'Industrial Organization: A Proposal for Research', in V. R. Fuchs (ed.), *Policy Issues and Research Opportunities in Industrial Organization*, New York: National Bureau of Economic Research, pp. 59-73.

Coase, R. (1992), 'The Institutional Structure of Production', *American Economic Review*, 82 (September), 713-19.

Coughlan, A., E. Anderson, L. Stern, and A. El-Ansary (2005), *Marketing Channels*, 7th edn, Upper Saddle River, NJ: Pearson/Prentice Hall.

Demsetz, H. (1974), 'Two Systems of Belief About Monopoly', in V. Fuchs (ed.), *Policy Issues and Research Opportunities in Industrial Organization*, New York: National Bureau of Economic Research.

Demsetz, H. (1983), 'The Structure of Ownership and the Theory of the Firm', *Journal of Law and Economics*, 26 (June), 375-90.

Dixit, A. (1996), *The Making of Economic Policy: A Transaction Cost*

*Politics Perspective*, Cambridge, MA: MIT Press.

Elster, J. (1994), 'Arguing and Bargaining in Two Constituent Assemblies', unpublished manuscript, remarks given at the University of California, Berkeley.

Friedman, M. (1953), *Essays in Positive Economics*, Chicago: University of Chicago Press.

Fuchs, V. (ed.) (1972), *Policy Issues and Research Opportunities in Industrial Organization*, New York: Columbia University Press.

Fudenberg, D., B. Holmstrom and P. Milgrom (1990), 'Short-Term Contracts and Long-Term Agency Relationships', *Journal of Economic Theory*, 51 (June), 1–31.

Galbraith, J. K. (1967), *The New Industrial State*, Boston: Houghton-Mifflin Company.

Geyskens, I., J. B. E. M. Steenkamp and N. Kumar (2006), 'Make, Buy, or Ally: A Meta-analysis of Transaction Cost Theory', *Academy of Management Journal*, 49 (3), 519–43.

Hayek, F. (1945), 'The Use of Knowledge in Society', *American Economic Review*, 35 (September), 519–30.

Jensen, M. and W. Meckling. (1976), 'Theory of the Firm: Managerial Behavior, Agency Costs, and Capital Structure', *Journal of Financial Economics*, 3 (October), 305–60.

Joskow, P. (1987), 'Contract Duration and Relationship-Specific Investments', *American Economic Review*, 77 (1), 168–85.

Joskow, P. (1991), 'The Role of Transaction Cost Economics in Antitrust and Public Utility Regulatory Policies', *Journal of Law, Economics, and Organization*, 7 (March), 53–83.

Joskow, P. (2002), 'Transaction Cost Economics, Antitrust Rules and Remedies', *Journal of Law, Economics and Organization*, 18 (1), 95–116.

Kenney, R. and B. Klein (1983), 'The Economics of Block Booking', *Journal of Law and Economics*, 26 (October), 497–540.

Klein, B. (1996), 'Why Hold-Ups Occur: The Self Enforcing Range of Contractual Relationships', *Economic Inquiry*, 34 (3), 444–63.

Klein, B. and K. Leffler (1981), 'The Role of Market Forces in Assuring Contractual Performance', *Journal of Political Economy*, 89 (August), 615–41.

Knight, F. (1965), *Risk, Uncertainty, and Profit*, New York: Harper & Row, Publishers, Inc.

Kreps, D. (1990), *A Course in Microeconomic Theory*, Princeton, NJ: Princeton University Press.

Lewis, T. (1983), 'Preemption, Divestiture, and Forward Contracting in a Market Dominated by a Single Firm', *American Economic Review*, 73 (December), 1092–1101.

Livesay, H. C. (1979), *American Made: Men Who Shaped the American Economy*, Boston: Little, Brown.

Llewellyn, K. N. (1931), 'What Price Contract? An Essay in Perspective', *Yale Law Journal*, 40, 704–51.

Macher, J. T. and B. Richman (2006), 'Transaction Cost Economics: A Review and Assessment of the Empirical Literature', unpublished manuscript.

March, J. G. (1966), 'The Power of Power', in David Easton (ed.), *Varieties of Political Theory*, Englewood Cliffs, NJ: Prentice-Hall, pp. 39–70.

Marshall, A. (1920), *Principles of Economics*, 8th edn, New York: Macmillan and Co., Ltd.

Masten, S. (1984), 'The Organization of Production: Evidence from the Aerospace Industry', *Journal of Law and Economics*, 27 (October), 403–18.

Masten, S. (1996), *Case Studies in Contracting and Organization*, New York: Oxford University Press.

Matthews, R. C. O. (1986), 'The Economics of Institutions and the Sources of Economic Growth', *Economic Journal*, 96 (December), 903–18.

Monteverde, K. and D. Teece (1982), 'Supplier Switching Costs and Vertical Integration in the Automobile Industry', *Bell Journal of Economics*, 13 (Spring), 206–13.

Muris, T. (2003), 'Improving the Economic Foundations of Competition Policy', *George Mason Law Review*, 12 (1), 1–30.

Posner, R. (1976), *Antitrust Law*, Chicago: University of Chicago Press.

Richman, B. (2006), 'How Communities Create Economic Advantage: Jewish Diamond Merchants in New York', *Law and Social Inquiry*, 31 (2), 383–420.

Robinson, S. (1968), 'Comment', New York State Bar Association, Antitrust Symposium.

Schelling, T. (1978), *Micromotives and Macrobehavior*, New York: Norton.

Simon, H. (1957), *Models of Man*, New York: John Wiley & Sons.

Simon, H. (1962), 'The Architecture of Complexity', *Proceedings of the American Philosophical Society*, 106 (December), 467-82.

Simon, H. (1977), *Models of Discovery*, Boston: D. Reidel Publishing Co.

Simon, H. (1984), 'On the Behavioral and Rational Foundations of Economic Dynamics', *Journal of Economic Behavior and Organization*, 5 (March), 35-56.

Simon, H. (1985), 'Human Nature in Politics: The Dialogue of Psychology with Political Science', *American Political Science Review*, 79 (2), 293-304.

Solow, R. (2001), 'A Native Informant Speaks', *Journal of Economic Methodology*, 8 (March), 111-12.

Stigler, G. (1955), 'Mergers and Preventive Antitrust Policy', *University of Pennsylvania Law Review*, 104, 176-85.

Stigler, G. (1968), *The Organization of Industry*, Homewood, IL: Richard D. Irwin.

Stockum, S. (2002), 'An Economist's Margin Notes: The Antitrust Writings of Timothy Muris', *Antitrust* (Spring), 60.

Stuckey, J. (1983), *Vertical Integration and Joint Ventures in the Aluminum Industry*, Cambridge, MA: Harvard University Press.

Whinston, M. (2001), 'Assessing Property Rights and Transaction-Cost Theories of the Firm', *American Economic Review*, 91 (2), 184-99.

Williamson, O. E. (1968), 'Economies as an Antitrust Defense: The Welfare Tradeoffs', *American Economic Review*, 58 (March), 18-35.

Williamson, O. E. (1970), *Corporate Control and Business Behavior*, Englewood Cliffs, NJ: Prentice-Hall.

Williamson, O. E. (1975), *Markets and Hierarchies: Analysis and Antitrust Implications*, New York: Free Press.

Williamson, O. E. (1977), 'Predatory Pricing: A Strategic and Welfare Analysis', *Yale Law Journal*, 87 (December), 284-340.

Williamson, O. E. (1979), 'Assessing Vertical Market Restrictions', *University of Pennsylvania Law Review*, 127 (April), 953-93.

Williamson, O. E. (1985), *The Economic Institutions of Capitalism*, New York: Free Press.

Williamson, O. E. (1987), 'Vertical Integration', in J. Eatwell et al. (eds), *The New Palgrave Dictionary of Economics*, Vol. IV, London: Macmillan, pp. 807-12.

Williamson, O. E. (1988), 'Corporate Finance and Corporate Governance', *Journal of Finance*, 43 (July), 567-91.

Williamson, O. E. (1991), 'Comparative Economic Organization: The Analysis of Discrete Structural Alternatives', *Administrative Science Quarterly*, 36 (June), 269-96.

Williamson, O. E. (1991b), 'Economic Institutions: Spontaneous and Intentional Governance', *Journal of Law, Economics, and Organization*, 7 (Special Issue): 159-78.

Williamson, O. E. (1996), *The Mechanisms of Governance*, New York: Oxford University Press.

Williamson, O. E. (2002), 'The Theory of the Firm as Governance Structure: From Choice to Contract', *Journal of Economic Perspectives*, 16 (Summer), 171-95.

Williamson, O. E. (2005), 'The Economics of Governance', *American Economic Review*, 95 (2), 1-18.

Williamson, O. E. (2007a), 'Opening the Black Box of Firm and Market Organization: Regulation', working paper, University of California, Berkeley.

Williamson, O. E. (2007b), 'Corporate Boards of Directors: In Principle and In Practice', *Journal of Law, Economics, and Organization*, 24 (October), 247-72.

Williamson, O. E. (2007c), 'Pragmatic Methodology', working paper, University of California, Berkeley.

Williamson, O. E. and T. Sargent (1967), 'Social Choice: A Probabilistic Approach', *The Economic Journal*, 77 (308), 797-813.

Wilson, E. O. (1998), *Consilience*, New York: Alfred Knopf.

# 附录 契约/治理视角的知识背景

经济组织的比较契约法受到一系列关键思想的启发，其中许多思想最早出现于20世纪30年代（或前后）。以下这些特别重要：

（1）企业、市场和其他治理模式之间的经济活动组织应该是派生出来的，而不是被当作给定的（Coase, 1937）。

（2）这种推导应该明确考虑正交易成本（Coase, 1937, 1960）。

（3）关于我们正在研究的人类行为本质的未阐明假设应予以揭示（Simon, 1957, 1985）。

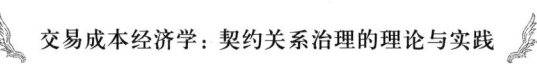

(4) 应该命名分析单位，选择其中的交易对象（Commons，1932），并进行维度化。

(5) 除了简单市场交换的经济学之外，正在进行的契约关系也应受到审查——强调冲突、相互关系和秩序的三重关系（Commons，1932）。

(6) 还需要规定模式之间的契约法差异。简单的市场交换（契约作为法律规则的概念适用于此）让位于长期契约［更具弹性的契约作为框架的概念（Llewellyn，1931）适用于此］和层级制（内部组织由此成为自己的最终上诉法院）。

(7) 交易成本后果产生的经济组织的中心问题是适应问题，适应问题有两种：自主适应（Hayek，1945）和协调适应（Barnard，1938）。

(8) 超越新古典主义的选择视角，还可以通过契约/治理的视角对复杂的经济组织进行有益的检验，后者体现了"自愿交换的利益互惠……是经济学中所有理解的最根本的主张"（Buchanan，2001，第29页）。

# 参考文献

Barnard, C. (1938), *The Functions of the Executive*, Cambridge, MA: Harvard University Press.

Buchanan, J. (2001), 'Game Theory, Mathematics and Economics', *Journal of Economic Methodology*, 8 (March), 27-32.

Coase, R. (1937), 'The Nature of the Firm', Economica, N.S., 4, 386-405.

Coase, R. (1960), 'The Problem of Social Cost', *Journal of Law and Economics*, 3, (October), 1-44.

Commons, J. (1932), 'The Problem of Correlating Law, Economics, and Ethics', *Wisconsin Law Review*, 8, 3-26.

Hayek, F. (1945), 'The Use of Knowledge in Society', *American Economic Review*, 35 (September), 519-30.

Llewellyn, K. N. (1931), 'What Price Contract? An Essay in Perspective', *Yale Law Journal*, 40, 704-51.

Simon, H. (1957), *Models of Man*, New York: John Wiley & Sons.

Simon, H. (1985), 'Human Nature in Politics: The Dialogue of Psychology with Political Science', *American Political Science Review*, 79 (2), 293-304.

# 公司融资和公司治理*

**摘要**：本文将同时研究公司融资和公司治理。债务和股权并不仅仅是融资工具，同时也作为可供选择的治理工具。债务的治理作用来自债务（契约条款）规定，而股权的治理作用来自股权所拥有的相机抉择机制。本文采用项目融资的研究方式。我认为一个项目需要用债务融资还是股权融资，主要取决于资产的性质。交易成本经济学原理表明，对于可重新配置使用的资产，应该使用债务融资，受债务规定约束；而对于不可重新配置使用的资产，应该使用股权融资，拥有相机抉择机制。以上观点可以从租赁和杠杆收购的例子中得到支持。本文同时也比较了交易成本经济学方法和代理理论方法在研究经济组织时的异同。

## Ⅰ.代理理论和交易成本经济学的比较

先撇开术语不说，代理理论和交易成本经济学到底有哪些不同？尽管这个问题经常在口头讨论中提出，有时候也出现在书面文献中[①]，但是到目前为止也只得到了一些零星的答案。本文将给出一个更系统的答案。如果我的回答偏向于这两种方法中的一种，那么人们就会注意到，我是倾向于其中一种方法的。不管怎样，我的"客观"观点是：这两种方法总体上是相互补充的。两者都增进了并且会继续加深我们对经济组织的理解。

---

\* 原文"Corporate Finance and Corporate Governance"载于 *Journal of Finance*，1988，43（3）：567-591。译者：贾钦民。

① 因此，吉尔森（Gilson）和姆努金（Mnookin）观察到，"很难理解以詹森和麦克林为代表的代理的实证理论与威廉姆森的交易成本之间的关系"（Gilson and Mnookin，1985，第333页，注[32]）。罗斯（Ross）最近评论道："现在关于[公司的许多理论]与交易方法和代理理论没有区别……代理理论是研究管理者行为理论的核心方法"（Ross，1987，第33页）。

代理理论和交易成本经济学具有不同的形式，这使得任何回到上述问题的工作都变得复杂。因此，詹森将代理理论区分为正式的和非正式的两个分支。正式的代理理论关注的重点是有效风险分担和"机制设计"（mechanism design）构建。非正式的代理理论研究文献被詹森称为"实证代理理论"（positive theory of agency），这些文献主要涉及"以……契约和组织形式来进行监督和保证的技术"（Jensen，1983，第334页）。

交易成本经济学的一个分支主要讨论度量问题，而另一个则强调契约关系的治理（Williamson，1985b，第26-29页）。尽管度量问题和治理问题并非毫不相关（Alchian，1984），但是我在本文中主要关注治理问题。代理理论的实证代理理论分支和交易成本经济学的治理分支是本文比较的对象。

交易成本经济学（以下简称TCE）和实证代理理论（以下简称AT）的不同来源，可以解释两者之间的一些差异。经典的交易成本问题是科斯在1937年提出的：在什么时候公司会自己生产所需要的商品（即后向、前向以及横向一体化）？什么时候公司在市场购买自己所需要的商品？科斯认为，市场和层级制之间的交易成本差异是上述决策的主要原因，即通过市场进行一些交易，而用层级制来安排其他一些交易。

经典的代理问题是阿道夫·贝里和加德纳·米恩斯在1932年提出的，他们发现，在大公司中，所有权和控制权往往是分离的，于是就开始研究这样的现象是否会对组织和公共政策产生影响。

尽管在此后的35年里，科斯问题（纵向一体化问题）和贝里-米恩斯问题（所有权与控制权分离的问题）都反复经历了公共政策视角的研究，但是基本没有取得理论上的进展。直到20世纪70年代，这两种研究才形成了更加微观的、可操作的分析方法。

研究技术可分的生产阶段的经济组织所使用的交易成本方法是由威廉姆森（Williamson，1964，1971b，1975）以及克莱茵、克劳福德和阿尔钦（Klein, Crawford, and Alchian，1978）发展的。阿尔钦和德姆塞茨（Alchian and Demsetz，1972）以及詹森和麦克林（Jensen and Meckling，1976）解释了"典型资本主义企业"的出现及其融资方式。詹森和麦克林的论文特别关注所有权和控制权的分离，他们的论文被普遍认为是实证代理理论的发展起点。从那以后，交易成本经济学和代理理论被用于相关的契约问题研究，现在这两者都在研究许多相同的问题。交易成本经济学源于纵向一体化研究，而代理理论源于公司控制的问题，这种差异还将持续对两种方法产生影响，并且解释了两种方法的一些差异。

下面我将用自己的观点描述两者的主要相同点和不同点。然而，虽然存在许多实际差异，但是随着两者研究领域的逐步交叉，这些差异变得越来越小了。

列出主要的参考文献有助于本文对两者的比较。根据本文的目的，我采用詹森和麦克林（Jensen and Meckling，1976，1979）、法玛（Fama，1980）、法玛和詹森（Fama and Jensen，1983，1985）以及詹森（Jensen，1983，1986）所用的代理理论定义。而交易成本经济学的定义来自威廉姆森（Williamson，1975，1979b，1985b，1988c），克莱因、克劳福德和阿尔钦（Klein, Crawford, and Alchian（1978），克莱因（Klein，1980，1988），克莱因和莱夫勒（Klein and Leffler，1981），蒂斯（Teece，1980），阿尔钦（Alchian，1984），以及乔斯科（Joskow，1985，1988）。

## A. 共同点

交易成本经济学和代理理论非常相似，因为它们都研究管理者的相机抉择问题。同时，它们都使用有效缔约的方法来研究经济组织。并且，它们都认为董事会的出现是内生的。以下逐一考察这些相同点。

（1）管理者的相机抉择。

交易成本经济学和代理理论都反对新古典经济学中的企业理论，在新古典企业理论中，企业被视为一个生产函数，其目标是利润最大化。相反，交易成本经济学将企业视为一个治理结构，代理理论认为企业是一系列契约的扭结（nexus of contracts）。于是，产生了一种更加微观的契约研究。[①] 在这个过程中，企业理论（更一般地，即契约理论）中的行为假设得到了重新表述。

交易成本经济学明确假设，人类代理人受到有限理性的限制，并且具有机会主义倾向。有限理性的定义是，人类代理人具有"有意图的理性，但仅仅是有限度的理性"（Simon，1957a，第 xxiv 页）。机会主义是指带有损害他人目的的自利行为。有限理性导致了不完全缔约，机会主义又增加了额外的风险。这两个行为假设支持着以下关于经济组织目的的论断：设计能节约有限理性的治理结构，同时保障交易免受机会主义侵害。但是这并不意味着霍布斯式的（Hobbesian）"所有人相互敌对"（all against all）的战争，而是说要设计出"可信的承诺"（credible commitments）——这才更接近上述主要思想。[②]

尽管许多经济学家，包括那些从事代理理论研究的经济学家，都不愿意采

---

[①] 这并不意味着把公司作为生产函数、作为代理机制和治理方法是矛盾的，而是把它们视为有益的补充。因此，詹森和麦克林（Jensen and Meckling，1976）中的"企业价值"结构是根据生产函数设置而产生的。而交易成本和生产成本已通过"新古典"框架合并在一起，参见 Riordan and Williamson（1985）。

[②] 哈特的言论有助于理解机会主义（Hart，1988，第 193 页；着重号来自原文）：

……不管是对长远利益的理解，还是意志的坚强或善良……对所有人都差不多。有时所有人都倾向于偏向自己的切身利益。……"惩罚"……并不是出于服从的一般动机，而是为了保证那些自愿服从的人不会被那些不会服从的人侵害。

用有限理性这一术语（在过去，该术语意味着非理性或者满足），但是上文①的有限理性定义还是成为实际中的理性假设。② 此外，代理理论所说的是"道德风险"和"代理成本"，而不是机会主义。但它们所关注的对象是相同的，所以这些仅仅是术语上的差异而已。

代理理论和交易成本经济学通常都假设风险中性，而不是将有差异的风险偏好赋予缔约方（把风险偏好赋予各缔约方的做法可见于正式的代理理论文献）。结果就是，交易成本经济学和代理理论的研究基本上是基于相同的行为假设。两种方法涉及的（行动）机会集也大致相同。③

（2）有效缔约。

如前所述，交易成本经济学考察各种可替代的经济组织，考察的对象是各种经济组织节约使用有限理性，同时保障交易免受机会主义侵害的能力。尽管代理理论更关注后者，但是两者都采用了"不完全整体缔约"的研究方向。

"不完全整体缔约"在术语上看起来矛盾，其实不然。前一部分（"不完全缔约"）意味着机制设计会失败（Grossman and Hart，1982；Hart，1988）。后一部分（"整体缔约"）意味着缔约当事人会察觉到未来的各种扭曲干扰以及相应的补救需求：（1）重新协调激励；（2）设计治理结构来弥补缺漏、纠正错误和更有效地适应各种意料之外的干扰。这样，未来的激励和治理需求将会被预期到，并将被"写进"④ 契约中。

尽管交易成本经济学和代理理论都意识到了这些契约设计的需求，但代理理论主要是根据事前激励协调的观点来研究契约，而交易成本经济学则更加关注事后治理结构，以此来保障契约的整体性。代理理论和交易成本经济学在选择分析的基本单位和组织形式方面的差异，是导致它们的激励/治理差异的主

---

① 在有限理性的定义中对意图（intentionality）的强调是明确的。声称有限理性但拒绝意图就有必要提供它们的定义。参见道（Dow，1987）和威廉姆森（Williamson，1987）关于这个问题的交流。

② 法玛的观点是："事后解决"可以有效地抑制管理自由裁量权（Fama，1980），这种观点在精神上更接近完全理性的传统。较弱形式的"事后解决"（Fama and Jensen，1983）与有限理性一致。

③ 并非总是如此。因此，尽管 TCE 认为，自由裁量扭曲是产品、资本和要素市场竞争的函数，但詹森和麦克林最初认为，产品和要素市场竞争与管理者的自由裁量权无关，因为"具有垄断权力的公司的所有者具有相同的动机来限制管理者偏离价值最大化目标……与竞争性公司的所有者一样"（Jensen and Meckling，1976，第 329 页）。詹森现在认为，管理者的机会集是产品和要素市场竞争的函数（Jensen，1986，第 123 页）。

④ 除此之外，"写进"意味着预料到的将来的情况都会被定价。这是詹森和麦克林（Jensen and Meckling，1976）最初论证的重点。我所说的"简单的缔约模式"（Williamson，1985，第 32 - 35 页）是该论点的 TCE 推理。请注意，具有不同保证属性和适应性的治理结构处理潜在破坏性事件的能力（一般性质，而非预期的特殊性质）将以不同的价格定价。这是不完全整体缔约的关键特征。

要原因（参见下文 B)①。

(3) 内生的董事会。

代理理论和交易成本经济学都认为，董事会是作为一个控制工具而内生出现的。正如原先法玛所描述的那样，董事会主要是一些管理者用来控制另一些管理者的工具："如果在高层管理者之间存在竞争关系……那么，他们可能是控制董事会的最佳人选"（Fama，1980，第393页）。尽管一个具有这种组成和目的的董事会近似于一个执行委员会（executive committee），但是后来法玛和詹森（Fama and Jensen，1983）区分了决策管理和决策控制，并认为后者的职能被恰当地赋予了董事会。这样的董事会实际上就不同于执行委员会，它实际上是剩余索取权人的控制工具。

正如其他地方所讨论的（Williamson，1985b，第12章）以及下文第Ⅱ节将讨论的，交易成本经济学也把制造业企业的董事会视为保障股权融资的一种工具。但是交易成本经济学走得更远，它将股权融资与资产特征联系了起来。②

## B. 主要的差异

如前所述，交易成本经济学和代理理论之间有明显的差异，其中最显著的差异来自分析的基本单位的选择。在成本方面和主要的组织方面也存在差异。

(1) 分析单位/维度化。

交易成本经济学采纳了康芒斯（Commons，1934）的建议，将交易作为基本的分析单位。对比而言，代理理论认为"个体代理人是基本的分析单位"（Jensen，1983，第327页）。这两者都是微观分析单位，并且都涉及缔约的研究。但是，将交易作为基本的分析单位，自然地会去研究各种交易的重要维度；而把个体代理人作为研究对象的代理理论至今并没有引起类似的后续研究。

交易成本经济学的许多可辩驳的含义来自以下组织需求：利用治理结构（在成本和能力上不同），通过有效匹配方式（主要是以交易成本节约的方式）来协调交易（在属性上有所不同）。在区分不同交易的几个维度中，最重要的是资产专用性条件。这涉及沉没成本的概念，但是只有在跨期的、不完全缔约的背景下，资产专用性对组织的影响才会明显。正如下文C部分所讨论的，当不完全缔约和资产专用性相互结合的时候，就产生了一种双边依赖条件。

不完全缔约与资产专用性的结合是交易成本经济学的显著特征。这种结合

---

① 前述的起源差异也是一个因素。代理理论遵循金融经济学的传统，不断地强调将激励相容作为论点。相比之下，TCE 则更关注一种组织类型的公司和市场结构问题。治理问题更适合后者的视角。

② 另一个（但次要的）区别是，法玛和詹森认为，"外部董事有动机在决策控制中建立'专家'声誉"（Fama and Jensen，1983，第315页）。我并不反对，但我会指出，外部董事通常具有更强的"附和"的动机。

不仅具有广泛的[①]契约影响,在公司融资情形下尤其如此。

(2) 代理成本/交易成本。

詹森和麦克林把代理成本定义为三项成本之和:"委托人的监督成本支出;代理人的承诺成本支出;以及剩余损失"(Jensen and Meckling,1976,第308页)。最后一项是主要部分,因为其他两项成本大小等于它们对剩余损失的减少程度。

剩余损失是企业所有者稀释他的所有权所引起的企业价值的损失。所有权稀释所导致的利润转移以及管理者的相机抉择,都是导致剩余损失的原因。监督成本支出和承诺成本支出能够帮助公司绩效恢复到没有稀释所有权之前的水平。最小的代理成本就是三项成本之和的最小值。

因为未来的股权购买者清楚所有这些成本特征,所以,未来的股权购买者只会在考虑了三项代理成本之后,按照预期的公司绩效支付。相应地,"只要股权市场预期到了这些影响,企业所有者将会承担这些预期损失的全部财富效应"(Jensen and Meckling,1976,第314页)。因此,全部的变动效应(repositioning effect)都反映在事前的激励中。

相反,交易成本经济学强调事后成本。事后成本包括,"(1)当交易协调超出青木昌彦所称的'移动契约曲线'(shifting contract curve)时所导致的协调失效成本;(2)契约双方努力纠正事后协调失效时所产生的讨价还价成本;(3)与治理结构(通常并不是法庭)相关的构建成本和运行成本,契约纠纷依赖这些治理结构来解决;(4)实现可信的承诺的承诺成本"(Williamson,1985b,第21页)。其中,第一条协调失效成本是最重要的。这样的成本只会发生在跨期的、不完全缔约的情形下。交易成本经济学的特征是:通过审慎地选择治理结构(市场、层级制或者混合制)来降低这些成本,而不是通过事前激励协调和事前定价来降低。

(3) 对组织形式的关注。

前文提到的事前和事后差异体现在交易成本经济学和代理理论对私人秩序(private ordering)的相对重视程度上,也体现在它们对组织形式的处理上。

尽管代理理论很少涉及纠纷解决(对此不关注是事前研究方法的特点)[②],但是交易成本经济学却将关注的重心放在避免纠纷和解决纠纷的机制上。交易

---

① 作为变体问题,在中间产品市场、劳动力市场、法规、职业、婚姻以及下文所述的金融市场中,都会反复出现相似的"属性"(即不完全缔约和资产专用性)。而且,"解决方案"显示出惊人的规律性。正如弗里德里希·哈耶克所说:"只要在一个领域中具备识别这些属性的(所遵循的)抽象规则的能力,当这些抽象属性出现在其他领域中时,就会应用该属性相应的规则。正是这些关系结构的抽象属性组成了相同或不同的识别模式"(Hayek,1967,第50页)。TCE对交易进行分类实际上是这项工作的核心。

② 参见 Baiman(1982)。

成本经济学并不是假设纠纷被程序化地提交给法庭并得到有效的解决，而是认为法庭秩序是一种非常粗糙的解决方案[1]，并且认为多数纠纷（包括许多在现行法律下可送至法庭处理的纠纷）都采用撤销（契约）、自助等类似方式解决（Galanter，1981，第2页）。因此，私人秩序（而不是法庭秩序）成为主要的舞台。当契约协调失效时，契约缺陷如何弥补？契约错误如何纠正？纠纷如何解决？评估各种可选择的治理结构调节事后契约关系的绩效（Commons，1934；Williamson，1985b）是交易成本经济学独特的研究焦点和贡献。[作为最终诉求的法庭界定了不确定性范围，在这个范围内私人秩序的协商能够达成一致。也就是说，法庭界定了威胁的范围（threat positions）。]

法玛和詹森认为，"各种组织形式可以通过它们的剩余索取权（residual claims）特征来区分"（Fama and Jensen，1983，第101页）。这就引导他们区分了决策管理（位于企业内）和决策控制（董事会）。但是对内部组织的细节并未给予重视。相反，交易成本经济学将组织分解和控制视为组织形式问题的一部分，所以就区分了单一结构和多元结构，并评估了这些组织形式在有限理性和经理人相机抉择（目标追求）方面的相对特征。

## C. 其他差异

其他两类差异——它们都与前文的介绍相关——体现在交易成本经济学和代理理论在处理过程（process）和（中性的）契约扭结的方式上。

（1）过程差异。

交易成本经济学和代理理论都采用了经济自然选择思想。尽管代理理论假设自然选择过程是非常有效的（Fama，1980），甚至认为"适者生存"（Jensen，1983，第331页），但是交易成本经济学却更加谨慎——赞同弱式的自然选择，而不是强式的自然选择。这两者的差异是"相对而言，*比较适合*（fitter）的生存，但是没有理由认为它们绝对的最适者"（Simon，1983，第69页；着重号来自原文）。然而，交易成本经济学和代理理论都很少说明选择过程在特定的情形下是如何进行的。[2]尽管两者都经常因为这一点而受到批评，但是批评者也几乎没有提出其他选择假设，而是依靠模糊不清的"存在性"来宣称自然选择失效。[3]

代理理论曾经依赖的一个相关过程是，"事后清算"（ex post settling up）

---

[1] 如同劳伦斯·弗里德曼所观察到的，如果争端演化成诉讼，（契约）关系将被有效地破坏（Friedman，1965，第205页）。由于此后很难实现契约（关系）的连续性，因此各方只是在寻求损害赔偿。

[2] 有关例外情况，请参见TCE对收购的解释。

[3] 在Granovetter（1985）和Williamson（1988）之间以及Dow（1987）和Williamson（1987）之间的交流中阐述了这些问题。

(Fama，1980)将有效地约束经理人行为。要对此做出评估，就需要考察声誉效应什么时候有效、什么时候无效。由于该过程的细节机制有待说明，因此，目前事后清算在代理理论中的地位并不是那么重要。

交易成本经济学提出了两个不同的过程研究。第一个过程是"根本性转变"(fundamental transformation)；第二个过程涉及"选择性干预"的不可能性。这两个过程研究都需要仔细考察契约的事后特征。

根本性转变指的是这样一种情形：由于资产专用性，事前的大量竞争性竞标在实施中转变为双边依赖关系。对于其中的细节已经在其他文献中做了说明(Williamson，1975，1976，1981，1985b)。在这里可以发现，对于那些经历了这种转变的交易，事后的契约关系治理是非常复杂的。代理理论并没有明确地提到过相应的过程转变。

选择性干预的不可能性发生在如下情形中：当一种交易转变为另一种交易时，想要复制前一种契约/所有制模式的激励效果。如果没有契约的不完全性，那么就不会存在这种问题。因为如果契约是完全的，尽管信息不对称，但"在所有可能的状态中，每一个缔约方的责任［都将］会在契约中完全明确地规定出来，因此，通过另一种缔约模式来［复制］任何权责（激励）都是可能的"(Hart，1988，第121页)。

交易成本经济学认为，如果将市场组织中的高能激励引入企业中，将会产生功能失调的后果。它还认为，在企业内部有效的控制工具，在市场中（企业间）往往不是那么有效。结论是：市场组织具有高能激励和较少的控制，而企业内部则具有低能激励和较多的控制(Williamson，1985b，1988c)。选择将一种交易与一种模式（市场或者企业）匹配的时候，需要考虑到这种"激励-控制"综合效应。再一次，代理理论并没有考虑到这些效应。

（2）中性的契约扭结。

尽管企业作为契约的扭结的概念最早是由阿尔钦和德姆塞茨(Alchian and Demsetz，1972)引入的，但是充分发展该方法的却是詹森和麦克林。正如他们所说："把企业看作是一系列缔约关系的扭结……有助于弄清楚……企业并不是一个单独的个体……［而是］一个法律虚拟体(legal fiction)并作为一个复杂过程的中心，在这个过程中，具有目标冲突的个体（有些时候"个体"可以代表其他组织）在契约关系的框架下实现了均衡"(Jensen and Meckling，1976，第311-312页)。这种思考方式已经成为一种思考企业契约行为的有效方式，这在文献中很常见。按照这种观点，企业是作为一个中性的扭结，在该扭结处各方达到了均衡关系。

交易成本经济学也采用了中性扭结的观点。正如在其他地方所谈到的，各方是通过一个非常相似的"简单缔约模式"来与企业达成均衡的缔约关系的。在这个简单的缔约模式中，同时决定资产专用性、价格和契约保障措施(Williamson，1985b，第 12 章）。尽管具有启发性，但是这种研究契约的方法会在两个方面引起争论。

第一，与某一方缔约可能会影响其他方。因此，这里就需要研究契约的相互依赖性问题。然而，将企业看作一系列契约的扭结，这仅仅是一种改进。*第二种也是更重要的争论是怀疑"扭结"的中立性。

因此，假设一些缔约方与企业具有策略关系（strategic relation），并且能够选择性地披露与其他缔约方相关的信息。那么企业的经理层显然就是拥有这种信息优势的缔约方。考虑到经理层在缔约过程中的中心位置（企业作为中性的契约扭结需要有人代表它缔约），经理层有时候就会通过与其他缔约方签订相互"不一致"的契约来实现自己的私利。这样，潜在的契约风险就会出现（Williamson，1985b，第318-319页）。

确实，最后一点仅仅是一种可能。因为如果声誉效应能起到作用，一般就能阻止经理层的这种机会主义行为。然而，交易成本经济学还是直接考虑了这种中性扭结破裂的可能性，也正因为如此，额外的保障措施就成为必要的了。[1]

### D. 小结

虽然有显著的相似性，但代理理论和交易成本经济学毕竟还是不同的。两者主要的差异如下：

|  | 代理理论 | 交易成本经济学 |
| --- | --- | --- |
| 分析单位 | 个人 | 交易 |
| 关注的维度 | ? | 资产专用性 |
| 关注的成本 | 剩余损失 | 适应性不良 |
| 契约焦点 | 事前安排 | 事后治理 |

# Ⅱ. 项目融资[2]

交易成本经济学在分析经济组织的时候，主要是从交易成本节约的角度来

---

\* 即没有完全考虑相互依赖性问题。——译者注

[1] 例如，可以保证将供应商或工人纳入董事会，以更好地确保信息披露（但不一定是参与投票）。

[2] 本节中的材料最初是为挪威经济与工商管理学院 50 周年庆典准备的，并在大会上进行了介绍。庆典于 1986 年 9 月在挪威卑尔根举行。我之前曾与 Thomas Hartmann-Wendels 以及后来与 William Gillespie 讨论过很多问题。我受益于他们的评论，以及来自 Roberta Romano 和参与上述庆典活动以及随后在密歇根大学、亚利桑那大学、哈佛大学、印第安纳大学和普渡大学（展示相关核心观点的）讨论会的人的评论。初步讨论出现在 Williamson（1987）中。

考察企业与其各个缔约方（劳动者、中间商品供应商、消费者等）的契约关系。要评估契约需求就要研究不同交易的属性，然后再按照交易属性（与治理结构）进行有效匹配。

本文将交易成本经济学的这种研究方式应用于公司融资中。尽管之前的关于公司融资的研究建立了一个复合资本结构（composite-capital），但是我认为应该区分不同项目的投资属性。进一步地，我认为与其把债务和股权视为"融资工具"，不如把它们看作是不同的治理结构。① 这种观点与前文所提及的统一的契约研究方法一致。对债务和股权（与投资属性）的匹配选择，又一次验证了下面的论断：许多看起来明显不同的现象，不过是非常相似的交易成本节约这一主题的变体。

正如下文所提到的，公司融资与纵向一体化的相似性是惊人的。所以（公司融资中）是选择债务还是股权来支持投资项目的决定，与（纵向一体化中）选择是自己生产还是购买或者组装的决定非常相似。相似性不仅体现在当资产专用性程度较低时，人们倾向于选择"市场模式"（债务 VS. 市场采购），而且随着契约风险的增加，市场模式的成本也相应地上升；也体现在内部组织（股权 VS. 自己生产）的缺陷上——两者都受制于"选择性干预"的不可能性。

本文在简单介绍之前先研究对复合资本结构（债务和股权结合使用）的解释，然后再提出一个简单的交易成本经济学模型——项目融资模型。本文所提出的模型是一个简化的模型，通过提出一个新问题来解释项目融资，这个问题是：为什么不设计一种新的融资工具——假设叫作债股权（dequity）——该工具融合了债务和股权的优点（因此债股权优于两者）？只要能提出并解释债股权存在的合理性（这就涉及对不完全缔约进行比较制度分析），也就解释了选择性地使用债务或者股权的现象。

## A. 之前的公司融资研究

尽管公司融资（或者称公司金融）曾经是那些拥有投资银行业务实践经验的专才的活动领域，但是莫迪利亚尼和米勒在1958年发表的论文改变了这一状况。一旦将经济分析的标准工具应用于公司融资研究，他们发现，关于公司资本结构中选择债务或者股权的传统思想是错误的。莫迪利亚尼和米勒所提出的新观点的要点是：将企业视为一个生产函数；投资按照风险等级来区分，除

---

① 有人认为他们一直以来都这样认为。那么还有什么新东西呢？我认为，债务和股权的治理结构属性没有被发展且被低估了。如下所述，先前的注意力集中在债务与股权之间的税收、信号、激励和保障差异上。只有最后一点才接近治理结构，治理结构差异被以下几个方面所掩盖：(1) 复合资本的结构，(2) 无法处理这两种融资形式的官僚成本。

此之外,(把融资工具)看作无差异的(复合)资本;他们特别强调均衡的观点。颠覆传统公司融资思想的莫迪利亚尼-米勒定理(Modigliani-Miller theorem,或称作 MM 定理)讲的是:"*任何一个企业的平均资本成本与它的资本结构完全无关,而且平均资本成本等于同类型企业完全使用股权资本时的成本率*"(Modigliani and Miller,1958,第 268-269 页;着重号来自原文)。①

此后,金融学家就对 MM 定理的基本结论进行了限制修正,使其更符合实际,其中主要的修正是:(1)考虑税收和破产问题;(2)考虑信号发送;(3)考虑资源限制;(4)考虑承诺问题。其中税收观点是最直观的,但也容易被推翻;比如假定债务和股权收益被同等课税。早期的破产观点也是一个略显狭隘的技术性观点。②信号发送观点主要源于经理层和投资者之间的信息不对称问题,信息不对称也在资源限制观点和承诺观点中扮演主要角色。

(1)信号发送。

罗斯(Ross,1977)曾经用一个信号发送模型来解释债务工具的使用。假设两个公司有不同的客观前景,公司经理人对公司前景是心知肚明的,但是投资者却难以分辨这两个公司前景的好坏。在这种情况下,就可以把债务作为显示不同公司前景的信号。具体地,如果公司的前景较好,那么它就能够承担更多的债务。之所以存在信号均衡,是因为对于前景较差的公司,较高的债务负担就会导致很高的破产风险,而破产对于经理人来讲是代价高昂的。

(2)资源约束。

斯蒂格利茨(Stiglitz,1974)与詹森和麦克林(Jensen and Meckling,1976)的研究是从一个完全由企业家拥有的公司开始的。这里就出现了投资机会,如果该投资机会确实出现了,即当投资需求超过企业家自身资本的时候,就需要资本融资。那么如何为该投资融资呢?

一种融资可能是出售股权,但是这种融资方式会削弱企业家的激励;因为监督成本高昂,所以激励被削弱的企业家有可能、也将会进行更大的在职消费。避免企业家激励损失的一个明显的方法是使用债务融资,而不是股权融资。

但是,公司为什么不最大程度地使用债务融资呢?比如,非常接近百分之

---

① 在研究了投资者通过个人账户借贷来调整投资组合的机会后,莫迪利亚尼和米勒表明,预期收益相同的有杠杆和无杠杆的公司市值相同。"这种消除杠杆的可能使杠杆公司的价值始终等于无杠杆公司的价值;或者更普遍地,这防止了杠杆公司的平均资本成本……系统地高于同一类别中的非杠杆公司"(Modigliani and Miller,1958,第 270 页)。

现在,人们普遍认为,"从经济角度来看,债务和权益债权之间没有区别"(Easterbrook and Fischel,1986,第 274 页,注 [8])。

② 格罗斯曼和哈特将债务相关的破产理由总结如下:"如果破产的可能性为正,那么只要投资者在企业破产状态下拒绝按原条款借款,然后企业只能通过发行债务融资,企业发行了新的证券,这将增加其(债务的)市场价值。"(Grossman and Hart,1982,第 130 页)

百的债务融资呢？詹森和麦克林认为，要回答这个问题需要从以下几个方面考虑："（1）高负债公司的激励效果；（2）这些激励效果所需要的监督成本；（3）破产成本"（Jensen and Meckling，1976，第334页）。考虑到这些方面，大量的负债会使得债务投资者承担巨大的事后风险——可以想象，如果投资项目失败，债务投资者将受到惩罚；一旦成功，风险溢价将归股权投资者所有。敏锐的债务投资者会考虑到这种风险，并要求一个溢价（Jensen and Meckling，1976，第336-337页），债务融资的成本将会上升。当企业家的激励损失（由于发行新股权工具）与风险扭曲（由于发行债务工具）的效应在边际上相等的时候①，就（在企业家自身资源有限的公司中）实现了债务融资和股权融资的最优组合。

由于前文所讨论的企业家企业比较特殊，所以在研究现代企业（并不是单个的企业家，经理层所拥有的股权也较少）的时候，需要补充其他的分析。下一节的承诺就是一个补充分析。②

（3）承诺机制。

格罗斯曼和哈特（Grossman and Hart，1982）以及詹森（Jensen，1986）将债务视为约束经理层的工具。格罗斯曼和哈特的主要模型假设经理层拥有的股权微不足道，所以"（边际上）从债务融资转向股权融资，并不会直接影响经理层的边际收益"（Grossman and Hart，1982，第131页）。所以，相反，在他们的模型中，激励效应来自避免破产的努力（Grossman and Hart，1982，第116、127、131页）。③

尽管罗斯的模型假设经理层是追求利润最大化的，并且经理层的客观机会不同，但是在格罗斯曼和哈特的模型中是假设经理层具有相机抉择的能力的。因此，如果发行债务融资工具（这容易让市场观察到）可以让市场推断出公司

---

① "如果利用潜在的有利可图的投资机会的能力受到所有者资源的限制，[并且]新投资项目带来的边际财富增加大于债务的边际代理成本，而这些代理成本又小于由出售额外股权引起的成本，则债务工具将被使用"（Jensen and Meckling，1976，第343页）。

② 詹森和史密斯从承诺和规避风险的角度总结了当前代理理论对权益工具的看法（Jensen and Smith，1985，第99-100页）：

大型公共非金融公司的活动通常很复杂。它们涉及在生产过程中按契约规定给予许多代理人约定的收益。如果随着时间的推移，契约违约的可能性存在显著变化，那么这些代理人的签约成本会增加……将这种风险的大部分集中在特定的一组索赔人上可以提高效率……但是，普通股东承担的特定风险仅在他们履行契约承担风险义务时才有效。这就需要股东购买资产来保证对其他代理人的支付承诺。

此外，上市公司的普通股可以更有效地分担风险……由于员工和管理人员形成了特定于公司的人力资本，因此他们承担的风险要比普通股东承担的风险高。这种说法的一个有趣之处在于，尽管风险分担和担保责任归属于股权（所有者），但在股权非常分散的现代公司中，没有明显的理由使用债务。

③ 他们随后辩称，债务也可以用于抵制收购的目的（Grossman and Hart，1982，第128-29页）。

的投资质量（这难以让市场观察到），并且这种推断会体现在市场估值的差异中，那么债务融资工具就可以用来使市场相信经理层是"追求利润而不是个人私利"（Grossman and Hart，1982，第109页）。通过发行债务融资工具，"经理层（代理人）有意识地改变自己的激励，以与股东（委托人）的激励一致——因为市场价值将会显示经理人的投资质量。换句话说……经理层以此保证自己的行为与股东利益一致"（Grossman and Hart，1982，第109页）。

可以发现，上述这些观点中，债务工具仅仅作为一种特殊的目的被使用。要么是发送信号显示出较好的投资机会（罗斯），要么是避免股权稀释（斯蒂格利茨、詹森和麦克林），要么是迫使经理层采取与股东利益一致的行为（格罗斯曼和哈特，詹森）。由于把融资工具视为无差异的（复合）资本，所以就没有思考：为什么债务融资工具更适合某些项目，而股权融资工具更适合其他的项目？

## B. 交易成本经济学的视角

交易成本经济学研究公司融资的视角是通过考察单个投资项目并按照投资项目的资产专用性特征来做区分的。交易成本经济学也主要是将债务和股权视为治理结构，而非融资工具。对比而言，先前的研究主要是针对一种更加整体的、复合的资本结构，所以债务和股权的治理特征就没有得到充分的研究（或者根本没有涉及）。[①]

为了简化分析，本文假设只存在两种融资工具，并且项目只能完全使用其中一种融资工具，即要么完全使用债务融资工具，要么完全使用股权融资工具，不能两者并用。更进一步，假设最开始时只存在债务融资工具。此外，投资项目按照资产专用性程度排列，专用性程度从最低到最高。此时，假设一个公司正在为如下项目寻找资金：通用的移动设备，位于人口密集的通用办公楼，位于制造中心的通用厂房，较偏僻地区的销售设施，专用性设备，市场开发支出和产品开发支出，等等。

进一步假设债务是一种治理结构——该结构几乎是按照规定（rules）运行

---

[①] 迈耶斯对公司债务融资的有趣研究始于以下观察：理论不应该仅仅解释为什么债务的税收优势"不会使企业尽可能多地借贷……［但它］应该解释为什么有些公司借贷比其他公司多，为什么有些公司使用短期借款工具而有些使用长期债券，等等"（Myers，1977，第147页）。他进一步观察到，"最根本的区分是……（1）可以视为看涨期权的资产，即其最终价值至少部分取决于企业的进一步的自由裁量投资；（2）最终价值不依赖于进一步的自由裁量的投资"（Myers，1977，第155页）——其中的自由裁量的投资采取维护、营销以及更普遍的"所有可变成本"的形式（Myers，1977，第155页）。但是他没有关注"借贷者通常通过存在二级市场的专用资产来保护自己"的方式，而是将其视为"本文避免讨论分析的问题……问题的核心是债务的存在性"，这导致了股东和债务人之间的事后紧张关系。在过去10年中，大量金融文献讨论了这一事后紧张关系。这不是我的兴趣所在。

的。具体地，假设债务融资工具要求债务人遵守以下规定：（1）定期支付事先约定的利息；（2）公司经营要持续（continuously）满足一定的流动性标准；（3）设立偿债基金（sinking fund），并且在债务到期后支付本金；（4）出现违约后，债务工具的持有者（即债权人）将会对相关资产行使优先受偿权。如果一切顺利，将按期支付利息和本金；如果事情进展得不顺利，债务也是难以逃避的，不能按期支付就会导致被清算。① 所以，（按投资资产专用性分类的）各种债权人将会按照所投资资产的可重新配置（redeployable）程度不同程度地获得补偿。

因为优先受偿权的价值会随着资产专用性程度的提高而下降，所以债务融资条款就会相应地做逆向调整。预期到专用性资产在融资中会面对不利条款（因为该资产难以重新配置），公司就会牺牲部分专用性作为应对，以增加资产的可重新配置程度。但是这又导致了一个权衡：（降低资产专用性后）生产成本可能提高或者生产质量可能下降。是否有这种可能：设计一种新的治理结构来避免上述权衡，并且增加资金提供者的信心？在一定程度上是可能的，这样就能保障增加价值的专用性投资。

此时可以假设我们创造出了一种名叫股权的融资工具，并假设该股权融资工具具有以下治理特征：（1）在收益和资产清算方面，股权融资工具拥有剩余索取权；（2）股权存续期为公司的生命期；（3）公司设立董事会，并授予其股权。另外，(a) 董事会由持有流通股权的股东按照持股比例投票选举产生；(b) 董事会有权更换经理层；(c) 董事会决定经理层薪酬；(d) 董事会有权定期审查内部绩效考核；(e) 董事会能够按照特殊后续需求授权进行深入审计；(f) 在重大投资和管理建议实施之前，有权获得正式通知；(g) 在其他方面，对经理层拥有决策审查（decision-review）和监督的权力（Fama and Jensen, 1983）。

所以，董事会是"（内生）进化成"的一种结构，用于减少（可重新配置程度较低）项目的融资成本。董事会的产生不仅增加了股权融资工具的控制力，并因此使得股权工具具有更多的保险特征，而且还使得股权工具比债务工具更加宽容（forgiving）。因此，当发生（契约）适应性不良时，就会努力进行纠正，并保障公司的价值。所以，与债务工具相关的治理结构与市场（治理结构）相似，而与股权工具相关的治理结构更加具有侵入性（intrusive），因此类似于行政管理（administration）。由此就得到了前文所提到的两个对应：（外部）市场采购/债务工具，纵向一体化/股权工具。

用 $k$ 来表示资产专用性指数，用 $D(k)$、$E(k)$ 分别表示债务工具的融资成本和股权工具的融资成本，它们是关于资产专用性的函数。如果 $D(0)<$

---

① 更一般而言，此类违约限制了（公司）自由裁量权，也就保证了以规则来约束行为。

$E(0)$，且 $D'>E'>0$，那么随着资产专用性的增加，就会发生两种融资工具的替换。

$D(0)<E(0)$ 是因为债务工具是一个相对简单的治理结构。作为一个按规定运行（rule-governed）的结构，债务治理结构的成本就相对较低。相对而言，股权融资工具是一个更加复杂的治理结构，它考虑了在项目监督过程中的深入干预（intrusive involvement），因此该治理结构的成本较高。考虑到股权工具具有较大的相机抉择空间，它导致了激励强度损失和官僚成本（politicking）。[①]

虽然随着资产专用性程度的增加，债务工具和股权工具的融资成本都会增加，但是债务工具的融资成本上升得更快。这是因为，按规定运行的治理结构有时候会强行实施清算或者迫使企业对增加价值的投资决策进行妥协——而另一种适应性更强的治理结构（引入了额外的控制力），比如股权融资工具，就能实施这个有价值的投资计划。此时，$D'>E'>0$。

结论是：可重新配置程度较高的资产将采用债务工具融资，而随着可重新配置程度的下降（专用性程度降低），股权融资工具将受到青睐。假设 $\bar{k}$ 是 $D(k)=E(k)$ 时的 $k$ 值，那么在面对"全部或无"式的融资工具选择时，若 $k<\bar{k}$，选择债务工具为所有的项目融资；若 $k>\bar{k}$，选择股权工具为所有的项目融资。因此，对于细微深入的治理有巨大需求的项目，就需要采用股权工具来为项目融资。

早期的文献是先从股权融资的公司开始研究，然后为债务工具的使用寻找特殊的解释，相对而言，交易成本经济学假设债务工具（市场形式）是天然的融资工具，股权工具（行政管理形式）是作为*最后诉诸*的融资手段而出现的。

## C. 债股权

前文所述预见到了债务工具和股权工具的选择性使用。债务工具是一种根据规定运行的治理结构，非常适合于资产可重新配置程度高（资产专用性程度低）的项目。股权工具是允许相机抉择的一种治理结构，适用于资产可重新配置程度低（资产专用性程度高）的项目。

然而，在所有关于"规则/相机抉择"（rules versus discretion）比较的系统中，长期存在一个令人困扰的问题：为什么相机抉择不是完全优于规则？可以想象，假设相机抉择复制了部分规则系统（因为该部分中规则系统运行良好），而在某些情形下实施干预（在这些情形下存在可以预见的净收益）。所以

---

[①] 有关纵向一体化的相关讨论，请参见 Williamson（1985，第5章；1988）。另请参见下面的第Ⅱ节C部分。

在所有情形下，相机抉择系统都与规则系统一样好，并且在某些情形下优于规则系统。我在其他地方讨论了这个被称为"选择性干预"之谜的问题（Williamson，1985b，第6章；1988）。

用债务和股权的术语来表述，这个（选择性干预）问题可以通过创造一种新的融资工具/治理工具——称为债股权——来研究。该工具包含所有具有前面描述的（平均）优点的债务的约束特征。但是，当这些约束妨碍了价值最大化活动时，董事会（或类似的高级监督部门）可以暂时中止这些约束，从而允许公司实施价值最大化的计划。因此，约束条件是允许选择性放松的。

设债股权的成本为 $\delta(k)$。如果按上述方式进行操作，则它将具有 $\delta(0)=D(0)$ 且 $\delta'=E'$ 的特性。前者反映的是债股权并不受股权工具的官僚成本约束，并且由于具有选择性放松约束的性质，债股权模拟了股权工具适应不确定性冲击的职能。结合各个方面的最佳属性，可以同时取代债务和股权。[①]

债股权能否按照上述方式运作将取决于选择性干预的可行性。如果选择性干预是一种虚构的行为——因为它极可能崩溃——那么必须意识到这种情况，并考虑其增加成本的后果。

承诺在契约执行期间和项目更新间隔中"负责任地表现"的核心问题是，这些承诺没有多少可信度。与其他地方一样，在这里那些享受自由裁量权的人将会为了自己的利益而采取行动。

因此，尽管有时管理层决定放弃规则，从而对未预料到的干扰做出适应性反应，这将有助于提高价值；但是在其他时间（尤其是项目扩展和更新期间），管理者的追求将会受到其他次级目标的干扰。[②] 这种次级目标的追求之所以出现，是因为放弃规则的情况是可以操纵的（如果明确定义了标准，并且如果状态信息是众所周知的，那么这些情况就可以并可能会纳入债务契约中）。因此，选择性干预将受制于机会主义（在有利于管理层的时候会行使自由裁量权）和疏忽（在不该遵守规则时遵守规则）这两种错误。[③] 因此，将自由判断引入规则中所产生的无成本的假想收益将无法实现。应将债股权视为融资的一种中间形式（类似于优先股），而不是作为（在整个参数值范围内）同时优于债务和股权工具的高级融资形式。

换句话说，"谨慎地遵循规则"的建议太过武断了。由于将规则与自由裁

---

① 尽管做了简化，但是，如果债股权像描述的那样运作，在股权融资项目的政治倾向投入特别严重的情况下，就会在项目批准和项目更新的时间间隔内模拟债务，在项目执行时间段内会恢复为股权。

② 次级目标包括成长、轻松的生活、特权等。这通常涉及成员之间的包庇和组织内部官僚化。

③ 为什么在不该遵守规则时遵守的原因之一是，持有股权的人会怀疑管理者是伺机放弃规则的。因此，如果有机会合法放松规则，则会带有机会主义色彩，管理者就会放弃自由裁量权。

量权结合在一起将永远不会实现假设的理想结果，而总会带来成本，因此，可以预期债股权具有以下属性：$D(0)<\delta(0)<E(0)$，并且 $D'>\delta'>E'>0$。

## Ⅲ．扩展、限制和应用

### A. 现代企业

项目融资简化有助于研究融资决策的关键特征。但这是否为现代公司的金融研究提供了有益信息？毕竟，现代公司才是这里研究的真正目标。

现代公司的主要研究策略有两种。一种是假设企业规模庞大、复杂，是被分散持有所有权的组织，然后对其经济后果进行研究[1]；另一种是根据微观基础进行研究。尽管后者具有明显的吸引力，这也是本文所采用的方式，但是这种想法是否具有可扩展性？换句话说，公司仅仅是各个项目的总和吗？

交易成本经济学并不是唯一被批评使用简单的模型来研究明显是非常复杂的现象的。相反，这是历史悠久的研究传统。考虑以下内容：（1）在新古典理论中是把企业作为生产函数进行研究的。虽然这种研究范式忽视了公司的层级特征和交易成本的比较分析（公司与市场之间的比较），但长期以来，这种"应用价格理论"方法却对商业领域的公共政策产生了影响（Coase，1972，第61页）。（2）阿尔钦和德姆塞茨（Alchian and Demsetz，1972）采取古典资本主义看待企业，强调技术不可分性。尽管这种不可分性解释了在相对较小的公司中采用统一所有权和层级控制的方式，但是阿尔钦和德姆塞茨以及其他人都将在小批量工人中观察到的不可分性（例如从事手工货物装载的工人）视为"好像"也适用于拥有 10 000 名甚至 100 000 名工人的企业规模（甚至包括多元化和部门化的公司）。[2]（3）詹森和麦克林（Jensen and Meckling，1976）考察了稀释一家创业公司的 100% 股权的后果。他们的真正兴趣在于分析具有分散所有权的现代公司，但是没有描述从一家创业公司转移到分散持有的公司的

---

[1] 较早的管理自由裁量权（Baumol，1932；Marris，1964；Williamson，1964）及其最新变体问题的文献（Fama，1960；Grossman and Hart，1982；Jensen，1986）认为，现代公司是一个分散的大型实体。

[2] 注意，阿尔钦和德姆塞茨在对公司的最初解释中特别避开了对契约的考虑（Alchian and Demsetz，1972，第 777 - 78 页）。此后，双方都不讨论契约观点（Alchian，1984；Demsetz，1988）。

出现非常大的管理实体（公司）以支持技术上可分离但又相互依赖的交易实体之间的契约关系，是 TCE 解释大型公司的观点。

理论基础。① （4）格罗斯曼和哈特的纵向一体化研究方式（Grossman and Hart，1986）是假设每个阶段的经理也是所有者。这是一种简化，其结果之一就是激励强度不受纵向一体化的影响。在每个阶段的经理所有权很小的情况下，这种理论的应用尚未得到发展。更一般地讲，常常有宣称将可处理的微观模型与其复合应用联系起来的逻辑理论，但很少能够完全行得通。

尽管可以将现代公司视为一系列单独融资的投资项目，甚至可能是合理的，但这种概念至少可以在五个方面引起争议。第一，这种方法忽略了项目之间的相互影响。第二，应该放宽对债务或股权的"全部或无"（二选一式）的融资假设。第三，作为一家持续经营的公司有时具有重要的整体特征，从整体上讲，这不仅仅是各个部分的总和。第四，一般只有少数几个大的离散项目才选择单独融资。第五，需要引入额外的融资工具——租赁、优先股等。②

租赁在下面的 B（1）中进行了简要讨论，并且通过合并债务和股权为单个项目融资的研究已经取得了初步进展。③ 但是项目汇总问题尚未解决。而且，不确定性的影响也应该更加明确地提出来讨论。

关于上述讨论的最后一个重要的问题是，$\bar{k}$ 的值如何随着不确定性的变化而变化？如果 $D(k)$ 和 $E(k)$ 都因不确定性的参数增加了，$D(k)$ 比 $E(k)$ 更大，则 $\bar{k}$ 的值将减小。变化的原因是：（1）增加的不确定性使企业陷入了不良适应状态；或者/并且（2）与自由裁量制相比，规则控制的制度受到更大的压力。相应地，上述等式发生了变化，在其他条件不变的情况下更倾向于使用股权融资。（需要证明每个简化形式表达式背后的决策过程，才能说明上面的观点。但是要证明这一点，需要进行更加微观的分析。）

## B. 应用

尽管有上述局限性，这里还是概述了三种应用：租赁、融资啄序理论和杠杆收购。

（1）租赁。

假设公司需要某项资产，并且假设从市场采购的该资产提供的服务存在缺陷。那么公司是否应该拥有该资产？

具体地，考虑车轮这类耐用的通用资产，并假定此类资产可以防止用户滥

---

① 他们明确承认这种情况："这种分析的最严重的局限之一是，就目前的情况而言，我们尚未将其应用到经理人几乎或完全没有股权的大型现代公司中。我们相信我们的方法可以适用于这种情况，但……[这些问题]尚待详细研究，并将包含在以后的文章中"（Jensen and Meckling，1976，第 356 页）。

② 可以将上面第 II 节 C 部分中有关债股权的讨论视为针对优先股融资的研究。

③ 托马斯·哈特曼-温德尔斯（Thomas Hartmann-Wendels）和我已经在这方面取得了初步进展。

用（和/或监督和证实滥用的成本很低）。通过租赁获得这些资产的服务就值得考虑。

车轮这类通用资产满足 $k=0$ 的条件。此外，假定测量问题（成本）可以忽略不计，则无须出于成本逻辑将所有者和用户合为一体。由于专门负责此类设备的外部所有者（例如卡车租赁公司、飞机租赁公司）可以比债务持有人更有效地收回并有效地重新部署这些资产，可以说租赁是此类资产成本最低的融资形式。因此，通过租赁为车轮这类资产筹资，就是前文基于 TCE 提出的基于资产的项目融资方法的一个特例。

（2）融资啄序理论。

迈耶斯将金融的"啄序理论"归功于唐纳德森（Donaldson，1981），并总结如下："（1）公司偏爱内部融资。（2）他们根据其投资需求调整目标股息支付率。（3）如果需要外部融资，公司首先要发行最安全的证券。也就是说，首先是债务，然后是混合证券，例如可转换债券，最后是股权"（Myers，1977，第348-49页）。迈耶斯继续观察到，尽管他过去常常忽略啄序理论，但"基于不对称信息、逆向选择、道德风险和信号传递问题的最新工作"使他（对此）更加自信（Myers，1985，第349页）。

此处阐述的项目融资方法在某些方面相似，但在其他方面则不同。一方面，啄序理论没有提及资产的特征。此外，使用留存收益优先于债务的做法也缺乏交易成本经济学上的理由。如果与同时使用债务和股权融资比较，此类项目由债务融资更合适，则使用留存收益来支持此类项目（因为它"更具安全性"）反映了行为的目的，而不是节省交易成本的目的。尽管如此，有趣的是，这里使用的行为方法（唐纳德森）和比较治理方法都得出了相同的结论，都认为股权是排在最后的金融工具，尽管出于不同的原因。

（3）杠杆收购。

杠杆收购是一个相对较新的发展。詹森（Jensen，1986）对这种情况提出了他所谓的"自由现金流"解释。自由现金流本质上是一种管理层自由裁量观点：除非受到某种程度的约束，否则管理人员将耗散自由现金流以支持有利于增长或者有利于管理人员私人目标的相关活动。[①] 詹森总结道，数据广泛支持了该观点。

我也怀疑存在这种可能性，即通过杠杆收购来抑制管理的自由裁量权。但我是从资产而不是现金流的角度来研究问题的。实际上，这两种解释不是互相排斥的。

将其看作一个演化问题：假设一家公司最初的融资方式与上述债务和股权

---

① 自由现金流量定义为"以相关资本成本贴现时，现金流量超过了为所有具有正净现值的项目提供资金所需的现金流量"（Jensen，1986，第323页）。

融资原则一致。进一步假设该公司是经营成功的,并且通过留存收益来支持增长。因此,初始债务权益比率逐渐下降。最后假设这家正在扩张的企业中的许多资产可以通过债务来融资。

在这样的公司中,增值可以通过用债务代替股权来实现。但是,该观点只能选择性地适用。它仅适用于债务与股权的有效组合已严重偏离的公司。这些公司将有(1)很高的股权/债务比率与(2)很高的可重新部署资产与不可重新部署资产的比率。

有趣的是,20世纪80年代的许多大型杠杆收购恰恰显示了这些性质。[1] 因此,科尔曼(Colman)对杠杆收购的研究显示,"只有负债很少的公司才能够支持"杠杆收购,"杠杆收购公司的一个常见的特征是,该公司的有形资产占其总资产的比重很高"(Colman,1981,第531页)。尽管有形-无形的区别与我采用的可重新部署性质并不相同,但显然存在相关性。洛温斯坦(Lowenstein)的观点是,这些公司中有许多属于"普通的行业——零售、纺织品和软饮料瓶装"(Lowenstein,1985,第749页)。沃尔纳(Wallner)和格雷夫(Greve)通过对"普通的产品线"的观察(Wallner and Greve,1983,第78-79页)也认为,许多相关资产具有稳定的长期价值,因此具有可重新部署的安全性。

科尔曼还观察到,杠杆收购现象还与为经理提供更多的激励相联系。这可能会涉及也可能不会涉及管理层的股权投资,但总会涉及重大的或有补偿安排(Colman,1981,第532、537、539页)。此外,管理层通常会紧缩(股权),其通常拥有少数股权(通常不到15%),其余的则集中在银行、保险公司和投资银行家手中(Mason,1984)。根据沃尔纳的说法,"除非借款人是交易的唯一其他参与者,否则管理层永远不会获得超过50%的股权"(Wallner,1980,第20页),即使在这种情况下,那些提供融资的局外人也很少担心管理层无能,因为他们对可重新部署资产的优先购买权为他们提供了充分的保护。

如前所述,杠杆收购最有趣的特征是用债务代替股权。以下几点是相关的:

> (1)主要的放款人是金融公司、银行和保险公司。金融公司专注于短期库存和应收融资,与银行相比,它们在监管抵押品方面具有优势,并使

---

[1] 一个例外是,以花旗银行(Citicorp)作为主要的资金来源的 Mushroom King 的杠杆收购。有人建议说,Mushroom King 不是一个好的候选企业(Cowan,1987,第1页);"在杠杆收购中,投资者几乎全部用借来的钱购买了一家公司,并利用公司的现金流量和公司资产的出售来减少债务。因此,最好的选择是拥有可预见的收益和可以以高价出售的硬资产的公司。投资者也在寻找低技术领域的公司,这样风险投资公司就不会过度依赖于任何一个或两个经理。……Mushroom King 不符合上面的规则,其失败展示了当一个好主意(因方法不对)崩溃时会发生什么。"

放款额达到清算价值的百分之八十五。银行和保险公司专门从事中期和长期融资，通常贷款额占清算价值的百分比较低。（Colman，1981，第539页）

（2）现金流量和基于资产的融资方式的区别在于，在"常规方式下，贷方主要希望通过现金流量来提供保护"，而在"基于资产的融资方式下……贷方将全部或至少一部分借款与借款人的资产的清算价值相关联，并［通过］对资产的抵押权益实现保护，根据清算价值［建立］贷款额度计算，并［获得］关于这些资产的性质和规模的定期资料。"（Colman，1981，第542页）

显然，从现金流向基于资产的融资的转变与强调安全交易的交易成本经济学原理非常接近。

此外，请注意，不要觉得在最初将公司私有化［以上述方式（杠杆收购）］，然后进行公开上市是矛盾的。有两个不同的因素支持这个两阶段行为。

一方面，可以假定那些将公司私有化的人对交易的优点有深刻的了解。相比之下，局外人可能需要业绩记录才能使他们自己相信私有化的优点。因此，公开上市就可以用（私有）数据来反映公司全部价值。

另一方面，如果公司在私有化和恢复（经历了重组）上市身份之间的这段时间表现良好，那么在上市阶段就可以实现价值增加的前景，这是管理层获得更多激励的源泉。利用激励强度是该交易（上市）的主要目的。①

对于经济组织而言，交易成本方法也对现任管理层是否将参与收购再融资（此后在重组的组织中拥有大量股权占比）或应被取代产生重要影响。逻辑是这样的：在其他条件不变的情况下，只要对公司的专用性人力资本是巨大的，雇用的连续性就是增值的源泉。在那些以股权融资为可重新部署的实物资产融资的公司中，都可以用债务代替股权；但要在继续任职和罢免现任经理人之间做出明智的选择，就需要对经理人的人力资产进行评估。因此，收购交易是同时受到物理和人力资产专用性条件的影响的。②

## C. 制度金融

像一般均衡理论一样，金融经济学本质上是非制度性的（或者，正如佳林·库普曼斯曾经说过的那样，是"前制度性的"）。这类研究要在"无制度

---

① 前述内容并不意味着所有杠杆收购都是没有问题的。该观点是既不对杠杆收购保持敌意，也不是无条件地支持。如何选择需要研究其背后的逻辑。

② 不应忽视的是，该论点不是完全来自项目融资框架。如果目标是找到企业中具有良好可重新部署性的资产，那么在成熟期（但不是衰退期）运作，并处于竞争性行业的公司就是一个不错的选择。因此出现了类似于综合资产的研究。

(核心)"[1] 的基础上开展。尽管这一研究传统取得了巨大的成就，但越来越多的人认为，制度的重要性在于迄今为止尚未认识到或者想象到。

作为回应，出现了"新制度经济学"。这个"新制度经济学运动的……[主要]目标并不在于对传统的经济学问题即资源分配和使用问题给出新的答案。而是回答新问题，即为什么经济组织会像它存在的那样出现了，而不是以其他的方式存在？它融入了经济史，但带来了比传统更清晰的"纳米"（"纳米"是"微观"的极端版本）经济推理……"（参见 Arrow，1987，第734页。）

金融经济学也受到这些发展的影响。用更丰富的投资理论取代复合资本是一个显而易见的选择。朗和马利茨（Long and Malitz, 1985）最近关于有形和无形投资（广告和研发）之间的区别的分析就是一个例证。

我在资产专用性方面对项目融资的处理方式也与综合资本传统不同。尽管与朗和马利茨相似，但它们的有形/无形细分是资产专用性的非常不完整的度量。因此，尽管在研发和广告方面的无形投资具有较差的可重新部署性，但许多有形资产也是如此。如果要将可重新配置特征作为核心问题，那么就需要体现这种特征的一般理论（而不是采用从会计报表中收集代理指标的临时方法）。

还应注意，尽管公司的早期研究始于股权融资，并寻求债务融资的理由，但 TCE 却颠倒了这一顺序。它认为债务（基于规则的治理）是金融的原始形式，并且仅在债务融资的成本变得过高时才引入股权（自由裁量治理）。将债务和股权作为替代性治理结构，而不只是具有不同税收含义的金融工具，这是 TCE 的核心观点。

最后，TCE 方法在公司融资和公司治理方面具有重要的实证经验研究影响，包括从资产专用性的角度研究租赁、融资啄序和杠杆收购的使用。

公司金融是一个极其复杂的主题，TCE 带来了另一个（虽然有所不同，但又是互补的）视角。

# Ⅳ. 总结

经济组织的交易成本法侧重于交易关系的治理需求。减轻危害并促进适应的治理结构显然是值得推荐的。只有当这些迄今被忽视的契约目的成为分析的对象时，才能够"揭示"出大量存在的非标准制度结构背后的经济原理。

交易成为分析的基本单位，其中最重要的方面是资产专用性。TCE 分析的主要工作是使交易（包括中间产品、劳动力、金融、最终产品等）与其治理

---

[1] 这句话来自弗农·史密斯（Vernon Smith）。

结构相匹配。交易的属性不同；治理结构的成本和能力不同。目的是实现它们的有效匹配。

通常，简单的治理结构（通常基于规则，例如债务）可以有效地满足简单交易的需求。但是，随着契约风险的加剧，简单的治理结构会承受压力。在这种情况下，转向更复杂的、成本更高的治理结构以取代规则并支持自由裁量权可能而且通常是增加价值的来源。

TCE方法认为，有些项目很容易通过债务融资，*也应该通过债务融资*。这些项目具有低至中等的实物资产专用性。然而，随着资产专用性程度的提高，对债券持有人投资的优先受偿权提供的保护有限，因为相关资产的可重新配置性有限。不仅债务融资的成本因此增加了，而且加强监督的好处也增加了。结果是股权融资是资产专用性较高的项目的首选金融工具，股权融资通过董事会提供更直接的监督和参与（并且在上市公司中允许集中持有股权）。

与许多金融经济学文献相关的形式化建模相比，用于公司治理和公司融资的交易成本经济学方法是一种相对非形式化的方法。由于随后的形式化似乎是可行的，因此该情况也让人可以接受。确实，如果不先进行基础微观分析，就不太可能辨别出重要的简化形式，因此省略这一步骤是不可取的。公司金融可以说是这些非常复杂的问题的代表，这就需要首先对"事情本身"进行研究。尽管如此，仍需要专注。交易成本经济学提供了一个专注的视角。

# 参考文献

Armen A. Alchian. "Specificity, Specialization, and Coalitions." *Journal of Institutional and Theoretical Economics* 140 (March 1984), 34–39.

____ and Harold Demsetz. "Production, Information Costs, and Economic Organization." *American Economic Review* (December 1972), 777–95.

Kenneth J. Arrow. "Reflections on the Essays." In George Feiwel (ed.), *Arrow and the Foundations of the Theory of Economic Policy*. New York: NYU Press, 1987, 727–34.

Stanley Baiman. "Agency Research in Managerial Accounting: A Survey." *Journal of Accounting Literature* 1 (1982), 154–213.

William Baumol. *Business Behavior, Value and Growth*. New York: Macmillan, 1959.

Adolph A. Berle and G. C. Means. *The Modern Corporation and Private Property*. New York: Macmillan, 1932.

Ronald H. Coase. "The Nature of the Firm." *Economica* N. S. 4 (1937),

386 – 405. Reprinted in G. J. Stigler and K. E. Boulding (eds.), *Readings in Price Theory*. Homewood, Ill.: Richard D. Irwin, 1952.

―――. "Industrial Organization: A Proposal for Research." In V. R. Fuchs (ed.), *Policy Issues and Research Opportunities in Industrial Organization*. New York: National Bureau of Economic Research, 1972, 59 – 73.

R. Colman. "Overview of Leveraged Buyouts." In S. Lee and R. Colman (eds.), *Handbook of Mergers, Acquisitions and Buyouts*. Englewood Cliffs, NJ: Prentice Hall, 1981.

John R. Commons. *Institutional Economics*. Madison: University of Wisconsin Press, 1934.

Alison L. Cowan. "When a Leveraged Buyout Fails." *New York Times*, November 10, 1987, Sec. 3: 1, 8.

Harold Demsetz. "The Theory of the Firm Revisited." *Journal of Law, Economics, and Organization* 4 (Spring 1988).

Gordon Donaldson. *Corporate Debt Capacity*. Boston: Harvard Graduate School of Business, 1981.

Gregory Dow. "The Function of Authority in Transaction Cost Economics." *Journal of Economic Behavior and Organization* 8 (March 1987), 13 – 38.

Frank Easterbrook and Daniel Fischel. "Close Corporations and Agency Costs." *Stanford Law Review* 38 (January 1986), 271 – 301.

Eugene Fama. "Agency Problems and the Theory of the Firm." *Journal of Political Economy* 88 (April 1980), 288 – 307.

―――  and Michael Jensen. "Separation of Ownership and Control." *Journal of Law and Economics* 26 (June 1983), 301 – 26.

―――. "Organization Forms and Investment Decisions." *Journal of Financial Economics* 14 (1985), 101 – 19.

Lawrence Friedman. *Contract Law in America*. Madison: University of Wisconsin Press, 1965.

Marc Galanter. "Justice in Many Rooms: Courts, Private Ordering, and Indigenous Law." *Journal of Legal Pluralism* 19 (1981), 1 – 47.

Ronald Gilson and Robert Mnookin. "Sharing Among the Human Capitalists." *Stanford Law Review* 37 (January 1985), 313 – 97.

Mark Granovetter. "Economic Action and Social Structure: The Problem of Embeddedness." *American Journal of Sociology* 91 (November 1985), 481 – 510.

Sanford Grossman and Oliver Hart. "Corporate Financial Structure and Managerial Incentives." In J. McCall (ed.), *The Economics of Information and Uncertainty*. Chicago: University of Chicago Press, 1982, 107–37.

―――. "The Costs and Benefits of Ownership: A Theory of Vertical and Lateral Integration." *Journal of Political Economy* 94 (August 1986), 691–719.

H. L. A. Hart. *The Concept of Law*. Oxford: Oxford University Press, 1961.

Oliver Hart. "Incomplete Contracts and the Theory of the Firm." *Journal of Law, Economics, and Organization* 4 (Spring 1988).

Friedrich Hayek. *Studies in Philosophy, Politics, and Economics*. London: Routledge & Kegan Paul, 1967.

Michael Jensen. "Organization Theory and Methodology." *The Accounting Review* 53 (April 1983), 319–39.

―――. "Agency Costs of Free Cash Flow, Corporate Finance, and Takeovers." *American Economic Review* 76 (May 1986), 323–29.

――― and William Meckling. "Theory of the Firm: Managerial Behavior, Agency Costs, and Capital Structure." *Journal of Financial Economics* 3 (October 1976), 305–60.

―――. "Rights and Production Functions: An Application to Labor-Managed Firms and Codetermination." *Journal of Business* 52 (1979), 469–506.

Michael Jensen and Clifford Smith. "Stockholder, Managers, and Creditor Interests: Applications of Agency Theory." In Edward Altman and Marti Subramanyam (eds.), *Recent Advances in Corporate Finance*. Homewood, Ill.: Richard D. Irwin, 1985, 93–132.

Paul Joskow. "Vertical Integration and Long-Term Contracts." *Journal of Law, Economics, and Organization* 1 (Spring 1985).

―――. "Contract Duration and Relationship-Specific Investments." *American Economic Review* 77 (March 1987), 168–85.

―――. "Asset Specificity and the Structure of Vertical Relationships: Empirical Evidence." *Journal of Law, Economics, and Organization* 4 (Spring 1988).

Benjamin Klein. "Transaction Cost Determinants of 'Unfair' Contractual Arrangements." *American Economic Review* 70 (May 1980), 356–62.

―――. "Vertical Integration and Organizational Control." *Journal of Law, Economics, and Organization* 4 (Spring 1988).

―――, Robert Crawford, and Armen Alchian. "Vertical Integration, Appropriable Rents, and the Competitive Contracting Process." *Journal of Law and Economics* 21 (October 1978), 297–326.

Benjamin Klein and Keith Lettler. "The Role of Market Forces in Assessing

Contractual Performance." *Journal of Political Economy* 89 (August 1981), 615-41.

Michael Long and Ileen Malitz. "Investment Patterns and Financial Leverage." In B. Friedman (ed.), *Corporate Capital Structures in the United States*. Chicago: University of Chicago Press, 1985, 325-48.

Louis Lowenstein. "Management Buyouts." *Columbia Law Review* 85 (May 1985), 730-84.

Robin Marris. *The Economic Theory of Managerial Capitalism*. New York: Free Press, 1964.

L. Mason. *Structuring and Financial Management Buyouts*. San Diego, CA: Buyout Publications, 1984.

Franco Modigliani and Merton Miller. "The Cost of Capital, Corporation Finance, and the Theory of Investment." *American Economic Review* 48 (June 1958), 261-97.

Stuart Myers. "Determinants of Corporate Borrowing." *Journal of Financial Economics* 5 (1977), 147-75.

────. "Comment on Investment Patterns and Financial Leverage." In Benjamin Friedman (ed.), *Corporate Capital Structures in the United States*. Chicago: University of Chicago Press, 1985, 348-51.

Michael Riordan and Oliver Williamson. "Asset Specificity and Economic Organization." *International Journal of Industrial Organization* 3 (1985), 365-78.

Stephen Ross. "The Determination of Financial Structure: The Incentive Signaling Approach." *Bell Journal of Economics* 8 (Spring 1977), 23-40.

────. "The Interrelations of Finance and Economics: Theoretical Perspectives." *American Economic Review* 77 (May 1987), 29-34.

Herbert Simon. *Administrative Behavior*, 2d ed. New York: Macmillan, 1961 (original publication: 1947).

────. *Reason in Human Affairs*. Stanford: Stanford University Press, 1983.

Joseph Stiglitz. "Incentives and Risk Sharing in Sharecropping." *Review of Economic Studies* 41 (1974), 219-57.

David Teece. "Economics of Scope and the Scope of the Enterprise." *Journal of Economic Behavior and Organization* 1 (September 1980), 223-47.

Nicholas Wallner. "Leveraged Buyouts: A Review of the State of the Art, Part II." *Mergers and Acquisitions* (Winter 1980), 16-26.

────ａnd J. Terrence Greve. *Leveraged Buyouts: A Review of the State of the Art* (revised). San Diego: Buyout Publications, Inc., 1983.

Oliver Williamson. *The Economics of Discretionary Behavior: Managerial Objectives in a Theory of the Firm.* Englewood Cliffs, NJ: Prentice-Hall, 1964.

———. "The Vertical Integration of Production: Market Failure Considerations." *American Economic Review* 61 (May 1971), 112–23.

———. *Markets and Hierarchies: Analysis and Antitrust Implications.* New York: Free Press, 1975.

———. "Franchise Bidding for Natural Monopoly—in General and with Respect to CATV." *Bell Journal of Economics* 7 (Spring 1976), 73–104.

———. "Transaction-Cost Economics: The Governance of Contractual Relations." *Journal of Law and Economics* 22 (October 1979), 3–61.

———. "The Modern Corporation: Origins, Evolution, Attributes." *Journal of Economic Literature* 19 (December 1981), 1537–68.

———. *The Economic Institutions of Capitalism.* New York: Free Press, 1985.

———. "Transaction Cost Economics: The Comparative Contracting Perspective." *Journal of Economic Behavior and Organization* (1987).

———. "Economics and Sociology: Promoting a Dialog." In George Farkas and Paul England (eds.), 1988.

———. "The Logic of Economic Organization." *Journal of Law, Economics, and Organization* 4 (Spring 1988).

# 公司董事会：理论与实践*

尽管过去和最近对有关公司董事会效力的文献做出了许多重要贡献，但尚未形成共识。部分是由于未能就基本规则达成一致，使用不同的视角来观察和解释公司董事会是造成这种情况的一个重要因素。本文通过契约/治理的视角研究了公司董事会，其目的是：(1) 揭示董事会在监督和管理方面存在的内在局限性因素，并考虑到这些局限性；(2) 就拟议改革的优点提供咨询意见，这与信誉考虑和授权的完整性有关。对许多人认为有问题的做法做出了可接受的解释，但并非没有限定条件，并且对不良行为者给予关注（JEL G30，G34，K22，L14）。

我们是否"有理由认为现代企业的控制者也会选择为了股东的利益来经营它"（Berle and Means，1932，第121页）？研究现代企业的大多数学者对此的回答是否定的，许多人认为这是一种令人不满意的状态。一些人建议，现代企业的董事会应重组为警惕的监督者或公司管理的积极参与者。其他人则建议进行法律规则改革。

本文将契约/治理的视角与中观组织的组织理论结合起来，以研究警惕性监督和积极参与的影响。两者都存在严重的实施障碍，而其他目的则具有更大的意义。总而言之，在实践中，我对董事会的理解比一般情况更为乐观。

在第1节中，我首先将债务和股权分别视为基于规则和自由裁量的治理结构，其中董事会被解释为向股权投资者提供可信契约支持的手段。第2节概述了迈尔斯·梅斯（Myles Mace，1971）报告的实践中的董事会。本文其余部分内容研究并解释了原则上的董事会（如第1节所述）与实践中的董事会（如梅斯所述）之间的差异。第3节讨论了如果采取协调一致的措施来实施警惕监测

---

* 原文"Corporate Boards of Directors: In Principle and in Practice"载于 *Journal of Law Economics & Organization*，2007，24 (2)：247-272。译者：钟世虎。

和积极参与将遇到的问题。第 4 节列出了上述董事会在实践中的临时经验教训。在第 5 节中，董事会的契约目的被描述为是对股东和管理层的双向可信的承诺，这对于在实践中理解董事会有额外的影响。第 6 节简要概述了金融文献和法律学者最近的反向投资贡献。随后给出了结论。

# 1. 可信契约

在众多的企业融资形式中（Tirole，2006），我关注的是债务和股权的两极形式，在这两种形式中，它们不仅被描述为替代金融工具，而且被描述为替代治理模式。我采用项目融资的观点。基本论点如下：（1）不同的项目构成不同的契约危害；（2）不同的财务模式采用不同的风险缓解（治理）机制；（3）通过将项目的契约需求与替代金融模式的治理属性相结合来达到效率目的。

一般而言，简单的项目将通过简单的治理模式进行组织，其中简单的治理模式往往是市场化的，而更复杂的治理模式更具层级性。这些分别大致对应于规则治理和自由裁量治理。项目复杂性的差异取决于相关项目的属性。从契约/治理的角度来看，项目的复杂性随着各方身份的重要程度而变化，这主要取决于资产专用性（衡量双边依赖性）的条件以及交易受到的干扰（需要适应）。由于特定交易类型的资产只有在损失产生价值的情况下才能重新部署到其他用途和用户中，因此在受到预提款项不完整或不正确的间接干扰时，此类交易会造成契约风险。

约翰·R. 康芒斯对经济组织问题的重新阐述，强调"持续的契约关系"，适用于"最终的活动单元……必须包含冲突、相互性和秩序这三个原则。这个单位是一个交易"（Commons，1932，第 4 页）。交易成本经济学不仅将交易称为分析的基本单位，而且把治理称为注入秩序、缓和冲突并实现互利的手段。

如上所述，金融交易通过采用项目融资的方式进行审查。[①] 假设一家公司正在寻求为以下项目提供资金，其中这些项目是按照不可部署性的增加程度来排列的：位于办公中心的通用办公楼、位于制造中心的通用工厂、位置稍远的分销设施、专用设备、市场基础设施和产品开发费用等。还假设债务治理结构要求债务人遵守以下程式化规则：（1）规定定期支付利息；（2）企业将持续满足一定的流动性测试；（3）将设立偿债基金，并在贷款到期日偿还本金；（4）如果违约，债权人将对有关资产行使优先求偿权。如果一切顺利，利息和

---

[①] 本节以威廉姆森（Williamson，1988）的研究为基础。有关不同资产债务融资的相关文章，请参见 Andrei Shleifer and Robert Vishny（1992）。请注意，公司金融的治理解释对莫迪利亚尼-米勒定理提出了另一个挑战，即公司的资本成本与金融类型无关。

本金将如期支付。但如果事情进展不顺利,债务是无法豁免的。未按期付款将会导致清算。然后,各债务人将在所涉资产可重新配置的程度上实现差别回收。

因此,对于应用基于规则治理的一般项目,债务能够很好地发挥作用。但是,随着资产专用性条件的增加,清算债权的价值下降,债务融资条款将会出现不利的调整。面对专业投资将以不利条件融资的前景,公司可能通过牺牲一些专业投资功能以支持更大的可重新部署性。但这需要权衡利弊:生产成本可能会因此而增加,或者质量可能会因此而下降。是否有可能通过发明一种新的治理结构来避免这些问题,这种结构可以带来互利(增加连续性和适应性,并在附加保障措施的支持下降低资本成本)?在可行的程度上,可以保持特定资产投资的增值效益。

假设发明了一种称为股权的金融工具,并假设股权具有以下治理属性:(1) 在收益和资产清算方面,它对公司具有剩余索取人地位;(2) 它在公司存续期内订立契约;(3) 设立董事会,并且授予权益:(a) 由持有流通股的股东按比例选出,(b) 有权更换管理层,(c) 决定管理层薪酬,(d) 可以及时获得内部绩效衡量指标,(e) 可以为特殊目的的后续审计授权,(f) 重要的投资和经营方案在实施前被告知,(g) 在其他方面承担尤金·法玛和迈克尔·詹森(Fama and Jensen, 1983)所指的作为公司管理层的决策审查和监督关系。

因此,董事会内生并作为可信的承诺,其效果是降低涉及有限可重新部署项目的资本成本。股权获得的附加控制不仅可以提供额外的保证,而且股权也比债务更容易豁免。因此,努力解决问题并实现适应性利益,否则当干扰将各方推向不适应的状态时,这些利益将被牺牲。其结果是,股权融资具有优越的连续性和适应性,而且由于董事会是一种保障,其提供的条件比特定资产的债务融资(规则治理)要好。

尽管如此,将董事会解释为对股权融资投资的可信的承诺仍然可能会受到质疑。这种观点能否得到认同?利益相关者(而不是股东)的观点是什么?债务和股权与金融交易的预期一致性能否被数据证实?此外,董事会在实践中的行为是否符合所描述的方式?最后一部分将在后面章节讨论。我在这里简要评论一下前三个。

让·梯若尔第一个观察到,"经济学中的主流观点……是公司治理与'公司金融供应商确保自己获得投资回报的方式'有关。相关地,[公司治理]专注于公司内部人员如何根据可信的承诺将资金返还给外部投资者,从而吸引外部融资"(Tirole, 2006,第 16 页)。这与此处[以及其他地方(Williamson, 1985;1988)]表达的观点大致相符。相比之下,董事会的"利益相关者"观点认为,与公司工人、消费者、其他供应商、政府等有利害关系的所有公司成员的利益均应在董事会中有代表。

我已经在其他地方研究过利益相关者对董事会的解释（Williamson，1985，第12章），并总结如下：(1) 选区是否有利害关系取决于它是否对公司进行了特定投资；(2) 公司及其每个选区的契约关系都是在公司和选区会面的契约界面上制定的，也就是说，每个选区的特殊需求是按照自己的条件来满足的，而不是分配给一个通用的董事会；(3) 赋予董事会的利益相关者责任削弱了其对股权的可信契约支持；(4) 用利益相关者的术语描述董事会的目的，可以为管理层提供一个临时理由来解释任何决策。① 任何事情都会发生。

至于佐证，我认为杠杆收购被有效地解释为（部分）与债务相关的超额股本被激活，因为在债务-股权比率过低的公司中，以债代股可以实现效率，这似乎得到了数据的证实（Williamson，1988，第585-586页）。此外，一系列债务和股权的实证研究发现，资产专用性与债务之间存在负相关关系（Titman and Wessles，1988；Balakrishnan and Fox，1993；Kochar，1996；Mocnik，2001）。② 艾弗莱姆·本米莱克等（Efraim Benmelech et al.，2005）最近经过详细的实证研究证实了商业地产贷款合同的利率随着资产的不可再部署性增大而增加。

## 2. 实践中的董事会③

上述对董事会（相当正规）的解释是，董事会是为股东创建并授予股东的。这些董事会被认为是警惕的监督者，并在必要时积极干预。这种解释如何

---

① 让·梯若尔总结了（但未明确表示）以下对"利益相关者-社会治理结构"的反对意见（Tirole，2006，第59-60页）：

　　1. "赋予非投资者控制权可能会首先阻碍融资"，因为权益保障受到损害；

　　2. "死锁可能是由于共享控制权造成的"；

　　3. 管理责任制受到损害："负有社会责任的管理者面临各种各样的任务，其中大多数任务本质上是不可测量的"，其结果是"管理人员不那么负责"；

　　4. "这并不意味着董事和高级管理人员必须迎合自己的客户和决策者才能最好地实现社会目标"。

② 公司参与优序融资的证据（Myers，1985；Tirole，2006，第238页），其中内部融资首先出现，债务和股权紧随其后，可以被解释为与要求中间产品市场采购的标准交易成本经济学相反：尝试市场，尝试混合制，并且只能作为最后手段求助于内部组织——金融的相应顺序是：尝试债务，尝试股权，并且只能作为最后手段求助于内部融资。

我并不反对行为金融更符合优序融资顺序，但问题也更加细微。例如，内部融资（留存收益）可能在节约交易成本方面是优越的，可以为新企业（例如R&D）提供融资，而这些风险属性很难与外部投资者沟通。

③ 本节的部分内容和第3.1节分别见我的文章"Corporate Governance: A Contractual and Organizational Perspective," in L. Sacconi, M. Blair, E. Freeman, and A. Vercelli, eds., *Corporate Social Responsibility and Corporate Governance*（2008）。

与在实践中的董事会相符？

迈尔斯·梅斯的书《董事：神话与现实》（*Directors: Myth and Reality*，1971），其目的是挑战神话并讲述现实："我作为董事会的参与者和观察者超过25年，对董事会普遍存在的［神话］概念持怀疑态度。"具体而言，询问董事在履行职责时实际做了什么似乎很重要（Mace, 1971, 第8页；着重号为后加）。

他对首席执行官和董事会成员仅持有少量股票的大中型公司董事的"最终总结"是这样的（Mace, 1971, 第205-206页）：

1. 拥有实际控制权的［首席执行官］选择董事会成员。
2. 首席执行官决定董事会做什么和不做什么。
3. 被选中的董事通常是同等声望的组织的负责人，在组织中他们自己负有主要责任。
4. 企业、金融、法律和教育组织的负责人非常忙碌，担任其他组织的董事的动机和时间都很有限。
5. 大多数董事会为首席执行官提供顾问服务。
6. 大多数董事会作为一种企业意识，为组织提供某种纪律。
7. 在发生危机时，大多数董事会都可以参与并做出决策。
8. 一些董事会制定公司目标、战略和董事会政策。大多数董事会则不做这些。
9. 一些董事会提出挑剔的问题。大多数董事会则不提。
10. 一些董事会评估和衡量首席执行官的绩效，并选择和罢免首席执行官。大多数董事会则不做这些。

关于清单上的第3项，梅斯引用了一位执行官的话（Mace, 1971, 第90页）：

> 董事会是公司形象的一部分。外部董事会成员的才干和地位，无论是名字还是在商界流传的人，都有助于树立公司的形象。当我看一家公司时，我会看看谁是董事会成员……董事会中的人员类型以一系列非正式和无形的方式与公司的特征有很大的关系。这是一个受人尊敬和保守的公司，还是高度投机的公司？你知道，投资大众真正关心的是谁是董事会成员。

此外，梅斯观察到，董事会在纪律和企业意识方面发挥的作用之一是（Mace, 1971, 第6项），首席执行官及其下属"知道他们必须定期出现……在董事会中受到尊重且有能力的人，无论多么友好，都会让公司组织更好地思考他们的问题，并准备好解决方案、解释或理由"（Mace, 1971, 第180页）。梅斯对董事会作为企业意识的描述有些矛盾（Mace, 1971, 第181页）：

通常，企业意识的象征比实际更明显，拥有完全控制权的首席执行官制定薪酬政策和决策。在大多数情况下，薪酬委员会和批准薪酬委员会建议的董事会不是决策机构。这些决定由首席执行官做出，在大多数情况下，薪酬委员会和董事会的批准只是例行公事。首席执行官拥有实际控制权，他在大多数情况下是决策者。我认为，董事会确实倾向于通过事实上的控制来缓和首席执行官的倾向，它确实有助于避免过度行为。因此，它扮演了企业意识的重要角色。

在参考第 10 项时，梅斯确定了两种危机情况，即董事会的角色不仅仅是建议性的。一种是，如果首席执行官死亡或变得无行为能力；第二种是，如果表现"如此令人不满意以至于必须做出改变"（Mace，1971，第 182 页），这让人想起奥斯瓦尔德·克努德（Oswald Knauth）的观点，即"管理层为保住职位而必须取得的成功程度出奇地小"。事实上，在分散的批评力量被动员起来之前，管理层必须明显地甚至是可耻地失败（Knauth，1948，第 45 页）。

总而言之，梅斯在 1971 年对公司董事会的评估提出了较低的预期，而最近的公司丑闻被认为需要对其进行下调。然而，本特·霍尔姆斯特罗姆（Bengt Holmstrom）和史蒂文·卡普兰（Steven Kaplan）持不同意见：公司治理在 20 世纪 80 年代和 90 年代发生了重大改善。因此，虽然霍尔姆斯特罗姆和卡普兰对许多董事会批准了反收购措施感到沮丧，例如毒丸和交错董事会（Holmstrom and Kaplan，2003，第 15 页），并且一些首席执行官的薪酬待遇异常慷慨（Holmstrom and Kaplan，2003，第 14 页），但他们对 20 世纪 80 年代以来发生的公司治理变革普遍持乐观态度。具体而言，在 1980 年之前，虽然公司管理层通常"认为自己不代表股东，而是……'平衡'公司所有重要'利益相关者'的诉求"，当时"美国首席执行官只有 20% 的薪酬与股市表现挂钩"（Holmstrom and Kaplan，2003，第 10 页），现在这些情况已经发生了变化。

20 世纪 80 年代，恶意收购和重组向自满和低效的公司敲响了警钟，在现任管理层的倡议下，20 世纪 90 年代重组在继续（Holmstrom and Kaplan，2003，第 12 页）。促成近期重组的重要因素取决于首席执行官的股权薪酬增加（到 1994 年几乎占总薪酬总额的近 50%），大型机构投资者的股权从 1980 年的不到 30% 增加到 1996 年的 50% 以上（Holmstrom and Kaplan，2003，第 12、14 页）。这些变化表明，1997 年的商业圆桌会议改变了其在业务目标上的立场，将其视为"管理层的首要职责，董事会是股东而非其他利益相关者"（Holmstrom and Kaplan，2003，第 13 页）。高管股票和期权所有权增加的一个不利方面是，"管理和操纵会计数字的动机"也增加了（Holmstrom and Kaplan，2003，第 13 页），最近还发现了期权后测的做法。

总体而言，霍尔姆斯特罗姆和卡普兰认为，美国的公司治理不仅优于其他国家，而且还在不断改善。他们建议不要像安然、世通、泰科、阿德菲亚、环球电信等那些公司那样，根据最严重的过度行为来进行判断（Holmstrom and Kaplan，2003，第8页）。尽管虐待很严重，但尾巴也不能摇动狗。

## 3. 董事会与预期目标

我的目的是研究董事会作为警惕的监督者和公司管理层的积极参与者的后果。这会带来什么？是否有实践障碍？是否有概念障碍？

### 3.1 实践障碍

#### 3.1.1 董事会作为警惕的监督者

这里的基本主张是：对公司的最高管理层来说，实践中的董事会在信息和专业知识方面处于非常不利的地位。因此，尽管管理层全职参与公司事务，并受益于会计、法律、财务、工程、规划和管理人员的专业知识，以跟踪和解释公司过去的业绩并对未来进行预测，但董事会成员是兼职的，缺乏所有这些方面的公司特定知识。在默认情况下，衡量和报告过去绩效以及对未来进行预测和计划的责任落在管理层身上。

但可以想象，这些条件是可以得到纠正的。当然，股权融资的供应商可以指导公司为董事会提供资金，为董事会聘请合格的员工，从而缩小信息和专业知识方面的差距。此外，董事会还有一个备用人员来提供信息和专业知识，他可以更加熟练地参与战略决策。实际上，股东也有权提出和表决具有约束力的决议。[1] 尽管这些改革似乎需要适度的成本，并且会在很大程度上解决困扰公司治理一个世纪的问题，但有哪些障碍呢？

一个障碍是管理层和董事可能会满足于现状，两者都不愿意打乱"安逸的生活"，而是喜欢照常办事。然而，与其他地方一样，明显的低效率会引起其他人采取纠正措施，在这种情况下，产品市场的竞争（可能来自新进入者）和资本市场的竞争（可能通过收购）最终将被激活。[2]

然而，也许，不让董事会直接参与阅读和解释基本控制变量可能另有他因。一个考虑因素是，尽管董事会聘用并向其报告的工作人员可能是有能力

---

[1] 卢西恩·贝布查克（Lucian Bebchuk）最近建议赋予股东"发起和投票通过改变公司基本公司治理安排的权力……[包括]采用条款的权力，这些条款将允许股东在未来发起有关具体公司决策的提案并就这些提案进行投票"（Bebchuk，2005，第836页；着重号为后加）。他认为，增加股东以这种方式进行干预的权力将"改善公司治理并提高股东价值"（Bebchuk，2005，第836页）。

[2] 可以肯定的是，两者都是滞后反应。然而，如果所讨论的低效很严重，那么这种低效会导致其自身灭亡。

的，但观察和参与是有区别的，后者更为微妙。① 在这种情况下，很容易出现分歧，这将导致对绩效报告的解释产生冲突。除非董事会坚持其对绩效的解读和解释是最终决定，否则需要协调分歧。无论哪种方式，管理激励都会受到损害，董事会和管理层之间原本存在的合作关系在这个过程中变得更具对抗性。

有时没有好的选择：如果董事会缺乏必要的信息，告诫董事会成为勤奋的监督者是毫无意义的；期望管理层披露相关信息并以公正的方式展示其后果，与管理层自由裁量权的现实相冲突；为董事会提供自己的工作人员来发现和解释数据的代价高昂，永远无法弥合信息鸿沟，也会引发冲突。因此，建议董事会外部成员作为积极参与者更多地参与其中。

### 3.1.2 董事会作为积极参与者

迈克尔·詹森对"公司内部控制系统的失败"的讨论开启了这样一个观点："从本质上讲，组织憎恶控制系统，无效治理是内部控制机制问题的主要组成部分。他们很少能在没有危机的情况下做出反应"（Jensen，1993，第852页）。此后，他对董事会的实践进行了一系列观察，随后建议采用杠杆收购（LBO）和风险投资基金为现代企业提供重新有效设计董事会的模型（Jensen，1993，第869页）：

> 杠杆收购协会和风险投资基金为希望改进其顶级控制系统以提高其效率的经理和董事会提供蓝图。当然，杠杆收购和风险投资基金是近期美国历史上积极投资者的杰出典范，它们是可以被任何公司部分或全部模仿的优秀模式。两者具有相似的治理结构，并成功地解决了增长缓慢或衰退的公司（杠杆收购协会）和高增长创业公司（风险投资基金）的治理问题。

在稳态的现代企业中采用杠杆收购和风险投资启动实践有哪些障碍？尽管这种类比并不准确，但杠杆收购和创业公司类似于短跑运动员，而现代企业则是长跑运动员。短跑和长跑采取完全不同的策略。

杠杆收购和创业公司都是基于鲁道夫·斯普雷克尔斯（Rudolf Spreckels）的观点发展起来的，即"当我看到一些做得不好的事情，或者根本没有做的事情时，我就看到了一个发财的机会。"杠杆收购者看到一些做得不好的事情，于是动员融资，支付获得公司控制权的必要溢价，取代现任管理层，重组公司

---

① 请注意，关于深层知识的获取，通常需要积极参与，在这种情况下，董事会仅雇用自己的专业人员以"老练的观察者"的身份进行汇报是不够的。通过观察学习是有益的，从实践中学习是更深刻和不同的。切斯特·伯纳德关于行政艺术的评论是相关的："从常识、日常、实践的角度来看，口头陈述是不可避免的，这是一个技术问题，它可能被称为行为知识……[和]是更加不可或缺的行政艺术"（Barnard，1938，第291页）。此外，正如迈克尔·波拉尼（Michael Polanyi）在技术方面所观察到的那样，"尝试科学地分析已建立的工业艺术在各个方面都有类似的结果。事实上，即使在现代工业中，不确定的知识仍然是技术的重要组成部分"（Polanyi，1962，第52页）。波拉尼还阐述了"语言作为一种艺术，由默认的判断和不可指定的技能体现"，在这种艺术中，说话者和受众之间的经验往往是至关重要的（Polanyi，1962，第206页）。

及其融资方式。因此，债务取代了股权，从而恢复了与公司资产相关的更有效的债务和股权组合[①]，并且出售或剥离了不相关或表现不佳的部分。当公司再次上市时，会产生巨大的回报。[②] 在此期间，新管理层以及打包交易的银行、保险公司和投资银行积极参与公司的管理和重组。一旦公司上市，更高能的激励和实时响应的紧迫性就会让位于一个稳定的现代企业，管理者（而不是金融企业家）掌舵，所有权更加分散，采用更低能的激励措施。（如果在充足的时间内，杠杆收购的许多好处都会因倒退而失败，那么杠杆收购流程可能会被重复。）

创业公司，特别是高科技类公司，也可能旨在改善糟糕的事情，但往往是出于出现了提供新事物的可察觉的机会（Shane，2001）。后者是高风险的企业，它们将风险投资家与企业家、技术和法律人才结合起来，竞相成为第一。适用高能的激励措施，并促使所有关键参与者（作为经理或董事）实时参与。[③] 如果公司创业成功，那么当公司上市时，就会实现巨大的回报。此后，随着更多的行动被转移到主要的反馈循环和设置的例程（如附录中所述），公司逐渐呈现出一切照旧企业的特征。[④]

因此，杠杆收购和创业公司在许多方面不同于成熟的公司。前者是渐渐形成的组织形式，实时响应至关重要，非常适合集中所有权和高能激励措施。如果项目成功，公司将具有现代公司的特征。

## 3.2 概念障碍

下面将讨论我们理解公司董事会时的三个概念性考虑因素：可补救性标

---

[①] 因此，假设有效的债务权益比率经历了一段时间的转变。具体而言（Williamson，1988，第585页）：

> 假设……公司最初的资金来源与上文（第1节）中规定的债务和股权融资原则一致。进一步假设公司是成功的，并通过留存收益增长。因此，初始债务权益比率逐渐下降，并且最终假设这个现在扩张的企业中的许多资产都是可以通过债务融资的。
> 
> 在这样的公司中，可以通过用债务代替股权来实现增值。然而，这个论点是有选择地适用的。它仅适用于债务和股权的有效组合严重失调的公司。这些公司将（1）非常高的债务权益比率与（2）可重新配置资产与不可重新配置资产的比例相结合。

有趣的是，20世纪80年代的许多大型杠杆收购恰好表现出了这些品质。

[②] 梯若尔还将LBO描述为一种"短暂的组织形式"。杠杆收购赞助商和有限合伙人希望能够以上市公司身份的回报或协商销售的形式套现（Tirole，2006，第48页）。他进一步观察到，杠杆收购专家"KKR在退出之前已在公司坚持了5~10年"（Tirole，2006，第48页）。

[③] 正如詹森所观察到的，"杠杆收购合作人或风险基金合作人与运营公司之间的密切关系有助于在危机期间向董事会注入专业知识。合伙人加入管理团队（甚至担任首席执行官）来帮助组织渡过这种紧急情况也是不寻常的"（Jensen，1993，第870页）。

[④] 亨利·汉斯曼（Henry Hansmann）将预期寿命相对较短的使用特殊章程条款的风险投资初创公司与一贯遵守公司法规定的默认条款的上市公司作对比（Hansmann，2006，第9页）。风险投资公司的特殊章程条款旨在引发高能激励措施。默认条款则更适合常规企业。

准、下行偏差和授权。其中第一个认为，无论何时何地，假设的理想都应该让位于对实践中公共政策的可行替代方案的考察，这在前面是隐含的，在这里则更加明确。下行偏差是一种跨期规律，存在于包括现代公司在内的各种组织的"有效控制"中。然而，也许对公司进行直接思考的最严重的障碍是"授权"的重要性，但普遍被忽视。下面逐一进行考察。

### 3.2.1 可补救性标准

可补救性标准建议，现有的组织模式：（1）不能描述优越的可行组织模式；（2）实现了预期的净收益；（3）被认为是有效的。可补救性标准的重要性在于，它不鼓励基于实际做法与假设理想比较的公共政策分析，因此实际做法被判定为"低效"。

请注意，可补救性标准与我在开头引用的贝里和米恩斯的提问相关。规范性理想是，管理层经营公司应该完全符合股东的利益。现实情况是，这是在违规行为中观察到的。公共政策结论为："市场失灵"存在于其中。

然而，由于实际情况永远不会优于并且通常不如假设的理想，市场失灵会激增，而且过度活跃的公共政策是可预测的结果。税收或补贴或政府的积极干预变得无处不在。但这违背了常识。

尽管有常识，但公共政策分析中的规范传统是缓慢的，甚至不愿意接受可补救性标准（Coase, 1964; Demsetz, 1969; Williamson, 1995, 1996; Dixit, 1996）。判断委员会效率低下的做法就是一个例子，因为他们未能弥补一个长期存在的信息赤字。这不仅是盲目的（不可能的），而且是适得其反的：它引起了对董事会最佳（但有限）努力的蔑视，并且鼓励对信息的过度收集，这将会导致董事会和管理层之间产生冲突。

董事会成为公司管理层积极参与者的建议的问题在于，这无法与公司中可预测的生命周期变化相一致（如第3.1节中简要讨论并且将在下面进一步讨论的），并且会损害授权的完整性。下面逐一进行考察。

### 3.2.2 下行偏差

组织理论的一个教训就是"组织有自己的生命"（Selznick, 1966, 第10页）。有时这种情况会自发发生。此外，对于自发变革，一些转变是由于领导层通过有计划的努力来扩展和巩固领导者所赋予的自然优势。寡头政治的铁律——"谁说组织，就是在说寡头统治"（Michels, 1962, 第365页），主要是后者的表现。

尽管这是一个可预见的组织后果，但罗伯特·米歇尔斯（Robert Michels）建议，寡头政治的教训不是听天由命地接受，而是明智地缓和："只要对民主的寡头危险进行平静和坦诚的审查，我们就能够［缓解］这些危险"（Michels, 1962, 第370页）。如同应用于现代公司的董事会，我们的教训是：出于对管理优势正常且可预测的认识，有必要采取哪些缓解措施？尽管有良好的意图，但参与和行使控制权的努力通常是功能失调的后果。

### 3.2.3 授权

"层级结构……是复杂性架构师使用的中心结构方案之一……将大型系统分解为子系统，其中包含自己的子系统，等等"（Simon，1962，第468页），从而实现可行性。"在可能的复杂形式中，层级制是随时间演化的"（Simon，1962，第473页）。

有意识的授权是商业和政府的正式组织的层级属性之一，其中"更高层级的政党将职能委托给较低级别的政党，但是下级政党不会将职能委托给更高级别的政党"（D. Williamson，未发表的论文，第11页）。然而，较低层级的政党在上述方面获得了深厚的知识优势，因此它们获得了一定程度的自治权。此外，如果更高层级的政党是大型团体（如选民或股东）并通过集体行动开展工作，那么从集团向其当选代表的授权尤其难以收回。

现代公司中股东对管理层授权是通过董事会完成的。董事会授权给管理层的好处包括：（1）授权是一种有效的方法，可以将问题分配给那些受过更好培训、能力更强和/或更深入了解细节的人（包括通过"干中学"获得的隐性知识）[1]；（2）授权通过将薪酬和晋升与绩效挂钩来加强激励（积极的董事会会通过模糊绩效责任来削弱这种联系，无论好坏）；（3）对授权的尊重是对"善意成本"的制约，因为控制者可能会过度控制，这通常会产生不正常的后果；（4）在极端情况下可以收回授权。

第一种观点认为，公司是一种通过雇用具备必要能力、培训和经验的管理者和工人来聚集专业和互补性的专业知识的手段，并通过互动的方式逐步加深这种经验。管理者和工人因此获得了他们工作的隐性知识，以及与他们一起工作的其他人的隐性知识，无论是在公司内部还是与外部供应商，持续的合作会带来共同的收益。

尊重授权也是使个人（或互动小组或部门）承担责任的一种手段。这反过来意味着他们的薪酬、分配给他们使用的资源以及他们的晋升可以根据绩效而定。可以肯定的是，绩效是一个载体，通常与"团队"的努力相互作用，并且结果只有在延迟后才能完全为人所知。因此，这些激励措施被弱化了。然而，随着时间的推移，授权仍然是一种利用额外激励强度的手段。

授权也是一种检查过度控制的手段。詹姆斯·马奇和赫伯特·西蒙描述的"组织的机器模型"的官僚理论是恰当的（March and Simon，1958，第36-47

---

[1] 回顾梅斯对许多董事会成员的描述，他们是拥有主要职责的著名组织的负责人以及非常忙碌的人，让这些人参与公司正在进行的事务，他们为董事会服务，牺牲了自身负有主要责任的组织的时间。因此，尽管这些董事会成员中的一些人在技术、组织、管理和战略方面具有极高的资格，但持续参与他们所服务董事会的公司事务却很少是对这些人才的最高和最佳使用。

页）。① 善意控制者的一个长期问题是，他们经常对系统有一个截断的理解，因此建议增加控制。除了预期的效果之外，增加的控制也会产生意想不到的净负面后果。对授权的更大尊重将成为对过度热心监管的一种威慑。不仅"过度干涉……会危及劳动分工，这也是……最初支持［任命的管理者］"的原因（Hellwig，2000，第121页），而且更一般地说，授权的完整性实际上是对管理层的一种可信契约支持（后面会详述）。

## 4. 上述五个临时教训

自从梅斯在1971年描述公司董事会以来，已经发生了很多事情，但他的描述仍广泛适用于当今的董事会实践。这对许多人来说都是坏消息。然而，考虑到在监督和管理方面激活董事会的实践和概念障碍时，梅斯所描述的可能是对董事会应有的现实的让步。尽管如此，我们仍有理由担心。

梅斯在对董事会的总结评估中列出了10个条件，我特别关注的4个条件如下：（1）首席执行官实际控制着董事会的运作和组成；（2）董事会的外部成员在信息和专业知识方面对管理层有巨大的不利影响；（3）大部分时间大多数董事都点头表示同意；（4）董事会受到惯性的困扰，因此当公司处于逆境时很难变得活跃起来。此外，我还要补充一点：（5）董事会的存在为股东提供了"投票赶走流氓"的机会。

### 4.1 事实控制

兼任董事会主席的首席执行官的战略定位是：通过任命有同情心或顺从的成员加入董事会并控制议程来巩固其控制权。董事会关注的一个明显构成是高管与独立董事的比例，但独立董事的资格和偏好也很重要。那些有和没有商业经验和专业知识的人被有效地区分开来。

在其他条件相同的情况下，拥有金融或商业专业知识的独立董事比那些缺乏这些知识的人更有能力通过合理的判断和明智的批评相互联系起来并提供更多东西。然而，如果这些独立董事是阮庞（Bang Nguyen-Dang）所称的"企业精英的小世界（跨董事职位）"的一部分（Bang Nguyen-Dang，2005，第6页）②，则他们的客观性可能会受到损害。外部高管拥有必要的专业知识，但

---

① 详见 Michel Crozier（1963，第178-98页）。
② 威瑞森（Verizon）的高管薪酬就是一个例子，其中，"威瑞森的薪酬委员会由（4个）首席执行官或前首席执行官组成，其中有3人与威瑞森首席执行官一起担任其他董事会成员"（Morgenson，2006，第A16页）。此外，这绝不是一个孤立的例子（Bebchuk and Fried，2004，第2章）。

由于利益重叠，他们拧成一团，缺乏客观性从而将损害董事会利益。

第二类有问题的董事会成员包括那些虽然缺乏专业知识，但却具有"庄严感"的人。这些董事会成员可能会更加顺从，因为（1）董事会支出占他们其他收入的比率更高；（2）他们对间接报酬的敏感度更高，例如对董事会成员的工作地点（如与慈善机构一样）或偏爱的慈善机构的"捐献"，或出于与董事会成员的工作地点互惠（例如，采购）的可能性（Bebchuk and Fried，2004，第 27-8 页）。

可以肯定的是，首席执行官将寻求任命被认为"兼容"的内部和外部董事，这是完全可以理解的（Barnard，1938，第 224 页）。不安全或贪婪的首席执行官可能会越过建设性支持的界限，将服从作为选择标准，这便是问题所在。梯若尔简明扼要地总结了贝布查克和弗里德（Bebchuk and Fried，2004）对首席执行官任命董事的批评（Tirole，2006，第 32 页）：

> 董事们不喜欢与首席执行官讨价还价或"不忠诚"，他们几乎没有时间进行干预，并进一步从首席执行官那里得到一些好处：首席执行官可以将他们列入公司董事会的候选人名单，大大增加其当选机会，给他们提供额外津贴、商业交易（也许在他们被提名董事会成员之后，他们就正式"独立"了）、在董事费之外的额外补偿，以及由董事领导的非营利组织的慈善捐款，或在互兼董事会的情况下回报宽松的监督……董事们也乐意默许了收购抗辩。

该怎么办？明显的纠正措施是禁止首席执行官担任董事会主席。当然，如果董事会主席是首席执行官的亲信，那就没什么意义了。罢免首席执行官时也应该考虑首席执行官（以及更广泛的管理层）可能会拒绝合作，从而挫败独立主席充分了解有效履行董事会业务的努力。考虑到首席执行官和董事会以合作方式开展工作的重要性，让首席执行官和董事会独立成员担任联合主席是值得考虑的。

## 4.2　信息和专业知识

如第 3 节所述，董事会面对管理层在信息和专业知识方面处于不利地位是固有的。然而，不利程度是可变的。

如果董事会被具有欺骗性的管理人员篡改和操纵的数据所误导，董事会的信息状态可能会变得更糟，例如平滑业绩或者更糟糕的是"虚增数字"（从而获得激励性薪酬福利）。（期权回溯是另一个最近操纵的例子，虽然这通常是在董事会实际允许或默许的情况下完成的。）同样，如果管理层坦诚披露相关数据，董事会的信息状态可以得到改善。原则上，认同并遵守高标准职业道德的会计师和审计师将减轻第一种倾向并强化第二种倾向。对精心策划的骗局施加法律后果可能更为有效。

董事会在专业知识方面的限制同样是一个内在但可变的条件。出于对专业知识重要性的尊重，将董事会任命浪费在以合规为主要资质的成员身上尤其令人遗憾。

## 4.3 点头批准

正如附录中所讨论的那样，董事会与公司运营的关系是结合双重反馈来讨论的，董事会的自然姿态是通过点头批准来回应可接受的表现。这既是自然的又是适当的事态，人们担心的不是因为这是正常的，而是这可能会从正常情况滑向不加批判地接受。

## 4.4 惯性

点头批准的缺点是，董事会的"接受区"逐渐扩大，以至于当危机发生时无法及时采取紧急行动（更不用说对早期预警信号漠不关心了）。危机应对是董事会的一个关键角色（见梅斯的总结中的第 7 项和附录），建立早期预警能力似乎很值得推荐。

因为这需要向前看而不是向后看，所以怀疑审计委员会是否合适。应创造一种氛围，使董事会成员能够"提出难题"和"保持警惕"，但要做到既可靠又富有建设性，这是一个挑战。

出于对惯性危害的认识，并认识到早期有效的危机应对对企业绩效至关重要，自信的首席执行官可能会建议董事会的主要工作是"让我保持警惕"。但是，接受这项任务的董事会应该警惕过度参与。关于是非曲直的协商讨论不应成为侵入性参与的一个借口。积极干预始终只在应对危机时进行。

## 4.5 接管

考虑到克服董事会惯性倾向的困难，依赖资本市场获得更广泛的竞争具有明显的吸引力。如果国家监管委员会采用违约规则来消除毒丸、交错的董事会以及其他收购障碍，这可能会得到加强——亨利·汉斯曼（Henry Hansmann，2006）对国家公司法中违约条款效力的处理与此相关。实际上，对董事会来说，最基本的职能莫过于保持大门敞开，以便股权的所有者可以将他们的股票出售给有组织的利益集团，这些利益集团将投票赶走流氓。[1]

---

[1] 有趣的是，这可能已经在进行中了。正如丹尼斯·伯曼、杰森·辛格和约翰·威尔克（John Wilke）所说，"一个又一个，保护公司免于接管的长期壁垒正在消失……[见证了]前所未有的交易浪潮，在这场浪潮中，似乎很少有公司是完全安全的"（Berman, Singer, and Wilke, 2007，第 A1 页），尽管他们补充说，这可能是一个短暂的条件（Berman, Singer, and Wilke, 2007，第 A17 页）。

# 5. 重新审视可信契约

如第 1 节所述，董事会是对股权资本供应商的可信的承诺。然而，由于外部董事会成员受到警惕监督和积极参与的实际限制，这种解释被严重削弱，许多观察家认为董事会在实践中的信誉是一种可悲的虚构。然而，可补救性标准提出了适度的建议。因此，尽管实践中的董事会与第 1 节所描述的不同，也不同于许多人所希望的[①]，但这正是我们需要达成的条件——等待一个优越的、可行的替代方案，以实现预期净收益。

此外，还有其他后果导致在实践中更容易接受对董事会的解释。正如第 3 节所讨论的那样，董事会在监督和管理方面的限制具有支持给管理层授权的完整性的作用，这是一种好处，可以被认为是一种无意识的可信的承诺。我的目的是考虑另一种可能的可信度支持：董事会对管理层合法性的尊重也有可信契约的目的。"非正式组织"和"氛围经济学"的概念都是相关的。

此外，可信度支持（或缺乏可信度支持）很可能适用于董事会与管理层关系的其他方面。如果可信契约的双面观点加深了我们对董事会在实践中的理解，那么这种考虑在公司治理研究中应该发挥更突出的作用。

## 5.1 非正式组织和氛围

切斯特·伯纳德建议说："正式的组织会受到非正式组织的激励和制约……〔而且〕没有这个组织就不会有另一个组织。如果一个失败，另一个就会解体"（Barnard，1938，第 120 页）。他进一步断言："非正式组织在正式组织中的一个不可或缺的功能……就是沟通。另一个功能是通过调节服务意愿和客观权威的稳定来维持正式组织的凝聚力"（Barnard，1938，第 122 页）。

氛围经济学也与理解正在进行的契约关系有关，在这种关系中，过度的算计会使这种关系贬值。因此，虽然经济学中有一句格言："永远不要把金钱留在桌子上"，但建议将钱留在桌子上的商人和投资银行家却总是将这句格言放在首位。后者丝毫没有显示他们缺乏冷静的头脑。相反，如果一方被认为是以不计后果的算计方式进行讨价还价，另一方可能会以实物形式做出反应——结果是氛围被贬值了。本来可以是一种互让的合作关系可能变得复杂和昂贵，并且可能会彻底破裂。

## 5.2 作为整体的管理

奇怪的是，公司与管理层之间的契约关系很少用可信契约条款来处理。这

---

① "如果愿望是马驹，乞丐都能有马骑"（John Ray，1670）。

可能是因为这样一种看法，即代表公司与其他选区签订契约的管理层在公司与自身之间的契约中所占比例过高：一方面，管理层正在起草合同（征得合规委员会同意）；另一方面，管理层正在与其他人签订契约。但是，如果可信契约是一个强有力的概念并适用于每个选区，那么管理层就不应该如此迅速地获得豁免。

公司与管理层之间的契约关系始于正式的雇佣合同，即工资、激励补偿、福利、遣散费、薪酬等。该契约由董事会调解，董事会也可能是解决争议的论坛。但后者如何运作？完成沟通的机制是什么？董事会参与管理层的合法性是什么？除了正式的雇佣合同外，非正式的雇佣关系显然也发挥了作用。

因此，考虑董事会和管理层之间两种不同的非正式关系。管理层拥有上述两种情况下相同的实际控制权，但在一种情况下，管理层的参与被视为非法，在另一种情况下被视为合法。这有什么后果？

我认为，在不合法的情况下，董事会和管理层之间可能会出现更具争议的关系。实际控制权被视为非法的管理人员在沟通中会更加谨慎，他们的工作安全感也会降低。他们意识到将在就业市场中面临不确定的求职前景①，这些管理层将重新协商契约并相应地调整其行为。这些额外的风险不仅会反映在薪酬方案中，而且会以不同的方式管理公司。因此，薪酬将包括增加的"危险津贴"，并且该公司将参考更短的时间范围进行管理——因为明天可能会出现这种情况。也鼓励通过虚假和误导性的会计核算来"虚增数字"。

相反，假设管理层被视为董事会的合法参与者，尽管拥有实际控制权。在那种情况下，以免他们的道德参与恶化，"高级管理人员和行政人员的决策不能被轻易或快速监控……将被视为高度信任的兄弟会成员"（Fox，1974，第170-171页）。如果管理层对董事会的参与授予合法性，不仅会形成不同的氛围，而且董事会实际上也会成为股东和管理层共同参与的更可信的契约支持。② 结果是，与其他地方一样，展望未来并引入具有成本效益的可信的承诺

---

① 投资于不可部署（公司特定）技能的高管更容易受到攻击，尽管许多管理技能是通用的。对离职原因的模棱两可通常不利于高管重新就业。

② 其中部分内容与我之前描述的董事会中管理层的参与情况一致（Williamson，1985，第317-9页）：

只要董事会对公司的基本控制关系不受影响，管理层参与董事会就有三个好处。首先，它允许董事会观察和评估决策过程及其结果。因此，董事会对管理层的能力有了更深入的了解，这有助于避免或更快地纠正任命错误。其次，董事会必须在相互竞争的投资提案中做出选择。管理层的参与可能会引出比正式陈述所允许的更多和更深入的信息。最后，管理层的参与有助于维护管理层与企业之间的雇佣关系——这是鉴于正式申诉程序的不足而发挥的重要作用。

但是，鉴于之前我把优先权授予给了股东，我在这里引入一种可能性，即管理层的合法性应该被明确地考虑在内。此外，虽然可信的承诺主要是针对每个选区的独特特征而设计的，但它们不是独立的。

是互利的源泉。

可以肯定的是，需要在授权和非正式/氛围/合法性方面对可信契约进行更加明确的处理。更一般地说，关于公司治理的对话将受益于对双边可信契约的更系统的审查。

# 6. 其他相关的文献

在最近研究公司董事会的一些文献中，对董事会已经无可救药地妥协的"标准"观点提出了挑战，这些文献着重体现了对可行性、可信度和互利性的考虑。

安德烈斯·阿尔马赞（Andres Almazan）和哈维尔·苏亚雷斯（Javier Suarez）题为《最优治理结构中的保护和遣散费》（Entrenchment and Severance Pay in Optimal Governance Structures，2003）的文章明确反对"文献中的标准观点……股东应该完全控制董事会和任何形式的首席执行官保护都是不可取的"（Almazan and Suarez，2003，第519页）。他们认为，标准观点"忽略了管理激励问题与股东激进主义之间的一些重要相互作用"，然后在此基础上区分了强弱董事会，强调"首席执行官薪酬与首席执行官相对于股东影响董事会的权力之间的相互作用"（Almazan and Suarez，2003，第520页）。他们的主要结论是："某种程度的保护可能是最优的"（Almazan and Suarez，2003，第522页）——其解释是，董事会的可信契约目的应扩大到包括管理层。

雷内·亚当斯（Renée Adams）和丹尼尔·费雷拉（Daniel Ferreira）撰写的《友好董事会理论》（A Theory of Friendly Boards，2007）认为，董事会具有管理顾问和监督的双重角色，并重点关注首席执行官与董事会所面临的权衡。正如他们所描述的，"首席执行官不喜欢董事会的监督，因为他重视控制权……但是喜欢董事会提供建议，因为建议增加了公司价值而不干扰他的选择……当董事会更了解情况时，其监督和建议会更有效"（Adams and Ferreira，2007，第220页）。

他们的主要结论是：股东可能会从对首席执行官友好的董事会中受益，因为在这种情况下首席执行官会更加积极（Adams and Ferreira，2007，第238-9页）。他们观察到，"许多治理机制……具有纯粹的监督功能，例如，接管"（Adams and Ferreira，2007，第235页），并且他们假设，"当对管理层友好的董事会是最优选择时，人们应该期望其他治理机制能够弥补这一不足"（Adams and Ferreira，2007，第242页）。

道格拉斯·贝尔德（Douglas Baird）和罗伯特·拉斯穆森（Robert Rasmussen）的最新和未发表的文章《主要指令》（The Prime Directive，2007）认

为，"招聘和解雇首席执行官是董事们面临的最重要的工作"（Baird and Rasmussen，2007，第 4 页），并且认为，由于"董事会可能太慢而无法触发"（Baird and Rasmussen，2007，第 20 页），我们应该"超越公司法的常规力量……即过分关注股东的常规力量"（Baird and Rasmussen，2007，第 21 页）。具体而言，贷款人，特别是银行家，应该发挥领导作用：银行拥有比董事更好的信息（Baird and Rasmussen，2007，第 23 页），银行可以更积极主动（Baird and Rasmussen，2007，第 24 页），银行拥有减少困扰董事会偏见的结构（Baird and Rasmussen，2007，第 24 页）。结果是，如果贷款人要"发挥纪律作用，并在事实上有能力来摆脱业绩不佳的经理人，那么就越不需要担心董事会成员会不感兴趣"（Baird and Rasmussen，2007，第 26 页）。

尽管我怀疑银行家是否适合担任变革推动者的角色，但他们和我都对董事会的限制问题达成了一致。具体来说，他们观察到，虽然董事会拥有"独裁者"的正式权力，但事实上，"董事会的行动范围受到了很大限制。董事是兼职人员。他们有日常工作……在他们可以投入多少时间干预公司事务方面经历了真正的限制"（Baird and Rasmussen，2007，第 6 页）。董事会通常缺乏评估管理的必要信息，它们有盲点和偏见（Baird and Rasmussen，2007，第 20 页）。此外，管理层可以捕获董事会（Baird and Rasmussen，2007，第 6、18 页）。其结果是，董事会没有资格成为警惕的监督者。

贝尔德和拉斯穆森还提到了公司的"生命周期"变化（Baird and Rasmussen，2007，第 3 页），并在此基础上区分了初创企业和大型上市公司，前者的董事积极参与，风险投资家没有集体行动问题，后者集体行动问题严重，我们不应该对董事们"期望过高"（Baird and Rasmussen，2007，第 7 页）。

由于董事会的这些和其他局限性，他们得出的结论是："董事会在解雇首席执行官时将太慢而无法触发"（Baird and Rasmussen，2007，第 20 页）。即使银行更快，任何这样的变化都应该注意其可能对与管理层重新谈判契约以及对公司管理层产生的影响（类似于第 5 节讨论的时间范围效应）。此外，霍姆斯特罗姆关于快速触发的评论也很中肯（Holmstrom，2005，第 711 页）：

> 与体育观众一样，分析师和外部观察者很快就会得出结论：当事情出现问题时应该采取什么措施。他们通常希望看到首席执行官在事情发生前被解雇。董事会被认为过于被动，但表象可能具有欺骗性。需要时间和信息来确定外部因素发挥了什么作用以及当前管理层承担了什么责任。

也许贝尔德和拉斯穆森赋予银行的信息优势可以缓解这些问题，但第 5 节中提到的氛围仍然存在。

## 7. 结论

理论上的公司董事会与实践中的公司董事会之间存在的差异被广泛解释为资本主义失败的一个严重，也许是决定性的例证。因此，如果公司董事会的情况越来越糟，那么从管理层手中夺回控制权（管理层已将其篡夺）并将其归还给它所属的股东（甚至是利益相关者）就变得更加迫切。建议采取的措施包括缩小管理层与董事会之间的信息差距，从而允许更加警惕地监督管理层，并鼓励董事会成员积极参与公司的管理。

本文通过以下方式考察了公司董事会的缺陷及其弥补特征：(1) 阐述了董事会作为对股权资本提供者的可信契约支持的逻辑；(2) 观察到董事会在实践中不符合该描述；(3) 通过诉诸组织理论，探讨了董事会作为警惕的监督者和积极参与者的局限性因素；(4) 讨论了其中的一些经验教训；(5) 重新审视了可信契约的问题，包括董事会和管理层之间的正式和非正式契约，结果是董事会被赋予了一项双边可信契约任务；(6) 讨论了相关类型的近期文献。

总而言之，我认为，我在一开始提到的贝里和米恩斯质疑，使公司治理文献走上了歧途。在建议股东被剥夺之前，有必要通过聚焦的角度检验相关的微观分析来理解公司董事会的客观局限性。因此，尽管理论上的董事会和实践中的董事会之间观察到的差异有时代表公司治理的崩溃，但还有三种可能性需要考虑：(1) 实施该理论存在严重障碍；(2) 该理论是错误的；(3) 该理论是正确的，但它还远远不够。我将重点放在 (1) 和 (3) 上，以便对实践中的董事会达成更容易接受的解释。董事会不仅存在警惕监督和积极参与的客观障碍，而且还需要考虑这些障碍对授权完整性的影响。此外，管理层对董事会的合理参与得到可信契约的支持。建议在可信契约方面对董事会调解的股东-管理层关系进行更系统的审查。

尽管如此，管理层的过度干预仍是一个令人担忧的问题，勤勉的董事会必须不断采取预防措施。[①]

---

[①] 针对下行趋势的检查主要需要提高外部董事会成员在管理层中的领导地位。《萨班斯-奥克斯利法案》(Sarbanes-Oxley Act) 重塑董事会的一些努力，甚至《吉百利报告》(Cadbury Report) 都有这个目的。然而，这些措施的有效性受到了质疑 (Romano, 2005)，一位坚定的首席执行官可以通过提名那些他了解的合规候选人来削弱这些努力。再次核查符合要求的董事会服务，包括让外部成员共同主席董事会、审查当前成员的业务能力、成员和管理层之间的利益重叠以及缺乏对间接报酬的敏感性。此外，通过保持通往资本市场竞争的门户作为最终吸引力的手段，可以加强公司治理的完整性。

# 附　录

**与双重反馈相关的董事会**

W. 罗斯·阿什比（W. Ross Ashby）的双重反馈模型（Ashby，1960）和赫尔伯特·西蒙对复杂性结构的研究（Simon，1962，1973）与适应性是经济组织的核心问题这一命题大相径庭。阿什比认为，所有有能力对干扰双峰分布做出响应的自适应系统——有些是程度上的干扰，有些是种类上的干扰——都将具有双重反馈的特征。如图 1 所示，两种干扰都起源于环境（$E$）。反馈分工是这样的：运行决策是在主反馈回路中，由反应部分（$R$）利用现有决策规则制定和实施的，而更重要和更长期运行类型的战略决策则是通过次反馈回路进行处理的，其中设置了基本变量（$V$）和阶梯函数（$S$）。

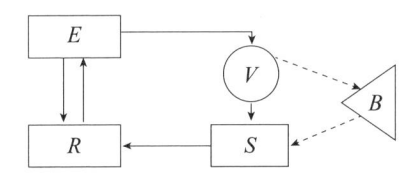

**图 1　董事会实践中的双重反馈**

实际上，反应部分（$R$）是基于这样的假设，即连续状态实现是现有例程的应用将产生有效响应的程度变化。实际上，只要性能落在次反馈回路中的基本变量（$V$）的控制范围内，操作部件所采用的程序就保持不变。然而，如果性能超出这些控制限制，次反馈回路就会将其解释为实物干扰，需要新的例程（参数值或新规则的变化）以将性能恢复到可接受的水平。这些变化作为阶梯函数（$S$）引入反应部分。如上所述，主反馈回路以机械方式实时执行现存的决策规则，而次反馈回路由不太频繁的种类变化激活（并且可能参考更长的运行［战略］考虑因素）。在自然选择中，受到这种双峰干扰的进化系统必然会产生两个容易区分的反馈（Ashby，1960，第 131 页）。

那么董事会在双重反馈方案中出现在哪里呢？董事会作为警惕的监督者的概念可能会将其定位于基本变量（$V$），在那里它将接收和解释继续保持或不保持常规业务的信号。如果是后者，则建议管理层进行根本性的改变，管理层位于阶梯函数（$S$）。但是，由于董事会在获取和解释绩效信息方面存在固有局限性（如第 3.1 节所述），$V$ 似乎不是董事会的合适位置。

董事会作为管理层积极参与者的概念将董事会定位于阶梯函数（$S$），董事会将持续参与公司的管理。然而，如第 3.2 节所述，这将严重损害授权的完整性，并且在更广泛的意义上，其有效性令人怀疑。第三种解释也是我建议的一种解释，是将董事会以外围方式在（B）处连接到次反馈回路。因此，管理层接受并解释关于基本变量的读数，再将其报告给董事会。如果必要变量保持在控制范围内，董事会将采取点头批准的态度。然而，如果报告危机，董事会将被激活，与管理层合作，在阶梯函数（S）处制定危机应对措施。管理层被取代是在极限范围内，但这是在模型之外。

# 参考文献

Adams, Renée, and Daniel Ferreira. 2007. "A Theory of Friendly Boards," 62 *Journal of Finance* 217-50.

Almazan, Andres, and Javier Suarez. 2003. "Entrenchment and Severance Pay in Optimal Governance Structures," 58 *Journal of Finance* 519-48.

Ashby, W. R. 1960. *Design for a Brain*. New York, N. Y.: John Wiley & Sons.

Baird, Douglas, and Robert Rasmussen. 2007. "The Prime Directive," *University of Cincinnati Law Review* 921-41.

Balakrishnan, Srinivasan, and Isaac Fox. 1993. "Asset Specificity, Firm Heterogeneity and Capital Structure," 14 *Strategic Management Journal* 3-16.

Barnard, C. 1938. *The Functions of the Executive*. Cambridge, Mass.: Harvard University Press.

Bebchuk, Lucian Arye. 2005. "The Case for Increasing Shareholder Power," 118 *Harvard Law Review* 833-917.

Bebchuk, Lucian Arye, and Jesse Fried. 2004. *Pay Without Performance: The Unfulfilled Promise of Executive Compensation*. Cambridge, Mass.: Harvard University Press.

Benmelech, Efraim, Mark Garmaise, and Tobias Moskowitz. 2005. "Do Liquidation Values Affect Financial Contracts? Evidence from Commercial Loan Contracts and Zoning Regulation," 120 *Quarterly Journal of Economics* 1121-54.

Berle, Adolph A., and Gardner C. Means Jr. 1932. *The Modern Corporation and Private Property*. New York, N. Y.: Macmillan.

Berman, Dennis, Jason Singer, and John Wilke. 2007. "On the Prowl: As Deal Barriers Fall, Takeover Bids Multiply," *Wall Street Journal* May 8, 2007. p. A1.

Coase, Ronald. 1964. "The Regulated Industries: Discussion," 54 *American Economic Review* 194-7.

Commons, J. 1932. "The Problem of Correlating Law, Economics, and

Ethics," 8 *Wisconsin Law Review* 3–26.

Crozier, M. 1963. *The Bureaucratic Phenomenon*. Chicago, Ill.: University of Chicago Press.

Demsetz, Harold. 1969. "Information and Efficiency: Another Viewpoint," 12 *Journal of Law and Economics* 1–22.

Dixit, Avinash. 1996. *The Making of Economic Policy: A Transaction Cost Politics Perspective*. Cambridge, Mass.: MIT Press.

Fama, Eugene, and Michael C. Jensen. 1983. "Separation of Ownership and Control," 26 *Journal of Law and Economics* 301–26.

Fox, Alan. 1974. *Beyond Contract: Work, Power, and Trust Relations*. London: Faber & Faber.

Hansmann, Henry. 2006. "Corporation and Contract," ECGI Law Working Paper No. 66/2006, Yale Law School, New Haven, Conn.

Hellwig, Martin. 2000. "On the Economics and Politics of Corporate Finance and Corporate Control," in Xavier Vives, ed., *Corporate Governance: Theoretical and Empirical Perspectives*. Cambridge, Mass.: Cambridge University Press, chap. 3, 95–134.

Holmstrom, Bengt. 2005. "Pay Without Performance and the Managerial Power Hypothesis: A Comment," *Journal of Corporation Law* 703–15.

Holmstrom, Bengt, and Steven Kaplan. 2003. "The State of U.S. Corporate Governance: What's Right and What's Wrong?" 15 *Journal of Applied Corporate Finance* 8–20.

Jensen, Michael. 1993. "The Modern Industrial Revolution, Exit, and the Failure of Internal Control Systems," 48 *The Journal of Finance* 831–80.

Knauth, Oswald. 1948. *Managerial Enterprise: Its Growth and Methods of Operation*. New York, N.Y.: W.W. Norton.

Kochar, Rahul. 1996. "Explaining Firm Capital Structure: The Role of Agency Theory vs. Transaction Cost Economics," 17 *Strategic Management Journal* 713–28.

Mace, Myles. 1971. *Directors: Myth and Reality*. Cambridge, Mass.: Harvard University Press.

March, James, and Herbert A. Simon. 1958. *Organizations*. New York, N.Y.: John Wiley & Sons.

Michels, Robert. 1962. *Political Parties*. Glencoe, Ill.: Free Press.

Mocnik, Dijana. 2001. "Asset Specificity and a Firm's Borrowing Ability: An Empirical Analysis of Manufacturing Firms," 45 *Journal of Economic Be-*

*havior and Organization* 69 – 81.

Morgenson, Gretchen. 2006. "Advice on Boss's Pay May Not Be So Independent." *New York Times*, April 10, p. A16.

Myers, Stuart. 1985. "Comment on Investment Patterns and Financial Leverage," in Benjamin Friedman, ed., *Corporate Capital Structures in the United States*. Chicago, Ill.: University of Chicago Press, 348 – 51.

Nguyen-Dang, Bang. 2005. "Investor Recognition Hypothesis, Firm Value, and Corporate Governance: Evidence from Media Coverage of CEOs," Working Paper, HEC Paris School of Management.

Polanyi, Michael. 1962. *Personal Knowledge: Towards a Post-Critical Philosophy*. New York, N.Y.: Harper & Row.

Romano, Roberta. 2005. "The Sarbanes-Oxley Act and the Making of Quack Corporate Governance," 114 *Yale Law Review* 1521 – 610.

Selznick, Philip. 1966. *TVA and the Grass Roots*. Harper Torchbooks.

Shane, Scott. 2001. "Technological Regimes and New Firm Formation," 47 *Management Science* 1173 – 90.

Shleifer, Andrei, and Robert Vishny. 1992. "Liquidation Values and Debt Capacity: A Market Equilibrium Approach," 47 *Journal of Finance* 1343 – 66.

Simon, H. 1962. "The Architecture of Complexity," 106 *Proceedings of the American Philosophical Society* 467 – 82.

Simon, Herbert. 1973. "Applying Information Technology to Organization Design," 33 *Public Administrative Review* 268 – 78.

Tirole, Jean. 2006. *The Theory of Corporate Finance*. Princeton, N.J.: Princeton University Press.

Titman, Sheridan, and Roberto Wessels. 1988. "The Determinants of Capital Structure Choice," 43 *Journal of Finance* 1 – 19.

Williamson, Dean. 2007. "Ownership, Control, and the Single Entity Defense in Antitrust: Part Ⅰ." Unpublished manuscript.

Williamson, Oliver. 1985. *The Economic Institutions of Capitalism*. New York, N.Y.: Free Press.

Williamson, Oliver. 1988. "Corporate Finance and Corporate Governance," 43 *Journal of Finance* 567 – 91.

Williamson, Oliver. 1995. "The Politics and Economics of Redistribution and Inefficiency," 17 *Greek Economic Review* 115 – 36.

Williamson, Oliver. 1996. *The Mechanisms of Governance*. New York, N.Y.: Oxford University Press.

PART Ⅲ　INTERDISCIPLINARY SOCIAL SCIENCE

第三部分

# 跨学科的社会科学

# 交易成本经济学与组织理论 *

## 1. 简介

  本文阐述了经济和社会学对经济组织的方法已达到健康紧张状态的论点。这将与先前的情况形成对比，在这种情况下，这两种方法基本上是相互排斥的，因此相互忽视，或者相互轻蔑地描述对方的研究议程和研究成果（Swedberg，1990，第4页）。健康的紧张关系涉及真正的付出和接受。既不是查尔斯·佩罗（Charles Perrow）最近提到的组织理论的过时（Perrow，1992，第162页），也不是马奇（半开玩笑地）所说的经济学的投降。[①]

  一种更为尊重的关系，甚至可能是经济学和组织理论参与合资企业的感觉，在理查德·斯科特（W. Richard Scott）的评论中很明显，即"虽然分歧仍然存在于重要的领域，但存在的共识明显比最初更多"（Scott，1992，第3页）。在博弈理论家大卫·克雷普斯的论点中，"几乎任何由博弈论解决的组织理论对博弈论的作用都大于博弈论对它的作用"（Kreps，1992，第1页），我认为法律、经济和组织相结合的组织科学正在发展中。[②]

  合资企业有时会演变成合并，有时会破产。这两种情况不可能在这里发生。

---

 \* 原文"Transaction Cost Economics and Organization Theory"载于 *Industrial and Corporate Change*，1993，2（1）：107-156。译者：钟世虎。

 ① 詹姆斯·马奇在社会经济发展学会第四次国际会议上表示，经济学已经经过了彻底的改革，观众应该"宣告胜利并归乡"（Coughin，1992，第23页）。

 ② 理查德·波斯纳的看法有所不同。他认为，"组织理论没有为经济提供任何东西，而信息经济学的文献在几年间还没有增加"（Posner，1993，第28页）。

合并是不可能的，因为经济学、组织理论和法学既有单独的议程，也有合并的议程。此外，全面的合并将使组织科学的发展陷入困境，这得益于使用不同视角所揭示的各种见解。最有可能的是，合资企业将一直持有，直到其中一方从对方学到足够的知识才能独立出去。预计在这10年的剩余时间内会引起争议。

本文重点讨论交易成本经济学与组织理论之间的新兴关系，并认为这种关系包括三个主要方面。首先也是最重要的是，交易成本经济学已经（并将继续）受到源于组织理论的概念和经验规律的大量影响。其次，有许多交易成本经济学概念，组织理论家可以（而且许多人确实）将它们有效地联系起来。最后，健康的紧张关系仍然存在，正如对一些现象的检验所揭示的那样，对这些现象，对立的解释已经提出，但仍未得到解决，并引发了争议。

本文首先介绍了新旧制度经济学的背景。第3节提出了一个研究经济组织的三层模式；第4节研究了交易成本经济学从组织理论中受益的一些更重要的方法；第5节概述了交易成本经济学中的关键概念；第6节基于交易成本经济学的视角分析了与组织理论相关的经验规律；第7节考察了交易成本经济学与组织理论之间的竞争格局；最后是结论。

## 2. 制度经济学

### 2.1 旧传统

美国旧制度经济学运动的主要领导人物是韦斯利·米切尔（Wesley Mitchell）、托斯丹·凡勃伦和约翰·R. 康芒斯。虽然许多社会学家似乎对旧传统表示同情，但越来越多的人认为这种方法"主要是描述性和历史性的"（DiMaggio and Powell，1991，第2页），并且不是累积的（Granovetter，1988，第8页）。

经济学家对旧制度经济学的批评是严厉的。因此，乔治·斯蒂格勒说："在美国，这所学校失败的原因很简单。它除了对标准理论传统持敌对态度外，什么都没有。没有积极的研究议程"（Stigler，1983，第170页）。马修斯（Matthews，1986，第903页）也表达了类似的观点。罗纳德·科斯同意：美国制度主义者的工作"没有任何结果……没有理论，除了等待理论或火灾的大量描述性材料外，他们没有任何东西可以传递。所以，如果现代制度主义者有先例，那就不是紧接着之前的事了"（Coase，1984，第230页）。

尽管这些评估具有一般准确性，但约翰·康芒斯应该是一个例外。不仅威斯康星州的制度经济学传统仍然非常活跃（Bromley，1989），而且康芒斯及其学生和同事对公共政策的影响值得赞扬。安德鲁·范·德文（Andrew Van de

Ven)对康芒斯的知识贡献的总结与第一点相关：

> 尤其值得强调（关于康芒斯）的是他的（a）制度作为对稀缺和利益冲突的回应的动态观点。（b）将交易的原始表述作为分析的基本单位。（c）采用部分-整体分析法来分析：一方面，集体行动如何在无数次常规和互补交易中约束、解放和扩大个人行为；另一方面，个人意志和权力如何控制限制因素或竞争因素，来为制度变革提供生成机制。（d）历史性地了解社会习俗、法律先例和法律如何演变，构建审慎合理行为的集体标准，以务实和道德的方式解决冲突各方之间的争端。

尽管程度不同，但交易成本经济学在所有这四个方面都对康芒斯有所回应。[①]

在大萧条时期和之后，康芒斯及其同事和学生在塑造社会保障、劳动立法、公用事业监管以及更广泛的公共政策方面非常有影响力。可能由于其公共政策的成功，威斯康星学派在发展其知识基础方面有所疏忽。我试图通过从非正式到半正式、再到完全正式的分析模式的连续操作与交易成本经济学联系起来（Williamson，1993a），但失败了。相反，康芒斯的制度经济学在非正式阶段之后几乎没有取得进展。

欧洲还有更古老的制度经济学传统。特别重要的是德国历史学派。[建议有兴趣的读者查阅特伦斯·哈奇森（Terrence Hutchison，1984）和理查德·斯韦德伯格（Richard Swedberg，1991）的文献。]当然，还有卡尔·马克思（Karl Marx）的伟大作品。

后来的德国学派，如奥尔多自由主义学派（Ordoliberal）或弗莱堡学派（Freiburg），也值得一提。正如海因茨·格罗塞凯特勒（Heinz Grossekettler，1989）所讨论的那样，这个学派的灵感来自瓦尔特·欧根（Walter Eucken）的作品，他的学生路德维希·艾哈德（Ludwig Erhard）是1949—1963年的德国经济部长，也是1963—1966年的财政大臣，并被广泛认为是联邦德国"经济奇迹"的政治之父。格罗塞凯特勒描述了奥尔多自由主义学派的计划与产权理论、交易成本经济学，尤其是宪法经济学之间的许多相似之处（Grossekettler，1989，第39、64-67页）。

奥尔多自由主义学派的计划以非常高的普遍性推进（Grossekettler，1989，第47页），其特点是将合法原则运用于整个经济（Grossekettler，1989，第46-57页）。它对战后德国经济政策的影响非常大，该学派的影响力在20

---

[①] 简而言之，交易成本经济学的回应是：（1）制度作为一种节约手段对稀缺性做出回应；（2）明确将交易作为分析的基本单位；（3）通过建立可信的承诺/事后治理设备来识别和缓解冲突；（4）制度环境被看做是改变治理相对成本的一组转移参数。尽管这些可能是不完整的响应，但是交易成本经济学的企业精神仍然与康芒斯的论点达成了一致。

世纪60年代中期后有所下降。尽管格罗塞凯特勒将这种下降归因于"凯恩斯主义理论被（年轻的德国知识分子）广泛接受"（Grossekettler，1989，第69-70页）。另一个问题是：奥尔多自由主义学派经济学的原则从未被赋予可操作的内容，从未开发出具体模型，从未确定过关键的权衡，机制仍然非常抽象。该学派与威斯康星学派的相似之处令人震惊：都有巨大的公共政策影响，概念框架不发达，逐渐失去了知识影响力。

## 2.2 新制度经济学

新制度经济学有各种各样的风格，并且有不同的定义。产权经济学，特别是科斯（Coase，1959；1960）、阿门·阿尔钦（Armen Alchian，1961）以及哈罗德·德姆塞茨（Harold Demsetz，1967），是早期有影响力的正统异议者。反对技术方法的演化推进了经济组织的发展，根据这种方法，随着经济需求的出现，新的产权将被创造和实施，如果这些产权具有成本效益的话。

埃瑞克·菲吕博顿（Eirik Furubotn）和斯韦托尔·平乔维奇（Svetozar Pejovich）提出的所有权定义具有广泛的相关性："根据一般协议，资产所有权包括三个要素：（a）资产使用权，（b）提取资产回报的权利，（c）改变资产形式和/或实质的权利（Furubotn and Pejovich，1974，第4页）。科斯提出了代表经济组织产权方法的强烈主张，如下所述（Coase，1959，第14页）：

> 私有企业制度不能发挥作用，除非产权是在资源上创造的，当这样做时，希望使用资源的人必须向所有者进行支付才能获得资源。混乱的状态消失了。政府也是如此，除了当然有必要建立一个界定产权和解决仲裁争议的法律制度。

事实证明，这些主张夸大了产权方法的情况。不仅产权界定有时代价高昂（考虑定义知识产权的难题），而且法院命令可能是一个棘手的方法。比较契约方法——根据该方法，为了管理契约关系（Macneil，1974，1978；Williamson，1979，1991a），通常（但有选择地）通过私人命令取代法院命令——不是纯粹的产权方法，因此有很多值得推荐的地方。

虽然早期的产权方法和最近的比较契约方法似乎是对立的组织理论，但通过认识到新制度经济学实际上已经发展成两个互补的部分，这种紧张关系得到了缓解。其中一个部分主要涉及背景条件（扩展到产权以外，包括契约法、规范、习俗、惯例等），而另一个部分涉及治理机制。兰斯·戴维斯（Lance Davis）和道格拉斯·诺斯（Douglass North）提出的两部分定义（Davis and North，1971，第5-6页；着重号为后加）是相关的：

> 制度环境是一套基本的政治、社会和法律规则，为生产、交换和分配奠定了基础。有关选举、财产权和契约权的规则就是例子。

> 制度安排是经济单位之间的安排，它管理着这些单位，它们之间可以采取合作和/或竞争的方式。它……［可以］提供一种结构，在该结构中，其成员可以合作……或者［它］可以提供一种能够影响法律或财产权变更的机制。

有趣的是，这两部分与约瑟夫·熊彼特所描述的"经济社会学"和"经济理论"之间的早期分工是密切相关的。在熊彼特的理论中，期望经济社会学将研究制度环境，而经济理论主要关注的是治理机制（Schumpeter，1989，第293页）。事实证明，许多经济学家在与制度环境有关的问题上已经进行了卓有成效的研究。其中包括诺斯所定义的大量研究制度是"人为设计的约束，构成了政治、经济和社会互动。它们既包括非正式约束（制裁、禁忌、习俗、传统和行为准则），也包括正式规则（宪法、法律、财产权）"（North，1991，第97页）。在其他地方，他认为"制度包括一系列规则和条例形式的行为限制；检查偏离规则和条例的一套程序；最后是一套关于道德的行为准则，它定义了行为轮廓，并限制了规则和条例的定义以及执行方式"（North，1986，第233页）。与此相关，艾伦·施密德（Allan Schmid）将制度定义为"一套人们之间有秩序的关系，定义了人们的权利、特权和义务"（Schmid，1972，第893页）。丹尼尔·布罗姆利（Daniel Bromley）认为，制度可以分为两类：习俗；规则或权利（Bromley，1989，第41页）。安德鲁·舒特（Andrew Schotter）将制度定义为"由一个社会的所有成员一致同意的行为规范，规定了在具体的惯常的情境下人们的行为方式"（Schotter，1981，第9页）。根据埃瑞克·菲吕博顿和鲁道夫·里克特的定义，"现代制度经济学聚焦于产权制度，以及获得和转移产权的一套规范系统"（Furubotn and Richter，1991，第3页），尽管后来他们又对治理做了重要补充。

对于进行跨时间、跨国界或跨文化比较的目的而言，对产权、习俗、规范、惯例等的强调特别相关。然而，组织经济学主要关注的是：保持这些背景条件不变，为什么以一种方式组织经济活动（例如，从市场采购）而不是另一种方式（例如，根据自己的需要生产：层级）？那是科斯的问题（Coase，1937；1988）。它是交易成本经济学的焦点，并解释了新制度经济学中组织理论家和组织社会学的大部分兴趣。治理研究不仅提出了不同的问题，而且制度经济学中的许多预测内容和大多数实证研究都位于治理层面（Matthews，1986，第907页）。

## 3. 三层模式

交易成本经济学主要关注契约关系的治理。但是，治理不是孤立运作的。

替代治理模式的比较效力一方面取决于制度环境，另一方面取决于经济行为者的属性。因此提出了一个三层模式，根据该模式，分析、治理的对象被更多的宏观特征（制度环境）和更多的微观特征（个体）所包围。抛开反馈（在交易成本经济学体系中不发达），制度环境被视为转移参数的轨迹，其中改变了治理的比较成本，并且个体是行为假设的起源。

罗杰·弗里兰德（Roger Friedland）和罗伯特·奥尔福德（Robert Alford）也提出了一个三层模式，其中区分了环境、治理和个体，但他们的重点却截然不同。他们关注个体并认为三个层次的分析是"嵌套的，组织和机构逐渐为个体行动指定更高水平的约束和机会"（Friedland and Alford，1991，第242页）。

这里提出的因果模型类似于理查德·斯科特（W. Richard Scott，1992，第45页）最近提出的因果模型，但不同之处在于，他也主要关注治理。目前的模式有三个主要的影响（见图1）。这些用实线箭头表示。次要影响用虚线箭头表示。如上所述，制度环境定义了游戏规则。如果产权、契约法、规范、习俗等的变化引起了治理的比较成本的变化，那么通常暗示了经济组织的重新配置。

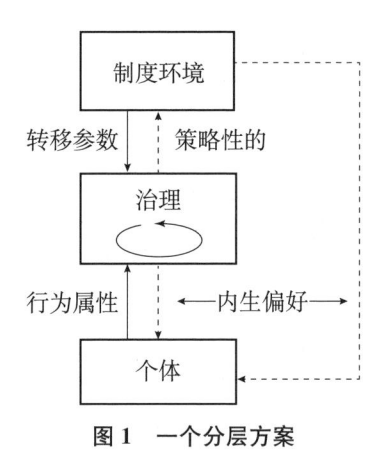

**图1 一个分层方案**

从个体到治理的实线箭头带有交易成本经济学运作的行为假设，治理部门内的循环箭头反映了这样的命题：组织与法律一样，具有自己的生命。这个命题将在下一节中讨论。

尽管行为假设经常被经济学忽视，但交易成本经济学赞同这样一个命题：经济主体应该用可行的现实术语来描述（Simon，1978；Coase，1984）。有趣的是，"局外人"，特别是物理学家，长期以来一直坚持认为，更好地理解人类行为需要将更多的有自我意识的注意力放在研究人们的思想是如何运作上（Bridgeman，1955，第450页；Waldrop，1992，第142页）。西蒙同意：

在制定我们的研究议程和告知我们的研究方法方面，没有什么比我们对我们正在研究的行为的人类本质的看法更为重要,它对研究产生了影响,但它也对政治机构的正确设计产生了影响。詹姆斯·麦迪逊非常清楚这一点,在《联邦党人文集》(*Federalist Papers*)中,他选择了人类状况的这种观点(《联邦党人》,第55号):

> 由于人类的堕落需要一定程度的谨慎和不信任,因此人性中还有其他一些品质可以证明某种程度的自尊和信心。

> 我们可以承认这是一种平衡而现实的观点,即有限的人类理性及其伴随的动机和理性的弱点。

交易成本经济学明确地采用了人类认知受限于有限理性的命题,其中这被定义为"意图是理性的,但仅限于此"的行为(Simon,1957a,第xxiv页),但不同于西蒙对麦迪逊提到的"堕落程度"的解释。

虽然西蒙认为这种堕落是"动机和理性的弱点",但交易成本经济学将其描述为机会主义,包括使用诡计来追求自己的利益。前者是一种更为良性的解释,许多社会科学家都更喜欢它。然而,考虑一下罗伯特·米歇尔斯关于寡头政治的总结性评论:"只有对民主的寡头进行危险的平静而坦诚的考察,我们才能够最大限度地减少这些危险"(Michels,[1911]1962,第370页)。如果对机会主义的平静而坦诚的提及提醒我们可以避免的危险,而对动机和理性的弱点的更为温和的提法就不会,那么采用更仁慈的结构就会存在真正的危险。如下所述,机会主义的缓解在交易成本经济学中起着核心作用。

机会主义可以采取公然、微妙和自然的形式。公然形式与马基雅维利有关。因为他认为与王子交易的代理人是机会主义者,所以建议王子参与互惠甚至先发制人的机会主义,只要"让他束缚自己的理由不再存在"就会违反契约(Machiavelli,1952,第92页)。这种微妙的形式具有战略意义,并在其他地方被描述为"以诡计谋取私利"(Williamson,1975,第26-37页;1985,第46-52、64-67页)。自然形式涉及在边缘的倾斜系统。生产管理办公室里所谓的"一年一美元"人员(即领取象征性薪俸的人员),在第二次世界大战开始时就有250人,参议院调查国防计划特别委员会时感到担忧,因为(McCullough,1992,第265页)

> 这些担任高级公职的高管们过于倾向于为公司的利益做出决定。"他们有自己的企业。"参议员杜鲁门评论道。报告称,他们是真正意义上的游说者,因为他们的存在不可避免地意味着偏袒,"人性就是它的本质"。

米歇尔·克罗齐尔(Michel Crozier)对官僚主义的处理为所有形式的机会主义提供了突出的条件,他将其描述为"人类代理人在任何情况下都积极利用一切可能的手段来推进自己特权的积极趋势"(Crozier,1964,第194页)。

治理对制度环境的反馈效应可以是工具性的,也可以是战略性的。前者的一个例子是契约法的改进，这是在发现现存法律不太适合支持契约的完整性后在各方的要求下实现的。战略变革可能采取保护主义贸易壁垒的形式，以防止国内和/或外国竞争。由于广告或其他形式的"教育"，从治理到个人层面的反馈可以被解释为"内生偏好"形成（Bowles and Gintis，1993）。个体也受环境的影响，因为内在的偏好是社会条件的产物。虽然交易成本经济学通常可以与这些次要影响相关，但其他分析模式通常更为相关。

更一般地说，弗里兰德和奥尔福德计划、斯科特计划以及我提供的变体并不是相互排斥的。具体使用哪一个取决于被问到的问题。重复一遍，我提出的经济组织的主要案例方法是图1所示的实线因果关系，虚线表示改进。

## 4. 组织理论的附加值

理查德·斯威德伯格（Richard Swedberg，1987；1990）、罗伯特·弗兰克（Robert Frank，1992）和其他人描述了经济学受到社会学和组织理论影响的许多方面。这里提到的附加值仅涉及交易成本经济学是直接和重要受益者的那些方面。

上面讨论的行为假设——有限理性和机会主义——也许是组织理论如何塑造交易成本经济学的最明显的例子。但是，组织拥有自己生命的命题（图1中治理框中的圆形箭头）也很重要。此外，还有其他附加影响。

### 4.1 跨期过程转换

将公司描述为生产职能部门需要一种工程方法来组织。由此产生的组织"机器模型"强调了忽视意外影响的预期效果（March and Simon，1958，第3章）。但是，如果组织拥有自己的生命，并且如果通常的经济方法无法与组织的跨期现实相关联，那么，至少出于某些目的，可能需要一种额外的经济方法。

请注意，这并不等于放弃经济方法的提议。相反，"通常"或正统的经济方法让位于增强或扩展的经济方法。这与采用完全不同的方法非常不同。例如，神经网络的方法。

事实证明，经济方法既有弹性又非常强大。因为它具有弹性，并且越来越多的经济学家已经被说服需要"按原样"处理经济组织，所以所有有意义和无意识的重要规则都在这个范围内。因为它非常强大，经济学带来了附加值。具体而言，经济学赋予经济行为者的"远见倾向"或"理性精神"允许对先前被忽视的规律的分析更进一步。一旦了解了意料之外的后果，就可以预见到这些影响，并且可以将分支折回到组织设计中。然后将减少不必要的成本，并且将增加未预期的收益。通常会产生更好的经济绩效。

意想不到的影响经常被推迟并且通常是微妙的。因此，需要深入了解参加组织的细节和跨期过程转换。因为组织理论家对这些条件有更广泛和更深入的了解，经济学家有很多东西需要学习，应该是恭敬的。下面概述四个具体的示例。

**要求控制**

对感知到的性能失败的自然反应是引入额外的控制。这些努力可能会产生预期和非预期的后果（Merton，1936；Gouldner，1954）。

一个例子是雇佣关系，其中对行为可靠性的更多强调产生了附加规则（March and Simon，1958，第384页）。然而，规则不仅被作为控制手段，而且还定义了最低限度可接受的行为（Cyert and March，1963）。以法律和机械的方式将规则应用于下属的管理者要求"按规则办事"，这会阻碍有效绩效。

这些意想不到的后果被组织理论家更广泛的广阔视野所捕捉。然而，本着远见契约的精神，这个论点可以更进一步。一旦了解到附加后果，有远见的经济学家将通过把这些因素纳入原始的组织设计来考虑它们。（一些组织理论家可能会回应说，这最后一种说法是幻想和不切实际的。这可以通过检查数据来确定。）

**寡头**

"寡头政治的铁律"认为"这是一个组织，它产生了选民对选举人、受托人对托管人以及代表人对委托人的统治权。谁说组织，谁就是在说寡头统治"（Michels，[1911] 1962，第365页）。相应地，尽管有良好的意图，但最初的领导（或其继任者）将不可避免地为办公室制定附加规定。由于具有战略性地位，领导层可以通过控制信息、操纵奖励和惩罚以及动员资源来击败竞争对手，进而按预期扩展自身。更糟糕的是，得到巩固的领导层将利用该组织以牺牲成员资格为代价来推动自己的议程。

一种回应是避免组织支持无政府状态，但这是极端的。更好和更深刻的教训是在一开始就考虑所有可预测的规律，因此有可能在初始设计阶段减轻可预见的寡头过度行为。①

---

① 寡头制度通常适用于复合组织，但也适用于细分组织。因此，公司应该生产还是购买是寡头制度的问题。如果使交易退出市场并在内部组织交易的决定伴随着随后的信息失真和目标追求，那么从一开始就应该考虑到这一点（Williamson，1975，第7章；1985，第6章）。不仅运营成本增加，而且有利于内部设施更新的选区也随之发展。一个明显的响应是提高新设施的门槛，从而防止内部采购（与市场采购相比）受到不同程度的影响，但不会引起明显的但可预见的扭曲（增加的成本：宣传工作）。

该论点也适用于公共部门项目。由于"组织"所受到的延迟和未公开但仍然是可预见的扭曲，因此，应要求新项目和监管提案显示大（表现）的净收益。

**身份/能力**

身份重要的命题从一开始就在交易成本经济学中有所体现。如下所述，身份通常通过某种形式的"资产专用性"来解释。公司的"能力"观点（Selznick，1957；Penrose，1959；Wernerfelt，1984；Teece, Pisano, and Shuen，1990）提出了相关但另外的问题。

解开公司"能力"观点的一种方法是询问除了其实物资产清单、对其金融资产的核算以及对其劳动力的普查之外，还需要描述公司的能力。可以说重要的组织特征包括：（1）公司开发的通信代码（Arrow，1974）；（2）它所使用的惯例（Cyert and March，1963；Nelson and Winter，1982）；（3）已经形成的企业文化（Kreps，1990b）。我们如何看待这些？

一种回应是将这些视为经济组织的自发特征。正如社会学中的制度理论所解释的那样，"组织结构、程序和决策在很大程度上是仪式性的和象征性的，尤其是当很难或不可能根据其实际结果评估组织决策的效力时"（Baron and Hannan，1992，第57页；着重号为后加）。

当然，如果无法确定效率后果，那么就有必要增加意向了。然而，组织的一些微妙的效率后果正在越来越多地被更好地理解，因此它们（至少部分地）受到战略决定的影响。如果能力的好处随着交易的属性而变化，这可能是他们所做的，那么具有成本效益的做法就是塑造文化，开发沟通代码，并以协商（特定于交易）的方式管理例程。实施意图将要求揭示定义文化、通信代码和例程的微观分析属性，这是一项雄心勃勃的工作。

**官僚制**

与市场失灵的研究相比，失灵的研究还不够完善。一个考虑周全的组织理论将为各种失灵做准备是基本的。

虽然不发达，但官僚制的失灵文献非常多，部分原因是所谓的失灵是用绝对而非比较的术语来描述的。但是，除非能够确定分配交易（或相关交易集）的优越且可行的组织形式，否则有问题的失灵实际上是无法弥补的。交易成本经济学的任务之一是评估比较制度术语中所谓的官僚失灵。

基本论点是这样的：很容易证明特定的层次结构被成本所困扰，但如果所有可行的组织形式都被相同或相当的成本所困扰，这是无关紧要的。在其他地方报道了确定官僚成本的努力能够经受住比较制度的审查（Williamson 1975，第7章；1985，第6章），但这些是非常临时和初步的。虽然跨期转型和复杂性是官僚失灵研究中的重复主题，但仍然需要更多地关注这些问题。

## 4.2 适应

经济学家弗里德里希·哈耶克认为，经济组织的主要问题是适应问题，并认为这是通过价格体系自发实现的。商品需求或供给的变化导致价格变化，因此"个体参与者能够采取正确的行动"（Hayek，1945，第527页；着重号为后加）。个体行为者的这种价格诱导的适应将被称为自主适应。

组织理论家切斯特·伯纳德也认为适应是组织的核心问题。但是，尽管哈耶克强调自发适应，但伯纳德关注的是有意识的合作适应。正式组织，特别是层级制度，是伯纳德所谓的"有意识、有目的"合作的工具（Barnard，1938，第4页）。伯纳德的见解对组织理论产生了持久的影响，对经济学也有持久的影响。

交易成本经济学（1）同意适应是经济组织的核心问题，（2）认为自主和合作类型的适应性是重要的，（3）认为对干扰的适应性应该主要是自主的、合作的还是混合的因交易的属性而异（特别是与连续活动阶段相关的投资在多大程度上取决于双边或多边依赖），（4）认为每种通用形式的治理（市场、混合和层级）在以自主和合作方式进行适应的能力上都存在系统差异。交易和治理结构之间的一系列预测（交易成本节约）一致性由此获得（Williamson，1991a），其预测吸引了并且已经进行了经验测试（Joskow，1988；Shelanski，1991；Masten，1992）。

## 4.3 政治

特里·莫（Terry Moe，1990）对公共官僚机构不同的主张提出了令人信服的理由。部分原因是分配给公共部门的交易不同，但莫认为，公共部门官僚机构受政治影响。民主政治要求妥协的做法与私营部门的做法不同，并提出了新的征收危险。两种情况下公共机构设计都会出现额外的"低效"。

职业安全与健康管理局（Occupational Safety and Health Administration，OSHA）的设计说明了妥协造成的低效率（Moe，1990，第126页）：

> 如果允许商业公司帮助设计OSHA，他们会以无法完成其工作的方式构建它。他们会试图削弱它。
>
> 这不是一个假设的案例。代表企业的利益集团确实参与了设计OSHA……OSHA是一个行政噩梦，在很大程度上是因为它的一些有影响力的设计师完全打算赋予它不起作用的结构。

可以肯定的是，私营部门组织也是妥协的产物。然而，可以通过产品和资本市场的竞争来检查私营部门的低效率。注意后者，私营和公共部门的投票规则是非常不同的。私营部门的规则是一股一票，股票可以通过购买来集中。公共部门的规则是一人一票，投票的"购买"要麻烦得多。此外，由于提高效率所带来的收益（至少在第一时间）对私营部门所有者的所有权会产生影响，因此，私营部门对集中所有权并消除低效率的动机更大。

但是，即使把投票考虑放在一边，还有另一个因素导致政治家设计机构的效率低下。创建和设计某个科室的现任政治家都意识到反对派可以在未来赢得多数并获得控制权。因此，机构的设计将参考直接利益（有利于响应机制）和可能的未来损失（通常有利于在系统中制造惯性）。因此，一个有远见的多数党将在一开始就将某种程度的（明显的）低效率设计到该机构中，其效果是挫败继任政府重塑机构服务宗旨的努力。[1]

## 4.4 嵌入性和网络

加里·汉密尔顿（Gary Hamilton）和妮可·比格特（Nicole Biggart）（Hamilton and Biggart, 1988）对经济组织的交易成本经济学解释不以为然，因为它隐含地假设制度环境在任何地方都是相同的，即"西方民主国家，尤其是美国"。他们观察到，东亚的大公司在很大程度上与美国公司不同，并解释说："组织实践是由先前存在的互动模式构成的，在许多情况下可以追溯到工业化时代。因此，工业企业对先前存在的统治模式进行复杂的现代调整以适应经济状况，在这种情况下，利润、效率和控制权通常构成生存的条件"（Hamilton and Biggart, 1988，第 S54 页）。

东亚公司不同的证据令人信服。然而，关于交易成本经济学不适用于东亚经济的论点太过分了。

正确的论点是：制度环境很重要，交易成本经济学在其对治理的关注中忽视了这一点。将制度环境视为一组转移参数，其变化会引起治理比较成本的变化，至少是第一个近似值，即明显的反应（Williamson, 1991a）。这是上面提到的解释，如图 1 所示。

尽管如此，还是可以提出反对意见，认为就目前的情况而言，这是很好的，但是比较静态分析（这是一次性的练习）还远远不够。正如马克·格兰诺维特（Mark Granovetter）所观察到的那样，"更复杂的对文化影响的分析明确表明文化不是一次性的影响，而是一个持续的过程，在互动过程中不断构建和重建。它不仅影响其成员，而且受其影响，部分是出于他们自己的战略原因"（Granovetter, 1985，第 486 页）。

这种反对意见并非毫无根据，但应该指出，"更复杂的分析"必须通过其附加值来判断。更深层次的见解是什么？附加的含义是什么？所讨论的影响真的超出了节约推理的范围吗？

---

[1] 这是一个有趣且重要的论点。政治确实是不同的，但这并不是好像没有私营部门。更为普遍的论点是：薄弱的产权制度——无论是公共的还是私人的——都要求有远见的政党提供更多的保护。这些问题将与可补救性一起讨论。

请注意，比较制度的问题在于能够根据这种逻辑将安全的极权主义政权用于设计效率更高的公共机构。如果民主价值观被置于最重要的地位，那就不是这里，也不是那里。在这种情况下，民主制度下机构明显的低效率仅仅是这种治理形式的成本。

关于最后一点，考虑"具体关系和结构"产生信任并阻止非经济或超经济类型的渎职行为的嵌入性论点（Granovetter，1985，第490页）：

> 比一个人知道可靠的声明更好的是来自一个可信线人的信息，他已经和那个人打过交道，并发现他确实如此。更好的是来自自己过去与该人交往中获取的信息。这是更好的信息，有四个原因：(1) 便宜；(2) 人们最信任自己的信息，它更丰富、更详细，并且已知是准确的；(3) 与其保持持续关系的个人具有值得信赖的经济动机，以免妨碍未来的交易；(4) 从纯粹的经济动机出发，持续的经济关系往往被社会内容所覆盖，这些内容具有强烈的信任和弃绝机会主义的期望。

除了最后一点之外，整个论证与交易成本推理是一致的，而且大部分都是交易成本推理所预料到的。交易成本经济学和嵌入性推理在很多方面显然是互补的。

一个相关的论点是，交易成本经济学主要关注二元关系，因此网络关系不受重视。前提是正确的①，但网络分析超出交易成本经济学范围的建议过于强烈。一方面，雷·迈尔斯（Ray Miles）和查尔斯·斯诺（Charles Snow）（1992）描述的许多网络效应与经济组织的混合形式的交易成本经济学处理非常接近（Williamson，1983，1991a）。另一方面，正如下面对日本经济组织的讨论所揭示的那样，交易成本经济学可以并已经扩展到处理更丰富的网络效应。

## 4.5 离散结构分析

反对使用最大化/边际分析的可能原因在于，"吝啬建议我们做这种假设，就是当两个假设之一使得我们的推理工作一样好时，人们往往被假定为是相当理性的"（Simon，1978，第8页）。但是，同时人们可能也同意西蒙的另外一个观点，也就是满足往往比最大化更合理，满足工作的分析工具箱与最大化的工具相比较，不仅不全面，而且非常复杂冗长。因此，如果一个人通过满足假定和通过最大化达到了同样的结果，并且如果最大化容易执行得多，那么经济学家会被看成分析满意家：他们使用一种简短的分析形式，其执行起来很简单。尽管在假设中牺牲了现实性，但是最大化使得工作圆满完成。

对边际分析的另一个不同的批评在于，边际分析对离散结构类型的一阶效应一笔带过。

例如，资本主义和社会主义可以在离散结构（官僚制）和边际分析（有效资源分配）方面进行比较。有趣的是，奥斯卡·兰格（Oskar Lange，1938，

---

① 然而，二元收缩关系之间的相互依赖性与其可能的操纵方式已经得到了检验（Williamson，1985，第318-319页）。另请参阅本文后面有关可分配性的讨论。

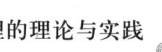

第 109 页）推测，在两者之间，官僚制对社会主义构成了比低效的资源配置更严重的威胁。

他对后者持乐观态度是因为他已经制定了有效资源配置规则（主要是边际成本定价），并且相信社会主义规划者和管理者可以实施这些规则。约瑟夫·熊彼特（Joseph Schumpeter，1942）和艾布拉姆·伯格森（Abram Bergson，1948）意见一致。对未来 50 年的比较经济系统的研究主要是一项配置效率的工作。

相比之下，官僚制被忽视了。部分原因是对官僚制的研究被认为超出了经济学范畴，而其应属于社会学（Lange，1938，第 109 页）。此外，兰格认为，"垄断资本主义"受到更严重的官僚主义问题的困扰（Lange，1938，第 110 页）。然而，如果苏联解体更多地归因于浪费（在边际内运作）而不是低效的资源配置（在边际的错误地方运作），那么这是官僚主义的累积负担（目标扭曲、懈怠、适应不良、技术停滞），就意味着其将走向灭亡。

这里的教训是这样的：在检查二阶（边际主义）改进之前，务必先研究一阶（离散结构）效应。此外，这应该是显而易见的：与价格导致的扭曲相比，浪费很容易成为福利损失的一个更严重的来源［参见 Harberger（1954）和 Williamson（1968）］。

西蒙也提出了类似的建议。因此，他认为主要问题是（Simon，1978，第 6 页）：

> 不是"一个人应该买多少洪灾保险"，而是"使得购买保险理性或有吸引力的结构条件是什么"？
> 不是"将工资定在什么水平"，而是"什么时候才能根据劳动合同而不是销售契约进行工作"？

弗里兰德和奥尔福德最近对制度逻辑的处理也是一种离散结构类型。他们认为，"现代西方社会中最重要的制度秩序中的每一种都有一个核心逻辑——一套物质实践和符号构建——其组成了组织原则，组织和个人都可以对其详加阐述"（Friedland and Alford，1991，第 248 页）。交易成本经济学的表现同样如此，但弗里兰德和奥尔福德关注的是制度秩序——资本主义、国家、民主、家庭等之间的离散结构逻辑。交易成本经济学认为，制度秩序中的独特逻辑也需要区分。例如，在资本主义的制度秩序中，每种通用的治理模式——市场、混合和层级——都拥有自己的逻辑和独特的属性集群。特别重要的是，每种通用治理模式都由一种独特的契约法形式支持。

正如其他地方（Williamson，1991a）所述，交易成本经济学认为古典契约法适用于市场，新古典契约法适用于混合制，宽容法则是层级制的契约法。在这三个契约概念之间，古典契约法是最具法律主义的，新古典契约法在某种程度上更具弹性（Macneil，1974；1978），而宽容法则具有层级是其自身最终诉求法院的属性。但是对于这些契约法的差异，市场和层级制在法定方面难以区分。

回顾一下，阿尔钦和德姆塞茨介绍了他们对"古典资本主义公司"的分析，其中的论点是："人们通常看到公司的特点是有权通过法令解决问题……这是妄想……公司没有法定权力，没有权利，没有纪律处分，与普通市场契约没有丝毫不同"（Alchian and Demsetz，1972，第777页）。这是一个具有挑衅性的表述，对那些认为公司和市场在法定方面存在差异的人造成了负担，以表明这些差异的起源。

交易成本经济学的回应是：法院以不同方式处理企业间和企业内的纠纷，作为企业间纠纷的最终诉求的地方，同时拒绝听取各部门之间出现的相同技术纠纷（关于转让价格、延迟交货、质量等）。因为层级制是它自己的最终诉求法院（Williamson，1991a），企业也确实可以执行市场不能执行的法令。我们先前忽略了区分替代治理模式的离散结构契约法差异，这解释了早期的观点，即公司和市场在法定和控制方面难以区分。

# 5. 交易成本经济学的策略

用于研究经济组织的交易成本经济学计划已在别处描述（Williamson，1975，1981，1985，1988a，1991a；Klein，Crawford，and Alchian，1978；Alchian and Woodward，1987；Davis and Powell，1992）。这里的目的是勾画交易成本经济学所采用的一般策略，并建议组织理论家可以采用（有些已经采用）一部分。

这里提出的五部分策略包括：（1）主要案例定位（节约交易成本），（2）分析单位的选择和说明，（3）契约的系统观，（4）基本的权衡机制，（5）用于评估"失败"的可补救性测试。

### 5.1 主要案例

经济组织非常复杂，我们的理解是原始的，因此有必要分清主次。为此目的，我建议每个竞争对手的组织理论都应该宣布其运作的主要案例，并发展其产生的可辩驳的含义。

交易成本经济学认为，节约交易成本是选择一种形式的资本主义组织而不是另一种形式的主要原因。因此，将此假设应用于各种现象，包括纵向一体化、垂直市场限制、劳工组织、公司治理、金融、监管（和放松管制）、企业集团组织、技术转让，更一般地，可以解决任何问题，这些问题直接或间接构成契约问题。事实证明，大量的问题在初次审查时看起来似乎并不具有契约性，结果却具有潜在的契约结构——寡头垄断问题（Williamson，1975，第12章）和企业生活区的组织（Williamson，1985，第35-38页）就是例子。下面我们将其与其他主要案例（竞争对手或互补）进行比较。

三个较旧的主要案例是，经济组织主要是由（1）技术、（2）垄断、（3）有效风险承担来解释。最近的主要案例候选者是：（4）劳动与资本之间的有争议的交换，（5）其他类型的权力论证（例如，资源依赖性），（6）路径依赖性。前三种替代方案可以如下表述：（1）技术不可分割性和不可分割性只能解释小型团体，最多只能解释大型工厂，但不能解释多群体组织或技术上可分离的群体/活动的组织。（它们哪些应该保持自治？哪些应该加入？）（2）垄断解释要求满足垄断先决条件，但大多数市场都是以竞争方式组织的。（3）虽然不同的风险厌恶可能适用于许多雇佣关系，但它对公司之间的贸易适用性较低，其中投资组合多样化更容易实现，而小公司（出于激励强度和节约，但不承担风险的原因）经常被观察到承担过度风险。对最后三个的回应在下面得到了更充分的发展。简而言之，我的回应是：（4）有争议的交易所指的失败往往是不可挽回的；（5）资源依赖是一种截断的契约理论；（6）虽然路径依赖是一个重要的现象，但很少建立可补救的低效率。

可以肯定的是，交易成本节约并不总是平稳或快速地运行。因此，我们应该"期望［交易成本节约］最明显地表现在那些容易进入的行业以及为生存展开的斗争中"（Koopmans，1957，第141页）。[①] 然而，交易成本经济学仍然认为后来，如果不是更早，商业部门的低效率会引发其自身的消亡，尤其是随着国际竞争变得更加激烈。然而，政治上施加的障碍（关税、配额、补贴、规则）可以推迟清算[②]；弱势团体（铁路工人、码头工人、管理人员）也可以推迟变更，除非通过买断来补偿。

我提到的节约通过弱形式选择来运作，根据这种选择，在某种绝对意义上选择了合适的人，但不一定是最合适的（Simon，1983，第69页）。[③] 此外，所讨论的节约通过私人净收益计算来实现。这符合积极经济学的需要——那里

---

① 该声明是佳林·库普曼斯的弱化变体。在他提到"利润最大化"、"最简单"和"最敏锐"的地方，我分别用"节约交易成本"、"容易"和"敏锐"代替。

② 乔尔·莫基尔（Joel Mokyr）指出，对创新的抵制"发生在许多时期和地方，但似乎被大多数历史学家所忽略"（Mokyr，1990，第178页）。尽管如此，他还是举了一些例子，在这些例子中，既得利益者往往利用政治过程来攻击新技术。然而，最终的结果并不是失败，而是延迟了压紧针头的机器、改进的滑轨车床、色带织机、飞梭、阿拉伯数字的使用以及印刷机的使用（同上，第178—179页）。当然，这还不是决定性的。实际上，在很多情况下，高级技术者被击败了——打字机键盘（在本文的后面讨论）据称就是一个例子。但是，假设判断优胜的合适标准是可补救性，那么重大的技术或组织效率是否被绝对推迟就有严重的疑问。

③ 熊彼特式的"交接流程"意味着"价格水平下降到新的成本水平"（Schumpeter，1947，第155页），并且据称，只要竞争对手意识到新机会并且不受目的性的阻止，竞争对手就会发挥作用，这是恰当的。交接的有效性因情况而异。竞争对手何时更加警惕？潜在的信息假设是什么？是否还有其他资本市场和/或组织方面的顾虑？

发生了什么？很好，但公共政策需要更加谨慎。如下所述，对公共政策干预是否合理的相关检验是具有可补救性的。

尽管有这些重要的限定条件，但交易成本经济学认为，节约主要是私营部门经济组织的决定因素，并且正如所指出的那样，需要与竞争的主要案例假设进行比较。尼古拉斯·乔治斯库-罗根关于科学的目的和预测作用的观点是恰当的："科学的目的一般不是预测，而是知识本身"，但预测是"科学知识的试金石"（Roegen，1971，第37页）。有许多合理的说法可供选择，每个人都准备好展示自己的手（提供预测）是至关重要的。

## 5.2 分析单位

我们已经提出了各种分析单位来研究经济组织。西蒙提出，决策前提是有适当的分析单位（Simon，1957，第xxx-xxxii页）。所有权是产权经济学的分析单位。特定行业是产业组织结构-行为-绩效方法的分析单位（Bain，1956；Scherer，1970）。个体被看作是委托代理理论的分析单位（Jensen，1983）。交易成本经济学遵循约翰·康芒斯（John R. Commons，1924；1934）的观点，并将交易作为分析的基本单位。

无论选择何种分析单位，都需要确定该分析单位不同的关键维度，否则该单位将保持非运营状态。此外，需要描述分析单位所适用的范式问题。表1列出了相关的比较。

**表1 分析单位的比较**

| 分析单位 | 主要维度 | 关注问题 |
|---|---|---|
| 决策前提 | 角色；信息；异质性[a] | 人事[b] |
| 所有权 | "十一要素"[c] | 外部性 |
| 行业 | 集中度；进入壁垒 | 价格-成本边际 |
| 个体 | （未明确） | 激励相容 |
| 交易 | 频率；不确定性；资产专用性 | 纵向一体化 |

注：a. 参见Simon（1957a，第xxx-xxxi页）。
b. 参见Newell and Simon（1972）。
c. 参见Bromley（1989，第187-190页）。

如表1所示，交易成本经济学所涉及的代表性问题是纵向一体化，企业应该何时生产而不是购买商品或服务？此外，交易成本经济学的大部分预测内容所依赖的主要维度是资产专用性，其中（如第6节所述）主要是衡量双边依赖性。更一般地说，交易成本经济学关注的是契约关系的治理（与康芒斯提到的"持续关注"相似）。事实证明，经济组织（中间产品市场、劳动力市场、资本市场、监管，甚至家庭）涉及一些关键交易成本节约主题的变化。预测行为基

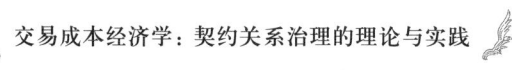

于以下命题：属性不同的交易，与成本和能力不同的治理结构相一致，从而形成了一种区别对待（主要是节约交易成本）的方式。

这些论点很熟悉，并在其他地方得到了发展。这里只需要观察一下，组织理论中的实证研究长期以来缺乏适当的分析单位，因此缺乏可操作性（即维度化）。

## 5.3 有远见的缔约

经济学家专注于直接和预期的影响，而忽视间接和（通常是延迟的）非预期影响，这被广泛解释为短视的一种情况。事实上，大多数经济学家都是有远见的。问题是外围视野有限。

隧道视野既是优势，也是弱点。优势在于，聚焦于核心问题的专注视角可以非常强大。其局限性在于，仍然会遗漏和/或更严重地消除依然重要的违规行为。

交易成本经济学与借鉴组织理论的这些局限性相关。因为组织有自己的生命，交易成本经济学（1）要求了解更重要的间接影响，进而（2）鉴于这些预期效应，有效治理的后果是什么。因而获得了意外效果（来自组织理论）与有远见的缔约（来自经济学）的结合。

为了避免将远见卓识视为极端超理性，交易成本经济学承认所有复杂的契约都不可避免地是不完整的。这具有实践和理论意义。实际的教训是：所有相关的缔约行动都不能集中在事前的激励措施中，而是一些溢出到事后治理中。理论上的教训是：在全面的契约设置下，组织形式之间的差异会失去经济意义，因为一种组织形式可以复制任何其他形式（Hart，1990）。

交易成本经济学通过将缔约过程描述为"完全但不完整的缔约"之一，将不完整性与有远见的缔约结合起来。但是由于不完整，上述治理的重要性将会消失。但是如果没有远见卓识，交易成本经济学将无法获得经济学家的一个最重要的"伎俩"，即，假设经济行为者有能力展望未来，辨别问题和前景，并将这些因素重新纳入组织/契约设计。"看似合理的远见"，相对于超理性，往往就足够了。

例如，考虑一下威胁问题。威胁很容易制造，但可以相信哪些威胁呢？如果 A 表示，如果 B 做 Y，则他会做 X，但是如果 B 做 Y，A 的最佳响应是做 Z，那么威胁对于有远见的 B 来说是不可信的。可信的威胁是那些有远见的 B 认为 A 的事后激励符合其主张的威胁。例如，A 已经做了必要种类和数额的投资，以支持其威胁（Dixit，1980）。

或者考虑机会主义问题。如上所述，马基雅维利出于一种短视逻辑，于是他建议他的王子以善意回应机会主义。相比之下，建议有远见的人向前看，如果他发现了潜在的危险，则通过重新设计契约关系来考虑危险，通常是通过设计事先保障措施来阻止事后机会主义。因此，建议明智的王子给予和接受"可信的承诺"。

可以肯定的是，将缔约视为三元组合（$p$，$k$，$s$）更为复杂，其中 $p$ 表示交易发生的价格，$k$ 表示与交易相关的危险，$s$ 表示交易嵌入的保障措施，价格、危险和保障措施是同时确定的，而不是仅由标价决定价格的标量。然而，图 2 中显示的简单模式捕获了大部分相关操作。①

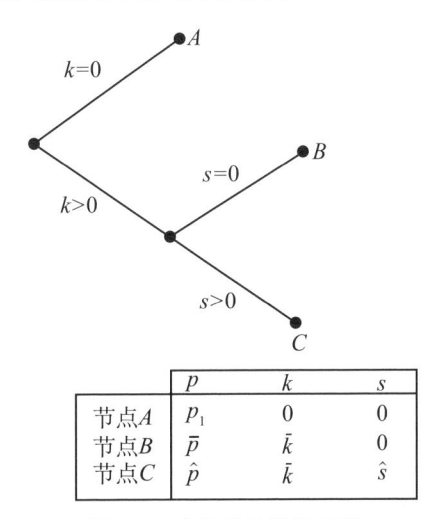

|  | $p$ | $k$ | $s$ |
| --- | --- | --- | --- |
| 节点 $A$ | $p_1$ | 0 | 0 |
| 节点 $B$ | $\bar{p}$ | $\bar{k}$ | 0 |
| 节点 $C$ | $\hat{p}$ | $\bar{k}$ | $\hat{s}$ |

**图 2　一个简单的缔约框架**

假设供应商被具有竞争力地组织起来且是风险中立的，将有助于比较。因此，产品供应的价格反映了预期的盈亏平衡状况。与节点 $A$ 关联的盈亏平衡价格为 $p_1$，没有危险，$k=0$。并且由于不需要安全措施，因此 $s=0$。②

节点 $B$ 更有趣。这里的契约风险是 $\bar{k}$。如果买方不能或不愿意提供保障，那么 $s=0$。相应的盈亏平衡价格为 $\bar{p}$。

节点 $C$ 具有相同的契约风险，即 $\bar{k}$。然而，在这种情况下，提供了数量为 $\hat{s}$ 的保障措施。在这些条件下预测的盈亏平衡价格为 $\hat{p}$，且 $\hat{p}<\bar{p}$ 是基本的。

需要注意的是，杰弗里·布拉达赫（Jeffrey Bradach）和罗伯特·埃克尔斯认为，"交换伙伴之间的相互依赖，即 $k>0$……促进了信任，这与交易成本经济学的核心论点——依赖性促进了机会主义行为——形成了鲜明对比"（Bradach and Eccles，1989，第 111 页）。然而，交易成本经济学所说的是，由于机会主义代理人不会自我实施负责任行为的开放式承诺，只有依赖性得

---

① 本小节的其余部分基于 Williamson（1993a）。
② 另一种说法是（把过渡问题放在一边），每一方都可以按照自己的方式行事，而不必为对方付出代价。竞争提供了保障。

到可信的承诺的支持，才能实现有效的交换。如果交易所各方有远见并反映交易所相关的危害，那么信任在什么情况下会受到影响？[如果通过具有成本效益的契约保障 [$\hat{s}>0$] 减轻了危险 [$k>0$]，将提供更好的价格 [$\hat{p}<\bar{p}$]。]

事实证明，有远见的缔约方法具有普遍性的影响，其中一些发展如下。

## 5.4 权衡

理想的组织能够快速有效地适应各种干扰，但实际组织需要权衡利弊。因此，尽管更分散的组织形式（例如，市场）支持高效激励并且对于自主类型的干扰显示出出色的适应性特性，但它们在合作适应方面不太适合。相比之下，层级结构的激励较弱，在自主适应方面相对较差，但在合作适应方面则相对较好。

在中间产品市场、劳动力、金融、监管等中的简单交易（其中 $k=0$）易于组织。这里必要的调整主要是一种自主的类型，且类似市场的选择是有效的（所以公司购买而不是生产，对劳动力使用现货契约，使用债务而不是股权，避免监管等）。随着双边依赖和合作适应需求的增加，市场问题也会出现。因此，随着合作适应（$k>0$）的需求增加，市场让位于混合制，而混合制又让位于层级制（这是最后的组织形式）。

更一般地说，重点在于：在其他组织形式中进行知情选择需要权衡利弊。识别和解释权衡是比较经济组织研究的关键。社会科学家（经济学家和组织理论家）以及法律专家都需要接受这一点主张。

## 5.5 可补救性

与此相关的是可补救性的概念。如果所有可行的组织形式都存在缺陷（Coase，1964），那么对良性政府、无成本监管、无所不知的法院等的提及在操作上是无关紧要的。这并不否认假设的理想可以作为参考标准，但标准往往是任意的。无限理性是相关标准吗？完美的管家怎么样？机会主义消失了吗？

通过（1）认识到不可能比最好的做得更好，可以避免陷入理想但与操作无关的推理；（2）坚持组织形式的所有决赛入围者都要经过可行性测试；（3）对称地揭示所有提议的可行形式的弱点和优势；（4）描述并估算任何拟议重组机制的成本。这样的预防措施似乎是合理的、透明的，甚至是无可争议的；然而所有人都经常受到侵犯。

在这方面需要注意的是，"低效率"不可避免地与契约风险有关。在市场上进行交易并在内部组织交易时所产生的基本市场和层级权衡取代了一种形式的低效率（官僚主义）替代另一种形式（适应不良）。其中一种低效率用于补贴另一种形式的例子是：（1）企业决定在弱知识产权制度中融入相邻的生产（或分配）阶段，从而减轻有价值的知识泄露（Teece，1986）；（2）制造商的代理商决定产生超出开发市场所需的额外费用，如果这些增加的费用以经济有效方式加强了客户联系，从而阻止制造商进入和剥夺市场开发投资（Heide and John，1988）；以及（3）使用昂贵的担保来阻止特许经营者违反质量规范（Klein and Leffler，1981）。组织还对租金分配和资产保护产生了影响。对租金消散的担忧影响了美国汽车工业公司整合零部件公司的决定（Helper and Levine，1992），并有助于解释寡头垄断对工业联盟的抵制。

可以肯定的是，对于寡头垄断的租金保护理由而言，任何组织效率的牺牲都会产生棘手的公共政策。① 然而，需要进行补救性测试，以确定公共政策是否应该试图破坏有关的寡头垄断力量。第 7 节将讨论与路径依赖相关的问题。

# 6. 附加规律

从上述内容可以明显看出，交易成本经济学的比较契约方法可以并且需要通过组织理论来实现。然而，交易成本经济学不仅仅是一个用户。它将自身利益寻求的逻辑推向更深层次，其中可靠承诺的概念就是一个例子。更一般地说，它通过提出改进的事前设计和/或替代治理形式来应对预期的功能失调后果。此外，我们在这里关注的是，交易成本经济学有助于发现与组织研究相关的附加规律。这些规律包括：（1）根本性转变，（2）选择性干预的不可能性，（3）氛围经济学，（4）对日本经济组织的解释。

## 6.1 根本性转变②

根本性转变是证明"身份至关重要"的主要交易成本经济学方式。它有助于说明企业如何采用独特的身份以及身份如何重要。

所有有说服力的经济学家都认识到，达成初始协议的条款取决于是否可以从多个合格供应商中引出非竞争性投标。如果只有一个高质量的供应商，则将获得垄断条款；如果有很多，则会产生竞争性条款。交易成本经济学完全接受对事前竞标竞争的描述，但坚持将契约研究扩展到包括事后特征。

与早期的做法相反，交易成本经济学认为，一开始就大量出价的条件并不

---

① 这对公共政策有影响。在两个寡头之间，其中一个参与保护租金的措施，而另一个则不参与，且假设它们在其他方面是相同的，则解除租金保护的寡头垄断将产生更大的福利收益。

② 本小节基于 Williamson（1985，第 61 – 63 页）。

一定意味着此后将获得大量的出价条件。事后竞争是否完全有效取决于所涉及的商品或服务是否得到对交易特定人力或实物资产的持久投资的支持。如果没有发生此类专门投资，最初的中标人不会比非中标者更有优势。虽然它可能会持续供应很长一段时间，但这只是因为它实际上是在不断满足合格竞争对手的竞争性投标。然而，一旦对交易特定资产进行大量投资，就不能假定竞争对手以平价运作。在这些情况下，赢家比非赢家更有优势，也就是说，续签间隔的平价被打乱了。因此，一开始的大量竞标条件有效地转变为其后的双边供应之一。之所以依赖持久的特定交易资产在中标者与非中标者之间引入契约不对称的原因是：如果终止供应关系，就会牺牲经济价值。

因此，通过签订契约取代了不露面的契约，其中双方的成对身份很重要。供应商不仅无法实现同等价值，而且如果买方从外部寻求最低的供应，还需要诱使潜在供应商进行类似的专业投资。因此，这样的当事方有强烈的动力来解决问题而不是终止合作。更一般地说，有远见的代理人会尝试事先制定节点C的保护措施。如前所述，这需要从市场到混合制的发展。如果这还不够，则需要实行层级制。鉴于其官僚主义的缺陷，层级制是最后的组织形式。

## 6.2 选择性干预的不可能性

据称大型知名公司相对于较小的潜在进入者更有优势，因为（Lewis，1983，第1092页）：

> ……领导者至少可以像参赛者一样使用（或投入）……并且与参赛者获得相同的利润。但通常情况下，领导者可以通过协调他的新投入和现有投入的生产来实现改进。因此，[投入]将更多地受到支配公司的重视。

这个论点具有以下含义：如果大公司可以通过复制在任何地方做到和一系列小公司一样好，并且有时通过选择性干预可以做得更好，那么大公司应该无限制地增长。这是科斯难题的变体："为什么不是所有的生产都在一家大公司进行？"（参见Coase，1937，第340页。）

该问题的简单答案是：复制和/或选择性干预是不可能的。但这仅仅将争论向后推了一步。是什么解释了这些不可能性？

根本的困难在于：规则治理的完整性不可避免地因允许自由裁量权而受到损害（Williamson，1985，第6章）。因此，任何将规则治理（如市场）与酌情治理（层级制）相结合的努力都需要权衡利弊。"酌情执行规则"的建议过于简单。

对于以离散结构术语进行治理研究的人来说，这并不奇怪，因此，每种通用治理形式都具有独特的优势和劣势，它们之间的变化需要权衡利弊。尽管如此，对公司规模的限制的难题在 50 年甚至更长的时间里都没有找到答案（Williamson，1985，第 132-35 页），并且仍然存在混淆。

## 6.3 氛围经济学[①]

前面描述的非预期效果比这里研究的氛围效应更加局部。"氛围"指的是技术上可分离但是在态度上相互联系且具有系统后果的交易之间的相互作用。

因此，假设作业可以分成一系列可分离的函数。进一步假设参考每个边际的差分计量。有什么后果？

如果功能可分性并不意味着态度可分性，那么零碎的计算性很容易发生功能失调。这样做的风险在于，将测量范围内的计量推到极限，将会产生从易于计量到难以计量的活动的溢出效应。如果合作态度受到损害，那么那些很难计量而且完美合作很重要的交易将以更加敷衍的方式进行处理。零碎的计算性可以忽略这种相互作用的影响，即对氛围的不敏感性。

一个相关的问题是外部性问题。可以提出如下问题：应该计量的所有外部因素都可以净收益计量吗？据推测，这部分取决于当外部性被赋予合法性时是否获得次要效应。如果迄今为止被认为是正常社会交往的无害副产品的东西突然被宣布为可赔偿的伤害，那么各方可能都会"感受到"各种不满，并且相应地要求赔偿。随之而来的关系转变很容易，导致各方都感到满意度低于先前的水准，至少是过渡性的，也可能是永久性的。

部分原因是，对轻微伤害提出索赔会影响对其他交易的态度。我坚持要求赔偿 A 导致你提出索赔 B、C 和 D，这促使我要求赔偿 E 和 F 等。虽然隔离交易 A 可以实现效率提升，但是总体影响都很容易消极。意识到这一点，有些人会准备忽视这种伤害。但是每个人的构成都不一样。如果到处尝试了边际计量，那么社会将被重新安排，以利于那些要求在奖励和行动之间有更严格对应关系的人的优势。如果将补偿问题作为一个宪法问题来处理，而不是根据具体情况处理，那么通常会获得更大的外溢容忍度（Schelling，1978）。

同样重要的是，个人保持非正式的社会账户，并发现存在无偿补救溢出的各方之间的互惠交易令人满意（Gouldner，1954）。将这些偶然的社会账户转变为确切的法律义务可能会破坏氛围，并导致双方之间的满意度净损失。换句话说，普遍存在的金钱关系会影响"契约"的质量，即使对所涉移交的计量是无成本的。[②]

---

[①] 本小节基于 Williamson（1993a）。

[②] 例如，在英式酒吧购买"回合"。免费的仪表会带来更好的结果吗？假设每个人都私下透露了付款意愿，并连续竞标，直到预计达到收支平衡的结果。假设根据喜好将最终征集的结果保密或者张贴，然后应要求将各轮结果提交到桌面上。根据收支平衡条件发送每月账单。友情将如何产生？

从上面得出的论点并不是计量应该被禁止,而是可以将与经济学相关的组织计算方法推向极端。对态度溢出和非理性满足感的认识有助于检查这种过度的计算性。

## 6.4 对日本经济组织的解释

交易成本经济学主要研究二元契约关系。将公司视为契约关系,目标是规定公司与其中间产品市场供应商之间、公司与其工人之间、公司与财务之间的最佳交易/治理结构等。日本经济组织似乎更复杂。雇佣制度、银行业和分包关系需要同时进行审查。

青木昌彦(Masahiko Aoki,1988;1990)、浅沼(Banri Asanuma,1989)、埃里克·伯格洛夫(Erik Berglof,1989)、罗纳德·多尔(Ronald Dore,1983)、迈克尔·格拉赫(Michael Gerlach,1992)、詹姆斯·林肯(James Lincoln,1990)、保罗·希尔德(Paul Sheard,1989)等阐述了日本和美国经济组织之间的银行业、就业和分包差异。并且,我不仅认为这三个分歧领域是结合在一起的,而且相信交易成本经济学有助于解释互补性(Williamson,1991b)。

图3(A)和图3(B)显示了互补性的性质。图3(A)描绘了终身雇佣所构成的契约风险,包括:(1)经济逆境,例如,由于需求周期性减少,使得提供终身雇佣成本高昂;(2)享受终身雇佣的工人可以将其视为一种闲职从而偷懒;(3)因终身雇佣承诺而将其资产专门化为公司的工人面临违约风险;(4)公司内部发展了平均主义压力,因此向关键工人(理由很充分的人)提供终身雇佣扩散到所有工人(包括那些理由不充分的人)。尽管这些都可以单独处理,但如图3(A)所示的系统解决方案(可以说)更有效。

图3(B)有点复杂,有兴趣的读者可以参考其他讨论(Williamson,1991b;Aoki,1992)。这里只需要注意银行业和分包(1)不仅支持核心企业的雇佣关系,而且(2)受雇佣关系的支持,(3)是对彼此的支持。

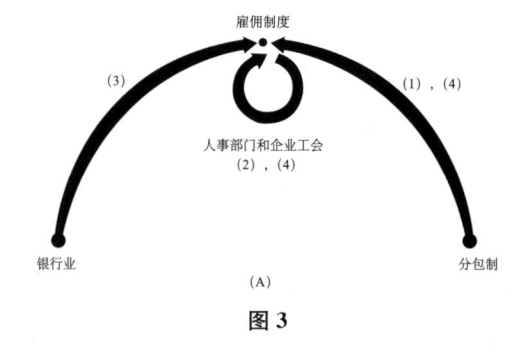

**图3**

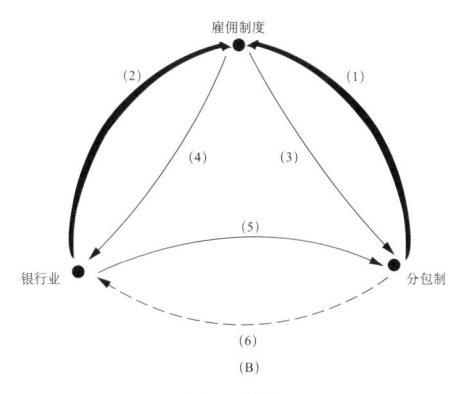

图 3（续）

(A) 表示对终身雇佣的支持要抵抗以下风险：(1) 逆境，(2) 偷懒，(3) 违反条例，(4) 平均主义。分包减少了 (1) 和 (4)，人事部门和企业工会减少了 (2) 和 (4)，银行业减少了 (3)。

(B) 日本企业通过分包相互联系在一起，其中，粗箭头代表强支持，细箭头代表支持，虚线箭头代表弱支持。优点是：(1) 更高的同质性，(2) 更大的契约稳定性，(3) 反馈稳定性，(4) 对逆境做出可信赖的回应，(5) 融资计划（趋同的预期），(6) 不会出现不可预期的情况。

# 7. 无法解决的矛盾

一开始提到的健康的紧张状态有助于更好和更深入地理解各种现象。在这里，我们关心的问题是即权力、路径依赖、劳工管理型企业、信任和"废话"是交易成本经济学和组织理论之间的巨大差异。

## 7.1 权力/资源依赖性

效率在组织的经济分析中扮演如此重要的角色，是因为假设各方都同意契约并以相对有远见的方式执行此操作。这种自愿主义受到社会学家的广泛争议，他们"倾向于将交换系统视为根植于权力和统治体系（通常被视为基于马克思主义传统中的阶级结构）或规范和价值体系的系统"（Baron and Hannan, 1992，第14页）。

权力的概念非常分散。无法定义权力，一些专家宣称他们在看到它时就知道了。这导致其他人得出结论：权力是一个"令人失望的概念。它往往成为无法解释的变化的同义反复标签"（March, 1988，第6页）。

使用"权力"一词的方式如下：资本对劳动力的影响（Bowles and Gintis, 1993）；成熟公司对现存和潜在竞争对手行使的战略权力（Shapiro, 1989）；对政治进程的特殊利益权力（Moe, 1990）和资源依赖性。虽然所有这些都与经济组织有关，但最后一个与组织理论不同①，因此在这里进行研究。

可以区分两种版本的资源依赖性。弱版本是，受到依赖的各方将试图减轻依赖。这是无可置疑的，类似于第5节提到的保障论点。然而，有两个显著的差异：(1) 资源依赖性无处认识到价格、危害和保障措施是同时确定的；(2) 资源依赖性无处说明资产专门性（契约危害的来源）是有意选择的，因为它是生产效益的来源。

资源依赖的强大版本假设是短视。这里的论点是：契约的短视方是意外和不受欢迎的依赖的受害者。由于短视方没有察觉到危险，因此不会提供保障措施，并且不会对风险定价。

与短视和有远见的契约观相关的证据包括以下内容：(1) 供应商是否对涉及相同投资且具有相同（稳态）运营成本的两种技术无动于衷，但其中一项技术的可重新部署程度远低于另一项？(2) 不可部署程度是否事前明显或仅在不利的状态（导致了背离协议的精神背离）已经成为现实后才显露出来？(3) 添加事前保护措施是否会增加特异性？(4) 契约法的文件和执行是否反映了这些契约概念中的一个或另一个？交易成本经济学对这些问题的回答如下：(1) 每当事态平等时，就会使用更通用（可重新部署）的技术；(2) 不可部署性可以事先辨别并被认可（Palay，1984；1985；Masten，1984；Shelanski，1993）；(3) 随着资产专用性的建立，事前的安全保障是否有所增加（Joskow，1985；1988）；(4) 因为真正不寻常的事件是不可预见的，并且如果契约被强制执行可能会产生惩罚性后果，法律承认各种形式的"借口"，但借口是有限的。②

## 7.2　路径依赖

交易成本经济学不仅认同历史重要的命题，而且还依赖于该命题来解释替代治理形式的不同优势和劣势。例如，根本性转变是命题的具体表现。（不受根本性转变影响的交易在契约上更容易管理。）困扰内部组织（壕沟；联盟）的官僚主义问题也是经验的产物，并说明了相同的主张。如果不是系统偏离其初始条件，那么在层级内（或相反）复制市场并有选择地干预的努力将更容

---

① 弗里兰德和奥尔福德（Friedland and Alford，1991，第235页）确认了资源依赖性是组织领域的两大核心理论之一。

② 由于合同不完整，包含漏洞、错误、遗漏等，并且由于当事方无法预料到出现意外情况，他们无法调和分歧，因此契约当事方有时会要求法院免责履行。此外，因为强制执行可能会造成令人无法接受的严重契约风险，其后果是订立契约（有利于垂直整合）和/或不鼓励对专用资产进行具有成本效益的投资，因此，强制执行的一些措施是可取的。那么多大程度的缓解是个问题？每当处于逆境时，借口都会被例行公事地批准，然后激励人们仔细考虑契约，明智地选择技术，有效分担风险并规避逆境。因此，交易成本经济学建议：(1) 为借口提供准备金；(2) 虽然应当谨慎地给予借口（Famsworth，1968，第885页；Baxbaum，1985）。

易，在这种情况下，组织形式之间的差异将会减少。

经验带来的好处也证明了历史重要性。隐性知识及其后果（Polanyi，1962；Marschak，1968；Arrow，1974）证明了这一点。更一般地说，公司特定的人力资产，以及自发的（例如，编码经济）和有意的（例如，学习）种类，是特殊经验的产物。治理机构所嵌入的整个制度环境（法律、规则、惯例、规范等）是历史的产物。尽管在治理结构中运作的社会条件［例如，企业文化（Kreps，1990b1）］具有反射性且通常是有意的，但这也具有偶然性和暂时性特征。

然而，历史重要并不意味着只有历史才重要。意向性和节约能力解释了很多正在发生的事情。此外，大多数路径依赖文献强调技术（例如，下面讨论的QWERTY打字机键盘），而不是上面提到的组织结果，保罗·大卫（Paul David）的论文是一个例外（David，1992）。我不认为技术上的路径依赖和组织的路径依赖与大多数文献所表述的一样重要。技术路径依赖文献所指的许多"低效率"都是不可补救的。

### 可补救的低效率

如前所述，交易成本经济学强调可补救的低效率，即可以描述可行替代方案的那些条件，如果被引入，将不会产生收益。这与假设的净收益不同，后者通过将实际替代与假设理想进行比较来判断所讨论的低效率。

可以肯定的是，实际与假设之间的巨大差异有时表明了净收益的机会。但是，对假设的关注是有代价的（Coase，1964，第195页；着重号为后加）：

> 对一个乐观系统进行深思可能提供一些分析技术，否则，这些技术将被忽略，并且在某些特定情况下，这些技术可能可以提供解决方案。但总体上，其影响是有害的。它引导经济学家的注意力远离主要问题，这就是*替代安排在实践中如何实际发挥作用*。

考虑一下布莱恩·阿瑟（Brian Arthur，1989）对路径依赖的数值例子，其中采用两种技术（A或B）中的任何一种对单个公司的收益取决于每种技术先前采用的数量。如果以前很少采用技术A，则技术A的回报率高于B，但如果先前采用很多，则优势转向技术B。"问题"在于，如果每个潜在的采用者只考虑其自身的直接净收益，那么每个人都将选择A，并且将锁定劣质技术。由此获得了微动力的暴政（Schelling，1978）。

然而，正如S.J.利博维茨（S.J.Liebowitz）和斯蒂芬·马戈利斯（Stephen Margolis）对此观点的观察，技术A的选择效率是否低效取决于对知识状态的假设（Liebowitz and Margolis，1992，第15页）。此外，即使可以假定个别当事方知道技术B在30次或50次采用后将成为更有效的选择，也需要考虑集体行动的额外成本，以阻止个人选择技术A。如果认为个人具有相关知识，即在30次或50次利用时将发生转换（从A到B）是不现实的，或者如果知道协调集体行动的成本过高，则我们讨论的低效率通过私人订购实际上是不可补救的。

但是，有时公共订购可以做得更好。这里的问题是：（1）公共部门是否更好地了解网络外部性；（2）必要的集体行动更容易通过公共部门进行协调（可能通过法令）；（3）社会净收益计算与私人产生的差异足以保证得出不同的结果。如果没有合理的假设来支持预期的净收益（在私人或社会方面），那么所谓的低效率实际上是无法补救的。

这是令人遗憾的，因为如果社会有更好的知识或者可以更容易地完成重组，那么它就会做得更好。假设遗憾的是，E. A. G. 罗宾逊（E. A. G. Robinson, 1934）和哈罗德·德姆塞茨（Harold Demsetz, 1969）提到的"必杀技经济学"既不在这里，也不在那里。与实际选择相关的实际成本是比较制度经济学的全部意义所在。

**数量意义**

如果所讨论的影响是大而持久的，而不是小的和暂时的，那么路径依赖性，不管可补救与否，都会带来更大的挑战。记录路径依赖的数量意义并不容易。阿瑟提供了一系列例子，特别强调了盒式录像机［其中高频技术胜过贝塔技术（Arthur, 1990, 第92页）］和核电［其中轻水反应堆在高温气冷反应堆中占优势（Arthur, 1990, 第99页）］。虽然两者都是路径依赖的有趣例子，但"制胜"技术并没有明显低于失败者，甚至就此而言，胜利者根本就不是劣等者。

引用最广泛的案例研究是打字机键盘。QWERTY键盘故事由保罗·大卫（Paul David, 1985；1986）提出。它说明了"为什么研究经济史是造就优秀经济学家的必要条件"（David, 1986, 第30页）。

QWERTY是指标准打字机键盘顶行的前六个字母。今天的键盘布局与打字机于1870年首次发明时设计的相同。早期的机械技术受到了打字机冲突的困扰，QWERTY键盘设计减轻了这种冲击。

打字机技术的后续发展缓解了这些问题，但QWERTY键盘在其与后来的键盘设计之间的打字速度存在较大（报告）差异时仍然得以保留。在1932年获得专利的Dvorak简化键盘（DSK）比标准键盘快得多，根据美国海军的实验，"DSK获得的效率提高将在一组打字员随后全职工作的前十天摊销他们的再培训成本"（David, 1986, 第33页）。Apple IIC计算机配备了一个内置开关，可以随时将键盘从QWERTY转换为DSK："如果如苹果广告文案所说，DSK可以让你打字的速度提高20%~40%，那么为什么这个优秀的设计却遇到了本质上相同的阻力……？"（参见David, 1986, 第34页。）

有几种可能性。包括非理性行为、打字机公司之间的共谋和路径依赖

(David，1986，第 34-46 页)。大卫最后提出了一个强有力的证据，但有第四种可能性，随后由利博维茨和马戈利斯（Liebowitz and Margolis，1990）提出并进行了检验：海军研究和苹果广告文案都不能支持他们代表的惊人主张。回顾文献并检查了数据后，利博维茨和马戈利斯得出结论："QWERTY 与 Dvorak 的标准历史存在缺陷和不完整……关于 Dvorak 键盘优越性的说法令人怀疑。最引人注目的说法是可追溯到 Dvorak 本人、最好的有记录的实验以及最近的人体工程学研究，表明 Dvorak 键盘很少有或没有优势"（Liebowitz and Margolis，1990，第 21 页）。如果该评估成立，那么路径依赖在 QWERTY 键盘情况下只有适度的效率影响。这种影响很容易低于可补救的低效率的门槛。

社会学家最近对特定行业发展的研究也强调了路径依赖性。人口生态学家利用密度依赖的合法性和竞争的生态模型来检验特定行业［例如电话行业（Barnett and Carroll，1993）］和计算机模拟的演化过程。格伦·卡罗尔（Glenn Carroll）和理查德·哈里森（Richard Harrison）从后者得出结论："机会可以在组织演变中发挥重要作用"（Carroll and Harrison，1992，第 26 页）。

虽然他们的模拟确实表明路径依赖具有巨大而持久的影响，但卡罗尔和哈里森并没有解决可补救性问题。直到可以描述选择技术的决策过程被可行重组之前，其效果是产生预期的净私人或社会收益，将他们的实验描述为"机会和理性的相对作用"的检验似乎为时过早（Carroll and Harrison，1992，第 13 页）。然而，大规模但无法弥补的低效率确实给经济组织建模带来了严重问题。[1]

**展望**

大卫有说服力地说，我被说服"QWERTY 有更多的用武之地"（David，1986，第 47 页）。然而，我认为，从 1870 年到现在不变的键盘布局并不是打字机发展的最重要的经济属性。那么机械技术的改进呢？电动打字机怎么样？个人电脑和激光打印机怎么样？为什么这些在路径依赖面前占上风？是否绕过了其他"结构优越"技术（如卡罗尔和哈里森所定义的）？如果随着时间的流逝，效率更高的技术通常会取代效率较低的技术，那么这不应该成为特色吗？可能的回答是："每个人都知道"节约是主要的情况：不言而喻，节约是路径依赖、垄断、有效风险承担等合乎资格的主要情况。

一直以来对节约推理的忽视都表明情况并非如此。因此，反垄断中的"冷漠传统"极其自信地认为，非标准和不熟悉的商业惯例几乎没有效率理论，但主要具有垄断目的和效果。同样，拖垮苏联和东欧经济的巨大低效率现在可能

---

[1] 我认为，机会在其中发挥主要作用的主导性行业确实需要公共政策干预（Williamson，1975，第 11 章），但是，通过实施该建议是否可以真正实现净收益（尤其是随着国际竞争的加剧）是另一个问题。

是显而易见的，但这绝不可能从战后有关比较经济体系或 CIA 情报估计的文献中找到。商业战略领域的当务之急是巧妙的"计划、策略和定位"，而忽略了节约，这同样证明了忽视效率的普遍倾向（Williamson，1991b）。并且认为"有效组织是（1）*絮絮叨叨*，（2）*笨拙*，（3）*迷信*，（4）*虚伪*，（5）*畸形*，（6）*多元化*，（7）*徘徊*，（8）*不满*"（Weick，1977，第 193—94 页；着重号来自原文）与节约的努力相协调。更多的"工业社会建构"论证使节约变得无足轻重。①

如果真正做到节约是基本原则，那么这种情况应该不断发挥作用。已经取得了一些进展（Zald，1986），但没有理由自满。

## 7.3 劳工管理型企业

约翰·博宁（John Bonin）和路易斯·普特曼（Louis Putterman）将工人管理型企业定义为（Bonin and Putterman，1987，第 2 页）：

> ……一个生产性企业，其最终决策权由工人持有，在平等的基础上，这些权利与工作、技能等级或资本贡献无关。一个更为完整的定义是，非工人在企业决策中没有直接发言权，而工人在这些决策中也不会被剥夺平等发言权。这个定义并不意味着任何特定的决策必须由全部工人集体做出，也不意味着必须有一个诸如"多数表决"这样的特定选择规则。它只字未提融资结构，只说金融家在企业中不因其非劳动贡献而被赋予直接决策权，也没有说明收入在工人之间如何分配。在所有这些问题上，所暗示的是最终决策权属于且仅属于工人。因此，基本定义集中在治理权的分配问题，同时也兼顾了经济和政治问题。

---

① "新经济社会学"认为，"即使在相同的经济和技术条件下，如果社会结构不同，结果也可能有很大的不同"（Granovetter，1992，第 9 页）。帕特里克·麦圭尔（Patrick McGuire）、马克·格兰诺维特（Mark Granovetter）和迈克尔·施瓦茨（Michael Schwartz）在即将出版的书中就美国电力行业的起源提出了"工业的社会建设"论点。该书的描述如下（McGuire et al.，1992，第 1—2 页）：基于详细的历史研究……这本书从社会学的角度探讨了电力工业的起源。与其他经济制度一样，工业也是由"社会构建"的，这一观点源自格兰诺维特关于"嵌入性"（Granovetter 1985）的工作，并提出了新制度经济学的另一种观点，新制度经济学主张经济制度应被理解为经济问题的有效解决方案。

我们认为，从 19 世纪 80 年代开始，公用事业行业的发展方式并不是唯一的技术实用的方式，也不是最有效的方式。它的出现是因为一组强大的行动者获得了某些技术，并以一种高度可见和有利可图的方式应用它们。这些技术源于这些行动者共同的个人理解、社会联系、组织条件和历史机遇。这个成功反过来又引发了跨地区统一的压力，即使这排除了可行且可能更有效的替代技术和组织形式。

我们的观点类似于经济学家保罗·大卫（Paul David）和布莱恩·阿瑟关于低端技术（如QWERTY 键盘）"锁定"的观点，但借鉴了知识和社会结构的社会学。

这一定义并不排除层级结构设置、专业决策产生、精英领导或边际产品支付计划。它只是规定资本在劳工管理型企业中没有决策权。问题是：这些资本限制是否需要付出代价？普特曼显然认为它们不需要付出代价，因为他在其他地方支持罗杰·麦凯恩（Roger McCain）的提议，即劳工管理型企业由"风险参与债券"提供部分资金，据称这些债券与"普通股权"的不同之处仅在于"其所有者对企业决策或企业管理层的选举没有表决权"（Putterman，1984，第189页）。由于"以最大化每个工人的利润为目标的劳工管理型企业同时拥有普通债券和风险参与债券，在类似的情况和信息有效的市场下，能够获得与资本主义公司相同的资源分配"（Putterman，1984，第189页），所以普特曼得出结论：劳工管理型企业是平等的。

这一论点说明了在一个忽视（因此有效抑制）治理作用的框架内处理经济组织问题的危险性。正如他所做的那样，在企业即生产函数的框架下，麦凯恩（McCain，1977）只关注研究在两种不同情况下获得的边际条件，在这两种情况下，企业都被描述为一种生产函数。

治理问题从未出现过，因此不适合在这个一般框架内进行分析。然而，实际上我想说的是，"如果股权的关键属性是通过集中投票和接管董事会来行使或有控制权的能力，那么麦凯恩关于在标准股权和风险参与债券下配置效率是相同的证明就完全不合适了。"

事实上，如果风险参与融资的条款比标准股权更不利，那么其持有人得到的针对管理不善和侵占行为的保障更少，则博宁和普特曼（Bonin and Putterman，1987）在劳工管理型企业建立的约束则是有代价的。当然，劳工管理型企业可能能够通过提供补偿性优势来弥补经济上的缺陷，但如果这些优势不是统一的，而是因企业和行业而异的，那么劳工管理型企业的净收益也会发生相应变化。

我认为，那些主要靠债务融资的企业显然是劳工管理型企业的候选者。因此，若股权类资本未面临风险，那么股东也就没有理由要求或期望"将对董事会的优先控制权赋予他们"作为一项合同保障。那么问题来了：什么类型的企业最有资格获得债务融资的优势？

如前所述，在成员经过仔细筛选并致力于民主理想的小型企业中，合伙制的组织形式可以且确实能够运作良好（Williamson，1975，第3章）。此外，合伙制的组织形式在专业组织中运作良好，例如法律和会计师事务所，这些组织对企业所特定的物质资本的需求很小（Hansmann，1988）。这些公司几乎不需要股权资本来支持投资，其控制权自然会归属于那些提供专业人力资产的人（Williamson，1989，第24-26页）。撇开这些例外不谈，"第三种形式"面临着严重的激励问题。

## 7.4 信任

在经济学家和社会学家中，越来越倾向于用计算术语描述信任：理性选择社会学家（Coleman，1990）和博弈理论家（Dasgupta，1988）将信任视为风险的子类。我同意格兰诺维特的观点，即制定可信的承诺（通过使用债券、人质、信息披露规则、专门的争端解决机制等）是为了建立信任的功能替代品（Granovetter，1985，第 487 页）。尽管对经济组织至关重要，但这些替代品不应与（真正的）信任相混淆。①

从有远见的缔约的讨论中可以看出，这种计算性在经济学中的作用比在其他社会科学中发挥的作用更大。但计算性也可以被过度考虑，这是氛围讨论的主要观点。然而，有时需要一个完全不同的方向。因此，对过度监测的反应是更复杂的计算（考虑到功能失调的影响），还有其他情况，其中的反应是避免计算。

因此，可以基于完全可计算的经验对关系进行连续贝叶斯概率的不断更新（Williamson，1993b）。而且由于商业关系总是可计算的，因此应使用计算风险（而非计算信任）的概念来描述商业交易。

然而，持续经验评级不一定无处不在。事实上，因为一些人际关系是独一无二的，并且因为持续更新，即使只是低等级的，也会产生腐蚀性影响②，某些人际关系会以几乎非计算的方式处理。这是通过离散的结构重新分类来实现的，根据该分类，个人关系在全部或无，而不是连续更新的基础上处理。

结果是个人/信任关系和商业/计算风险关系在种类上有所不同。因此，商业关系绝不会被贬低（Robbins，1933，第 179-80 页）。

## 7.5 "废话"

法律哲学家朗·富勒区分了"本质"和"废话"，前者涉及对"理性核心"的审视（Fuller，1978，第 359-62 页），而"废话"则充斥着"多余的仪式、规则，没有明确目的的程序，［以及］通过习惯保留的不必要的预防措施"（Fuller，1978，第 356 页）。根据富勒的说法，专注于后者将"放弃任何富有成效的分析的希望"（Fuller，1978，第 360 页）。

---

① 请注意，格兰诺维特对持续关系的信任可以采取任何一种形式。那是因为经验可以是好的（更多的信心）或坏的（更少的信心）。如果两种契约都重新签订了，它们就会出现在差异契约中（Crocker and Reynolds，1993）。

② 不仅非计算关系会因第一类错误而被打乱，根据这种错误将正确的关系错误地分类为假，而且计算性可能会收到（非自愿）积极反馈。实际上，不断被重新归类为计算性的非计算关系实际上是具有计算性的。

这最后走得太远了：应该为"废话"留一个地方，应该适当保留"废话"。[1] 考虑到这一点，弗里兰德和奥尔福德解释了克利福德·格尔茨（Clifford Geertz）对巴厘岛斗鸡的描述（Friedland and Alford，1991，第247-248页；着重号为后加）：

> 巨额资金可以在每场比赛中换手，从个人主义和功利主义的角度看是不合理的。总和越高，公鸡排列的匹配越均匀，并且下注的赔率越均匀。利害攸关的金额越大，下注的决定因素就越不是个人主义和功利主义，而是集体决定——与亲戚或村庄一起下注，以及以地位为导向。

支持一个人的亲属或村庄存在社会压力是社会学的论点。如果没有这些压力，很难将赌注集中在势均力敌的公鸡身上。然而，并不是说把巨额赌注压在势均力敌的公鸡身上是不合理的。鉴于社会背景，与不匹配的公鸡做斗争已经成为不可行的赌注。

因此，假设"目标匹配器"将拟议匹配的赔率设置为4:1。对局部自豪感的考虑可能会将有效赔率降为3:2。这样的比赛不会吸引太多的赌注，因为那些来自从个人主义、贪婪的角度看待比赛的村民只做敷衍的赌注。因此，唯一有趣的比赛是那些社会压力被公平赔率减轻的比赛。[2] 如弗里兰德和奥尔福德所指出的，"现实的象征性建构"因此具有实际的后果。它界定了理性运作的可行集合，但其后合理性完全有效。

对此的一种解释是，"废话"具有离散结构效应，并且通过边际计算起作用的合理性随后适用。事实上，这似乎很适合巴厘岛斗鸡。那么现实的社会建构是否具有更普遍的重要后果就成问题了。它很可能随情况而变化。

尽管汉密尔顿和比格特（Hamilton and Biggart，1988）对远东企业形式差异的研究可能会被视为矛盾，但"废话"在非商业环境——国家、家庭、宗教——中比在商业领域更为重要。然而，汉密尔顿和比格特远远超出了富勒所描述的"废话"的范围，涉及制度环境，包括产权、契约法、政治等。

因此，尽管"废话"和制度环境都是指背景条件，但不应将其与另一个混淆。"废话"是有趣多样性的来源，为生活增添了趣味。然而，由诺思（North，1991）和其他人（Sundaram and Black，1992）定义的制度环境的核

---

[1] 罗伯特·阿克塞尔罗德（Robert Axelord）对"第一次世界大战海沟战中的生存与生存系统"的研究说明了据称从事"致命战斗"的对立军队或帮派之间合作的演变（Axelord，1984，第73-87页）。尽管"活着就让活着"的仪式既有趣又重要，但这些非暴力行为不应被认为是主要案例。相反，这些仪式是主要案例的例外——英国和德国军队的战争。

[2] 理查德·科夫林（Richard M. Coughlin）辩称，阿米泰·埃齐奥尼（Amitei Elzioni）提出的社会经济方法的"本质"是，"人类行为必须基于个人和社区力量的融合来理解，埃齐奥尼将其标记为我和我们"。"我"代表追求自身快乐的个体，"我们"代表集体强加的义务和约束（Coughlin，1992，第3页）。这与这里介绍的巴厘岛斗鸡很接近。

心特征对于比较经济组织的研究来说可能更为重要。①

# 8. 结论

伯纳德多年前提到的组织科学（Barnard，1938，第 290 页）近几十年来取得了重大进展。所有的社会科学都与此有关，但不外乎是经济学和组织理论。

如果图 1 中所示的原理图是描述正在发生的事情的准确方法，那么治理经济学需要从制度环境层面（社会学对此有很大的贡献）和个人层面（涉及心理学）两方面来考虑。在治理机构内发生的跨期过程转换（关于此，组织理论有很多话要说）也很重要。整体模式源于与经济学相关的理性精神方法。②

这种多层次的方法减轻了巴伦（Baron）和汉南（Hannan）所提到的一些（或许很多）压力："我们认为在当代社会学与经济学中使用不同的假设和推理形式是很重要的……这些学科差异……代表了经济学与社会学之间知识交易的主要障碍"（Baron and Hannan，1992，第 13 页）。但是，如果需要在多个层面上深入了解并且超出任何一个学科的能力，如果可以设计出一种系统概念来实现各级之间的知识交易，那么对过去的一些最严重的误解可能会被我们抛在身后。

以下是一些主要方面，其中一开始所提到的健康紧张状态支持了知识交易，而更多的是前景。

## 8.1 组织理论对交易成本经济学的支持

**行为假设**

组织理论坚持可行的现实，而不是分析方便，行为假设是人工的健康解毒剂。交易成本经济学通过用有限理性和机会主义来描述经济行为者做出回应。

**适应**

伯纳德所强调的合作适应与哈耶克的自主适应相结合，其结果是交易成本

---

① 除其他外，这与跨国企业的研究有关。正如阿南特·桑德拉姆（Anant Sundaram）和斯图尔特·布莱克（J. Stewart Black）所观察到的，跨国公司"在任何给定的时间，在不同的市场和不同的产品中追求不同的进入/参与策略"（Sundaram and Black，1992，第 740 页）。他们的论点是：交易成本经济学"不足以同时解释不同的进入模式，因为资产的特殊性在世界范围内基本上是相同的"（Sundaram and Black，1992，第 740 页），假设治理水平独立于交易成本设置下的制度环境。这个假设是错误的。

② 我借用肯尼思·阿罗（Kenneth Arrow，1974，第 16 页）的"理性精神"概念。理性精神方法认为，组织存在一种逻辑，而这种逻辑主要是通过对经济推理的无情应用（然而，受认识约束的影响）来辨别的。理性精神与詹姆斯·科尔曼（James Coleman，1990）相关联的理性选择方法类似，但稍弱（因为它避开了更强形式的效用最大化）。

经济学为市场和层级制提供了适当的位置。

**意料之外的后果**

需要揭示控制和组织的微妙以及意料之外的后果,因此可以在事前组织设计中为这些做准备。

**政治**

由于公共领域的产权受到民主政治的影响,因此需要在公共部门的事前组织设计中对这些产权进行界定。

**嵌入性**

对嵌入性至关重要的命题的一阶响应是将制度环境视为转移参数的轨迹,其中的变化改变了治理的比较成本。

**离散结构分析**

每种通用的组织形式都被描述为一种属性的综合征,并拥有自己的逻辑。需要在部门内部和部门之间发现和阐明这些离散特征。

## 8.2 交易成本经济学对组织理论的支持

**分析单位**

任何组织理论如果没有说明其运作的分析单位,并且此后确定该分析单位变化的关键维度,那就不具有操作性,并且可能破产。

**主要案例**

组织的所有竞争理论都被要求给出主要案例,研究其产生的可辩驳的影响,并检查数据。交易成本节约是交易成本经济学的候选者。

**有远见的缔约**

展望未来,认识到风险并将其重新纳入治理设计通常是可行的,并解释了大量的组织变化。

**权衡**

因为每种治理模式都是属性的综合征,所以从一种模式转向另一种模式需要进行权衡。需要说明并阐明关键的权衡取舍。

**可补救**

可行组织形式中的相关选择是对比较经济组织进行分析的全部内容。

# 参考文献

Alchian, Armen. 1961. *Some Economics of Property*. RAND D-2316. Santa Monica, CA: RAND Corporation.

Alchian, Armen, and Harold Demsetz. 1972. "Production, Information

Costs, and Economic Organization." *American Economic Review* 62 (December): 777-795.

Alchian, Armen, and Susan Woodward. 1987. "Reflections on the Theory of the Firm." *Journal of Institutional and Theoretical Economics* 143 (March): 110-136.

Aoki, Masahiko. 1988. *Information, Incentives, and Bargaining in the Japanese Economy*. New York: Cambridge University Press.

———. 1990. "Toward an Economic Model of the Japanese Firm." *Journal of Economic Literature* 28: 1-27.

———. 1992. "The Japanese Firm as a System of Attributes: A Survey and Research Agenda." Unpublished manuscript.

Arrow, Kenneth J. 1974. *The Limits of Organization*. 1st edn. New York: W. W. Norton.

Arthur, Brian. 1989. "Competing Technologies, Increasing Returns, and Lock-In by Historical Events." *Economic Journal*, 99 (March): 116-131.

———. 1990. "Positive Feedbacks in the Economy." *Scientific American* (February), 92-99.

Asanuma, Banri. 1989. "Manufacturer-Supplier Relationships in Japan and the Concept of Relationship-Specific Skill." *Journal of Japanese and International Economies*, 3: 1-30.

Axelrod, Robert. 1984. *The Evolution of Cooperation*. New York: Basic Books.

Bain, Joe. 1956. *Barriers to New Competition*. New York: John Wiley & Sons.

Barnard, Chester. 1938. *The Functions of the Executive*. Cambridge, MA: Harvard University Press (fifteenth printing, 1962).

Barnett, William, and Glenn Carroll. 1993. "How Institutional Constraints Affected the Organization of the Early American Telephone Industry." *Journal of Law, Economics, and Organization*, 9 (April).

Baron, James, and Michael Hannan. 1992. "The Impact of Economics on Contemporary Sociology." Unpublished manuscript.

Becker, Gary. 1976. *The Economic Approach to Human Behavior*. Chicago: University of Chicago Press.

Berglof, Erik. 1989. "Capital Structure as a Mechanism of Control—A Comparison of Financial Systems." In *The Firm as a Nexus of Treaties*, edited by Masahiko Aoki, B. Gustafsson, and Oliver Williamson. London: Sage, pp. 237-262.

Bergson, Abram. 1948. "Socialist Economies." In *Survey of Contemporary Economies*, edited by Howard Ellis (ed.). Philadelphia: Blakiston, pp. 430 - 458.

Bonin, John, and Louis Putterman. 1987. *Economics of Cooperation and Labor Managed Economies*. New York: Cambridge University Press.

Bowles, Samuel, and Herbert Gintis. 1993. "The Revenge of Homo Economicus: Contested Exchange and the Revival of Political Economy." *Journal of Economic Perspectives* (Winter).

Bradach, Jeffrey, and Robert Eccles. 1989. "Price, Authority, and Trust." *American Review of Sociology*, 15: 97 - 118.

Bridgeman, Percy. 1955. *Reflections of a Physicist*. 2nd edn. New York: Philosophical Library.

Bromley, Daniel. 1989. *Economic Interests and Institutions*. New York: Basil Blackwell.

Buxbaum, Richard. 1985. "Modification and Adaptation of Contracts: American Legal Developments." *Studies in Transnational Law*, 3: 31 - 54.

Carroll, Glenn, and J. Richard Harrison. 1992. "Chance and Rationality in Organizational Evolution." Unpublished manuscript.

Coase, R. H. 1937. "The Nature of the Firm." *Economica*, 4, 386 - 405.

―――. 1959. "The Federal Communications Commission." *Journal of Law and Economics*, 2 (October): 1 - 40.

―――. 1960. "The Problem of Social Cost." *Journal of Law and Economics*, 3 (October): 1 - 44.

―――. 1964. "The Regulated Industries: Discussion." *American Economic Review*, 54 (May): 194 - 197.

―――. 1972. "Industrial Organization: A Proposal for Research." In *Policy Issues and Research Opportunities in Industrial Organization*, edited by V. R. Fuchs. New York: National Bureau of Economic Research, pp. 59 - 73.

―――. 1984. "The New Institutional Economics." *Journal of Institutional and Theoretical Economics*, 140 (March): 229 - 231.

Coleman, James. 1982. *The Asymmetric Society*. Syracuse, NY: Syracuse University Press.

―――. 1990. *The Foundations of Social Theory*. Cambridge, MA: Harvard University Press.

Commons, John R. 1924. *Legal Foundations of Capitalism*. New York: Macmillan.

―――. 1934. Institutional Economics. Madison: University of Wisconsin Press.

Coughlin, Richard. 1992. "Interdisciplinary Nature of Socio-Economics." Unpublished manuscript.

Crocker, Keith, and Kenneth Reynolds. 1993. "The Efficiency of Incomplete Contracts: An Empirical Analysis of Air Force Engine Procurement." *Rand Journal of Economics* (Spring).

Crozier, Michel. 1964. *The Bureaucratic Phenomenon*. Chicago: University of Chicago Press.

Cyert, Richard M., and James G. March. 1963. *A Behavioral Theory of the Firm*. Englewood Cliffs, NJ: Prentice-Hall.

Dasgupta, Partha. 1988. "Trust as a Commodity." In *Trust: Making and Breaking Cooperative Relations*, edited by Diego Gambetta. Oxford: Basil Blackwell, pp. 49–72.

David, Paul. 1985. "Clio in the Economics of QWERTY." *American Economic Review*, 75 (May): 332–337.

———. 1986. "Understanding the Economics of QWERTY: The Necessity of History." In *Economic History and the Modern Economist*, edited by W. N. Parker. New York: Basil Blackwell.

———. 1992. "Heroes, Herds, and Hypteresis in Technological History." *Industrial and Corporate Change*, 1: 129–180.

Davis, Gerald F., and Walter W. Powell. 1992. "Organization-Environment Relations." In *Handbook of Industrial and Organizational Psychology*, Vol. 3, edited by M. Dunnette. 2nd edn. New York: Consulting Psychologists Press, pp. 315–375.

Davis, Lance E., and Douglass C. North. 1971. *Institutional Change and American Economic Growth*. Cambridge: Cambridge University Press.

Demsetz, Harold. 1967. "Toward a Theory of Property Rights." *American Economic Review*, 57 (May): 347–359.

———. 1969. "Information and Efficiency: Another Viewpoint." *Journal of Law and Economics*, 12 (April): 1–22.

DiMaggio, Paul, and Walter Powell. 1991. "Introduction." In *The New Institutionalism in Organizational Analysis*, edited by Walter Powell and Paul DiMaggio. Chicago: University of Chicago Press, pp. 1–38.

Dixit, A. 1980. "The Role of Investment in Entry Deterrence." *Economic Journal*, 90 (March): 95–106.

Dore, Ronald. 1983. "Goodwill and the Spirit of Market Capitalism." *British Journal of Sociology*, 34 (December): 459–482.

Farnsworth, Edward Allan. 1968. "Disputes over Omissions in Contracts." *Columbia Law Review*, 68 (May): 860–891.

Frank, Robert. 1992. "Melding Sociology and Economics." *Journal of Economic Literature*, 30 (March): 147–170.

Friedland, Roger, and Robert Alford. 1991. "Bringing Society Back In: Symbols, Practices, and Institutional Contradictions." In *The New Institutionalism in Organizational Analysis*, edited by Walter Powell and Paul DiMaggio. Chicago: University of Chicago Press, pp. 232–266.

Fuller, Lon L. 1978. "The Forms and Limits of Adjudication." *Harvard Law Review*, 92: 353–409.

———. 1981. "Human Interaction and the Law." In *The Principles of Social Order: Selected Essays of Lon L. Fuller*, edited by Kenneth I. Winston. Durham, NC: Duke University Press, pp. 212–246.

Furubotn, Eirik, and Svetozar Pejovich. 1974. *The Economics of Property Rights*. Cambridge, MA: Ballinger.

Furubotn, Eirik, and Rudolf Richter. 1991. *The New Institutional Economics*. College Station: Texas A&M University Press.

Georgescu-Roegen, Nicholas. 1971. *The Entropy Law and Economic Process*. Cambridge, MA: Harvard University Press.

Gerlach, Michael. 1992. *Alliance Capitalism*. Berkeley: University of California Press.

Gouldner, Alvin W. 1954. *Industrial Bureaucracy*. Glencoe, IL: Free Press.

Granovetter, Mark. 1985. "Economic Action and Social Structure: The Problem of Embeddedness." *American Journal of Sociology*, 91 (November): 481–501.

———. 1988. "The Sociological and Economic Approaches to Labor Market Analysis." In *Industries, Firms, and Jobs*, edited by George Farkas and Paula England. New York: Plenum, pp. 187–218.

———. 1990. "The Old and the New Economic Sociology: A History and an Agenda." In *Beyond the Marketplace*, edited by Roger Friedland and A. F. Robertson. New York: Aldine.

———. 1992. "Economic Institutions as Social Constructions: A Framework for Analysis." *Acta Sociologica*, 35: 3–11.

Grossekettler, Heinz. 1989. "On Designing an Economic Order: The Contributions of the Freiburg School." In *Perspectives on the History of Economic Thought*, Vol. 2, edited by Donald Walker. Aldershot: Edward Elgar, pp. 38–84.

Hamilton, Gary, and Nicole Biggart. 1988. "Market, Culture, and Authority." *American Journal of Sociology* (Supplement), 94: S52 – S94.

Harberger, Arnold. 1954. "Monopoly and Resources Allocation." *American Economic Review*, 44 (May): 77 – 87.

Hart, Oliver. 1990. "An Economist's Perspective on the Theory of the Firm." In *Organization Theory*, edited by Oliver Williamson. New York: Oxford University Press, pp. 154 – 171.

Hayek, Friedrich. 1945. "The Use of Knowledge in Society." *American Economic Review*, 35 (September): 519 – 530.

Hechter, Michael. 1987. *Principles of Group Solidarity*. Berkeley: University of California Press.

Heide, Jan, and George John. 1988. "The Role of Dependence Balancing in Safeguarding Transaction-Specific Assets in Conventional Channels." *Journal of Marketing*, 52 (January): 20 – 35.

Helper, Susan, and David Levine. 1992. "Long-Term Supplier Relations and Product-Market Structure." *Journal of Law, Economics, and Organization*, 8 (October): 561 – 581.

Hinds, Manuel. 1990. "Issues in the Introduction of Market Forces in Eastern European Socialist Economies." The World Bank, Washington DC. Report No. IDP – 0057.

Horvat, Branko. 1991. "Review of Janos Kornai, The Road to a Free Economy." *Journal of Economic Behavior and Organization*, 15 (May): 408 – 410.

Hutchison, Terrence. 1984. "Institutional Economics Old and New." *Journal of Institutional and Theoretical Economics*, 140 (March): 20 – 29.

Iwanek, M. 1991. "Issues of Institutions Transformations and Ownership Changes in Poland." *Journal of Institutional and Theoretical Economics*, 147, 83 – 95.

Jensen, Michael. 1983. "Organization Theory and Methodology." *Accounting Review*, 50 (April): 319 – 339.

Joskow, Paul L. 1985. "Vertical Integration and Long-Term Contracts." *Journal of Law, Economics, and Organization*, 1 (Spring): 33 – 80.

———. 1988. "Asset Specificity and the Structure of Vertical Relationships: Empirical Evidence." *Journal of Law, Economics, and Organization*, 4 (Spring): 95 – 117.

Klein, Benjamin, R. A. Crawford, and A. A. Alchian. 1978. "Vertical Integration, Appropriable Rents, and the Competitive Contracting Process."

*Journal of Law and Economics*, 21 (October): 297–326.

Klein, Benjamin, and K. B. Lerner. 1981. "The Role of Market Forces in Assuring Contractual Performance." *Journal of Political Economy*, 89: 615–41.

Koopmans, Tjalling. 1957. *Three Essays on the State of Economic Science*. New York: McGraw-Hill Book Company.

Kornai, Janos. 1990. "The Affinity between Ownership Forms and Coordination Mechanisms: The Common Experience of Reform in Socialist Countries." *Journal of Economic Perspectives*, 4 (Summer): 131–147.

———. 1990. "Corporate Culture and Economic Theory." In *Perspectives on Positive Political Economy*, edited by James Alt and Kenneth Shepsle. New York: Cambridge University Press, pp. 90–143.

———. 1992. "(How) Can Game Theory Lead to a Unified Theory of Organization?" Unpublished manuscript.

Lange, Oskar. 1938. "On the Theory of Economic Socialism." In *On the Economic Theory of Socialism*, edited by Benjamin Lippincott. Minneapolis: University of Minnesota Press, pp. 55–143.

Lewis, Tracy. 1983. "Preemption, Divestiture, and Forward Contracting in a Market Dominated by a Single Firm." *American Economic Review*, 73 (December): 1092–1101.

Liebowitz, Stanley J. 1992. "Path Dependency, Lock-In, and History." Unpublished manuscript.

Liebowitz, Stanley J., and Stephen Margolis. 1990. "The Fable of the Keys." *Journal of Law and Economics*, 33 (April): 1–26.

Lincoln, James. 1990. "Japanese Organization and Organization Theory." *Research in Organizational Behavior*, 12: 255–294.

Llewellyn, Karl N. 1931. "What Price Contract? An Essay in Perspective." *Yale Law Journal*, 40 (May): 704–451.

McCain, Roger. 1977. "On the Optimal Financial Environment for Worker Cooperatives." *Zeitschrift fur Nationalokonomie*, 37: 355–384.

McCullough, David. 1992. *Truman*. New York: Simon & Schuster.

McGuire, Patrick, Mark Granovetter, and Michael Schwartz. 1992. "The Social Construction of Industry." (a book prospectus).

Machiavelli, Niccolo. 1952. *The Prince*. New York: New American Library.

Macneil, Ian R. 1974. "The Many Futures of Contracts." *Southern California Law Review*, 47 (May): 691–816.

———. 1978. "Contracts: Adjustments of Long-Term Economic Relations under Classical, Neoclassical, and Relational Contract Law." *Northwestern University Law Review*, 72: 854–906.

March, James G. 1988. *Decisions and Organizations*. Oxford: Basil Blackwell.

March, James G., and Herbert A. Simon. 1958. *Organizations*. New York: John Wiley & Sons.

Marschak, Jacob. 1968. "Economics of Inquiring, Communicating, Deciding." *American Economic Review*, 58 (May): 1–18.

Masten, Scott. 1984. "The Organization of Production: Evidence from the Aerospace Industry." *Journal of Law and Economics*, 27 (October): 403–418.

———. 1992. "Transaction Costs, Mistakes, and Performance: Assessing the Importance of Governance." *Management and Decision Sciences*, in press.

Matthews, R. C. O. 1986. "The Economics of Institutions and the Sources of Economic Growth." *Economic Journal*, 96 (December): 903–918.

Merton, Robert K. 1936. "The Unanticipated Consequences of Purposive Social Action." *American Sociological Review*, 1: 894–904.

Michels, Robert. 1962. *Political Parties*. IL: Free Press.

Miles, Ray, and Charles Snow. 1992. "Causes of Failure in Network Organizations." *California Management Review*, 34 (Summer): 53–72.

Moe, Terry. 1990. "Political Institutions: The Neglected Side of the Story: Comment." *Journal of Law, Economics, and Organization*, 6 (Special Issue): 213–254.

Mokyr, Joel. 1990. *The Lever of Riches*. New York: Oxford University Press.

Nelson, Richard R., and S. G. Winter. 1982. *An Evolutionary Theory of Economic Change*. Cambridge, MA: Harvard University Press.

Newell, Alan, and Herbert Simon. 1972. *Human Problem Solving*. Englewood Cliffs, NJ: Prentice-Hall.

North, Douglass. 1986. "The New Institutional Economics." *Journal of Institutional and Theoretical Economics*, 142: 230–237.

———. 1991. "Institutions." *Journal of Economic Perspectives*, 5 (Winter): 97–112.

Palay, Thomas. 1984. "Comparative Institutional Economics: The Governance of Rail Freight Contracting." *Journal of Legal Studies*, 13 (June): 265–288.

____. 1985. "The Avoidance of Regulatory Constraints: The Use of Informal Contracts." *Journal of Law, Economics, and Organization*, 1 (Spring).

Parsons, Talcott, and Neil Smelser. 1956. *Economy and Society*. New York: Free Press.

Penrose, Edith. 1959. *The Theory of Growth of the Firm*. New York: John Wiley & Sons.

Perrow, Charles. 1992. "Review of the New Competition." *Administrative Science Quarterly*, 37 (March): 162–166.

Pfeffer, Jeffrey. 1981. *Power in Organizations*. Marshfield, MA: Pitman Publishing.

Polanyi, Michael. 1962. *Personal Knowledge: Towards a Post-Critical Philosophy*. New York: Harper & Row.

Posner, Richard. 1993. "The New Institutional Economics Meets Law and Economics." *Journal of Institutional and Theoretical Economics*, 149 (March): 73–87.

Putterman, Louis. 1984. "On Some Recent Explanations of Why Capital Hires Labor." *Economic Inquiry*, 22: 171–187.

Robbins, Lionel, ed. 1933. *The Common Sense of Political Economy, and Selected Papers on Economic Theory*, by Philip Wicksteed. London: G. Routledge and Sons, Ltd.

Robinson, E. A. G. 1934. "The Problem of Management and the Size of Firms." *Economic Journal*, 44 (June): 240–254.

Schelling, Thomas C. 1978. *Micromotives and Macrobehavior*. New York: Norton.

Scherer, F. M. 1970. *Industrial Market Structure and Economic Performance*. Chicago: Rand McNally & Company.

Schmid, Allan. 1972. "Analytical Institutional Economics." *American Journal of Agricultural Economics*, 54: 893–901.

Schotter, Andrew. 1981. *The Economic Theory of Social Institutions*. New York: Cambridge University Press.

Schumpeter, Joseph A. 1942. *Capitalism, Socialism, and Democracy*. New York: Harper & Row.

____. 1947. "The Creative Response in Economic History." *Journal of Economic History*, 7 (November): 149–159.

____. 1989. *Essays on Entrepreneurs, Innovations, Business Cycles, and the Evolution of Capitalism*. New Brunswick, NJ: Transaction Publishers.

Scott, W. Richard. 1992. "Institutions and Organizations: Toward a Theoretical Synthesis." Unpublished manuscript.

Selznick, Philip. 1949. *TVA and the Grass Roots*. Berkeley: University of California Press.

―――. 1957. *Leadership in Administration*. New York: Harper & Row.

Shapiro, Carl. 1989. "The Theory of Business Strategy." *Rand Journal of Economics*, 20 (Spring): 125–137.

Sheard, Paul. 1989. "The Main Bank System and Corporate Monitoring in Japan." *Journal of Economic Behavior and Organization*, 11 (May): 399–422.

Shelanski, Howard. 1991. "Empirical Research in Transaction Cost Economics: A Survey and Assessment." University of California, Berkeley.

―――. 1993. "Transfer Pricing." University of California, Berkeley. Unpublished Ph. D. dissertation.

Simon, Herbert. 1957a. *Administrative Behavior*. 2d ed. New York: Macmillan.

―――. 1957b. *Models of Man*. New York: John Wiley & Sons.

―――. 1978. "Rationality as Process and as Product of Thought." *American Economic Review*, 68 (May): 1–16.

―――. 1983. *Reason in Human Affairs*. Stanford, CA: Stanford University Press.

―――. 1985. "Human Nature in Politics: The Dialogue of Psychology with Political Science." *American Political Science Review*, 79: 293–304.

―――. 1991. "Organizations and Markets." *Journal of Economic Perspectives*, 5 (Spring): 25–44.

Stigler, George J. 1968. *The Organization of Industry*. Homewood, IL: Richard D. Irwin.

―――. 1983. Comments in "The Fire of Truth: A Remembrance of Law and Economics at Chicago, 1932–1970," edited by Edmund W. Kitch. *Journal of Law and Economics*, 26 (April): 163–234.

Sundaram, Anant, and J. Stewart Black. 1992. "The Environment and Internal Organization of Multinational Enterprise." *Academy of Management Review*, 17 (October): 729–757.

Swedberg, Richard. 1987. "Economic Sociology: Past and Present." *Current Sociology*, 35: 1–221.

―――. 1990. *Economics and Sociology: On Redefining Their Boundaries*. Princeton, NJ: Princeton University Press.

_____. 1991. "Major Traditions of Economic Sociology." *Annual Review of Sociology*, 17: 251-276.

Teece, David J. 1986. "Profiting from Technological Innovation." *Research Policy*, 15 (December): 285-305.

Teece, David J., Gary Pisano, and Amy Shuen. 1990. "Firm Capabilities, Resources, and the Concept of Strategy." University of California, Berkeley. Unpublished manuscript.

Van de Ven, Andrew. 1993. "The Institutional Theory of John R. Commons: A Review and Commentary." *Academy of Management Review*, 18 (January): 139-152.

Waldrop, M. Mitchell. 1992. *Complexity*. New York: Simon & Schuster.

Weick, Karl E. 1977. "Re-Punctuating the Problem." In *New Perspectives on Organizational Effectiveness*, edited by Paul S. Goodman and Johannes M. Pennings. San Francisco: Jossey-Bass, pp. 193-225.

Wernerfelt, Birger. 1984. "A Resource-Based View of the Firm." *Strategic Management Journal*, 5: 171-180.

Williamson, Oliver E. 1968. "Economies as an Antitrust Defense: The Welfare Tradeoffs." *American Economic Review*, 58 (March): 18-35.

_____. 1975. *Markets and Hierarchies: Analysis and Antitrust Implications*. New York: Free Press.

_____. 1979. "Transaction-Cost Economics: The Governance of Contractual Relations." *Journal of Law and Economics*, 22 (October): 233-261.

_____. 1981. "The Economics of Organization: The Transaction Cost Approach." *American Journal of Sociology*, 87 (November): 548-577.

_____. 1983. "Credible Commitments: Using Hostages to Support Exchange." *American Economic Review*, 73 (September): 519-540.

_____. 1985. *The Economic Institutions of Capitalism*. New York: Free Press.

_____. 1988a. "The Logic of Economic Organization." *Journal of Law, Economics, and Organization*, 4 (Spring): 65-93.

_____. 1988b. "The Economics and Sociology of Organization: Promoting a Dialogue." In *Industries, Firms, and Jobs*, edited by George Farkas and Paula England. New York: Plenum, pp. 159-185.

_____. 1989. "Internal Economic Organization." In *Perspectives on the Economics of Organization*, edited by Oliver E. Williamson, Sven-Erik Sjostrand, and Jan Johanson. Lund, Sweden: Lund University Press, pp. 7-48.

_____. 1991a. "Comparative Economic Organization: The Analysis of Discrete Structural Alternatives." *Administrative Science Quarterly*, 36（June）:269-296.

―――. 1991b. "Economic Institutions: Spontaneous and Intentional Governance." *Journal of Law, Economics, and Organization*, 7（Special Issue）: 159-187.

―――. 1991c. "Strategizing, Economizing, and Economic Organization." *Strategic Management Journal*, 12: 75-94.

―――. 1993a. "Calculativeness, Trust, and Economic Organization." *Journal of Law and Economics*, 36（April）: 221-270.

―――. 1993b. "The Evolving Science of Organization." *Journal of Institutional and Theoretical Economics*, 149（March）: 36-63.

Zald, Meyer. 1987. "Review Essay: The New Institutional Economics." *American Journal of Sociology*, 93（November）: 701-708.

# 计算、信任和经济组织[*]

本文的主要目的在于阐明迭戈·甘贝塔（Diego Gambetta）所指的"难以理解的信任概念"（the elusive notion of trust）。[①] 正如有关信任的文献所指出的，我在这里也会展开阐述，"信任"这个术语有许多含义。时刻实施计算的经济推理是我用来定义和界定难以理解的信任概念的主要工具。

第Ⅰ节介绍了经济组织的计算方法。"计算性信任"（calculative trust）的概念已被广泛接受，其受采纳程度也在不断增长，但我对其持不同的意见，这会在第Ⅱ节中讨论。第Ⅲ节简要介绍了社会信任，它通过制度环境产生作用，并表现为一系列联用的形式。第Ⅳ节阐述了几乎是非计算性使用的个人信任。第Ⅴ节是结束语。

## Ⅰ. 计算

与其他社会科学相比，采用经济学方法研究经济组织肯定是更具计算性的。这一特点被认为是经济学的独特优势，也是它的致命要害。如果没有认识到计算的局限性，就会造成在分析问题时的越轨，进而导致经济学家容易对很多经济现象做出错误的评估。

---

[*] 原文"Calculativeness, Trust, and Economic Organization"载于 *Journal of Law and Economics* (Vol.36, No.1, Part 2, John M. Olin Centennial Conference in Law and Economics at the University of Chicago, Apr., 1993), 453 – 486。本文从在加州大学伯克利分校举行的 Institutional Analysis Workshop 以及在国卢兹举行的 Research Conference on Industrial Organization 的参与者那里获得了有益评论，同时感谢 James Marth；Claude MeMard；Vai-Lam Mui, Richard Craswell 和 LarStole 以及在芝加哥参与讨论的其他人员的评论。译者：陈耿宣。

[①] Diego Gambetta, Can We Trust Trust? in Trust: Making and Breaking Cooperative Relations, ix (Diego Gambetta ed. 1988).

我并不否定这个观点，但是我认为对计算的过度使用是可以弥补的。我还认为，如果承认计算的局限性，计算方法在经济组织上的分析范围是会扩大，而不是缩小的。一旦人们认识到计算过度并理解它，我们就会预见到产生扭曲事实的结果，从而在设计阶段就把这样的情况考虑进去。如此一来，我们就以（更有远见的）计算方式应对（短视的）过度计算。只要人们意识到有限理性，那么计算就为更加深刻地理解经济组织打开了一扇窗。

## A. 经济学和相邻学科[①]

经济分析和经济推理在相邻的社会科学中的运用主要是法学、政治学和在过去 30 年里明显增多的社会学。康芒斯很早的时候就认为，"法学与经济学"是联合的整体。可以肯定的是，这个观点是值得称道的。[②] 那时候康芒斯所参与的制度经济学研究还没有取得什么巨大的成就[③]，然而，经济学在法律上的第一次协同运用主要集中在了反垄断上。[④] 这一状况在 1960 年科斯的《社会成本》（Social Cost）一文[⑤]被发表和卡拉布雷西（Guido Calabresi）关于侵权行为的相关研究[⑥]问世后迅速改变了。从那以后，经济学几乎进入了法学的各个领域。[⑦]

经济学和政治学的结合也发生了很大的转变。阿罗关于社会选择的著作[⑧]、安东尼·唐斯（Anthony Downs）对于民主制的经济学解读[⑨]、奥尔森（Mancur Olson）关于集体行动的逻辑[⑩]、布坎南（James Buchanan）和戈登·

---

[①] 这一标题借用了科斯关于同样话题的一篇论文，"Economics and Contiguous Disciplines"，7 J. Legal Stud. 201 (1978)。

[②] 参见 John R. Commons, Legal Foundations of Capitalism (1924); 以及 John R. Commons, Law and Economics, 34 Yale L. J. 371 (1925)。

[③] 源于康芒斯传统的对法学和经济学最重要的贡献在于他的著作 "Legal Foundations of Capitalism"，注②。尽管重要的老式的制度经济学陷入了方法论方面的争议，并且没有拿出研究议程来和正统的学说竞争［见斯蒂格勒的相关言论，Edmund W. Kitch, The Fire of Truth: A Remembrance of Law and Economics, Chicago, 1932–1970, 26 J. Law & Econ. 163, 170 (1983)］。我认为有些总结过于严厉了，他们觉得美国制度学家的研究"没有带来任何成果……由于没有理论，制度学家们没有将研究赖以传承下去的载体"[Ronald H. Coase, The New Institutional Economics, 140 J. Inst. & Theor. Econ. 229, 230 (1984)]。

[④] Richard A. Posner, The Chicago School of Antitrust Analysis, 127 U. Pa. L. Rev. 925 (1979).

[⑤] Ronald H. Coase, The Problem of Social Cost, 3 J. Law & Econ. 1 (1960).

[⑥] Guido Calabresi, Some Thoughts on Risk Distribution and the Law of Torts, 70 Yale L. J. 499 (1961).

[⑦] Richard A. Posner, Economic Analysis of Law (1977).

[⑧] Kenneth J. Arrow, Social Choice and Individual Values (1951).

[⑨] Anthony Downs, An Economic Theory of Democracy (1957).

[⑩] Mancur Olson, The Logic of Collective Action (1965).

塔洛克（Gordon Tullock）关于宪法的研究①，都牵涉到这个转变。《法、经济学和组织杂志》(*Journal of Law, Economics, and Organization*) 最近的一些会议卷②表明，用经济推理来审视政治学和政治制度的现象已经很广泛了，并且对于某些问题，经济学甚至是基础性的。

相比而言，经济学与社会学之间的关系就没那么近了③，尽管这也正在发生变化，尤其是在目前用"理性选择"的方法④来研究社会学已经成形的状况下。两者之间的鸿沟仍然需要弥合。于是，保罗·萨缪尔森（Paul Samuelson）从理性取向的角度对两者进行了区分，他认为经济学是理性的，而社会学则是非理性的。⑤ 詹姆斯·杜森贝里（James Duesenberry）嘲讽道，经济学关注个体是如何做出选择的，而社会学则认为个体没有什么选择可做。⑥ 乔治·霍曼斯（George Homans）⑦和西蒙⑧都站出来反对杜森贝里的观点，他们认为社会学研究里面也有对理性分析的运用，并不存在那样的区别，但是这种区分依然存在。

人们可能会问：经济学在走向法学、政治学和社会学的成功背后是什么？科斯指出，将这些不同学科学者黏合起来的是"以下几方面中的一个或多个：共同的分析技术、共同的理论或方法，以及共同的研究主题"⑨。在短期内，尽管某些技术或特殊方法的使用可以让经济学家从一个领域成功地进入另一个领域⑩，但科斯认为，从长远来看，研究主题才是起决定性作用的："经济学家研究社会制度的运作方式，社会制度将整个经济体系捆绑在一起，这个体系包括：企业、商品和服务市场、劳动力市场、资本市场、银行系统、国际贸易

---

① James Buchanan and Gordon Tullock, The Calculus of Consent (1964).

② 1990年会议那一卷的题目是《政治制度的组织》（The Organization of Political Institutions），而1992年那几次会议讨论的是"行政法律和程序的经济学和政治学"（The Economics and Politics of Administrative Law and Procedures）。

③ 经济学和社会学之间大部分的距离看起来可以归结为对社会学这门新学科的需求，需要社会学以避免和经济学相冲突的方式来界定自己，经济学已经从社会学中剥离出来了。参见 Richard Swedberg, Economic Sociology: Past and Present, 35 Current Soc. 1 (1987).

④ 参见 James Coleman, Foundations of Social Theory (1990); Siegwart Lindenberg, Homo Socio-oeconomicus: The Emergence of a General Model of Man in the Social Sciences, 146 J. Inst. & Theor. Econ. 727 (1990); 以及 Michael Hecter, Principles of Group Solidarity (1987).

⑤ Paul Samuelson, Foundations of Economic Analysis (1947).

⑥ James Duesenberry, An Economic Analysis of Fertility: Comment in Demographic and Economic Change in Developed Countries 233 (1960).

⑦ George Homans, Social Behavior as Exchange, 62 Am. J. Sociol. 597 (1958).

⑧ Herbert Simon, Rationality as Product and Process of Thought, 68 Am. Econ. Rev. 1 (1978).

⑨⑩ Ronald Coase, 见第324页注①, 204。

等。正是这些社会制度的共同关注点将经济学的专业性区分出来。"① 科斯后来还说，正是因为经济学家"将经济体系作为统一的整体来研究……所以比起不习惯用整体眼光看待问题的人们，他们更有可能发现一个社会体系中基本的相互关系。（并且）经济学的研究使人们很难忽视那些显然重要的因素，这些因素在所有社会体系中都发挥着作用（比如相对价格）。"②

在我看来，后面这些言论更像是对经济学方法而非经济主题的认可。不管怎样，我这里想强调的是经济学的研究方法，而不是经济主题。我对经济学方法和经济学逐渐扩展到的相关社会科学领域的讨论都是建立在计算的基础之上的。（我认为这是被加里·贝克尔③广泛而有效地运用过的策略。）④ 需要注意的是，计算的经济推理会采用不同的形式，价格理论、产权理论、代理理论、交易成本经济学都是其变体。⑤

## B. 交易成本经济学

**制度经济学**

制度经济学从宏观变量和微观变量这两个层面展开分析。宏观变量，尤其

---

① Ronald Coase，见第 324 页注①，206 - 207。

② 同上，209 - 210。

③ Gary Becker. The Economic Approach to Human Behavior（1976）。

④ 不完整缔约是交易成本经济学运用的方法，有限理性是它的主要特点。需要注意的是，不完整缔约和贝克尔研究的最优设置之间是有实实在在的区别。然而，赫伯特·西蒙的观点和这两点都不一样。贝克尔过度地使用了超理性（Simon，见第 325 页注②，2），而我使用了缺乏经验支撑的不完整缔约设置 [Herbert Simon, Organization and Markets, 5 J. Econ. Persp. 25, 26 - 27 (1991)]。贝克尔是自己的最佳代言人。就我而言，我会说交易成本经济学中的实证研究比西蒙所认为的更多 [见 Oliver E. Williamson, The Economic Institutions of Capitalism (1985), ch. 5; Paul Joskow, Asset Specificity and the Structure of Vertical Relationships: Empirical Evidence, 4 J. L. Econ. & Org. 95 (1988); Paul Joskow, The Role of Transaction Cost Economics in Antitrust and Public Utility Regulatory Policies, 7 J. L. Econ. & Org. 53 (1991); and Howard Shelanski, Empirical Research in Transaction Cost Economics: A Survey and Assessment (未出版手稿, Univ. California, Berkeley 1991)]，并呈指数级增长。乔斯科做了这样的总结：一般来说，"相比于产业组织，交易成本经济学中的实证研究处在更好的状况"（The Role of Transaction Cost Economics, 见注③, 第 81 页）。然而，他又很快补充道，我们还需要更多更好的理论研究和实证研究："永不停歇"（同上，第 82 页），对此我表示赞同。

⑤ 这里需要加以解释的是，经济推理从反垄断的规律向更一般的规律所进行的大幅度扩展有着交易成本经济学的源头。(Coase，见第 324 页注⑤)。经济推理最初在经济组织上的运用也直接或间接地依赖于交易成本的观点。参见 Arrow，见第 324 页注⑧；Kenneth J. Arrow, The Organization of Economic Activity: Issues Pertinent to the Choice of Market versus Nonmarket Allocation, in 1 U. S. Joint Economic Committee, 91st Cong., 1st Sess., The Analysis and Evaluation of Public Expenditure: The PPB System 59 (1969); Oliver E. Williamson, Markets and Hierarchies: Analysis and Antitrust Implications (1975); Armen Alchian and Harold Demsetz, Production, Information Costs, and Economic Organization, 62 Am. Econ. Rev. 777 (1972); Michael Jensen and William Meckling, Theory of the Firm, 3 J. Fin. Econ. 305 (1976)。

是与道格拉斯·诺斯对制度环境的研究①有关；微观变量针对的是治理的制度。兰斯·戴维斯（Lance Davis）和诺斯②对二者进行了区分：

> 制度环境是指一系列为生产、交易和分配奠定基础的根本性政治、社会和法律规则，它们共同构成生产、交换和分配的基础，例如各种支配选举、产权以及契约权的规则……
>
> 制度安排就是经济单位之间的某种安排，它规定了这些单位能够进行协作和/或竞争的方式。它……（能够）提供一种结构，使得各成员能在此结构中进行合作……抑或（它能）提供一种可使法律或产权产生改变的机制。

我打算将这两者进行结合的方式，是把交易（或一组相关的交易）所嵌入的制度环境看作一组可变参数，这些参数的变化引发了比较治理成本的改变。③ 我会在本文的第Ⅲ节继续对这些问题进行阐述。在这里，我的主要目的是探讨治理的基本原理。

**治理**

尽管高度理性使经济学具有深刻的洞察力，但在某些阶段，我们还需要描述"作为人，其行为是受到现实制度制约的"④。经济行为人有哪些关键的特征呢？

交易成本经济学建立在机会主义和有限理性这两个关键的行为假设基础之上。⑤ 有限理性是认知上的假设，有限理性认为经济主体具有"有意图的理性，但仅仅只在有限度的程度上如此。"⑥ 有限理性的直接后果就是：复杂的经济组织形式［如完备或有索取权缔约（complete contingent-claims contracting)］⑦ 变得不可行。单独看来，这是一个消极的结果，但实际并不止于此。

---

① Douglass North, Institutions, 5 J. Econ. Persp. 97 (1991).

② Lance E. Davis and Douglass C. North, Institutional Change and American Economic Growth 6-7 (1971).

③ Oliver E. Williamson, Comparative Economic Organization: The Analysis of Discrete Structural Alternatives, 36 Admin. Sci. Q. 269 (1991).

④ Coase, 见第324页注③, 231。

⑤ 有限理性中被强调得最多的一点是有限的认知能力。非理性或者满意经常被认为是通过有限认知能力被说明的。然而，有意图的（但是有限的）理性是一个更广泛的概念。不仅理性的主体试图有效地抵抗有意的理性（这里并不包含非理性，除非在某些也许病态的事件中），而且满意度也只是这种抵抗的表现之一。满意度方法被心理学所接受，并且通过期望水平的机制起作用，但还没有在经济学的范畴内得到广泛应用。［参见 Kenneth Arrow and Seppo Honkapohja eds. 1985。也可参见 Kenneth Arrow, Reflections on the Essays, in Arrow and the Foundations of the Theory of Economic Policy 734 (George Feiwel ed. 1987)。］

⑥ Herbert Simon, Administrative Behavior, xxiv (2d ed. 1957).

⑦ Roy Radner, Competitive Equilibrium under Uncertainty, 36 Econometrica 31 (1968).

如果心智是稀缺的资源①，那么理性的节约就是必要的。如此一来，经济学的研究方法就可以用来解释更多的问题了。如果我们"自觉、慎重和有目的"地使用组织，那么节约的有限理性就变成内生的了。②

机会主义是一个寻求自利的假设。在简单的寻求自利的基础上，经济主体会不断地根据自己的喜好行事，但在磋商时也会坦率地披露所有相关信息摆明的条件，并切实地履行所有的约定。而机会主义者的自利还在于欺诈行为。这样一来，经济主体是否会说实话、是否交代所有事实、是否只讲真相，以及是否以负责任的态度可靠地自我执行已达成的契约就成问题了。尽管这也是一个消极的结果，但同样随之也带来了一项积极的研究议程。

我们可以或宽泛或狭隘地来解释机会主义带来的教训。马基雅维利的理解是缺乏远见的，他向王子建议，王子可以而且必须违约而不受惩罚。③ 相反，交易成本经济学认为，特别是在认识到机会主义是有风险的基础上，聪明的（有远见的）王子会做出可信的承诺，别人也会对他做出可信的承诺。计算的程度越高，就会带来越好的交易。④ 如果经济主体对他们所处经济关系的理解更有远见的话，马基雅维利式的贪婪就不会存在了。

此外，还需要注意的是，关于可信的承诺的观点是完全讲求实际的。不需要额外支持的契约（法学和经济学上的"理想"契约）不会被提供可信的承诺。⑤ 更一般地说，只有在具有成本效益的情况下，契约才会需要被提供额外的支持，由此，计算性也就变得普遍了。

总的来说，有限理性和机会主义的教训会造成如下综合结果：组织交易，以节约有限理性，同时保护交易免受机会主义的危害。当不完全契约被当成一个整体来研究时，可信的承诺就会出现，同时对于强迫性计算（obsessive calculativeness）、截面性计算（truncated calculativeness）和反计算（anticalculativeness）的抱怨也缓和了。

## C. 所谓的计算过度

### 强迫性计算

对经济组织的计算性研究可能并且有时候确实导致了对控制的过度需求。

---

① Simon，见第 325 页注⑧，12。

② 参见 Chester Barnard, The Functions of the Executive 4（第 15 次印刷，1962）（第 1 次印刷，1938）。

③ Niccolò Machiavelli, The Prince 92 - 93 (1952).

④ 参见 Oliver E. Williamson, Credible Commitments: Using Hostages to Support Exchange, 73 Am. Econ. Rev. 519 (1983). 理查德·道金斯（Richard Dawkins）在自利条件下对有意识的远见做出的评论是非常中肯的 [Richard Dawkins, The Selfish Gene 215 (1976)]。

⑤ Ian Macneil, The Many Futures of Contract, 47 S. Cal. L. Rev. 691 (1974), 738.

社会学的一个具有先见之明的教训就是，控制会带来预期和非预期的后果，而那些非预期的后果通常会导致一些不正常的功效。[1]

对这一发现可能的反应就是认为经济学方法因其过于关注预期效应而忽略了非预期效应从而存在缺陷。但这就等于假设经济学的研究方法无论怎样都不能或者不愿考虑所有相关的规律。如果更深一层的教训是要根据所有的后果——预期和（原本）非预期的后果——来设计控制系统，并且如果经济学可以将这个更深刻的教训用到实践中，那么说经济学方法很容易导致强迫性计算就未免过于夸张了。正确的观点应该是，计算的肤浅运用可能并且有时候确实会（计算）过度，但这通常是可以弥补的。在被告知附加后果的情况下，这些问题就会在设计操作之初被作为影响因素考虑在内。（由此我们就得到了用计算来解决计算过度的方法了。）

**截面性计算**

很多经济组织模型都是按照截面逻辑运作的。按照这种逻辑，经济行为人被认为是目光短浅的。凯恩斯式宏观经济模型的很多方面就是按照一种短视逻辑运作的。蛛网模型[2]、进入壁垒论[3]和研究经济组织的资源依赖方式[4]也都是如此。

交易成本经济学同样对所有的这些条件都做出反应：尽管复杂契约都不可避免地是不完全的，但一个有远见的针对契约的方法通常还是可行的。在这个过程中，我们可以解决许多由截面性计算带来的问题。

研究经济组织的这两种方法——资源依赖性和可信的承诺——二者的区别是很好解释的。资源依赖方法关注权利差距，这种权利差距产生于当契约双方之间的依赖突然出现时。如果目光短浅的经济主体没有能力为根本性转变（fundamental transformation）——在契约履行和契约续签的间隙，最初众多符合要求的供应方合乎效率地转变为了少数的实际供应方——进行计划和准备条款，就很容易出现资源依赖的情况。[5] 如果不能预见到这种转变，双方在最初契约上达成一致后，合作的一方就可能发现自己在与另一方的关系中处于权利方面的劣势。

交易成本经济学从效率的角度出发，认为相互依赖是（广义上）可预见的

---

[1] 参见 Robert Merton, The Unanticipated Consequences of Purposive Social Action, 1 Am. Sociol. Rev. 894 (1936); James G. March & Herbert Simon, Organizations (1958).

[2] Ronald H. Coase and Ronald Fowler, Bacon Production and the Pig Cycle in Great Britain, 2 Economica 142 (1935).

[3] George Stigler, The Organization of Industry (1968).

[4] 参见 Jeffrey Pfeffer and Gerald Salancik, The External Control of Organizations (1978); Jeffrey Pfeffer, Power in Organizations (1981).

[5] 参见 Williamson, 第 326 页注[4], 61-63。

情况。因此，在某种程度上，专用资产（由此产生了双边依赖）产生了利润（增加收益和/或节约制造成本）。于是，有远见的双方有目的地建立双边依赖关系，并通过契约来对其进行保障，但这仅存在于相关投资具有成本效益的情况下。由于价格、专用资产和契约保障都是同时被决定的，否则就会产生（不愿看到的资源依赖性）问题，而计算就是这一问题的答案。

**反计算：话语权**

另一个观点是：经济组织的计算性研究方法强调的是退出（传统经济学将其看作表达不满的手段），而忽视了话语权（与政治学联系在一起，并且据说只有很低的计算性）。[①] 交易成本经济学有时被认为是要格外受到指责的。[②]

我从两方面进行了回应。首先，如果话语权在没有退出选项的情况下是相对无效的，实际情况显然是这样[③]，那么话语权就的确有计算性的一面。其次，话语权通过机制起作用，而这些机制通常是精心设计出来的。

卢埃林把契约看作框架[④]，而不是法律条款，这一观点相当中肯（着重号为后加）："法律合同最重要的地方是，它提供了……一个高度可调节的框架，虽然这个框架可能从来都不能精确说明真实发生的情况，但是它提供了使各种真实发生的关系围绕其变动的一个大致说明；当人们遇到疑惑时，它可以提供必要的指导；当契约关系实质上终止时，它可以作为诉诸法律的标准。"

很清楚，卢埃林对话语权做了规定：（双边依赖的）契约双方在遇到意外干扰时会努力寻求问题的解决。广义上讲，契约起到了框架的作用。然而，卢埃林发现，当契约双方无法调和他们之间的分歧时，契约还能充当商讨最终诉求时应遵循的原则。因此，对退出选项应该持保留态度，但是契约的法庭秩序提供了威胁立场的界限。退出的条款是由契约决定的，知道了这一点，通过话语权进行的讨价还价就受到了很大的影响。

但是还不止如此。话语权的细节通常是由契约条款来规定的。我们来看一下内华达电力公司（Nevada Power Company）和西北贸易公司（Northwest Trading Company）之间的 32 年煤炭供应协议[⑤]中的条款：

---

① Albert O. Hirschman, Exit, Voice and Loyalty (1970).

② 参见 Mark Granovetter, Economic Action and Social Structure: The Problem of Embeddedness, 91 Am. J. Sociol. 481 (1985); Mark Granovetter, The Sociological and Economic Approaches to Labor Market Analysis, in Industries, Firms, and Jobs (George Farkas and Paula England eds. 1988).

③ Hirschman, 见注①。

④ Karl N. Llewellyn, What Price Contract? An Essay in Perspective, 40 Yale L. J. 704, 736-37 (1931).

⑤ 引自 Williamson, 见第 326 页注④, 164-65。

当对一方当事人有不利影响的不公平情况出现时，契约双方平等负有的共同责任是，迅速而真诚地采取行动，决定为消除或者调整这种不公平所需要的措施，并且有效地实施。当一方当事人向另一方送达不公平的书面声明时，双方必须采取联合行动，在这种书面申请提出之日起60天内，就所声明的不公平达成协议。调整后的煤炭基价与市场价的差额不应超过10%。声称不公平的一方应在其书面要求中写进为能够合情合理地证明该声明所必需的信息与数据，同时还必须免费且及时地提供另一方可能合情合理地认为是有关的和必需的其他信息与数据。如果双方在60天内不能达成协议，就应将此事提交仲裁。

显然，预期话语权据以运作的方式已经被提前设计出来了，所以，在事后治理（话语权）的设计中已经包含了计算。

此外，如前所述，交易成本经济学认为事后治理是以不同的方式和交易需求保持一致的。一些交易，并非所有交易，被提供了发表意见的机制。尤其是，当一方自行其是而并未增加另一方的成本时，古典交易将不受发言权的支持。结果是，虽然正统经济学没有话语权地退出（exit-without-voice）的研究方法周密地考虑到了一种更丰富多变的状况，但计算还是被广泛地运用。话语权的重要性并没有受到丝毫的怀疑，相反，它被包含在扩展的计算范围之内。

## Ⅱ．计算性信任[①]

我在这一节和接下来的两节的目的是，考察上述提到的"难以理解的信任概念"[②]。通过考察一系列交互使用到信任和风险这两个术语的例子——这在社会学文献中已经成为一种标准做法——我将对交易成本经济学赖以运作的简单缔约框架加以概述。如前所述，交易成本经济学提到了契约保障，或者是契约保障的缺失（而不是信任，或者信任的缺失）。有成本效益的保障措施已经被设计出来以支持更有效的交易，用"信任"这个术语来解释这样的商业交易，我认为是多余的，并且可能会产生误导。计算性信任是一个术语上的矛盾。

### A．风险与信任

"信任"是个好字眼，"风险"也同样如此。社会科学家早已将各种信任状

---

[①] 关于信任的文献数目众多，其中一些明显来自这种讨论。对此更广泛的概述，参见 Craig Thomas, Public Trust in Organizations and Institutions: A Sociological Perspective (1991).

[②] Gambetta, 见第323页注①, ix。

况描述为"那些涉及风险状况的子集。在这些状况中,一个人所承担的风险取决于另一个行为人的行为"①。按照这种说法,当一个人把自己置于相对于另一个人的风险之中时,如果预期收益为正,那么信任就有了保障,否则就没有保障。的确,做出接受这样一个风险的决定必然就意味着信任。②

甘贝塔组织了很有影响力的系列学术研讨会,反复探讨了这个主题,并且以《信任:创造和打破合作关系》(Trust: Making and Breaking Cooperative Relations)为名出版。这本书同意下述统一评论③:"在信任的定义中存在一个收敛集,可以概括如下:信任……是一个特定的主观概率水平,一个行为主体以此概率水平去判断另一个主体或主体群将采取某个特定的行动……当我们说我们信任某人或某人值得信任的时候,隐含的意思是,这个人将采取对我们有益的或者至少是无害的行动的概率水平很高,足以让我们考虑与他进行某种形式的合作。"杰弗里·布拉达赫和罗伯特·埃克尔斯最近在《社会学评论年刊》(Annual Review of Sociology)上发表了《价格、权威和信任》(Price, Authority, and Trust)④一文,明确地接受了这种观点。正如下面将要讨论到的,大卫·克雷普斯(David Kreps)⑤和帕莎·达斯古普塔(Partha Dasgupta)⑥在他们用博弈论对信任进行的处理中使用了类似的概念。其结论是:通过把被计算的信任(calculated trust)作为精心计算的风险的子集,人们认为信任变得更清晰和更易于操作了。

科尔曼在讨论"信任关系"(Relations of Trust)的那一章中,通过三个例子阐述了研究信任的理性选择方法。⑦第一个例子讲的是,有一个挪威船主,急需20万英镑的贷款来取回被拖到阿姆斯特丹去修理的船只;第二个例子讲的是,一个农夫来到一片陌生的土地,他的农具意外损坏的事;第三个例子讲的是,一个移民的中学女孩在新环境里缺少伙伴的事。

挪威船主不付钱,阿姆斯特丹的船坞便不肯将修好的船只还给船主,于是船主打电话给在伦敦的汉布罗商业银行(Hambros Bank)申请贷款。三分钟内,汉布罗银行就安排了阿姆斯特丹银行把钱付出去,于是船主被告知,他可以把自己的船只领走了。科尔曼对这个例子概括如下⑧:

---

① Coleman,见第325页注④,91。
② 同上,105。
③ Gambetta,见第323页注①,217。
④ Jeffrey Bradach and Robert Eccles, Price, Authority, and Trust, 15 Am. Rev. Sociol. 97 (1989).
⑤ David M. Kreps, Corporate Culture and Economic Theory, in Perspectives on Positive Political Economy (James Alt & Kenneth Shepsle eds. 1990).
⑥ Partha Dasgupta, Trust as a Commodity,在Gambetta版中,见第323页注①,49。
⑦ Coleman,见第325页注④。
⑧ 同上,92。

这个例子明显包含有信任。阿姆斯特丹银行的经理信任给他打电话的挪威船主，信任的结果是给了该船主 20 万英镑贷款。双方没有签署任何协议，也没有任何交易文本，除了船主的还款意愿和汉布罗银行那个经理对船主人品和还款能力的信任外，没有任何实质的东西。同样，阿姆斯特丹支行仅凭电话里的请求就相信了汉布罗银行，并同意支付 20 万英镑。它愿意支付这笔钱是因为它相信汉布罗银行会在周一上午还清这笔款项。

在农夫的例子中，他的干草打捆机突然坏了，草料眼看着就要被雨水淋坏了。邻居把自己的打捆机借给了农夫，并且免费帮他捆草，从而避免了一场损失。当得到帮助的农夫问邻居，需要用什么来回报他时，邻居说："只需要打捆机工作时耗费的油钱。"科尔曼认为这是"第二个农夫对第一个农夫的信任，属于遇到麻烦、需要帮助时的信任。当他向第一个农夫寻求帮助时，第一个农夫也会帮他，就像他在这种情况下做的那样。"[1]

在第三个例子中，一开始中学女孩同意让一个男孩陪她一起步行回家。男孩要求抄树林里的小路，女孩也同意了。然后，男孩提出性要求，女孩拒绝了。结果，男孩施以暴力。科尔曼认为，这是"一个包含信任的特殊情况下的特殊例子"，在这个例子中，处于弱势地位的女性将她自己置于危险之中，"在某些时候，就像本插曲中一样，信任了不该信任的人"[2]。

另一个被普遍认为反映了信任的例子是纽约的一位钻石商的故事。约兰·本-波拉斯把这个关系描述成大多数交易"是通过握手达成的"。[3] 如果没有犹太人社会中普遍存在的信任，这样的交易是不可能达成的。有意思的是，据说那些信任的条件正在发生变化。一位年迈的以色列钻石商是这样描述这些变化的："当我最初进入这个行当的时候，人们的观念是：真诚和守信是做买卖的方式，正经人是不会考虑采取坑蒙拐骗来做生意的。而现在，尽管很多交易仍然是建立在信任和真诚的基础上的，但之所以这么做是因为人们相信这样做对生意更有利，是赚取利润的手段。"[4]

詹姆斯·亨林（James Henlin）对出租车司机是否载客的决策的表述，被克雷格·托马斯（Craig Thomas）[5] 用来说明"以性格为基础的信任"："出租车司机并不能通过以往经验来判断将要上他车的乘客的各种具体情况，他们必须根据当时的场景、乘客的外貌和举止来决定是否停车载他。亨林……认为，

---

[1] Coleman，见第 325 页注④，93。
[2] 同上，94。
[3] Yoram Ben-Porath, The F-Connection: Families, Friends, and Firms and the Organization of Exchange, 6 Population & Dev. Rev. 1 (1980).
[4] 引自 Lisa Bernstein, The Choice between Public and Private Law (Discussion Paper No. 70, Harvard Law School, Program in Law and Economics, 1990), 38。
[5] Thomas, 见第 331 页注①, 22。

信任存在于自我介绍的演员和与他产生互动（信任）或者没有互动（不信任）的观众之间。"

近来，对经济组织的博弈论研究都提到了信任，这通常是针对连续重复博弈的参与者而言的。大卫·克雷普斯对博弈的描述很具代表性。基本的结构是单边囚徒困境博弈，每一局都是一个两步行动序列。首先，参与人 X 决定以身犯险（"信任 Y"）还是不这样做（"不信任 Y"）。如果参与人 X 承担危险，则参与人 Y 要决定是利用参与人 X（"滥用 X 的信任"）还是不利用（"尊重 X 的信任"）。结果是，信任/尊重使共同的收益最大化。但是如果参与人 Y 滥用 X 的信任，Y 自己的直接收益就得到了最大化，在一次性博弈的情况下，将会得到无信任/不参与的结果。

于是，克雷普斯转而研究重复博弈，这样的博弈中，每一局后都紧随着下一局的概率很高，使得分析也发生了"戏剧性的"变化。① 例如，X 告诉 Y："我首先信任你，希望你能尊重这份信任。确切地讲，只要你不滥用我对你的信任，我会一直信任你。不过一旦你滥用我对你的信任，我就绝不再信任你。"如果 Y 听到并且相信了这番话，且如果这个博弈是重复发生的（具有很高的概率），那么"尊重-信任"的结果就会自动出现。② 尽管是在商业的背景下，但这个博弈的重心显然是在信任和尊重。

用博弈论来研究信任，做得最全面的也许就是帕萨·达斯古普塔关于"作为商品的信任"（Trust as a Commodity）的一章了。首先，他宣称，"信任是所有交易的核心，然而经济学家却极少讨论这个话题"③。他作了如下解释④："要在个人之间发展信任，当事人就要反复接触，并且对之前的经历有所记忆。此外，要使诚实具有作为一个观念的作用，那么诚实的行为中就必定包含某种成本。最后，信任是和声誉联系在一起的，而声誉是必须要得到的。"达斯古普塔还进一步说道："如果激励'得当'，甚至一个值得信任的人都会变得不可信任。"⑤

### B. 简单缔约模型

风险必然带来概率性的结果。如果一次冒险有好的和坏的两种结果，每种结果的效用值分别为 G 和 B，并且如果好结果发生的概率为 q，那么该冒险活动的预期效用值可以表示为 $V=qG+(1-q)B$。

有时，行为人可以采取行动来弱化坏结果，增强好结果。我将把有效的精

---

① Kreps，见第 332 页注⑤，102。
② 同上，103。
③ Dasgupta，第 332 页注⑥，49。
④ 同上，59。
⑤ 同上，54。

心计算定义为这样一种情况,在这种情况下,受影响的各方(1)知道可能的结果范围和它们的相关概率;(2)采取有成本效益的行动来减少风险、增加收益;(3)仅在预期净收益能够被预估出来的情况下进行交易;(4)如果 X 能与几个 Y$_s$ 中的任意一个完成交易,交易将被分配给预期净收益最大的那个 Y。①

交易中的各方充分理解他们作为其中一部分的这种契约关系,并以精心计算的方式来应对这种关系。② 交易成本经济学里反复提到的简单契约模型将交易描述为一种三维向量组合($p, k, s$)。这里,$p$ 指交易发生的价格,$k$ 代表与交易有关的风险,$s$ 指嵌入交易之中的各种保障措施。价格、风险和保障,这三者是同时被确定的。

图 1 展示了向量中每个元素的取值。如该图所示,节点 A 没有任何风险,所涉及的货物或服务完全是通用的,货物和服务的交易是一手交钱一手交货。这就是被伊恩·麦克尼尔描述成"始于明确协议带来的清晰,终于确切效果形成的鲜明"的古典市场交易。③

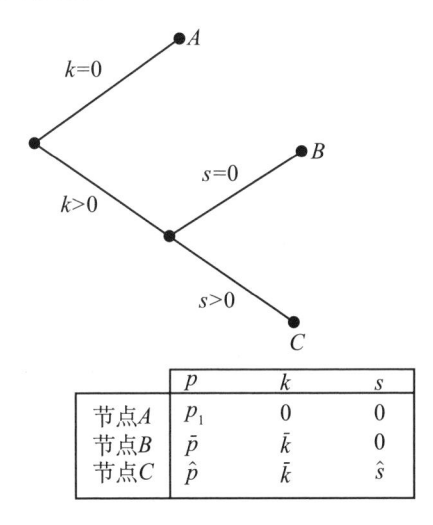

|  | $p$ | $k$ | $s$ |
|---|---|---|---|
| 节点 A | $p_1$ | 0 | 0 |
| 节点 B | $\bar{p}$ | $\bar{k}$ | 0 |
| 节点 C | $\hat{p}$ | $\bar{k}$ | $\hat{s}$ |

**图 1 一个简单的契约框架**

假设供应商以竞争性方式组织起来,且均为风险中性的,那么就好做比较

---

① 这看起来和最大化收益没什么区别——至少如果考虑到以下几点:(1)缔约的不完全性;(2)信息的粗糙质量;(3)分离的选择。满意与最大化的对照讨论,参见 Oliver Williamson, Transaction Cost Economics and Organization Theory, 2 Indus. & Corp. Change 165(1993)。

② 尽管精心计算普遍存在,但交易还是经常使用承诺、信任、帮助和合作性等词语。这是可以理解的,因为巧妙地使用语言可能促成很多交易,而这些交易原本可能被伤感情的计算所破坏。然而,如果基本的交易是由客观因素累积起来的,那么精心计算(可信性、风险、保障、净收益)就成为交易的关键所在。

③ Macneil,见第 328 页注⑤,738。

335

了。此时所提供的产品的价格就反映了预期的盈亏平衡情形。和节点 A 相关的盈亏平衡价格是 $p$。由于没有风险，$k$ 的值就是 0。同时，保障措施也没有必要①，$s$ 的值也是 0。

节点 B 更有意思。这里的契约风险是 $\bar{k}$。如果买方没有能力或者不愿提供保障，那么 $s$ 的值是 0。相应的盈亏平衡价格是 $\bar{p}$。

节点 C 处于同样的契约风险中，也就是 $\bar{k}$。然而，在这种情况下，提供了总量为 $\hat{s}$ 的保障。在这些条件下的预期盈亏平衡价格是 $\hat{p}$，$\hat{p}<\bar{p}$ 是最基本的。② 按照第 II 节 A 部分的说法，节点 A 没有风险，因此不需要信任。相反，节点 B 和 C 存在风险。用信任的术语来讲，就是节点 B 是低信任结果，节点 C 是高信任结果。

请注意，布拉达赫和埃克尔斯认为，"交易双方的相互依赖（即 $k>0$）……（增进了）信任，这与交易成本经济学关于……依赖……促使机会主义行为的核心观点形成了鲜明的对比。"③ 然而，交易经济学说的是，由于机会主义者并不会强迫自己无限度地承诺对其行为负责，有效的交易只有在依赖得到可信的承诺支持的情况下才能得以实现。如果交易各方富有远见，并根据交易来考虑相关风险，那么所涉及的信任何在呢？［如果有成本效益的契约保障（$s>0$）将风险减少（$k>0$），那么就会出现更好的价格（$\hat{p}<\bar{p}$）。］实际上，我还是认为，信任与商业交易无关，在这方面提及信任将会带来混乱。

还需注意，虽然可信的承诺避免了违约，并且支持更有效的交易，但违约并未被完全排除。相反，如果在某些情况下兑现承诺是没有效率的，那么最佳的契约将反映出这些情形下的违约。虽然商业契约的有效违约是很容易通过契约的精心计算方式进行调和的，但信任可以被有效率地破坏的说法却受到极大的考验。如果坚持以一种有限制的方式对信任进行运用，那么很多关于契约法的文献就变得很清晰明了了。

## C. 应用

如果各种计算性的关系通过计算的术语进行了最佳描述，那么进一步来说，就应尽可能地避免使用具有不同含义的术语，信任就是这样的术语。正如下文所讨论的，前面举的所有例子都可以从效率和可信任方面来解读，只有一个例子除外。（这个例子就是那个遇到意外的女孩的故事，但我认为，那也并

---

① 换句话说，（抛开过度的问题不谈，）各方能够各行其道而不对对方造成任何费用。竞争提供了保障。

② 更系统的阐释，见 Williamson，第 328 页注④。相关的实证研究，见 Scott Masten and Keith Crocker, Efficient Adaptation in Long-Term Contracts: Take or Pay Provisions for Natural Gas, 75 Am. Econ. Rev. 1085 (1985)，以及由乔斯科报告的调查，见第 326 页注④。

③ Bradach and Eccles，见第 332 页注④，111。

不是一种对信任作了恰当描述的情况。）当我的观点被广泛接受后，接下来人们对"信任"一词的使用就会变得更加谨慎——即使不是太普遍，也至少在社会学家那里会是如此。

**挪威船主**

挪威船主需要一笔贷款。用 $q_1$、$q_2$ 和 $q_3$ 分别表示船坞、阿姆斯特丹银行和伦敦商业银行（汉布罗银行）预期的好的结果（及时还款和未来有利润的业务）的概率。$G_1$、$G_2$ 和 $G_3$ 是对应的收益，$B_1$、$B_2$ 和 $B_3$ 是对应的损失，每个值都与挪威船主进行的交易直接相关。则预期净收益可以表示为 $V_i = q_i G_i + (1-q_i)B_i$。我向科尔曼解释道，汉布罗银行的交易能够实现，而其他两方的直接交易不能实现的原因在于 $V_3 > 0$（商业银行信任挪威船主），而 $V_1 < 0$、$V_2 < 0$（船坞和阿姆斯特丹银行不信任挪威船主）。但这并非必然。作为一个良好的商业实践，汉布罗银行应该在 $V_3 > 0$、$V_3 > V_1$ 及 $V_3 > V_2$ 的条件下实现交易。

我的理解是，（1）当事各方都会精心计算，（2）贷款由获得最大预期收益的一方提供，（3）不涉及任何信任。最适合承担风险的是伦敦的商业银行，我推测，这是因为它对船主最了解，也最了解未来业务的前景。的确，阿姆斯特丹的船坞也许采取的是见到款项才放船的政策，但这并非因为这个船坞方总是计划预期收益为负的项目。相反，这样的政策对于造船这样的体系来说是非常有效率的决策之一。① 船坞方知道与造船相关的方方面面，但对客户的财务状况却知之甚少，也很难保障既有业务的持续，通过法庭追回未付款项的能力也有所不足。由于商业银行在上述所有方面都更具优势，船坞方就采取了这样的措施，由一方专门负责生产，而另一方承担全部的财务风险。

甚至假设，在诉诸法律的时候，相比阿姆斯特丹银行和船坞方，伦敦商业银行更适合承担风险，难道信任不能通过伦敦商业银行对挪威船主个人人品的了解而产生吗？换句话说，除了上文所提到的客观属性之外，对个人人品的特殊了解会不会也促成伦敦商业银行帮助挪威船主获得贷款，然后就有了信任呢？

我认为，伦敦商业银行对挪威船主人品的深入了解仅仅能够帮助其改进对人品的评估。从这层意义上来讲，伦敦商业银行能够更好地做出评估，但并不意味着它对挪威船主的人品有更积极的评价。（事实上，伦敦商业银行也许会因为了解到挪威船主是个骗子而拒绝贷款给他。）更一般地说，如果 $N$ 个船主

---

① 正文中给出了主要的系统论证。但还有另外一种可能：船坞方（或者更一般地说，相对于银行的商人）是乐观主义者，所以他们对于好结果的主观预期概率超过了客观情况。拒绝将修好的船只交付给挪威船主也许是控制过度乐观的一个好方法。拥有"严格而专断"的政策的一个重要但很少被提到的目的就是，防止交易中的各方受怪异诉求的影响。

向汉布罗银行提出相同的贷款请求,并且只有 $M < N$ 个被批准,我们能得出怎样的推断呢?我认为,在整个过程中,计算都起到了决定性的作用,引出信任只会将计算的(清)水搅浑。

**干草打捆机**

干草打捆机的例子提出了非正式组织的问题。如果事故是随机发生的,且如果在紧急援助的情况下定价存在大量的不确定性,那么将这些交易嵌入制度的结构中就是有利的,在这种结构中,人们会对非剥削条款做出快速反应。一个非正式的、互惠的救助机制是一种可能的制度反应。

然而,欺骗仍是一种风险。为防止机会主义的农夫滥用非正式的帮助,需要有制裁的措施。所以,尽管几乎所有关于紧急援助的请求都会引起快速且有利的反应,但是知恩不报的行为不会被忘记和原谅。并且,如果继续如此,就会引至道德上的劝告,再往后,最终就会遭到制裁——被人们所排斥并拒绝给予任何援助。这样,非正式组织的效力开启了计算性的支持。如果近乎自发的、无价的帮助是最有效率的反应,假设紧急援助有惩罚措施作为保障,并且最终都是以互惠为条件的,那么计算会自然流行,而呼吁信任不会带来任何好处。

然而,"应对问题的实践是由制裁来维持"的附加条件是极其重要的。在那些非正式组织的惩罚软弱无力的地方,依赖于互惠责任感的延期支付就不那么可行了,"自发的"合作不那么多了,并且/或者在提供紧急援助的情况下就会期望(要求)立即付款。

**钻石交易商**

钻石交易商之间的信任表象是具有欺骗性的。马克·格兰诺维特认为,这些交易"被嵌入钻石交易商们紧密的组织之中,在这一组织里,他们严密地监督着每一个人的行为"[①]。丽莎·伯恩斯坦(Lisa Bernstein)[②] 对此进行了解释:

> 钻石行业的独特之处不是信任和声誉在商业交易中的重要性,而是这个行业能够以足够低的成本利用声誉/社会约束来建立起一个私人法体系,以使得大多数交易能够完全在法律制度之外达成。大多数契约能够完全在法律之外执行……这是通过两个主要方式来实现的:(1)通过声誉的约束;(2)通过一个私人仲裁体系,该体系的损害赔偿不受预期的损害限制,裁定由声誉约束和社会压力来执行。

换言之,节点 C 的"信任关系"并不是因为钻石行业有幸是由一个充满信

---

① Granovetter, Economic Action and Social Structure,见第 330 页注②,492。
② Bernstein,见第 333 页注④,35-36。

任的民族社区所组织起来的,从而成立。相反,组织这个市场的犹太民族社区之所以能获得成功,是因为它能够比竞争对手更有效地提供有成本效益的制裁。而且,直到最近,这些制裁的效能[1]都依赖于严格的准入制度:在过去,犹太人在他们所居住的国家形成了一个充满凝聚力且地理上集中的社会群体,犹太人的法律提供了规范商业行为的详细的实质性规则,犹太群体也提供了一系列解决法律外纷争的制度。对于非犹太人来说,这种违规的制裁措施是软弱无力的——因此只有在规则给他们以方便的时候,他们才会遵守——他们可能被无视风险地允许进入节点 C 的状态。[2]

然而,这个行业的组织一直在随着新信息和新监督技术的发展而不断变化。(可以设想,族群制裁的功效可能正在减弱。)尽管受到"习惯于首先与朋友和长期业务伙伴交易的老交易商"[3]的抵制,但新的治理结构[4]正在不断发展:"目前正在被世界钻石交易所联合会考虑的议案中就有:建立一个国际计算机数据库来存储所有会员交易所的仲裁判决,以此建立国际统一的交易惯例,以及要求每个交易所配备传真机,以便快速传播可靠信息的制度。"

这种变化类似一项新的技术,在这里,随着标准化机器的出现,"干中学"变得不那么必要了。在钻石行业的例子中,新的信息技术使交易的多样化变得可能。可以肯定的是,族群身份在市场中还是有价值的,但不同市场间的族群差异如今变得更容易维持。将先前的安排描述成高信任状态,而将目前正在兴起的安排描述成低信任状态,不但没有把事情说清楚,反而增添了混乱。二者都反映了计算性。

---

[1] Bernstein, 见第 333 页注[4], 41。

[2] 有时候会出现"最后阶段"的问题。如果犹太人在最后的交易中依然守约,这意味着信任到底还起作用吗?即使退休了的犹太人继续留在他们所在的集体内(在这种情况下他们仍将服从制裁)或者保持强烈的宗教意识,我的观点仍是否定的。陀思妥耶夫斯基(Dostoyevsky)在《卡拉马佐夫兄弟》(*The Brothers Karamozov*)中讲述的退休后仍留在集体中的犹太人和非法买卖之间的对比,是颇具指导意义的。拉塞尔·哈丁 [Russell Hardin. Trusting Persons, Trusting Institutions, in Strategy and Choice 185 (Richard J. Zeckhauser ed. 1991)] 重新讲解了这一事件:

（一位）中校……为他所效力的军队管理很大一笔钱。每当账目定期审计结束,他就会把钱拿去给商人特里福诺夫,后者会给他利息和礼物作为回报。事实上,中校和特里福诺夫两人都从这笔钱中获利了,因为要不是有这样的交易,资金就会闲置,不能为任何人谋利。因为这种做法是高度违规的,所以他们两人之间的交易是秘密进行的,这笔交易全仰赖两人之间的相互信任,不受契约法的约束。当有一天中校的位置突然换成了别人,他于是要求特里福诺夫把他最后交付的一笔 4 500 卢比的钱返还给他。特里福诺夫则说:"我从来没有而且也不可能从你那里收到过一分钱。"

虽然哈丁将中校和特里福诺夫之间的关系说成是"个人信任",但我认为特里福诺夫确实是经过精心计算后对待(中校也早该清楚这一点)这个关系的——一种不受法律和社会制裁的自我执行的契约 [Lester Telser, A Theory of Self-enforcing Agreements, 53 J. Bus. 27 (1981)]。

[3] Bernstein, 见第 333 页注[4], 42。

[4] 同上, 43。

换句话说，认为商业信任已经取代了实际信任的观点是错误的。想法作为商业信任的基础已经明显地变得越来越具有计算性了，因为新的通信技术已经通过使在更大的贸易网络中追踪商业信誉的效应成为可能的途径，进入了这种小型贸易团体中。[①]

**出租车司机**

出租车司机需要决定是否载客。尽管他们做出决定所依赖的概率评估具有很高的主观性（它反映了风险态度、对于特殊状况的认知，以及自己之前直接和间接的经验），但这完全是一个计算性活动。把接受风险（载客）的决定视为一种信任，并没有任何明显的附加值。

**博弈论**

克雷普斯所描述的博弈中那种"戏剧性的"变化是在从一次性博弈（在这种情况下拒绝参与是理性选择）到高重复概率博弈的转变中发生的。考虑到克雷普斯制定的行为准则，声誉效应无情地追随着那些违背契约的人。于是，交易风险就通过将交易置于人们所知的声誉效应良好运转的网络中而减小了。

而且，这也可以理解为节点C的结果。交易各方研究了各种可选方案，并且挑选了其中一种，在这种方案中，未来业务中的预期损失将阻止行为获得即期收益。不可否认，一些市场更有能力支持声誉效应。声誉效应可能并且有时候确实会失效[②]，所以它并不是交易的万灵丹。然而，对声誉效应功效的计算性评估被十分恰当地包含在了有效缔约中，这里提及信任并没有任何意义。

克雷普斯也许会同意，但也可能认为这个观点误解了他的意思。克雷普斯真正关心的是交易关系的演化——这些关系是学习、社会条件、企业文化等的产物。他使用"信任"一词不过是偶然。跨期的机制才是关键。

我不仅认同上述这种观点，还想请大家注意以下这个事实：图1中列出的静态图解过于简化了，因为它把这些跨期效应视为既定的。然而，我认为，克雷普斯对"信任"这个术语的使用，尤其是像他在说明行为准则时所做的那样，不但没有将这些机制解释清楚，反而使其变得模糊不清。对交易关系演化过程[③]进行更加微观的分析，的确是一个有意义的研究事业。

---

① 在其他条件不变的情况下，族群中的团体很大程度上倾向于和自己能够认同的群体进行持续交易，但是相对于新的替代性交易具有更高成本的人们，可能需要接受较低的回报，以保持竞争力。

② 见 Kreps，第 332 页注⑤；Bernard Williams, Formal Structure and Social Reality, in Gambetta ed.，见第 323 页注①，14；Oliver E. Williamson, Economic Institutions: Spontaneous and Intentional Governance, 7 J. L. Econ. & Org. 159 (1991)。

③ 见 Kenneth J. Arrow, Uncertainty and the Welfare Economics of Medical Care, 53 Am. Econ. Rev. 941 (1963); Kreps，第 332 页注⑤（见下文第Ⅲ节）；以及 John Orbell and Robyn Dawes, A "Cognitive Miser" Theory of Cooperators Advantage, 85 Am. Polit. Sci. Rev. 515 (1991)。

### 受袭击的女孩

最后,再来考虑受袭击女孩的例子,并且假设把她面临的问题概括为:她是否应该和表面上看起来很友善但并不熟悉的男孩一起从树林里抄小路?我认为,这个事件中的女孩会把大概率押在坏结果上($1-q$),并且赋予 $B$ 很大的负值。即使 $G$ 的正值很大,抄小路的预期净收益也通常是负的。由此引出一个抽象的策略决定,理性选择的结果会是:不与陌生人一起步行穿越树林。

然而,人们通常是见桥过桥,而不是事先想好抽象策略。那么,在她遇到这种特殊情况的时候,为什么会做出"错误"的决定呢?

一种可能是,女孩并没有时间来做出计算;另一种可能是,她虽然有时间,但却一时慌乱;还有一种可能是,在那种情况下存在一些使事情复杂化的动态因素。她总得有个理由,而不能简单地说不,否则拒绝"友好的"邀请会显得反社会化。她先前没有准备好诸如"不好意思,我对干草过敏,所以不能从树林里走"这样的回答,并且也不想表现得不友好,所以她就冒险了。

最后一种可能性包含了两个阶段的净收益计算。在第一个阶段,如前所述,如果经计算预期净收益为正,女孩就会同意和男孩一起穿过树林,事情也就会继续发展。不过,如果第一个阶段的预期净收益为负,那么,女孩所需面对的就是如何巧妙地拒绝。如果女孩很快巧妙地拒绝了,那么第一个阶段的计算就起了决定性作用。但是如果女孩没能立刻想出如何巧妙地拒绝,她就要在两个净负值之间做出选择。生硬地拒绝会显得有攻击性,并且/或者导致不友好的名声,这与接受男孩建议(冒风险)产生的预期净损失相比,是大还是小呢?在这样的表述下,受袭击的女孩陷入了一个高度压力的情形。她面对一个自己毫无准备的突发事件,并且社会的压力迫使她做出冒险的决定。

这主要是由有限理性来做出解释的情形——女孩因为并未能够正确计算或者没有聪明到能够想出一个虚构的但又有礼貌的当场拒绝方式而承担了风险——而并不能通过诉诸信任来解释。[①]

# Ⅲ. 联用信任

机会主义和有限理性是交易成本经济学所依赖的关键行为假设。这种过于

---

① 可以肯定的是,陷入高压状态的个人肯定会试图应对。然而,把高压事件的坏结果理解为因为运气差,真的有用吗?我认为,把高压事件视为将人们从本该得到保护(例如,保护他们免于暴露在高压情形下——可能通过训练,也可能通过对制造这种高压情形的人进行严厉惩罚)"引至"做出有风险选择的一类特殊的问题,更有裨益。贝克尔最近有关嗜好的文章,提出了一种略有不同的视角,见 Gary Becker, Habits, Addictions, and Traditions(未发表手稿,Univ. Chicago 1991)。

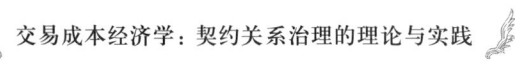

精炼的假设确实适用于某些目的，但如果人说到底还是"社会动物"，那么社会化、社会的认可与制裁也同样是相关的，如何才能将这些也容纳进去呢？

上文中我对嵌入性和制度环境的讨论也许表达得不够明显，但也已经表明了我的观点。挪威船主是一个网络中的一部分；农夫和钻石交易商是一个群体中的一部分；受袭击的高中女孩处在压力的情形中。更一般地说，我的观点是：交易风险不仅随着交易的属性变化，而且也随风险所处的交易环境发生变化。

尽管环境主要被看成是外生变量，计算却未因此停歇，而是继续在起作用。这是因为，特定交易的保障（治理）需求是随着交易所处的制度环境而系统地变化的。因此，随着对交易环境的适应，环境条件的变化被考虑到了具有成本效益思路的特别治理中来。实际上，提供一般意义上的保障的制度环境，缓解了对特定交易支持的需求。如此一来，在提供强有力保障措施的制度环境中可行的交易，也许在较弱的制度环境中就是不可行的了。因为对于交易的各方来说，在后一种环境中要制定一种特别治理机制就不划算了。

然而，我们不能就此断定，较强的环境保障总是优于较弱的。额外的环境制裁不仅可能被推向纯粹的商业条款中不正常的极端，而且，更普遍地，这种环境可能令人难以忍受。这里，我只是想描述针对特定交易的治理方案制订时的语境特征，而不是描述一个优化的制度环境。我区分了六种嵌入属性：社会文化、政治、规章、专业化、网络和企业文化。[1] 每个特点都可以被看成一种联用制度性信任，比如"社会-信任""政治-信任"等。

## A. 社会文化

文化适用于很大的群体，有时还适用于整个社会，并且包含的有意性程度是很低的。比如，日本交易信任的程度据说比英国的还高。[2] 相反，爱德华·班菲尔德（Edward Banfield）描述的意大利南部的乡村[3]除了家庭内部，其余的交易信任都是很低的。

对经济组织而言，引入文化的主要原因在于，文化能够制约机会主义。一种能够容忍欺骗和伪善的文化从三个方面限制了契约的作用：第一，针对策略性行为（比如有预谋的违约）的社会制裁是比较弱的；第二，法庭强制执行因贿赂的普遍存在也成问题；第三，个人在采取机会主义的行为方式时几乎毫无悔意。考虑到额外的风险，在文化对于机会主义的制约作用很弱的社会里，交

---

[1] 对制度环境的更广泛的讨论，请参见 Lynne Zucker, Production of Trust: Institutional Sources of Economic Structure, 1849－1920, 6 Res. Org. Behav. 53 (1986); Susan Shapiro, The Social Control of Impersonal Trust, 93 Am. J. Sociol. 623 (1987); 以及 Thomas, 第 331 页注[1]。

[2] Ronald Dore, Goodwill and the Spirit of Market Capitalism, 39 Brit. J. Soc. 459 (1983).

[3] E. C. Banfield, The Moral Basis of a Backward Society (1958).

易只会倾向于一个更为通用的类型（节点 A，现货市场）。

## B. 政治

立法和司法的自治是为了达到可信的目的。正如哈罗德·伯尔曼（Harold Berman）所说，如果制定法律的君主"不能随意制定它，并且直到他合法地修订它之前，他都受其约束"，那么信誉将会得到增强。[1] 已经被嵌入在这种政治进程中的自我否定的条例，甚至惯性，都会有因承诺而产生的利益。[2]

这一点还没有在东欧和苏联完全体现出来，米哈伊尔·戈尔巴乔夫（建议美国企业迅速在苏联投资，而不要等待）在下面的言论中进行了说明："那些已经进入苏联的公司很有希望在我们伟大的祖国获得成功……（而那些观望者）在未来的几年内还会继续观望——我们将会看到如此。"[3] 苏联的领导层"将会见证"先在苏联投资的公司会获利，而后来的公司会被惩罚，这反射了传统的威逼利诱的激励性推理。而它忽略了一点，那就是现有的行政自由裁量权是契约风险的来源。低自由度（规则）也许比高自由度（自由裁量权）更具优势，因为这样可以获得额外的可信的承诺。于是，有效的经济改革要求，如果要提升投资者的信心，就要杜绝政治违约的选项。

## C. 规章

正如维克托·戈德伯格[4]和林恩·扎克尔（Lynne Zucker）[5] 所解释的，规章能够起到将贸易信心注入那些因缺乏信心而问题重重的交易关系中的作用。监管机构的建立和施行都是非常具有意图性的行为，尽管这并不意味着规章没有（自发的）属于自己的生命。[6] 假如我们所讨论的规章是"适当的"，交易的双方，即被约束的企业和它的客户，会做好在缺乏这样的规章时，在更好的条款下才进行专用资产投资的准备。

## D. 专业化

对于医生、律师、教师等专业人士而言，履行各自角色的职责尤为重要。尽管这些角色一般是以自发的（逐渐演进的）形式产生，但后来都会受到准入

---

[1] Harold Berman, Law and Revolution (1983).

[2] Douglass North and Barry Weingast, Constitutions and Commitment: The Evolution of Institutions Governing Public Choice in 17th Century England, 49 J. Econ. Hist. 803 (1989).

[3] 引自 the International Herald Tribune, June 5, 1990, 5。

[4] Victor Goldberg, Toward an Expanded Economic Theory of Contract, 10 J. Econ. Issues 45 (1976).

[5] Zucker, 第 342 页注①。

[6] Marver Bernstein, Regulating Business by Independent Commission (1955).

限制（如，要获取执照）、特殊的道德规范、附加的信任义务[①]，以及专业批准的支持。这样的支持都具有高度的目的性。尽管有时候要达到的（意图性）目的是策略性的，但它们能够将交易信息注入因信息不对称而遭受巨大损失的交易之中。[②]

### E. 网络

上文提到的钻石交易商是贸易网络的一个例子。最近出现在意大利北部的网络形式组织也是如此。[③] 其他族群的贸易群体也有条件成为这样的网络。[④] 尽管这些网络中很多都是自发产生的，但它们的维护依赖于有目的的交易规则的完善、制裁的执行等。可信性取决于这些声誉效应运作得是好还是差。

### F. 企业文化

制度环境的上述特征都是大众层面上的效应，并且主要是自发的。企业文化则表现出既自发又带有目的性的特点，并在特定的组织中起作用。非正式组织[⑤]就是一个例子；焦点的使用[⑥]则是另一个例子。

伯纳德认为，正式组织和非正式组织总是共存的，而且这种共存随处可见[⑦]，非正式组织在三个方面为正式组织的可行性做出了贡献："在正式组织中，非正式组织不可或缺的功能之一……（在于）沟通……；第二个功能是通过规范服务的意愿和客观权威的稳定性来维持正式组织的凝聚力；第三个功能是维持个人品质、自尊和独立选择。"[⑧] 这已被证明是一种富有成效的提法。在非正式组织得到认同并且被有目的地使用的地方，经济活动更加有序。

此外，如果因企业文化得到认定和广泛知晓，从而让企业拥有了独特的交易声誉，那么内部效应就会溢出到外部交易中。[⑨] 然而，附加的企业文化是否有必要，是随着环境而变化的："一般而言，将文化和可能产生的各种情形统

---

① 在信息不对称的情况下，得到信息较少的那一方会因为得不到"足够的关注"而遭受严重的损失，在这种情形下，诚信责任产生了。

② Arrow，第 340 页注③。

③ S. Mariotti and G. Cainara, The Evolution of Transaction Governance in the Textile-Clothing Industry, 7 J. Econ. Behav. & Org. 351 (1986).

④ Janet T. Landa, A Theory of the Ethnically Homogeneous Middleman Group: An Institutional Alternative to Contract Law, 10 J. Legal Stud. 349 (1981).

⑤ Barnard，见第 328 页注②。

⑥ Kreps，见第 332 页注⑤。

⑦ Barnard，见第 328 页，注②，20。

⑧ 同上，122。

⑨ Kreps，见第 332 页注⑤。

一起来是非常重要的。"① 所以，甚至像企业文化这样看起来是"软"的概念也呈现出计算性的特点了，日本的经济组织就是这样一个例子。②

# Ⅳ. 几乎非计算性的信任

全面的超理性整体缔约是很难想象的，没有计算的考虑也是难以想象的。这并不意味着计算不能够被抑制，也并不否认一些行动或者个人比其他行动或者个人更具有自发性。事实上，我认为有时候抑制计算是合理的。然而，如果抑制计算本身就是具有目的性和计算性的，那么真正没有计算的情况即便不是完全没有，至少也是非常罕见的。③

尽管在这里所描述的个人信任关系中不能完全排除计算，但我还是将个人信任描述为几乎非计算性的信任。下面分两个阶段来阐述这个观点。首先是对分立式结构分析的讨论，会特别涉及氛围经济学。然后，考察个人信任。

## A. 分立式结构分析

我的一位同事曾指出，氛围经济学在《市场与层级制》（*Markets and Hierarchies*）④ 中起到的作用要比在《资本主义经济制度》（*The Economic Institutions of Capitalism*）⑤ 中大，并且询问了不重视的情况。我是这样回复他的：我认为，1985 年时氛围对于理解经济组织的重要性至少和 1975 年时是一样的。然而，只是由于没有更多的进展，使得我没有什么可补充的。

氛围经济学的教义之一是，计算性能够推向功能紊乱的极端。这可能在治理结构内部以及不同的治理结构之间出现。雇佣关系就是这样一种情形。

假设一项工作可以分解为一系列可分离的部分。进一步假设需要参照每一个部分来计量边际差额。结果会是怎样的呢？

如果功能上的可分性并不意味着态度上的可分性，那么逐一地精心计算就很容易造成功能失效。风险在于，如果把边际计量推向极限的话，会产生从容易计量到难以计量的溢出效应。如果合作态度受到破坏，那些只能艰难计量但又依赖于完整合作的交易将被以更为敷衍的方式完成。逐项的精心计算，换

---

① Kreps，见第 332 页注⑤，128。
② Oliver E. Williamson, Strategizing, Economizing, and Economic Organization, 12 Strategic Mgt. J. 75 (1991).
③ 可以想象的是，有些情况如此复杂，以至于我们决定采用抽签方式或者靠直觉。但我们仍试图应对。我认为经常性的助人为乐式无私行为是个例外。
④ Williamson，见第 326 页注⑤。
⑤ Williamson，见第 326 页注④。

言之,对氛围的麻木,助长了对这些互动效果的忽视。

一个与之相关的问题是外部性。我的这一问题可以采用如下叙述:所有能用净收益来计量的外部因素都应该采取单独计量吗?也许这部分地取决于,当一种外部因素被赋予合法性的时候,是否会产生次生效应。如果对某一先前被认为是无害的社会交往的意外结果,突然有人宣称有应该予以补偿的损害,这时候人们会"感到"各种委屈,并要求获得相应的赔偿。随之而来的关系上的变化,很容易导致牵涉各方的自我满意度比之前降低——至少是过渡性的,但更可能是永久性的。

对此,部分的解释是,对于轻微的损害提出索赔要求,影响了处理其他交易时的态度。我坚持要求在 A 事件上获得赔偿,会导致你就 B、C、D 事件也提出索赔,这又会促使我对 E、F 事件寻求赔偿,如此等等。尽管如果能将交易 A 孤立出来,也许就能有一种效率上的收获,但总效用可以很容易地成为负值。一旦意识到这一点,一些人就会打算忽略这些微小的损害。但每个人的情况并不一样,如果到处都要计算边际差额,那么社会就会被重新安排得有利于那些要求回报和付出一定要精确对应的人了。如果把赔偿的问题当作本质性的问题而不是逐一个案对待,那么人们对待溢出效应的态度,就会普遍更加宽容了。①

同样相关的是,个人会记录非正式的社会账目,并会发现,在存在非补偿性溢出效应的各方之间互惠帮助的交换是令人满意的。②将这些非正式的社交账目转化为确切的法律义务也许会破坏氛围,并且导致各方之间满意度的净损失。换句话说,普遍的金钱关系破坏了"缔约"的质量——即使交易的计算是无成本的。③

由此得出的论点是:不是说应当禁止计算,而是与经济学相关的用计算的方式研究组织的做法会走向极端。意识到态度上的溢出效应和非金钱的满足感有助于遏制对计算的过度使用。现在我们来考虑一种更极端的可能性:存在一些交易,对这些交易而言,有意识的计算的最优水平是零。④

这里的观点是:有意识的监督,即使是低标准的,也会引起我们不希望看到的计算,这种计算是与一些非常特殊关系的精神相悖的,并且对这些关系的

---

① Thomas Schelling, Micromotives and Macrobehavior (1978).
② A. W. Goulder, Industrial Bureaucracy (1954).
③ 英国酒吧里的购买"回合"是一个例子。无成本的计算会带来更好的结果吗?假设每个人私下都表示愿意出钱,并不断地出价,直到预期出现盈亏平衡的结果。假设最后的出价结果根据偏好,要么被保密,要么公开,此后的回合会按照要求送到桌子上。每月的账单是按盈亏平衡的条件发出的。那么友情将会受到怎样的影响呢?
④ 无意识或者潜意识的计量是另一个问题。没有被有意识地处理的观察,可能被潜意识地处理,这些观察的结果可能持续地作用于意识层面。

持续带来了跨期的威胁。不仅有意的非计算性关系能够被Ⅰ型误差所推翻，根据这种误差，一个真正的关系被错误地列为假的，但计算性可能受（无意识的）正反馈的影响。不断被重新归为计算性关系的有意的非计算性关系，实际上就是计算的做法。

罗伯特·诺齐克（Robert Nozick）在他的《爱的约束》（Love's Bond）中讨论的问题也与之相关。① 诺齐克认为："价高者得"对于恋爱关系来说是有害的："爱的目的在于形成一个'我们'，并将其认同为自我概念延伸，在很大程度上将个人命运与'我们'的命运联系在一起。价高者得，摧毁了你在很大程度上认同的那个'我们'的意愿，也就是通过摧毁延伸的自我来摧毁自己的意愿。"② 如果对价高者得这一可能性的考虑贬低了这种关系，那么我们就需要一个分立式结构的转变来防止价高者得的发生，这是另一种计算。

## B. 个人信任

约翰·邓恩（John Dunn）发表的《信任与政治代理》（Trust and Political Agency）③ 提出了许多相关的问题。比如，邓恩对作为"人类热情"的信任和"人类行为模式"的信任进行了区分，后者是"为控制其他主体人或者代理人的自由度，而或多或少有意识的选择策略"。④ 随后，他还提到，"作为一种热情的信任，是一个主体对另一个主体具有友善动机的充满信心的期待"，而作为"人类行为模式的时候……信任不可避免地具有策略性"⑤。他还认为，"信任的孪生兄弟是背叛"⑥，并宣称，"只要有可能，人们就需要节约对信任的使用，而依赖于精心设计政治、社会和经济方面的制度。"⑦

作为热情的信任和作为人类行为模式的信任，分别与我所说的个人信任和计算性信任相对应。并且，邓恩将计算性信任描述为策略性的，而个人信任却不是。这是完全正确的。但是，邓恩认为信任的孪生兄弟是背叛，而我认为个人信任中才会产生背叛，我还会用违约来描述计算性关系。如前所述，违约有时候是有效率的做法，甚至在有着完美保障的商业契约中也是如此。⑧ 相比之下，个人信任中的背叛永远不会是有效率的。背叛是消极的。

此外，虽然我同意要节约信任这一观点，但我对这一问题的解释稍有不

---

① Robert Nozick, An Examined Life (1988), ch. 8, Love's Bond.
② 同上，78。
③ John Dunn, Trust and Political Agency, in Gambetta ed., 见第 323 页注①，73。
④ 同上，73。
⑤ 同上，74。
⑥ 同上，81。
⑦ 同上，85。
⑧ Williamson, 见第 328 页注④。

同。我认为，信任应该集中在那些真正重要的人际关系上，"政治、社会、经济组织"的使用会对计算性关系的管理起到帮助作用。[①]

如果计算会对个人信任有负面的影响，因为深入而持久的信任关系在面对计算的情况下无法建立，并且，如果既有的个人信任因为计算而贬值了，那么问题就变成了如何隔离和保护个人间的信任关系。[②] 我把 X 将个人信任寄托于 Y 分为以下三种情况，如果 X（1）有意识地拒绝监督 Y；（2）当事情出错的时候，倾向于认为 Y 是善意的；（3）以分立式结构的方式对待 Y。条件（1）和（3）都限制了计算。在条件（2）下，"坏结果"被赋予了正面的解释：X 认为它们是随机事件，或者复杂事件（Y 并不完全了解情况），或者小过失（Y 有些迷糊）。诚然，这些都是有限度的。

Y 明确地侵犯了 X 对他的信任的事件，威胁着这种关系。同样（这时候，计算性就又发挥作用了），一连串轻微的侵犯也可能会破坏信任的条件。然而，进一步将个人信任区分出来的是，X 坚持要求 Y "改过自新"而不只是"做得更好"。这是因为对 Y 的可靠性进行持续更新的经验评估，将 X 置于对 Y 的计算性关系之中，它降低了那种信任的关系。与其这么做，X 还不如把这份关系放在"要么完全信任，要么永不信任"的条款上来提升它。如果 Y 拒绝对他过去的行为做出分立式结构的改变，那么 X 将永远不会再信任他。[③] 反之，如果 Y 同意改过自新，信任就得以恢复。

因此，个人信任具有以下特征：（1）缺乏监督；（2）有往好处想或宽容的倾向；（3）分立性。这种关系显然非常特别。尽管一些人可能表现出无计算性的本能，但是其他人需要弄明白——往前看，并意识到计算会使人与人之间的关系贬值，这是一种有远见的契约观。而且，仅仅明白这一层还不够，有些人也许确实无法脱离计算——因为计算（或者恐惧）由他们的经历深深蚀刻。[④]

---

① 丹尼斯·罗伯森（Dennis Robertson）的观点很中肯："如果我们经济学家管好自己的事情，并把自己的事情做好，那么我相信我们能够对节约做出巨大的贡献，那就是充分而又节约地利用'爱'这种稀缺资源——当然，我们知道，正如其他人也一样知道，爱是世上最珍贵的东西。"（Dennis Robertson, What Does the Economist Economize? in Economic Commentaries 154, 1976.）

② 尽管如此，还存在一种意义，在这个意义上，不完全契约是持续计算性的，这与声誉效应有关。如果交易的一方不能在未通知另一方的情况下采取重大的商业行动——甚至这些举措并不与眼下的合同有直接的关系，但涉及与其他贸易伙伴的其他合同——那么，连续的贝叶斯修正或许将"不可避免地"出现。如果那样的话，声誉效应无处不在（Kreps，第 332 页注⑤）。

③ 这并不意味着 X 从此和 Y 再无关系了。然而，如果两者之间的关系继续存在，X 就会以计算的方式对待 Y。需要注意的是，计算的存在并不等于信任被量化了。而是在关系被分到计算的那一类之前，计算需要越过一些（很低的）门槛。在 X 要求 Y 改过自新的时候，两者之间就产生了裂痕，或者说分立式结构性的破裂发生了。

④ 约瑟夫·拉兹（Joseph Raz）发表了相关的观点：一些人"没能看到，个人关系是不能像商品那样去估价的"（Joseph Raz, The Morality of Freedom 353, 1986）。

尽管如此，信任，如果最终获得的话，仅存在于像家庭、朋友和爱人这些特殊的关系中。这样的信任也是产生悲剧的原因。这就触及了人性的本质。①

## V. 结束语

### A. 语言和概念工具

可以说，一门关于组织的科学正在形成过程中，而且我也会在这里如此假设。② "专用词汇"和"新的语言"通常关注的就是这样一个对象。③

行政科学的发展④，是西蒙《行政行为》（Administrative Behavior）⑤ 一文的目标，这一发展也明确提出了这些需求。鉴于伯纳德开创性的著作《经理的职能》（The Functions of the Executive）所提出的种种深刻洞见⑥，组织学应该如何向前发展呢？西蒙认为："在这个领域中，我们还没有足够的语言和概念工具来对哪怕是简单的行政组织进行具体的有意义的描述——即一种能够在某种程度上对其结构和运作有效性的科学分析打下基础的描述。"⑦ 这些需求，正如西蒙所见，"能够用语言精确地描述行政组织看起来是什么样，及其是如何运作的。……我已尝试构建一套能够允许这样描述的词汇。"⑧

### B. 计算

人类行为被描述的方式以及据以认为的缔约过程，对于组织科学的发展都至关重要。这里将行为人描述成是具有有限理性的和机会主义的，而缔约的过程需要"不完全整体缔约"（incomplete contracting in its entirety）。⑨ 这最后一点从更广阔的视角考察了契约关系的治理，包括契约所嵌入的制度环境。结果就是产生了商业契约的计算性取向。

---

① 参见 Nozick，第 347 页注①。需要注意的是，信任某个人并不意味着对自己的判断自信，而正如邓恩（Dunn，第 347 页注③）提到的，信任就是基于善意。如果被信任的受托者在某些方面能够优于其他人，那么选择性的委托和信任就是一致的。

② 参见 Oliver E. Williamson, Chester Barnard and Incipient Science of Organization, in Organization Theory (Oliver E. Williamson ed. 1990)；也可以参见 Williamson，第 327 页注③；以及在 The New Science of Organization, 7 J L. Econ & Org. I (1991) 上的专文。

③ Thomas S. Kuhn, The Structure of Scientific Revolutions，1970：203-204.

④ 组织学研究市场、混合制、层级制、官僚制等等，而管理学则专注于组织内部。

⑤ Simon，见第 327 页注⑥，第 248-53 页。

⑥ Barnard，见第 328 页注②。

⑦ Simon，见第 327 页注⑥。

⑧ 同上。

⑨ 这个词是我自己创造的。

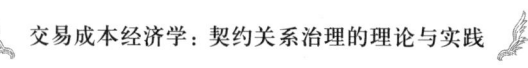

这样一种缔结具有远见的契约的方法（其中可信的承诺，或者可信的承诺的缺乏，发挥着关键作用）和社会学中关于权力与信任的观点是相冲突的。正如詹姆斯·马奇所说，权力是一个分散的和令人失望的概念。① 我认为信任也是如此。近来社会学家和经济学家都有将"信任"与"风险"这两个术语交互使用的倾向，而基于我在此所提出的观点，那样做是欠妥的。

不仅"被计算的信任"在语言上是矛盾的，而且那些好用的术语——信任也是其中之一，也常常会带来额外的麻烦。当社会学家使用那些便于使用，但表达上并不精确的语言时，在商业领域的改编，就会向着有利于讽世者的方向发展，而对天真无邪的人不利，因为只有天真的人才会上当受骗。如果契约中的各方都知道他们所处的嵌入性条件，并且能够通过有差别的方式来认识、减轻以及排除契约风险，那么就能提供更好的商业契约。②

## C. 信任的种类

我无意于穷尽一切，在这里把信任分为三种不同的类型：计算性信任、个人信任，以及制度性（或者联用）信任。鉴于我在上文中阐述的理由，计算关系应该用计算术语来加以解释，对于这一点来说，风险的语言则是非常适合的。"信任"和"风险"交互使用的做法就应该在此结束了。

通过将某种体制分离，个人信任就变得没有计算性了。在这个体制里，边际演算适用于一种分立式结构性质的信任。这通常需要额外的付出，并且仅在非常特殊的个人关系中才有效。在这些关系中，如果计算性的倾向获得允许，个人关系就会遭到非常严重的损坏。而商业关系则不同于这样的情形。③

制度性信任针对契约所嵌入的社会和组织环境。在相关制度是外生的情况下，制度性信任表面上看起来是没有计算性的。然而，事实上，交易总是在考虑制度条件（环境）的基础上被组织（治理）起来的。因此，计算总会反复出现。④

如果这些论述占据上风，那么此后，信任就只是留给那些非计算性的个人关系了（并且有可能是联用形式，用来描述制度环境的不同）。尽管得出这样

---

① James G. March, Decisions and Organizations 6 (1988).

② 这并不是否认社会学家（例如，Merton，见第 329 页注①）和契约法专家［例如 Stewart Macauley, Non-contractual Relations in Business, 28 Am. Soc. Rev. 55 (1963)］强烈呼吁我们对过度计算多加注意。交易成本经济学则更有远见地看待契约，并给出了"可行性"计算的特征。

③ 我赞同这样的观点："信任的核心思想是，信任不是基于对它的正当性的预期。当信任被证明如预期那样会带来积极的互惠结果时，它仅仅是另一种形式的经济交换而已。"（James March and Johan Olsen, Rediscovering Institutions 27, 1989.）

④ 此外，交易的当事人有时候也会影响具体契约，例如俘获（Bernstein，第 343 页注⑥）或预先俘获（George Stigler, The Theory of Economic Regulation, 2 Bell J. Econ. 3, 1971）相关规则。

一个简单结论需要很长的论述，但是关于信任的文献确实是数不尽的，而且和计算相关的混乱也在不断地增加。在法学、经济学和组织科学之间的富有成果的对话成形的时候，刚刚起步的组织学需要通用的概念和语言。而具有讽刺意味的是，计算的限度是通过彻底的计算性的方式对好用的术语进行研究而实现的。"信任"就是这样一种术语。

# 法学、经济学和组织 *

**摘要**：这篇文章表明，采用法学、经济学和组织理论相结合的研究方法，将有助于对复杂契约和经济组织的目的形成不同且更深刻的理解。有这些目标的商业公司并不是从技术角度来刻画（即将其作为生产函数），而是从组织角度来描述（即作为可替代治理模式）。因此，将企业和市场作为组织交易的模式进行比较分析，它们都是为了节约交易成本，但是复杂程度各不相同。由此形成的经济组织预测理论对商业方面的公共政策以及法学院的教学和研究有深远影响。

## I. 引言

虽然法学和经济学开始是将经济推理应用于反垄断和监管，但目前也已经将经济分析（不同程度上）扩展到了法学院课程的各个方面。尽管偶有异议，但法学和经济学被广泛认为是一个成功的故事。

我赞同这种正面的评价，但我认为经济学分析方法并不唯一。在两个主要分支——选择科学和契约科学——中，法律和经济学主要是基于选择科学的传统。对于许多目的来说（选择科学）足够了，但并非对所有目的都如此。具体而言，法学和经济学中关注经济组织问题的部分应该用契约科学的视角[①]来弥补或替代（原来的研究视角）。

这包括用"作为治理结构的企业"（作为一种组织结构）取代新古典中的"作为生产函数的企业"（作为一种技术构建）。许多法学和经济学学者不愿

---

\* 原文"Why Law, Economics, and Organization?"载于 *Annual Review of Law and Social Science*，2005，38（37）：369-396。译者：贾钦民。

① 法学中亟须更加贴近真实的经济组织理论的领域有：反垄断，管制，公司，劳动法，公司治理，代理，行政法，产权，契约，担保交易以及侵权。经济学中的契约科学对法学影响深远。

承认这样一个关键事实：传统的企业理论并没有考虑（因此通常不适合用来解释）非标准和不熟悉的缔约行为和组织结构。

我将首先简要讨论选择科学和契约科学，以及不同科学（视角）所形成的公司理论。然后，我将在下一节转向我认为是组织理论中关于"作为治理结构的企业"的主要理论。随后，在"比较契约分析"一节介绍针对经济组织的比较契约分析方法（"作为治理结构的企业"理论是其中的一部分）。在下一节将其应用于公共政策分析。接下来讨论经济组织的比较契约分析方法在契约法教育中的应用。最后是总结。

## Ⅱ. 理论框架

### A. 选择与契约

尽管关注稀缺性和有效资源配置的传统理论被广泛认为是一个"万能理论"（all-purpose theory），但它更适合被称为"主流范式"（Reder，1999，第43页）。简单地说，（尽管）主流范式主导许多方面（的分析），但是，它们往往只适合分析某一些问题（而不适合分析其他问题）。

罗宾斯（Robbins）将经济学描述为"研究人类在目的与（具有替代用途的）稀缺资源之间的行为关系科学"（Robbins，1932，第16页），这表明他抓住了经济学的新共识。或者如雷德（Reder）所说，经济学处理"（如何）将稀缺资源在多种替代用途之间进行配置，以获得最大限度的效用"（Reder，1999，第43页）。消费者行为理论和企业理论就成为经济学发展所依赖的两个关键理论基础：消费者寻求预算约束下的最大效用，企业是将投入转化为产出的生产函数（通过选择最佳要素比率来实现高效产出）。基于此建立了完善的供给、需求、价格和产出理论。然而，在这个框架下，经济学家只能以狭隘的方式处理公司和组织问题。[①] 公司（不管是为了什么目的）都被当成一个"黑箱"。

布坎南宣称选择科学视角是"错误的转向"（wrong turn）（Buchanan，1975，第225页），但我的说法有些不同。经济学过于关注选择科学而忽视契约科学。经济学不再研究契约和交易，而变成了在约束条件下求最优化的科学。

正如布坎南所认为的那样，对契约科学的需求主要出现在公共财政领域，

---

[①] 正如科斯所说，在罗宾斯所定义的经济学框架下，经济学家"只关心（外部）市场发生了什么，而对组织内部安排不感兴趣"（Coase，1992，第714页）。

并以社会秩序形式出现:"政治是一个结构,用来组织个人之间的复杂交易,在这个结构中,人们寻求在*集体层面上*保护私人目标(实现),而这些目标无法通过简单的市场交易有效达成(Buchanan,1987,第296页;着重号为后加)。相反,我认为对契约科学的需求主要是在工业理论和私人秩序领域。

与政治中的集体行动相比,私人秩序是通过与交易直接相关的各方的个人努力来完成的。由于意识到现代市场缔约的局限性和完全契约的不可能性,与交易直接相关的各方就会构建出治理机制,以使交易各方实现互利。

为了达到此目标,法院的作用就在契约科学视角下发生了重大变化。

## B. 公司

"任何标准的经济理论,不仅仅是新古典经济学,都是从(研究)公司的存在性开始的。通常,公司被视为一个点或者(一定程度上)被视为'黑箱'……但是公司并不是一个'点'。它们有内部结构,这种内部结构的存在一定是有原因的"(Arrow,1999,第 vii 页)。在这方面,选择科学与契约科学之间的差别就尤其重要。正如德姆塞茨所说:"将经济理论中的公司与现实中的公司混为一谈是错误的。新古典经济学的主要任务是理解价格体系如何协调资源配置,而不是理解真实公司的运作"(Demsetz,1983,第377页)。相反,契约科学明确关注公司的属性,尤其是可替代治理结构的属性,而这些(属性)与交易管理相关。与从技术角度研究公司不同,(契约科学)将公司(以及其他治理模式)看成是治理结构。康芒斯对经济学的洞察与契约科学观点大体一致:"基本的行为单位……本身必定包含三个原则,即冲突、相关性和秩序,这一基本单位就是交易"(Commons,1932,第4页)。交易成本经济学(TCE)不仅同意将交易作为分析的基本单位,而且将治理视为注入秩序、缓解冲突并实现互利的手段。

如下所述,在经济学中采用契约科学的私人秩序分支要比选择科学更加微观。现在需要研究迄今为止被忽视的交易和治理结构的属性并阐明(这些属性)所产生的影响。在这一过程中,选择视角与契约视角将在公共政策领域产生不同的观点。

# III. 组织理论

组织理论是一个涵盖众多学科的领域,社会学、心理学(认知、社会、进化)、政治学、经济学和文化人类学都与它相关。斯科特(Scott,1987)的著名文章区分了以下几个主要分支:理性、自然和开放系统——其中理性系统强调正式结构;自然系统关注非正式组织;而开放系统则研究组织内部的结构变化以及其相关的环境。所有因素都有助于理解复杂的组织。这三者中，我强调理性系统的贡献，尽管非正式组织的适应能力和与之相关的跨期转变也需要考虑。伯纳德［Barnard，1962（1938）］、西蒙（Simon，1947）以及马奇和西蒙（March and Simon，1958）都强调理性系统传统。在源自这一传统的众多贡献中，我认为与契约科学最相关的贡献有：（a）人类行为者，（b）适应，（c）跨期转变，（d）分析单位的选择，以及（e）分立式结构特征。①

如我所言，如果组织理论在这五个方面（和其他方面）对经济学研究很重要，那么问题就是：为什么组织理论还尚未被纳入经济学？我认为主要原因是：（a）与契约科学相比，组织理论与选择科学的相关性更小，而且大多数经济学家满足于"主流框架"（即选择科学）；（b）组织理论家主要传递负面信息（选择科学是错误的方向），而不是介绍契约科学的初步阶段所带来的机会；以及（c）法学和经济学的领导者，比如传统理论的拥护者波斯纳，对组织理论不屑一顾："组织理论……对经济学没什么贡献，信息成本的文献也是后面才加入经济学中"（Posner，1993，第84页）。

尽管如此，我感觉如果一个经济组织理论想要更真实地理解现实中的企业，或更一般地，想要理解组织理论，就不能忽视上述组织理论的贡献——这些贡献并不主要是关于那些"信息成本文献"所关注的问题［现在说（组织理论）"没什么贡献"为时尚早］。

## A. 行为人

西蒙认为社会科学家"在设定我们的研究议程并形成自己的研究方法方面，没有什么比我们对所研究的人类行为本质的看法更为重要"（Simon，1985，第303页）。与治理理论相关的人类行为者属性是认知和自利。

西蒙很早就反对认为人类行为者是极其理性的，他转而提出将人类行为者描述为有限理性，有限理性的意思是"有意图，却又是有限度的理性"（Simon，1957a，第xxiv页）。因此，人类行为者既不是非理性的，也不是理性的，而是试图理性应对。

交易成本经济学（TCE）赞同这一说法：学者对他们所研究的人类行为的看法对研究议程至关重要。TCE同样也认为人类行为者是有限理性的。TCE并没有详细讨论有限理性对选择科学的影响（在那里最大化方法是有争议的），而是转向契约科学，并将有限理性的主要训诫用于经济组织研究，并认为所有复杂契约都不可避免地是不完全的。

然而，契约不完全性本身并不是缔约所造成的问题。当不完全契约（包含

---

① 其他方面的重要贡献包括：（f）弱式选择（weak form selection），（g）非正式组织，（h）认知专业化以及（i）官僚主义。

不可预见的情形）与机会主义相结合时，就会出现治理问题。康芒斯所说的"冲突"就会出现，特别是在契约执行期间和契约更新期间。

注意，TCE 并不否认大多数人会按照他们所说的去做（有些人可能会做更多）而不（自觉地）问该行为是不是因为具有预期贴现净收益（才做的）。尽管对"大部分时间"发生的情形进行精确描述很重要，但是关于一般行为以及（特别是）缔约行为的许多有趣之处都不是与日常惯例相关，而是与例外情形相关。面对不完全契约中的不可预知的干扰（由于不合适或错误的契约条款——因为差距、错误和遗漏），这些干扰使不完全契约的当事人偏离契约曲线。如果机会主义（而不是脆弱动机）会导致策略行为[①]，因而，可以预计因背离合作精神和不依契约行事等原因，契约（关系）会破裂。

然而，各种低效情形会自发产生应对之策。因为意识到了可能的危害，契约各方有激励事前制定有效的保障措施。TCE 假设人类行为者具有"可行的预见"能力，而不是假设目光短浅或全知全能，这是一种理性的精神构建。舒尔茨（Schultz）谈道："我在经济学方面的训练对我思考公共政策的方式产生了重大影响，即使它们与经济学没有特殊关系。我们的学科让人们提前思考，思考间接后果，注意没有被直接考虑的变量"（Schultz，1995，第 1 页）。但是经济学家对此没有把握。正如进化论生物学家道金斯（Dawkins）所观察到的，"用想象力模拟未来的能力，使我们免于盲目跟随所带来的糟糕后果"（Dawkins，1976，第 200 页）。从业者、顾问以及公共政策分析师，他们拥有并实践着"可行的预见"的技能，这让他们可以展望未来，识别潜在风险，并将这些纳入事前设计（计算）。

## B. 适应性

有趣的是，经济学家哈耶克（Hayek，1945）和组织理论家伯纳德（Barnard，[1962] 1938）都认为适应性是经济组织的核心问题。但是他们所说的"适应"并不相同。哈耶克说的是自主经济参与者对市场变化（主要表现为相对价格变化）的"自主适应"。相反，伯纳德指的是"意图性"（intentionality）。他强调经济人在公司内部层级制的协调下进行的"协调适应"。尽管两种类型的适应性都重要并且可以单独研究，但 TCE 关注市场和层级制（而不是单独某一个）。所以，TCE 同时研究这两种适应性（以及"混合"适应性）。具体而言，TCE 认为契约模式的选择应该是：交易时适应性需求（自主适应

---

[①] 有意思的是，机会主义出现在社会学家的自然系统实验中。正如斯科特所说："在所宣称的（或正式的）目标与（控制参与者行为的）实际的（或真实的）目标之间……往往存在差异"（Scott，1987，第 52 页）。尽管理性系统的理论家强调事前决策的规范结构（分析），而自然系统的理论家强调事后的行为结构（分析）（Scott，1987，第 53 页）。

和协调适应）随交易属性变化，同时，（不同的）治理模式的适应能力也不同；最后是通过将交易与治理结构有效匹配，以达到节约的结果来实现效率收益。要推动自主适应和协调适应的逻辑完善，就需要比较经济组织的预测理论（Williamson，1991）。

## C. 跨期转变

长期以来，组织理论相关的社会学家都十分清楚，内部组织有其自身的生命（特征）。此外，这不仅仅是提醒人们注意迄今为止被忽视的规律。一旦发现这些规律（特征），就要弄清楚这些特征对事前的组织设计的影响。

米歇尔斯1911年出版的《政党》(Political Parties)一书关注常见于政治组织中的民主努力的跨期转变。最重要的这种跨期转变被总结为"寡头铁律"*（Iron Law of Oligarchy）："正是层级组织产生了统治者对选民的统治权、对委任者的强权，以及对受权者的受权。组织从来就是寡头"（Michels，1962，第365页）。米歇尔斯将这种（组织的）寡头倾向根源追溯到"人类个体的性质……政治斗争的性质……以及组织的本质（性质）"（Michels，1962，第6页）。

此外，米歇尔斯对其发现有一个非常有远见的看法："社会学家应……冷静阐述趋势和反作用力，理由和对立的理由；总之，展示出社会生活的经纬"（Michels，1962，第6页）。除非我们对组织的跨期（转变）倾向保持警惕，否则我们将（不必要地）受其所害："只有冷静且坦率地审视民主的寡头政治危险，我们才能将其危险最小化"（Michels，1962，第10页）。因此，尽管直到米歇尔斯澄清了这个问题之前，学术界和实践者可能对民主组织的寡头倾向不甚了解，但寡头政治的潜在危险却不是今天才知道。今天的组织设计者可能在设计（计算）中考虑了寡头铁律。

萨尔尼科将"米歇尔斯关于民主组织的理论……描述为普遍的人类行为工具中的一个特例。新的利益和动机中心倾向于颠覆（原有）目标，这在*所有组织中都存在*"（Selznick，1950，第162页；着重号为后加）。对各种意外后果的研究——寡头倾向是其中一个例子——有助于厘清更大的研究议程。

类似于在行为人部分关于"可行的预见"的讨论，TCE的回应分为三个部分。首先，要警惕内部组织研究者所发现的所有重要的、未预见的后果以及官僚主义倾向。其次，要完善逻辑。对于每个未预料到的影响，问它从哪里产生，它的运行机制是什么，对契约和组织的影响是什么，以及对事前设计的影

---

\* 寡头铁律指的是当科层制发展得越庞大时，权力越向少数人（高层）集中的倾向。——译者注

响（以减少不良后果的发生，增加有益效果）。最后，对契约和组织保持有远见的思考，不要完全依靠组织理论家所报告的意外后果。考虑到契约不完全性（由于有限理性）和背离协议的可能性（因为机会主义），TCE 研究者提前确定是否以及何时会产生可预测的契约风险。如果可以预测此类风险，则相应的治理机制就会产生。[一个例子是"基本性转变"，即在契约执行和契约更新期间，大量竞标者（有时）会转变为少量供应关系（Williamson，1985，第 61-63 页）。正如下文所介绍的公共政策应用，契约保障措施和（可能的）纵向一体化就会出现，以缓解这类风险。]

### D. 分析单位

TCE 采用康芒斯所说的"交易"作为分析单位。但这仅仅是第一步。确定分析单位之后需要注入可操作内容。许多潜在的（其他）分析单位的支持者从未进行到这一步或没有到达这一步。

通过研究无数种交易属性中哪些属性影响交易成本，有助于识别出交易的关键维度。一些交易是简单的，而其他一些交易则比较复杂。主要特征是什么？旧的制度经济学从没问过，也未回答过这个问题。

明显的（研究）起点是法学和经济学中的理想交易，即发生在匿名经济参与者之间的契约（交易），这里（交易的）连续性不重要，因为各方的身份并不重要。然后问："交易的哪些特征会让这种理想化的契约（关系）破裂？"双方身份重要的交易特征包括：资产专用性（导致了双边依赖），不确定性（可能需要有意识的协调适应来应对干扰）和交易频率（这与维持关系的未来价值以及构建专门治理机制的成本有关）。

### E. 分立式结构

如果不同组织模式的差异是分立式的（离散的），那么边际分析就可以用分立式结构分析来替代，这种分析更容易操作（Simon，1978，第 6-7 页）。[①] 作为比较结构分析，（重要的命题是）从一种组织模式转向另一种模式是不连续的（变化）。由于这种不连续性，不同的替代模式具有不同的优势和劣势。如同交易一样，需要超越第一步（确定不同治理结构的维度）。这里要问和答的问题是：替代治理模式在契约签订与契约执行方面有何不同？

回答这个问题的一种方法是提出"选择性干预不可能性"谜题：公司能否

---

[①] 因为边际分析容易实施，所以经济学家可能满足于这类分析：他们采用（通常情况下）"不错"的、具有可操作性的方法。同时要注意，边际分析方法可以和分立式分析方法结合，比如赖尔登和威廉姆森用分立式分析来处理一阶效应，用边际分析来处理二阶（效应）优化（Riordan and Williamson，1985）。

在任何市场采购（模式）运行良好的时候复制市场，并且在能预计到干预收益的情况下进行（选择性）干预？如果这是可行的，那么大公司总是会做得跟小公司的集合（相同规模）一样好（通过复制），有时会做得更好（通过选择性干预）。正如我在其他地方所阐述的那样（Williamson，1985，第 6 章），这种做法是不可行的，而且如果尝试那样做的话，会出现一系列不良后果。这是因为在层级制中保持市场化的高能激励会导致资产耗损和策略扭曲。结果是，从市场到层级制的转变伴随着激励强度减弱、行政监督和控制增加。

第三个分立式结构差异出现在契约法方面。每种治理模式都由一种独特的契约法支持，这种观点可以追溯到卢埃林（Llewellyn，1931）早期对"作为框架的契约"与"作为法律规则的契约"的区分；到麦克尼尔（Macneil，1974）对古典、新古典和关系契约法的进一步区分；再到加兰特、克莱因和莱弗特对私人秩序的研究（Galanter，1981；Klein and Leffler，1981）；以及威廉姆森和吉尔森对可信任缔约的研究（Williamson，1983；Gilson，1984）。

古典契约法（作为法律规则的契约）适用于法学和经济学中的理想交易，在那里大量的知情交易者，"匿名的买卖双方……［在相遇的］瞬间以均衡价格交易标准化商品"（Ben-Porath，1980，第 4 页）。当具有依赖关系的长期契约签订时，这种法律让位给了"作为框架的契约"（的法律）。面对不可预见的干扰，交易双方都有激励促进交易关系的连续性，从而转向更加具有协调性和适应性的契约形式。然而，这种新古典契约并不是无限弹性的。当迫不得已时，契约条款成为"最终上诉"的基础（Llewellyn，1931，第 737 页）——其中书面契约被用来界定威胁立场。

那么什么是（支持）内部组织的契约法呢？正如其他地方谈到的（Williamson，1991），内部组织隐含的规则就是自制法。因此，尽管法院通常会就企业间关于价格、延误损害赔偿、质量问题等纠纷进行裁决，但法院将拒绝审理企业内部部门之间关于相同问题的纠纷。如果诉诸法院被拒绝，层级制就是它自己的最终法庭，因此，公司内部拥有命令（权力），而公司间则没有。

综上所述，组织理论对契约科学（私人秩序分支）的启示有：

1. 所有复杂的契约都不可避免地不完全（由于有限理性），因此复合的相机索取权契约是不可行的，一次性拍卖（市场竞争）往往是充满风险的。

2. 不完全契约中的有远见的缔约方有激励向前看，识别潜在的危险，并试图通过明智的治理机制选择来事前缓解这些风险。

3. 适应是经济组织的核心问题。自主适应与协调适应需要区分清楚并合理应用。

4. 因为组织具有自身的生命力，因此需要研究清楚所有重要的跨期规律，以及其对经济组织的相应的影响。

5. 需要厘清交易（作为契约科学的基本分析单位）的主要属性，以及其影响。

6. 因为替代治理模式之间存在分立式差异，所以需要识别出每种模式的属性以及每种模式的优劣势。

结果就是，一旦从选择科学视角转向契约科学视角，组织理论对经济组织的贡献就产生了显著影响。蓬勃发展的经济组织研究认为组织是重要的（以本文所描述的方式以及其他方式），同时，组织是可分析的（特别是通过以交易成本节约为特点的比较契约视角）。

# IV. 比较契约分析

## A. 有效匹配假说

TCE 的有效匹配假说认为，不同交易（在属性上存在差异）需要与不同的治理结构（在成本和交易成本节约能力上不同）有效匹配，以达到（主要）交易成本节约的结果。如前所述，这需要研究清楚交易和治理结构的属性以及它们之间的匹配关系。

越过第一步：将交易作为分析的基本单位之后，TCE 的第二步工作是明确了资产专用性（多种形式）、不确定性以及频率作为交易的关键属性。这三者之中，资产专用性是最重要的，也是 TCE 的核心特征。

正如在其他地方所阐述的，资产专用性是生产商品或服务的资产能够重新配置到其他用途或其他使用者而不损失生产能力的程度。对一般性商品与服务，交易者的身份并不重要，但在存在资产专用性的情况下（物理的、人的、地址的、专项的等方面的专用性，以及品牌或时间方面的专用性），交易者的身份就很重要。在这种情况下，双边依赖关系形成，双方都受到偏离契约精神的机会主义侵害（当偏离存在大量收益时）。伴随而来的是不良适应带来的高昂讨价还价成本。

换句话说，由于不完全契约中大规模专用性投资所带来的契约风险受到干扰（不确定性）的影响，一旦意识到这些风险，交易方就有激励采取降低风险的措施，比如构建保障机制来注入秩序、减小冲突，并实现互利。

正如以上分立式结构分析所讨论的，不同的替代治理模式在以下几个属性方面存在内在的差异：激励强度、行政控制和契约法。不同的模式由三种不同的属性组合而成，因而不同的模式在自主适应和协调适应方面存在能力差别。详细论述见 Williamson (1991)。

作为总结，市场与公司的分立式结构差异是：

1. 激励强度：市场的高能激励让位给公司的低能激励。
2. 行政控制：相比于市场，公司拥有更多的行政规则和程序，包括会计和审计，以及非正式组织。
3. 契约法：市场的契约法是法律条文主义，依靠法庭秩序，而如前所述，组织内部的契约法是自制法。

因为存在这些差异，市场在自主适应方面具有优势，而公司在协调适应方面具有优势。

## B. 简单的缔约框架

一旦将比较契约分析方法应用到经济组织中，就会看到不同的企业理论、非标准契约和不常见契约的目的，以及不同的组织结构。该方法强调：(a) 交易是分析的基本单位；(b) 不同的替代组织模式是存在分立式结构差异的治理结构；(c) 主要目标是节约交易成本。注意，在这个框架中，企业并不是一个单独存在的概念，而是同其他治理模式相比较研究的。任何时候在任何地方，核心总是对交易和治理结构的微观分析。

因此，假设企业可以生产或购买一种部件，而该部件可以由两种技术生产。一种是通用技术（general purpose technology），另一种是专用技术（special purpose technology）。专用技术要求对特定交易的耐用资产做更多的投资，但能更有效地满足稳态需求。稳态需求只是为了分析简便而做的假定：多数契约都是在不确定的条件下执行的，因此针对干扰的适应性是必需的。因为不完全契约的双方存在双边依赖性（因此，契约持续性就有价值），同时双方经常对干扰的适应要么保持沉默，要么采取不合适的或错误的措施，因而导致了契约冲突。因此，尽管无成本地回复到契约曲线的位置上可以实现互利，但每一方当事人在利益分配上都会做出机会主义行为，所以会导致成本高昂的拖延和不良的适应。

如果用 $h$ 来衡量契约风险，使用通用技术的交易其 $h=0$。因为当事人之间的交易身份不重要，所以在竞争市场上自主适应就足够了。如果交易使用的是专用技术，那么 $h>0$。因为此处的资产是专用的，所以如果 $h>0$ 的交易被过早地终止了，那么就会牺牲生产的价值。这样双边依赖的当事人就会有动力来提高交易的持续性，保护专用投资，所以协调适应就产生了。

我们用 $s$ 来表示这种保障程度的大小。当 $s=0$ 时，意味着没有提供什么保障，如果决定提供保障，那么 $s>0$。保障可以有两种形式：一种是在契约内部增加支持措施：对违约的惩罚、更多的信息披露以及设立专门的争端解决机制（如仲裁）；这是一种增强内部承诺可信度的选择。另一种形式是不用市场来实现交易，而是用所有权统一的内部组织［以层级制（包括发布命令）来加以协调］来组织交易。

图1中，$A$点代表法学和经济学中理想的交易：没有相互依赖的关系（$h=0$），价格由竞争性市场决定（通过供求），如果契约关系破裂了，法庭会对损失补偿做出裁决。$B$点代表契约风险未得到解除的状态，因为没有保障机制（$s=0$），而专用化投资完全暴露在风险中（$h>0$）。有远见的人会认识到这种风险，并计算出潜在的风险价格。$C$点和$D$点代表以契约保障的形式（$C$点），或者以统一所有权的形式（$D$点）提供附加契约保障机制的情况（$s>0$）。

如果在$C$点相互依赖的双方付出最大努力，但还是难以维持契约关系，那么该点的交易就可能被移除市场而采用统一所有权（纵向一体化）来组织交易。但是因为不通过市场而通过组织内部来进行交易会滋生官僚成本，所以内部组织被视为最后才使用的办法：尝试过市场模式、尝试过混合模式，只有这些方法都失败了才求助于企业模式来解决。因此$D$点（企业）只有在更高程度的资产专用化水平上以及更大的不确定性的情形下（因而对协调适应有更多需求）才会使用。

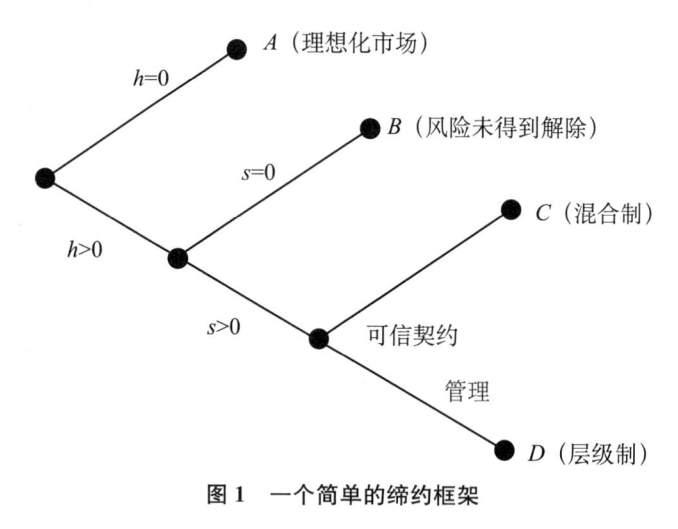

**图1　一个简单的缔约框架**

## V. 在公共政策上的应用

前文提及的法学和经济学中理想交易的$A$点显示：对企业和市场组织，新古典方法和交易成本方法是完全不同的。这些差异是因为对经济组织的广义定义超过了交易成本经济学适用的范围（各种组织模式都可以被称为治理结构，都适用组织理论），差别还体现在商业公共政策的影响上。这里我们比较了新古典经济学和交易成本经济学对非标准和非熟悉契约及组织结构的解释。贯穿其中的差别是：传统经济理论更有地位，因为传统理论对有疑问的现象通过价格理论予以解释，而交易成本经济学则表现得更具好奇心，会问"（到底）发生了什么？"交易成本经济学会一方面详细解释交易，另一方面详细解释治理结构，这更接近组织理论的理念。

## A. 纵向一体化/垂直市场限制

传统理论把企业视为生产函数，从这一角度对一体化（前向、后向或横向）的解释唤起了对技术、对因双边际化\*而导致的低效要素比率（McKenzie，1951）和因政府配额及销售税而导致的扭曲的思考。

丹尼尔·斯普贝尔（Daniel Spulber，1999，第270页）最近重复了乔·贝恩（Joe Bain）对热能节约的研究。贝恩从技术角度展开推理分析：

> 一体化能够明确地带来成本节约的情形通常涉及一个工厂程序的物理方面或技术方面。典型的例子就是整合炼铁和炼钢程序，这样就能节约把铁投入炼钢炉前再加热的成本。而在一体化没有涉及物理方面或技术方面的情况下——例如在整合分类部件的生产和组装时就不涉及物理方面或技术方面——一体化是否导致了成本节约仍是一个不太清楚的问题。

因为技术的因素，贝恩与斯普贝尔所提到的热能节约要求炼铁和炼钢两阶段距离要彼此接近，但并不要求都由一个主体拥有这两个生产阶段。因此，如果两个阶段由同一主体拥有（也就是说，两个生产阶段之间的关系通过层级制比通过市场能更好地予以调节），那么一定不是出于技术的原因，而可能是出于交易的原因。

因此，在这些显而易见的解释（如价格发现或者热能节约）背后，交易成本经济学在观察它们能否经得起比较制度的检验。交易成本经济学还提出了一个问题：外部采购会产生企业间的契约风险，能否通过企业内部采购缓解企业间的契约风险（但也会产生官僚成本）？契约复杂性的逐渐增强可以解释从理想市场到混合制、再到层级制的转变，正如图1所示的简单缔约框架所讨论的那样。

垂直市场限制（vertical market restrictions）又是怎么回事？如何理解？对初学者而言，垂直市场限制可以用 $C$ 点（而非移动到 $D$ 点）予以说明。该点的交易会产生风险（$h>0$），所以需要有效的保障措施（$s>0$）。如果在 $C$ 点多数风险能得以有效缓解而不会在统一所有权下产生额外的官僚成本负担（削

---

\* 双边际化（double-marginalization）指的是具有一定市场权力的上下游企业（比如制造商和分销商）分别应用价格加成定价的现象。——译者注

弱激励强度,增加管理成本),那么混合模式,例如特许经营,就可以使用(假定目前的契约限制是合法的)。

垂直市场限制常常产生于对品牌资产的支持(Klein,1980),对品牌资产的担忧是因为独立或准独立的分销商(经常是获得特许经营的人)对次级目标的追求而导致品牌资产贬值,其结果是整个系统处于风险中。根据交易的特性,可能施加对消费对象和消费地域的限制,或采用排他性交易或者特许限制。由于缺乏策略目标——前提是存在垄断力量——对使用怎样的垂直限制工具,将通过考察何处产生风险契约以及如何产生契约风险来选择。

价格理论对非标准签约模型的解释包括因价格歧视而产生的利益、在不同风险规避下有效风险承受所带来的收益、通过使用垂直市场限制而导致的"搭便车"现象的减少。但如果发现消费者偏好和阻止套利的成本是正的,那么在交易成本为零(价格理论假设零交易成本)的情况下,价格歧视是否会产生配置效率收益尚存在很大的疑问。而且,与更重要的契约风险相比,用风险规避来解释企业间的缔约行为往往是次要的。最后,对含义不明确的"搭便车"的抱怨更是陈词滥调。无论何时何地,真理总体现在细节中。①

## B. "新经济"

新经济真的存在吗?是,也不是。一方面,在太阳底下没有什么新东西:实时响应、创新、外包和掠夺性行为都不是什么新东西。但是新信息知识的扩散、对关系型缔约(relational contracting)的不断认可及商业化竞赛、信息时代的控制权竞赛和生物技术发展的竞赛扩大了这一切。上述改变似乎可以描绘许多高技术领域的竞争。

传统微观理论也涉及一些这类问题,但是非常有限。交易成本经济学与以下几个方面均有有限却富有生产力的联系:(a)认为对迅速协同适应的要求与对实时响应的要求是一致的;(b)系统化研究创新——包括企业规模、激励以及跨期转变(Williamson,1975,第196-207页);(c)设计可信的承诺以支持外包,及从外包相对于内部采购在官僚成本方面所具有的优势都是交易成本经济学关注的课题;(d)针对低效竞争的包容——这一掠夺行为——的研究(Posner,1976,第193页)过于静态,因为这些研究并不了解可能的掠夺,"有时候有,有时候没有,取决于进入者出现或消失"(Williamson,1977,第339页),这就引入了跨期思考。

---

① 尽管波斯纳认为"审视反托拉斯法的最好视角是价格理论"(Posner,1979,第932页),但米斯认为,"[尽管]芝加哥学派参考了价格理论,但芝加哥学派审视垂直限制的方法从不依赖价格理论,反而求助于新制度经济学和交易成本经济学的解释"(Meese,1997,第203页)。也可参见 Joskow(1991)。

但可以肯定的是，新经济提出了策略和知识创新的挑战，这些挑战已经超越了交易成本经济学（Shapiro and Varian，1999）。而且，诸如"非均衡缔约"等概念（Williamson，1991）都搅乱了人们的思维。在新经济中，交易成本经济学对公共政策方面的紧迫需求的回应比价格理论更有效，但也并不让人满意。

## C. 管制/放松管制

### 特许招标[①]

对自然垄断采用特许招标，波斯纳有乐观的判断，"过于细致的法规或建议……只会模糊最基本的问题"（Posner，1972，第98页）。在集权专制传统中（法律意义上），所有相关的行动都采用事前的契约招标竞争。这与波斯纳对前述组织理论不屑一顾的态度是吻合的，也体现了不留心程序转变而分析公共政策的危险。一旦从事前的招标竞争扩展到事后的契约执行，特许经营的货物或服务的特征就对明智的判断很重要。特别是当在不确定的情况下提供服务或货物，或者涉及重大专用资产投资时，特许招标的有效性就很成问题。对自然垄断进行特许招标不是万能的方法，该方法是有适用条件的。[②]

### 重组加利福尼亚的电力供应

为电力创造一个市场来提高效率，许多国家都曾这样做过，并获得了不同程度的成功。加利福尼亚只是最近的一个例子，其重组的努力并没有得以彻底贯彻。专制规则（法律意义上）再一次战胜了程序观点（即"到底发生了什么？"）。这体现在两个方面：首先，不考虑政治程序和管制程序的现实，而应用所谓的"好理论"是非常幼稚的。如果不事先考虑这些现实情况，那么政治和监管就被轻松地用来为事后不合意的或不曾预测的结果做替罪羊，而这些行为（结果）很大程度上是可以预测的，而且是应该（事前）加以考虑的（Williamson，1996，第8章）。除了对现实政治的忽视之外，乔斯科（Joskow，2000）发现，对理想中（假设的）平稳运行的市场效率给予的关注太多了，而对潜在的投资和契约风险及相应的治理应对措施则没有给予应有的重视。正如乔斯科所说（Joskow，2000，第51页）：

> 许多政策制定者和追随者都惊异于创造电力批发市场所面临的困

---

[①] 参见 Williamson（1996，第84-85页）。

[②] 在成本递减的情况下，对提供货物或服务进行特许招标可能会代替现存的监管或被认为是存在净收益的公有制形式（采用公有制形式的包括当地航空服务，可能还有邮递服务）。在对每个基本单位（空港、邮局、仓库等等）的竞标中，政府可以控制胜标方，其他的一些资产（飞机、卡车等）将会有一个活跃的二级市场，因此特许招标并不是一无是处。相反，特许招标还是一个非常富有想象力的建议。但交易成本经济学坚持所有的契约方案——对自然垄断的特许招标亦是其中之一——都需要经过微观分析的检验，需要通过比较制度的方法加以评估。

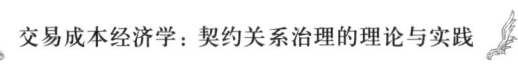

难……如果他们用交易成本经济学的框架来审视重组的挑战，那么就可能会发现这些潜在的问题，并通过事前采用治理机制来解决这些问题。

**制度环境**

新制度经济学在两个互相联系的层面上发展：制度环境（游戏规则）和治理机制（游戏运行）。列维（Levy）和斯普里尔（Spiller）（Levy and Spiller, 1994，1996）对电信私有化的研究，通过考察契约风险及可信任缔约（这一比较契约视角）考察了五个国家的制度环境。自下而上的方法揭示出，司法独立性的条件和水平、行政与立法权是否分开、监管机构的能力和对契约的保护等方面都会影响私有化的决定和私有化的性质。因此，决定是否私有化以及如何实现电信私有化要考虑上述条件特征。

对社会主义经济体的私有化也有类似的考虑。鉴于"大爆炸"式的（休克疗法）做法不关注行业间的差别，而对制度构建和治理机制给予更多关注的人建议采取逐步推进的方法，即先私有化那些"简单的"。因为自然垄断行业对放松管制和私有化有诸多限制（Arrow，2000；Williamson，2000），所以有些需要晚点私有化（如果有的话），以便求助于监管工具。

## D. 公司治理/债务和股权[①]

价格理论长期以来不讨论公司治理话题。企业的目的被简单地假定为实现利润最大化。认为管理层会追求违背公司利润最大化的次级目标的观点与传统理论结构是不相容的[尽管可以（并且已经）通过改变目标函数的方法在传统理论体系下解决了这个冲突（Baumol，1959；Williamson，1964）]。

交易成本经济学把董事会主要解释为保护股本融资契约的保障机制。尤其是，债权和股权不仅被视为不同的融资模式（法学和经济学理论中）（Easterbrook and Fischel, 1986；Posner, 1986），而且被当作不同的治理模式。因此，假设公司为以下一系列项目融资：通用的汽车设备，位于聚集区的通用型办公楼，位于制造中心的通用型工厂，地处偏僻地区的配送设施，专用性设备，市场和产品开发费用等等类似项目。

进一步假设债务是一种完全规则化的治理结构。具体地，债务融资需要债务人遵守如下规则：（1）按期支付契约明确的利息；（2）公司能持续维持一定的流动性水平；（3）建立偿债基金，本金到期会予以偿还；（4）如果出现违约，债权人能对相应资产行使优先受偿权。如果一切正常，那么本息将会按期支付。但如果出现问题，债务并不会被豁免。如果不能按期偿付债务，会导致清算。不同的债权人会根据相应资产重新部署的程度实现不同程度的补偿。

---

[①] 参见 Williamson（1996，第 184–185 页）。

随着资产专用性程度的加深，优先受偿权的价值会下降，所以债务融资的条件会按照资产专用性做调整。考虑到专用性投资将会面对更为不利的融资条件，企业可能会为了获得更大的资产重新部署自由度而牺牲一定程度的专用性投资。这会产生相对较低的资本成本，但却增加了生产成本。能否通过建立一种使资金提供者更加信任的新的治理结构来缓解这种（降低资本成本，增加生产成本的）关系呢？在可行的范围内，（通过新的治理结构）就能保留有价值的专用性投资。

为此人们发明了一种名为股权的融资工具，假定股权有以下一些治理特点：（1）它拥有企业收益和资产清算的剩余索取权；（2）它的契约期为企业的存续期；（3）建立了董事会并赋予董事会股权，其中（a）董事会由持有可交易股票的股东按持股比例投票选出，（b）董事会具有罢免管理层的权利，（c）董事会可以决定管理层的薪资，（d）董事会可以按期获得内部绩效信息，（e）董事会可以授权审计师做深入的专项审计，（f）在重大投资和行动建议实施前告知董事会，（g）在其他方面复核管理层的决定并监督管理层（Fama and Jensen，1983）。

这样董事会就"进化"成一种减少有限重新配置自由度项目[*]的资本成本的机制。增加的控制不仅能够使股权具有更多安全保障特征，而且在企业发生困难时，股权也比债权更具包容性。因此，当不良适应发生时，公司就会努力解决问题并保护公司价值，所以债权治理结构类似于市场，而股权治理结构更具干预性，类似于管理。这就和我前文提及的外部采购/债权与纵向一体化/股权相呼应。事实上，债权是一种市场融资模式，而股权（管理类型）是因契约风险增加而出现的。股权是最后才会使用的金融工具。

## E. 其他变体问题

交易成本经济学认为只要是缔约问题或者可以表述为缔约的问题，都可以用节约交易成本的方式很好地加以检验。因此，可以用交易成本来解释的范围是广泛的。在这里我简要介绍另外两个应用（不涉及价格理论的解释）。

**公共官僚部门**

根据道格拉斯·诺思的观点："政治市场……易出现低效"（North，1990，第365页），而且"高交易成本问题倾向于以政治形式出现"（North，1990，第372页）。这两个观点比自相矛盾还糟糕。这是有违常理的。虽然政治市场是低效的、糟糕透顶的，但合理的教训是否应该是：政治（官僚机构）是为了减少高交易成本而不是增加交易成本？也许是，也可能不是。毕竟高交易成本问题是难以区分的。正如图1中所展示的，相对于 $D$ 点的治理（企业），这类

---

[*] 指专用性程度高的项目。——译者注

交易更不适合 A 点的治理（市场）。如果额外的契约风险存在，用公共官僚部门来治理这样的交易是否还可行？详细内容请参见我在其他论文中的讨论（Williamson，1999）。具体地，尽管公共官僚部门在许多方面很无能——非常低能的激励，成本高昂的行政程序，非常具有保护性的雇佣关系——但在有些方面，（相比较而言）让政治官僚部门进行某些交易是最优的（外交事务就是一个例子）。每一种组织形式总有用武之地，但每一种组织都要适得其位。

### 劳工组织

劳工组织有许多目的，包括垄断力量和政治目的。劳工组织的效率如何？同样地，真理体现于细节之中。那些具有更高契约风险（$h>0$）的劳动力交易适用于能够降低风险的治理机制（$s>0$），但如果对一般的劳动力交易（类似于 A 点）提供同样的保障机制，将会是较为低效的，这正是本文不断提及的主题。正如其他的相关文献所阐明的（Williamson，Wachter，and Harris，1975；Williamson，1985，第 10 章），他们所观测的劳工组织遵循（这里的）效率逻辑。

# Ⅵ. 契约和经济组织

## A. 其他可选择的方法

如果像我所说的那样采用契约方法研究经济组织，那么在法律教学及在法学和经济学研究方面系统应用交易成本经济学将是极有可能的。这会超越"美国法学院中流行的契约法：该法体现在司法审判和对这些审判的研究中"（Rubin，1995，第 109 页）。鲁宾（Rubin）的建议则是，法学院（更一般意义上是学习契约法的学生）需要的是"能够解释契约缔结过程的……契约理论，而不是对此过程的司法判决"。也就是说，"缔约行为的非司法解释将占据突出的位置"（Rubin，1995，第 108 页；着重号为后加）。

原则上说，法学和经济学可以服务于这个目的。但路径因为波斯纳和其他一些人提出的理论而产生了"一个巨大而错误的转变"。波斯纳等人认为："通过普通法判决可以……实现契约法的经济效率"（Rubin，1995，第 113 页）。抛开契约和缔约过程，而关注司法判决，"法学和经济学仅仅成为另一个分析司法判决的工具"（Rubin，1995，第 113 页）。但鲁宾还是感到欣欣鼓舞，"既然法学院的课程对契约交易理论仍有抵触……由于对交易进行经济学和社会学分析，法学家们已经开始逐步转移他们的关注点了"（Rubin，1995，第 114 页）。

那么广义来看，通过法学、经济学和组织学结合的方法来展开对契约的研究，结果会如何？在我看来，节约交易成本的视角应贯穿始终。通过用私人秩序的概念代替法律规则的概念（来考察契约），及调查节约交易成本的机制，有助于对不完全整体缔约的研究。有趣的是，吉尔森早在研究公司融资交易的过程中就已经得出了许多相同的观点（Gilson，1984）。

## B. 节约的视角

从节约交易成本的视角看，根据可修复性标准，无效率会自行消失——无效率是与可行方案（而不是假想的完美世界）比较而言的，并且需要考虑实施成本。因为从相对无效率的模式移动到相对有效率的模式，总会产生联合收益，假设实施成本小于收益，那么有远见的商人和他们的律师将避免低效的结果（例如 $B$ 点）。与马基雅维利式（Machiavelli）的短视观点——"先下手为强"不同，有远见的签约态度是提供更好的信息和更安全的措施，以"提供和获得可信的承诺"（Williamson，1983，1993b），进而增强互信、实现互利。

吉尔森把商业律师比喻成交易成本工程师就体现了这种精神（Gilson，1984，第 255 页）。他认为对交易的检验不应是单向检验，而应是从双方当事人角度的*双向*检验（Gilson，1984，第 245 页；着重号为后加），其目的是实现互利。他进一步提出节约交易成本的方法来研究私人秩序（Gilson，1984，第 255 页），其中包括可信的承诺（Gilson，1984，第 281 页）。而且他认为（理想化的）资本资产定价模型的假设——相同时间、相同的预期、无交易成本和无成本地获取信息（Gilson，1984，第 252 页）——是交易成本经济学的基石[*]。"这些假设的非现实性并不是导致人们失望的原因。而正是这些假设对现实世界描述的失败使我发现了律师*在价值创造上的潜在空间*"（Gilson，1984，第 253 页；着重号为后加）。基于这些偏离，产生了相应的治理制度（Arrow，1963）。

## C. 私人秩序

**概念**

马克·加兰特反对用一般的学术/法律中心主义来研究契约，在法律中心主义看来，争端"需要进入远离争端发生的原始社会环境，以此来提供解决方案，该方案是由一些权威机构提供的救济途径，并由一些受政府资助的专家来实施救济"（Marc Galanter，1981，第 1 页）。事实还显示：多数争端，包括在现有规则下可以提交法院解决的争端，都可以通过回避法院自主解决（Galanter，1981，第 2 页）。这是因为"在许多情况下，争端当事人能够自己提出更令他们满意的争端解决方法，而专家们对争端的了解有限，只能采取一般性

---

[*] 也是交易成本经济学评判的对象。——译者注

解决方案"（Galanter，1981，第 4 页）。吉尔森认为当商业律师能出色地承担交易成本工程师的角色时，"法院和正式法律的重要性会大大降低"（Gilson，1984，第 294 页）。

**契约法**

卢埃林对用法律方法研究契约的不满，使他提出了"作为框架的契约"的概念（Llewellyn，1931，第 736-737 页）：

> 法律契约最为重要的就在于它几乎为每一种集团组织，以及每一种在个人与团体之间存在的短期的或长期的关系提供了一种框架——一种高度可调节的框架，一种几乎从不会准确规定现实运作关系的框架，但这种框架可以粗略反映上述关系的变化，可以在有疑问时提供指导，可以在这些（契约）关系实质上终止时提供最终申诉的规范。

最后一点是很重要的，因为预计到会向法院提出最终申诉（当关系终止时），能够避免一些危险情况的发生。

其他学者也有类似的观点，如萨默斯（Summers），他区别了契约研究中的"黑信法"（类似于"黑箱"经济学）和更依照完好情况判断的方法。前者抱有一种反现实的"幻想——认为可以不考虑所处的环境而制定契约规则，所以这样的契约规则就可以适用于任何契约关系"（Summers，1969，第 566 页）。

交易成本经济学认为每一种治理模式背后都有不同的契约法在支撑，这一观点具有广泛的现实性。法学和经济学中理想的交易（A 点）发生在不关注身份、可以适用法律规则的现货市场（Macneil，1974）。但因为契约关系持续性的重要性上升，并采用了不完备的长期契约（C 点），法律规则方法让位于卢埃林所提出的"作为框架的契约"概念。当市场交易被企业内部交易（D 点）取代后，就发生了这样的转变，隐含的契约规则现在变成了自制法。正如前文所阐述的，法庭一般支持企业处理内部交易因价格、迟延造成的损失，产品质量等引发的纠纷，而不支持企业处理部门之间就相同的问题而产生的纠纷。既然通往法庭的路被堵死了，当事人必须在内部解决争议（Rubin，1995，第 117 页）。这样，层级制就成为其最终申诉的法庭。企业和市场在命令方面的差异，可以（部分地）由它们在契约法上的差异来解释（Williamson，1991）。

## D. 机制

**公司收购交易**

交易成本经济学赞同这样的断言："社会科学的解释应该围绕（局部）*机制*展开，而不是（一般性）理论"（Elster，1994，第 75 页；着重号来自原文）。交易成本经济学对"生产还是购买"这一经典决策的检验，及对广泛缔约行为的研究，都很好地证明了该观点。商业律师在面对资产资本定价模型的理想假设和现实之间的差距时,会做出完善收购协议的努力。吉尔森的相关研究也证明了上述观点(Gilson,1984,第293页):

> 基于盈利能力的对价付款(earnout)或依条件定价是为了应对相同期望假设的失败;在评估定价因素期间对卖方经营进行控制是应对相同时间假设的失败;大量的解释和担保,以及赔偿条款和其他评定机制是为了应对无成本获取信息假设的失败。

**契约法学说**

与契约法学说相伴出现的机制微观分析也具有启发性。麦克尼尔认为,法律体系"远没有达到使契约当事人信守诺言的水平"(Macneil,1974,第730页):

> 总体来看,契约救济(contract remedies)是法律体系提供的最差的解决办法之一。契约救济受到大量的学说和技术的阻碍:不可能性、失败、错误、操纵解释、陪审团自由裁决、对价、非法性、胁迫、不当影响、不公平、行为能力、没收和惩罚条款、实质履行说、严重性、破产法、欺诈等等;然而,几乎任何一项学说都不能使法律机制达到能让契约可信的完美程度(但接近完美程度)。

法庭拒绝支持契约载明的损害赔偿条款尤其让人感到不解。既然认为缔约当事人清楚什么样的契约条款才能维护其权益,为什么在违约产生时,法庭会拒绝支持契约载明的损害赔偿条款呢?

一个可能的解释是因为契约是复杂的。尽管这样的条款通常可以作为解决违约的有效方法,但它也可能有其他策略目的,比如诱导违约(induced breach)。

克拉克森、米勒和穆里斯(Clarkson, Miller, and Muris,1978,第366-372页)就讨论了如果违约是因精心设计诱导而发生的,那么法院应拒绝支持载明的违约赔偿条款。诱导违约一般是在一方当事人故意隐瞒相关信息的情况下发生的,但依然符合契约内容。诱导违约也可能发生在需要大量资源协调时,对应履行的义务敷衍了事的情况(Clarkson et al.,1978,第371-372页)。在任何一种情况下,发现或证明诱导违约都是很困难的(Clarkson et al.,1978,第371页)。交易成本逻辑就是其中的原因。

## E. 对法律教育的影响

我认为对契约采用法律中心主义方法研究"可以让律师和经济学家……从对各种私人秩序的检验中摆脱出来,这些私人秩序是人们选择或放弃目前治理结构而构建的方法"(Williamson,1983,第520页)。吉尔森认为我的说法太笼统了,应局限于学术型律师和经济学家(Gilson,1984,第295页)。因为"商业律师从事的工作十分出色,是法学院做不了的工作,对多数法学院来说甚至是不曾涉及的工作：在没有政府干预的情况下帮助人们安排他们的（契约）关系：提供*私人秩序*"（Gilson，1984，第303页；着重号来自原文）。但"为什么法学院在培养商业律师方面的表现会如此之差"（Gilson，1984，第303页）？吉尔森对此的回答是："因为在金融学和交易成本经济学出现前"（Gilson，1984，第305页），"没有研究私人秩序的理论"（Gilson，1984，第304页）。

20年过去了，我发现契约法的教学仍然没有什么改变。如何解释这种（对私人秩序或交易成本）持续的漠视呢？

一种解释是，主流法学和经济学仍然占据着绝对优势地位，因此法学和经济学之间的关系依然如故，教科书中的传统经济理论是其根源。这样就将更偏爱将企业视为生产函数的理论架构，而对组织的研究仍然是时断时续的。尽管对普通法裁决的效率保持怀疑，但契约法教育仍然停留在对法律条规和判决的绝对关注上。

另一种解释是认为私人秩序的世界非常复杂。尽管好律师能快速学习，但对私人秩序的深入理解来自从业过程，而不是在课堂上。

第一种解释是对（传统理论）自满的一个拙劣的借口，而第二种解释则忽视了组织经济学仅在一些关键主题上衍生变化的可能。因此，可以对经典案例加以关注——一个是可信的企业内部契约，另一个是纵向一体化。这样私人秩序所存在的令人难以忽视的并不断增长的困惑就可以减少到可控的水平。既然课堂是一个分析可信缔约（C点）设想、特点和机制的地方，而且也是考察将企业视为治理结构（D点）的相对优缺点的地方，那么把对私人秩序的研究放在工作培训中就是不合时宜的。

尽管法学院的基本课程没有因为我们这些批评而有所改变，但值得注意的是，许多一流的法学院已经开始在复杂的"交易"领域开设了一门选修课，多数学校的这类选修课是仿照吉尔森和维克托·戈德伯格在哥伦比亚大学法学院开设的"交易：交易和缔约的经济结构"（Deals：The Economic Structure of Transactions and Contracting）。如果法学院不能满足社会对交易成本工程师的需求，那么商学院就会享用这顿午餐*（Rubin，1995，第114页）。

# Ⅶ. 结论

"企业的目标、企业存在的理由以及企业决策方式……都需要一种完全有别于已经主宰了一个世纪的分析方式"（Hahn，1991，第49页），此观点得到了越来越多的认同。交易成本经济学不仅认为需要用更具目的性和远见的节约

---

\* 即指填补这个工作空缺。——译者注

交易成本的视角来思考契约和组织①，而且解释企业的存在和治理也是交易成本经济学的关键问题。

正如本文所阐述的，组织理论对企业的交易成本经济学理论有重大影响。组织理论所做出的杰出贡献包括对行为人更为真实的描述、阐明跨期转变的重要性、对分析单位的选择以及对各种具有互补特征的治理模式的描述。由此得出的企业理论与新古典理论有着巨大差异（Kreps，1990，第96页）。因为"任何一项标准理论，不仅仅是新古典理论，都是从研究企业的存在性开始的"（Arrow，1999，第vii页），所以对应的研究就非常重要。

可以肯定的是，近期成果（组织理论家推动的结果）与最终的成果（从节约交易成本角度研究的）经常是不同的——这是必然的。但更重要的一点在于：需要有人站出来提出一些尖锐的批评，并识别重要的现象。当其他的理论自满或裹足不前时，组织理论却为此做好了准备。

本文所勾勒的把企业作为治理结构的理论仅仅是一项正在发展的理论，而绝非一项完善的成果。② 尽管我们仍处于不断发展的阶段，但现有成果已经帮助我们加深了对许多复杂契约行为和组织行为的理解，并且作为一把标尺检验了传统理论是否被滥用或误用。基于这一精神，我认为考虑采用一些法学、经济学和组织学（因为这些与公共政策和法学院课程相关）的方法并吸收其中的观点，主流的法学和经济学一定会从中受益。③

# 致 谢

这篇文章最初是为2000年8月的智利大学（University of Chile）法学与

---

① 有远见的签约发生在中间产品市场比出现在产成品市场更合理。而那些向不具备专业知识和缺乏远见的消费者出售产品的（有远见的）企业能通过品牌、担保、保证等方式来缓解风险，事实上它们也是这么做的。但我并不是说就没有其他需要（可能需要公共政策的帮助）缓解剩余风险的情况了。

② 完全形式化是最终的目标。格罗斯曼-哈特-莫尔模型（Grossman-Hart-Moore model）（Hart，1995）虽然是充分形式化的，但合理性不足（Kreps，1999）。帕特里克·巴贾里（Patrick Bajari）和史蒂文·塔德利斯（Steven Tadelis）近来对采购的研究（Bajari and Tadelis, 2001），就关注固定价格和成本加成契约之间激励的和事后适应的差异，更接近交易成本经济学的精神。

③ 在我收到的对这篇文章的评论中，一部分认为本文所表述的基本观点不仅早已为人知悉，而且还有记载并已经产生了影响。这是令人高兴的，但另一些读者认为本文所阐述的许多内容涉及人们尚不熟悉的领域，需要更充分地加以阐释。我持折中的观点。因此，尽管我们已经听说许多把企业视为治理结构的理论，但私人秩序仍然是有待开发的领域。而在法和经济学的主流中，组织理论仍是贫乏的——主流教科书就是最好的例证（Cooter and Ulen，2000；Polinsky，1989；Posner，1998）。虽然在公共政策领域有所改变，但基本的契约法课程仍然没有受到本文观点的任何影响。

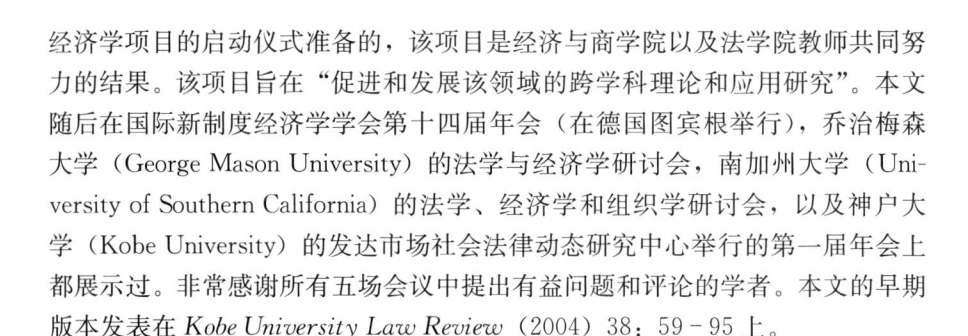

经济学项目的启动仪式准备的,该项目是经济与商学院以及法学院教师共同努力的结果。该项目旨在"促进和发展该领域的跨学科理论和应用研究"。本文随后在国际新制度经济学学会第十四届年会(在德国图宾根举行),乔治梅森大学(George Mason University)的法学与经济学研讨会,南加州大学(University of Southern California)的法学、经济学和组织学研讨会,以及神户大学(Kobe University)的发达市场社会法律动态研究中心举行的第一届年会上都展示过。非常感谢所有五场会议中提出有益问题和评论的学者。本文的早期版本发表在 *Kobe University Law Review* (2004) 38: 59-95 上。

# 参考文献

Arrow KJ. 1963. Uncertainty and the welfare economics of medical care. *Am. Econ. Rev.* 53 (December): 941-73

Arrow KJ. 1999. Forward. In *Firms, Markets, and Hierarchies*, ed. G Carroll, D Teece, pp. vii-viii. New York: Oxford Univ. Press

Arrow KJ. 2000. Economic transition: speed and scope. *J. Inst. Theor. Econ.* 156 (March): 9-18

Bain J. 1968. *Industrial Organization*. New York: Wiley. 2nd ed.

Bajari P, Tadelis S. 2001. Incentives versus transaction costs: a theory of procurement contracts. *RAND J. Econ.* 32 (3): 387-407

Barnard C. 1962 (1938). *The Functions of the Executive*. Cambridge: Harvard Univ. Press

Baumol WJ. 1959. *Business Behavior, Value and Growth*. New York: Macmillan

Ben-Porath Y. 1980. The F-connection: family, friends, and firms and the organization of exchange. *Popul. Dev. Rev.* 6: 1-30

Buchanan JM. 1975. A contractarian paradigm for applying economic theory. *Am. Econ. Rev.* 65 (2): 225-30

Buchanan JM. 1987. The constitution of economic policy. *Am. Econ. Rev.* 77 (3): 243-50

Clarkson KW, Miller RL, Muris TJ. 1978. Liquidated damages v. penalties. *Wis. Law Rev.* 1978: 351-90

Coase RH. 1992. The institutional structure of production. *Am. Econ. Rev.* 82 (September): 713-19

Commons JR. 1932. The problem of correlating law, economics, and ethics. *Wis. Law Rev.* 8: 3-26

Cooter R, Ulen T. 2000. *Law and Economics*. Reading, MA: Addison-Wesley. 3rd ed.

Dawkins R. 1976. *The Selfish Gene*. New York: Oxford Univ. Press

Demsetz H. 1983. The structure of ownership and the theory of the firm/comment. *J. Law Econ.* 26 (June): 375-93

Easterbrook F, Fischel D. 1986. Close corporations and agency costs. *Stanford Law Rev.* 38 (January): 271-301

Elster J. 2000. Arguing and bargaining in two constituent assemblies. *Univ. Penn. J. Const. Law* 2: 345

Fama EF, Jensen MC. 1983. Separation of ownership and control. *J. Law Econ.* 26 (June): 301-26

Galanter M. 1981. Justice in many rooms: courts, private ordering, and indigenous law. *J. Leg. Plur.* 19: 1-47

Gilson R. 1984. Value creation by business lawyers: legal skills and asset pricing. *Yale Law J.* 94 (December): 239-313

Hahn F. 1991. The next hundred years. *Econ. J.* 101 (January): 47-50

Hart O. 1995. *Firms, Contracts, and Financial Structure*. New York: Oxford Univ. Press

Hayek F. 1945. The use of knowledge in society. *Am. Econ. Rev.* 35 (September): 519-30

Joskow P. 1991. The role of transaction cost economics in antitrust and public utility regulatory policies. *J. Law Econ. Org.* 7 (Special Issue): 53-83

Joskow PL. 2000. *Transaction cost economics and competition policy*. Work. Pap., MIT

Klein B. 1980. Transaction cost determinants of "unfair" contractual arrangements. *Am. Econ. Rev.* 70 (May): 356-62

Klein B, Leffcer K. 1981. The role of market forces in assuring contractual performance. *J. Polit. Econ.* 89 (May): 615-41

Kreps DM. 1990. Corporate culture and economic theory. In *Perspectives on Positive Political Economy*, ed. J Act, K Shepsle, pp. 90-143. New York: Cambridge Univ. Press

Kreps DM, 1999. Markets and hierarchies and (mathematical) economic theory. In *Firms, Markets, and Hierarchies*, ed. G Carroll, D Teece, pp. 121-55. New York: Oxford Univ. Press

Levy B, Spilcer P. 1994. The institutional foundations of regulatory commitment: a comparative analysis of telecommunications regulation. *J. Law Econ. Org.* 10 (October): 201-46

Levy B, Spiller P. 1996. *Regulations, Institutions, and Commitment: Comparative Studies of Telecommunications*. Cambridge, UK: Cambridge Univ. Press

Llewellyn KN. 1931. What price contract? An essay in perspective. *Yale Law J.* 40: 704-51

Macneil IR. 1974. The many futures of contracts. *South. Calif. Law Rev.* 47 (May): 691-816

March JG, Simon HA. 1958. *Organizations*. New York: Wiley

McKenzie L. 1951. Ideal output and the interdependence of firms. *Econ. J.* 61 (December): 785-803

Meese AJ. 1997. Price theory and vertical restraints: a misunderstood relation. *UCLA Law Rev.* 45 (October): 143-204

Michels R. 1962. *Political Parties*. Glencoe, IL: Free

North D. 1990. A transaction cost theory of politics. *J. Theor. Polit.* 2 (4): 355-67

Polinsky AM. 1989. *An Introduction to Law and Economics*. Boston: Little, Brown. 2nd ed.

Posner RA. 1972. The appropriate scope of regulation in the cable television industry. *Bell J. Econ. Manag. Sci.* 3 (1): 98-129

Posner RA. 1976. *Antitrust Law*. Chicago: Univ. Chicago Press

Posner RA. 1979. The Chicago School of antitrust analysis. *Univ. Penn. Law Rev.* 127 (April): 925-48

Posner RA. 1986. *Economic Analysis of Law*. Boston: Little, Brown. 3rd ed.

Posner RA. 1993. The new institutional economics meets law and economics. *J. Inst. Theor. Econ.* 149 (March): 73-87

Posner RA. 1998. *Economic Analysis of Law*. New York: Aspen Law & Business. 5th ed.

Rabin M. 1998. Psychology and economics. *J. Econ. Lit.* 36 (March): 11-46

Reder M. 1999. *The Culture of a Controversial Science*. Chicago: Univ. Chicago Press

Riordan M, Williamson O. 1985. Asset specificity and economic organization. *Int. J. Ind. Org.* 3: 365-78

Robbins L. 1932. *Essay on the Nature and Significance of Economic Science*. London: Macmillan

Rubin E. 1995. The non-judicial life of contract: beyond the shadow of the law. *Northwestern Univ. Law Rev.* 90 (Fall): 107–31

Schultz G. 1995. Economics in action: ideas, institutions, policies. *Am. Econ. Rev. Papers Proc.* 85 (May): 1–8

Scott WR. 1987. *Organizations: Rational, Natural, and Open Systems.* Upper Saddle River, NJ: Prentice Hall

Selznick P. 1950. The iron law of bureaucracy. *Modern Rev.* 3: 157–65

Shapiro C, Varian HR. 1999. *Information Rules: A Strategic Guide to the Network Economy.* Boston, MA: Harvard Bus. Sch.

Simon H. 1947. *Administrative Behavior.* New York: Macmillan

Simon H. 1957a. *Administrative Behavior.* New York: Macmillan. 2nd ed.

Simon H. 1957b. *Models of Man.* New York: Wiley

Simon H. 1978. Rationality as process and as product of thought. *Am. Econ. Rev.* 68 (May): 1–16

Simon H. 1985. Human nature in politics: the dialogue of psychology with political science. *Am. Polit. Sci. Rev.* 79: 293–304

Spulber D. 1999. *Market Microstructure: Intermediaries and the Theory of the Firm.* Cambridge, UK: Cambridge Univ. Press

Summers C. 1969. Collective agreements and the law of contracts. *Yale Law J.* 78 (March): 537–75

Williamson OE. 1964. *The Economics of Discretionary Behavior: Managerial Objectives in a Theory of the Firm.* Englewood Cliffs, NJ: Prentice-Hall

Williamson OE. 1975. *Markets and Hierarchies: Analysis and Antitrust Implications.* New York: Free

Williamson OE. 1977. Predatory pricing: a strategic and welfare analysis. *Yale Law J.* 87 (December): 284–340

Williamson OE. 1983. Credible commitments: using hostages to support exchange. *Am. Econ. Rev.* 73 (September): 519–40

Williamson OE. 1985. *The Economic Institutions of Capitalism.* New York: Free

Williamson OE. 1991. Comparative economic organization: the analysis of discrete structural alternatives. *Admin. Sci. Q.* 36 (June): 269–96

Williamson OE. 1993b. Calculativeness, trust, and economic organization. *J. Law Econ.* 36 (April): 453–86

Williamson OE. 1996. *The Mechanisms of Governance.* New York: Oxford Univ. Press

Williamson OE. 1999. Public and private bureaucracies. *J. Law Econ. Org.* 15 (April): 306–42

Williamson OE. 2000. *Empirical Microeconomics: Another Perspective*. Work. Pap., Inst. Manag. Innov. Org., Univ. Calif., Berkeley

Williamson OE, Wachter ML, Harris JE. 1975. Understanding the employment relation: the analysis of idiosyncratic exchange. *Bell J. Econ.* 6 (Spring): 250-80

PART IV　PERSPECTIVES
第四部分

# 方法论

# 实用主义方法论：交易成本经济学上的应用*

一直以来，我都从事至今仍处于"组织经济学"新兴领域的研究，（因而）我是以应用微观经济学的践行者的身份来讨论实用主义方法论这个主题的。我的目的在于明确交易成本经济学所采用的方法，并建议其他关于经济组织的理论也采用同样的做法。在这个过程中，将会发展出令人信服的趋同观点，甚至可能是共识。至少，让之前隐含的方法论变得明显也是有用的。

本文第1节主要介绍了关于研究方法的几个相互对立的观点；第2节提出了实用主义方法论的基本要素；第3节探讨了交易成本经济学是如何诠释实用主义方法论的四个基本原则的；第4节讨论了交易成本经济学引出的对于其他方法论的思考；最后一节是我的总结。

## 1. 相关背景

在佳林·库普曼斯（Koopmans，1957）的《经济知识的构成》(The Construction of Economic Knowledge) 一文中，第1节的标题为"臭名昭著的方法论"，开篇引用了丹尼斯·罗伯森（Dennis H. Robertson）的话："为了捍卫自己的观点，有必要为大家所鄙夷的方法论说几句话"（Koopmans，1957，第129页）。然而，库普曼斯坚持自己的立场，并在文章的最后表示同意罗伊·哈罗德（Roy Harrod）的观点："我之所以要谈谈自己对研究方法的看法是因为内心有着很强的欲望，总想要说点什么"（Koopmans，1957，第130页）。

马克·布劳格（Mark Blaug，1997，第20页）认为"怎么都行"，而我最想做的就是提出一个不同的观点。这个观点不仅是一般性的，也与交易成本经

---

\* 原文"Pragmatic methodology: a sketch, with applications to transaction cost economics"载于 *Journal of Economic Methodology*，2009，16（2）：145–157。译者：陈耿宣、贾钦民。

济学特别相关。

## 2. 实用主义方法论

索洛（Solow，2001，第111页）将自己描述为单纯的信息传达者而非方法理论家，他关于"扼要描述经济学家认为自己所做的是什么"体现了三项训诫：保持简单，使其正确，让其合理。保持简单，就是要去掉不重要的部分，专注于一阶效应，也就是主要矛盾，然后再讲限定条件、改进和延伸；使其正确，就是要把逻辑搞清楚；让其合理，就是要把握好事实，避免基于想象的推论。

索洛在讲到简单化训诫的时候，提到了"现实生活的极度复杂性，使我们有必要将模型简单化"。要想做到这一点，我们就要认识到，"大多数现象都是受少数几个力量驱动的，一个好的理论是把事情简单化，抓住主要驱动力，省去次要的内容"（Friedman，1997，第196页）。将注意力集中起来，就会发现最主要的特点和关键的规律。

使其正确，"就是要把经济学的观念转化为数学公式（也可以是图表或者文字），并确保后续的逻辑推理是准确的和可被证实的；关于复杂现象的简单、合理的模型要让重要参数的合理值或者似真值变得有意义"（Solow，2001，第112页）。"并不是任何符合逻辑的都是可信的"（Kreps，1999，第125页）。因此，脱离现象的想象都是值得怀疑的——如果另外更真实的模型产生了可辩驳的含义，而这样的观点和数据是一致的，就更值得怀疑了。

考虑上述最后一点，带给了我第四个原则：得出可辩驳的含义（refutable implications），并能得到相关（通常为微观分析上的）数据支撑。尼古拉斯·乔治斯库-罗根有句话形容得很恰当："总的来说，科学的目的并不是预测，而是为了获得关于科学本身的知识"，不过，预测是"衡量科学知识的标准"（Roegen，1971，第37页）。大多数经济学家深知，与数据一致的理论拥有更大的影响力。米尔顿·弗里德曼在回顾他自己毕生的研究时，说得非常中肯："我相信，我的研究之所以能够对一些领域产生影响，不是因为纯粹的分析，而是因为我搜集的实证依据。"①

因为社会科学涉及非常复杂的现象（Simon，1957，第89页；Wilson，1999，第183页），"不管你朝着哪个方向，都有很大的先验概率是错的；所以，如果其他人正沿着不同方向进行探索，本身就是好事"（Simon，1992，第21页）。由此可见，我们关心的不是单个的理论，而是多元理论。同时，多元理论几乎都不是全面出现的，一般都是经过循序渐进自然发展而成，要经历从

---

① 来自2006年2月6日弗里德曼与作者的个人交流。

不正式，到准正式、半正式，再到正式的发展阶段——并且，在每个阶段之中，理论和实证之间都存在着相互影响的关系（Newell，1990，第14页）：

> 理论不断累加，不断被提炼、重塑、修正和延伸。因此，我们生活着的世界并不是波普尔所认为的世界……［理论并不是］被证伪所击破的……理论更像研究生——一旦入学，你会想尽办法不让他们退学……理论是需要培养、改变和塑造的。

然而，对于单个理论的连续提炼和重塑并不会无限地持续下去。早晚有一天会得出结果，到那时，每个潜在的理论都必须接受检验——我的意思是每个潜在理论都应该用实用主义方法论的四个基本原则来衡量，尤其是最后一个。

## 3. 交易成本经济学

这一节介绍的是交易成本经济学和实用主义方法论的四个基本原则之间的关系。

### 3.1 保持简单

经济组织的设立有着许多不同目的。交易成本经济学认为其中最重要的是交易成本的节约。这一点呼应了弗兰克·奈特（Frank Knight，1941，第252页；着重号为后加）的观点：

> 在有限的条件下，大多数人都希望行为更具节约性，以使他们的活动和组织变得"高效"而不是浪费。这一事实值得我们着重强调；同时，关于经济学的详尽的定义也会清楚地告诉我们，这里讨论的问题主要反映在经济学和社会政策之间的关系上。社会政策的实施被认为是为了提高经济效率和减少浪费。

1941年和之后的30年里，更为普遍的观点是：相对于节约，垄断才是重点。但这其实在概念上都是错的，会导致制定错误的公共政策。科斯针对流行的错误概念作了这样一番评论（Coase，1972，第67页）：

> 如果一个经济学家发现对于某个事物他无法理解，比方说某种形式的商业行为，他就归因于垄断。我们对于这一方面知之甚少，我们无法理解的行为有很多，因此就会自然而然地依赖于垄断的解释了。

随之而来的是错误的公共政策，它们反映了执行反垄断时的"不友好传统"。非标准的契约实践和组织结构被认为"不被一般法律传统接受，也不被反垄断传统接受"[1]。

尽管关于垄断的说法有时候很容易让人接受（在商业战略文献中，垄断手段和定位一般都是主要问题），但是基于节约的思路正逐渐变得越来越重要和有力。[2] 节约可以通过几个不同的形式反映出来，其中，交易成本经济学关注的主要是适应性。

有趣的是，经济学家弗里德里希·哈耶克和组织理论家切斯特·伯纳德都认为，经济组织的主要目标就是适应。不过，他们对适应有着不同的理解。当相对价格发生变化，产生自主适应时，哈耶克强调"市场的奇迹"（Hayek, 1945）。相反，伯纳德（Barnard, 1938）关注的是"有意图的、经过深思熟虑的、有目的"的协调适应，这种适应是通过企业的管理手段实现的。这两种适应都很重要，至于采用何种适应，则取决于交易的属性，换句话说，交易成本经济学通过两者相结合的方式（而不是像旧观念下那样将市场和层级制孤立地进行区分）对市场和层级制进行研究。

## 3.2 使其正确

"使其正确"这一原则反映在交易成本经济学上，就是通过契约视角对经济组织的节约目的进行研究，而非选择视角下的新古典资源配置范式。选择视角关注的是价格和产出、供给与需求，认为企业是基于技术条件将投入转化为产出的"黑箱"。

如果"通过自发性交换取得互利……是经济学中最基本的共识"（Buchanan, 2001，第29页），那么我们（也应该，或者取而代之地）通过契约视角去研究经济组织。在研究经济组织方面，契约视角分为两部分：事前激励安排和事后契约关系治理。其中，交易成本经济学主要关注事后契约关系的治理，这也反映了康芒斯的重塑经济组织问题的精神，用他的话说就是："行为的最终单位……本身必定包含三个原则，即冲突、相关性和秩序，这一基本单位就是交易"（Commons, 1932，第4页）。

尽管康芒斯后来建议"经济学理论应当以交易本身、交易规则、组织问题，以及组织行为……稳定化（的方式）作为中心问题"（Commons, 1950，第21页），但康芒斯和他的追随者还是与实现这些新思想的相关组织理论擦肩

---

[1] 这句话引自时任美国司法部反垄断部门负责人 Stanley Robinson, N. Y. State Bar Association, Antitrust Symposium 9. 29.

[2] 尽管垄断权力的策略追求分析起来很有意思，但是对于开放的庞大经济体中的大多数企业而言，这样的权力是可以忽略不计的或者是转瞬即逝的。因此，在大多数时候对于大多数行业中的大多数企业来说，节源是最好的战略。这听起来没什么特别的，有时候确实是这样。然而，关于私人秩序的研究表明，很多节约成本的问题被抛向了对经济组织的考察，这是通过契约的视角而不是传统的选择视角来实现的。

而过。这也许是因为当时交易成本的概念尚未产生，而组织理论还处于起步阶段。不管怎样，交易成本经济学相信并且致力于实施康芒斯理论的两个部分：交易是基本的分析单位；治理的目的和作用就是注入秩序，从而缓解冲突，并实现互利。这是一个反复出现的主题。此外，交易成本经济学的可操作化，关键就在于交易成本是一个比较（相对性的）概念。如果两种可替代的治理模式具有*高昂且相同*的交易成本，就难以选择用何种方法组织交易。在后面的第3.4节会谈到，交易成本的*差异*来自节约行为。

交易成本经济学尊重所使用的经济组织逻辑，并且相较于传统的做法，它在更加微观的层面上分析经济组织。交易成本经济学以交易为中心，关注交易的不同属性，而不是以商品和服务为中心。并且，交易成本经济学认为企业不是"黑箱"，而是一种治理结构，可以用来与其他模式或组织进行比较，每一种模式都有鲜明的特点。肯尼思·阿罗（Arrow，1987，第374页）曾说过：

>……新制度经济学运动（交易成本经济学就是其中的一部分）……并不主要是对传统的经济学问题（资源配置和利用程度）进行解答。这个运动其实回答了一些新的问题，即为什么经济组织没有以其他不同的方式出现……它也带来了更深刻的"纳米"经济学\*（nanoeconomic）推理……

尽管很多经济学家都不愿使用微观分析法，而更倾向于研究他们所认为的"制高点"（high ground），但是，如果采用教科书的推理不能为旧问题提供满意的答案，并且/或者不能提出揭示核心内容的新问题，尤其是那些带有公共政策意义的问题\*\*，那么，一个基本的后果就是，伴随"制高点"而来的将是高昂的成本。

## 3.3 让其合理

让其合理，这一点和前面两个原则会有一些冲突。当合理性和简单、易于进行数学处理这两点产生矛盾时，该如何处理呢？

根据我之前提到的多元主义精神，不同的经济学家将会有不同的方式。对我而言，我仅仅观察到，交易成本经济学在以下四个方面给出了额外的合理性：(1) 人类的认知能力和自利属性分别被称为有限理性和机会主义；[①] (2) 针对经济组织的关键跨期规律，有明确规定（根本性转变是其一，官僚主义是其二）；[②] (3) 法律在约束契约上的局限性被承认（因此契约的执行依赖

---

\* 对纳米经济学一般的理解是，更微观化研究单个交易的经济理论。——译者注
\*\* 比如反垄断政策的问题。——译者注
① 这些会在后面第4节谈到。
② 要了解更详尽的内容，参见 Williamson（1985，第2章、第6章）。

于私人秩序);(4) 正如在第 4 节会谈到的,交易成本经济学要求经济组织的每个简单模型都直面扩展的挑战,以此来接近真实世界(如现代公司)的利益。

### 3.4 预测和实证检验

一些社会学家对预测不屑一顾,显然这是因为他们认为预测很简单。大家都知道"拿统计学来说谎很容易",那么实证检验有什么用途呢?我的经验和他们不一样:预测有严苛的标准,进一步的证实也绝非易事。

经理自由裁量权理论(managerial discretion theory)和交易成本经济学之间的区别可以用来做解释。自由裁量行为经济学(economics of discretionary behavior, Williamson, 1964, 1970)反对大企业的经理们都致力于将收益最大化的标准假设,并预言:管理型企业和新古典企业对环境条件的变化(如不利的和优厚的)以及一次性征税具有不同反应,但却很难给出令人信服的依据,间接的检验也只是联想性的。最后,极少有经济学家被该理论说服,新古典企业理论的地位丝毫没有被撼动。

科斯在 1937 年那篇著名的论文《企业的性质》中指出了新古典经济学一直以来存在一个逻辑上的缺陷,并将其称为"经济理论中的缺环"(gap in economic theory)。于是,鉴于新古典理论认为经济组织的活动运行于既有的企业与市场间,科斯认为企业和市场应当被视为经济组织活动的两种可替代模式,使用哪种模式("生产还是购买"决策)要视具体的交易而定,而且是能进行推导的(Coase, 1937,第 389 页)。很多经济学家也都认为这一疏忽需要被修正,然而 35 年后,这篇文章被"引用得多,却很少被使用"(Coase, 1972,第 63 页),原因就在于缺乏可操作性。就像在其他地方一样,它只是用一个理论击败另一个理论而已(Kuhn, 1970,第 77 页)。

不仅零交易成本的理想世界要让位于正交易成本,同义反复式的交易成本推理也要被阐释交易以何种治理模式进行组织以及为何这样组织的可预测的理论所取代。确定并说明交易和治理的关键微观分析属性至关重要。乔恩·埃尔斯特曾说过:"社会学的解释必须围绕着某些(局部)*机制*展开,而不是(一般性)*理论*"(Elster, 1994,第 75 页;着重号来自原文),注意力不应集中在通常的经济组织上,而应该聚焦于中间产品市场交易。

有意思的是,纵向一体化既是交易成本经济学的首要问题,又是某种范式问题,这种范式将各种契约现象理解为节约交易成本或变相节约交易成本的手段。①对交易资产属性和纵向一体化两者关系的实证检验始于 20 世纪 80 年代

---

① 有效匹配假说的首要含义是:不同的交易拥有不同的交易属性;治理结构在成本和竞争力方面也不一样,因此交易与治理结构相匹配能够降低交易成本。

(Monteverde and Teece，1982；Masten，1984），并且一直持续和不断发展，成为"过去25年里，［实证］产业组织研究中最成功的故事之一"（Whinston，2001，第185页）。除了纵向一体化外，截至2005年，关于交易成本的实证文章已发表了超过900篇（Macher and Richman，2006），并且覆盖了契约现象的广阔领域（Macher and Richman，2006，第37页）。

此外，交易成本经济学不仅应用于商科和经济学领域，也被应用于法学、组织理论和政治学等相邻的社会科学。诚然，交易成本已经成为经济学内部和其他更广阔领域的"统一语言"。而这一切的发生离不开在更微观分析层面的组织逻辑、对预测的执着追求，以及随后的实证研究。

# 4. 补充思考

尽管相比于我在这里要介绍的四个方面的补充思考，实用主义方法论的四个基本原则的运用更基本和普遍，但我仍然认为关于经济组织的所有契约理论都应该从如下几个方面去考察：行为人所依赖的关键属性；分析单位；扩展简单模型以接近所关心的现象；可修复性。

## 4.1 行为人

值得称道的是，经济学家大都对他们的理论产生影响所依赖的机制给予细致的关注，尽管如此，实践这些机制的行为人的隐含属性却没有得到足够关注。显然，只要定义成"像理论要求的那样"，行为人就能被看作是见机行事的。

这样说未免有些随意，但是借助简单性和预测/检验的原则后，或许就变得合理了。一个"更真实"的理论会更复杂，而且不易驾驭，那么就让预测和实证检验来为假设代言吧。但是，我们从很多不重视预测/实证检验的潜在理论中能获得什么呢？揭示关于行为人的隐含假设当然没什么坏处。的确，若像赫伯特·西蒙所说的，"在设定我们的研究议程，并形成自己的研究方法的过程中，没有什么比我们对所研究的人类行为本质的看法更具基础性的了"（Simon，1985，第303页），那么，了解这些隐含假设是有用的。特别地，与研究契约有关的是，归因于行为人的认知能力和自利属性。[①]

在契约这个问题上，认知能力和自利属性具有相互影响的关系（Williamson，1985，第30-32页、第43-63页）。当面对认知能力的强假设时，对因机

---

[①] 值得注意的是，很多看起来不符合契约性质的现象，通常都可以用契约的语言对它进行重塑。科斯对外部性问题的重塑（Coase，1960）是较早的一个例子。

会主义而产生违约的关注就被掩盖了；但同样地，如果做出了良性行为和/或可信任的承诺的强假设，则考虑偶然意外和开展事前计划的需求也会极大降低。

举个例子，如果行为人具备实施完备或有索取权缔约的认知能力，我们就处在一个阿罗-德布鲁型的世界，在这样的世界里，契约随处可见，也就不需要组织来进行协调和控制了。相反，如果弗登博格、霍姆斯特罗姆和米尔格罗姆（Fudenberg, Holmstrom, and Milgrom, 1990）所作的六个假设成立，那么在这个世界上，通过连续的短期契约就可以实现最优的长期契约。① 相比于第一个例子，第二个例子中包含的理性程度更低一些，但是，由于涉及机会主义，两者所受的分析影响是相同的：都消除了机会主义引起的风险。如果（和作为）为了便于分析而做出的隐含认知假设掩盖而非聚焦了关键问题，对这样的假设就应予以明确。

交易成本经济学从两方面来描述认知和自利。具体来说，认知将有限理性和可能的远见相结合；而自利则融合了善意行为和机会主义。因此，所有复杂契约都不可避免地是不完的（因为有限理性），然而行为人被认为能够预测未来、识别风险，以及在事前的契约设计中把事后的实施作为考虑因素（原因在于可能的远见）。同时，大多数行为人会做自己承认的事情，有些行为人大多数时候还会做得更多（善意行为），但是，在利益足够大的极端情况下，就会诱发违约和/或做出以引起重新谈判为目的的行为（正是机会主义的表现）。

有限理性加上状态依存下的机会主义，使得完全按契约行事的世界发生了翻天覆地的变化：（1）所有复杂的契约都不可避免地变得不完全了（由于有限理性）；（2）契约风险无处不在（由于机会主义）。然而，关于可能的远见假设让我们松了口气，因为不完全契约的缔约双方将会做出事前节约成本的可靠承诺——对这两个阶段的统一化（纵向一体化）属于极端的情况。

## 4.2 分析单位

并非所有的经济组织理论都为其所做的研究确定分析单位，但是有些理论会。"角色"（role）、"决策前提"（decision premise）和"程序"（routine）被不同程度地推荐。企业行为理论和演化经济学（evolutionary economics）采用的分析单位是程序，而交易成本经济学则将交易作为分析单位。

然而，仅仅确定分析单位是远远不够的。界定区分不同分析单位（交易）的关键维度对交易成本经济学而言更是至关重要。这反过来又依赖于行为人在认知和自利方面的描述，在对交易成本经济学所依赖的人类行为进行描述后，

---

① 弗登博格等人做出的猜想越是具有争议，就越能够消除信息不对称问题，这是通过假设第三方（当事人、代理人和仲裁者）能零成本地获取公共结果的信息以及关于技术和费用偏好的共同知识来实现的。这些假设的成立需要很强的（但是未经检验的）（有限）认知能力支撑。

交易的关键属性就在于：(1) 资产专用性（是对一种适应不良风险导致的双边依赖的度量）；(2) 不确定性（交易受到的或大或小的干扰）；(3) 交易重复发生的频率，这个频率对声誉效应（市场上）和私人秩序机制（企业内部）都存在影响。①

缺少了维度化（dimensionalization），潜在的分析单位就缺乏预测的内容，而诉诸模糊单位的方法往往会导致蒙昧的结果。②

## 4.3 扩展

索洛观察到："现实生活的极度复杂性……使得我们有必要将模型简单化"（Solow，2001，第111页）。一个简单模型的目的是抓住本质，从而解释至今让人困惑的现象，并做出可以受到实证检验的预测。但是简单的模型也可以通过扩展来"检验"。通过重复应用简单模型得出的基本机制，是否就能得到清晰描述所研究现象的结果呢？

也许是出于扩展无法实现的考虑，对扩展的检验常常被忽视；有时，可能因认为其太过容易，扩展检验也被忽视。詹森和麦克林颇具影响的《企业理论：管理行为、代理成本和资本结构》一文算是个例外（Jensen and Meckling，1976）。③ 作者设计了一个简化的机制，在这个机制里的企业家（百分之百的所有者—经理人）将公司的部分股权出售，导致了激励制度的有效性降低，并产生了有关监督和契约可靠性的问题。不过，作者真正感兴趣的不是创业型企业，而是"经理人拥有很少或没有股权的现代公司"（Jensen and Meckling，1976，第365页）。后者的研究已经超出了该论文讨论的范围，但是作者仍表达了"我们的方法可以用来研究这个话题……这些（契约的）问题仍有待详细

---

① 治理是一种手段，通过这种手段可以向企业注入秩序，缓和冲突，并实现互利，这是交易成本经济学的关键命题。治理的其他模式——市场、混合制和层级制——被认为是造成适应性优势和劣势的分立式结构的综合表现。激励强度、行政控制以及契约法制度是描述不同治理模式的重要指标。有意思的是，在这三个指标中，市场和层级制是两极模型，因为市场下存在很强的激励、弱的行政控制和一套契约法制度，而层级制下弱激励、强行政控制、内部矛盾是通过自制法来解决的。有区别的匹配假说提供了交易和治理结构之间可预测的联系。

② 尽管将决策前提作为分析单位（Simon，1957b）已经对于分析人类行为问题很有帮助（Newell and Simon，1972），但并没有对组织经济学产生同样的作用。在经济学演化中将惯例界定为分析单位似乎很重要，然而"惯例（在经济演化理论中）扮演的角色就像基因在生物进化理论中扮演的角色一样"（Nelson and Winter，1982，第14页），只是不同于惯例的关键属性还没有被界定。杰弗里·霍奇森（Geoffrey Hodgson）给惯例下了定义："惯例是在一群以某种方式组织起来的不同人中采用特定行为方式的倾向，包括对暗示的连续反应"（Hodgson，2006，第208页）。这个定义很有启发性，但也需要维度化。

③ 关于扩展问题的其他例子还包括托马斯·谢林提出的"在自生环境中对分隔演化的处理"（Schelling，1978，第147-155页）。这些众多言论反映了投票的矛盾（Williamson and Williamson，1967），也体现了从项目融资到现代公司中复合型融资的转变（Williamson，1988）。

分析，我们将在之后的论文中解决"（Jensen and Meckling，1976，第356页）的观点。作者意识到了扩展的必要性，这一点很值得称道。

遗憾的是，詹森和麦克林并没有写出后续的论文，但故事并未就此结束。他们提出的根本性挑战在随后的岁月里，在金融经济学的研究议程中占据了突出地位（Tirole，2006）。特别值得注意的是让·梯若尔所引用的投资者激进主义范式（investor activism paradigm），这一范式采用了三层等级制（three-tier hierarchy）的形式："（1）代理人（企业家），（2）监督者（大型监管人），（3）委托人（其他投资者）。监督者的职责在于……减少委托人（分散的股东）和代理人（企业家）之间的信息不对称。监督者和代理人合谋的可能性会将委托人置于险境"（Tirole，2006，第362页）。如果作为监督者的董事会变成了大型公司管理层的附庸，那么分散股东的利益就得不到保障。因为在那种情况下，詹森和麦克林所说的完全持股的经理人（他会在一开始就增加股权出让份额，以保证监督承诺可信）的作用并没有实现——这种简单模型就不具有可扩展性（至少在这种情形下）。

与现代公司（理论）相关的扩展也包括企业的团队生产理论（theory of the firm as team production）（Alchian and Demsetz，1972）和治理结构理论（theory of the firm as governance structure）。团队生产理论建立在技术不可分割性的条件之下，阿尔钦与德姆塞茨以人工装载货物的例子说明："两个人共同将沉重的货物抬上货车，仅观察每天的总重量不可能确定每个人的边际生产力"（Alchian and Denseetz，1972，第779页）。相应地，每个成员并非按照（不可测度）的边际产出支付薪酬，对于这种通过合作（像团队一样）组织起来的情况，是以团队的形式支付薪酬，并且由一个老板对他们进行监督，以避免偷懒。这个例子很有启发性，但是技术不可分性能够扩展到解释现代公司吗？

一种可能性是：大型公司是一个不可分的整体，在这个整体中各种事情彼此联系，技术上不可分的条件贯穿于整个企业。另一种可能性是，如西蒙在《复杂性的结构》（The Architecture of Complexity，1962）中所阐述的，庞大的层级体系分解成了近似可分解的子系统——子系统中的相互作用加强了，子系统之间的作用则变得薄弱。[①] 西蒙对社会、生物、物理和符号系统以及复杂性逻辑的研究也支持这一命题，即可分解性（decomposability）"是复杂性结构所采用的一种中央构造方案"（central structural schemes）（Simon，1962，第478页）。

阿尔钦与德姆塞茨关于团队生产的模型并没有考虑可分解性。因此，企业

---

[①] "不同子系统的松散结合……（意味着）每个子系统是独立存在于其他子系统运作时间之外的。如果子系统B仅仅因为某个物质而依赖于子系统A，那么B可以通过维持缓冲空间而独立于A的生产波动，不受其影响"（Simon，1977，第255页）。

的边界由技术不可分的活动集所规定，在这些活动中，连续实时的协调至关重要。人工装载货物如此，如交响乐团的大型团体也是如此。然而，因为"团队生产"没有延伸到结合我们在现代公司里看到的一系列技术上可分阶段的判断，企业的团队生产理论也就没有扩展至现代公司的构成。

交易成本经济学在进行扩展方面又是如何考虑的呢？会通过连续应用适用于单个交易的"生产还是购买"决策扩展到描述一个近似于多阶段企业的某些事物吗？注意，在这个关系中，交易成本经济学认为，交易发生在技术上可分的边界。这也是"企业的边界"问题的另一种表述（Williamson，1985，第96-98页）。一旦确定了技术上的"核心"[①]，注意力就集中在一系列可分的"生产还是购买"决策上了——前向、后向或者横向——以确定哪些应该外包、哪些应该纳入企业所有权边界之内进行公司化。所以说，就是一个用于决定生产还是购买的交易集——这样做实施了扩展，或者至少是一个良好的开端（Williamson，1985，第96-98页）。

更一般地，所有关于企业的备选理论都应该通过扩展关系来被检验。没有扩展的现代企业理论中的公共政策结论，我们都应该谨慎对待……

## 4.4 可修复性

印度经济学家阿维纳什·迪克西特（Avinash Dixit）出版了《经济政策的制定》（*The Making of Economic Policy*，1996）一书。他首先讨论了标准的公共政策分析，这个分析认为政府应该将社会福利最大化。他认为，政策的制定被看成是"纯粹的技术问题。隐含的假设是，一旦能够将社会福利最大化，或者提高社会福利的政策被发现或被推荐，就会被执行。我们就会得到想要的效果"（Dixit，1996，第8-9页）。这就相当于"黑箱"福利经济学，在这个理论中交易成本被认为是零。

迪克西特（包括我自己）认为，应用福利经济学，就像企业理论一样，应该打开"黑箱"，研究"箱子"里面机制的运作方式（Dixit，1996，第9页）。我前面提到的可修复性标准就是希望重塑研究的视角。

可修复性标准认为，（1）找不到一个比现有组织模式更可行的组织形式，（2）如果实现了预期的净收益，（3）那么现有的组织形式就应被看作是有效的。第一个条件把假设的理想状况从相对比较中去掉了。第二个条件考虑到了政治（现实政治）和经济（建设成本）的实施阻碍。因此，可修复性标准不接受基于实际（被认为是错误的）模式和假设模式的比较效率低下的说法，并要

---

[①] 技术的核心通常在于对区位特性的考虑。在连续可分割阶段之间实现热能经济分析（thermal economics），就是一个例子（Williamson，1996，第15-16页）。

求公共政策分析者更尊重政治程序。①

罗伯特·米歇尔斯在 20 世纪早期发现，我们首先要理解与理想相偏离的现实，现实之一是系统中以民主为目的而出现的寡头政治，如果要有效地解决这个问题，"只有平静而坦诚地分析民主制中的寡头政治的危险才能将这些危险最小化，尽管它们不可能被完全避免"（Michels，[1915] 1962，第 370 页）。寡头政治只是路径依赖结果的一个体现，如果想要减少危害，就需要用冷静和坦诚的方式对它们进行检验。

## 5. 结论

我的一位同事说这里阐述的实用主义方法论的四个原则是毫无争议的。我很高兴看到其他原则出现。然而，实用主义方法论最重要的是实践。理论上的一致性和实际上的背离司空见惯。如果逻辑一致性的要求（理论上）产生了不可行性（实践上），应用经济学家就会质疑理论是否足够成熟到能在实际中运用了。

我认为，交易成本经济学回应了实用主义方法论的四个原则，并进一步增加了四个补充思考，这些思考对于经济组织的契约理论都是有用的。交易成本经济学和实用主义方法论都还在不断发展之中。②

## 参考文献

Alchian, Armen, and H. Demsetz. 1972. "Production, Information Costs, and Economic Organization," American Economic Review, 62 (December): 777–795.

---

① 正如乔治·斯蒂格勒所说，通过具体实践表现出来的"政府目标（值得被尊重）比法学或者经济学教授发表的言论更有权威性"（Stigler，1992，第 459 页）。

② 也许对于交易成本经济学最强劲的挑战是以超越文字和图表的形式（Williamson，1985，1991，1996）并用"完全形式化"的数学模型囊括其中的逻辑。尽管最近有人致力于构造这样的模型（Bajari and Tadelis，2001；Levin and Tadelis，2005；Tadelis and Williamson，2007），但模型完全形式化仍然是一项正在建设中的工作。交易成本经济学面临的其他挑战包括：（1）高科技企业的早期发展（在这些企业里即时反应非常重要）；（2）制度环境方面的差异（在这一点上积极政治理论（Spiller and Tommasi，2007）和跨国投资（Oxley，1999；Henisz and Zelner，2005）是重要的；（3）在"人力资本"企业（律师事务所、咨询公司）和非商业组织（Hansmann，1996；Williamson，1999）中的运用；（4）关于企业治理的谜团（Williamson，2007）。和实证检验相关的内生性问题也被提出来了（Masten and Saussier，2000）。尽管有人对上述挑战做出了回应，但还需要更多的人提出应对挑战的方法，而且未来还会有新的挑战出现。

Arrow, Kenneth. 1987. "Reflections on the Essays," in George Feiwel, ed., Arrow and the Foundations of the Theory of Economic Policy. New York: NYU Press, pp. 727-734.

Bajari, Patrick and Steven Tadelis. 2001. "Incentives Versus Transaction Costs: A Theory of Procurement Contracts," RAND Journal of Economics. Autumn 2001, 32 (3): 287-307.

Barnard, Chester. 1938. The Functions of the Executive. Cambridge: Harvard University Press (fifteenth printing, 1962).

Blaug, Mark. 1997. "Ugly Currents in Modern Economics," unpublished manuscript.

Buchanan, James. 2001. "Game Theory, Mathematics, and Economics." Journal of Economic Methodology, 8 (March): 27-32.

Coase, Ronald H. 1937. "The Nature of the Firm," Economica N.S., 4: 386-405. Reprinted in Oliver E. Williamson and Sidney Winter, eds., 1991. The Nature of the Firm: Origins, Evolution, Development. New York: Oxford University Press, pp. 18-33.

____. 1972. "Industrial Organization: A Proposal for Research," in V. R. Fuchs, ed., Policy Issues and Research Opportunities in Industrial Organization. New York: National Bureau of Economic Research, pp. 59-73.

Commons, John. 1932. "The Problem of Correlating Law, Economics, and Ethics," Wisconsin Law Review, 8: 3-26.

____. 1950. The Economics of Collective Action. Madison: University of Wisconsin Press.

Elster, Jon. 1994. "Arguing and Bargaining in Two Constituent Assemblies," unpublished manuscript, remarks given at the University of California, Berkeley.

Friedman, Milton. 1953. Essays in Positive Economics. Chicago: University of Chicago Press.

Friedman, Milton. 1997, in Brian Snowdon and Howard Vane, "Modern Macroeconomics and its Evolution from a Monetarist Perspective," Journal of Economic Studies, 24 (4): 192-222.

Georgescu-Roegen, Nicholas. 1971. The Entropy Law and Economic Process. Cambridge, MA: Harvard University Press.

Hansmann, Henry. 1996. The Ownership of Enterprise. Cambridge, MA: Harvard University Press.

Hart, Oliver. 1995. Firms, Contracts, and Financial Structure. New York:

Oxford University Press.

Hayek, Friedrich. 1945. "The Use of Knowledge in Society," American Economic Review, 35 (September): 519–530.

Henisz, Witold J. and Bennet A. Zelner. 2005. "Legitimacy, Interest Group Pressures and Change in Emergent Institutions: The Case of Foreign Investors and Host Country Governments," Academy of Management Review 30 (2): 361–382.

Jensen, Michael and William Meckling. 1976. "Theory of the Firm: Managerial Behavior, Agency Costs, and Capital Structure," Journal of Financial Economics, 3 (October): 305–360.

Knight, Frank H. 1941. "Review of Melville J. Herskovits 'Economic Anthropology'," Journal of Political Economy, 49 (April): 247–258.

Koopmans, Tjalling. 1957. Three Essays on the State of Economic Science. New York: McGraw Hill Book Company.

Kreps, David. 1999. "Markets and Hierarchies and (Mathematical) Economic Theory," in Glenn Carroll and David Teece, eds. Firms, Markets, and Hierarchies. NY: Oxford University Press.

Kuhn, Thomas. 1970. The Structure of Scientific Revolutions. 2nd edition. Chicago: University of Chicago Press.

Levin, Jonathan and Steven Tadelis. 2005. "Contracting for Government Services: Theory and Evidence from U. S. Cities." Unpublished manuscript, University of California, Berkeley.

Macher, Jeffrey and Barak Richman. 2006. "Transaction Cost Economics: An Assessment of Empirical Research in the Social Sciences," unpublished manuscript, Georgetown University.

March, James G. and Herbert A. Simon. 1958. Organizations. New York: John Wiley & Sons.

Masten, Scott. 1984. "The Organization of Production: Evidence from the Aerospace Industry," Journal of Law and Economics, 27 (October): 403–418.

Masten, Scott and Stephane Saussier. 2000. "Econometrics of Contracts: An Assessment of Developments in the Empirical Literature on Contracting," Revue D'Economie Industrielle, 92: 215–236.

Monteverde, Kirk, and David Teece. 1982. "Supplier Switching Costs and Vertical Integration in the Automobile Industry," Bell Journal of Economics, 13 (Spring): 206–13.

Newell, Allen. 1990. Unified Theories of Cognition. Cambridge, MA:

Harvard University Press.

Oxley, Joanne E. 1999. "Institutional Environment and the Mechanisms of Governance: The Impact of Intellectual Property Protection on the Structure of Inter-firm Alliances," Journal of Economic Behavior and Organization, 38 (3): 283–310.

Robinson, Stanley. 1968. New York State Bar Association, Antitrust Symposium, p. 29.

Schelling, Thomas. 1978. Micromotives and Macrobehavior. New York: Norton.

Simon, Herbert. 1957a. Models of Man. New York: John Wiley & Sons.

———. 1957b. Administrative Behavior. New York: Macmillan, 2nd ed.

———. 1962. "The Architecture of Complexity," Proceedings of the American Philosophical Society, 106 (6): 467–482.

———. 1977. Models of Discovery, Boston, MA: D. Reidel.

———. 1985. "Human Nature in Politics," American Political Science Review, 79 (2), 293–304.

———. 1992. Economics, Bounded Rationality and the Cognitive Revolution, Brookfield, VT: Edward Elgar.

Snowdon B., and Vane, H., 1997. "Modern Macroeconomics and its Evolution From a Monetarist Perspective: An Interview With Professor Milton Friedman," Journal of Economic Studies, 24 (4), 192–222.

Solow, Robert. 2001. "A Native Informant Speaks." Journal of Economic Methodology, 8 (1): 111–112.

Spiller, Pablo and Mariano Tommasi. 2007. The Institutional Foundations of Public Policy: The Case of Argentina, New York: Cambridge University Press.

Stiger, G., 1992. "Law or Economics?," Journal of Law and Economics, 35 (2), 455–468.

Tadelis, Steven and Oliver E. Williamson. 2007. "Transaction Cost Economics," unpublished manuscript, University of California, Berkeley.

Tirole, J., 2006. The Theory of Corporate Finance, Princeton: Princeton University Press.

Whinston, Michael. 2001. "Assessing Property Rights and Transaction-Cost Theories of the Firm," American Economic Review, 91: 184–199.

Williamson, Oliver E. 1964. The Economics of Discretionary Behavior. Englewood Cliffs, NJ: Prentice-Hall.

———. 1970. Corporate Control and Business Behavior. Englewood Cliffs,

NJ: Prentice Hall.

____. 1985. The Economic Institutions of Capitalism. New York: Free Press.

____. 1988. "Corporate Finance and Corporate Governance," Journal of Finance, 43 (July): 567–591.

____. 1991. "Comparative Economic Organization: The Analysis of Discrete Structural Alternatives," Administrative Science Quarterly, 36 (June): 269–296.

____. 1996. The Mechanisms of Governance. New York: Oxford University Press.

____. 1999. "Public and Private Bureaucracies," Journal of Law, Economics, and Organization, 15 (1): 306–342.

____. 2007. "Corporate Boards of Directors: A Dual-Purpose (Efficiency) Perspective," unpublished manuscript, University of California, Berkeley.

Williamson, Oliver E. and Thomas J. Sargent. 1967. "Social Choice: A Probabilistic Approach," Economic Journal, 77, 797–813.

Wilson, Edward O. 1999. Consilience. New York: Alfred Knopf.

# 交易成本经济学：一个自然的演进*

我和其他一些学者所从事的研究课题被学术界冠以"治理经济学"、"组织经济学"或者"交易成本经济学"等不同的名称。正如在本文的第Ⅰ节所介绍的，治理是一个总体的概念，而交易成本经济学则是将可操作化的内容（operational content）引入治理和组织的主要手段。我之所以进入这一研究领域，主要是因为罗纳德·科斯在1937年提出的问题：企业是基于什么样的原因来决定究竟是自己生产一种产品或服务，还是从外部购买？我在1971年发表的论文《生产的纵向一体化：关于市场失灵的研究》（The Vertical Integration of Production：Market Failure Considerations），针对这一研究领域中的问题进行了初步的探讨，并且为后来的进一步研究打下了基础，这些研究在后来被称作交易成本经济学。本文的第Ⅱ节介绍了这篇论文的主要内容。第Ⅲ节介绍了有关交易成本经济学的一些基本知识。而第Ⅳ节简单探讨了"完善有效治理的逻辑"及其所面临的困难和挑战。最后是结论。

---

\* 这篇论文受益于早期我在加州大学伯克利分校向同事和学生所做的相关介绍，以及随后我与史蒂文·塔德利斯的交流。如果没有以下因素的帮助，我甚至可能不会从事这个领域的研究：（1）我在卡内基梅隆大学（在这所大学里，经济学和组织学是合在一起的）所接受的跨学科训练；（2）我在美国司法部反垄断部门作为特别经济助理的经历（这些经历帮助我意识到在执行反垄断的研究中，需要将经济学和组织学结合在一起来应用）；（3）当我返回校园执教之后，我能够有机会在宾夕法尼亚大学和我的学生们一起，针对相关的问题进行深入研究（教育本身就是一个学习过程，特别是当学生们都认同研究项目的时候）。

原文"Transaction Cost Economics：The Natural Progression"载于 *Journal of Retailing*，2010，86（3）：215-226。译者：陈耿宣、贾钦民。

# I. 一个概述

至少对于经济学家而言，一旦将治理和组织作为分析对象，它们就会变得非常重要。正如在这里所介绍的，将可操作化的内容注入治理的概念，我们需要通过"契约"（contract）视角来研究经济组织的结构，而不是通过新古典经济学的"选择"（choice）视角。当然，我们需要认识到，这是一个跨领域的研究课题。在这里，经济学与组织学的理论（以及后来法学上的考虑）相互融合，同时引进迄今为止一直被忽略的交易成本这一概念。这样做的主要目的是建立一个可预测的经济组织理论。而对企业纵向一体化谜团的研究，就是一个显而易见的出发点。

## A. 治理

虽然在微观经济学教科书中并没有明确定义有效治理的概念，但是作为20世纪上半叶主要的制度经济学家，康芒斯是这样描述经济组织所面临的问题的："基本的行为单位……本身必定包含三个原则，即冲突、相关性和秩序，这一基本单位就是交易"（Commons，1932，第4页）。在这之后，康芒斯建议"经济学理论应当以交易本身、交易规则、组织问题以及组织行为……稳定化（的方式）作为中心问题"（Commons，1950，第21页）。

新古典经济学主要从资源配置的角度来定义经济学理论。和新古典经济学相比，康芒斯的理论有以下两个重要的不同：第一，康芒斯的理论非常看重企业的组织结构和契约关系的持续性，而新古典经济学的理论并不着重研究这些问题。相反，它们更加看重价格与产出、供给与需求。第二，在20世纪，价格理论是经济学理论研究的主导范式（Reder，1999，第43页），制度经济学由于未能成功地发展出大量可供预测和检验的实证研究而不受重视，并主要被归为经济思想史的范畴（Stigler，1983，第170页）。尽管拥有不少忠实的信徒，但是制度经济学的研究本身却进入了一个死胡同。

这并不意味着制度经济学本身缺乏好的思想。康芒斯提出的冲突、相关性和秩序三要素，预先定义了本文所说的治理的概念，即：治理是一种手段，通过这种手段可以向企业中注入秩序，缓和冲突，并实现互利。进一步来说，交易成为最基本的分析单位。

布坎南随后区分了两种从不同视角出发研究经济组织的方法，即选择视角和契约视角。他认为，经济学作为一门学科，如果仅从选择性以及与之相关的最优化的角度去研究是会犯错的（Buchanan，1975，第225页）。如果"通过自发性交换实现互利……是经济学中最基本的共识"（Buchanan，2001，第29

页），那么，用契约视角来研究经济学的手段就是一种没有得到充分利用的方法。

在过去的 35 年中，经济学界对使用契约视角方法的兴趣日益浓厚，相关研究包含了那些强调事前激励安排的理论（代理理论/机制设计、团队理论、产权理论），以及强调事后契约关系治理的理论。交易成本经济学是一种事后的治理结构，主要研究对象是那些被康芒斯称为关注对象的交易，也就是对于合作关系的持续性（或终止）具有重要意义的交易内容。与在理想状态下的简单市场交易相比（不含连续性的交换关系），这些交易在法学和经济学上有何不同？其治理的表现形式又是怎样的呢？

对这些问题的解答，需要通过比较契约理论来重新阐述经济组织问题，包括：（1）定义区分交易的关键属性；（2）描述不同治理模式（市场和层级制是其中两种）的属性集；（3）通过引入有效匹配的假设，将这些部分结合起来；（4）由此可以应用于有效的预测，并进行实证检验；（5）最后，可以逐步得出公共政策的结论。在此之前，首先需要介绍和阐述与契约相关的行为人的各种特征。

## B. 组织

新古典企业理论把企业看作一个"黑箱"，这个"黑箱"利用技术上的条件将投入转化为产出。但是，根据德姆塞茨的观察，将投入转化为产出并不是一个企业组织结构的全部目标："如果将[古典]经济理论中的企业和真实世界中的同名物混为一谈，将是一个错误，新古典经济学的首要使命就是弄清价格机制如何在资源配置中发挥作用，而非真实企业的内部运作"（Demsetz，1983，第 377 页）。

虽然德姆塞茨并不主张通过将经济学与组织学的理论相结合去研究真实世界中的企业和市场组织，但是在我看来，这恰恰是研究需要，同时也是一个机会。这也在很大程度上得益于我在卡内基梅隆大学工商管理学院所接受的博士教育（1960—1963 年）。这一社会科学领域非凡的跨学科教育让我认识到，组织理论应当与经济学相结合。[1] 这其中，西蒙、马奇和西尔特（Cyert）等人对于推动跨学科研究经济组织起到了尤为重要的作用。[2] 一些基本概念，包括有

---

[1] 雅克·德烈（Jacques Dreze）的声明代表了我的观点，我同时也相信代表了许多其他人的观点，"我在来到卡内基梅隆大学之前，在思想上从来没有经历过如此的兴奋"（Jacques Dreze，1995，第 123 页）。在卡内基梅隆大学的教师和学生中，诺贝尔经济学奖得主包括西蒙、弗兰科·莫迪利亚尼、默顿·米勒、罗伯特·卢卡斯、爱德华·普雷斯科特（Edward Prescott）和芬恩·基德兰德（Finn Kydland）。

[2] 卡内基梅隆大学经济学教授有关经济学和组织学的经典著作包括：*Models of Man*（Simon，1957b），*Organizations*（March and Simon，1958）和 *Behavioral Theory of the Firm*（Cyert and March，1963）。

限理性、目标规范①、跨期规律（组织在此拥有"自己的生命"）、至关重要的适应、日常流程中操作部门间的依赖，以及更一般而言的"复杂性架构"，对于深入理解不完全缔约和复杂经济组织至关重要。毫无疑问，在卡内基梅隆大学开展契约关系治理的研究，一定会采用跨学科方式。

## C. 交易成本

科斯在1937年的经典论文《企业的性质》中，首先将交易成本的概念与企业和市场组织研究联系起来。当时，科斯还很年轻（仅27岁），但是他就已经发现了在有关市场和企业的教科书中存在着一个非常严重的缺陷。当把企业和市场看成是"协调生产的可替代方法"（alternative methods of coordinating production）的时候（Coase，1937，第388页），科斯发现，对于被采用的那一种方式，不应当认为是既定事实（当时普遍盛行的方式），而是应被*合理推导出来的*。因此，科斯（Coase，1937，第389页）建议经济学家应该

> ……弥合（标准）经济理论的以下两个假设之间的鸿沟：一是（出于某些目的）要素通过价值机制进行配置的假设；二是（出于另外的目的）通过企业家之间的协调配置要素的假设。我们必须说明在实践中对这两种方式做出选择的根本依据。

这中间缺失的部分就是"交易成本"的概念。

科斯的这一发现在当时并没有引起多大反响，并且在随后的20年中，也没有被广泛关注。这期间，没有人来挑战零交易成本的假设条件。直到20世纪60年代，两篇重要文章的发表才改变了这一状况。当把零交易成本的逻辑推到尽头时，原来这个标准假设所掩盖的一些未被认识到的内容便展现在人们面前。

第一篇文章是科斯1960年发表的《社会成本问题》。在这篇文章中，科斯从契约的角度重新阐述了外部性问题，并且完善了零交易成本逻辑推理，于是得出了一个令人惊讶的结果：庇古的观点（也是当时绝大部分经济学家的观点），即为了约束那些对他人带来危害（通常被称为外部性）的行为，就需要一些政府的干预（通常的做法是征税），是不正确的（Coase，1992，第

---

① 一种引入组织因素的方式是用各种形式的"经理自主权"，如销售最大化（Baumol，1959）、增长最大化（Marris，1964）或者费用偏好（Williamson，1964）等目标来取代新古典的利润最大化假设，由此改变企业的目标函数。这种引入"真实动机"的努力只得出了很少的预测，并且只有少量实证检验。

717页)。① 因为，如果交易成本为零，那么无论初始产权的安排如何，侵权交易的双方都可以通过无成本的谈判获得一个有效率的结果。这样的情形无异于"皇帝的新装"，也就是说，那些所谓的外部性或者以其他方式表现的矛盾就都将毫无成本地消失。这显然很荒谬，但其包含的真正信息是："应当研究存在正交易成本的真实世界"（Coase，1992，第717页）②。阿罗（Arrow，1969）发表的《经济活动的组织：关于市场配置和非市场配置之间选择的争论》（The Organization of Economic Activity: Issues Pertinent to the Choice of Market versus Non-market Allocation）的文章也表明了交易成本假设存在的必要性。这种需求来源于两个方面：一个是市场失灵，另一个是中间产品的市场缔约："纵向一体化的存在说明，竞争性市场的运行成本并不像我们之前的理论通常假设的那样等于零"（Arrow，1969，第48页）。

但是，尽管将零交易成本的逻辑推到尽头揭示了对正交易成本正式考虑的需求，但又带来了三个新的问题：第一，一旦打开企业和市场组织的"黑箱"而透视其中，这个"黑箱"就变成了潘多拉盒子：正的交易成本好像无处不在。这就像是一个诅咒，使交易成本获得了"当之无愧的坏名声"：交易成本好像可以被用来解释任何与之相关的问题（Fischer，1977，第322页）。第二，这并不足以表明某些类型的交易成本是多么有价值，除非是那些存在于不同模式（市场和层级制）之间的交易成本，否则，从比较契约的视角来看并没有什么实质意义。第三，需要通过比较契约的方式将交易成本嵌入一个概念框架，用于推导可供实证检验的各种预测。因此，在交易成本的关键特性，以及为交易成本这一迷人的概念提供可操作内容方面，仍存在大量尚未满足的需求。

## II. 生产的纵向一体化

我曾经称之为"卡内基三要素"（Williamson，1996，第25页）的主要内容是：良好的训练、跨学科，以及活跃的思维。良好的训练是指严肃对待你所

---

① 对于芝加哥学派，即使他们对过度使用外部性观点持重大保留态度，也反对科斯的"交易成本为零的时候外部性会消失"的观点。关于科斯和芝加哥学派的讨论，参见 Edmund Kitch（1983，第220-221页）。

② 并非每个人都同意这一观点。一些经济学家使用"科斯定理"（Coase，1960，前15页）来表示，无成本的谈判准确地描述了现实中的缔约。然而，科斯在该论文随后的第29页里却向我们揭示，不仅交易成本为零的假设是错误的，而且还削弱了我们对复杂经济现象的理解。如果要准确理解真实世界中所发生的外部性和契约现象，就必须考虑正交易成本的情况。科斯在诺贝尔经济学奖获奖演讲中再一次强调了这个观点才是其本意（Coase，1992，第712页）。

选择的核心领域，并且根据其自身的特点展开研究；跨学科意味着利用相邻学科，也就是说，跨越学科边界，对现象进行研究；活跃的思维要求你善于提出问题："这里发生了什么？"而不是简单地认为"哦，就是这样规定的"。① 虽然我并没有在卡内基梅隆大学（或其他地方）学过任何一门有关产业组织的课程，但在此学到的"卡内基三要素"使我的学习和工作受益匪浅，尤其是当我开始工作并确定将企业组织理论作为研究方向的时候。

科斯将 20 世纪 60 年代主流的产业组织理论统称为"应用价格理论"（Coase，1972，第 62 页），我同意这样的说法，但是需要在一定的条件下。这种"结构-行为-绩效"范式在哈佛学派的相关研究中也起到了重要作用。学界着重研究了市场的组织结构（特别是有关企业数量、规模分布以及进入市场），但是，企业本身的组织结构却被忽略了。原因在于，我们总是根据技术法则，将企业看作将投入转化为产出的生产函数。这种理论对公共政策的建议就是：除非缔约规则和组织结构的设立具有明显的物理或技术基础，否则，任何新的非标准契约和组织都将被认为存在严重的问题，而且可以推定为是反竞争的。②

从投入和产出的角度来进行分析是当时比较流行的学术导向，和这种相对片面的观点相比，卡内基梅隆学派认为，契约和组织的变化同样符合效率目标。在我于 1966—1967 年在美国司法部反垄断部门担任特别经济助理期间，尤其是需要对施文（Schwinn）公司案的一项早期摘要发表评论时，这种分析视角的差异给我留下了极其深刻的印象。施文公司是一个自行车生产商，施文公司向其非独家的特许经营厂商在经销方面提出了一些限制条件。施文公司的案例是有关纵向市场限制的问题，而反垄断局的案例摘要认为施文公司的做法是反竞争的。对此，我持谨慎观点。这不仅是因为当时我并不清楚施文公司的限制条件是否具有反竞争的实际效果，更重要的是，可以认为施文公司的限制条件实际上改善了其特许经营的完整性，无论这一结果是一种附加效果，还是企业另有相反的目标（Williamson，1985，第 183-189 页）。施文公司一案的主要审理人认为，该案完全适用于"当时经济学界关于销售限制的通行观点"（Posner，1977，第 1 页）。这个关于反竞争的结论在当时美国高等法院庭审中也取得了胜利。③

---

① 关于这些差异的讨论，请参见 Roy D'Andrade（1986）。
② 科斯（Coase，1972，第 67 页）把当时流行的"垄断论"描述为：对垄断问题的偏见造成的重大结果就是，如果经济学家发现了什么他不懂的事情（不管是这类还是那类企业活动），那就一言以蔽之，统统称其为垄断。只要我们在这个领域还处于无知的状态，就必定有大量难以理解的商业行为，也就频繁地依赖于诉诸垄断论来搪塞。
③ 有趣的是，随着"流行观点"的局限性变得愈发明显，10 年之后，美国高等法院推翻了对施文公司案的裁决。

基于我在施文公司案和其他案件中所看到的断章取义和有缺陷的分析推断[①]，当我回到宾夕法尼亚大学任教时，我决定重新研究有关纵向一体化和纵向市场限制的问题。我和我的研究生们一起查阅了大量文献，包括一些非常优秀的文章（Fellner, 1947; McKenzie, 1951; Stigler, 1951），但总的来看，有关组织经济学的理论在其中的作用微乎其微。于是，我决定从经济学和组织学相结合的角度来重新审视纵向一体化问题。

我的论文《生产的纵向一体化：关于市场失灵的研究》，与传统理论相比，有以下几方面的不同：(1) 通过契约视角而不是传统的选择视角来分析经济组织问题；(2) 通过有限理性的概念描述认知能力，所以，所有的复杂契约都是不完全的；(3) 预先考虑了策略行为（一种背离合作精神的行为），如果相关利益足够大，外部购买商品或服务便会受到冲击；(4) 将适应作为经济组织主要的效率目标；(5) 区分了通用资产投资和专用资产（specific asset）投资，专用资产使得交易双方发展出一种双边依赖（bilateral dependency）关系。综合上述内容，我得出的结论是：如果交易涉及的是通用资产投资，那么简单的市场契约关系就能够有效满足中间产品的市场交换；但是，如果交易涉及的是专用资产投资，交易各方将形成一种双边依赖关系（以及由此导致的高成本的不适应风险），那么层级制将更具优势。

虽然我这篇论文的本意是想将其作为一项独立的工作来帮助我们解决有关企业界限的问题，并且拓展我们对纵向一体化的理解，但是，其结果却是使得纵向一体化成为后来研究复杂契约和经济组织的一个范式。不完全契约（incomplete contract）、双边依赖（由于资产专用性），以及由于契约遇到重大扰动（由于过高的相关利益）时出现的交易双方没能及时协调获得适应所导致的偏离等这一系列广泛存在的可供分析的现象，使我的工作可以在非常广泛的范围内获得类似的应用。这些现象可被看作是同一个问题的不同表现形式。

分析这类问题的首要技巧是从契约的视角来考察各类现象，这种方法对于很多现象都是容易理解的，但对于一些其他的问题，我们需要利用契约的语言来重新描述。当然，这仅是简单的第一步。关键概念必须具备可操作性，并建立一个可预测的理论模型。同时，随着一些空白点和忽略的内容被不断发现，交易成本的推理逻辑也需要不断完善。前两个问题在第Ⅲ节中有所介绍，而第Ⅳ节介绍了最后一个问题。

---

[①] 然而并非说我总是持不同意见。20世纪60年代后期，在反垄断部门工作的领导和同事的专业水平都是最高的。

# III. 基本内容

一旦意识到这种经济组织研究方法的广泛应用性，我们就需要更加系统地建立该方法的基础结构和逻辑关系。这些基础知识可以分为三个部分：关键的概念转变，操作层面的关键改变，以及实际应用。这三个部分的共同特点是：需要在更加微观的层面分析经济组织。这与西蒙的观点是一致的（Simon，1984，第40页）：

> 在物理科学中，当发现测量的误差和其他干扰与所研究的对象处于同一个数量级时，人们采取的措施并不是通过统计学的手段来争取在实验数据中获取更多的信息。相反，需要找到能够让我们在更加精准的水平上去测量研究对象的方法。显然，对经济学而言，就需要在更加微观的层面获取新的数据。

以下是简要的概括。

## A. 概念的转变

下面将阐述的基本的转变是：(1) 行为人；(2) 适应；(3) 契约法。

### 行为人

如果"相对于我们所研究的人类行为本身的特点而言，设定研究议程和形成我们的研究方法要更具基础性"（Simon，1985，第303页），那么，社会科学家将不得不回答什么是人类的认知过程、什么是自利，以及其他行为特征。而这些问题正是社会科学研究的基础所在。

被西蒙（Simon，1991，1957）形容为像"北极星"一样具有指导意义的行为假设就是有限理性，他将有限理性描述为："有意图的理性，但仅仅有限度地如此"（Simon，1957a，第xxiv页）。人类行为的特点，正如这里所描述的一样，既不是高度理性的，也不是非理性的，只是在处理非常不完全的复杂契约的时候，从普遍意义上表现出一种理性的状态而已。

尽管并不完备，但交易成本经济学还是为"可以预见的未来"做了一些准备。正如乔治·舒尔茨（George Schultz）所描述的那样，"即使经济学和公共政策这二者之间并没有显著的联系，但是，我在经济学领域所接受的训练，还是在很大程度上影响了我考虑公共政策问题的方式。这些训练教导我们需要进行超前考虑，关心那些间接的影响，并且关注并不直接与所考虑的问题相联系的变量"（Schultz，1955，第1页）。我将在第IV节描述完善交易成本经济学的逻辑性的时候，再讨论这一话题。尽管这种"可以预见的未来"并未得到充分发挥，但我在这里还是表明，我发现有很多经济学和社会科学家已经开始运用这一概念了（Michels，[1911] 1962；March and Simon，1958）。

对于西蒙将自利描述为"脆弱的动机"，我的理解是，大多数人都会按照他所说的去做（有的人还会做得更多），但是他们却没有刻意去思考：期望的贴现净收益较之付出的努力是否有效。即使他们做出了低效的行为，那也是正常失误和普遍存在的困惑，因此，人们日常的行为体现了多数人多数时候的行为，习惯这一命题能够说明的是，大多数人的行为（非战略性行为）是良性行为。

对于"多数时候"发生了什么的准确描述虽然是十分必要的，但是针对人类的普遍行为特点，特别是在组织结构中的行为特点，更有意义的发现却并不存在于这些日常行为中，相反，存在于那些例外事件中。事实上，一旦好的惯例树立起来，管理的主要职能就是处理例外。对于外包的情况，契约的不完全性，以及随之而来的干扰让缔约双方产生偏离契约的违约行为时，这种例外就会发生。此时，如果是出于"机会主义动机"，而不是那些"脆弱的动机"，并且基于信息的不对称性、双边依赖、弱产权，以及述诸法律执行契约的高昂成本等因素，将引起企业战略方面的考虑增加。

**适应**

组织学家伯纳德和经济学家哈耶克都认为，经济组织的主要目标就是适应。但是，他们对适应有着不同的理解。由于伯纳德并没有在相关的社会科学领域中找到能够描述他自己所亲身经历的那种企业的内部组织结构（层级制），于是他从内部管理的基础上进行理解，在其开创性的著作《经理的职能》（*The Functions of the Executive*，1938）一书中，伯纳德认为，企业通过管理手段，"自觉、慎重和有目的"地实现了协调适应（Barnard，1938，第1章）。与之相反，哈耶克强调"市场的奇迹"（Hayek，1945，第527页），认为通过对市场价格变化做出反应，可以有效地实现自主适应。

治理经济学面临的挑战在于，既要承认两种适应的重要性，又要有选择地运用它们。传统经济学理论认为，市场和层级制两者间只能选择一种，不能并存。但是，交易成本经济学认为，这两种模式是可以相互替换的治理模式。在一个有效运行的经济体当中，这两种模式都发挥着独特的作用。于是，一直以来饱受争议的层级制模式才获得了与"市场的奇迹"同等地位的对待，接下来的问题就在于如何有效地利用这两种治理模式。

**契约法**

卡尔·卢埃林作为美国现实主义法学运动领袖，他反对用一种万能的契约法来作为所有契约问题的标准做法，引入了主要通过私人秩序（private ordering）来执行"契约框架"（contract as framework）的思想，从而超越了将"契约是（通过法庭来执行的）法律规则"的概念。具体地，"法律合同（legal contract）最重要的地方是，它提供了……一个高度可调节的框架，虽然这个框架可能从来都不能精确说明真实发生的情况，但是，它提供了使各种真实发生的关系围绕其变动的一个大致说明；当人们遇到疑惑时，它可以提供必要的指导；当契约关系实质上终止时，它可以作为述诸法律的标准"（Llewellyn，1931，第736-737页）。最后这条非常重要，因为这种最终法律判定权的规定能够帮助法庭确认威胁立场的界限。相对于那些严格的法律规定来讲，这种法律合同作为一种框架概念使契约变得更有弹性，从而使得契约双方能够通过协作的方式支持更加广泛的交易关系。在契约法中，有关宽容部分的体制和上述观点有相同的来源。这些将在下一节的内容以及关于完善正交易成本推理逻辑的部分有更多的论述。

由此，我们足以看到，（自主或协调）适应是经济组织的核心目标；并且，有效的治理模型在契约法方面也有所不同。

## B. 可操作化

操作层面上的关键改变包括：(1) 确定分析单位的属性；(2) 确定治理模式的特征；(3) 提出有效匹配假说。

### 分析单位

被用于研究组织的分析单位有很多，但是很少有人对这些分析单位的属性加以界定。交易成本经济学在这里采用康芒斯的观点，将交易作为基本的分析单位（Commons，1932），这一点也得到了科斯的认同（Coase，1937，1960）。基于节约交易成本的考虑，交易的重要维度包括：(1) 交易本身的复杂程度；(2) 资产专用性（asset specificity）的状况；(3) 交易主体所面临的干扰程度。在这三者中，对于理解契约关系中的治理模型而言，资产专用性以及交易的外部干扰程度更为重要，因为针对这两项内容，我们需要对没有预先设定适应程序的情况采取应对措施。[①]

尽管雅各布·马斯查克曾经敏锐地提出了相关人员和位置的特殊性问题，并且发现"那些独特的或非完全标准化的商品……问题，在教科书中被遗漏了"（Marschak，1968，第14页），但是，资产专用性问题直到交易成本经济

---

① 注意：交易的复杂程度在如下情况中的作用非常重要：由于有限理性，所有的复杂契约都是不完全的。但是，并不是所有的不完全性都是必然的。我所论及的这种必然的不完全性主要是指，在重点考虑资产专用性和不确定性，而交易双方的筹码都比较高的情况下（因为双方是相互依赖的），发生外部干扰的时候所必然发生的不完全性。非必然的不完全性是指那些应用卢埃林的作为"契约框架"的方法就可以很好解决的情况，当然，这也需要有值得信任的缔约机制来支持。而且，这里也需要说明，随着交易本身中所包含的特征数量（精确性、关联性、兼容性）的增加，以及双方针对这些特征需要相互适应的情况的增加，交易的不完全性将恶化；并且，影响这些特征的干扰的不断加强，以及随着契约时间延长而增加的干扰，也将使不完全性的情况更加恶化。

学开始被人们广泛研究的时候才变得明显起来。资产专用性包括物理特性、人员、场地、专项资产、品牌资源的专用性,以及临时性专用资产的形式等。与资产专用性相关的是,不同类型的风险产生于不同的资产专用性,而这又会带来组织形式的重要变化。但是,不管这些特殊条件如何,专用资产投资相关的交易活动中最基本的规律性是:在不损失生产价值的情况下,专用资产不能被配置到其他用途,或者不能被转移给其他替代的使用者(Williamson,1971,1975,1976,1985;Klein,Crowford,and Alchian,1978)。

对资产专用性而言,跨期因素相当重要。因此,虽然某些资产专用性在一开始就很明显,但另外一些资产专用性则需随着契约的执行逐渐发展出来(例如,因"干中学"而形成的人力资产专用性就是后来产生的)。不管这些资产专用性来源如何,都具有上面所涉及的不可再次配置的特性。这种特性促使了以下情况的发生:在一开始的时候,会出现很多竞争者前来竞标,随着交易达成和合作开始,竞争对手将会变少,而交易的双方变成了一种双边依赖的互惠合作关系。在这种合作关系的转换过程中,完全竞争的市场功效受到了削减,取而代之的是交易双方的长期契约(得到可信的承诺的支持),或者,在少数情况下,变成了在连续生产阶段下依赖于层级制的统一所有权(unified ownership)的治理结构。①

**治理模式**

市场和层级制是两种最主要的治理模式。科斯在他1937年的论文中认为这两种模式是处于两极的对立模式,而我在《生产的纵向一体化:关于市场失灵的研究》一文中,认为它们是两种可以相互替换的模式。这也完全符合实用主义方法论的首要原则:保持简单(Solow,2001,第111页;Friedman,1997,第196页)。需要说明的是,交易成本经济学随后引进了一种混合治理模式(Williamson,1991;Menard,1996),进一步超越了中间产品市场交易的范畴,被应用于解释和交易成本相关的很多商业(或非商业)现象。

描述不同治理模式(市场和层级制就是其中两类)的重要指标包括:激励强度、行政控制,以及契约法制度。在完全自主的情况下,企业可以获得所有净收入的时候,激励强度比较高,而在成本加成的情况下,激励强度就相对较弱;如果对于连续生产阶段实行统一所有权,或是需要依赖一个共同的"老板"来进行协调和解决争端,那么行政控制是强的;而在诉诸法律规则(法庭命令)的情况下,契约法制度是强的,但是,在争端主要通过私人

---

① 注意:由于资产的特殊性是一个设计出来的变量,我们可以通过重新设计所需要产品或服务的形式来降低资产的专用性特征。当然,这需要牺牲一部分产品或服务的性能(Riorda and Williamson,1985)。还需注意:基于简化分析的考虑,我们主要研究个体(双方)交易的行为。在群组交易行为中,交易的顺序也将成为重要因素,这时候,我们就需要引进实时协调系统。

秩序进行解决时（企业自身就是争端的最终上诉"法庭"），契约法制度就是弱的。

假定上述这三个有关治理模式的维度都可以在两个取值之间选择：0 代表弱，1 代表强。先考虑两极模型（市场和层级制），则将有 $2^3 = 8$ 种组合。那么，哪种组合能够描述市场治理模式，而哪种组合能够代表层级治理模式呢？正如我在其他地方（Williamson，1991）所讨论的，市场制的特征是：强激励、（各生产阶段的结合部上）弱控制，以及强的契约法（法律规则）支持；比较而言，层级制的特征是：弱激励、强控制，以及弱契约法（自制法）。由此可见，市场和层级制是对立的两极。

**有效匹配**

交易成本经济学借助于有效匹配假说来预测特定交易的走向，即，每一项交易都具有不同的属性，并且需要匹配它所对应的治理结构，以实现（主要是）节约交易成本的目的，而这些治理结构也都具有不同的成本水平和竞争力。基本的预测是：对于那些不存在资产专用性、适应需求得到确保并且可自主实施的一般性交易，在市场中即可实现，这种交易代表了法学和经济学上理想的交易状态；相对地，对于那些涉及大量专用性资产投资，而且（由于有限理性）受到契约不完全性限制的交易，可以预见，随着双方在交易中相关利益的增加，双方的合作一定会出现缺陷，一旦遇到重大干扰，双方就有可能产生背离。对于这种交易，通过引进层级制实现统一所有权来实施协调适应将会变得非常有效。

## C. 应用

当以下情况发生的时候，经济学理论就呈现出更大的意义：（1）依靠数据得出预测[*]；（2）研究课题的演化；（3）公共政策后果的产生和展示。

**实证检验**

交易成本经济学不仅可用于预测，也可以用于实证检验。2006 年，有关交易成本的实证检验数量超过了 800 次，其结果也得到了广泛的验证（Macher and Richman，2008）。诚然，"在 30 年以前，获取相关数据（主要是微观分析类）是个难以逾越的障碍，而现在，交易成本经济学已经建立在一个广泛的实证检验基础之上"（Geyskens，Steenkamp，and Kumar，2006，第 531 页）。不可否认的是，因其在实证检验中所取得的成果，交易成本经济学已经变得越来越有影响力（Whinston，2001）。

**研究课题的演化**

交易成本经济学不仅可以广泛地应用于产业组织领域中，也适用于许多经

---

[*] 即实证检验。——译者注

济学本身的应用领域，包括：劳动经济学、公共财政、比较经济体制，以及经济发展和改革等；还可以在战略管理、组织行为学、市场营销、金融、运营管理以及财务等工商管理领域有效应用；在相邻的社会科学领域，尤其是社会学、政治学、社会心理学和法学，也得到了广泛应用。交易成本经济学之所以能够得到如此广泛的应用，其主要原因就是任何以契约形式出现或是能够用契约的语言来描述的问题，都可以用交易成本经济学的理论进行分析，并得到很好的解释。

**公共政策**[①]

尽管交易成本经济学从商业（反垄断法、商业政策、企业治理）领域到农业、公共卫生、公共部门以及经济发展和改革等公共政策领域得到了大量的应用，但是，我个人认为，交易成本经济学在公共政策，特别是公共部门设置方面的应用，还非常有待开发，美国政府的国土安全部就是最近的一个例子（Cohen, Cuellar, and Weingast，2006）。在以处理短期政治目的为主要目标的政治体系中，我们往往会忽略针对公共部门的效率评价，限制了发现更好替代方案的可能。

## Ⅳ. 完善逻辑推理

完善交易成本经济学的逻辑推理是通过完成实用主义方法论中的第二和第三条训诫的内容来实现的，这两条训诫就是"使其正确"和"让其合理"（Solow，2001，第111页）。使其正确"包括将经济学的概念转换为精确的数学计算（或者图形、语言描述等），确保进一步的逻辑运算得以正确执行和验证"（Solow，2001，第112页）。"让其合理"的主要含义是：对于那些分析复杂的现象，所采用的貌似合理的简单分析模型，应该"在重要参数的'合理'或'似乎合理'的取值上合乎逻辑"（Solow，2001，第112页）。另外，由于"并不是所有逻辑上保持一致的事情都是令人信服的"（Kreps，1999，第125页），那些充满幻想但是和实际情况脱离的分析模型总是让人怀疑，特别是当一些更加实际的模型能够提供符合实际数据的结果，而其结果又对这种新奇模型的研究结果具有反驳意义的时候，这些模型就更让人怀疑。将第二和第三条训诫的实际内容结合起来的结论就是：完善交易成本经济学的逻辑推理，实际上就是根据现实的可行性来进行调节。

在应用零交易成本假设条件的过程中，科斯有关外部性的论点以及阿罗有

---

[①] 有关交易成本经济学在公共政策中的应用，可参见 Williamson（1985，2003，2008，2009）。

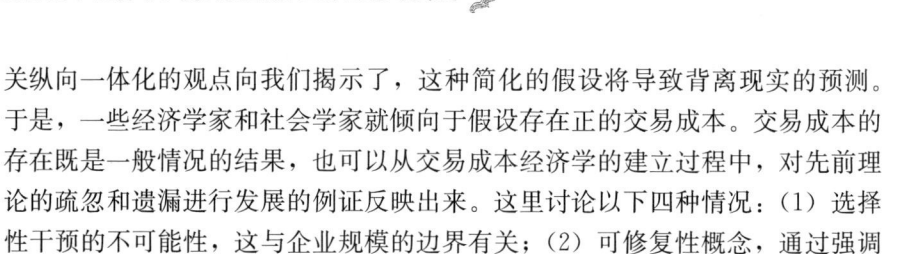

关纵向一体化的观点向我们揭示了，这种简化的假设将导致背离现实的预测。于是，一些经济学家和社会学家就倾向于假设存在正的交易成本。交易成本的存在既是一般情况的结果，也可以从交易成本经济学的建立过程中，对先前理论的疏忽和遗漏进行发展的例证反映出来。这里讨论以下四种情况：（1）选择性干预的不可能性，这与企业规模的边界有关；（2）可修复性概念，通过强调实施可行的解决方案来对公共政策的建立施加影响；（3）可信契约，这对扩展互惠贸易的范围具有重要意义；（4）实证检验，检查这种简单的分析模型，在应用于理论扩展的情况下，是否还能得出相应的结果。此外，我将简要介绍交易成本经济学自然演进的过程。

## A. 选择性干预

正如奈特（Knight，1921，1933）和科斯（Coase，1937）所指出的，企业的边界之谜可以描述成：为什么大型企业不能做其他小型企业所做的所有工作，甚至做得更多？特雷西·刘易斯回答了这个问题的一个变体："一个既有的企业总是可以使用和一个新进入者完全相同的输入条件……并且可以通过它已经建成的和新建的条件来协调生产，因此大型企业总能够实现更多的价值"（Lewis，1983，第1092页）。从交易成本经济学的角度来看，如果假定复制和选择性干预这两个条件成立，那么作为结果，上述这种全能型的大型企业将得到支持。

假定两个连续生产阶段按以下方式整合：（1）在兼并之后，被兼并的生产行为将会按照兼并之前那种独立的生产形式继续进行（通过复制）；（2）兼并方进行选择性干预，但是，这种干预行为将仅仅在干预之后的净收入能够完全分配给原来的两个生产阶段时才能发生。在这种情况下，兼并之后的企业将永远不会变得更糟（通过复制），有时还将做得更好（通过选择性干预）。于是，相应的结论就是：更多的一体化总是好于不一体化，也意味着，通过重复这种逻辑，所有的生产阶段都将整合到一个大的企业中进行。那么，我们上述的推理逻辑中，哪里出了问题呢？

如果假设买方兼并了供应方的生产阶段，那么，实施复制和选择性干预需要满足以下条件：（1）作为买方，（所有者）为了向供应方提供足够的激励，买方必须保证仍然会继续向其提供相应的净收益（扣除企业一般管理费用、维护费、使用费和折旧）；（2）供应方承诺，虽然资产所有权已归买方，但仍然会对这些资产提供"应尽的责任"；（3）买方承诺只有当选择性干预能够产生净收益时，才行使权利（命令）；（4）买方还需承诺，在选择性干预的情况下，会诚实地按照兼并协议中的规定披露和分享利润。问题在于，上述条件没有一个能够通过自我控制来实施。恰恰相反，在缺乏第三方监督的情况下（包括一个无成本的仲裁者)①，这些条件都值得商榷。其原因主要包括：（1）所有者（买方）控制着兼并后企业的财务管理，它可以根据需要改变折旧、内部交易价格以及收益等来为买方服务；（2）供应方没有尽到"应尽的责任"，但这只在事后才能知道，且难以证明；（3）买方在合并后也可以通过透露错误信息以利于增加自己的收益；（4）考虑到上述情况，在选择性干预之后的净利润分配将会是妥协之后的结果；（5）在一个更大的企业里，人们会玩政治游戏，相对于小企业而言，大企业更容易受到官僚主义和政治定位的影响。

上述观点的详细论述可以参阅我的其他论文（Williamson，1985，第6章）。那些聪明的商人和他们的律师常常凭直觉就能认识到上述问题，并进行权衡取舍，将它们纳入（是否）一体化的决策，在这里，只要观察到这一点就足够了。对于社会学家而言，需要从中认识到市场和层级制是两个不同的组织方式，我们应该客观地看待它们各自的优劣势。

## B. 可修复性

可修复性标准是公共政策分析师所采用的一种核实现状的手段，用来检查在政府部门中交易成本为零的假设条件。这个假设条件不仅毫无意义，而且在执行标准的公共政策时，还会呈现出一种不对称的形式：在私人部门，由于交易成本的存在造成了市场失灵；但是对于公共部门，却没有相应的公共政策失效的概念。② 因此，在这种假设交易成本为零的不对称条件下，制定出多少有些让人费解的公共政策，就不足为怪了，监管就是一个例子（Coase，1964）。

可修复性标准是用对称的方式处理真实世界问题的一种努力，无论是针对公共部门还是私人部门。这个标准就是：如果人们找不到一个比现有组织模式更可行的组织形式，那么现有的组织形式就应被看作是有效的（Williamson，1996，第8章）。

因为所有的组织形式都存在缺陷，可行性的规定从一开始就排除了零交易成本的可能（包括所有的公共部门、私人部门，以及非营利组织等）。具有可实施条件要求，执行一项可行的替代方案的成本（该方案经过详细比较，确定比现有方案更优）必纳入净利润的计算当中。如果预期的净收益为负，那么，我们就能通过展示实施另外更佳的方案面临的"不公平"障碍，来推翻"现有模式是有效率的"这一假设。

于是，政治和经济上的公平性进入了我们的分析视野。当政治上的规定和

---

① 对于这种引进仲裁者和三方常识的需要，其本身就是完善逻辑关系的一个例子（Williamson，1975，第21-34页）。但人们还是普遍假设只要双方具有共同常识就足够了。

② 尽管只是一个讽刺："标准的公共政策分析开始于这样的假设……所有的政策都是由一位无所不能、无所不知并且仁慈的独裁者所制定的"（Dixit，1996，第8页），用交易成本的术语来说，就是假设执行中的障碍、有限理性以及机会主义都不存在。

经济上的考虑存在冲突的时候，那些被认为是公平的政治规定将被保留下来（Stigler，1992）；相反，那些有着难以接受政治来源的政策（如不公平的歧视政策）将难以继续。同样地，一些经济上的障碍得以继续，例如，基于沉没成本的考虑，企业可以推迟发布更好的替代产品。但是，那些被认为是不公平的做法（如掠夺性行为）将面临挑战。①

结论就是：可修复性标准在努力避免假设交易成本为零的那种不对称推理的做法下，尝试充分考虑公共政策制定的效率因素，即：可行性、可实施性，以及最重要的可辩驳性。

## C. 可信的承诺

可信的威胁这一概念主要出现于关于竞争（政治、商业领域或国家间竞争）的研究中。使用可信威胁的主要目的是阻止竞争对手使用某种手段（如核武器），从而使竞争转向其他地方（Schelling，1960），或者完全消除竞争。使用低成本的可信的承诺来支持一些交换，与可信的威胁概念相关，但是存在差异。

最基本的命题是：交换缺乏可信的承诺支持，与交易相关的契约风险将会泛滥；当交易的专用资产投资蕴含巨大风险时，取而代之的将会是通用资产的投资；有些交易将通过企业形式实现，而有些交易则永远无法达成。

可信的承诺有时会自发地产生，例如：良好的历史交易记录会给交易者带来正的声誉效应。但是，通常的情况是，可信的承诺经常产生于交易双方自觉地认可在交易中提供额外保障机制的时候。② 这类保障机制包括：信息披露和审计，以及特殊的争议解决机制。这些解决机制往往依赖于私人秩序，而不是法律秩序（Llewellyn，1931；Macaulay，1963；Summers，1969；Macneil，1974；Galanter，1981）。除此之外，交易双方有时也通过抵押品的形式来支持交易（Williamson，1983）。③

可信支持也会根据作为在政治权利方面的制度环境的不同而变化（Levy

---

① 当然，一些实施过程中不公平的障碍在被发现之后还有可能长时间存在。然而，影响效率的障碍并不一定引起不满。一些这样的障碍可以通过长时间累积的运动的力量来推翻，有关公民权利的斗争就是一个例子。而另外一些障碍可以通过完善不公平竞争的定义来解决。

② 内华达电力公司和西北贸易公司之间签署的 32 年煤炭供应协议就是一个很好的例子（Williamson，1991，第 272-273 页）。

③ 增加可信度努力有时会采取非常奇怪的形式，大概因为难以找到更好的办法。可以参考最近从美索不达米亚（大约公元前 1750 年）出土的墓碑，上面描述了用自我诅咒的方式来阻止违约行为的做法。其中一块墓碑上写道：
> 当你向我们要求军事援助的时候，我们不会留下最好的军队，也不会找借口推辞，我们将挥舞着狼牙棒去击败你们的敌人……（否则），我将像废弃的种子一样永远不会发芽，我会没有子孙后代，我将眼睁睁地看着我的妻子被人抢走，我的国家也会被他人统治。（《中国日报》，1988 年 3 月 22 日，第 1 版）

and Spiller，1994），这与实证政治理论的研究是相关的。此外，契约法的概念也与治理经济学有关，一个可作为说明的例子就是，用"自制法"的概念来解释层级制中的契约法制度（Williamson，1991，第 274 页；着重号为后加）。①

> 内部组织隐含的契约法就是自制。因此，法庭通常会对企业之间就价格问题、延迟损失、质量瑕疵等纠纷做出裁决，但拒绝受理企业内部各部门间的纠纷，以及与之类似的技术问题的诉讼。这些内部问题如果法庭都拒绝做出裁决，那么当事各方就在内部寻求解决。因此，*层级制就是其自己最终的法庭*。

引入自制法的概念弥补了治理理论的逻辑缺陷。和其他形式的契约法一样，自制法的效能取决于所处制度环境（国家）的完整性，而其自身也是该制度环境的一部分。

## D. 扩展

简单模型的目的在于捕捉事物的本质，以解释当前的实践困惑，并给出可以进行实证检验的预测。然而，简单模型通常可以进行扩展并检测。那么，通过多次简单模型验证所得到的基本机制，如果被应用于一个和真实的问题现象一致的环境中，它是否还能够得出同样的结论呢？

扩展测试常常被忽视，而且通常是那种并没有意识到的忽视。有的时候我们放弃这种扩展，可能是因为我们错误地认为扩展可以轻松地实现。我的观点是：针对那些与真实世界相关的主张，包括公共政策和无论何种目标的企业理论，如果这些模型不能被扩展使之接近被研究的现象（如现代企业），那么对该模型就持谨慎的态度。②

对于将企业作为治理结构的交易成本经济学来说，扩展的问题就是：在交易成本经济学框架下，针对单个交易的决定生产还是购买决策的应用，是否可以扩展到作为描述近似于多元化企业的情形？注意：交易成本经济学的理论假定，所有的交易都发生在技术上可分的不同阶段之间（而非内部）的界面上。这种用技术上的"核心"来定义交易的做法，使得我们可以将重点集中于一系列离散的生产还是购买决策（前向、后向或横向一体化）的研究

---

① 需要指出的是：在自制法下，对于那些只引发内部后果的绝大部分内部决策，法院都不会行使管辖权。但是，对存在外部性的情况，法院将会行使管辖权。

② 詹森和麦克林（Jensen and Meckling，1976）提出了一个有关企业家所有权的简单模型是否可以扩展到分散所有权的现代企业研究的问题。他们认为该模型的扩展应用是可行的，并称将证明推迟到随后要发表的文章上。但是，那篇论文却一直没有出现。尽管如此，他们仍坚持认为该模型是应该扩展的。

上，以确定哪些应该外包出去，哪些又应纳入企业所有权边界之内。根据这样的描述，企业就是一个选择生产还是购买的交易集合，也反映出交易成本经济学是能够扩展，或者至少是可以接近企业真实情况的（Williamson, 1985, 第96-98页）。①

## E. 自然发展过程

交易成本经济学因尚未完全实现正式化（formalized）而时而遭受批评。对此，我有三个回应：（1）和其他理论一样，交易成本经济学也存在一个自然演进的过程；（2）全面的正式化仍在进行中；（3）过早的正式化存在理论与现实脱节的风险。

根据库恩（Thomas Kuhn, 1970）的学说，任何理论的发展都需要经历一个从非正式，到准正式，再到半正式，最后到完全正式的过程。交易成本经济学的非正式阶段开始于20世纪30年代（尤其是康芒斯和科斯），在当时，新古典经济学理论中的一些缺陷和错误开始被发现。准正式阶段开始于70年代，此时开始出现了一些概念来解释纵向一体化、纵向市场限制、劳动力市场组织、自然垄断的特许经营招标，并得出了有效匹配的条件。半正式阶段开始于80年代，从那时起，主要的工作有：可信契约，混合模式，将契约交易和治理结构化，在经济、商业和相邻社会科学（包括公共政策）中的多样化应用，以及实证检验的拓展。全面正式化也开始于80年代，而且还在继续。一些这方面的论文非常有影响力，如格罗斯曼和哈特（Grossman and Hart, 1986）具有开创性的文章，随后哈特和莫尔（Hart and Moore, 1990）的文章，以及其他的研究某些类型交易成本的相关文章（不过通常被称为关于产权理论的文章），已经非常有影响力了；后来史蒂文·塔德利斯以及他的合作者们［Bajari and Tadelis, 2001; Tadelis, 2002; Levin and Tadelis（即将发表）；Tadelis, 2010a］的重要研究，也同样在进行之中。

---

① 然而，需要告诫的是：上述讨论的模型扩展并不适用于波音787"梦幻"客机的复杂生产系统，那是一种混乱不堪的外包生产（Perter Saunders, 2009, "Boeing CEO's Bumpy Ride," Wall Street Journal, Nov. 5. http://online.wsj.com）。作为后见之明，我们现在发现，外包交易协调管理混乱导致了成本高昂的延迟交货，如果那些要求实时生产协调的部件能够在波音公司内部自己生产，这些延误就应该能够避免。针对这种相关交易导致的系统复杂性，交易成本经济学的理论还需要进一步完善。但是，应用交易成本经济学可以避免类似波音在外包生产上犯下的严重错误，即决定将其高度专业化的机身的生产外包给沃特（Vought）飞机工业公司。这种交易要求大规模的专用资产投资，因此，在契约履行过程中，将产生一系列的适应性问题（Tadelis, 2010a）。波音随后通过收购沃特飞机工业公司矫正了这种状况（Sanders, 2009, "Boeing Takes Control of Plant," Wall Street Journal, 12月23日，第B2版）。

## V. 结语

我所称的交易成本经济学工程源于科斯在 1937 年提出来的问题：如何界定企业的边界？我将交易作为核心，通过对纵向一体化决策的研究来回答这个问题，并将其重新表述为缔约问题，即：对于在技术上可分清边界上的需求，企业在什么情况下选择通过外部购买或者内部生产来实现？原因何在？它被视为一个效率问题，通过选择性地结合经济学与组织学相关理论来进行解决。尽管纵向一体化研究的本意是将其作为一个独立的项目，但是其应用却非常广泛，在经济活动中凡是以契约形式出现，或者可以被重新描述为比较契约语言的问题都可以应用。

作为后见之明，交易成本经济学经历了一个自然的演进过程。其非正式化阶段开始于 20 世纪 30 年代，科斯向传统理论提出了挑战：企业和市场组织应当是一种推导出来的结果，而非被认作是既定的（在当时的做法），并且建议应当引入交易成本这个当时缺失的概念。有关交易成本的观点后来在 60 年代被（科斯和阿罗）证实并巩固，他们的方法是通过证明在完善交易成本逻辑推理的时候，零交易成本的假设条件将会使很多标准的经济学理论变得没有意义。

准正式化阶段开始于 70 年代，当我们将其应用于契约/治理的视角下的纵向一体化研究的时候。企业之间的（源于有限理性的）不完全契约，在交易双方面临（战略背叛等）重大利益干扰，（由于涉及专用资产投资）以至产生双边依赖的情况下，将会面临适应不良的风险。随后，这种治理经济学得了广泛应用，这主要是因为其他的与契约相关的现象都可以描述成这种问题的变体。

在半正式化的阶段中，有关不同治理模型（市场、混合制以及层级制）所具有的特殊属性得到了更加广泛的关注，原因在于，这些属性能够帮助区分不同交易中对不同适应性，如自主或协调适应的需求。随着对选择性干预效力和模型扩展的可操作化的不断努力，一系列的问题出现了。通过完善经济组织的逻辑，这些问题都将得以回答。针对交易成本经济学实证检验的雄心勃勃的努力始于 80 年代初，并在随后呈指数级增长。在公共政策领域内，交易成本经济学也得到了广泛应用，并且在不断增加。交易成本经济学完全正式化的研究已经成型，且发展仍在继续。

我的结论是：结合法学、经济学和组织学的理论，从节约交易成本的角度来研究契约关系的治理是大有裨益的；并且我预测这样的研究将会从概念、理论、实证检验以及公共政策等方面继续发展。交易成本经济学的研究将迎来一个非常有趣而又充满挑战的未来。

# 参考文献

Arrow, Kenneth J. 1969. "The Organization of Economic Activity: Issues Pertinent to the Choice of Market Versus Nonmarket Allocation." In *The Analysis and Evaluation of Public Expenditure: The PPB System*, 59 - 73. Washington, DC: US Government Printing Office.

Bajari, Patrick, and Steven Tadelis. 2001. "Incentives Versus Transaction Costs: A Theory of Procurement Contracts." *RAND Journal of Economics*, 32 (3): 387 - 407.

Barnard, Chester Irving. 1938. *The Functions of the Executive*. Cambridge, MA: Harvard University Press.

Baumol, William J. 1959. *Business Behavior, Value and Growth*. New York: Macmillan.

Ben-Porath, Yoram. 1980. "The F-Connection: Families, Friends, and Firms and the Organization of Exchange." *Population and Development Review*, 6 (1): 1 - 30.

Buchanan, James M. 1975. "A Contractarian Paradigm for Applying Economic Theory." *American Economic Review*, 65 (2): 225 - 30.

Buchanan, James M. 2001. "Game Theory, Mathematics, and Economies." *Journal of Economic Methodology*, 8 (1): 27 - 32.

Coase, Ronald H. 1937. "The Nature of the Firm." *Economica*, N. S., 4 (16): 386 - 405. Reprinted in *The Nature of the Firm: Origins, Evolution, Development*, 1991, ed. Oliver E. Williamson and Sidney Winter, 18 - 33. New York: Oxford University Press.

Coase, Ronald H. 1960. "The Problem of Social Cost." *Journal of Law and Economics*, 3 (1): 1 - 44. (3): 194 - 97.

Coase, Ronald H. 1972. "Industrial Organization: A Proposal for Research." In *Economic Research: Retrospect and Prospect*, Vol. 3, ed. Victor R. Fuchs, 59 - 73. New York: National Bureau of Economic Research.

Coase, Ronald H. 1988. "The Nature of the Firm: Influence." *Journal of Law, Economics, and Organization*, 4 (1): 33 - 47.

Coase, Ronald H. 1992. "The Institutional Structure of Production." *American Economic Review*, 82 (4): 713 - 19.

Cohen, Dara K., Mariano-Florentino Cuellar, and Barry R. Weingast.

2006. "Crisis Bureaucracy: Homeland Security and the Political Design of Legal Mandates." *Stanford Law Review*, 59 (3): 673-760.

Commons, John R. 1932. "The Problem of Correlating Law, Economics, and Ethics." *Wisconsin Law Review*, 8: 3-26.

Commons, John R. 1950. *The Economics of Collective Action*. New York: Macmillan.

Cyert, Richard M., and James G. March. 1963. *A Behavioral Theory of the Firm*. Englewood Cliffs, NJ: Prentice-Hall.

D'Andrade, Roy. 1986. "Three Scientific World Views and the Covering Law Model." In *Metatheory in Social Science: Pluralisms and subjectivities*, ed. Donald W. Fiske and Richard A. Schweder, 19-41. Chicago: University of Chicago Press.

Demsetz, Harold. 1983. "The Structure of Ownership and the Theory of the Firm." *Journal of Law and Economics*, 26 (2): 375-90.

Dixit, Avinash K. 1996. *The Making of Economic Policy: A Transaction-Cost Politics Perspective*. Cambridge, MA: MIT Press.

Dreze, Jacques H. 1995. "Forty Years of Public Economics: A Personal Perspective." *Journal of Economic Perspectives*, 9 (2): 111-30.

Fellner, William. 1947. "Prices and Wages under Bilateral Oligopoly." *Quarterly Journal of Economics*, 61 (4): 503-32.

Fischer, Stanley. 1977. "Long-Term Contracting, Sticky Prices, and Monetary Policy: A Comment." *Journal of Monetary Economics*, 3 (3): 317-23.

Galanter, Marc. 1981. "Justice in Many Rooms: Courts, Private Ordering, and Indigenous Law." *Journal of Legal Pluralism and Unofficial Law*, 19 (1): 1-47.

Geyskens, Inge, Jan-Benedict E. M. Steenkamp, and Nirmalya Kumar. 2006. "Make, Buy, or Ally: A Transaction Cost Theory Meta-Analysis." *Academy of Management Journal*, 49 (3): 519-43.

Grossman, Sanford J., and Oliver D. Hart. 1986. "The Costs and Benefits of Ownership: A Theory of Vertical and Lateral Integration." *Journal of Political Economy*, 94 (4): 691-719.

Hart, Oliver D., and John Moore. 1990. "Property Rights and the Nature of the Firm." *Journal of Political Economy*, 98 (6): 1119-58.

Hayek, Friedrich. 1945. "The Use of Knowledge in Society." *American Economic Review*, 35 (4): 519-30.

Jensen, Michael C., and William H. Meckling. 1976. "Theory of the

Firm: Managerial Behavior, Agency Costs and Ownership Structure." *Journal of Financial Economics*, 3 (4): 305 - 60.

Kitch, Edmund W. 1983. "The Fire of Truth: A Remembrance of Law and Economics at Chicago, 1932 - 1970." *Journal of Law and Economics*, 26 (1): 163 - 233.

Klein, Benjamin, Robert G. Crawford, and Armen A. Alchian. 1978. "Vertical Integration, Appropriable Rents, and the Competitive Contracting Process." *Journal of Law and Economics*, 21 (2): 297 - 326.

Knight, Frank H. 1921. *Risk, Uncertainty, and Profit.* New York: Houghton Mifflin.

Knight, Frank H. 1933. *Risk, Uncertainty, and Profit.* London: London School of Economics and Political Science. (Orig. pub. 1921.)

Kreps, David M. 1999. "Markets and Hierarchies and (Mathematical) Economic Theory." In *Firms, Markets, and Hierarchies: The Transaction Cost Economics Perspective*, ed. Glenn R. Carroll and David J. Teece, 121 - 55. Oxford: Oxford University Press.

Kuhn, Thomas S. 1970. *The Structure of Scientific Revolutions.* 2nd ed. Chicago: University of Chicago Press.

Levin, Jonathan, and Steven Tadelis. Forthcoming. "Contracting for Government Services: Theory and Evidence from U. S. Cities." *Journal of Industrial Economics.*

Levy, Brian, and Pablo T. Spiller. 1994. "The Institutional Foundations of Regulatory Commitment: A Comparative Analysis of Telecommunications Regulation." *Journal of Law, Economics, and Organization*, 10 (2): 201 - 46.

Lewis, Tracy R. 1983. "Preemption, Divestiture, and Forward Contracting in a Market Dominated by a Single Firm." *American Economic Review*, 73 (5): 1092 - 101.

Llewellyn, Karl N. 1931. "What Price Contract? An Essay in Perspective." *Yale Law Journal*, 40 (5): 704 - 51.

Macaulay, Stewart. 1963. "Non-Contractual Relations in Business: A Preliminary Study." *American Sociological Review*, 28 (1): 55 - 67.

Macher, Jeffrey T., and Barak D. Richman. 2008. "Transaction Cost Economics: An Assessment of Empirical Research in the Social Sciences."

Macneil, Ian R. 1974. "The Many Futures of Contracts." *Southern California Law Review*, 47 (3): 691 - 816.

March, James G., and Herbert A. Simon. 1958. *Organizations.* New York:

John Wiley & Sons.

Marris, Robin L. 1964. *The Economic Theory of Managerial Capitalism*. New York: Free Press.

Marschak, Jacob. 1968. "Economics of Inquiring, Communicating, Deciding." *American Economic Review*, 58 (2): 1–18.

McKenzie, Lionel W. 1951. "Ideal Output and the Interdependence of Firms." *Economic Journal*, 61 (244): 785–803.

Menard, Claude. 1996. "Why Organizations Matter: A Journey Away from the Fairy Tale." *Atlantic Economic Journal*, 24 (4): 281–300.

Michels, Robert. 1962. *Political Parties*. New York: Free Press.

Posner, Richard A. 1977. *Economic Analysis of Law*. 2nd ed. Boston: Little, Brown.

Reder, Melvin W. 1999. *Economics: The Culture of a Controversial science*. Chicago: University of Chicago Press.

Riordan, Michael H., and Oliver E. Williamson. 1985. "Asset Specificity and Economic Organization." *International Journal of Industrial Organization*, 3 (4): 365–78.

Schelling, Thomas C. 1960. *The Strategy of Conflict*. Cambridge, MA: Harvard University Press.

Shultz, George P. 1995. "Economics in Action: Ideas, Institutions, Policies." *American Economic Review*, 85 (2): 1–8.

Simon, Herbert A. 1957a. *Administrative Behavior*. 2nd ed. New York: Macmillan.

Simon, Herbert A. 1957b. *Models of Man: Social and Rational*. New York: John Wiley & Sons.

Simon, Herbert A. 1984. "On the Behavioral and Rational Foundations of Economic Dynamics." *Journal of Economic Behavior and Organization*, 5 (1): 35–55.

Simon, Herbert A. 1985. "Human Nature in Politics: The Dialogue of Psychology with Political Science." *American Political Science Review*, 79 (2): 293–304.

Simon, Herbert A. 1991. *Models of My Life*. New York: Basic Books.

Snowdon, Brian, and Howard R. Vane. 1997. "Modern Macroeconomics and Its Evolution from a Monetarist Perspective: An Interview with Professor Milton Friedman." *Journal of Economic Studies*, 24 (4–5): 192–222.

Solow, Robert M. 2001. "A Native Informant Speaks." *Journal of Economic Methodology, 8 (1): 111-12.

Stigler, George J. 1951. "The Division of Labor Is Limited by the Extent of the Market." *Journal of Political Economy*, 59 (3): 185-93.

Stigler, George J. 1992. "Law or Economics?" *Journal of Law and Economics*, 35 (2): 455-68.

Summers, Clyde W. 1969. "Collective Agreements and the Law of Contracts." *Yale Law Journal*, 78 (4): 525-75.

Tadelis, Steven. 2002. "Complexity, Flexibility, and the Make-or-Buy Decision." *American Economic Review*, 92 (2): 433-37.

Tadelis, Steven. 2010a. "Transaction Cost Economics." Unpublished.

Tadelis, Steven. 2010b. "Williamson's Contribution and Its Relevance to 21st Century Capitalism." *California Management Review*, 52 (2): 159-66.

Whinston, Michael D. 2001. "Assessing the Property Rights and Transaction-Cost Theories of Firm Scope." *American Economic Review*, 91 (2): 184-88.

Williamson, Oliver E. 1964. *The Economics of Discretionary Behavior: Managerial Objectives in a Theory of the Firm*. Englewood Cliffs, NJ: Prentice-Hall.

Williamson, Oliver E. 1971. "The Vertical Integration of Production: Market Failure Considerations." *American Economic Review*, 61 (2): 112-23.

Williamson, Oliver E. 1975. *Markets and Hierarchies: Analysis and Antitrust Implications*. New York: Free Press.

Williamson, Oliver E. 1976. "Franchise Bidding for Natural Monopolies—in General and with Respect to CATV." *Bell Journal of Economics*, 7 (1): 73-104.

Williamson, Oliver E. 1979. "Transaction Cost Economics: The Governance of Contractual Relations." *Journal of Law and Economics*, 22 (2): 233-61.

Williamson, Oliver E. 1983. "Credible Commitments: Using Hostages to Support Exchange." *American Economic Review*, 73 (4): 519-40.

Williamson, Oliver E. 1985. *The Economic Institutions of Capitalism*. New York: Free Press.

Williamson, Oliver E. 1991. "Comparative Economic Organization: The Analysis of Discrete Structural Alternatives." *Administrative Science Quarterly*, 36 (2): 269-96.

Williamson, Oliver E. 1996. *The Mechanisms of Governance*. Oxford: Oxford University Press.

Williamson, Oliver E. 2000. "The New Institutional Economics: Taking Stock, Looking Ahead." *Journal of Economic Literature*, 38 (3): 595-613.

Williamson, Oliver E. 2002. "The Theory of the Firm as Governance Structure: From Choice to Contract." *Journal of Economic Perspectives*, 16 (3): 171-95.

Williamson, Oliver E. 2003. "Examining Economic Organization through the Lens of Contract." *Industrial and Corporate Change*, 12 (4): 917-42.

Williamson, Oliver E. 2008. "Corporate Boards of Directors: In Principle and in Practice." *Journal of Law, Economics, and Organization*, 24 (2): 247-72.

Williamson, Oliver E. 2009. "Opening the Black Box of Firm and Market Organization: Antitrust." In *The Modern Firm, Corporate Governance and Investment*, ed. Per-Olof Bjuggren and Dennis C. Mueller, 11-42. Northampton, MA: Edward Elgar.

# 译后记

奥利弗·威廉姆森教授被看作罗纳德·科斯之后新制度经济学的领军人物，人们普遍把他看作继承和发扬科斯的学说或者重新发现"科斯定理"的人。在我看来，威廉姆森对于经济学理论发展的贡献远不止于此，他所创立的交易成本经济学理论体系源于科斯提出的"交易成本"概念，同时结合了对交易和组织的超微观分析，形成了一套系统的分析范式，并且提出了一套具有广泛应用前景的分析工具。他于1999年出版的《治理机制》(The Mechanisms of Governance) 一书，对这一理论体系进行了首次相对完整的展示。该书是威廉姆森出版的最后一本著作，是迄今为止对交易成本经济学最具系统性、最完备的阐释。

晚年的威廉姆森一直致力于对交易成本经济学的梳理，那是一项非常庞大的工程。因为交易成本经济学本身，无论涉及的内容还是应用的领域都很广阔。2016年在他办公室与他交流的时候，他说自己希望对交易成本经济学进行充分的整理，以便后来的学者能更好地理解、应用和发展。与罗默、希勒等诺贝尔经济学奖获得者更多参与社会活动不同，威廉姆森数十年如一日地沉浸于交易成本经济学研究的学术世界中。霍姆斯特罗姆曾对我说，他觉得威廉姆森就喜欢沉醉在他的研究中，对于治理、交易成本经济学等写了非常多的文章，而且很多文章都一直在重复强调一些东西。作为一个大量阅读和整理了威老学术内容的人，我对于他的太多文章看似重复强调一些内容是这样理解的：他开创的是一个新的研究范式，并且逐渐形成了相对完善的体系，许多内容在单独的每篇文章中需要提及才能显得完整，并且让人理解，这也从另一个层面体现了他所做工作的开创性。

在我看来，威廉姆森留下的学术遗产非常丰富，而且还有巨大的开发空间。我们曾经交流过新制度经济学的传播与应用，我告诉他在中国似乎人们说到新制度经济学就认为是产权理论，或者最多是与之相关的产权配置研究，然而这在很大程度上误解和忽略了"治理制度"即交易成本经济学的内容。因为在威老看来，新制度经济学沿着制度环境和治理制度两个方向发展，而他所关注的在于治理制度，即各种形式的契约风险的鉴别、解释与缓和。现在我还记得关于这个话题，他无奈地笑着说："在美国也是这样的"，不过区别在于，在中国交易成本经济学只是有过一段"追捧热点"式的短暂被关注，而在国外，其正被更多地关注和应用。

斯人已逝，对他最好的纪念是继承和发扬他最宝贵的遗产。在这里，我想写威廉姆森教授的四个方面：（1）交易成本经济学的开创性工作；（2）经济分析中的实用主义方法论；（3）威廉姆森与新制度经济学；（4）对青年学者的影响、帮助与关怀。

1. 交易成本经济学的开创性工作

作为交易成本经济学的开创者，威廉姆森的研究的起点是1971年发表的论文《生产的纵向一体化：关于市场失灵的研究》，在这篇文章里，他通过对纵向一体化和反垄断问题的研究，开启了对经济组织治理理论的探索，并进一步发展延伸到对经济组织的一般化分析，最终成形为交易成本经济学。而在此之前，相比于技术上的创新，对于组织创新的研究长期受到忽视。1975年的《市场与层级制》和1985年的《资本主义经济制度》两本书一起开创了交易成本经济学所运用的一般方法和基本框架，1999年的《治理机制》则进一步扩展了比较经济组织的分析，并展示了交易成本经济学——通过治理机制来缓解风险——更为广泛的有趣应用。交易成本理论的发展为经济组织的研究提供了可辩驳的微观分析基础。

交易成本经济学的核心问题是以交易成本的节约为目的，以一种区别对待的方式，将各种不同属性的交易与成本和竞争力方面不同的治理结构有效匹配。与传统的经济分析方法相比，交易成本经济学的主要特征包括：（1）以交易作为基本分析单位的超微观分析；（2）更加强调基于真实世界的假设；（3）采用契约视角而非选择视角；（4）引入并发展了资产专用性作为经济分析的重要性；（5）以分立式结构强调比较制度分析法；（6）将企业、经济组织视为治理结构；（7）更加注重事后契约制度，特别强调相对于法庭秩序的私人安排；（8）采用将经济学、组织学和法学跨学科结合的方式；（9）基于交易成本的节约是主要问题之所在的观点。

首先的问题是行为人的假定。交易成本经济学强调两个关键性的行为假定：（1）有限理性，即西蒙所说的"有意图，却又是有限度的理性"。有意图意味着具有经济取向，从交易来看，就体现为通过节约而获利。有限度的理性就表现为，正是因为个人的认知、预见、技能以及时间都是有限的，才使得组织对于实现个人目的来说是有用的投资。（2）机会主义。不同于简单追求私利，这里更加强调一种损人利己的行为，包括精心计算的误导、欺骗、混淆或制造混乱和"敲竹杠"，无论是在事前还是事后。当这两个假设共存时，作为交易的缔约行为，其可行的契约集合就都包含两个问题：（1）契约是不完全的，完全契约在有限理性条件下难以实现；（2）契约有可能被违背，具有机会主义倾向的交易者，并不会完全可靠地履行协议。

其次是交易与缔约。威廉姆森接受康芒斯的主张将交易作为基本的分析单位——"行为的基本单位……本身必定包含三个原则，即冲突、相关性和秩序，这一基本单位就是交易。"同时，对于交易，他提出了这样的含义：交易之发生，源于某种产品或服务跨过在技术上可分清的边界的转移，一个行为阶段由此结束，同时另一个行为阶段宣告开始。这样一方面拓展了交易的范围，不再局限于所有权的转移，使组织内部或组织间的相关活动也纳入交易范畴；另一方面，将交易活动更加具体化，因而使其更具可分析性。

为了区分处于经济治理分析范围的交易，威廉姆森使用三个关键维度对交易进行描述：（1）资产专用性，（2）不确定性，（3）交易的频率。由于有限理性和机会主义，对于具有资产专用性的那些交易而言，契约不可避免地存在于风险之中，所有此类交易的契约也不可避免地是不完全的，即可行集合中的所有契约都是不完全的，但那并不意味着缔约人缺乏远见。既然一开始就明知困扰契约的潜在风险，在整个交易对契约的达成中，当事人就会将事前的契约达成内容与事后的契约执行保障进行整体考虑。事后的保障机制就是交易的治理问题，应该在签约的时候就被放入整体研究。这类有利于弥补缺陷、解决争端、增强适应的结构研究，于是成为经济组织的核心问题，不完全整体缔约正是这个含义。

再次是治理结构的匹配。威廉姆森把治理结构分为三类不同的市场治理模式：（1）市场，（2）混合制，（3）层级制。进而比较三种治理模式的特征和成本。他借用哈耶克的观点，将"适应"看作经济组织的核心问题，同时综合了哈耶克和伯纳德分别通过市场和组织对适应问题的研究和主张，以此提出两类具有替代性的适应方式，即（1）自主适应和（2）协调适应，并比较两者在不同情况下的适应性优势。而后，他将市场与层级制看作两个极端的模式，通过各方面特征分析和比较：（1）激励，（2）控制，（3）调适（如下表所示）。

| 特征 | 治理结构 | | |
| --- | --- | --- | --- |
| | 市场 | 混合制 | 层级制 |
| 工具 | | | |
| 激励强度 | ++ | + | 0 |
| 行政控制 | 0 | + | ++ |
| 绩效特征 | | | |
| 自主适应 | ++ | + | 0 |
| 协调适应 | 0 | + | ++ |
| 契约法 | ++ | + | 0 |

注：++表示强；+表示半强；0表示弱。

威廉姆森认为，资产的专用性在交易的治理分析中扮演核心角色，正是由于资产的专用性，才使得双边交易是有利可图的，从而产生了双边依赖，进而在有限理性和机会主义的人性背景下引发了缔约风险。在专用资产条件下，将治理成本表述为资产专用性的一组外生变量的函数形式，从而使各种治理结构的成本差异的关键特征得到清楚展现（见下图）。

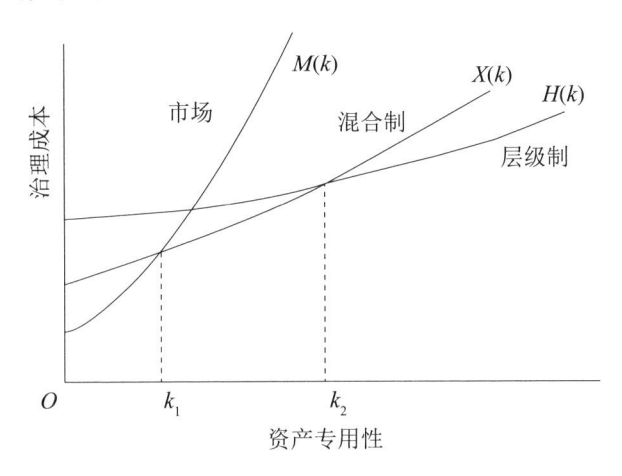

最后是交易成本经济学的应用。威廉姆森一直呼吁，交易成本经济学理论不仅在产业组织领域有许多应用，而且在劳动、财政、比较经济制度、经济发展和改革等经济学领域也有广泛的应用。在企业管理中，其表现在战略、组织行为、营销、财务、运营管理和会计等领域。在社会学、政治学、社会心理学、法学等方面，该理论的研究也已经取得一定的突破。如此广泛的覆盖范围，是因为任何问题都源于或可以转化成一个契约问题，并可通过对交易成本做出比较分析，实现一般化的应用。

2. 经济分析中的实用主义方法论

（1）四个基本原则。威廉姆森曾以应用微观经济学践行者的身份探讨实用主义方法论，并建议即使在交易成本经济学之外，其他关于经济组织的理论也应采用同样的做法。他认为，每个潜在理论都应该用实用主义方法论的这四个基本原则来衡量。他援引索洛关于"经济学家认为自己所做的是什么"的论述时体现的三条训诫：保持简单，使其正确，让其合理。保持简单，就要去掉不重要的部分，专注于一阶效应，也就是主要矛盾，然后再讲限定条件、改进和延伸；使其正确，就是要把逻辑搞清楚；让其合理，就是要把握好事实，避免基于想象的推论。同时，增加他认为至关重要的另外一点：得出可辩驳的含义，并能得到相关（通常为微观分析上的）数据支撑。否则，就会像交易成本的概念刚被接受的时候发生的"皆因交易成本"解释的滥用。

（2）理论的扩展（scaling up）。威廉姆森认为，简单模型的目的在于捕捉事物的本质，以解释当前的实践困惑，并给出受制于实证检验的预测。然而，即使不能像自然科学那样通过重复实验的方式验证理论，在经济学研究中，简单模型通常也可以进行扩展并检测。他指出，扩展测试常常被忽视，而且通常是那种并没有意识到的忽视。有时候研究者们放弃这种扩展，也许是出于扩展无法实现的考虑，也可能因认为其太过容易。他尤其强调，针对那些与真实世界相关的主张，包括公共政策和无论出于何种目标的企业理论，如果这些模型不能被扩展使之接近被研究的现象（如现代企业），那么对该模型就应持谨慎的态度。

（3）可修复性。威廉姆森反对"黑箱"福利经济学在零交易成本中分析政策效率的做法。他与迪克西特都认为应用福利经济学，就像企业理论一样，应该打开"黑箱"，研究箱子里面机制的运作方式，而可修复性标准就是希望重塑研究的视角。可修复性标准认为，既然①找不到一个比现有组织模式更可行的组织形式，②并能实现预期的净收益，③那么现有的组织形式就应被看作有效的。第一个条件把假设的理想状况从相对比较中去掉了；第二个条件考虑到了政治（现实政治）和经济（建设成本）的实施阻碍。因此，可修复性标准不接受基于实际（被认为是错误的）模式和假设模式的比较效率低下的说法，并要求公共政策分析者更尊重真实世界的程序。缺乏可修复性的考虑非常明显的一个例子就是，在当下，我们看到很多"媒体经济学家"哗众取宠的言论，他们总是以人民的福利、私人企业的利益为噱头，以理想化或简单化的片面比较为标准对政策妄加指责。

3. 威廉姆森与新制度经济学

威廉姆森被公认为新制度经济学的集大成者和使交易成本概念分析可操作化的领军人物。作为新制度经济学的命名者，他认为，新制度经济学源于正统经济学的伟大批评家们，他们认为制度不仅重要，而且可以被分析。威廉姆森之所以将他们的研究称为新制度经济学，源于他借用马修斯对于当时"制度经济学已经成为经济学中最活跃领域之一"的回应：新制度经济学提出了两个命题——（1）制度很重要，（2）制度的决定因素可以用经济学理论工具进行分析。相对于凡勃伦、康芒斯等制度经济学家而言，前者是共识，而后者使得新制度经济学与之前的制度经济学迥异（科斯曾戏言，尽管传统制度经济学家都是有才华的分析家，但是因为分析道路选择错了，所以他们留下的除了"制度经济学"这个名字以外，没有其他有用的东西）。

对于新制度经济学这一名称，威廉姆森说，其产生源于交易成本概念的提出和应用，基本逻辑在于：由于交易成本的存在，市场机制相关的制度就是稀缺的，交易相关制度对资源配置这一经济学研究的核心问题存在重大影响。基于此对这种制度进行研究的经济学，就起名为制度经济学，但由于制度经济学一词早已存在，故在前面加一"新"字，以示区分，所以，这一学派的经济学者们一直沿用了"新制度经济学"这一称呼。对于这个名称，有学者曾指出，鉴于科斯和他的追随者是在并不改变原有微观经济学的基本行为结构下，增加一个新的具有重大意义却又曾被忽视的成本分类（即：交易成本），因此将这一领域的经济研究称为新微观经济学，或许更为恰当。

对于新制度经济学，威廉姆森的贡献至少有三个方面：（1）以交易成本经济学理论提出一个可辩驳的分析范式，让交易成本的概念得以实现一般化应用。（2）从制度环境和治理制度两个方面梳理了新制度经济学研究的两个方向，从而为新制度经济学厘清了框架和脉络。（3）发动新制度经济学会创办了《法、经济学和组织杂志》，并通过他的积极组织，大力推进了这一领域的研究。科斯在1991年诺贝尔经济学奖颁奖典礼上的发言专门指出，如果不是威廉姆森等人的工作，他甚至怀疑自己的研究的价值。

4. 对青年学者的影响、帮助与关怀

记得第一次与威老见面，为了让信息得以更好地传递和记忆，在见面前一天，我把研究想法专门以PDF文件的方式用邮件发给了他，其实这不是一个正式的研究计划，只是为了让交流的重点不被忘记或忽略。结果，当我见到他的时候，他把这个文档打印了出来，还在上面对一些语句的语法错误，以及口语中简写的单词和短语进行了修改。值得一提的是，我到达加州大学伯克利分校时，他虽已经82岁高龄，但仍然在积极帮助和指导年轻人。

当我告诉他交易成本经济学在中国并没有得到足够的重视，要么被忽视，要么现有流传的内容也存在很大的误区，基于此，我希望编辑和翻译一本《契约、治理与交易成本经济学》论文集时，他当即表示非常支持，而且告诉我他的文章有些晦涩难懂，在我编译过程中，如果有什么困惑可以及时找他交流，然后认真地向我推荐了重点文章。我在完成编译后，邀请他为中文版的论文集写一个序言，他也爽快答应并很快给了我。就在他辞世前几天，该书刚由中国人民大学出版社出版。

当我告诉他我在对中国经济增长模式的研究中，将交易成本的节约看作中国地方政府参与经济建设效率优势的关键时，他鼓励我从自己的兴趣点出发去研究它，并建议我开发一个框架，一个类似交易成本经济学的标准化设置，那样可以使得"分析"更加容易。"Keep it simple; keep it plausible; have an active mind"是我一直遵循并向很多更年轻的学术路上的同行者们分享的威氏箴言。

本文为纪念恩师奥利弗·威廉姆森教授所作，谨以此文作为本书译后记。

最后，感谢来自西南财经大学的陈桓亘老师和贾钦民博士，以及来自上海国家会计学院的钟世虎老师，他们为本书的翻译做出了重大贡献；同时也感谢中国人民大学出版社王晗霞的杰出工作。

陈耿宣<br>
四川省社会科学院<br>
2021年5月

The Transaction Cost Economics Project: The Theory and Practice of the Governance of Contractual Relations by Oliver E. Williamson

Copyright © 2013 by Oliver E. Williamson

This edition arranged with Edward Elgar Publishing Limited (EE) through BIG APPLE AGENCY, INC., LABUAN, MALAYSIA.

Simplified Chinese edition copyright:

© 2022 China Renmin University Press Co., Ltd.

All Rights Reserved.

图书在版编目（CIP）数据

交易成本经济学：契约关系治理的理论与实践／（美）奥利弗·E.威廉姆森著；陈耿宣等译.--北京：中国人民大学出版社，2022.2
（诺贝尔经济学奖获得者丛书）
书名原文：The Transaction Cost Economics Project: The Theory and Practice of the Governance of Contractual Relations
ISBN 978-7-300-29345-5

Ⅰ.①交… Ⅱ.①奥…②陈… Ⅲ.①交易成本-经济学 Ⅳ.①F014.3

中国版本图书馆 CIP 数据核字（2021）第 093408 号

"十三五"国家重点出版物出版规划项目
诺贝尔经济学奖获得者丛书
**交易成本经济学：契约关系治理的理论与实践**
奥利弗·E.威廉姆森　著
陈耿宣　陈桓亘　贾钦民　钟世虎　译
Jiaoyi Chengben Jingjixue: Qiyue Guanxi Zhili de Lilun yu Shijian

| 出版发行 | 中国人民大学出版社 | | |
|---|---|---|---|
| 社　　址 | 北京中关村大街 31 号 | 邮政编码 | 100080 |
| 电　　话 | 010-62511242（总编室） | | 010-62511770（质管部） |
| | 010-82501766（邮购部） | | 010-62514148（门市部） |
| | 010-62515195（发行公司） | | 010-62515275（盗版举报） |
| 网　　址 | http://www.crup.com.cn | | |
| 经　　销 | 新华书店 | | |
| 印　　刷 | 涿州市星河印刷有限公司 | | |
| 规　　格 | 160 mm×235 mm　16 开本 | 版　次 | 2022 年 2 月第 1 版 |
| 印　　张 | 28.75 插页 2 | 印　次 | 2022 年 2 月第 1 次印刷 |
| 字　　数 | 547 000 | 定　价 | 99.00 元 |

版权所有　侵权必究　印装差错　负责调换